培育四有新人

人

宋平

原中共中央政治局常委宋平先生题字

2

为国育才

费孝通

全国人大常委会原副委员长，著名社会学家费孝通先生题字

教育工作者的生命是无限的，而其造福于后代的影响则是无限的。

孙起孟

全国人大常委会原副委员长，著名教

4

书赠克让同志

教书育人无上光荣

卢嘉锡

全国人大常委会原副委员长，中国科学院院士、物理化学家和化学教育家卢嘉锡先生题字

1988年4月，七届全国人大一次会议期间，时任中共中央政治局委员宋平同志与甘肃代表合影（第二排左起第3位为张克让先生）

2007年4月，在兰铁一中，参加甘肃省第二届"创新杯"新课程语文教师优质课竞赛活动，全体代表合影（前排左起第9位为张克让先生）

1952年，甘谷中学初三乙班同学毕业留念（前排左起第 6 位为张克让）

1990年，张克让由靖远一中调任靖远师范学校校长前和全体教职工合影（第二排左起第
10 位为张克让先生）

1997年9月，西北师范大学中文系1959届毕业同学在母校办公楼前合影（前排右起第2为张克让先生）

2010年9月，与原甘肃教育学院的同事和学生在甘肃联合大学新校区门前合影

2005 年 9 月，参加靖远师范学校 70 周年校庆后师生合影（前排左起第 6 位为张克让先生

2010 年 7 月，《烛光》编委第三次会议在兰州理工大学甲子山庄翠薇园召开，中午在宁鑫海大酒店就餐后合影（前排左起第 3 位为张克让先生）

烛光

张克让先生风采录

主编 张生贤 高财庭

北京师范大学出版社集团
BEIJING NORMAL UNIVERSITY PUBLISHING GROUP
北京师范大学出版社

图书在版编目(CIP)数据

烛光——张克让先生风采录/张生贤,高财庭主编.
—北京:北京师范大学出版社,2011.2
ISBN 978-7-303-11754-3

Ⅰ.①烛… Ⅱ.①张…②高… Ⅲ.①张克让-纪
念文集 Ⅳ.K825.46-53

中国版本图书馆 CIP 数据核字(2010)第 218789 号

营 销 中 心 电 话　010-58802181 58808006
北师大出版社高等教育分社网　http://gaojiao.bnup.com.cn
电 子 信 箱　beishida168@126.com

出版发行:北京师范大学出版社 www.bnup.com.cn
　　　　　北京新街口外大街 19 号
　　　　　邮政编码:100875
印　　刷:北京京师印务有限公司
经　　销:全国新华书店
开　　本:185 mm × 250 mm
印　　张:40.5
插　　页:4
字　　数:680 千字
版　　次:2011 年 2 月第 1 版
印　　次:2011 年 2 月第 1 次印刷
定　　价:70.00 元

策划编辑:祁传华　　　责任编辑:祁传华
美术编辑:毛 佳　　　　装帧设计:国美嘉誉
责任校对:李 菡　　　　责任印制:李 啸

《烛光——张克让先生风采录》
编 委 会

主　任：张生贤

编　委（按姓氏笔画排列）：

万全琳（甘肃省白银市诗词楹联家协会主席）

王承德（国家中医药管理局对台港澳中医药交流合作中心主任）

韦尧兵（兰州理工大学办公室主任）

包　强（广东金融学院教授）

冯德刚（甘肃省白银市科技局副局长）

冯玉雷（甘肃省兰州市作家协会副主席）

冯振国（甘肃联合大学美术系教授）

李志忠（兰州理工大学生命科学与工程学院教授）

李兰宏（甘肃省白银市白银区区长）

李　慧（甘肃省白银市诗词楹联家协会办公室主任）

肖进忠（甘肃省靖远二中校长）

师克强（《兰州晨报》编辑）

孙兴辉（甘肃省民委纪检组长）

杨　孝（甘肃省靖远县三滩学区原校长）

张生贤（甘肃省林业厅原副厅长）

张春雯（英国女王大学汉语教师）

张巨岩（美国得克萨斯大学圣安东尼奥校区教师）

张宗礼（甘肃省靖远县教育局局长）

张广立（甘肃省靖远师范学校校长）

张春涛（华夏银行北京分行东四支行副行长）

吴辰文（兰州交通大学电信工程学院教授）

吴贵栋（甘肃省靖远一中校长）

宋育红（甘肃省白银市作家协会副主席）

宋圭武（中共甘肃省委党校经济学教授）

段芝璞（新华社甘肃分社副社长）

顾升琪（甘肃联合大学发展研究室主任）

胡云鸿（兰州市工商局七里河区分局局长）

高云庆（甘肃省教育厅财务处处长）

高财庭（甘肃省白银市委党史研究室副主任）

高振茂（甘肃省靖远师范学校教研中心副主任）

高继和（甘肃省靖远永通机械化工程公司总经理）

焦兴旺（《经济观察报》经济研究院院长）

潘万明（二十一冶建设有限公司老干处处长）

薛国治（甘肃省靖远一中党支部书记）

鄢　珣（甘肃农业大学生命科技学院教授）

滕宝慧（甘肃省靖远乌兰中学副校长）

主　编：张生贤　高财庭

副主编：王承德　韦尧兵　师克强　吴贵栋　段芝璞　高振茂

序　一

杨振志

由张克让先生的弟子发起、组织和编辑的《烛光——张克让先生风采录》即将出版，可喜可贺，衷心为祝！

张克让先生是我西北师范大学的同班同学，在师大读书时就以勤奋好学、刻苦钻研成为同学中的佼佼者。毕业后分配到靖远一中任教，由普通教师而中学校长，由中学校长而师范校长，由师范校长而甘肃教育学院副院长，由特级教师而全国劳模，并当选为第七届全国人大代表。数十年来滋兰树蕙，著书立说，可谓桃芬陇原、名著华夏。这从他的学生撰写的文章中就可见一斑。

《烛光》从征集到成书仅仅一年时间，速度之快，文章之多，内容之博，实为难能可贵，足见克让先生的人格魅力。全书收录了先生的学生、同事、同学、朋友、亲戚的感恩文章160余篇，分苦乐人生、桃李报春、友谊常青和淳真亲情四卷，近70万字，辅之以先生各个时期的照片，文图并茂，诗史一体。瞬间的凝固，记录了一代名师的坚毅与儒雅、诗情与哲思；彰显了先生深厚稳健的文化禅定、宽怀向善的博大情怀。既见沉潜为学的静气、涵养道德的骨气，又见翰墨金石的正气、宣美扬善的清气。娓娓道来，满目缤纷，如沐春风，似沾夏雨，令人顿生心旷神怡之感。

克让先生业精六艺，才备九能。他的职业是教书育人、传道授业，他的乐趣在一树百获、敷荣文化。崇德常克己，当仁不让师。克让是一位充满大爱的仁者，是一位笃敬克勤的行者。充满大爱的仁者是幸福的，笃敬克勤的行者是辛苦的。幸福与辛苦伴随着的克让先生是富有的、快乐的。

这不禁使我想起至圣先师孔子所言："夷狄之有君，不如诸夏之亡也。"文化是一个民族的灵魂，教育关乎着民族的未来，今天的教育就是明天的财富。克让先生常说："甘谷是我的第一故乡，靖远是我的第二故乡，靖远一中的学生是我的一笔巨大的财富。"信哉斯言。如今，他的这笔财富正在彰显着无与伦比的力量。先生教书育人的风范正在激励着靖远乃至陇原人民奋发图强……

大爱无言，行者无疆！

杨振杰　河南开封人。中共甘肃省委原副书记，第八届甘肃省政协主席，第十届全国政协常委、提案工作委员会副主任。

序　二

邓成城

　　一群 20 世纪 60 年代深受张克让先生教诲的学子，怀着对张老师的敬重和感恩，一年前通过网络、电话、信函和口传等多种方式，先后向先生不同时期的学生、同事、亲友发起征文活动，大家积极响应。经过广泛征文，精心统稿，《烛光——张克让先生风采录》应运而生。当此书即将开印之际，嘱余作序，我深深理解这是克让先生和他的学生们对我的器重、鞭策和鼓励，再加上 1988 年我和克让先生同时当选为第七届全国人大代表，连续五年在一起开会，情谊甚厚，对他的学养、为人等各个方面早已目睹耳闻，铭刻在心，遂欣然从命。

　　烛光，指蜡烛点燃后发出的光亮，用以比喻在教育事业中燃烧自己、照亮他人、热爱学生、勤劳奉献的老师。这本文集的名字正好反映了张克让先生从事教育工作的事迹风采。在张克让先生的从教经历中，我们不难看出他敬业、爱生、乐观、豁达、勤劳、智慧、刚强、奉献的精神。

　　古人曰："国将兴，必贵师而重傅。"我们置身于一个伟大的变革时代，经济的繁荣，知识的更新，文化的多元，教育的普及，科技的进步和网络的发展，正在深刻地改变着世界的面貌和人们的生活。此时此刻，教育作为提升人类品位、实现人的价值、挖掘人的潜能、彰显人的个性的重要事业，日益成为众多教育工作者终身追求的目标。在这样的背景下，张克让先生的学生、同事和亲友为我们献上了一份丰厚的精神大餐，这不仅是对张克让先生的真实记述，更是广大学子对尊师重教传统美德的弘扬。

　　这本书作者众多，文笔畅达，或长或短，异彩纷呈，从不同侧面、不同视角全方位展现了张克让先生从少年到老年的诸多亮点，真实而形象地反映了张老师钟情教育、热爱学生、学而不厌、诲人不倦的高尚师德，深刻而全面地揭示了张老师历经风雨、乐观豁达、博学多才、寄情翰墨的人生情趣。这就是学生、同事和亲友心中曾经点燃过希望、导引过困惑、照亮过前程的烛光，这就是全书充溢着真情与感恩的集中反映。他的事迹不仅给身边所有熟知他的人们留下了难以忘怀的温馨和记忆，而且给当今和后世的教育工作者带来了启迪和反思。

本书从统稿到编辑，从排版到付梓，凝聚了百余人的心血，大家本着向善性、真实性和教育性统一的原则，或叙事或抒情，或切入课堂，或撷取数事，或记叙一段历程，或提取几场聚会，读来情真意切、感人至深，如闻其声、如见其人。我相信，这本书的出版发行将会是甘肃教育界的一大盛事、喜事，所有从事教育工作的读者既可以通过本书领略名师的风采，又可以充分感受教育职业的崇高和荣耀。

掩卷深思，我深感做这样的老师，一生无憾！

邓成城　甘肃天水人。第七届全国人大代表，第七、八届甘肃省政协副主席，第九、十届全国政协常委，第十届全国政协文史委副主任，第十一届全国政协委员。

目　录

苦乐人生

师　魂 …………………… 张生贤　高财庭　师克强（ 3 ）

寸草心 …………………… 杨　俭　何世禄　高志远（46）

桃李报春

难忘的岁月 …………………………………… 卢毓芳（55）

永恒的记忆 …………………………………… 吴贵华（58）

他心里装的全是学生 ………………………… 雒成亮（63）

散金碎玉缀花鬘 ……………………………… 周玉林（66）

众擎博仰成鸿巨 ……………………………… 周玉林（74）

平和为师　平等待生 ………………………… 张成仁（75）

我与恩师张克让 ……………………………… 高振寿（78）

坦率浩荡　直言朴陈 ………………………… 张强民（81）

艰难岁月师生情 ……………………………… 张生贤（83）

忆我的老师张克让 …………………………… 张俊杰（88）

我的班主任张克让老师 ……………………… 董葆蒿（90）

我和我的老师 ………………………………… 石生有（93）

尊敬的恩师 …………………………………… 崔仲安（96）

恩师颂 ………………………………………… 杨　孝（101）

记我的班主任张克让老师 …………………… 王维雅（103）

我心中的一缕阳光 …………………………… 吴保寿（107）

沐师厚恩到永远 ……………………………… 高继和（110）

1

回忆张克让老师二三事 …………… 秦凤峨 滕宗和 陈积厚等 (114)

师生情深五十年 ……………………………………… 韦博文 (119)

我们的好老师好校长 ………………………………… 包守智 (122)

我的老师张克让 ……………………………………… 杨 智 (127)

我的良师益友张克让先生 …………………………… 包守选 (128)

学问深时意气平 ……………………………………… 王季芳 (131)

春华秋实感师恩 ……………………………………… 陈邦杰 (133)

我永远的老师 ………………………………………… 高鹏飞 (136)

难忘恩师培育情 ……………………………………… 杨永宪 (141)

春晖桃李 情铸师魂 ………………………………… 张仲泰 (143)

终生楷模 ……………………………………………… 张秀英 (148)

处逆境而不自馁 居高潮而不自诩 ………………… 徐 进 (151)

恩师张克让先生 ……………………………………… 贾世俊 (153)

难忘的恩师 …………………………………………… 邓 铎 (155)

我的中学老师张克让 ………………………………… 何振北 (158)

我与张克让先生 ……………………………………… 何天星 (161)

一枝一叶总关情 ……………………………………… 赵得琮 (164)

德艺双馨 万人师表 ………………… 朱发忠 王承德 (168)

母校和母校的老师 …………………………………… 陈功鼎 (172)

给我影响很大的老师 ………………………………… 张明清 (179)

忆逆境中的张克让老师 ……………………………… 魏 刚 (183)

我心中的张老师 ……………………………………… 万廷勇 (190)

赠张克让师 …………………………………………… 刘清森 (195)

由耸翠楼所想到的 …………………………………… 常生荣 (196)

好老师 好校长 ……………………………………… 唐 渡 (201)

情深意诚真良师 ……………………………………… 贾世俊 (206)

老师的情怀 校长的风范 …………………………… 黄天佈 (208)

三春晖 ………………………………………………… 孙兴辉 (212)

春风化雨 润物无声 ………………………………… 李奋华 (215)

我最崇敬的老师——张克让 ………………………… 高国礼 (218)

教师节前忆师情 ……………………………………… 刘 瑛 (221)

刻在心灵深处的名字 …………………………………………… 孙晓霖（223）

师恩浩荡　师德辉煌 …………………………………………… 魏立堂（226）

大爱无声 ……………………………………… 刘向东　刘向辉（232）

道德文章是吾师 ………………………………………………… 肖进忠（233）

师作读来格外亲 ………………………………………………… 张存学（235）

校长楷模 ………………………………………………………… 张宗礼（238）

沁园春·烛光 …………………………………………………… 张宗礼（241）

难忘恩师 ………………………………………………………… 冯德刚（242）

忆良师恩育 ……………………………………………………… 李玉海（246）

烛光里的老师 …………………………………………………… 滕宝慧（249）

大树苍莽 ………………………………………………………… 张　毅（252）

尊敬的老师——张叔 …………………………………………… 杨万勤（255）

我的老师张克让 ………………………………………………… 高财庭（259）

永远的楷模　永远的圣者 ……………………………………… 宋圭武（263）

影响我一生的人 ………………………………………………… 吴辰文（265）

敬爱的张克让老师 ……………………………………………… 张万智（267）

我终生难忘的张克让老师 ……………………………………… 马建忠（270）

回想起那些日子 ………………………………………………… 陈　茂（272）

草根的转折 ……………………………………………………… 包　强（274）

仰之弥高　钻之弥坚 …………………………………………… 罗崇泰（276）

老老实实做人　踏踏实实做事 ………………………………… 谢二庆（279）

我心目中的张克让老师 ………………………………………… 吴增颖（281）

天涯有尽处　师恩无穷期 ……………………………………… 张　清（283）

师爱难忘 ………………………………………………………… 李浩河（286）

怀抱云山　居高声远 …………………………………………… 胡云鸿（289）

只因此心不自衰 ………………………………………………… 周　擎（293）

《烛光》赞 ……………………………………………………… 张明泰（294）

仰沾时雨之化 …………………………………………………… 徐　智（295）

启蒙老师张克让 ………………………………………………… 焦兴旺（297）

我印象中的张克让老师 ………………………………………… 王彩霞（303）

写给恩师 ………………………………………………………… 韦兴钰（306）

烛光颂 ……………………………………………… 韦尧兵（308）

最忆油墨飘香时 ………………………………… 高振茂（310）

同张克让先生进餐记 …………………………… 王天灵（317）

我们事业的基座 ………………………………… 高启繁（319）

桃李不言　下自成蹊 …………………………… 张　强（322）

三好师恩　感悟生命 …………………………… 李志忠（325）

悠悠师情 ………………………………………… 李仲杰（328）

饮流怀源 ………………………………………… 陈建平（332）

一场酒宴 ………………………………………… 高春明（334）

阳　光 …………………………………………… 王芸兰（337）

偶像与楷模 ……………………………………… 李贵蕖（339）

改变我人生的张克让老师 ……………………… 宋秉明（341）

师爱无疆 ………………………………………… 李兰宏（343）

一个人的影响和一所学校的气质 ……………… 段芝璞（349）

桃之夭夭　灼灼其华 …………………………… 冯玉雷（354）

张克让校长与靖远一中教育 …………………… 张建君（357）

赞张克让先生 …………………………………… 何爱育（361）

靖远一中，张校长，其他的人和事 …………… 张巨岩（362）

毕生的老师 ……………………………………… 薛志忠（366）

一缕春风惠杏坛 ………………………………… 吴明霞（369）

感恩的心 ………………………………………… 万国钰（371）

爱生如子的张克让校长 ………………………… 李双芳（374）

难忘校长爱生情 ………………………………… 贾小明（377）

人生何处不相逢 ………………………………… 李艳艳（381）

我与张克让老师的书法情缘 …………………… 赵学森（384）

恩师难忘　盛情永存 …………………………… 王承栋（390）

滋兰树蕙　高山仰止 …………………………… 杨胜文（394）

因为您我不再沉沦 ……………………………… 李彦龙（397）

仁师张克让 ……………………………………… 汪　渺（401）

高山仰止　景行行止 …………………………… 刘克先（404）

慈悲为怀　仁义为师 …………………………… 李维君（408）

友谊常青

我与张克让的一段情缘 …………………………………… 吴贵峻（415）

由中庸书院说开去 ………………………………………… 吴正中（419）

张克让同志的非凡人生 …………………………………… 顾志鸿（424）

赠张克让先生 ……………………………………………… 刘汉杰（429）

说说幽默风趣的老同学张克让 …………………………… 郭自强（430）

拜访同窗张克让有感 ……………………………………… 安固国（433）

张克让是教育战线上的成功者 …………………………… 苏宰西（434）

快马加鞭未下鞍 …………………………………………… 孙宪武（441）

我学习的榜样和尊敬的老师 ……………………………… 吴世华（444）

原道立德　可钦可师 ……………………………………… 潘志强（448）

教改先锋　校长楷模 ……………………………………… 李保和（453）

长大想当工程师的少年郎 ………………………………… 安真光（457）

张克让同志赞 ……………………………………………… 张东明（461）

张克让学长俚句赞 ………………………………………… 王金慎（462）

雪泥鸿迹依稀话旧游 ……………………………………… 胡大浚（463）

烛光吟 ………………………………………… 刘俊清　乔建民（466）

我印象中的张克让先生 …………………………………… 裴正学（467）

难忘的教诲 ………………………………………………… 刘安国（469）

点亮心灵中美的一盏灯 …………………………………… 冯振国（473）

君子之交 …………………………………………………… 苏宰北（479）

张克让先生的故乡情 ……………………………………… 谢梦熊（485）

赞张克让校长 ……………………………………………… 冯　岩（487）

读《滋兰树蕙录》 ………………………………………… 雏　翼（488）

良师益友张克让 …………………………………………… 刘书贤（490）

读《烛光》致张克让老师 ………………………………… 张成泰（492）

总是和笑声在一起 ………………………………………… 靳　健（493）

转益多师是吾师 …………………………………………… 万全琳（497）

非师胜师沐心雨 …………………………………………… 宋育红（499）

亦师亦友享受领导　亦诚亦信沐浴真情 ………………… 顾升琪（502）

一个教育工作者的品格魅力 …………………………………… 李志强（508）

我们永远的老师 ……………………… 万忠新　罗为民　张生禄（510）

曾经的一句夸赞 ……………………………………………… 苏震亚（516）

穷经寄翰墨　浓情育桃李 …………………………………… 张广立（520）

蕙芳兰馨　育人益世 ………………………………………… 王人恩（523）

德高望重　教育楷模 ………………………………………… 路承库（526）

一个令人崇敬的人 …………………………………………… 吴贵栋（530）

我眼里的张克让院长 ………………………………………… 王金寿（533）

育人良师　治学楷模 ………………………………………… 张维发（540）

千红万紫尽争春 ……………………………………………… 李　晓（543）

幸福人生张克让 ……………………………………………… 黄　强（547）

霜叶红于二月花 ……………………………………………… 王寿岳（551）

甘冒酷暑远乡行 ……………………………………………… 刘晓风（553）

桃李不言 ……………………………………………………… 张巨鸿（556）

张克让先生和他的学生们 …………………………………… 李　慧（559）

烛光情怀 ……………………………………………………… 徐定福（565）

别样情结 ……………………………………………………… 岳鹏瑞（568）

先生吟 ………………………………………………………… 苏其智（571）

千里师生缘　胜似父子情 …………………………………… 张文律（573）

淳真亲情

小个子巨人 …………………………………………………… 雒庆瑞（579）

姐夫，我终身受益的人 ……………………………………… 雒庆新（585）

大雅春风拂我心 ……………………………………………… 师克强（590）

可亲可敬的父亲 ……………… 张春雯　张春霖　张春涛　张春霓（600）

心厚于仁　利博于物 ………………… 雒力琴　雒力旭　雒力波（607）

笑对人生春不老 ……………………………………………… 魏周斌（614）

真水无香 ……………………………………………………… 陈晓强（618）

我们家族的骄傲 ……………………………………………… 张小飞（623）

多才多艺的爷爷 ……………………… 李笑尘　魏雨桐　张家铭（628）

跋 …………………………………………………………………（631）

苦樂人生

1962年，张克让身负重压，仍泰然处之，苦中寻乐，
与靖远一中文工团的师生在黄河岸边散心留影（前排右
起第1位为张克让先生）

1975年政治气候仍较严峻，张克让始终能够坦然面对，为靖远一中
认真排练他自己改编的眉户剧《园丁之歌》（右起第2位为张克让
老师）

师　魂

张生贤　高财庭　师克强

一

这是北爱尔兰首府贝尔法斯特一条曲径通幽的街道。进入街道，急弯直上，走到街道的尽头，虽说没有通往外界的路，但浑然天成的宁帖安详让徜徉其间的人顿觉心旷神怡。

冬季的贝尔法斯特氤氲弥漫，这条街两旁一幢幢设计精巧的别墅掩映在高低错落的绿树之中，如烟的雾气萦绕其间，如梦似幻。每天清晨，我们的主人公——一位年逾七旬、精神矍铄的老人和他的夫人手牵着活泼伶俐的小外孙贝贝，漫步在这条赏心悦目的林荫大道上。

大女儿和女婿新购置的住宅就在这条街道上，这条街道成了全家人闲暇时散步放松的首选。

贝贝是老人大女儿的次子，他出生在贝尔法斯特。饱读诗书的外公欣然给可爱的外孙起了一个富有纪念意义的乳名——贝贝，意为"贝尔法斯特出生的宝贝"。在贝尔法斯特的每一天，会说英汉两种语言的贝贝给不懂英语的外公、外婆带来了无限欢乐。每至周六，老两口都带着小外孙贝贝去附近的游泳馆游泳。尽管两位老人都不会游泳，但每每看到小外孙在水中尽情嬉戏，他们都情不自禁地手舞足蹈，为小外孙加油鼓劲。

周日是全家人畅游公园的日子。贝尔法斯特的公园绿树参天、山明水秀、鸟语花香，一家人扶老携幼、欢歌笑语，尽兴而归。两位老人的日常生活充实而愉快。

观看多姿多彩的文艺演出，让两位老人充分领略中西文化交融的妙趣。春节期间，贝尔法斯特的华人组织从国内邀请四川省歌舞团来演出，精彩的歌舞、惊险的

3

杂技、奇妙的变脸，周围都是一张张熟悉的黄皮肤脸庞和南腔北调的母语叫好声。两位老人仿佛又回到祖国的怀抱，回到了家乡亲人身边。3月17日，是当地的"圣人节"，为了纪念在北爱尔兰为民除灭"蛇怪"的"圣人"，贝尔法斯特各个社区都组织了规模盛大的"宗教游行"。锣鼓喧天，彩车涌动，载歌载舞，淋漓尽致地演绎着一幅北爱尔兰民俗风情的全景图。映入眼帘的一幕幕欢天喜地的景象，让两位老人恍若回到家乡"正月十五闹元宵、火树银花不夜天"的热闹场面。定睛细观，满目又皆是异国歌舞升平的美景。中西文化的交织与糅合，让前一刻还沉浸在《金蛇狂舞》跌宕起伏旋律中的两位老人，继而又陶醉在爱尔兰民歌《夏天的最后一朵玫瑰花》那缠绵舒缓的意境中……

2009年"圣诞节"，大女儿和女婿乔迁新居。一家人在一楼宽敞的客厅里既装上了彩灯闪烁的圣诞树，又悬挂了数幅中国书画作品，中西合璧，温馨浪漫；今年春节，我们的男主人公自己撰写春联。上联："迁新居，身处异国冬不冷"；下联："过大年，心怀故园春更浓"；横批："四海同春"。大年初一，许多前来拜年的中国朋友驻足在洋溢着喜庆、充盈着温暖、蕴含着深情的春联前反复品味、赞不绝口。

幸福的时光总是流逝得很快。转眼间，两位老人来贝尔法斯特探亲已过了四个多月。多雾潮湿的冬季过去了，明媚和煦的春天迈着轻盈的脚步走来了。

当第一缕晨曦洒向巍峨的贝尔法斯特城堡时，我们的主人公双手推开女儿家三层阁楼宽大的窗户，张开双臂尽情呼吸从当年建造"泰坦尼克号"巨轮的港湾吹来的温润的海风；当夕阳的余晖最后一次亲吻拉干河入海口鳞次栉比的船队时，我们的主人公盘膝坐在楼后的草坪上仰望渐暗的苍穹，静候第一颗明亮的星星和云层中时隐时现的皎洁的明月。

月色溶溶，暖风轻拂，一幕幕难忘的往事就次第清晰地浮现在我们的主人公张克让先生的脑海中……

1936年农历九月初三，一个男婴降生在甘肃省甘谷县土桥村（今"新兴镇永安村"）世代"耕读传家"的一户张姓人家。喜得贵子，曾经在省城兰州"省立第一中学"（今兰州一中）就读过的父亲斟酌再三，给儿子取名——张克让，期冀儿子将来做一名温良恭俭让的谦谦君子。

儿时的张克让受到善良贤惠的母亲的百般呵护，或许是觉得怀抱中这个从来不太哭闹的儿子个性像温柔的姑娘，母亲刻意把他当姑娘抚养。当他蹒跚学步时，母亲就给他扎开了双耳的耳朵眼儿。当时，刚毅坚韧的父亲和勤劳善良的母亲怎么都想不到，若干年后，成年后的儿子会走上一条曲折坎坷的人生之路。

二

甘谷历史悠久，于公元前688年置县，至张克让出生时已有2600多年的历史，为全国县制肇始地，有"华夏第一县"之称。渭河东西纵贯甘谷。这里山川秀美、气候温和、物产丰富。这里世代生生不息的人民勤劳勇敢、崇文尚武、尊教兴学。这里是人文始祖伏羲、孔子七十二贤人之一石作蜀、蜀汉大将军姜维、清初翰林院侍读学士巩建丰等先贤的故乡。正是在这样独特的人文地理环境之中，1942年，7岁的张克让背着母亲缝制的花书包懵懵懂懂地走进了甘谷土桥小学的校门。

尽管母亲百般疼爱，尽管父亲寄予厚望，但上小学时张克让的家境却并不太好。当时，父亲在外工作，家中的农活全靠年近六旬的祖父一人承担。父亲的工资微薄，难以维持家中的正常开销；祖父辛勤劳作，毕竟从黄土中刨不出金疙瘩。拮据的困境让父亲毅然决定让才上小学四年级的次子辍学回家务农，全家人专供张克让一人继续上学。小小年纪的张克让每当看到祖父和二弟瘦弱的身躯面朝黄土背朝天地艰辛劳作，每每看到二弟用很羡慕的目光望着自己向学校走去，每每听到父母为二弟辍学务农惋惜得长吁短叹，他的心中就涌起阵阵愧疚。不能为祖父、父母和二弟分忧解愁的他暗自立誓，要以优异的成绩报答亲人们对他的殷切期望。

从上小学开始，张克让的成绩一直名列前茅，尤其是数学成绩，经常考满分。他的语文成绩尽管不如数学成绩，但从未低于80分。整个小学、中学阶段，他的数学成绩一直优于语文成绩，好像天生就是学数学的料。直到上五年级时，受语文老师张基的影响，他逐渐对语文产生了兴趣。张基老师学识渊博、通今晓古，他讲语文课引经据典、旁征博引，让张克让在学习知识的同时学到了不少做人的道理。

在张基老师影响下，张克让开始大量阅读文学作品。小小年纪就能全文背诵文天祥的《正气歌》和刘禹锡的《陋室铭》等诗文。在大量阅读文学作品的同时，他凭借很强的记忆力和一副好口才，课余时经常给同学们讲《薛仁贵征东》、《薛丁山征西》、《罗通扫北》、《说岳全传》、《包公案》、《施公案》等中国传统故事。包括他至今能熟背的中国历史口诀"三皇五帝夏商周，归秦及汉三国谋，晋终南北隋唐继，五代宋元明清民"，都是张基老师传授给他的。幸遇一位好语文老师，但张克让的语文成绩还是不如数学成绩。他阅读记忆了大量文学作品，但是很少练习作文，作文水平一直平平。因此，1949年，他考甘谷中学时，数学96分，语文81分，在全县考生中名列第23名。

初中和高中，张克让都在甘谷中学就读。他在甘谷中学求学，比在土桥小学时的条件艰苦多了。家中没钱给他交伙食费，没法住校的他只能走读。每天黎明，他就和同村的几位同学相约结伴而行，走15里路去县城上学。每天走一个来回，跋涉30里路，披星戴月，风雨无阻。从土桥村到县城，必须经过渭河。当时渭河上没有桥，每次上学、放学回家，他和伙伴们都要涉水而过。春秋季枯水季节，他们挽着裤脚手拉着手趟水而过还比较容易。夏季渭河往往发洪水，水势汹涌，他们只能让水性好的大人牵着手小心翼翼地过河。那年夏天渭河发大水，河水暴涨，水流湍急，大人牵着他过河时河水都淹到了他的下巴，他吓得紧闭双眼大喊大叫，所幸在大人的奋力牵引下，他终于艰难地上了岸。至今，想起当年的那次危险遭遇，他仍心有余悸。

艰苦的条件磨砺了张克让坚强的意志。整个中学阶段，他的学习一直很刻苦。为了辛勤劳作并对他寄予厚望的家人，他别无选择。

但是，学习刻苦不等于改变张克让"理强文弱"的现状。初中时，他的理科成绩一直比文科成绩好。理科之中，代数尤为突出。每次考试，基本上都是满分，同学们因此送他一个雅号"张代数"。说来也怪，随着"张代数"的雅号越叫越响，在代数成绩一直保持优秀的同时，他的语文水平也有了长足进步，成绩逐渐扶摇直上。随着成绩不断提高，他学语文的兴趣不断加大。学了古文《廉颇蔺相如列传》后，他根据廉颇和蔺相如的故事创作了剧本《将相和》，颇得语文老师何自诚的赏识。

由于学习成绩突出，积极上进，上初三时，张克让被学校批准加入新民主主义青年团。他的入团介绍人是比他高两级的学兄王世文和张玉虎。这两位中的前者后来担任过甘肃省高级人民法院院长，后者担任过空军飞行员。至今，他当年的入团介绍人、年过八旬的王世文老先生每每在兰州与他欢聚一堂时，还念念不忘向在座的宾客力推他"张代数"的雅号。他也一直与当年的入团介绍人、如今的老领导保持着朋友加兄弟的亲密关系，时常登门拜访老领导，经常约一些在兰州工作生活的甘谷同乡跟老领导共话沧桑、同叙乡情。热烈亲切的氛围之中，浓浓的甘谷乡音娓娓道来，让跨越数十载时空的桑梓之情升华为感人至深的精神。这种精神，让他们这些身处异乡的甘谷游子永远心系家乡父老、情牵故园山水。每当家乡人民需要他们帮助解决工作生活上的困难时，他们都会义不容辞地倾力相助。2008年，家乡要修一个水利工程，他们这些离退休的老同志得知后一边纷纷解囊相助，一边号召全社会的力量积极捐助，赢得了家乡父老的交口称赞。那一次，张克让毅然拿出 2000 元捐给了家乡的水利工程。

上高二后，张克让不但被学校任命为校团委的宣传委员，还担任初一年级的少先队辅导员。在此期间，他参加了校文工团，先后参与了《白毛女》、《赤叶河》、《保卫村政权》等大型歌剧的演出。同时，他跟文工团的其他师生多次下乡巡回演出。田间地头、农家院落、打麦场上，他和师生们为父老乡亲表演了丰富多彩的文艺节目。渭河两岸，大象山麓，姜维故里，处处回荡着他们的欢歌笑语，人人记住了他们引人入胜的舞台形象。

任少先队辅导员期间，为了配合当时消灭"四害"的政治运动，张克让编写了快板剧《除四害》。他让 4 个少先队员分别扮演老鼠、麻雀、苍蝇、蚊子，演出后颇受师生欢迎。那时，他还和一位叫李蓉玲的女同学合演过一出小剧《运粮小调》，演出效果极佳。

从中学开始，张克让很自然地迷上了戏剧。这种看似并非刻意的迷恋，奠定了他此后一直钟情并积极践行探索戏剧艺术的坚实基础。往后的岁月中，无论工作和生活多么曲折困苦，他从未放弃对戏剧艺术的热爱。博大精深的戏剧艺术，让他在漫长而蹉跎的岁月中练就了坚韧不拔、狷介不卑、豁达大度的个性，让他在风雨如晦的岁月中满怀憧憬、走出困境，让他在风和日丽的日子里戒骄戒躁、奔向光明。戏剧的力量，鼓舞他锲而不舍、无怨无悔地一直坚定地跋涉于不平凡的人生之旅。

高中毕业参加高考，张克让一直准备报考理科，从没考虑过要考文科。考前他和同学们去天水体检，好多同学由于体检不合格不能参加高考，他还算幸运，只是在肺部发现有钙化点，可以报考，但只能报考文科。这无异于晴天霹雳，震得他不知所措。本不打算考文科的他从没复习过地理、历史，万般无奈，他只好放下数理化，硬着头皮从头复习史地。高考结束填报志愿时，他只报了"中国人民大学新闻系"。诚然，为了保险起见，他又填了"服从调剂"。

三

高考录取通知书来了，并非中国人民大学新闻系，而是西北师范学院（现西北师范大学）中文系。张克让不禁思潮起伏，极度矛盾的心情久久不能平静。说心里话，不要说西北师大中文系，就是中国人民大学新闻系，他也是很无奈地选择的。想着自己将来要当一辈子中学语文老师，毫无准备的他心里很别扭。仅仅只是因为肺部有一个钙化点，他就别无选择地报考了中国人民大学新闻系，而现在就连这无奈的小小心愿都无法实现，他的心中很委屈。当时，他一心想报考理科院校，憧憬着学成后当一名科学家。可谁知现在他即将跨入西北师范学院的大门，志在蓝天的科学家之梦，霎时就化为为人作嫁的教书匠，巨大的落差无论如何都很难让他接受，他甚至萌生了不去西北师范学院报到的念头。知子莫如父，父亲早看出了他的心思，他开始给儿子反复做思想动员工作，举出古今中外的许多典型事例，一再向儿子阐明当一名人民教师是无上光荣的。父亲的谆谆教诲和殷切期望终于说服了犹豫不决的张克让，促使他改变了自己的想法。

1955年8月，张克让走进西北师范学院的大门。当时的他依然沉浸在不能上理科院校的深深遗憾之中，对即将在西北师范学院中文系四年的学习生活尚处于懵懂阶段，心中并没有特别明确的目标，更不会想到自己将为中学语文教学孜孜矻矻地付出全部精力并取得了引人注目的巨大成就。

在人生的十字路口，能如愿以偿地作出完美选择的人并不多，往往无奈地作出不符合自己心愿的抉择的人却走向了成功之路。有心栽花花不开，无心插柳柳成荫。人生，正是在许多不如愿中不断磨砺一个人的意志，逐渐成熟一个人的思想，最终成就一个人的事业。

张克让入校的那一年，西北师范学院中文系"少长咸集，群贤毕至"。

这年高考，西北师范学院面向全国招生，张克让这一级（1955级）中文系共录取了100名学生，来校报到的有90多人。除了5位甘肃籍学生和5位陕西籍学生，其余80多位全来自两广、两湖、四川、河南，他们中的大多数都是当年当地高考的佼佼者。来自四面八方、操着南腔北调的莘莘学子汇聚在大西北培养师资的高等学府，一张张充满青春活力的面孔，一双双渴求知识的眼睛，一声声关切友好的问候，入校之初尚处在迷惘中的张克让逐渐融入了这个朝气蓬勃的集体。

开学才一个多月，张克让和同学们就被中文系学识渊博、风采各异的先生们深深吸引。同学们普遍认为，中文系的先生们不但在各自的学术领域建树颇丰，而且在教学上匠心独具、引人入胜。

教"语言学概论"的是赵荫棠先生（1893—1970），赵先生的专著《中原音韵研究》、《等韵源流》堪称全国一流音韵研究专著，郭沫若先生很敬服赵先生，称赞他是东亚著名的音韵学家。

令张克让和同学们扼腕叹息的是，1957年以后，赵荫棠先生受到接连不断的政治运动的冲击和困扰，直至20世纪70年代初郁郁而终，一代音韵大家魂归厚土。

教"古汉语"的是彭铎先生（1913—1985），彭先生讲课旁征博引、纵横捭阖、逻辑严谨、鞭辟入里。有时候，仅仅一两个字，彭先生就能津津乐道地讲上一两个小时，加之先生又写得一手线条优美、功夫毕现的好字，令同学们叹服不已。

教"古典文学"的是郭晋稀先生（1916—1998），郭先生是新中国成立后国内最早研究文心雕龙的学者之一。古代文学、古代文论、文学理论等方面的论著既宏富又精深。

郭先生给张克让和他的同学们教课时间最长，跟张克让他们班的同学关系也最融洽。先秦文学、元明清文学，都由郭先生给张克让和同学们讲授。郭先生不仅讲课精益求精，而且课后给同学们解难答疑也有问必答、一丝不苟，因此同学们都很愿意跟他亲近。张克让和许多同学一直是郭先生家的常客。郭先生有惊人的记忆力，他讲《楚辞》、《论语》、《西厢记》、《红楼梦》时，经常是一边背诵原文一边讲解，每每给同学们高山仰止之感。

毫不讳言，郭晋稀先生是张克让和他的同学们在西北师范学院中文系求学时最崇敬的恩师。

除了上述三位教授，还有郑文、尤炳祈、张文熊、潘尔尧、卢世藩等德艺双馨的先生们的谆谆教诲，都让张克让和同学们感佩至今、难以忘怀。

正是有了这些出类拔萃的先生们的教诲和引导，张克让逐渐爱上了中文专业并开始在知识的海洋中孜孜不倦地汲取。就像暗夜里大海上的灯塔用温暖的光芒指引迷途的船只顺利抵达彼岸，优秀的老师总是用自己渊博的学识和高尚的品格引领学生攀登知识的高峰。

四

在西北师范大学中文系就读时，张克让最喜欢中国古典文学，尤其钟情于唐宋诗词、元代杂剧和明清小说。除了在课堂上认真听讲外，课外他阅读了大量作品。李白、杜甫、白居易的律诗、绝句，苏东坡、辛弃疾、陆放翁等人的词，关汉卿、马致远、王实甫的戏剧，《红楼梦》、《三国演义》、《今古奇观》、《聊斋志异》、《儒林外史》、《老残游记》等小说，只要是能从校图书馆借到的，他都如饥似渴地悉心阅读、反复品味。大学期间阅读的大量中国古典文学作品，让他在此后的中学语文教学中受用无穷，成为他获益匪浅的一笔取之不尽、用之不竭的精神财富。

由于张克让刻苦好学、力求上进，1956年，大学二年级的他被批准加入中国共产党。紧张而愉快的学习氛围，师生们和组织上对他无微不至的关爱，让他这名刚从普通的农家学子转为中共新党员的年轻有为的学子感到莫大的鼓舞，激情奔涌的他以更高的热情投入到如火如荼的生活之中。他在心中不断编织着自己辉煌的前景，幸福和希望每时每刻都滋润着他正直、淳朴、善良的心。然而，他绝不会想到，一场来势凶猛的政治运动顷刻间就把他从希望的巅峰席卷至失望的谷底。

1957年4月27日，中共中央发出《关于整风运动的指示》，决定在全党进行一次以正确处理人民内部矛盾为主题，反对官僚主义、宗派主义和主观主义的整风运动。

为配合"整风"运动，张克让所在的班组织了"惊涛社"，用大字报的形式给党提意见和建议。作为入党不久的新党员，张克让认为，"整风"运动鼓励广大党员干部和人民群众给党提意见和建议，是只会对党有好处没坏处的大好事。因此，他便毫无顾忌地帮"惊涛社"的同学抄写大字报。当时，他觉得这么做根本不会有什么问题。直到"反右"开始，他才意识到问题的严重性。他们班的不少同学被定为"右派"，他也因给"惊涛社"抄写大字报而被划为"右派"。当时，他年仅20岁。好在处理他时，因他没有"反动言论"而被从宽处理，开除党籍，戴"右派"帽子，但保留了学籍。

张克让百思不得其解。他怎么也想不通，向党提善意的意见和建议有什么不对？更何况，他还没有提意见和建议，只是帮提意见和建议的同学抄写了大字报。党籍被开除了，又戴上了"右派"这顶沉重的帽子。从此以后，自感在政治上无任何出路的他，只有在业务上加倍努力，通过刻苦学习另谋生路。正是在这种思想支配下，在劳动改造之余，他利用一切可以利用的时间埋头苦读。屈原的《离骚》、白居易的《长恨歌》、岳飞的《满江红》、诸葛亮的《出师表》、苏东坡的《赤壁怀古》、范仲淹的《岳阳楼记》、《红楼梦》中黛玉的《葬花词》、《西厢记》中长亭送别的大段唱词，他都是在这一时期背得滚瓜烂熟的。

福兮祸之所伏，祸兮福之所倚。政治上绝望的张克让没有放弃对知识的渴求，这是一个人处于低谷时的最难能可贵的品质。用知识不断充实自己的头脑，让中国古典文学的精华陶冶自己的情操。这是一种逆流而上的勇气，这是一种任何厄运都不能摧折的坚守，这是一种蓄势待发的力量！

1958年，学校决定让张克让那一届学生去省、市、县各级中学做为期一年的教育实习，张克让和其他系的几位校友被分配到高台一中实习。在高台一中，他既教书，又当班主任，同时还要和在校教师一起参加各种社会活动。当时正逢大跃进、大炼钢铁，高台一中除了组织师生炼铁炼钢、下乡秋收、大办食堂，还专门组织校文工团排演文艺节目，赴矿山慰问"钢铁战士"。为了便于排练，学校把同年级的文工团员安排在同一个班上课，他被安排在高一文艺班教语文并兼班主任，同时负责组织学生到文工团排练节目。在他和其他几位老师的共同努力下，学校文工团先后排演了眉户剧《梁秋燕》、秦腔《林海雪原》和歌剧《果园姐妹》、《红色的种子》等大型剧目，受到全校师生和社会各界的一致好评。通过学校文工团的锻炼和培养，先后有十多位团员被武威市歌舞剧团和甘肃省歌舞剧团招收为专业演员，其中不少人成为所在剧团的业务骨干。刘淑惠同学在武威市歌舞剧团出演歌剧《江姐》中的主角"江姐"，前后演出十多场，场场观众爆满；张天龙同学在甘肃省歌舞剧团业务突出，被任命为乐队队长；卢玉芳同学调到甘肃省文联工作后，被吸收为中国戏剧家协会会员。

在1958年那种许多人都被"浮夸风"刮得盲目蛮干的大气候下，尽管不能静下心来好好教书，在夹缝中求生存的张克让能利用自己的业余专长为国家培养出一批文艺骨干人才实属不易，他为此感到莫大的欣慰。

戏剧，让苦海中奋力拼搏的张克让看到了希望的灯塔。氍毹上下，一幕幕精彩的演出，一次次雷动的掌声，一阵阵发自肺腑的欢歌笑语，让他重新找回了做人的尊严，让他再次认识了自己的价值。

通过一年的教育实习，张克让和高台一中的广大师生，特别是和文工团的师生与高一文艺班的学生，建立了深厚的同志之情、师生之谊。实习结束返校时，高台一中的许多师生主动与他合影留念。师生们还给他送了不少纪念品，光精装笔记本他就收了十几本。返校后，高台一中还特地给西北师范学院写信，要求毕业后把张克让分配到高台一中工作。不知是什么原因，毕业后他没有分配到高台一中，而是被分配到靖远一中。

1959年深秋，萧瑟的秋风席卷着乌兰山下这座校园。空旷的操场上，伫立着一个瘦小的年轻人，他望着被秋风吹落的枯叶，觉得自己的命运就跟飘零的落叶一样，不知道将要飘向何方，即便有了归宿，也是"冷落成泥碾作尘"。春日那生机勃勃的绿色仿佛离他很遥远，他心中的惆怅被这萧瑟的秋风一吹就无边无际地蔓延开来。希望的春天何时才能回到自己的身边？他迷惘地仰望苍穹，寥廓的苍天高远而神秘，不会给他任何答案。胸中像淤积着一个巨大的铅块，压得他喘不过气来。他想仰天长啸，他想叩问厚土，但他不能这么做，他是一个戴着"右派"帽子的人，即便郁闷难耐，也必须默默忍受，就像校园中最常见的白杨树，春天总是伟岸挺拔、生机一片，到了深秋和严冬，光秃秃的枝干只能迎着强劲的朔风瑟瑟发抖。

他就是刚被分配到靖远一中不久的张克让。

从西北师范学院中文系毕业后，张克让抱着充分施展远大抱负的理想兴致勃勃地来到靖远一中报到，想象着通过自己的努力成为一名出类拔萃的中学语文老师。他万万没有料到，学校不让他这位戴帽"右派"教课，害怕他在课堂上给学生"宣扬反动言论"，只安排他在教务处帮着干一些抄抄写写的杂务。不仅政治上受压制、工作上受排挤，就连正常的工资待遇都不能享受。其他刚进校的本科生每月见习工资 49.5 元，一年转正后升资为 58.5 元，而他当时只能拿 31 元的月薪。这一切，都是因为他头戴一顶"右派"的帽子。他这位刚从西北师范学院中文系毕业的高材生，又有在高台一中实习一年的教学经验，每天只能干一些与业务纯粹无关的杂务，满腔的热情和盈怀的抱负毫无施展的空间。他憋闷，他委屈，他想不通，但他又没有任何办法争取到教课的资格。苦闷就像一个青面獠牙的魔鬼时刻折磨着他，苟安的苦日子何时才是个头，他在痛苦的煎熬中等待着奇迹出现。

在教导处干杂务期间，校领导发现张克让这位年轻人踏实肯干，从来没有任何怨言，每天只是默默无闻地干活，逐渐消除了对他的敌意。不久，不知校领导从什么地方了解到他在文艺方面有特长，就让他在帮教导处干活的空闲时间去校文工团帮忙排练节目。没想到十分难得的机会终于垂青了他。

当时，学校正准备参加全县庆祝新中国成立十周年的文艺演出，负责校文工团工作的任笃宽老师正为没有合适的节目发愁。张克让觉得这是发挥自己才能、积极"表现"，争取早日摘掉"右派"帽子的一次难得的机会。他自告奋勇地向任笃宽老师提出，由他编写一个表演唱去参加全县的演出。正愁"没米下锅"的任老师当即支持他尽快编写。经过一番构思，他很快写出表演唱《歌唱建国十周年》，得到任老师和有关领导的肯定后，文工团迅速组织张成仁、雒成亮等 5 名学生排演。这个节目在全县庆祝建国十周年的文艺会演中演出后，效果很好，受到广大观众的一致称赞。牛刀小试让他在校文工团有了一席之地。《歌唱建国十周年》的演出成功，极大地激发了他的创作热情。此后，他一鼓作气，先后创作并排演了《摘棉花》和《四老唱猪羊》等节目，使他在校文工团的地位得到了进一步巩固。

五

虽说工作上出现了转机，但张克让的生活依然没有任何起色。他刚进校的那一年，正逢"三年经济困难时期"的第一年，全中国人都在饥馑中勒紧裤腰带过日子，地处西北小县城的靖远一中的条件非常艰苦。吃不饱肚子的学生们20多个人挤在一间宿舍的土炕上，晚上起夜，回来后就再也挤不进去，只好把身体擦在别的同学身上慢慢往进挤。宿舍的门窗都透风，夏天挡不住疯狂的蚊虫叮咬，冬天无法抵御刺骨的寒风。宿舍中连个铁炉子都生不起。尽管靖远产煤，但学校买不起块煤，宿舍中只能墁一个土炉子烧"煤块子"（煤砖）取暖。"煤块子"也很有限，烧完了，只能挨冻。老师的住宿条件比学生稍好一些，少数人两人一间宿舍，大多数人4人住一间。张克让跟别的3位新分来的老师同住一间。严冬季节，土炉子散发不出多少热气，半夜，他们经常被冻醒。好在张克让晚上经常去文工团排练，深夜回到宿舍后困得连眼睛都睁不开，顾不了寒气逼人，拉开被子蒙头便睡，感觉不到寒冷就度过了寒夜。

第二天天刚亮，他赶紧去教研室，替政治上没有问题的老师们打扫卫生。尽管他被无情地剥夺了教课的权利，但他还得毫无怨言地打扫当时并不属于他的教研室。每次打扫教研室时，望着其他老师桌子上码得整整齐齐的书本、教案和墙上挂的教具，他的心中都隐隐作痛。每一次，他都一遍又一遍深情地抚摸着自己擦拭干净的别人的课本、教案、作业本和教具，渴望着自己有朝一日能登上讲台教课。

打扫完教研室，张克让往往还得步行到离县城10里开外的三合农场劳动。日复一日，他就在马不停蹄地艰难奔波中，就在老老实实地埋头苦干中度过。无论再苦再累，他心中那团希望的火始终没有熄灭。他在不断的渴望中艰难地走到了1960年，和煦的春风终于拂去了他心头的阴霾。

那年，靖远一中的数学老师陡然紧缺，校领导找不到更合适的人选，突然决定让张克让代初二的代数和初三的几何。不久，又缺俄语老师，学校又安排他教高一一个班的俄语课。接踵而来的良机让他既欣慰又不安，欣慰的是他终于能重返久违的讲台，不安的是数学和俄语既非他大学所学又丢了很长时间。但经过努力，教学效果还颇受欢迎。特别是1961年底，摘掉"帽子"之后，改教语文一两个月，声名大振。除了教语文，他还担任高一二班班主任。由于他对学生态度和蔼可亲，勉励得多，很少指责，讲课时又善于启发和鼓励学生的学习积极性，很快在学生中树立了很高的威信。他所带的班凝聚力越来越强，无论学习和各项工作都干在了前面。一个学期结束后，平行级的6个班综合评比，他带的班名列全年级第二，受到了学校的奖励。

从那时起，张克让就开始言传身教地对学生进行循循善诱的教育。当时，他所带班的一位班长工作热情，积极肯干，乐于助人，深得大家称赞。但这位班长有一个大家都不能容忍的缺点，讲话太啰唆。一句很简单的话，从他嘴里说出来，往往就是漫无边际的一长串儿，同学们常常听得很不耐烦。好多同学多次向这位班长提意见，让他改掉啰唆的毛病，可他总是很固执地认为自己啰唆的话句句有用，就是不肯改正。哭笑不得的同学们只好向张克让反映，请班主任出面让班长尽快改掉啰唆的毛病。张克让为此考虑了很长时间，一直找不到一个恰当的时机跟班长谈。从工作积极性上看，班长的确无可挑剔，他的为人处世有口皆碑。至于说话啰唆，似乎仅属"小节"，无伤大局，如果班主任就此专门找他谈话，肯定会挫伤他的工作积极性。但从他在同学中的威信考虑、从班上的工作考虑、从他的发展前途考虑，班主任还是应该帮助他纠正啰唆的毛病，这才算尽到了人民教师培养人的职责。既要使他自觉自愿地纠正缺点，又不挫伤他的积极性，还得想个两全其美的方法。

机会终于来了。"元旦"联欢，张克让要求每个小组都要准备节目，班干部要积极带头，每人必须出节目。这一下可苦坏了班长同学，没有任何艺术细胞的他既不会唱、又不会跳，乐器更是一窍不通，"走投无路"的他只好愁眉苦脸地找班主任出主意、想办法。张克让趁热打铁地对他说："你一不会唱歌，二不会跳舞，现学又来不及，你干脆给大家讲个有趣的故事吧！""讲故事？"他有点为难地说，"张老师，虽说我知道一些故事，但大都不怎么有趣，再加上我又不太会讲，讲出来大家肯定不欢迎。"张克让因势利导："我这正好有一个我刚写的故事，你先拿去看看，等你记熟了，再来找我，我给你指导，保证你讲得很出彩，同学们肯定给你鼓掌叫好。"

过了几天，班长兴冲冲地来找张克让，一进门就高兴地对老师说："张老师，您给我写的这个故事太好了！既很风趣幽默，又有很大的教育意义。尤其对我启发很大。我愿意给大家讲这个故事，请您好好给我指导一番，我有信心把它讲好！"班长的话正中张克让下怀，就悉心给他指点起来。由于他出于自愿，又信心十足，指导了三四回，他就说得很生动了。

"元旦"联欢开始了，同学们表演的节目丰富多彩，班干部带头的节目也很精彩。轮到班长讲故事了，事先并不知道他要讲故事的同学们都以质疑的眼光盯着他，心想：这个"啰唆大王"能讲出什么好故事来。大家拭目以待，班长出人意料、声情并茂地为大家讲起来——

明朝初年，河南某地有一罗姓人家，兄弟5人，倒也安居乐业。唯有老大，虽颇谙诗书，但撰文、说话，总喜欢啰唆，亲人邻里多责怪、嫌弃他。

有一年，皇上开科，罗老大上京赶考。行至郑州，便给罗老二修书一封。信写得很啰唆，内容如下："二弟大鉴：兄在家时，弟总嫌兄啰唆。啰唆与不啰唆，姑且勿论。兄此次上京赴试，行至郑州，住一大旅店。刚一落脚，就听门外鼓声咚咚、锣声当当。兄出门视之，乃猴戏也。猴戏者，乃兄中状元之先兆也。兄此次若中状元，二弟即为二老太爷，三弟即为三老太爷，四弟即为四老太爷，五弟即为五老太爷；二弟媳即为二老太太，三弟媳即为三老太太，四弟媳即为四老太太，五弟媳即为五老太太。兄此次若中状元，则可光我罗氏门楣，振我罗氏家声，显亲扬名，光宗耀祖，岂不美哉！二弟之妻，颇有姿色，对门王二，非正人也，诚弟妻谨守闺门，勿在门首立站，以免误落他手。如若误落他手，岂不败坏我罗氏门风乎！千万！千万！！千千万！！！因时间仓促，'千万'之'万'，兄不能写'草'字头'万'字，只好以'方'字去一点而代之，请弟见谅！此处'见'字，非'看见'之意也，'见'者，'我'也，人称代词，宾语前置……"

还未等班长讲完，掌声、笑声就已彻底淹没了他的声音。无可奈何，他转入"结束语"。这"结束语"张克让事先没给他指导过，他也从未说起过，没想到他的"结束语"别具一格，让听的同学们很满意——

同学们，我的故事就暂讲到这里，这个故事对大家有无启示，我不敢保证，但它对我教育很大。我一向说话很啰唆，同学们给我提意见，我还强词夺理，为自己的缺点百般辩解。这次张老师让我讲这个故事，我深知他的良苦用心。通过这个故事，我深深懂得了说话啰唆的害处。我今天讲这个故事，就是向大家公开认错。我向大家保证，我一定痛下决心，改掉啰唆的毛病，珍惜时间，搞好工作，努力学习。

他的话音刚落，同学们报以经久不息的掌声。张克让望着台上这位勇于承认错误的学生，欣慰地笑了。

除了抓教学和班级工作，张克让也不遗余力地搞好教研组工作。当时，语文教研组的组长是张宏勇老师，他很器重张克让，从未因以前的"右派"问题对张克让有半点歧视。一旦在工作上有发挥个人特长的机会，张宏勇老师都会毫不犹豫地交给张克让去完成。有一次，校团委举行读书报告会，要语文教研组派一位老师讲《红岩》，张宏勇老师就很信任地把这个任务交给了张克让。张克让很珍惜这次机会，他做了很充分的准备，讲后很受师生欢迎。张宏勇老师趁热打铁，又以语文组的名义组织了好几场读书报告会，让张克让又连续讲《青春之歌》、《林海雪原》、《红日》、《红旗谱》、《播火记》，每一场读书报告会都很受欢迎，每一场都在师生中引起强烈共鸣，从而在师生中掀起了阅读"红色文学作品"的热潮。

不光是给张克让创造读书报告会的机会，张宏勇老师还积极推荐张克让参加学校的文艺演出。《白毛女》，张宏勇出演杨白劳，张克让出演王大春；《刘胡兰》，张宏勇出演石三海，张克让出演石头；《田园新歌》，张宏勇演主角，张克让演配角；说相声《女队长》，张宏勇逗哏，张克让捧哏。那一阶段，无论教学还是学校的其他各项工作，张克让都和张宏勇配合得很默契、合作得很愉快。从此，张克让和张宏勇结下了深厚的同志情谊，成为心心相印的知己。

1962年，张克让的经济状况较以前有了好转，由于摘了"右派"帽子，他的工资由31元直接调到了58.5元。这是一次不小的飞跃，他为此颇感欣慰。经济状况好转了，但有一件事一直困扰着他，这就是他的婚姻问题一直得不到解决。到了1965年他已是29岁的大龄青年，对象问题仍没任何着落。这也难怪，在那个一切都讲"政治挂帅"的年代，没有哪个姑娘敢轻易和政治上曾经有过"严重问题"的他谈对象，更不要说谈婚论嫁。他父母多次让人写信或捎话关切地询问他的婚事，学校与他关系好的同事也很替他着急并且都在积极想办法解决他的婚姻问题，但就是没有姑娘和他谈对象，他自己为此也很苦恼。但谈对象不比别的任何事，是一点儿也马虎不得又一点儿也勉强不得的。尤其对他这种有"特殊背景"的人来说，合适的对象只能是可遇而不可求，他只能默默祈求老天垂怜他这位大龄青年。

六

当时，同教研组的老教师雒鸣岩很同情张克让这位聪颖好学、踏实肯干、力求上进的青年人，在工作和生活上经常帮助张克让。相处的时间久了，雒老师与这位乐观豁达、正直狷介的年轻人成了忘年交。雒老师跟其他同事一样，对张克让的婚姻大事也很关心，希望张克让尽快找到称心如意的对象。恰好学校有几位跟雒老师关系不错的老师有意撮合雒老师的二姑娘雒庆兰跟张克让谈对象。

雒庆兰当时的处境跟张克让可谓同病相怜。她从甘肃省供销学校毕业后，正式分配到会宁县供销社当干部。她工作积极肯干，与单位的同志们相处得也很融洽，风华正茂的她对未来充满了希望。孰料，一个沉重的打击在她毫无准备的情况下突然向她袭来。1966年初，会宁县说她"隐瞒家庭成分"，不容她做任何解释和分辩，就硬把她从单位开除了，被开除的她一夜之间不但失去了热爱的工作，而且顷刻间变成了没有户口的"黑户"，她只能含泪回到家中。

事情的起因是这样的——

当年雒庆兰报考甘肃省供销学校时，在"家庭成分"一栏里填写的本来就是"地主"。可在靖远县城关镇政审时，有关人员说她父亲一直从事教育工作，按刘少奇"双十条"的精神，家庭成分应为"职工"。城关镇的工作人员当着她的面把她填写的"地主"改成了"职工"。1966年搞"四清"运动，会宁县有关人员根本不听雒庆兰的解释，就直接开除了她的公职。

被"四清"运动"清理"回家的雒庆兰跟张克让都有不幸的遭遇，正好跟张克让般配。理化组的谢靖荣老师祖籍也是甘谷人，他一向同情张克让的处境，也积极为张克让的婚事操心。热心肠的谢老师知道了雒庆兰的不幸遭遇后，决定为她和张克让牵线搭桥。经过谢老师出面介绍，雒庆兰的家人都同意她和张克让谈对象。1966年春节，张克让和谢靖荣老师、陈宗尧老师、高维峻书记去了一趟雒庆兰的老家水泉村，这门婚事就正式定了下来。订婚，对一般的适龄青年来说，或许是一件很正常的事，但对张克让来说意义非凡，让他曾经备受歧视的孤寂的心灵得到了莫大的安慰，他又开始满怀希望地编织自己未来美好的梦想。

然而一场来势凶猛、史无前例的"文化大革命"很快就残酷无情地击碎了他对生活和工作的无限憧憬。

其实，张克让和雒庆兰都不知道，把雒庆兰"清理"出会宁县供销社的"四清"运动，就是"文化大革命"的前奏。

"四清"运动是指1963~1966年，中共中央在全国城乡开展的社会主义教育运动。"四清"运动的内容，一开始在农村中是"清工分、清账目、清仓库和清财物"，后期在城乡中表现为"清思想、清政治、清组织和清经济"。"四清"运动对于解决领导干部中存在的作风问题和经济管理方面的问题起了一定的作用，但由于把多种性质的问题简单归结为阶级斗争或者是阶级斗争在党内的反映，致使不少基层干部遭到错误的处理和打击。"四清"运动，实际上为"文化大革命"的发动作了准备。

1966年5月中共中央政治局扩大会议和同年8月中共八届十一中全会的召开是"文化大革命"全面发动的标志。

在这样的历史背景下，张克让这位摘帽"右派"很快被列入"牛鬼蛇神"的行列遭到"横扫"，铺天盖地的大字报暴风骤雨般凶猛地向猝不及防的他袭来。当时，大字报上揭发出的他的问题主要是他在课堂上引用的一些古诗词，说他是"借古讽今"、"指桑骂槐"、"含沙射影"，是"是可忍，孰不可忍"。他向学生讲的唐代诗人曹邺的《官仓鼠》："官仓老鼠大如斗，见人开仓亦不走。健儿无粮百姓饥，谁遣朝朝入君口？"造反派说他借此丑化党的领导干部；聂夷中的《蜂》："不论平地与山尖，无限风光尽被占。采得百花成蜜后，为谁辛苦为谁甜？"造反派说他借此攻击"人民公社"。一首新中国成立前老百姓揭露国民党"青年从军"给人民带来痛苦的《斥青年从军》："十万青年十万军，十万骨肉化灰尘。十万红颜多薄命，十万翁婆念儿孙。"造反派说他借此"破坏征兵"。旧社会一个贫病交加的穷秀才反映他穷途潦倒生活的一副对联："年难过，难过年，年年难过年年过；人怕死，怕死人，人人怕死人人死。"造反派说他借此攻击社会主义制度，与毛主席"一不怕苦，二不怕死"的思想唱对台戏。如今，我们80后、90后的下一代看到这些风马牛不相及的"对号入座"，肯定会说当年的造反派脑子进水了，不然不会生拉硬扯地搜罗出这一系列莫名其妙的罪名。错误的历史往往要让经受这段历史的人付出惨痛的代价。生长在如今言论自由、畅所欲言的宽松环境下，我们幸福的下一代无论如何都难以想象更不会理解当年造反派们那种疯狂而畸形的心理和作为。在那个疯狂的年代，扭曲的人性恣意膨胀并不断恶变，就像已经打开的潘多拉魔盒，乱舞的群魔让我们的政党蒙羞，让国家的公信力大大降低，让人民群众遭受接踵而至的不白之冤。作为一名政治上曾有"污点"的教师，张克让又被造反派抓住了许多"攻击党、污蔑社会主义"的把柄，毫无招架之力的他只能成为这场错误运动无辜的牺牲品。

面对许多莫须有的罪名和无休止的揭发批判，即使再坚强的人也无法忍受如此残酷的折磨，更何况张克让只是一介文弱书生。他越想越想不通，越想越觉得自己冤枉难辩。经过一次又一次备受煎熬的思想斗争后，像中国历史上许多舍生取义、以死明志的刚正不阿的文人一样，他决定以死明志，以死来抗争不公的命运，以死来洗刷自己莫须有的罪名。他决定以死抗争还有一个重要的原因，就是他想到了已和他订婚的雒庆兰。他的"问题"如此严重，后果肯定不堪设想。如果将来他被送去劳改，可怜的雒庆兰将如何生活下去。好在他俩尚未结婚，长痛不如短痛，只要他忍痛离世，一了百了，不仅自己得到解脱，雒庆兰还可另谋生路。这样想着，又是一番痛苦的思想斗争后，他服了毒。谁料天不绝人，服毒的他被几个好心的学生发现并迅速送往县医院抢救，才死里逃生。刚刚苏醒过来的他身体相当虚弱，毫无人道的造反派死不饶人，不但说他是"畏罪自杀"、"自绝于人民"，而且变本加厉地开始折磨他。造反派在电影院召开全县性的批斗大会，要彻底肃清他的"反革命流毒"。那次批斗大会的批斗对象是城区三所学校的"反动权威"，师范是关振邦校长，二中是张志达老师，一中是张克让。批斗会上，发言的都是全县各系统、各部门的代表，他们一个个摩拳擦掌、声色俱厉地揭批三位"反动权威"的种种"罪行"，火药味浓得一触即发。此后，他的一切行动统统受到限制，连上厕所都有人监视。就在这种痛不欲生的煎熬中，好不容易熬到了1966年底，形势竟有了一丝逆转，开始批判"资产阶级反动路线"，给批错了的人进行"平反"。他这位摘帽"右派"虽未得到彻底平反，但从此总算恢复了人身自由，不再过那种成天被人监视的提心吊胆的日子。

七

1967年7月1日，为了让张克让孤苦的心灵有所寄托、有所牵挂，岳父、岳母决定让张克让结婚，长期受压抑、被折磨的他倍感亲情的温暖。

1968年农历三月初二，张克让的大女儿出生在靖远县仓门巷别人家的一间破蔽的房子中。当时，张克让正在"牛棚"中挨批斗，为了便于给丈夫送饭，雒庆兰和刚出生的女儿孤孤单单地借住在这里。由于雒庆兰是"黑户"，女儿呱呱坠地就成了没户口的"黑娃娃"。女儿出生的翌日，雒庆兰就托人给"牛棚"中的丈夫偷偷送去"情报"，随之丈夫就托人捎来口信，给春天出生的女儿取名"晓春"，意为盼望一家人的"春天"早日来到。女儿的名字虽说这样起了，但那一年的春天格外寒冷，朔风刺骨，冰天雪地，迟到的春风何时才能融化一家人心头的坚冰？

大女儿刚满月，又开始"清理阶级队伍"，张克让和岳父雒鸣岩老师都被关进"牛棚"中双双接受"统管"。翁婿俩开始接受无休无止的大会小会批斗，白天刚被一帮造反派反剪着双臂、强迫着"低头认罪"，晚上惴惴不安、不敢睡觉的他俩又被造反派拉去继续批斗。蒙受不白之冤，身心受到极度戕害，再坚强的人都难以忍受这种非人的折磨。年事已高的岳父身心被严重摧残，加之在水泉老家替他担忧的妻儿因背负家庭成分"地主"的"恶名"又连续遭受揪斗，老先生最后的精神防线终于崩溃了。1968 年农历六月初一深夜，雒鸣岩老师溘然出走，不知去向，至今下落不明。当时，有迹象似乎表明不堪凌辱的雒老师是投黄河自尽。当时，雒老师的长子和次子都在兰州工作，家中只有 23 岁的三儿子雒庆年、两个小儿子和年仅 5 岁的小女儿以及他们悲痛欲绝的母亲相依为命。噩耗突降，天塌地陷，雒庆年拭泪含悲，毅然决定无论如何要寻找父亲的遗体。当时，因家庭成分高，在全县中考中取得优异成绩的雒庆年没有被高中录取，回乡接受贫下中农的"监督改造"。当雒庆年向大队有关领导请假时，毫无人道的领导竟不准假，并警告他不得寻找"畏罪自杀"的父亲的遗体。幸好，有一位高一级的领导发话，这才允许雒庆年去寻找父亲的遗体。雒庆年带着家里仅剩的一点钱，跟正在上学的弟弟踏上了寻找父亲遗体的艰难行程。他们从黄河靖远段开始，雇羊皮筏子手沿河寻找，一直搜寻到黄河宁夏段，仍找不到父亲的遗体。一位老筏工告诉他，再往下游寻找已没有任何找到的可能。彻底失望后，雒庆年含泪回到家中。25 年过去后，直到 1993 年元月，雒鸣岩老师的家人、亲友和学生，在雒老师的家乡水泉村雒氏祖茔雒老师的衣冠冢前为他举行了立碑纪念仪式。作为雒鸣岩先生的女婿和当年的同事，张克让饱含深情地为含冤而去的岳父撰写了碑文，书写了挽联并代其子女撰写了催人泪下的《祭父文》。

当年，岳父的失踪对张克让打击很大。一位和蔼可亲的长者，一位同甘苦、共患难的亲人含冤而去，使他悲苦压抑的心情更加沉痛。但是，毕竟对苦难中支撑的妻子和无辜的女儿有不能割舍的牵挂，他深知自己的责任重大，绝不能撇下妻女，只能忍辱负重地活下去。在凄风苦雨之中，他顽强地坚持着。1972 年，他重获自由，久违的春风总算拂去他心头的阴霾。

在失去自由的那几年，屋漏偏逢连阴雨，心力交瘁的张克让接连受到生活的沉重打击。

那一年，健康聪颖的二女儿突患重病，县医院无条件救治，心急如焚的张克让和妻子赶紧把女儿送到省城的兰医二院治疗。一检查，女儿得的是一种很危险的脑病，必须尽快动手术。手术前，一位主治医生向张克让夫妇谈了手术后可能出现的后遗症，说孩子手术后如后续治疗跟不上，很有可能出现脑瘫；而后续治疗又需要一笔巨额医疗费，估计张克让夫妇出不起。因此，这位没有子女的医生向张克让夫妇提出了收养他们二女儿的请求，说收养孩子后，以她在医院工作的优越条件，给孩子做大量的后续治疗肯定没问题。张克让夫妇婉言谢绝了这位医生的请求，他们坚定地认为：二女儿的病一定能康复，再苦再累也要让孩子将来健健康康地成长。雒庆兰尤其坚决，她斩钉截铁地说："医院能救治我们的女儿，我们就一定能把她抚养成健康的孩子！我们再穷再苦，也绝不会把自己的亲骨肉送给别人！"

正是有雒庆兰这样坚定不移的意志和张克让始终不放弃的坚持，接下来的一次次打击来临时，他们才没有被击垮，而是咬紧牙关坚强地直面残酷的生活。

当时，学校一再催促张克让回学校上课，张克让只好让妻子在医院照顾患病的二女儿，无奈地赶回学校上课。

善良刚强的岳母得知女婿家突遭不幸，不顾年迈体弱，毅然把张克让的大女儿接到身边悉心照料。为了减轻女婿和女儿的负担，让女儿抽出身来更好地照顾住院治疗的二女儿，很少迈出家门的岳母丢下家中无人照顾的孩子们，带着外孙女晓春匆匆赶往兰州。祖孙俩下了班车，在夜色中好不容易找到二儿子雒庆福家附近的雷坛河边，却怎么也分辨不出到二儿子家住的伏龙坪的那条路。正在祖孙俩急得不知怎么办时，一位家住伏龙坪的好心人用自行车推着晓春，带着祖孙俩找到了雒庆福家。

到兰州后，岳母在内兄雒庆福家每天除了做饭、搞家务，还要步行很远的路往医院送饭，老人家尽心尽力地照顾着两个外孙女，以自己坚强的行动温暖着女婿和女儿这对苦命人凄苦的心。

那天，晓春的二舅母刚把一锅滚沸的肉汤放在火炉旁，在火炉旁玩耍的晓春不慎打翻了装满肉汤的锅，被烫伤的晓春立即被送往兰医二院治疗。幸亏治疗及时，晓春才幸免落下残疾。

晓春7岁那年，到了该上小学的年龄。但由于她是"黑娃娃"，学校不接收。张克让费了九牛二虎之力，才把晓春送进靖远师范附属小学。晓春在附小刚上了一学期，由于家中还有两个妹妹和一个弟弟，母亲没工作，父亲的工资有限，生活很拮据，晓春的四姨就把晓春接到打拉池小学上学。又上了一学期，由于四姨家的情况也不太好，晓春又不得不回到县城。很糟糕，附小的人满了，晓春进不去。张克让又托人说情，总算让晓春进了乌兰小学。

儿子很小的时候，张克让每天上课时就把还睡觉的儿子锁在家中。儿子醒来后，出不了门，急得大喊大叫，住在隔壁的杨奶奶听见了很不忍心，就让他穿好衣服，然后踩着凳子打开窗户，杨奶奶再把他从窗户上抱下来，让他在院子里玩。

张克让的小姑娘晓霓出生后，生活的负担更重了。为了减轻女婿和女儿的负担，岳母把尚在襁褓中的晓霓带到水泉精心抚养。先天营养不良的晓霓老是哭闹，一刻也离不开姥姥，哭闹时，姥姥一直抱着她哄。没有奶粉，姥姥就做"面糊糊"加糖喂她。为了照顾晓霓，姥姥每天晚上都和衣睡在晓霓身边，只要晓霓一哭，姥姥就立即起身抱着她。照顾晓霓的那个阶段，姥姥没有睡过一个好觉。

今天，每当张克让回想起当年那段艰难痛苦的经历，他都十分感念岳母对他们一家无微不至的关照和精神上给予他们极大的鼓舞。一位失去了丈夫的家庭妇女，在凄风苦雨不断摧残家人的岁月中，毅然用柔弱的肩膀担起家庭重担并一再鼓励后辈们坚定生活的信念。岳母这种坚强不屈的精神，就像一座伟大的路标，一直引领并鼓舞着张克让无怨无悔地跋涉在曲折的人生道路上。

八

"文化大革命"后期，学校开始"复课闹革命"。1973年，靖远一中改名为"五七红专学校"，大办各种面向工厂和农村的"职业班"。张克让随即恢复了教学工作，同时担任"文艺班"的班主任。"文艺班"的主要任务，就是要为工厂和农村培养一批能歌善舞的人才。张克让一方面要给文艺班排演节目，另一方面还要兼顾全校性的文艺演出。上面一旦布置下来任务，他还得搞文艺创作。那个阶段，他创作、改编和演出了《李逵扯诏》、《苗寨新风》、《划线》、《一块银元》等剧目，并带领学生先后去三滩、大芦、高湾等乡村巡回演出，深受广大农民群众的欢迎。每到一个地方，他都和学生吃住在老乡家里，与淳朴善良的乡亲们打成一片。在那些农村精神文化生活极度贫乏的艰苦岁月中，他和学生们给农民朋友送去了难得的精神食粮。从农民朋友的欢声笑语中，他和学生们感受到了由衷的喜悦。

在这期间，张克让还创作、改编和演出了《雪夜春色》、《果园姐妹》、《小号兵》、《园丁之歌》等剧。为了完成上级交办的任务，他和县文化馆的张普共同创作了秦剧《车轮滚滚》，他个人创作了眉户剧《十斤瓜子》和相声《牛勇》。由于相声《牛勇》很出色，还代表定西地区参加了全省会演。在他参与创作和排演的所有剧目中，演出效果最佳、影响力最大的要数《园丁之歌》和《果园姐妹》。尤其《园丁之歌》影响更大。这出由他把湖南地方戏湘剧改编成西北地方剧种眉户的戏演出后，立刻引起广大师生的强烈共鸣。

戏剧，仍是戏剧，让困境中艰苦守望的张克让冲破黎明前的黑暗，准备迎接希望的曙光。

在文艺班当班主任期间，无论班主任工作还是教学工作，张克让都勤勤恳恳、兢兢业业，但由于方向不明，前途渺茫，总是收效甚微，甚至举步维艰。生活方面，由于妻子雒庆兰失去工作后，就业一直没有着落，几个孩子受此影响，一直是没有户口的"黑娃娃"。他的家庭生活困难重重，几近难于维持的地步。当时，张克让带的班在距县城十几里的十里墩参加平田整地的"大干"，每天来回二十多里路。他家庭困难，买不起自行车，只好步行。好在学生们对他很好，每天天不亮从县城出发时，有自行车的学生都争着载他去十里墩，劳动完回家时，学生们还是争着载他。工作很繁重，家里边的杂活他根本顾不上干，都是热心的学生帮着他妻子干。深厚的师生情谊，让他备受鼓舞。他之所以能够在那段"长夜难明"的岁月中坚持下来，与学生们雪中送炭的热情相助有很大的关系。

1976年10月6日，华国锋、叶剑英代表中共中央政治局，执行党和人民的意志，对江青、张春桥、王洪文、姚文元及其在北京的帮派骨干实行隔离审查。在中国政治舞台上飞扬跋扈多年的"四人帮"终于被钉在了历史的耻辱柱上，全国各族人民欢欣鼓舞、奔走相告。张克让得知"四人帮"粉碎的消息后欣喜若狂，他心情激越地拿起笔，撰写了这样一副对联贴在自家房门上："四海翻腾四害除，小子我如痴如醉；万马奔腾万民喜，老张咱若癫若狂。"紧接着，张克让创作并排演的《粉碎"四人帮"》，在全县各地演出，深受广大群众欢迎。

经过十年动乱，满目疮痍的中国终于迎来了万众扬眉吐气的春天。作为多年受迫害打击的知识分子的一员，张克让深切地感受到了大地回春、万物复苏、欣欣向荣的景象。形势越来越喜人，全国范围内开始平反冤假错案，他的"右派问题"和"文化大革命"期间被强加的罪名被彻底平反，被开除了20年的党籍随即恢复。那一刻，他热泪盈眶。背负了多年的沉重的政治包袱摘除后，刚过不惑之年的他终于觉得自己理直气壮地"立"起来了！过去，即使有经天纬地之才，备受迫害的他也没有用武之地，而今，彻底解放后的他要趁着年富力强为百废待兴的教育事业奉献自己的全部聪明才智。

1977年9月高考制度的恢复，使中国的人才培养重新步入了健康发展的轨道。

高考制度恢复，让张克让喜不自禁，他决定甩开膀子大干一场，尽快把自己积蓄已久的知识传授给比任何时候都渴求知识的莘莘学子。然而，当时的情况十分困难，由于十年动乱的严重冲击，既无教学大纲，又没有教材，荒废了多年学业的学生们根本不知道从何着手复习功课。从宣布恢复高考到考试，只有短短的一两个月时间。在这么短的时间内要让基础知识很薄弱的学生尽快掌握知识，在高考中取得较好的成绩，确实很难。但再难，也难不倒信心百倍的张克让。没有大纲和教材，负责学生语文复习的他自己动手编写复习资料，大量的复习资料要发放到学生手中，他一边编写一边亲自刻印。为编印复习资料，他经常熬到凌晨一两点。眼睛熬红了，他用冷水敷一敷继续挑灯夜战；手臂麻木了，他活动活动；实在瞌睡得不行了，他就站起身做扩胸运动。

虽然有了复习资料，但接踵而来的又一个棘手问题必须由张克让尽快解决。大部分学生受"文化大革命"影响，除了接触过大话空话连篇的批判稿，根本不会写作文。尤其议论文，学生们更是觉得莫名其妙，老虎吃天，无从下手。针对这种情况，张克让只好一边给学生反复耐心讲解作文的方法，一边自己动手给学生写范文。在很短的时间内，他为学生写了30多篇范文。范文的体裁包括记叙文、说明文、议论文，题材都紧扣当时的形势和国情。写好之后，他又亲自刻印，编辑装订成厚厚的一册后，发给每个学生。

1977年的高考作文题是《不到长城非好汉》，张克让正好给学生写了关于"攻关"的议论文，这与高考作文题很贴近。因此，不少学生取得了较好的作文成绩。

1980年，张克让被任命为语文教研组组长，浑身的激情顿时喷薄而出。上任伊始，他立即带头，一鼓作气地搞了十几场全校性的语文讲座。讲座内容包括文字学、文学史、古典名著赏评和现代名作赏析等，盛况空前，颇受师生欢迎。

1982年，张克让被任命为副校长，张思明老师被任命为语文教研组组长。尽管担任了副校长，公务很繁忙，张克让还是坚持代两个班的语文课。除此而外，他还和张思明老师一道积极参与语文组的活动。他不但支持参与了语文组组织的诗歌朗诵、演讲比赛、故事会、手抄报等活动，还特别支持语文组的周玉林老师成立了"乌兰草文学社"，主编《乌兰草》油印文学小报。"乌兰草文学社"由周玉林老师负责，张克让担任顾问。

当时的"乌兰草文学社"成员有80多人，人人都是文学爱好者。有写诗歌的，有写散文的，还有写小说的，大家热情高涨，《乌兰草》小报也办得如火如荼。每一期《乌兰草》印出来后，师生们争先恐后，先睹为快。

九

当时靖远一中的经费很困难，2500多名学生，130多名教职工，每年的办公经费不足一万元，正常开支都难以维持，哪里还有钱支持文学社的活动。张克让只好自己掏腰包给文学社购买纸张，保证《乌兰草》的正常印刷。1990年，他离开靖远一中到靖远师范任校长时，还特地给文学社捐款300元。

为了鼓励文学社成员的创作积极性，张克让经常批阅修改并向报刊推荐他们的优秀作品。不仅如此，在工作十分繁忙的情况下，他还经常挤出宝贵的时间为《乌兰草》写诗歌、散文和小说。在他的热情关心和全力支持下，《乌兰草》越办越好，以其丰富的内容、活泼的形式、高雅的品位成为全校文学爱好者的良师益友。

通过《乌兰草》这个良好的平台，培养出了许多作者，先后有几十篇优秀文章在省级报刊发表，一些人从此走上了文学创作的道路，其中的佼佼者一直坚持到如今，成为国内著名作家。

20世纪80年代初，在校园文化相对薄弱的情况下，"乌兰草文学社"开展的一系列活动，极大地焕发了靖远一中广大师生热衷文学创作的激情，有效地弥补了传统的按部就班的"第一课堂"的缺失，是生动活泼的"第二课堂"的范例，为下一步张克让全面进行语文教学改革奠定了良好的基础。

1984年，张克让被任命为靖远一中校长。上任伊始，他就开始大张旗鼓地在全校开展了语文教学的改革工作。张克让认为，教学质量是学校一切工作的生命线，而教学质量的提高主要来自于科学有效的教改措施。他不仅自己率先带头坚持搞教改，而且大力动员全校师生积极配合、尽快投身教改。为此，他身体力行，撰写了题为《我是怎样领导教学改革的》论文，该文在省级刊物发表后，不但有效促进了靖远一中的教改，而且对省内其他中学的教改也有借鉴作用。对教改的经验，他边实践边总结，边总结边大力推广。他把自己的教改经验总结为"因文而异，布置预习"、"以主带次，以练代讲"、"提倡争辩，鼓励求异"、"一课一得，单元比较"、"读写结合，范文引路"、"口头作文，当堂讲评"等不同的方面，在教学中反复运用、不断完善。

有一次，白银市教育局组织评选中学语文特级教师，规定评选对象抽签定课，在白银一中进行公开教学。当时，张克让抽的课文是高一语文教材中的《南州六月荔枝丹》一文。公开教学时，他充分展示自己总结出的教改经验，全面调动学生的积极性，课堂气氛十分活跃，灵活机动、轻松自如地完成了教学任务。一堂课快结束时，为了实施"读写结合，范文引路"的教改方法，他把积累的一篇学生写的题为《靖远九月籽瓜香》的范文读给白银一中的学生听时，全体学生热烈鼓掌，为他别具一格的教学方法叫好。后来，正式评定他为中学语文特级教师时，评委们全票通过。回到靖远一中后，他不但原封不动地把这堂课讲给靖远一中的师生，还撰写了《从〈南州六月荔枝丹〉的教学看我的教法改革》的论文。《甘肃教育》发表了此篇论文后，还被国内好几家刊物转载。在靖远一中积极倡导并努力践行教改期间，他先后外出讲学 20 多次，发表论文 30 多篇。他的部分论文被国内多家期刊丛书选载，如《教法改革种种谈》被《新世纪论文选》等几种全国性丛书选载；《采取多种教改措施，提高语文教学质量》一文入选《全国著名特级教师教育教学精粹》一书。由于他在中学语文教学中的突出成就，他先后当选为甘肃省中语会理事长、甘肃省教育学会副会长，并被聘为全国中语会学术委员。

　　张克让的语文教学改革匠心独具。他讲课时，一贯注重调动学生的积极性。在充分调动学生积极性的同时，他总是千方百计地挖掘学生的求异思维。讲郭沫若的名篇《甲申三百年祭》时，课文中提出"后来李自成的失败，自成自己实不能负专责，而牛金星和刘宗敏倒要负差不多全部的责任"的观点。张克让不循规蹈矩地一味尊奉名家的见解，而是独辟蹊径，向学生提出一个尖锐的问题："李自成的失败，到底该由谁负主要责任？李自成该不该负专责？"他让学生就此问题在课堂上分组讨论。结果，大部分学生同意郭沫若的观点，有一小部分学生持反对意见。他因势利导，让持反对意见的一位学生登台讲解自己的观点。这位学生引用大量史料证实自己的观点，他认为：牛金星和刘宗敏居功自傲、贪污腐化、违法乱纪，归根结底，责任还在李自成这位"主官"身上；作为农民起义军的领袖，起义胜利后，他首先要严加防范的就是腐败问题，而被胜利冲昏了头脑的李自成恰恰忽略了这一点，因此，失败的专责应该由李自成负。这位学生的观点似乎失之偏颇、又过于大胆，可这种勤于思考、勇于向名家挑战、积极进行非习惯性思维的学习态度，正是张克让教学改革实践中最难能可贵、最值得大力提倡的。张克让通过自己倡导的"学生登台讲课"的形式，开创了"培养和发展学生求异思维能力"的教学法，使学生获益匪浅，把靖远一中的语文教学改革推向了高潮。为了进一步推广自己的教改经验，他撰写了论文《在语文教学中努力培养和发展学生求异思维的能力》，该文 1986 年 12 月在甘肃省语文学会选编的《语文教学经验与研究》一书中发表后，在全省语文教师中引起强烈反响。紧接着，1987 年第一期《甘肃教育》杂志又摘要转载了这篇论文。张克让新颖独到的语文教改理论再次在全省引起轰动。后来，甘肃省语文学会把他的这篇论文选送至"全国语文学会第四次年会"，全国语文学会将该文作为入选论文向与会的专家学者推广，张克让因此出席了本次年会并当选为全国语文学会理事。

除了在课堂上注重培养和发展学生求异思维能力外，张克让在作文教学中也积极倡导学生解放思想、大胆创新、求异图变。1988 年，他教高三两个班的语文。讲完《林黛玉进贾府》这篇课文后，他立即布置学生写一篇议论文。他要求学生对《红楼梦》中的某个人物作出评价，力争做到观点新颖，不要吃别人嚼过的馒头，要敢于发表不同于别人的看法。诚然，要持之有据、以理服人，切忌信口雌黄，乱评一气。

当时，有位学生写了篇题为《为王熙凤辩》的驳论，该文充满了"求异思维"的观点——

长期以来，对《红楼梦》中的王熙凤，不少人对她的评语是：明火暗刀、虚伪狡诈，恃宠专权、心狠手辣……一言以蔽之，她是个代表封建势力的反面人物，没有什么可以肯定的。我认为这种看法未免有些偏激，对王熙凤来说，实在不太公允。

……

按照马克思主义唯物辩证法的观点，评价一个人绝不能离开当时的社会环境，我们不能因为王熙凤是一个封建贵族家庭的女管家就把她说得一无是处。如果按照某些人的逻辑，因为王熙凤的目的是为了维护封建统治就应该全盘否定的话，那么剥削阶级的代表人物不是都要被打进十八层地狱吗？岂不是又要重蹈"清官赃官都是官，黑狗黄狗都是狗"、"清官更比赃官坏"的覆辙吗？什么包公、海瑞，不是都应统统打倒吗？哪还有什么历史唯物主义可言呢？至于她的恃宠专权、心狠手辣，不错，是存在的。但作为一个拥有数百人的封建大家庭的女管家，人云亦云、得过且过、心慈手软、婆婆妈妈能行吗？试想一下，荣府里如果没有王熙凤这样一个独裁专权、雷厉风行、"执法如山"、让人生畏的铁面管家，岂不是和成一摊泥了吗？秦可卿死后，宁府里要是没有她这样一个"严"字当头、事事有"法"、精明强干、"心狠手辣"的"总理"来主持大小事务，而让心慈手软的尤大姐来管理，岂不是要乱成一锅粥了吗？

……

也许有人会说，贾宝玉和林黛玉的爱情悲剧，王熙凤总要负专责吧！其实也不尽然。从《红楼梦》全书来看，王熙凤原来倒是很赞成"木石良缘"的，她最不愿意的倒是让豁达大度、深得人心的薛宝钗登上"宝二奶奶"的宝座，因为这将意味着她的管家地位的毁灭。但后来由于种种原因，林黛玉越来越不中贾母等人的意，薛宝钗的威望却与日俱增。作为"行令官"，王熙凤怎敢逆贾母之意而行呢？她的"调包计"并非完全出于自愿，实在是不得已而为之。从《红楼梦》电视连续剧来看，王熙凤的责任就更小了。皇帝传旨让贾宝玉和薛宝钗结婚，谁敢不遵？要知道，"抗旨不遵"是要满门抄斩的！王熙凤以桃代李，对林黛玉来说，似乎有些太狠心，但对贾府众人来说却是大大有利的。因此说，宝黛爱情的毁灭，主要应归罪于当时的社会制度，而王熙凤是不能负专责的。

……

总之，王熙凤不失为一个光彩照人的女强人的形象。尽管她有这样那样的缺点，但瑕不掩瑜。在今天这个改革开放的伟大时代，仍有其现实的教育意义。

十

这篇作文，虽然观点不一定正确，有些说法也失之偏颇。但总的说来，观点新颖，不是人云亦云、亦步亦趋，见解却非一般。文中一边提出别人的观点，一边予以批驳，有破有立，言之有理。尽管不一定站得住脚，但却有他的道理。要在教学中培养开拓性和创造性的人才，在作文教学中就要鼓励和提倡这种观点新颖的"异文"。张克让把这篇作文印发给学生，让大家讨论。经过讨论，大家一致认为：这篇文章尽管有不少缺点，但这种敢于"求异"、敢于提出自己非一般性的观点的精神是值得肯定的。同时，有的学生还强调说：这是改革开放的要求，是未来社会的需要，是培养什么人的大问题，必须大力提倡。

通过讨论，张克让的态度更坚定了。但是，为了不让学生光顾了"求异"而误入死胡同，他给学生们强调说："求异与求同是共存的、相辅相成的，绝不是互相排斥的。因此，不能只强调求异而忽视求同。单纯求异，只会导致思想方法片面，看问题偏激，甚至走向不可知论，这是要坚决避免的。"

从此，张克让在作文教学中一方面启发和鼓励学生经常思考一些问题，对一般性的问题提出非一般性的见解；另一方面，在命题作文时，他又注意不落俗套，以有利于学生提出和阐发他们非习惯性的观点。这样一来，涌现出了不少"异文"，如《赞庞德》、《评岳飞》、《项羽的得与失》、《诸葛亮的功与过》、《开卷一定有益吗》、《书一定非借不能读吗》、《有志者一定事竟成吗》等，无一不立意新颖、别开生面，读后给人以耳目一新、深受启发之感。学生们普遍反映说："求异求出创造性，求异求出新思路，求异求出了好文章！"

1988年，张克让当选第七届全国人大代表。在参加第七届全国人大五次会议期间，他多次在会上提出有关教育改革的意见和建议。其中有6条很有代表性：（1）狠下决心，大幅度增加教育投入；（2）抓住关键，从各方面提高教师地位；（3）加大宣传力度，提高全民的教育意识；（4）敦促各级领导，要把抓好教育放在自己工作的重要位置，考察领导干部，要把抓教育的情况作为主要政绩之一；（5）认真落实普及小学和初中教育，积极创造条件，普及高中教育；（6）眼睛向下，重点抓好农村教育，积极改善农村中小学办学条件，多渠道提高农村中小学师资水平。

张克让的以上建议整理成文，被首都多家媒体择登，被甘肃省人大主办的《人大研究》杂志全文转载。文中，他一针见血地指出："当前，我国教育事业的发展，就像进站的火车，吼得凶，走得慢。"他的这句形象生动的比喻，一度在全国教育界和广大群众中广为流传。作为一名来自基层的教育界的代表，他始终不忘自己肩负的职责。位卑未敢忘忧国，他的比喻代表了广大人民群众的心声，更显现了一位老教育工作者时刻心系教育事业的赤诚情怀。

每次赴京参加全国人代会，许多在京的历届靖远学生都来到甘肃代表团的住地看望张克让。有一次，一下子来了二十多位学生。师生欢聚一堂，气氛非常热烈，场面十分感人。正好被新华社的一位年轻的女记者发现了，她及时抓拍了张克让和学生促膝侃侃而谈的合影。第二天，《人民日报》、《人民日报·海外版》、《光明日报》、《中国青年报》、《中国教育报》等5家报纸同时刊登了这张照片，在代表们中间传为佳话。为此，新华社的一位领导还专门到甘肃代表团的住地专程看望张克让。

作为一名在基层工作了三十多年的教育工作者，张克让深深地感受到人民教师越来越受到社会各界的尊敬，教育事业越来越受到党和政府的重视和关心，教育事业突飞猛进的时机成熟了。他要抓住这一大好时机，让靖远一中的教育改革再上一个新台阶。

张克让认为，教学改革率先进行的同时，学校的管理工作也不容忽视。作为一校之长，更要有全局意识。靖远一中之所以能被评为"全省教育先进单位"，良好的教风、学风和校风是主要原因。而良好教风、学风和校风的形成，与科学有效的学校管理密不可分。他当校长时，领导班子成员团结一致、作风扎实、积极肯干，在大家的积极建议下，在"宽严兼顾，疏约并举"原则的指导下，大家集思广益，先后制定出20多个管理细则，如《班主任工作细则》、《任课教师奖励细则》等。科学管理与具体关怀相结合，充分调动了教师认真教和学生刻苦学两个方面的积极性，形成了良好的教风、学风和校风，这正是靖远一中连续多年高考成绩在全白银市名列前茅的主要原因，也正是靖远一中学生全面发展的原因所在。

在加强管理工作的同时，张克让始终不忘对学生的言传身教，始终坚持用自己的行动感召师生。

那年冬季的一天晚饭后，一位曾被"留校察看"的高中男生正和同宿舍的另外3位同学围着炉子看书。忽然，班长来叫他们去教室，说班主任有事安排。由于走得匆忙，他们忘了盖炉盖儿。等他们下晚自习回到宿舍，整个房间已是熊熊大火，门窗桌凳、床板被褥已烧得面目全非，房顶的椽子发出"毕毕剥剥"的惨叫，烧得直往下掉。4个人全被吓坏了，赶紧四处喊人求救。闻讯赶来的师生们奋力扑救了一个多小时，才把火扑灭。

事后，4位"难兄难弟"惊恐万状，惶惶不可终日。尤其那位有"前科"的学生，更是觉得万念俱灰。他很清楚，自己已有"前科"，现在学校如果新账老账一起算，他肯定吃不了兜着走。全校师生一致认为，开除这位学生，对其他3位严肃处理，已成定局。

张克让胸怀全局、放眼全校，他决定不草率从事。他想：古今中外，多少伟人巨匠用逆向思维处理问题，往往收到事半功倍之效。失火事件无疑是件坏事，4位学生肯定有错。但能否采用"反弹琵琶"的方法，变坏事为好事呢？他决定试一试。

他没有按常规处理这4位学生，而是动员全校师生给4位失火中受了损失的学生捐款，帮助他们渡过难关。不到一周时间，就捐款2000多元。接着，他亲自主持召开全校师生大会给这4位学生发新被褥。会上，他没有批评这4位学生，只是表扬了全校师生扶危济困、助人为乐的风格。不出他所料，当这4位学生领到新被褥后，都感动得热泪盈眶、泣不成声，主动要求在会上作检查。他们表示，一定痛改前非，将功补过。他们态度诚恳、情真意切，使全校师生备受感动。师生们异口同声地说："张校长这次大会开得别开生面，'反弹琵琶'弹出了新意，不但教育了犯有错误的学生，对全校师生也是一次生动的'学雷锋，树新风'的教育。"

那位有"前科"的学生留在学校继续安心学习，他深深感激张校长和全体师生对他无微不至的关怀，开始发愤学习。他的成绩提高很快，高中毕业时，他以 500 多分的好成绩考入一所重点大学，后来他又攻读研究生并被保送出国留学。

用科学的制度管理人，用真挚的情感和行动关心人、帮助人，是张克让任靖远一中校长时一贯提倡并践行的工作作风。那年，山东籍的教师刘毓峰突然中风失语，张克让和杜培湧书记亲自及时把刘老师送往医院治疗并多次去医院探望。刘毓峰这位北师大的高材生把大半辈子的精力都无私地奉献给了靖远的教育事业，校长和书记在他患病期间关怀备至，使他深受感动，病未痊愈，就提前出院上班。两年后，刘毓峰老师去世，他妻子没有正式工作，家庭生活很困难。张克让为此专程去市上找有关领导反映情况，经过多次努力，终于使刘老师的妻子由代课教师转为正式教师。至今，刘老师的妻子及家人都很感念张克让当年的全力扶助。许多知情人提起此事仍赞不绝口。

在抓好教学和管理工作的同时，张克让始终不忘改善办学条件。在张克让任校长前，多年来，学校校舍破旧，整个学校没有一座教学楼，就连像样的平房教室都没有。学生宿舍都是一二十人合住的年久失修的大通间，老师们虽说有了一人一间的宿舍，但都很窄小，而且都是土炉土炕。1988 年，他当选全国人大代表后，觉得这是天赐良机，就充分利用自身的优势，在主管全省计划工作的副省长李萍面前不断"叫苦"，申述靖远一中的困难。同时，他反复跑省市有关部门争取下拨资金，终于感动了诸位"上帝"，为学校拨款修建了一幢近 4000 平方米的教学大楼。大楼落成后，他特意请我国著名书法家费新我先生题写了"耸翠楼"的楼名，取"靖远八景"之一的"乌兰耸翠"之意，殷切期望莘莘学子勇攀科学高峰、早日成为祖国的栋梁之才。

"耸翠楼"建成后，大大缓解了教师办公和学生上课的紧张局面，办学条件明显好转。

修建"耸翠楼"前，张克让还多方筹集资金修建了宽敞明亮的家属院和几十间临街的铺面。这一系列的举措，在靖远一中历史上均为首创，赢得了广大师生的由衷赞扬。

教学质量明显提高，办学条件日益改善，师生精神面貌焕然一新。张克让又开始着手活跃校园的文化生活。除了配合教学的诗歌朗诵会、演讲比赛、手抄报比赛、歌咏比赛外，他要让学校呈现出一派生机勃勃、欢歌笑语的新气象。他充分发挥自己的文艺才干，每学期至少组织两次全校性的文艺演出。每次演出，他不仅动员班主任抓好本班的排练，还动员各教研组也要积极排练节目，跟学生同台演出。他本人更是全身心地投入到其中，不但经常去学生中指导排练，还亲自参与语文组的排练。在此期间，他和语文组的张思明老师、曹为伯老师演出了《白毛女》中的《逼债》，与张秀英老师演出了他自编的眉户剧《到底该给谁》。这一时期，学校里除了书声琅琅，就是歌声阵阵。活跃的校园文艺活动，让师生们在轻松愉悦的氛围中舒心地工作和学习，干劲更足了，效率更高了，凝聚力更强了。

1989年，张克让被国务院授予"全国先进工作者"的光荣称号。这一年，正好是他在靖远一中工作的第30年。10月6日，从北京参加完"全国劳动模范暨先进工作者表彰大会"回到省城兰州的他来不及稍事休息，甚至连甘肃省总工会赠送的《开国大典》的电影票都送给了别人，就匆匆坐着县上来接他的"帆布篷"（北京吉普）赶回了靖远。离开学校才十多天，他就觉得耽误了好多工作，必须抓紧时间弥补回来。

靖远是张克让梦萦魂牵的第二故乡，靖远一中是他呕心沥血了30年的地方。无论走到哪里，他总是一往情深地感念这片热土。

十一

1990年，张克让从靖远一中校长调任靖远师范校长。在靖远师范工作仅一年时间，他争分夺秒地干了几件成效显著的实事。

张克让刚到靖远师范上任时，学校领导班子中除了有一位副书记外，没有一位副校长，他几乎可以说是一位"光杆司令"。偌大一所学校，只有一名校长，繁冗的工作很难正常开展。他立即去市上找有关领导，要求马上解决这一问题。同时，他极力向市上领导举荐教导主任陈功鼎和总务主任杨国胜担任副校长。陈功鼎和杨国胜都是张克让在靖远一中时的学生，两人在靖远师范的工作都很出色，如果跟他配合工作，既容易及时沟通，又不会出现相互推诿的现象。内举不避亲，他向市上领导举荐这两位年富力强的学生时，丝毫没有举棋不定。实践证明，陈功鼎和杨国胜任副校长后，前者主管教学，后者负责后勤，都把各自的工作搞得井井有条，很快赢得了全校师生的信任，成为张克让不可或缺的得力助手。

有了陈功鼎和杨国胜两员得力干将的辅佐，张克让腾出精力开始解决困扰老师多年的难题。

张克让刚进校，老师们就纷纷反映，多年来他们的子女就业问题一直得不到解决。靖远师范的校址在靖远，但又是市管学校。按属地管辖，市上认为靖远师范教师子女的就业应由县上解决；按行政管辖，县上认为应由市上解决。因此，靖远师范教师子女的就业问题越积越严重、越积越难办。说实话，这无疑是个烫手的山芋。作为一校之长，张克让如果不接手这一棘手问题，就会在教师中失去公信力；一旦接手，办不好这件事同样很尴尬。有多年从政经验的张克让深知要办好这件事实在不易，弄不好会导致吃力不讨好的僵局。但是，他当时根本没有考虑太多，只是设身处地地为老师们着想，一心想着尽快解决老师们的后顾之忧。他马不停蹄地多次去市上找有关领导反映情况，二三十个教师子女的就业问题终于圆满解决。当时，高中以上文化程度的教师子女全部招干，高中以下文化程度的全部招工。全校教师群情振奋，纷纷伸出大拇指赞扬张克让校长，说他为大家办了一件大好事。

圆满解决了教师的后顾之忧，张克让随即又着手解决学校向高一级院校输送人才的问题。

几年前，甘肃省招生办公室就决定每年从省内几所师范给西北师大和兰州师专选送保送生。但是，名额一直很有限。1990年之前，省招办分配给靖远师范的名额只有2至3名，并且全是中文和数学专业。张克让进校后，了解到靖远师范的音乐、美术班办得不错，应该也从这两个专业班中选送保送生，这才能更加激发学生的学习积极性。为此，他立即去省上有关部门反映靖远师范的具体情况。经过多方努力，1990年，靖远师范保送生的名额猛增到7名，并且第一次有了音乐、美术专业的保送生名额。这是靖远师范有保送生名额以来最多的一年，而且此后再也没出现过这种令人欣慰的局面。

由于种种原因，一些学习成绩很好的高中毕业生没有跨入大学校门，只能无奈地选择考入师范。有了保送进高校深造的宝贵机遇，对他们今后的事业发展起到了巨大的推动作用。如今，好几位当年张克让任校长时从靖远师范保送至师大、师专深造过的学生，都已成为省内各单位的骨干。每当他们和张克让校长欢聚一堂时，仍念念不忘老校长对他们的厚爱和栽培。

在靖远师范工作的一年时间里，张克让就像陀螺一样高速运转着。而就在头绪繁多的工作重压下，他时刻关注并积极实施着教学改革。

　　为了尽快掌握靖远师范的教学情况，张克让四处听、到处看，通过自己细致的观察了解，力争做到心中有数。他掌握教学情况的途径主要有两条：一是广泛地找师生谈话，二是不断去班上听课。通过这两条途径，他逐渐了解到靖远师范教师的水平普遍不错，但教学改革动静不大。"向教改要质量"，这是他一贯的主张。为了提高靖远师范的教学质量，他决定亲自"下水"，搞一次观摩教学。但当他在全校教职工大会上宣布了这一决定后，有位好心的老师却劝他："张校长，您想尽快推动我校的教改，这种心情完全可以理解，您大胆示范的气魄也是难能可贵的。但我们的学生已习惯了老一套的传统教法，到时候学生能不能好好配合您，真令人担心。万一学生们配合不上，您启而不发、问而不答，出现冷场的尴尬局面，岂不是有损于您在全省语文教学界的声誉？您才调到咱们学校不久，万一砸了锅，会给您以后的工作带来一定的不利影响。因此，您要不要亲自搞观摩教学，我建议您还是慎重为好。"听了这番话，张克让却固执地说："我认为搞观摩教学，不会影响我今后的工作。谁也没有规定，观摩教学必须百分百的成功。即使失败了，也可以从中吸取教训嘛！我主要想通过观摩教学，请大家看看我在中学时试验过的一些新教法，抛砖引玉，从而引发大家对教改的讨论，使大家都关心教改、研讨教改并实践教改。"看到张克让态度如此坚定，这位老师就再也不好说什么。

　　经向学生征求意见，他决定讲鲁迅的《狂人日记》，示范"长文短教"。这篇小说，据语文组的老师讲，他们以前至少要安排 5 个课时，还显得时间很紧张。他决定这次"以主代次"，只安排 2 个课时。通过认真分析，他只提出三个问题让学生预习。(1) 开头的"小序"在全文中起什么作用？(2)"古久先生"、"赵贵翁"、"赵家的狗"、"路上的人"、"大哥"、"医生"、"小孩子"各是什么人？有的人"吃人"，有的说吃得"有理"，这说明了什么？(3) 小说以"救救孩子"结尾，意义何在？他认为，解决了第一个问题，就掌握了理解《狂人日记》的钥匙；解决了第二个问题，就弄懂了各节的知识联系；解决了第三个问题，就深化了文章的主题。这三个问题有的放矢、箭无虚发、量少质高、事半功倍。课堂上，他边提问边议论，边回答边总结，最后轻松地解决了他提出的三个问题，也就真正懂得了《狂人日记》的深刻含义。花时少，效果好，真正起到了示范作用，颇受师生欢迎。

　　为了进一步增强老师们的教改信心，张克让又让教务处的老师到班上征求他观摩教学的意见。学生们普遍反映：有重点地讲就是比面面俱到好，在教师指导下让学生活动就是比教师唱独角戏好，学会捕鱼的技术就是比教师给学生几条鱼好。有的学生说得更直率："我们都是未来的老师，我们现在不光是向老师要知识，更要向老师学习怎样教学生。因此，老师不仅要让我们学会，还要让我们会学，更要让我们会教。严格地说，我们师范的老师更要比中学老师重视教改，更要不断研究优秀的教学方法。"

在各教研组的讨论会上，老师们取得了共识：教学必须改革，必须改字字落实为重点突破，"伤其十指，不如断其一指"；必须改教师"满堂灌"为指导学生释疑，改单纯传授知识为主要发展智力和培养能力；改单纯重视智育为既教书又育人；改单纯重视智力因素为智力因素与非智力因素并重；改单纯重视课内为课内外结合。

教师的问题解决了，张克让又召开了一次全校学生大会，亲自动员学生关心教改、支持教改并配合教师搞好教改。这样一来，教师和学生在教改方面有了共同语言，教改进展得很顺利。正如有的学生总结的："师生一条心，争当教改兵。劲往一处使，培养育花人。"

学生一动，当教师的必须快马加鞭。几天之内，不但每个教研组积极组织观摩教学、研讨教改，每个教师也积极行动，主动试验。不久，一个人人关心教改、人人投身教改的生机勃勃的喜人局面就在靖远师范出现了。

教改这样的大事张克让亲自抓落实，一贯"抓大不放小"的他同样注重校园生活中看似无足轻重的"小事"。

十二

弦乐悠扬，管乐高亮；红绸摇曳，彩扇荡漾；舞步轻盈而柔美，歌喉舒展而奔放。热烈的掌声一浪高于一浪，激越的欢呼后场赛过前场。

这是张克让到靖远师范学校上任后看到的首场全校性的文艺演出。平心而论，他觉得师范师生的表演水平显然比中学的师生要技高一筹，但有一点却比不上靖远一中。原来他所在的靖远一中，每次演出都有几个自编节目。因为紧密联系学校实际，深受师生欢迎。而他这次看到师范师生的演出都是现成的节目，只有个别舞蹈利用现成的乐曲自编了一些动作。演出结束后，校团委和学生会的干部来征求他的意见，他开诚布公地说："整台节目水平不错，组织得也很好，说明我校人才济济，很有潜力。但直接反映校园生活的节目不多，联系学校实际的节目更是奇缺。我建议下次演出，每班最少能有一个自编节目，具体表现学校的变化和学生的学习、生活。"校团委和学生会的干部当即赞同他的建议，表示下次演出一定拿出一些自编节目。

校长的"指示"的确有鼓动性，"堂上一呼，阶下百诺"。团委和学生会立即传达了校长的"指示"，各班纷纷闻风而动。但没几天，各班都反映：自编节目实在太难，尤其不知道该如何联系学校的实际，大家都担心自编节目会降低演出质量，反倒使师生兴趣索然。

这时，张克让突然想到他以前老给学生写"下水文章"的事。为了给学生的自编节目引路并鼓舞学生自编节目的信心，提高自编节目的质量，当天晚上他就动手写出了陕西快板《满怀激情赞靖师》。第二天，他又拿着自己编的快板征求了一些老师的意见，大家都认为写得很切合实际，也很有特色，如果能搬上舞台，效果肯定不错。有位老师还提议："张校长，我建议您把这个快板到各班去说一说，给学生们做个示范，肯定会对他们自编节目有很大的启发。"

说心里话，张克让虽说是位老文艺爱好者，也出演过不少节目，但说快板还是头一回。本来，他编写这段快板只是为了激发学生的创作热情，没想到这位老师一建议，倒将了他一军，他只好从头学起快板来。他专门找了一副说快板用的竹板儿，一边背词，一边练习打竹板儿。不到一周时间，这位年过半百的老人竟能熟练地表演这段快板。

这天下午，张克让在学生会文体部长的陪同下，先去"民教班"做示范。文体部长向学生们介绍说校长要给大家说一段自编的快板，学生们立即鼓掌欢迎。他竹板儿一打，就开始激情四溢地说起来——

打竹板儿，嫽的太（陕西方言，好得很），不尽激情滚滚来。说段快板把靖师赞，不赞咱心里不舒坦。说靖师，道靖师，迈步靖师看仔细，先别说里面怎么样，校门一看就很漂亮……

……

进校门，举目看，教学大楼气如山，装饰美，气魄大，一排排玻璃窗齐刷刷。老师们教得很活泼，学生们学得乐呵呵……

……

绕过楼，往后走，两排报栏雄赳赳，国内外大事天天看，知识永远学不完……

操场上，声震天，龙腾虎跃好壮观……

……

再迈步，进礼堂，合唱队练唱正高昂，《革命歌曲大联唱》，气势如虹真雄壮……

说一千，道一万，成绩全靠劳动换。人心齐，泰山移，功劳全是大家的……老师们要更努力，教书育人是天职；同学们要更勤奋，全面发展向前进。艰苦奋斗永不忘，把靖师建设得更辉煌、更辉煌！

这段1000多字的《满怀激情赞靖师》说到后半部分，张克让逐渐加快了速度；到最后那部分，他越说越快，简直就像打机关枪。他越说越动情，学生们越听越感动，热烈的掌声和欢呼声经久不息。

此后，张克让就一班接一班地巡回示范表演他自编的这段生动活泼寓教于乐的快板，从而使学生们很快拓展了视野、开阔了思路，极大地调动了师生们联系实际自编节目的积极性和主动性。很快，"民教班"就有位学生编写了独角小品《国外来信》，一位音乐老师谱写了女声独唱歌曲《校园晨曲》。

这学期的第二次全校演出，每个班至少有一两个自编节目，其中有表演唱、舞蹈、小品、对口词、武术表演等，琳琅满目，生动活泼，联系实际，贴近生活，赢得了全校师生的盛赞。演出结束后，不少自编节目都获了奖。诙谐幽默、寓教于乐的独角小品《国外来信》和声情并茂、委婉动听的女声独唱《校园晨曲》不负众望，荣获一等奖。

从此，靖远师范每次文艺演出，都有自编节目，而且越编越好，越演越精彩。

1991年，张克让从靖远师范校长调任甘肃教育学院副院长。学校分工让他主管四处（教务处、学生处、人事处、财务处）、一室（办公室）、一馆（图书馆）。事务繁忙，头绪很多，他有再大的精力也不可能把这一系列工作抓得很具体、很细致。他就尽量放手，充分发挥各处室同志们的积极性，让他们尽可能地出主意、想办法，搞好各自的本职工作。他明确告诉各处室的同志们，只要大家觉得可行的事，尽可放开手脚去干，不一定凡事都向他"请示"；但干过之后，必须让他知道，否则别人问他时，他一问三不知，很难堪，很被动。事实证明，他这样做的效果，要比事必躬亲面面俱到好得多。他不仅可以腾出身来抓那些非他莫属的大事、急事、要事，处室的同志们也可以充分发挥各自的特长，舒心愉快地干好工作。由于他工作方法得当，亲和力强，经常深入自己主管的处室与同志们一道研讨解决工作中的困难。一些过去老大难的遗留问题很快迎刃而解，一些过去没有涉及的工作也创造性地出色完成了。当年教育学院教务处处长李志强，现在已担任甘肃联合大学的党委书记，至今谈起张克让副院长主管教务处时的工作，还情不自禁地说："张院长主管教务处的那段时间，我们的工作干得最顺心，工作效率也最高。"

由于脱开了繁冗、琐屑的杂务，张克让腾出精力抓了三件大事。

当时，甘肃教育学院办学规模较小，全校只有学生600多人，再加上硬件设施不齐备，说实话，就不像个大学的样子。有规模才能见效益，为此，学校研究后提出"适度规模"的发展规划。根据学校决定，他倾注全力，为扩大办学规模四处奔波。首先是申请增设专业，通过多方努力，不但新成立了音乐系、美术系和体育系，而且还争取到了一个书法专业。尤其是书法专业，批得异常艰难。当时，全省高校只给甘肃教育学院批了书法专业，就连兰州大学、西北师大这样很有实力的高校都没批书法专业，可见甘肃教育学院的书法专业的确来之不易。令人扼腕叹息的是，他退休后时间不长，甘肃教育学院的书法专业就再没招生。为了扩大办学规模，他亲自赴省内的一些兄弟院校积极斡旋、多方争取，取得了可喜的成效。1996年他退休时，教育学院的学生已由原来的600多人增加到2000多人，办学规模扩大了三倍多。

办学规模扩大了，教学人员和行政人员就得紧紧跟上。充实教职工队伍成了张克让紧接着解决的问题。除了每年接纳一批优秀大学毕业生来校任教外，他还有意接收一批大中专生来校搞行政。当时，一般来说，大中专学生进校搞行政要比本科生安心得多、卖力得多。同时，他还从其他高校引进一些骨干教师和有能力的干部，加强学院的教学力量，充实学院的行政队伍。在接收和引进人才上，他坚持的原则只有一条：爱岗敬业，业务过硬。为了引进人才，他唯才是举，无论亲疏远近，只要是对学院工作有用的人才，他一律招贤纳士。有个别人偏激地说他尽往学院接收或引进的是他熟悉的人，流言飞语传进他耳中时，他坦荡地说："荐贤不避亲，我没有一丝私心杂念，只求给学院引进急需的人才。"事实胜于雄辩，凡他给学院引进或接收的人才，无论教师还是干部，都成为各专业和各部门的中坚力量。至今，甘肃教育学院和甘肃联合大学两校合并后的甘肃联合大学中的许多他当年接收或引进的人才，已成为各专业或各部门不可或缺、独当一面的骨干。

张克让刚进甘肃教育学院时，全校只有两个教授，从很大程度上影响了学校在同类高校中的声誉。一所高校，教授寥寥无几，证明这所高校的教学实力不强，在社会上很难有公信力。经过他和同志们的不懈努力，学院的教授逐渐增加到十多名。当时，副教授也为数不多，与逐年扩大的办学规模极不相称。他就年年跑有关部门争取指标，年年评议上报，几年下来，增加了不少副教授。那一年，根据限额，学院上报了21名副教授。不料省人事厅职改办审查时，一下子就刷掉了8人。这8人大都是接近退休的教师，皆因外语不过关而被刷掉。出于关心爱护老教师的初衷，他认为这些老教师在高校辛辛苦苦一辈子，临到退休连个副教授都评不上，实在太亏了，对他们很不公平。他前后跑了7趟省人事厅、职改办，反复向有关人员陈述情况，请求具体问题具体对待。后来，这8名老教师的副教授全部评上了。至今，这些年逾古稀的老教师说起张克让当年为他们努力争取副教授的事都赞不绝口。

办学规模扩大了，教工队伍充实了，教师职称解决了，张克让又开始琢磨解决个别学生思想浮躁、不安心学习的问题。

十三

充满激情的学院礼堂内座无虚席、掌声雷动。张克让站在主席台上声情并茂地为学生们现身说法，用自己从教三十多年的亲身感受勉励、鼓舞学生们的学习热情和工作斗志。

1990年，甘肃省委宣传部曾组织过一个由7人组成的"知识分子报告团"到省内各高校巡回演讲，张克让就是其中的成员。当时，他和报告团的其他成员到甘肃教育学院演讲时，不知是该校的学员绝大部分是在职教师的缘故，还是该校的政治思想工作做得扎实的原因，台下学员们的掌声比其他任何一所高校都更热烈。因此，教育学院学员给他留下的印象很好。

可让他没想到的是，他进校后，有好几个系主任不止一次来找他反映情况，说个别学生不安心学习，只想混文凭，回去后好评职称、提工资。针对这种现状，他决定为学生们作一次报告，让个别思想不安定、混文凭的学生鼓起勇气，重振雄风。

他的报告分"在逆境中奋起，做生活的强者"和"热爱教育事业，潜心教书育人"两个部分，通过他三十多年艰难跋涉、无怨无悔的大量实例，语重心长、循循善诱地感召在座的学员，使他们切实感受到自己肩负的职责和义不容辞的使命。

在报告的最后部分，他深情地说——

同学们，作为教育战线上的一名老兵，我深深感到，教书育人乐在其中，的确是一种莫大的幸福。但怎样才能享受到这种幸福，关键还在自己。要做好一名教师，绝非轻而易举之事。首先要做到德才兼备，不但要有一颗为教育事业奉献终生的赤胆忠心，在业务上也要精益求精。作为一名教师，必须具备丰富的专业知识，腹内空空，何谈当一名合格的教师？各位同学抛家离舍来到咱们学院深造，困难重重，实属不易。但话又说回来，你们今天的困难再大，也不像我们当年那样路途坎坷、举步维艰。你们现在恰逢党和国家重视知识、尊重人才的大好时光，国家为你们创造了良好的学习环境和学习条件，大家必须珍惜这来之不易的大好时机，克服一切困难，努力学习知识，争当合格人才。即使遇到逆境也不要气馁，困难毕竟是暂时的。只要大家奋力拼搏，尽一切努力使自己成为一名合格的人民教师，就能为国家培养出一大批栋梁之才！

他的话音刚落，礼堂内立即爆发出一阵更热烈的掌声。

当天晚上，正好轮到张克让在学校担任总值班。晚饭后，他特意到白天听了他报告的部分学生的宿舍了解同学们对他报告的反应。一位学生深有感触地对他说："今天听了您的报告，同学们都很受教育。大家都纷纷议论，说您讲的完全是自己的经历和体会，真实具体，亲切生动，使大家深受启发。您坚韧不拔的信念和顽强拼搏的精神，对大家教育很深，鼓舞很大；特别是您热爱教育、无私奉献、百折不挠的高尚师德，更为大家树立了楷模。听完您的报告，同学们一致表示，要向您那样刻苦学习、努力工作、积极拼搏，为教育事业奋斗终生。有些一向学习不努力、只想混文凭的同学，听了您的报告感触更深，受的教育更大，他们表示要立即回头、奋起直追、迎头赶上。"

多年的从教经验告诉张克让，夸夸其谈的"大道理"、漫无边际的连篇空话谁都不愿意听，只有循循善诱的现身说法才能真正感化并鼓舞受教育者的心，才能让他们从低迷颓废的低谷尽快走出来，信心百倍、精神振作地攀登事业的高峰。

1996年底，张克让到期退休。1997年，他正式办理了退休手续回家休息。为教育事业呕心沥血了30多个春秋的他如释重负，终于可以抛开一切繁冗的公务无比惬意地尽享老年幸福生活。这年春节，他在自己家门上撰写了这样一副春联："无拘无束，无忧无虑，潇潇洒洒，退休真好；有亲有友，有酒有肉，热热闹闹，过年诚欢。"横批为："知足常乐"。这副春联形象生动地描绘出他退休后乐观豁达、知足常乐的心态。

退休后的张克让"退而不休"，在自己创造的心旷神怡的生活氛围中幸福地徜徉。

虽说从甘肃教育学院副院长这把"高级干部"的交椅上下来了，但他离不开、也不能离开倾注了很多心血的中学语文教学研讨工作。他从 1992 年担任甘肃省中语会理事长至 2004 年卸任，达 12 年之久，是省中语会成立以来任期最长的一位理事长。退休后，他心无旁骛地专心于省中语会的工作，跟一帮年富力强的中语会成员为甘肃省中学语文教学的改革和发展作出了巨大的贡献。对省中语会的工作，他倾注了满腔热情，付出了无数心血，寄予了殷切期望。

他担任省中语会理事长后，先后于 1993 年和 1998 年召开过省中语会的两届年会，研讨了语文教学改革中的一系列重大问题，总结交流了语文教学改革诸多方面的经验，编辑出版了《中学语文教学改革论文选》、《探索·改革·前进》等学术论文集。1996 年 6 月，省中语会还与《甘肃教育学院学报》合作，编辑出版了《中学语文教学改革论文专刊》。这些论文选集中的论文，观点新颖，论据充分，既有说服力，又有实用性，有力地推进了全省中学语文的教改。

他担任省中语会理事长后，先后于 1993 年和 1994 年两次举办了中小学生作文竞赛和语文夏令营活动，并在此基础上出版了中小学生获奖作文和优秀作文选，有力地推动了语文课外教学。1993 年，在白银市举办了"铜城杯"作文大赛，涌现出不少优秀作者和习作，编辑出版了《白银市中学生优秀作文选》。接着，根据全国中语会的要求，又在全省 30 所重点中学征集、筛选、编辑了《全国名校作文大观·甘肃卷》。从 1994 年 4 月开始，省中语会组织全省中小学和师范学生参加首届"甘肃杯"作文竞赛，全省共有 68 所学校的 10000 多名学生参加了这次竞赛，参加人数和规模在甘肃历史上前所未有。竞赛结束后，分小学、初中、高中（含中师）三个组编辑出版了 3 本首届"甘肃杯"获奖作文选。1994 年和 1996 年，省中语会还协助全国中语会组织甘肃中学生参加了"语文报杯"作文竞赛和"圣陶杯"作文大赛，由于兰州市和庆阳地区参赛人数多、作文质量高，受到全国中语会的表扬。2002 年 6 月，省中语会联合省小语会以及兰州市电教中心举办了首届"甘肃杯"中小学生网上作文大赛；2004 年 4 月，省中语会又和《作文精选》杂志社联合举办了全省中学生作文大赛。这两次作文大赛，参赛人数之多，范围之广，又超过了从前。

他担任省中语会理事长后，积极组织经验交流，全面推动语文教改。1992 年，受全国中语会的委托，省中语会在兰州举办了"全国第二届中青年语文教师课堂教学观摩大赛"，各省市来兰观摩学习的语文教师和教研人员共 700 多人；尤其钱梦龙和魏书生两位全国著名语文特级教师的讲课和报告，使与会者获益匪浅。大赛期间，省中语会同西北师大电教室联合录制了 15 集优秀课堂教学片，在全国进行了交流，反应良好。1994 年，由省中语会副理事长、西北师大中文系吴春晖教授牵头，编辑出版了《新时期中学语文教学改革论文选》，主要收录了吕叔湘、叶圣陶、张志公等语文界老前辈和于漪、陆继椿、钱梦龙、魏书生等一大批语文教改优秀教师的论文，深受广大师生欢迎。1996 年和 1997 年，省中语会响应全国中语会的号召，在全省开展学习"三老"（叶圣陶、吕叔湘、张志公）教育思想，进行素质教育，向课堂要质量，向全体学生要"收成"，特别是向差生要效率的广泛深入的语文教改活动。为使这次活动卓有成效，为结合新教材的使用，省中语会选派几位专家、教授赴庆阳、会宁等革命老区进行讲学和调研，取得了显著的效果。1997 年，省中语会还组织全省中学语文教师参加了全国中语会主办的"三老杯"中学语文教师教学论文大赛，收到论文 100 多篇，经评定，平凉的高爱荣获一等奖，另有 5 位同志分获二、三等奖。

他担任省中语会理事长后，努力发现语文新秀，大力培养教改新人。1992 年，省中语会选拔西北师大附中的语文教师涂胜荣代表甘肃参加"全国第二届中青年语文教师课堂教学观摩大赛"荣获二等奖；1995 年 8 月，西北师大附中的沈如泉荣获"全国青年语文教师课堂教学观摩大赛"二等奖；1998 年 5 月，省中语会选拔西北师大附中的辛万祥老师参加全国中语会举办的"'语文报杯'全国省会城市青年语文教师课堂教学观摩大赛"，荣获一等奖。2002 年、2003 年和 2004 年，继西北师大附中的辛万祥、兰州外国语学校的侯一农和酒泉中学的王秋珍在全国中学语文课堂大赛中获奖后，省中语会又选送西北师大附中的戴小瑾、兰化一中的蒋尧民和兰州一中的许红燕，分别参加了三次全国性的课堂观摩大赛，都获得了二等奖。通过这些活动，不但检阅了甘肃省语文教改的丰硕成果，还为全省培养了一大批教改新秀。

2004 年 11 月，即将卸任的张克让满怀深情地为省中语会第八届年会撰写了这副对联："新课程，新理念，自主、合作、探究；好传统，好方法，启发、诱导、点拨。"字里行间依然充盈着殷切的关注和期望，这无疑是一名曾经的语文教改马前卒的心声。

从省中语会理事长的岗位上离开后，张克让仍然一往情深地关注并研讨着从不舍弃的教育事业。从 1997 年开始，他静下心来著书立说。在原有已发表的几个"教书育人案例"的基础上拓展延伸，用了一年时间，写成 52 个教书育人的生动故事，编辑出版了《滋兰树蕙录——我和我的学生》一书。该书出版发行后，在社会各界尤其是教育界引起强烈的反响和赞誉，广大读者纷纷反映这本书内容翔实、情节感人、寓教于乐、寓教于情，是一部无私奉献、教书育人的范本。1998 年，该书荣获"第五届中国西部地区教育图书"特等奖；1999 年又荣获"中国教育学会'东方杯'科研成果"二等奖。

退休后的张克让为了陶冶情趣，迷恋上了书法。他练书法，从不以此图名谋利，只是刻意追求一种赏心悦目的境界。他曾赋诗形象地表述他练书法是"练字不习帖，笔随心翱翔"。曾经的学生、同事，新朋老友，但凡向他求字者，他都来者不拒，有求必应。每次给求字者写字，他都会根据求字者的身份、爱好或自编诗文或辑录古贤今哲的箴言名句相赠，关爱之情、勖勉之心跃然纸上。新春佳节，他为亲友们撰写春联；婚丧嫁娶，他为当事者撰写贺联、贺诗和挽联、挽诗；亲友乔迁、老人祝寿，他送上喜气洋洋、绵绵祝福的楹联、诗文。有人开口求字，他很快写好相送；即便有的人不好意思开口，他书写好后主动奉送。近一两年，他因患眼底出血目力大不如以前，写字少得多了，但只要有人求字，他还是尽量满足，从不推辞。

除了自己研习书法，多年来，尤其是退休以后，他还潜心收藏书画作品，至今已收藏了数百幅书画作品，其中不乏名家之作。退休后，他先后在靖远、平川、兰州、甘谷举办了规模宏大的书画作品收藏展，赢得了社会各界的一致好评。为了系统地研习和欣赏书画作品，近年来，他自费编著印刷了《鸿爪夕明》等 3 册影文书画作品集，其中既有他个人创作的书画作品，又有他多年收藏的书画作品，琳琅满目，美不胜收。

为老人祝寿、积极弘扬中华民族孝亲敬老的传统美德，成为张克让退休后最热衷的活动。工作期间，他一直忙于公务，孝亲敬老，心有余而力不足。退休后，他把很大一部分精力倾注在孝亲敬老上。

岳父含冤去世，多年来，他都亲赴靖远祭奠。退休后，他每年清明都要回靖远在岳父坟前祭奠，以告慰岳父在天之灵。岳母生日，在靖远、在水泉、在兰州，他每年都跟内兄弟姊妹一道积极为岳母举行生日庆贺活动。

他母亲去世较早，他没有好好报答母亲的养育之恩，终生抱憾。每年清明，他都要去母亲墓前祭扫。

让他颇感欣慰的是，父亲长寿，他就在每年父亲寿诞时为父亲举行隆重的祝寿仪式。他认为，孝亲有两种：一种是物质的，一种是精神的。在物质方面，甘谷老家有弟弟、妹妹悉心赡养老父，生活上衣食无忧。相比之下，父亲的精神享受略显不足。出于这种考虑，从父亲 82 岁开始，他就和靖远的学生及亲朋每年都为老父举办寿诞庆典。规模最大的一次寿诞庆典，光靖远的学生就去了30多人。他们不顾数百里路途颠簸，不辞辛劳地前往甘谷给老人家祝寿，让老人和他均深受感动。从1997年开始至2007年老人去世前，整整十年，每年都为老人举办寿诞庆典。实践证明，举办寿诞庆典活动，一方面使老人家身心愉悦，另一方面对所有参加庆典的人都是一次很好的孝亲敬老的现场教育。由于他的倡导和影响，他家所在的村孝亲敬老蔚然成风。

2007年底，父亲去世，享年93岁。数日之内，参加老人追悼会和葬礼的亲友从靖远、兰州、白银、天水以及甘谷各乡镇纷纷前来，达800多人；收到的花圈、挽幛和挽联达100多个（副）；庄严肃穆的丧葬仪式，让他和家人倍感安慰，使参加悼念活动的人备受教育。

跟孝亲敬老同样能弘扬中华民族传统美德的是，他退休后花很多时间和精力积极参加各种有益身心健康的公益活动以及亲友、同学、师生聚会。

靖远寓兰同乡会是一个自发的民间组织，其主旨是联络靖远籍寓兰同乡为家乡各项事业出谋划策、贡献力量。作为在靖远工作了32年、把靖远视为第二故乡的张克让，多年来，尤其是退休后，积极投身其中，利用自己的影响力和社会活动能力，先后为靖远人民办了不少实事，得到靖远父老乡亲的交口称赞。2009年国庆节，中共靖远县委、靖远县人民政府授予他"为靖远发展作出突出贡献的先进人物"称号。

张克让常年参加的各种聚会有：中学同学聚会、大学同学聚会、当年的老同事聚会、亲友聚会和师生聚会。而他参加的最频繁的聚会，还要数各届学生的聚会。除了经常参加在兰州的学生聚会外，他还多次到北京、白银、天水、定西、靖远、平川、会宁、景泰等地参加学生聚会。与学生欢聚一堂，他纵情地抚今追昔、谈天说地，他潇洒地臧否人生得失、褒贬社会现象、赞美和谐社会、歌颂祖国繁荣昌盛。他畅所欲言，知无不言，言无不尽，在其乐融融的氛围之中，他仿佛又回到天真烂漫、无忧无虑的童年时代。

一贯关爱学生，让热情真挚、乐观豁达的他退休后越来越养成了一种亲和、激越得近乎执拗的"职业病"。那一年春风和煦、丽日高悬之日，他激情澎湃地欣然挥毫写下《职业病》一诗："痼症顽疾职业病，学生面前殊激情。学生晋级心飞进，学生成名血沸腾。造访话语由喷吐，聚会笑谈任纵横。哪怕别人喻阿Q，哪怕别人称神经。咱就爱好老来狂，咱就喜欢老顽童。此生此病已不治，决心携彼阎罗城。"

夕阳无限好，满目夕照明，退休后的张克让在自己营造的精神王国中领悟着生命的真谛，感受着生活的无限美好。

十四

迷人的晨曦再次越过贝尔法斯特城堡，给我们的主人公张克让先生周身镀上一层金色的祥光；拉干河入海口吹来的夏季来临前湿润、温暖的风拂动他花白的头发，这柔美的风也拂动了他强烈的思乡之情。

哦，再过几天，张克让先生就要回到阔别5个月的祖国，回到他日夜思念的母亲河畔，回到他时刻关爱的亲友身边。

沐浴着北爱尔兰灿烂的阳光和和煦的暖风，我们可亲可敬的主人公幸福地笑了……

张生贤　甘肃靖远人。1962年靖远一中初中毕业。历任公社团委书记、县委秘书、省级农口干部人事处长、甘肃省林业厅副厅长、省沙草产业协会副会长，高级政工师。

高财庭　甘肃靖远人。1980年靖远一中高中毕业。历任靖远副县长、白银市文联副主席，现任白银市委党史研究室副主任。系中华诗词学会，中华楹联学会会员。

师克强　甘肃靖远人。曾在靖远县城关中学、靖远人民广播电台、甘肃教育学院工作，现供职于《兰州晨报》。

寸 草 心

——记靖远第一中学校长张克让

杨 俭 何世禄 高志远

1989 年 3 月 25 日，北京，庄严肃穆的人民大会堂。共商国家大事的七届人大二次会议正在这里举行。

甘肃厅里，代表们正在热烈讨论李鹏总理的政府工作报告。一位来自教育战线的代表面对国家有关部委领导、与会代表和中外记者，激情满怀，侃侃而谈："民族要振兴，国家要富强，就不能在教育上瞻前顾后……近百年来，我们的民族吃尽苦头，受到欺辱和蹂躏，苦就苦在我们轻视教育，科学不发达，人民愚昧落后……倘若我们再不重视教育，我们的民族将没有前途……"

他深沉的气质、广博的知识、清楚的思路、新颖的观点，使他的发言掷地有声，赢得了一片赞誉。

他就是第七届全国人大代表、全国教育战线劳动模范、全国先进工作者，中学特级教师、靖远一中校长张克让。

他是一个才华横溢的人。然而，他所走过的历程却充满艰辛，有着暴风骤雨和辛酸的泪水。然而，他始终没有畏惧，没有退却，怀着对共和国教育事业的爱和对社会主义的坚强信念，谱写了一曲激动人心的奋斗乐章。

一

苦涩的岁月，崎岖的山路，磨炼出一个坚强的他……

当有人问起他的经历时，他总是以一种既饱含辛酸又充满自豪的口吻说："我与共和国同命运。"的确如此，共和国遭难他倒霉，共和国兴旺他走运。

1949 年，在中华人民共和国成立的礼炮声中，张克让上了中学。由于受家庭的影响，特别是一生从教的父亲的熏陶，1955年，他以优异的成绩考入西北师范学院中文系。1956年大学毕业后，他来到靖远一中任教。他的专业是中文，可学校却让他教代数、几何、俄语，每周27节课，压得他喘不过气，可他没有怨言，始终坚信党和人民。他夜以继日地工作，白天上课，晚上批改作业、钻研教材、备课。就这样日复一日，他不知熬过了多少个不眠之夜。

1961年，他的"右派"帽子被摘掉了，他的智慧的蓓蕾一朵朵地烂漫怒放了。他由衷地高兴，身上似乎有使不完的劲。他更加废寝忘食地工作，有时一天休息不了几个小时，可他"衣带渐宽终不悔"。有人对他说："你是摘帽右派，干得再好也没有人买你的账，你何必拼命、出人头地呢？"而他却付之一笑。

艰苦的环境，超负荷的运转，致使他两次晕倒在讲台上，学生围拢在他身边，个个噙着泪水，呼唤着张老师——张老师……他苏醒时，望着张张稚气的脸庞，听着他们发自肺腑的心声，欣慰地笑了。

有什么还能比这更高的褒奖呢！有什么还能比这更大的安慰呢！从学生的信赖中他得到了力量，看到了人生的价值。他横下一条心，不管怎样都严格履行教师的天职，积极钻研业务，注意改进教法，不断提高教学质量。

利用业余时间他编剧本，经常熬到深夜一二点，有时甚至苦战通宵。他凭着顽强的毅力，坚韧的精神，写出了文艺作品30余篇、大小剧本50多个。这样，他比较全面地掌握了小说、诗歌、戏剧、散文、曲艺等多种文学形式的创作方法，为他以后多方位多角度地进行语文教学改革，奠定了雄厚的基础。

10年，难熬的10年！当他悲恸欲绝时，耳畔便不时荡起奥斯特洛夫斯基的名言："谁不能燃烧，就只有冒烟——这是定理。生活的烈火万岁！"他想，一个人能为自己的理想坚持不懈地奋斗，永不停息地去探索，去攀登，难道不是最大的幸福吗？事业和我同在，亲人和我同在，祖国和我同在，我永不孤单……

二

巍巍乌兰山拨动琴弦，滔滔黄河水唱起新歌。

党的十一届三中全会的春风，吹遍了祖国大地。张克让的命运发生了新的转机，组织上为他彻底平反，并恢复了他的党籍。此时此刻，张克让的心情久久不能平静。他再次鼓起理想的风帆："我要奋斗，我要拼搏，在有生之年，把失去的时光找回来。"

1982年他当了副校长，1984年又当上了校长，可总不肯丢掉教学，一直战斗在教学第一线。他常对人说："教书育人，其乐无穷，我教书已教上了瘾，不教书就觉得心里不踏实。"

他三十年如一日，以校为家，一心扑在教学上。像火车的驾驶员一样，恪守时间，正点行驶，从不迟到早退，使满载的货物定点装卸。对教材他总是深钻细研，提出问题总是那样地有独到见解。他经常鼓励学生大胆质疑，让学生在课堂上充分讨论，培养学生勤于思考、勇于探索的精神，让学生在课堂上充分讨论，努力培养"创造性"的人才。

他通过引用大量的古典诗文，激发学生的学习兴趣，加深学生对课文的理解，扩大学生的知识视野，提高学生对文言文的阅读能力和欣赏水平。凡是听过他讲课的人，无不赞叹他学识渊博，教法得当。他讲课语言诙谐，谈吐风趣，富于表情而引人入胜。听他的课是一种艺术的享受。

他是教学上的行家里手，也是教学改革上的先锋。除了认真搞好教学工作外，还乐于改革、乐于总结、乐于推广。

在30年的教学实践中，他总结了10个方面的教学教法经验。为了推广这些经验，他还四处"游说"，曾到景泰、白银、天水、陇南等地讲课或介绍经验，深受师生欢迎。一次宁夏海原县老师来听课，正值他有病卧床，为了满足海原同志千里取经的心愿，他带病组织讲课。同志们劝他不要硬撑，但他却认为这是一次检验教改成果的良好机会，也是宣传推广教改经验的良机。于是他硬拖着病身子毅然组织了一堂观摩教学课。

功夫不负有心人。平时的刻苦施教、严格训练，收到了意想不到的效果。几个登台讲课的学生提问、答辩、分析文章的驳论方法，讲得头头是道，既具体生动，又形象逼真。一二十位老师在听课，也毫无惧色。海原老师深有感触地说："学生中存在着巨大潜力，关键在于我们有没有决心去挖掘。改革教学，首先要相信学生，靖远一中走在了前头。"在学校职务评审中，学生评教，他竟得98.5分，名列全校第一。

张克让不仅重视课堂教学，扩大学生的读写量，还积极组织教师开展第二课堂，以弥补课堂教学的不足。如今，靖远一中的第二课堂活动十分活跃。"语文知识讲座"、"课外阅读指导"、"口头、书面作文竞赛"、"诗歌朗诵"、"讲演比赛"，还有

"课外阅读心得交流"、"电影电视座谈讨论",丰富多彩的第二课堂活动的开展,扩大了学生的知识领域,培养了学生的多种技能。

夜晚,静静的。晶莹的星星在无际的天宇闪烁着光芒,忙碌了一天的老师学生睡得多么香甜啊!但他还在聚精会神地修改和撰写文章。由他组织和发起的"乌兰草文学社"主办的《乌兰草》小报已发刊 42 期,发表文章 310 多篇,有力地推动了全校学生的语文学习,并出现了空前的写作热潮。获省级以上奖励和省级以上报刊发表的学生作文已达 70 多篇。而经他亲手修改,推荐的就有 10 多篇。有的还被全国性的刊物《少年文艺》、《中学生》等刊登。

窗外,万籁俱寂,夜幕笼罩了万物。室内灯光闪映,案头堆满了各种书籍,他伏案疾书,将几十年的心血化为点点墨迹,将睿智思想的火花熔炼成慧灵的论文。他的《不似春光,胜似春光》一文刊登在《甘肃省中学语文经验汇编》一书中;《我是怎样领导语文教学改革的》一文选入《甘肃教育论丛》一书;《在语文教学中努力培养和发展学生的求异思维》的论文被全国语文学会选中,1987 年,他代表甘肃去广州参加了全国语文学会第四届年会。由于他亲自带头搞教学实验,且又善于总结经验,他的实践的业绩与智慧的语丝赢得同行的赞誉,先后被选任省、市、县五个学会的副理事长和理事长。

三

张克让对工作像火一样热情,对同志像春天般的温暖,唯独对自己却过分的"苛刻"。

时代的车轮驶进了 20 世纪 80 年代,改革的春风为祖国带来了翻天覆地的变化,也鼓起了张克让进一步创新的风帆。

他反复揣量着、权衡着、计划着……要领导好学校的教学改革,首先要身先士卒,以身作则,充分调动各方面的积极性,这是教改的关键。他常自勉:"教育工作是一项艰苦的劳动,领导怕吃苦,在教师面前说话就没有力量,其身不正焉能正人?"

身为一校之长,处理日常事务就够苦够累的了,但他从未离开课堂,长年累月出入教研室,除外出开会,没有误过学生的一节课。凡是要求教师做到的,他首先做到。

　　张克让管理学校的良方可归纳为八个字："活而不乱，严而不死"。思想教育灵活多变而不乱；制度管理严而不死板。有人说，张校长上任后，校风学风日益好转了，主要是他主持制定的多种规章制度产生了效应。

　　奖惩制度是催人奋进的杠杆。张克让提议，学校拿出一部分钱作为奖金，用于奖励出勤率高、发表论文多、教学成绩优异的教师。从此，学校出现了认真搞好教学和班主任工作，积极辅导学生参加第二课堂活动和踊跃撰写论文的喜人局面。他还为文学社捐献活动经费 300 元，给学校捐赠《辞海》一部。在他的辛勤培育下，学校结出了丰硕的果实，有不少教师和学生发表了论文，有的还在征文比赛中获奖。他也荣获白银市优秀学校管理园丁奖。

　　张克让经常无微不至地关怀和照顾老师。1987 年，定西地区语文教研会第二届年会举行公开教学。这副担子压在了一个刚从农村调来的教师张秀英肩上。从确定课文、定重点、难点到安排教程、写教案甚至准备教具，他都亲自参与、亲自指导。结果，张秀英的课讲得很成功，受到听课代表的高度赞扬。

　　老教师张彦的妻子病重住院，老教师刘毓峰患脑血栓，中风不语，他们需要治疗，需要组织照顾，需要精神鼓励。他亲自把刘老师送往医院，派人给张老师送去 800 元医疗费和生活费，张老师哭了，刘老师能说话了。刘老师病未痊愈就坚持上课，并激动地说："领导这样关心我，我哪能闲蹲着呀！"

　　他对待学生就像自己的孩子一样。一次学生宿舍着火，4 名学生的被褥衣物烧毁一空。学习、生活有了困难，他深感内疚，责备自己没有尽到责任。亲自动员全校师生给受灾同学捐款。师生们伸出了热情的手，有的捐献人民币，有的送来了衣物，有的拿来了粮票。借此，学校召开了为受捐同学发放被褥大会，对全校师生进行了一次生动的共产主义教育。1985 年，有位高三学生因受社会不良风气影响，对生活失去信心，学习疲疲踏踏，打架闹事，影响极坏。师生们认为这个学生是"害群之马"不可救药。但他却伸出了温暖的手，一次又一次地谈心、家访。推心置腹的话语、情理交融的开导，使这个学生感动得失声痛哭。之后，这位学生以超人的毅力，痛改前非，刻苦学习，考上了大学。

　　他就是这样竭诚待人，忠实憨厚，他当官不像官，和普通教师没有什么两样。1984 年以前，分房他总是让给别人，自己一家却住在已有 4 厘米宽裂缝的危房里。评定奖励工作，硬是让给了一位教龄比他长的外地教师。在物质利益面前，他像托排球那样，把好处托给别人。

他凭着一颗"黄河儿女"的赤诚之心，用"理想之光"普照着教师的心田。

要招来金凤凰，必栽梧桐树。要让教师安心施教，必须改善办学条件和生活条件。近年来，张克让把师生的温暖记在心上，四处奔波，积极筹资，先后开辟了校办工厂和服务业，新建校舍80多间，二层女生宿舍楼一栋，教师家属住房28院，3800平方米，教学大楼一座。使校舍紧张的局面缓解了，不少家属子女就业问题得到了解决。这样学生高兴了，教师的积极性也更高了。

张克让对师生想得那么多，那么周到，但对自己却考虑得很少很少。他患有严重胃炎，手脚老是烧得怕人。他每天起床发呕恶心，但他从不声张。他把住院通知单悄悄地塞进口袋，以顽强的意志和献身精神，投入改革的洪流，在教书育人的轨迹上超负荷运行，用不熄的生命之光拼搏、抗争。妻子拿他没办法，有时成天找不着他，看到丈夫一心为工作的傻劲，她眼里噙着泪花，心痛地嗔怪他……

春风化雨，点点滴滴，只要形成气候，就是一种无形的力量。在改革的大潮中，靖远一中，激流勇进，人才辈出，教学质量一直名列全省前茅。自1977年恢复高考制度以来，为大中专院校输送新生1909人，仅1988年就输送253名。学校多次被评为省、市、县先进集体，他本人也获得了不少荣誉。学校师生亲切地称张克让是："政治思想的清醒人，奋力拼搏的顽强人，教育事业的痴情人，教学改革的带头人，学校管理的探路人，廉洁奉公的清白人。"而他却说："以前的成绩只能说明过去，未来还需要新的劳动去开拓，去创造。"

按理说，张克让功成名就了。然而，他却始终信奉拼搏的哲学，在改革的大潮里，他要当一辈子弄潮儿。

（选自甘肃人民出版社出版的《陇原英模》第二卷）

杨　俭　甘肃靖远人。曾任靖远县平堡乡副书记，靖远县人大法工委副主任，现任靖远县改水办书记。

何世禄　甘肃靖远人。曾任中共靖远县委办公室主任，现任白银市政府督察室副主任。

高志远　甘肃靖远人。曾任靖远县政府办公室主任，乌兰镇党委书记等。

桃李報春

1998 年，在兰州饭店，师生欢聚后合影（前排中间为张克让先生）

2010 年 6 月，在白银万盛饭店，师生欢聚后合影（前排中间为张克让先生）

难忘的岁月

卢毓芳

20 世纪 50 年代是个充满激情燃烧的岁月。1956 年秋，我从高台县解放街小学毕业，因被评为"三好生"保送上了高台一中。

高台一中是全县唯一的一所高级中学。校党委书记王志仁（兼共青团县委书记），陕西人，喜欢文艺，年轻热情有闯劲。1958 年，他把学校办成了"人民公社"，不仅动员全校师生吃大锅饭，还成立了"木工厂"、"铁工厂"、"砖瓦厂"；尤其重视文艺宣传，成立了规模空前的"文工团"。制戏装、集道具、调集文艺特长的教师做编导。就在这个时候，张克让老师同他的同学梁爱玲等由当时的甘肃师范大学（现西北师范大学）来这里实习。说起他们，可真是能歌善舞、学识渊博、多才多艺的能人。尤其是张克让老师更为突出，他不仅语文课讲得精彩，文学功力深厚，而且戏也演得好，也是一位艺著超群的编导。

记得，那是个春华季节，校园里已经是红柳绽放、渠水流淌之时。课前教导主任先到教室介绍新来的师大实习老师给我们班上语文课。上课铃声响了，新老师笑嘻嘻地走进教室，上了讲台，这位新老师就是张克让，看样子大约二十岁刚过，个头瘦小，前额宽大，像个饱学之士。他先作自我介绍，然后转身手起笔落，在黑板上写下了自己的名字"张克让"三个字。字写得潇洒利落。有意思的是他对这三个字逐一作了庄重又风趣的解释，引得大家很开心。我年纪小，坐在前排正中，课桌正对着台上的讲桌。本想趁语文课抓紧丢个盹儿打个瞌睡的，听他这么个开场白，倒是提了神，想听他讲点什么。

他先是从"语文"两字讲起，讲语言与文字的关系，语言与文字是如何产生的？语言又是如何通过文字表达的？不同凡响的是他的举例是从中国几部古典文学名著《三国演义》、《水浒传》中的人物语言文字讲起的，使人耳目一新，大家都瞪大了眼睛凝神听课！张老师讲起"三国"、"水浒"如数家珍，且口若悬河、滔滔不绝。讲刘、关、张如何桃园三结义？三顾茅庐是哪三顾？《水浒传》中的英雄武松、林冲是如何被逼上梁山的？作者是怎样传承了中国文化？怎样使用极简练美妙的生花妙笔，生动传神，画龙点睛？中国语言文字的独到之处与中华民族汉语言的几千年文字积淀与艺术传承……整堂课深入浅出妙语连珠，没有一句废话不多看讲稿，如同火山喷发——一股脑儿地把多年所学知识积累的能量来了一次总喷发！他的语言表达得酣畅淋漓，没有一点矫揉造作，故弄玄虚，而是一次全身心地倾诉和自然地流淌！他把自己完全溶化在对中国语言文学的热爱之中。讲得兴奋时，双手比划不断，仿佛把自己带进了当年叱咤风云的时代与人物当中，成为人们崇拜和赞叹的一员。

呵！这堂语文课听得很过瘾！同学们个个听得张耳结舌，喉咙里不时地发出"嘿哈"的赞叹之声。

此后，班里又掀起了读古典文学名著的热潮。《三国演义》、《水浒传》等几部名著在同学们中间轮流传阅，十分抢手。我因抢不到，便到学校图书馆去找。根本找不到，便在书架上顺手牵羊，将几部古典小说《镜花缘》、《警世通言》等借来一阅，以饱眼福，以飨此结。

说起文工团，那可是高台一中的一大亮点，不仅有学校党委书记的重视支持，而且有师大实习老师的具体参与，加上全校教职员工各层面的挑选推荐，一大批能歌善舞的精英都汇集到了文工团里。我和石金玉、周桂兰、周明都是文工团首批骨干。在张克让、梁爱玲等实习老师的直接参与和编导下，文工团先后排演出大型眉户剧《梁秋燕》，大型歌剧《红色的种子》、《刘胡兰》、《赤卫军》、《果园姐妹》，并根据西路军高台战役的史料，自编自演歌剧《一切为了红军》，参加甘肃省群众文艺会演。

文化的宣传魅力，艺术的感染能量，学校的培育环境，造就了文工团首批精英，如团长孙光祥、副团长刘淑慧、周明和我被选拔到专业歌舞团从事文艺工作。

张克让老师秦腔唱得堪称一绝，在他的影响下，文工团的后期向戏剧发展，在二任文工团团长张思信的带动下，在学校领导的大力支持下，学校从上海购置戏装，委派精英赴张掖七一秦剧团学习、观摩。又排练演出秦腔《周仁悔路》、《花亭相会》、《杀裴生》、《争先锋》、《杀狗劝妻》、《赵云闯宫》和陇剧《枫洛池》等。

年仅十四岁的张思信把独角戏《周仁悔路》演得惟妙惟肖，声情并茂，浑然天成，唱、念、做、打十分娴熟。时任张掖地委书记的高鹤大来高台视察工作，也要点名观赏文工团秦腔折子戏。

文工团的戏演得轰动了社会，每到周六学校大礼堂对外售票演出，场场爆满，难求一票，可谓盛况空前！文工团还不时下基层为工农兵演出，曾到四满口煤矿、岔路河煤矿、临泽辽泉等工矿、农村慰问演出。

当时，师大实习老师梁爱玲扮演《红色的种子》的女主角，张克让老师扮演剧中反面角色瘸保长，演出效果极好。张老师在《果园姐妹》中扮演栗子树，我演二妹，张老师为了让栗子树更形象，他独出心裁地找来绿色颜料化妆脸谱，使栗子树的形象更加逼真可爱，他一出场便赢得台下喝彩。

一年的实习期很快到了。大家都舍不得这批实习老师离校，尤其是张克让老师，他不但课讲得好，而且戏也演得好，人品更好。师生们都很喜欢他，纷纷向学校党委要求留下这批年轻而充满活力的新老师。然而落花有意，流水无情，这批实习老师最终还是返回师大去了。张克让老师因为演戏被绿色颜料感染，脸面肿得很厉害走不开，这么一来，我们知道后倒很高兴，希望学校借此留下他！但最终这个愿望并未实现，后来他还是返校回师大，被分配到别的地方去了，真是憾事！

卢毓芳　甘肃高台人。1958年高台一中初中毕业。现任甘肃省文联调研员，系中国戏剧家协会会员。

永恒的记忆

吴贵华

光阴荏苒，时岁更移。回眸人生走过的里程，确似大梦方醒，弹指一挥间。20世纪 50 年代中后期，我在靖远中学上完了初中，接着又在靖远一中完成了高中学业，于 1961 年秋毕业步入社会，时至今日，算起来已经整整半个世纪了。五十年来那段轰轰烈烈、风风雨雨的不平凡岁月，真使人回味无穷：有课堂上的憧憬和遐想，有课外的追逐和锻炼，有大炼钢铁、下乡支农放卫星的狂热，更有"阶级斗争"中历次政治运动的冲击震撼……然而更使我永远难以忘却的是并未给我上过课的张克让先生。他给我留下了永恒的记忆。

一

人们在回忆往事时，有时喜欢从秋季写起，因为秋天惠风和畅，天高云淡，气候怡人，金灿灿、沉甸甸，是收获的季节。难怪古之贤达们对秋天有那样多的别称：三秋、九秋、素秋、商秋等，不一而足。唐诗曰："停车坐爱枫林晚，霜叶红于二月花。"这正说明人们对金秋之钟爱，到了流连忘返的程度。张先生正是在 1959 年金秋开学之初调入靖远一中任教的。

张先生毕业于西北师范大学中文系，是该系的高才生，听说对我国四部古典小说《三国演义》、《水浒传》、《西游记》、《红楼梦》情有独钟，特别是《红楼梦》中的精辟章回和诗句，能一字不漏地背诵下来，这使我们这帮高二学生十分渴望张先生为我们上语文课，以聆先生之高教，以睹先生之风采。但开课后，学校派先生给初中教代数、几何等课，不让教语文课，这使我们陷入迷茫之中。后来才知道张老师在毕业前的 1957 年"反右"运动中被错划为右派，这在当时可算是天大的事了，作为老师不仅文史课不能上，就连一些活动亦受到限制，又使我们对"木秀于林风必摧之，石临于岸水必湍之"的道理有了新的认识，不禁为张先生暗暗怀有不平与惋惜之情。

张先生来校时，二十刚出头，个儿不高，留着偏分头，身着朴素干净的蓝色中山装，有时换穿一身旧帆布工作服，走起路来精神饱满，挺胸阔步，总是微露笑容，满脸春风，没有丝毫愁眉苦脸状，总是充溢着自信与希望。我与好友雒成亮同学聊及张老师时，内心总是充满了敬仰之情。这就是张克让老师初到学校时给我及其他同学留下的深刻印象。至今每遇先生面，总觉得他还是那样乐观、豁达和自信，始终充满着青春的活力，让人无限崇敬之。这种感染力，源于自身的深刻修养和学识，正如孔子所说："君子不重则不威，学则不固。"

二

1959年是中华人民共和国成立十周年大庆。当时我在一中学生会负责宣传工作。张先生一到任，学校并不因为他是右派而不重用他，反之用其所长，委以重任，让张先生和任笃宽老师一起共同抓学校文工团工作。在二位先生的具体领导下，学校文工团生气勃勃，成果丰硕。张先生抓编剧与导演，任先生管乐队与布景，我与雒成亮等同学参与演出和服务工作，用不到一个月时间，排练了十多出精彩节目，在国庆期间演出。其中由先生自编、自导、自演的节目有三，并受到嘉奖。自此，我们与张先生接触甚密，课余时间几乎形影不离，谈说之间受益匪浅，深感"听君一席话，胜读十年书"，逐渐对先生天赋之敏睿、学识之渊博、志向之高远、心底之无私有了进一步了解和认识。

其一，先生是一位兼通百家的学者。如前所说，先生在师大读书期间，广泛涉猎，古今中外无不研习，从先秦之作、两汉史书、唐诗宋词到明清小说，均博览研读。因此，在高中语文教学中，讲到哪里用到哪里，触类旁通，娴熟精妙，听过先生报告和讲课者，无不拍手称赞。学生说："靖远中学文科方面有两位泰斗，前有姜慨仁后有张克让"，此话不假。其名讳仁义礼智信、温良恭俭让，前有仁，后有让，仁义之师，谦恭之情，兼而有之，妙极了！

其二，先生是一位锐意改革的勇者。1984年张老师任靖远一中校长后，首先大胆改革教师管理制度，礼贤下士、任人唯贤，亲自去北湾乡请回顾志鸿老师，让其担任高三班主任和语文教学工作，这在教师中引起了强烈反响，并将一大批青年教师推向高三教学第一线，极大地调动了全校教师的工作积极性，也推动了我县乡下中学的教学改革工作。我所在的平堡中学还组织全体教师赴一中观摩取经。数年中先生率先垂范，以身作则，在其所教语文课堂教学中，锐意改革，不断探索，总结出了一套行之有效的新教学方法，并在全市推广，收到了良好的效果。

其三，先生是一位才储八斗的智者。前面提到他不仅会写剧本，还会导演和表演。1960年先生和学生雒成亮共同创作导演了大型眉户剧《高山流水》。该剧以引洮工程为背景，塑造了积极投身引洮工程建设中的英雄模范群体，讴歌了敢想敢说敢干的创造精神，在定西地区及县上演出后，效果很好，受到地县两级的表扬和奖励。在粉碎"四人帮"之后和改革开放中，先生自编自演了不少文艺节目，不仅丰富活跃了学校文化生活，还宣传歌颂了时代主旋律。先生又是楹联作家和诗人，在学校和社会上，先生的诗作和楹联遍布全县和省城，影响极大，评价极高；其书法作品自成一体，独领风骚，在书法界反响不俗、评价看好。在文字学领域，造诣颇深，有口皆碑。

其四，先生又是一位循循善诱的良师。我与先生相处虽然仅仅两年有余，然而所受熏陶感染颇深，至今记忆犹新。他在导演节目过程中总是以身示范，不厌其烦，经常为教练剧中人物动作，使其汗流浃背，气喘吁吁，亦无所顾忌。在教学与教育学生中，更是循循善诱，诲人不倦。据张先生所教学生反映，他所实施的"以练代讲、争辩求异"的教学方法，其核心是贯穿启发诱导的教育原则。在作文教学中，先生所采用的"范文引领、读写结合、口头作文、当堂讲评"的方法更体现了循循善诱、诲人不倦的教育思想。在班主任工作中，先生始终把"动之以情、晓之以理、导之以行"作为教育学生的灵魂贯穿始终。这就是一位教育家的高尚情操。

其五，先生还是一位胸怀坦荡的益友。子曰："君子坦荡荡，小人常戚戚。"是的，张先生正是一位心底无私、胸怀坦荡的正人君子，他没有丝毫戚戚之情，逆境中他不坠青云之志，总是乐观向上，面对现实，正视一切。在1960年前后，无论是政治形势，还是经济环境均十分恶劣，先生除了正确对待自己而外，经常勉励我们要克服困难，生活一定会转好的。在先生的鼓励下，我们顺利地完成了高中学业，并健康地走向了社会。1961 年 7 月，我们高中就要毕业了，我和雒成亮同学前往先生的简陋住所请他为我们的毕业照题词，先生写下了这样的话："万紫千红，万象更新，东风握手，万马奔腾。"这十六字的题词句句铿锵，字字千钧，既是万紫千红，又是万象更新，更是万马奔腾，前景多么光明，真是东风握手一路顺风啊！后来我参加高考因志愿报得过高落选了，他见到我时拍着我的肩膀说："贵华，不要气馁，我相信你今后会更好！"这就是一位良师益友的诤言，我将永恒铭记。

其六，先生更是一位德高为范的楷模，高风亮节的义士，孝悌为先的仁者……在此就不一一而论了！

三

孟子曰："天将降大任于斯人也，必先苦其心志，劳其筋骨，饿其体肤，空乏其身，行拂乱其所为，所以动心忍性，增益其所不能。"圣言之谓先生者也。1978 年十一届三中全会之后，先生错划"右派"之冤屈得以平反昭雪，十年苦其心志，十年劳其筋骨，春风得意之时终于到来。这是必然的，更是应该的。张先生于 1982 年出任靖远一中副校长，1984 年任校长，1986 年被评为全国教育系统劳模，1988 年当选为全国七届人大代表，1989 年被国务院授予"全国劳动模范"称号，1990 年出任靖远师范校长，1991 年升任甘肃教育学院副院长（副厅级）。中学高级教师，特级教师，甘肃省中语会理事长和甘肃省教育学会副会长。1997 年退休。

在我离开靖远一中的五十年中，间或之间能与张先生见面。每次相见虽然时间甚短，然而感慨颇多，总会引起不少回忆。在粉碎"四人帮"的文艺会演中我见到过他；在 1984 年靖远县教育界"双先"会上聆听了他的精彩发言；在每年县教育局召开的学区、中学校长会上遇过面。1994 年我带着家乡产的苹果专程去兰州看望张先生。这回是先生夫人雒女士在其寓所接待了我。因未见先生面又驱车去省教育学院见到了他。在他办公室里怕影响公务，我们寒暄了几句就匆忙离去。2010 年 8 月 22 日，中医学院教授正中偌在其家中举行"中庸学院"创立挂牌仪式，寓兰靖远籍同仁近百人前来祝贺，内中就有张克让先生，当师生二人紧紧握住手时，记忆的长河不尽浪花翻腾，因此就有了以上这些不成文的唠叨话语，并将这永恒的记忆作为学生对张先生的衷心祝福。

毛泽东词《卜算子·咏梅》结束句言："待到山花烂漫时，她在丛中笑。"愿张克让先生在桃李满园的芬芳烂漫中，笑得更加神采奕奕；在为霞满天的晚年，健康长寿吧！

吴贵华　甘肃靖远人。1961年靖远一中高中毕业。先后在靖远大芦中学、打拉池中学任教，曾任平堡中学校长、党支部书记。

他心里装的全是学生

雒成亮

1959年秋，我上高二，张克让老师也从西北师大中文系毕业分配到了靖远一中。我初次见他是在学校的文工团里，他正给两位小同学排练黄梅戏《打猪草》，又排又演，又唱又跳，生动风趣，自然活跃，一下子引起了我对他的极大兴趣。他又是说，又是笑，口齿伶俐，精干活泼，好像全身有使不完的劲儿，一看就知道是位非常有才干的老师。后来听其他老师说，张老师是师大中文系正正规规的本科生，学问高，人品正，德行好，还特别喜欢写作，什么小演唱、小剧本、快板、相声，出口成章。事实果真是这样，来校没多久，他便根据靖远三合植棉能手张映昺种棉花的生活实际，创作排演了《四姐妹拾棉花》，宣传新人新事，深受群众喜爱。我看在眼里，乐在心上。我爱好语文，喜欢写作，正好对上胃口。心想这下可遇到好老师了，但这种希望渐渐地变成了失望。因为历史的缘故，让年轻有为的张老师在学生时期就不公正地戴上了"右派"帽子，蒙受冤屈，分到靖远一中任教。更令人不解的是才不为所用，明明是大学语文专业的高材生，却偏偏让他教初中的数学和俄语，说是"思想有问题"，不能教语文。工作不被重用，分配的课程牛头不对马嘴，生活上还受到歧视，他同另一位姓魏的骨干老师被安排在拉水车夫住的一间马棚旁边的小房间里住宿，墙壁漆黑，门窗破旧，土炕上只铺了一张破席。这下可让我们这些幼稚的学生傻眼了，想聆听张老师的精彩讲课不可能了，想让张老师登台献艺也不可能了，想和张老师密切接触更会引起一些人的监视非议，说你"界线不清"、"立场不稳"。那该怎么办？同学们忧心忡忡，想来想去，大家认为，我们来学校的目的就是为了读书，为了学知识，学本事，失去了有才能的老师，我们到哪里去学呢？于是便采用"游击战术"，趁人不注意，悄悄摸进张老师居住的"四合院"，学现代文学，学古代汉语，学写作技巧，学文言文法。他通俗易懂、深入浅出的讲解，虽然不在课堂上，但胜似课堂，我们受益匪浅。毫不夸张地说，是他的精心辅导，打开了我上大学文科的大门！

因为张老师心里装着学生，所以他只要看到学生有困难，都会竭尽全力去扶持，促其成才。不管在什么时候，也不管有多忙，只要学生向他请教，他总是满面笑容，和蔼可亲，从不推辞，一一解答。在生活上，只要发现学生处于困境，他都会想尽一切办法，尽力去帮助解决。1960年生活极端困难，我饿得皮包骨头，几乎放弃学业。张老师看在眼里，急在心上。当时他也非常困难，无法吃饱肚子，但还是尽自己的微薄之力，扶危济困。记得有一次，语文教研室门前的空地上种了几株番瓜，长成后给老师们一人分了一个。张老师便将自己的一个拿回宿舍，立即切成碎块，煮了一脸盆。他把几个经常吃不饱、几乎要辍学的学生叫去，一人分了多半碗。我便含着热泪狼吞虎咽地吃了起来。看着大家吃得正香，张老师乐呵呵地发言："学习的机会失掉不能复得，哪怕有多大的困难都要坚持住，绝对不能放弃学业！"我知道这话是针对我说的。半碗番瓜汤，一句铿锵有力暖人心的教诲，挽救了我，坚定了我继续读书求学的信心，最终鼓励我学有所成，成为一名教师，能为人民的教育事业出力流汗。

古往今来，"传道、授业、解惑"是为师的根本。张老师以教为乐，以师为荣，几十年如一日，最忠实地实践了这一至理名言。他把与学生接触的每一个场合都当做育人成才的机会，给学生上课是这样，就是把文工团也作为传道、授业、育人的重要园地。他不单是以喜闻乐见的文艺形式给人以欢乐，更重要的是以健康向上的内容去"传道"，宣传群众，教育学生。如像排演《红色的种子》、《三月三》、《张大嫂借驴》、《夫妻观灯》、《逛新城》、《扫肓哨》等一系列节目，让我们深受革命传统、集体主义精神、热爱美好生活等多方面的教育，在提高思想道德水平的同时，也充分享受欢乐与艺术之美。我们知道，张老师想发挥他的才能，想干好他的本行，教好语文课，这在当时已经没有机会了，但他想专心"授业"，培养学生写作能力的心并不因此而"结冰"。他不仅选戏、排戏、演戏，而且还教学生写戏。比如说对我，他专门去书店买了一本《写戏常识》赠给我，让我学写剧本，找素材练习。他白天要教书，课外要参加"劳动改造"，晚上备课，批改作业，在教研组其他老师下班之后，还要叫我到教研室开夜车创作剧本，吃单锅饭，指导修改，往往熬到深夜或东方发白。指导我创作了眉户剧《四朵红花》，被县上推荐参加了定西地区业余文艺工作者会议，有幸聆听了现代著名诗人李季的精彩演讲，到如今我还记忆犹新。

我和张老师一块学习生活虽然只有短短两年时间，但其间的师生情谊却胜过十年、几十年。张老师虽然没有在讲堂上给我授过课，但他对我语文程度的提高不亚于任何一位教过我的语文老师；张老师当时心受压力，身受其苦，但他一见到我们这些学生却异常欢乐。过去他把我们一直装在心里，而今我们这些年过古稀的老学生也永远会把张老师的师恩刻在我们的脑海里。

雒成亮　甘肃靖远人。1961年靖远一中高中毕业。皋兰一中原校长、党支部书记，中学特级教师。

散金碎玉缀花鬘

周玉林

一、全才+全能

我跟克让先生第一次晤面，是在靖远一中的墙报上。

记得 1959 年秋月的一天，我走过壁报栏，赫然看到的是一首覆盖了整个版面的长诗。隐约记得标题叫《青春》吧。油然而生的好奇心，促我匆匆而读，觉得蛮好。酒过三巡，主人公的精神风貌，便在我的脑海中飘忽晃动起来，继而变得清晰。打个比方吧，那仿佛徐悲鸿先生笔下的"马"。我驻足良久，宛如听到忽来天际的啸啸长鸣了，似乎也看到它振鬣飞奔的雄姿了。说得更贴切点，它是一团熊熊燃烧的烈火！

——作者是谁呢？

看看署名——"一言"。

——一言又是谁呢？

听说，一言就是张克让。他是刚刚分配到一中的语文教师。

噢——"不简单！"我随即啧啧。

可以后，我纳闷了——

他原本是西北师大 1959 届中文系的高材生，当时还任系党支部书记呢。只因为在那狂飙突起的年代，未能看清动向，帮人家抄写了"帮助党整风"的大字报，便获罪于天，一顶"右派分子"的帽子顿时从天而降……

——"右派"！

啊，"右派"，我不禁毛骨悚然！

1957年秋，我是靖远一中高一年级的一名新生了。记得开学初，当我兴冲冲地跨入校园，迎接我的却是另一番景象——整个大礼堂（已拆）四周，铺天盖地的尽是批判右派分子反动言论的大字报。"'防风林'必须老实交代！""'防风林'必须向人民低头认罪！""负隅顽抗，死路一条！"……那气势，好吓人啊。

哪，"防风林"是谁呢？想必是一位"右派分子"的雅号吧。

以后，学校也组织我们参加过几次批斗"右派"的大会。当然喽，这分明是让我们这些毛羽未丰、未经风浪的年轻人见见世面呗；也为增知识，长才干，磨砺阶级斗争的锋芒呗。

然而，就我来说，更多的则是忧伤和同情。不是吗？省教育厅厅长水梓先生，听说他是一位持正不偏、忧国忧民之士；就说我们学校的几位"右派"吧，诸如魏晋明先生、陈鼎先生等，个个都是教学能手，为同仁所倚重，为学生所敬仰，在社会上都有很好的口碑。那怎么一夜之间就成了"阶级敌人"？令我们"敬而远之"呢？这是否有点"天方夜谭"的味道，抑或比"夜谭"还更"夜谭"一点呢？风雨如磐的夜晚，稍许有个风吹草动，我便难以入睡。耳边响起的是批斗场中那声色俱厉，且近乎歇斯底里的呵斥；眼前依稀晃动的，是在人民民主专政的铁拳之下，不得不大低其头的"认罪者"们……

那克让先生在大学里是如何挨批的呢，本人就不得而知了。总之，欲加之罪，何患无辞……

这是怎样的一幅画面呢？时至今日想起，我仿佛仍感寒意瑟瑟……

午后，我去操场转悠。那是怎样的操场呢？稀稀落落地堆置着一些麦垛。那年头，闹"革命"，连文化课都不甚"文化"了，何况体育呢。忽而，迎面走来两位老师，我慎慎地上前问好。原来是魏晋明先生和张克让先生。通过反右斗争的洗礼，魏先生显然苍老了许多。克让先生则稚气中带有几分成熟，但仍不失其英俊倜傥的风貌。望着晋明先生，我顿时忆起了他的一段"名言"："我是马克思的胡子，列宁的头脑，毛泽东的思想。"他原本是自嘲啊。平日里，魏老师也就幽默风趣一点，可这一幽默，却招来无穷祸患……

二位先生是奉命来打碾粮食的。秋风冷飕飕的，我顿觉一阵凉意袭上心头……

偌大的靖远一中，有那么多老师，又有那么多学生，何苦端端劳驾此二位先生呢？我再次抬起头来看看他们的面貌，便一切都清楚了。我能代劳吗？我有些踯躅……可他们是多好的老师啊！

克让先生是一个"全才"，一个真正的全才。中学课程，没有哪一门能挡住他的。像这样的人才多吗？纵然有，也属乎麟之角，凤之毛了。但这究竟是怎么回事呢？原来克让先生是学中文的，他的对口专业当然是语文了。然而事有奇巧，一个"右"字成全了他。"教语文？可不行！'右派分子'放毒呢！"于是乎，他教起了数学；俄语没人教，他又教起了俄语。反响都挺不错啊。

——哦，他什么都会。以后若有什么课程调不开的，缺什么，他补什么。十八般武艺样样精通啊，他成了引人注目的十样锦。

最不寻常的是，那年头革命文艺叫得比天响，学校经常有演出任务，这可是给学校脸上贴金的事儿，形象工程嘛！这事可又少不得张克让出头露面哟。克让先生于此行道又是一个全能！他能编、能导、能演，又能自制道具。不是吗？能演者，有之；能导者，罕；而能创作剧本者，于一县城之内，却有几人欤？

可，"右派！"，这个驱不散的游魂困扰着他！

一个"右派"，能让他抛头露面吗？特别是在万人瞩目的舞台之上！然而，少了张克让，似乎就没戏了——抑或黯然失色，抑或夺魁无望……

是啊，克让先生就在这么一种"二难处境"中艰难地跋涉着。他时而走在赞誉和鲜花的彩桥上，但却颤巍巍的。因为，风浪会随时袭来。

然而，克让先生最终还是挺过来了。改革开放后，迎来了他无比辉煌的人生境界！

那么，克让先生究竟是怎么挺过来的？

两个字——"学生"！是他心目中装着学生啊！如果说失去了学生，就无疑窒息了他的灵魂；如果说失去了学生，就无疑砍断了他生命的依托；如果说失去了学生，他那翩然驰骋的青春之骏马，便当下坠入无底深渊！

然而是学生——也正是学生扶持着他，走过了那段坎坎坷坷的多事之秋，走过了那段纷扰莫测的蹉跎岁月。是学生拥戴他啊，是学生支持他啊，学生是一条永不干涸的、时时滋润和生发他那精神鹏翼的长河。学生的心目中，他是足可信赖的良师益友！于是，他心灵的亮光，便灿然释放，那是什么风暴也扑不灭的！

这里我忽而忆起先生的著作——《滋兰树蕙录》。其所言者，是先生成就了学生，是学生成就了先生。有怎样的耕耘，就有怎样的收获。得天下莘莘学子而教之，乐在其中矣！

忽而，我想起了莫扎特。作为人类历史长河中至今难以逾越的音乐天才，却被时代扼杀了。他死于桀骜不驯和困苦不堪。克让先生我不敢遑称其为天才，但所幸者，他到底是远离莫扎特那个时代的人了。幸而未被神权所扼杀！

克让先生至此该松一口气了，他可以在无惊无恐的梦境中舒舒服服地睡上一宿。他可以慢悠悠地梳理往事了。

真的是"不堪回首"吗？也不。骤雨过后，蔚蓝的天空中那一道亮丽的彩虹，多少次令他遐思不已；他也不止一次地隐隐听到先贤们附耳低语："没有什么跳不过去的坎儿！"而更有欣者，一阵轻轻的敲门声，出现于眼前的，是一位远道而来的学生家长，风尘仆仆啊。一串滚烫的话语暖人心哪！调皮大王变成了三好学生。

该对前一段人生画上一个圆满的句号了。除了感恩而外，还有什么比此更为贴切的呢？人生是老师，人生是课题，人生是模具，而这模具却又在你的手中——宗乎大道，审时度势，纵横捭阖，随方随圆。只要你谦恭诚实地做人生的好学生，那山重水复的尽头，不就是柳暗花明的胜境了吗？古人云否极泰来，诚如是焉。

世界上哪有单方面的事呢！付出和回报永远是一对孪生兄妹，如果你付出的动机愈单纯，愈高尚，进而臻至无求之境，回报便是不可思议的——那怦然而至的舒心畅怀，真会令你喜出望外呢！

学生是传承人类文明的"接力棒"，学生是未来和希望——成就学生，使之成栋成梁，是每一个教师的神圣使命，亦是从教者的至乐所在。我从克让先生身上明晰地领略了这些道理。

二、伯乐发现了一头"瘦毛驴"

1982 年秋，当我踏入靖远一中校园时，真是百感交集！母校，我回来了！这一晃，竟 22 个年头……

但我还惦念着靖安中学。惦念那里远离尘嚣的宁静，惦念那里不事虚饰的质朴。更令人难以忘怀者，还有五个学期培植起来的浓浓的师生情谊，乃至那片热土上熟悉或陌生的父老乡亲们……

但那一刻，我毕竟是双脚踏在久违了的靖远一中的校园。我怯怯地走进了语文教研室，颇有点拘谨地跟各位老师打招呼——这其中还有几位给我授过课的先生呢。我从他们眼神中读出了——"庆幸"，这仿佛是对一个时代的共识。"归去来兮"，我想起了陶渊明的诗句……

——我不是要去水泉中学吗？是的。我曾向县文教局提出申请，要求到离家近一点的学校去，以便帮家人好打磨那几亩承包田，再说，家中的日子也够紧啊！

我瞄准了旱坪川的中学（现白银五中）。旱坪川我有感情——20世纪40年代，家父在那里打过井，那是专为过往行人提供饮水而打的；70年代，在开发旱坪川那如火如荼的创业中，我也曾挥戈上阵，滚打过几年。旱坪川是我的第二故乡啊！

然而却未能如愿。为此我也东施效颦，学了一趟"打通关节"，去五中拜访魏校长。他说，你来得正巧，我跟文教局把你要定了，还有张明清老师，开学你们就来。

——好啊！

然而，我到底还是未能去旱坪川，个中缘由是克让先生又将我要到了靖远一中。

克让先生惜才啊！读者诸君，我在这里自称其"才"，实在惭愧至极，我跟"才"字能沾上边吗？老实说，人家是伯乐，我是一头瘦毛驴。虽说我是属马的，但称不起"马"，更别说什么千里马了。那大概是造物主打了个盹儿，错投了棋子吧。但克让先生到底还是了解我的——

话又得从头说起。大家都还听得或记得演"样板戏"的那些年代吧。那时文艺界也确实闹腾得够厉害。无产阶级思想要占领整个文化阵地呗。政府不仅大力推行八个样板戏，也号召督促地方基层，自编自演革命文艺节目。这绝非只说说而已，而是扎扎实实地雷厉风行。各个机关单位之间、公社之间还展开评比呢。在这样的大气候、大氛围下，我这个落伍者，竟派上了用场。那时，我有幸进入水泉小学教书，形势所迫啊，也写了一些顺口溜的东西，竟而被搬上了舞台。有的作品还被公社相中，作为水泉公社的参赛节目，堂而皇之地登上了大雅之堂——在靖远县影剧院演出。现在想来也真是闹剧一场。

然而，这对我个人来说，却是一个契机，一个极为难得的契机——在此之前我是一个远远地被边缘化了的人。那时，高中毕业生比现在的大学生还稀罕呢，可谁让你出生在地主家庭呢？大展宏图的事儿多着呢——去，放牛去！去，放羊去！去，放驴去！

劳动是无上光荣的，劳动本身原无什么高低贵贱之分；然而"劳动"若被特权者们任性践踏，成为一种鄙视和惩罚他人的手段，那实在是人类文明的悲哀。但鉴于那个特定的环境，我还有什么不可原谅的呢？好了。走，放牛走。

那我又是如何进入水泉学校的呢？是乡亲们信得过我，看我似乎还有几点墨水，也是学校实在缺教语文的。

这的确是一个契机，一个千载难逢的契机啊。我老老实实地教书——教贫下中农的子弟们，也顺应潮流，搞一点"遵命文学"——按照领导定的调子，写一点小演唱之类的玩意儿。

我的"作品"（这能称得起什么作品吗？）进入人们的视野了，好事人便追问起作者来。唉，鸡蛋好吃，不就是了，为什么还要问问下蛋的母鸡呢？树欲静而风不止。这时而倏来倏往的"风"啊，却为我以后进入靖远一中，亦为张校长（那时克让先生已成为副校长）所赏识（——除了"赏识"，哪个字眼更妥切一点呢？），无意中做了铺垫。

以后，我又参加过几次县上举办的文艺创作活动，跟克让先生晤面的机会多了。我请他修改润色我的作品，聆听先生的教导，自感受益良多。

1982年9月1日，是我永生难忘的一天，我跨入靖远一中的校门了。我记住了，是张校长将我要到一中的。听说，这其中也曾有一些纠葛，但鉴于先生的人品和影响，最终还是两相情愿地和解了。

现在我是靖远一中的一名教师了，我如游鱼入大海。我有幸跟昔日的恩师们，也跟那些刚出高校不久的青年教师们，朝夕相处。明白吗？是时候了，你蹉跎得也够多了。虽说已有七年的从教实践，但到底环境不同了。我亟须快马加鞭！四周列坐的尽是我的老师啊，我向他们谦恭地学做人——拓胸襟，变气质，弃鄙俗，趋高雅；也向他们谦恭地学专业——我切准了那个制约整体水平的最矮的一条桶板——古汉语，在薄弱环节上痛下工夫。切切磋磋，琢琢磨磨，于芝兰室中尽受其熏染。于今思之，真愿韶华再回！于此，感恩之情，油然而生。感恩靖远一中，感恩靖远一中的同仁们，当然也感恩构成教学一体的那一半儿——我的学生们。我常想，鱼再大，也大不过海。何况，你还是一尾名不见经传的小小鱼。狂什么呢？我只有更加勤奋地工作，竭诚尽智，自策自励，方能回应我时时自拷自问的良知。我也时时提醒自己，决不能让克让先生失望。

以后呢，克让先生付我"乌兰草文学社"辅导教师的职责，一干竟十多个年头。我跟那些喜爱文学、长于写作的学子们，共同耕耘那片既现实而又梦幻，既豪情满怀，又缠绵悱恻，既有李清照，又有辛弃疾的文学热土——郁郁青草兮，摇荡我心；顾盼左右兮，其乐无穷！

唐代大文学家韩愈曾说："千里马常有，而伯乐不常有。"克让先生是伯乐，这不仅在靖远一中，就是以后到甘肃教育学院做领导时，惜才之心，一如既往。而实践证明，被克让先生"网罗"而来的，都还干得不错。

可我是一头瘦毛驴。行文至此，所幸者，笨驴子自有笨驴子的着数——人一之，而吾十之；人十之，而吾百之。锲而不舍啊！

克让先生见笑否？

三、内 核

如果我们对一个现象，譬如就说"张克让现象"吧，仅仅作一些描述性的说明，那还不够；如果就此而止步，那便是学人们的悲哀了。我们应从现象中挖掘出其具有普遍价值的"内核"，回馈于社会，这才算我们尽到了责任。

我想，先生的成功，首先在于人品。如果失去人品的依托，纵然飞黄腾达于一时，终究要落寞而受苦。受什么苦？良心的谴责啊！卸了乌纱帽，大家仍说你好，那才是真好。

先生的人品好在哪里呢？他是个正人君子。"捉襟见肘"啊，无须什么遮遮掩掩，无须什么涂涂抹抹，便能亮亮堂堂地立在桌面上。

他具有亲和力，不会拒人于千里之外。我们见张校长如同列兵见列兵，不会有什么"级别隔阂"的心理，倒是如坐春风哟。

他宽容。宰相肚里能撑船。作为一个大单位的领导者，林子大了，什么鸟儿都有。有点儿不协调的声音，也没有什么。上了同一条船，不能推下江。

己所不欲，勿施于人。这是一种境界，一种修为，克让先生在这方面堪称榜样。我们在他身边工作，像鸟在蓝天上飞翔，而不是困在笼子里。

他慈悲，能关心弱者。当然，他没有呼风唤雨的本领，难得让人人满意，但能将心比心就不错了。不像有些人，见不得穷人喝米汤，有条路，还要截住。

"安贫乐道"。这是某年春节，克让先生写在自家门楣上的，我记住了。记得他曾说："（做了校长）如果揽钱，那门子多着呢。可那事，咱不干！"不是吗？校长可是"经济一支笔"啊，可为了切切实实抓教学，他宁愿将此"大权旁落"。这样的事，谁听过？

他是个大孝子。他说，他是靖远的女婿。服务于靖远，造福于靖远，念念不忘靖远。

——由于如斯人品之所使然，张校长在靖远一中"执政"的那一段时间，靖远一中勃勃然而呈现出一派大治之境。在笔者看来，首先是创造了那么一种宽松和谐的氛围，令人舒心，令人畅怀。我说，人的精神的解放，关键是蓝天和大海的解放。否则，"鹰击长空，鱼翔浅底，万类霜天竞自由"的局面，只属于美好的憧憬而已。然而，我们到底可以自由地放飞自己的心灵了。在讲台上、在黑板上为新时代唱赞歌，发自肺腑，江河同应。看啊！"三风"（教风、学风、校风）上去了，教学质量上去了，社会上赞语翩然鹊起。OK——靖远一中！

众擎博仰成鸿巨（外一首）
——为克让先生寿

周玉林

郁郁教坛数十春，楷式模范恒照人。

雨滋露润千畦蕙，光煦爱抚万坡筠。

处卑常怀三月雨，居高不忘百缘情。

众擎博仰成鸿巨，立德立言炳汗青。

镜　鉴

散金碎玉缀花鬟，细雨爽风润心田。

拙笔不为张扬语，挚情但涌清澈泉。

无根红紫难竟日，虚怀襟抱垂永年。

欲晓致远蓝缕事，片言滴滴可镜鉴。

　　周玉林　甘肃平川人。1962 年靖远一中高中毕业。靖远一中语文老师，《乌兰草》文学社社长，高级教师。

平和为师　平等待生

张成仁

记得在靖远一中上学时，遇到的老师有数十人之多，其中大多数是"严"字当头的，而真正平等平易、和气和谐的老师，张克让老师则为其一。他和我们同学之间，与其说是师生关系，还不如说是兄弟关系与朋友关系。他既是老师，又更像朋友，我们都戏称他为"朋友型的老师"。

说他是老师，因为他是从西北师大中文系毕业分配到靖远一中的正式老师，并且还给我教过几节语文课。他 1959 年来校时，因为戴着"右派"帽子，学校不让他教语文，只让他教数学与俄语。据说是因为语文课政治性强，怕他"放毒"。可是有一次，我班的语文老师因病请假，学校无奈，只好让他暂代几节。不料他这一代，就在同学中间引起了轰动。他上语文课，我觉得这才是他真正施展才华的舞台。原来只听说他上数学和俄语都很不错，一听语文，才知道他真正是满腹经纶、才华出众，并且口若悬河，神采飞扬，板书规范，美观大方，语言丰富，妙语连珠，还不时引进一些典故和趣联，从而使课堂气氛显得格外活跃。记得他当时讲的正好是毛泽东的《改造我们的学习》，当讲到"墙上芦苇，头重脚轻根底浅；山间竹笋，嘴尖皮厚腹中空"这副对联时，他不但讲了对联的格式要求，还特别强调要意境高远，雅而有趣，绝对不可重"工"轻意或以"工"害意。为此，他还举出两个不同的例子加以说明。

　一个例子是：一天，一位老师给学生上课，听到教室里有鸟叫声，颇为生疑。原来是一位学生在书桌内放一小鸟，前面挡了一块砖。老师猛一转身，学生紧张，猛推砖头，不料用力过猛，压死了小鸟。老师发现后出一对联叫学生对。老师的上联是："细羽家禽砖后死。"学生再三斟酌，逐字推敲，对出了下联"粗毛野兽石先生"。此联粗对细，毛对羽，野对家，兽对禽，石对砖，先对后，生对死，对仗工整，无可挑剔。不料这个老师正好姓石，他听了之后十分生气，但却无言以责。

另一个例子是：郭沫若聪慧过人，小时在私塾读书，私塾后院有一桃园，一日老师外出，郭沫若便与同学钻过墙洞偷桃子吃。老师盛怒之下出一上联："昨日偷桃钻狗洞，不知是谁？"要学生对下联。郭沫若旋即对出："他年攀桂步蟾宫，必定有我！"老师听后转怒为喜，对郭沫若器重有加。

两个例子雅俗清楚，优劣分明，使同学们受益匪浅。

说他更像朋友，主要是在学校文工团里我们和他的关系。

1959年，正好是新中国成立十周年，举国欢庆，学校里也专门组织文艺演出参加全县的会演，并按照上面的要求自编自演。这时，学校不知怎么就看中了张老师，调他给文工团编写节目。张老师特意编了个表演唱《歌唱建国十周年》。我当时是文工团演员，我和雒成亮等五名同学扮成工、农、兵、学、商一起演出了张老师编导的这个节目，效果不错。从此我便开始了和张老师的接触与交往。通过接触，慢慢了解到张老师不但多才多艺，并且平易随和。他对我们推心置腹，我们对他自然也就无话不谈，关系融洽，胜似朋友。三年困难时期，有的同学自己甘愿挨饿，把家里拿来的炒面、干粮拿给他吃，当时在一中这样的师生关系可以说是前所未有。

1961年靖远县委宣传部决定：庆祝建党40周年，由靖远县秦剧团和靖远一中文工团各准备一台节目，到时选其一在县文化堂演出。秦剧团演出的是古典秦腔《三打祝家庄》，我们在张老师的建议下，准备的是现代歌剧《红色的种子》。经审查，我们文工团演出的《红色的种子》被指定为建党40周年献礼节目，由县文化馆组织协调进一步加工。这时，张老师忽然得到一个消息，说七一可能要摘一批"右派"帽子，这次演出正好是一次表现的机会。他把这个消息和他的想法悄悄告诉了我，我当然非常高兴，同时也表示愿意尽力相助。当时文工团的指导老师还有任笃宽、曹为伯，主要演员有雒成亮、胡月英、王小平、张守贵、张普、高振寿、魏其杰、刘家英等，布景道具由韦博文和我绘制。大家出于对张老师的同情和支持，相互心照不宣，排练十分卖力，因此演出非常成功，得到了领导和群众的一致好评，从而也为张老师摘掉帽子创造了条件。

从1959年至1962年，我一直担任学校文工团团长。在此期间，张老师给我们导演了不少剧目，除了《红色的种子》，还有《摘棉花》、《红松岭》、《夫妻观灯》、《木匠迎亲》、《果园姐妹》、《红色风暴》等。我从他身上不但学到了很多表演技艺，更主要的是学到了他艰苦拼搏的精神、与人为善的品德、高尚淳朴的人格和谦逊平和的作风，使我一生受用无穷。

还有一件事让我特别感动，就是他为我了解、介绍了一位贤淑善良、忠厚勤劳的妻子杨树华，并亲自出马，求吴廷珂、魏晋明等老师帮忙，终于玉成了此事，使我有了一个幸福的家庭。这一大恩大德我终身难忘。

"文化大革命"后，张老师才算获得彻底解放，我也开始被重新重用。当我俩又走到一起时，我觉得他虽然当了靖远一中校长，但仍然还是那样平易近人、和蔼可亲，仍然还是从前那个"朋友型的老师"。他看到我和杨树华相处很好，并且子孙满堂、家庭和睦，非常高兴，主动为我书写了一纸横幅相赠。横幅的内容是他特意为我俩自撰的一首小诗：

> 同学情深天作合，夫唱妇随哓声和。
> 书画演唱夫高才，锅盆碗筷妻大德。
> 陶瓷彩绘皆精美，儿女丹青俱超卓。
> 跻身移居白银市，白头相伴喜更多。

其鼓励之情，跃然纸上。我决心以他为榜样，在有生之年，为我喜爱的绘画事业奋斗终生！

我衷心祝愿我的"朋友型的老师"张克让笑口常开，德寿同辉！

张成仁　甘肃靖远人。1962年靖远一中高中毕业。曾任靖远陶瓷厂副厂长，白银磷盐化工厂工会主席，白银市墙地砖厂党委书记。系中国工艺美术学会会员，甘肃省美协会员、省书画院画师，白银市美协名誉主席。

我与恩师张克让

高振寿

张老师是我一生中印象最深的一位师长。他虽然没有给我代过课，但张老师和我在学校文工团相处的短短的日子里使我深受感动。恩师对工作极端负责，是一个和蔼可亲的人，不管在逆境和顺境中都是静心教书，潜心育人，他用高尚的情操和良好的思想道德去教育和感染学生。

记得在 1960 年，学校文工团排练大型歌剧《红色的种子》时，剧中的主要角色地下党员华小凤，由王小萍演，国民党反动司令由雒成亮演，张成仁演书记，姚桂林演王大娘，刘家英演张寡妇，由我演癞保长。除我之外，上面几位同学在文工团里是比较出名的演员，张老师当导演都比较轻松，唯我进入文工团时间短，加上自己胆小，放不开。张老师对我关心有加，把我特意叫到他的宿舍说："这个角色是我在高台实习的时候演过，胆子要大，要进入角色，要理解伪保长为人狡猾、欺压百姓、奸淫妇女的恶习，演时脸皮要厚，不怕羞，这才能演好。"关键之处一语中的，使我茅塞顿开。他手把手地教我，夜深了，让我同住在他的房间，经过多个晚上的苦教苦练，我终于进入了角色，领悟了剧情。大型歌剧《红色的种子》在靖远县文艺会演时，演出很成功，受到了县上领导的表扬和奖励。张老师在文工团那段时间里，靖远一中文工团的水平上了一个新台阶。

1962 年我高中毕业后，待在家里一边劳动一边自学，考上了靖远县医院办的中医学习班（中医带徒弟）。因我家住在一个偏僻的小山村，所以毕业后中断了和张老师的联系。时隔 45 年后，也就是 2007 年冬季，我的孩子们成家立业，我也从三滩卫生院退休，家族决定要给我们先祖清朝康熙年间两位将军立碑，大家让我请德高望重的张老师揭碑，当时我很觉为难，原因是我和张老师已经 45 年没有联系了，何况现在的张老师曾是甘肃教育学院副院长，全国劳模，七届全国人大代表，身兼各种要职的显赫人士，且他退休多年，年逾古稀，他还认我这个不起色的老学生吗？年迈的他能到咱们这山村里来吗?！正当我为难之时，脑海中忽然想起了我中学时期的同学岳凤钧，我知道他和张老师一直有来往，便邀他出面帮忙牵线联系张老师。

2008年农历正月，我去岳凤钧家，把情况告诉了他，他说张老师对学生一直是有求必应。虽然他是这样说，我心里还是忐忑有疑，张老师我能请来吗？在和他去张老师家的路上，我的心一直悬着，边走边想，不知不觉便来到了张老师家门前，敲开门没等我开口，张老师就喊我的名字，拉着我的手先问我好，真没想到张老师一点没变，这么热情，记忆力惊人！这下我轻松多了，像回到父母身边一样，张老师热忱的接待，使我十分感动！他问我到兰州来是转亲戚还是有什么事，我说一是看孙子，另外还有件事，话音刚落，岳凤钧插话说："高振寿今天来，说他们家族要为先祖清朝康熙年间的将军立碑，请张老师修改一副对联。"张老师听了之后，问明情况，让我拿出对联，他看后沉思片刻，便立即修改了这副对联，上联改为："武毅将军垂万古"，下联改为："德惠后裔继千秋"。改后的对联，对仗工整，寓意深刻，我们拍手叫好！他也笑了，笑得很开心。正当他笑得高兴时，我又说："还要请张老师为我们将军揭碑呢。"真出乎我的意料，张老师竟满口答应。但当他得知揭碑时间是在清明节时，却显得有点为难了。为了揭碑这件事，他只得提前去甘谷老家给他父亲上坟烧百日纸。

我们立碑的地方离兰州起码有250公里，是一个非常偏僻的山沟，路很难走。他到靖远的第一天晚上就住在野麻滩村。第二天早上6点起床去立碑的地方，除了坐车，还得步行十几华里，翻几道梁，越几道沟。难走的山路需要人搀扶张老师。那天天气晴朗，可天气格外的热，张老师走得气喘吁吁，满头大汗，没说一句累的话。立完碑回到野麻滩时已到晚上8点了，对一个70多岁的老人来说，真够辛苦了。晚饭后，家族负责立碑的几个成员商定给张老师包一个红包，可张老师说："我到这里来不是为了挣钱的"，不管我们怎么说，他还是没有收。当时，在场的所有人都异口同声地说："真没想到，在当今商品经济社会里，竟然还有像张老师这样不爱钱的人。"正如张老师常说："好名声是多少钱都买不到的。"

揭碑后，张老师在坟院讲了话，他说："我曾记得当代诗人臧克家在纪念鲁迅时说过：'有的人活着他已经死了，有的人死了他还活着'，像武毅将军这样的人永远活在我们心中，他的功德垂万古继千秋，如果甘肃和全国有知道他的人都要缅怀他。"他还说："要弘扬孝道，这是中华民族的美德"，他讲到这里，情绪高昂，精神饱满，越讲越有劲，"百善孝当先，不孝的子女就不是好人，我曾给有关领导建议'共产党选拔干部，首先要看他孝不孝顺父母，不孝顺父母就不能重用'。羔羊尚知跪乳，乌鸦尚知反哺，何况人乎？"

他讲到和谐社会时说："'和'字左边是'禾'，右边是'口'，禾是庄稼，就是粮食。'谐'，左边是'言'，右边是'皆'，人人口中有饭吃，人人有发言权，说话自由，这就是'和谐'。这还不算，还要不断提高全民族的素质。"还讲道："你们高氏家族这次行动，是一个壮举，说明高氏家族人心齐，不愧为将军后代，继承了将军遗志。"张老师讲完话后，掌声经久不息，大家认为张老师讲得好，真正讲出了我们给将军立碑的意义，对我们将军做了高度评价和赞扬，给大家上了一堂生动的教育课，对家庭和睦、社会和谐有重大意义。为了感谢张老师，全族老少向张老师行三鞠躬礼。

此后张老师还真没忘了我这个老学生，经常打电话询问我的情况、家庭生活，说有机会到兰州来，一定要到他家里来。一个月后，我去兰州看他，发现张老师为我们家族将军揭碑，脸上脱了一层皮，又红又疼，我心里实在过意不去，说："张老师真对不起，让你受苦了。"他笑着说："这种小苦算不了什么，比这苦的事我经历的多了。"我的一生中有这样的恩师我感到欣慰。

我们立碑时张老师的讲话，教育了我们家族的人，感动了我们家族的人。有一事可来表明：我堂弟高振江和儿子三年都没说过话，儿子回家总是躲着父亲，立碑后听了张老师关于孝道的讲说，儿子向父亲请罪，父亲也接纳了儿子。小山村野麻滩交通不便，背靠大山面临黄河，去靖远和平川都十分不便，部分族人对孩子上学不十分重视，张老师讲要我们培养像将军一样对国家有贡献的人，做有成就的人，因此 2008 年秋季从野麻滩去平川、靖远读书的学生就有 10 人之多。张老师揭碑时对我们家族的讲话，所产生的教育作用和影响力由此可见一斑。

"饮其流者怀其源，学其成时念其师"，张老师永远是我这个老学生崇敬的对象和感恩的人，祝他老人家时时拥有健康、快乐和幸福。

张老师，我永远爱戴您！

高振寿　甘肃靖远人。1962 年靖远一中高中毕业。历任三滩乡蛇湾卫生所所长、三滩乡卫生院副院长。主治医师。

坦率浩荡　直言朴陈

张强民

人的一生，有很多值得回味的事，最值得回忆和不该忘却的当数曾经教授过自己的老师。从幼年到青少年，从青少年到中壮年，再到老年，几十年来我遇到了很多值得尊敬的老师，我与老师相伴相随，受益良多。

张克让君，是我的老师，是我所尊敬的老师中的其中一位。他为人爽快、直言不讳、敬重事业、热忱待人，但就是这种优秀的品格却招致了飞来的"横祸"，才华出众的青年学子戴上"右派"帽子被分配到靖远一中教书，这一教便成了他一生的选择。如今他已经是受人尊敬的、桃李芬芳遍布海内外的教育家。

张老师到靖远一中后，他除了认真教书、传授知识外就是接受劳动改造，常常被繁重的教学任务和体力劳动压得喘不过气来，但遇到"同类"和理解他的学生，他又还原了谈笑风生、乐乐达观的个性风采。

1962年我与几位同学参军离开了学校，失去了聆听他解惑释难、增长知识的良机，是终身的憾事。但是，事物的发展总是在曲折迂回的往复中前进。1976年我转业来到兰州，以后张老师也从靖远调到兰州，任职于省教育学院，恢复了以往的交流，师生情谊更进了一步。

张老师在靖远度过了大半生的时光，他常以半个靖远人自喻。张老师的夫人雒庆兰出自名门，她是我们靖远一中最好的语文老师雒鸣岩的女儿。雒老师学养深厚，古典文学造诣极深，讲课意味深长，使人难以忘怀。我与雒老师的几个子女都有很深的感情，雒老师的老三雒庆年，我们自幼同学，上小学、中学时往往都是早晚同去同回，有时在他家里学习晚了，就睡在他们家的大炕上。假期勤工俭学打短工都在一起，受到雒老师老伴和全家人的照顾。就是这样一个善良的书香之家，雒老师也因为家庭问题戴上"厚古薄今"反动学术权威等帽子，未能幸免阶级斗争运动的浪潮，"文化大革命"期间惨遭迫害，不幸遇难。雒老师的子女同样被株连。庆兰、庆年自幼在雒老师的庭训下成长，聪明智慧，学习成绩名列前茅，但因家庭和雒老师所谓的政治问题也都未能如愿走进大学的校门，失去了接受高等教育的机会，甚至于连服务于社会的机会都难得，他（她）们的人生何其不幸！共同的命运，使张老师无怨无悔地选择了雒庆兰，成了一对文化夫妻。庆兰全力支持张老师成就了他的事业，共同为靖远的教育事业贡献了自己的毕生。

我和张老师的师生情谊是很自然的，纯属那种"君子之交"，常常以谈书论画为题倾心相谈。这些交谈最能体现他那人生意味的浪漫，感受他经纶在胸的才气，在交谈中不知不觉地使人灵魂得到荡涤和净化，抛弃那些世俗和偏见，提高人生的品位。2004年我在兰州举办个人画展，在剪彩仪式上张老师作了一个"外行评内行"的祝贺发言，他的发言，句句珠玑，字字圆润，使展厅内外顿时宁静下来，使内行深思，"外行"振奋。他在其中讲到"志于道，据于德，依于仁，游于艺"，用孔子的十六个字说出了我对艺术的追求和体验。他对文与艺的理解既是鼓励，也是鞭策，使我十分感动。今年，我在九州台新盖的"梅花楼"落成，张老师不仅偕夫人亲临现场祝贺，还目的非常明确地为我撰写了一首贺诗，鼓励我要充分估计到在山上经营画廊的具体困难，未雨绸缪，精心策划，克服一切困难，把这个初绽新面的"蛋糕"不断做好、做大。其诗曰："香高益清岭梅开，佛光普照九州台。正入万山圈子里，一山放出一山来。"老师的关爱之情与良苦用心，溢于言表，力透纸背！

张老师已经古稀又几，但他心胸坦荡，豁达乐观，精力充沛，才思敏锐，仍然不减当年的快言快语。我想人不老全在于心不老，思想不老，张老师一定会长寿的，我为他的健康长寿而高兴并祝福。

张强民　甘肃靖远人。1962年靖远一中高中肄业。历任甘肃省委统战部秘书，省宗教局副处长、处长、办公室主任，省佛学院副院长。系省书协、省美协会员，杭州西泠书画院特聘画师。

艰难岁月师生情

——张克让老师在靖远一中的最初三年

张生贤

　　随着时间的流逝，在人们的记忆中，总有些事不会被忘记，总有些人牢记在心中。我永远不会忘记初中读书的那三年时光，永远牢记着我们的班主任——张克让老师。

　　我上初中时，正是 20 世纪 60 年代三年经济困难时期。由于天灾人祸，工农业生产遭到严重破坏，人民生活相当艰难。加上反右倾，拔白旗，不少教师被打成右倾机会主义分子，政治生活很不正常。就是在这种情况下，我和我的同学们于 1959 年秋季进入靖远一中上学，被分在初一一班。而正在这个时候，张克让老师从西北师大中文系毕业来到靖远一中任教。从此，老师教，学生学，师生之间结下了不解之缘，期间还有点传奇色彩。我们不仅是同时进入靖远一中，凑巧的是张老师还给我们班带来了"三个第一"：他被解禁，允许执鞭走上讲台的第一堂（代数）课是在我们班进行的；他被允许开讲语文的第一堂课也是安排在我们班上的；他被批准担任班主任的第一个班就是我们班。在那个风雨飘摇、举步维艰的日子里，师生们同舟共济，苦教苦学，彼此关照，共克时艰，形成了非常时期的师生关系，结下了刻骨铭心的师生情谊。用血和泪、情和爱谱写了一首难以忘怀的教与学的壮歌。现已半个世纪过去了，遥忆当年，年年如书，页页书叫人念念不忘；岁岁如画，幅幅画叫人久久沉思。

　　张克让老师的人生道路可以说是跌宕起伏，大起大落，有时跃上生活的浪尖，有时跌入生活的低谷。进入靖远一中的最初三年，正是处于"低谷"的三年。他是在大学里由无产阶级先进分子"沦"为资产阶级"右派分子"，23 岁时戴着"帽子"步入社会，开始教书育人生涯的。当时，学校中的"右派分子"有三个，他是其中之一，也是最年轻的一个。学生们都很奇怪，他年纪轻轻的，怎么也是个"右派分

83

子"。与当时定为右倾机会主义的吴之瑛、刘毓峰、张顺适相比，"右派"的性质比"右倾"严重，因而，他也就成了"专政"的重点。一腔报效国家的热血难以沸腾，满腹才华无情地受到限制。我们学生们注意到，他经常面带愁云，很少与人接触，虽话语不多，但举止干练，两眼炯炯有神，涌动着青春的活力。作为"专政对象"，他政治上没有发言权，工作上没有主动权。只能规规矩矩，不能乱说乱动。他白天上课，晚上挨批，课余到指定地点劳动改造，深夜写"思想汇报"、"检查材料"，还要备课、批改作业。眼睛熬得红红的。为了惩罚他，让他每周承担 27 个课时的讲课任务，超负荷运转，身心受到严重摧残，终因体力不支，几次发生昏晕，有一次晕倒在我们班代数课的课堂上。同学们都吓得束手无策。当他苏醒过来后，顾不上休整（也不敢休整），又继续讲课了。面对张老师，我和我的同学们心里很难受，看到他那被折磨的样子，纷纷流下了伤心的泪水。我们为他暗暗鸣不平，暗暗祈祷上天，让他走好运，再不要受蹂躏。

那个时候，粮食供应很紧张，师生们的伙食都很差，经常处于食不果腹的状态。沿河一带的同学经常吃不饱，用醋渣、草籽磨成的炒面充饥。一些远乡的同学要好一些，能吃上麦面、莜麦面。如秦家川的秦凤峨、石门的石生有等，他们有时也给我们调剂一些，大大补充了我们的营养，至今我都很感激他们俩。张老师新来乍到，举目无亲，没有依托，仅凭每月 20 多斤口粮维持生活。尽管这样，他有时还要关照个别特困生，学生们有时也会把苦苦菜、干馍馍给他送一些。在饥不择食的那种严酷条件下，师生们这小小的举动，闪烁着人性中可贵的爱的光华。有一次，几位同学断粮，吃饭无着，他们乘大灶管理人员不备之际，把一盆清汤菜饭端出来吃了。被发现后，如何对待这件事，张老师很为难，不批评么，他们做得不对，批评么，他们是迫不得已，只好既批评，又同情，没有给处分。直叫这几位同学感动得流泪，其他同学也跟着抽泣了。"民以食为天"，他们的行为是可以宽恕的。

那时候，我们的住宿条件也很差。小平房、大通铺、土炕，一个房间住八九个人，用麦草做垫为褥，用报纸糊窗挡风。夏天还好过，冬天就难受了，直冻得人打颤，有时两个人合盖一床被子，钻进被筒里取暖。张老师就住在隔壁一个十平方米的房间里。他经常晚上来到我们房间，给我们送来柴火和火柴，提醒我们不要煤气中毒，给入睡了的学生拉盖被子。他像父兄一样，把丝丝爱意输进我们的心田，让我们感到阵阵温暖。

当时，供一个学生上学是相当吃力的，一些学生缺少费用面临失学危险。有的已准备辍学。我也因母亲多病，弟妹年幼，家中缺少劳力，父亲也想让我回家挣工分，多分点口粮。对此，张老师心急如焚，做了大量稳定学生情绪的工作。在课堂上、在宿舍里，给我们讲读书的意义、知识的作用；讲古人头悬梁、锥刺股，囊萤映雪、凿壁借光的故事；讲爬雪山、过草地、不到长城非好汉的红军精神和坚持下去就是胜利的道理。同时，他还做家长的思想工作，与学生的父母谈心。他的苦口婆心感动了学生、说服了家长、稳定了"军心"，我们又开始了正常的读书生活。

张老师学有专攻、倾情语文。他多次强调语文在各学科中的基础地位，引导学生重视对语文的学习。他说，"语"是口头表达，"文"是书面表达，两者结合起来，才能完整地发挥语文的功能。他还讲到"学"与"问"的关系：学，是继承、吸收已有的知识；问，是探索和研究新的知识，既学又问，才是学问。他还讲"知"和"行"的关系，知，是虚的、是理论；行，是实的、是行动。只有把所学的知识付诸行动和实践，达到知行统一，才有意义。他注重语文教学中的朗读、背诵，"熟读唐诗三百首，不会作诗也会吟"，认为这是对知识的积累、储存。他把写好作文当做语文教学的基本功来对待，经常给学生布置写作方面的作业，有日记、周记和作文。他给我们教了很多的写作方法，如"开门见山"、"画龙点睛"、"深入浅出"、"删繁就简"、"欲扬先抑，欲抑先扬"、"开笔引人入胜，落笔发人深思"等。他力主对学生作文进行点评，收到了良好的效果。他讲课很投入，引经据典，谈古论今，挥洒自如，神采飞扬，学生们都愿意听他讲课。张老师既注重课堂教育，又重视课外教育。随时随地为学生"传道授业解惑"。他带我们去法泉寺时，触景生情，讲"鸟宿池边树，僧推月下门"里面推、敲两个字的应用对诗的意境的作用。引导学生遣词造句时要注意推敲。在劳动场地，他讲"锄禾日当午，汗滴禾下土"这首诗，引导学生要热爱劳动，尊重农民，爱惜粮食。在县城钟鼓楼上，他讲靖远的人文历史、风土人情，引导学生热爱家乡、热爱祖国。在爬山过程中，他讲"无限风光在险峰"、"行百里半九十"的道理，引导学生勇攀高峰，不能半途而废。他还经常组织我们参加学校的文化娱乐、体育运动，植树造林、勤工俭学、上街宣传等各项活动，从各方面提高学生的素质。在一次学校篮球比赛中，我们班取得了决赛资格，群情激奋，为球队喝彩，从而增强了学生们的竞争意识和凝聚力。

在日常，张老师善于捕捉学生的思想苗头，根据年龄、性别、个性的不同，因人施教、有的放矢。特别对经济困难的、成绩差的和失去父爱母爱的学生倍加关心，对他们动之以情、晓之以理，促进思想转化，保持良好心态，增强了对学习的兴趣、对事物的爱好和对生活的信心，保持了与其他同学的同步向前。

不论何时何地，张老师都保持着他那特有的微笑，是那么的和蔼可亲、魅力无穷。面对多灾多难的政治命运，他以坚定的党性和人格尊严笑对，忍受着一切不公正的待遇。对同事、对同学，他是满腔热情，充满爱。很少看到他动怒、发火、训斥人。更多的是耐心、平和、循循善诱。有的学生迟到了，怕挨批，但张老师笑着说，来迟定有原因，以后注意，快入座，学生如释重负。有的学生完不成作业，有的学生当不好值日，有的学生丢掉了课本，他们都担心老师会不客气，抱着个挨整的架势。但张老师却笑着走近他们，对他们说，知错改了就好，以后努力当名好学生，使这些学生激动不已，结果在短短时间内有了很大的转变。这说明这种方法是个高招。在那艰苦困难的日子里，张老师的微笑给了我们快乐的气氛，学习的力量，前进的勇气。张老师的微笑，像花朵那样美丽，像阳光那样灿烂，像亲人那样亲切。每当想起老师的微笑，一切烦恼、忧愁就都化为乌有。

有这样一幕，叫人难以忘怀。每当周六，我们这些乡下的学生离校回家时，张老师和刘毓峰、陈明文等老师总是叮咛我们路上不要贪玩，注意安全，站在校门口目送我们远去。周日傍晚，他们又总是站在教室门口等待我们早点回校上晚自习。当我们一个个返校时，他们才放下了悬着的心。此情此景，使我们想起了父母亲走出村头，倚立墙头送儿出门、盼儿早归的情景，可怜天下父母心，可怜天下老师心。父母对孩子的养育是无私的奉献；而老师对学生的培育何尝不是无私的奉献呢！

在张老师和其他老师的带领下，我和我的同学们克服重重困难，完成了初级中学的全部学业，37人全部顺利毕业。为了表达学生对老师的感恩之情，我们邀请张老师和其他老师与我们在校门口合影留念，期间，我和张文俭、张文汉、张俊杰四位姓张的同学还与张老师合拍了一张"五张"师生照。每当翻看这两张保存了半个世纪的珍贵照片，我们就仿佛回到了母校一样，重温当年的读书生活，那是不同寻常的三年啊，领略了人生百态，尝到了酸甜苦辣，学到了应有的知识，奠定了今后成长的基础。

我们初中毕业后，张老师继续在靖远一中任教。我的同学除少数继续上高中深造外，多数走向社会，发挥特长，各有建树。他们或为人民教师，或为书画艺人，或为工厂职工，或为种植能手，或为行政官员，或为企业老板……不论身在何处，从事什么职业，大家都没有忘根，没有忘本，心里装着靖远一中，以各种形式在漫长的岁月里与张老师保持着密切联系。1995年春节，全班同学邀张老师到我家聚会，突出尊师重教、感恩回报的主题，我们向张老师赠送了老书法家关振邦书写的"业勋杏坛"四个大字的金匾，再次聆听了张老师的教诲。30多年过去了，老师风韵犹在，还是微笑着，还是那样精神振作，文雅睿智。所不同的是他已从政治上彻底摆脱阴影，获得了解放。师生们抚今追昔，感慨万千，异常兴奋，热泪直流。他们说，亲爱的老师啊，您终于挺住了严寒，熬过了严冬、迎来了春天、迎来了光明，这是我们早就盼望的啊！老师见了当年同甘共苦的莘莘学子，也有说不出的高兴，他情不自禁地给大家演唱了他的保留节目《十二把镰刀》，把聚会的气氛推向了高潮。师生们沉浸在无限幸福、欢乐之中。自此之后十五年来，我们师生之间年年聚会。我们三次赴甘谷观瞻张老师故居，为张老太爷祝寿、送葬，四次协助、参与"张克让先生收藏书画展"，多次参加同学们家中的婚丧嫁娶等活动。每次聚会老师必到，到会必讲，他为学生们赠书赠画，题词写诗勉励。我们师生的关系水乳交融，我们师生的情谊源远流长。如果说文学艺术的永恒主题是爱情的话，那么我们生活中有一个永恒的主题就是师生之情。我们的师生之情纯真、浓厚、美好、动人。它是我们生活的精神支柱之一。

有人把张老师称为红烛、春蚕、园丁，我认为非常确切；有人把张老师称为一面旗帜、一盏明灯、一把钥匙，我认为十分恰当；也有人把张老师称为人类灵魂的工程师，我认为一语中的。但我更喜欢、更倾向一种简单的、平凡的称呼：老师。这不仅仅是对一种职业的称呼，更主要的是它包含了太多的内容，有尊重，有敬意，有虔诚，有拥戴，有崇拜，还有爱。半个世纪来，我和我的同班同学们一直把张老师称为老师，不论我们在校还是离校，不论他处在逆境还是顺境，也不论他当教师还是当领导，也不论他是在职还是退休了，对他的老师称呼始终如一。这样的称呼，自然、朴素、亲切。千首诗、万首诗，难以抒发我们对张老师的感恩之意，千篇文、万篇文，难以表达我们对张老师的感激之情。我们衷心地祝福张老师心灵不老、激情依然、福如东海、寿比南山。

张生贤　作者简介参见《师魂》。

忆我的老师张克让

张俊杰

真是岁月催人老，如今我已是年近古稀的老人了，随着年龄的增长，越来越喜欢回忆儿时的事情。虽然儿时的记忆总是模糊的，但时时想起的却是我的老师张克让先生。

那是 1960 年，由于父亲工作调动我来到了靖远，并就读于靖远一中初中班，当时任班主任的就是张克让先生。那时的他与我们年龄相仿，也是正当年少时，活泼而很有生气的外表下总是掩饰不了那份激情，因而我所在的那个班大家学习成绩都不错。但我这个插班生由于地方语言沟通的问题，让张老师很是为我费了大周折，但我和他深厚的师生情谊也是在那时建立的。因当时正在困难时期，同学们生活都比较艰苦，大家能在这样的环境下学出好的成绩实属不易，我该怎么办呢？思想上出现了很大的波动，这时的我由于求胜心切给自己造成了很大的思想负担。张老师主动与我谈心，问我有什么想法并给我提出了几点意见，按照张老师的学习方法我的成绩有了很大提升，不但将转学时耽误的课程补了回来，而且跟上了班上其他同学。然而在靖远一中只读了一年多的时间我初中就毕业了并考上了高中，这时父亲退职了，怀着遗憾的心情我离开了靖远。离开了一块学习、生活，一起成长的同学，离开了与我一起共同奋斗、教我育我的老师。

时间过得真快，一晃就是几十年，那时年少的我现在也已年近古稀了。人生就是这样，当你在这忙忙碌碌的人生路上奋斗、拼搏时，总是忽略"亲情"。一段时间里与老师和同学们没有任何来往，但我的心中却时刻想着靖远尊敬的张老师和亲爱的同学们。

有天我在家中看新闻联播，突然有一条新闻引起了我的注意，内容主要是全国劳模报告团来天水宣讲。突然我看见里面有一位很像靖远的张老师，当时我很兴奋激动,是他吗?怀着这个疑问我来到天水宾馆,在楼道中我就听到了那依旧高昂洪亮的声音,我三步并作两步推开了房门,他也很激动,搂着我紧紧不肯松手,"老了!老了!都老了!""你的话我还记得!"老师饱经风霜的脸上依旧存着那份激情,周围坐着许多同学,大家都很激动,那晚大家聊了很多很多,回家后许久不能入睡,激动的心情久久不能平静。

自那时起我和老师、同学们也就常常联系了,感觉生活又多了几分色彩。这篇文章也是我闲暇时忆起往事而写的,以此聊表我的思念之情!

张俊杰 山西人。1962年靖远一中初中毕业。曾任天水雕漆厂财务科长、办公室主任、厂长助理,会计师。

我的班主任张克让老师

董葆蕒

张老师在靖远教书育人长达 32 年，先生呕心沥血，劝教劝学，种竹交加翠，栽桃烂漫红，大半生心血贡献给了靖远的教育事业。

我是 1960 年从民办中学转入靖远一中的。那时的我刚从农村来到县城，既新奇城里的生活，又留恋乡村的风光。当时张老师是我们的班主任兼俄语老师。因为农村中学未开俄语课，所以在上俄语课时，我听不懂，没精打采。张老师知道了就对我说："上课没听懂，下课就来问我。"下课我找到张老师，他给我讲解了学俄语的方法：要记住单词，死记硬背，练习口语，才能学好。我得到了张老师的启发，俄语成绩很快提高了，对俄语课也有兴趣了。张老师对学生就是这样循循善诱，要求严格，争取不让一个学生落下。

张老师学识渊博，通古晓今。上课时常常旁征博引，谈古论今。张老师敢于突破固有的教学模式，在上每节数学课、俄语课之前，都要讲一些文言文故事，甲骨文知识，开拓学生的视野，激发我们的学习兴趣。他能把一堂本来枯燥乏味的课讲得有声有色，趣味横生。张老师上课时说一口流利的甘谷普通话，干练利落，讲授内容丰富多彩，形式不死板，表述铿锵有力，条理清晰。在他的课堂上，同学们聚精会神，课堂气氛也十分活跃。听张老师讲课犹如听一个文学家谈笑风生，激扬文字，或者是跟着一位探险家在探奇寻幽。

张老师的生活道路并不平顺，经历了许多磨难。自小家境贫寒，十年寒窗苦读，终于蟾宫折桂。但命途多舛，张老师在大学期间就被戴上"右派"帽子深受迫害。1959 年他从西北师大毕业分配到靖远一中，被监督改造十余年，特别是"文化大革命"的前期，先生受到了极大的折磨。学校不让他教语文，而要他代教俄语、代数和几何，还负责打扫各个教研室的卫生。学校里有文艺活动时，张老师还要写剧本，担任导演。夏秋收割时，张老师还要干打场、赶车拉水等杂活。但是即使在那段布满阴霾的岁月里，张老师依然从容乐观，做事认真，没有丝毫的懈怠。我记得1961年下半学期，正是农场灌冬水时，一个星期六的下午，张老师带领我们班同学去三合农场浇水，出发时已是下午六点钟了，深秋时节，晚上寒气很重。张老师再三叮嘱我们要穿暖和。有的同学腰上围着狗皮褥子，有的穿上了羊皮袄。一路上张老师意气风发，时而古诗词，时而历史故事，妙语连珠，口吐莲花，不觉就到了三合农场。那天晚上，浇完水，已到了第二天黎明，深夜时候气温下降，同学们就近找了一些柴火烤火取暖，有一个同学还抱了一些黄豆角烧着吃，烤熟的黄豆一个个爆开了。我们边吃边烤火。此时此景，张老师想起了曹植的"七步诗"："煮豆燃豆萁，豆在釜中泣。本是同根生，相煎何太急！"张老师踱着小步，陶醉其中。我们也渐渐听得入神，忘记了严寒。大家也都参与其中，谈天说地，不亦乐乎。第二天清晨大家觉得意犹未尽，张老师又带我们到法泉寺游玩。想想那时真的是恰同学少年，风华正茂；书生意气，挥斥方遒。先生就是这样平易近人，总是和学生们打成一片，上课是老师，下课是我们的知心朋友。他对学生关爱有加，不是父爱，但胜似父爱。

"宝剑锋从磨砺出，梅花香自苦寒来。"十年的艰难困苦，磨砺了张老师坚韧的性格。凭借超常的勇气和惊人的毅力，他终于迎来了天晴太阳红的日子。平反后，他开始教语文，深厚的文学功底，绝妙的板书，声情并茂的讲授，一时倾倒了许多学生。自此一鸣惊人，享誉全县。先生先后担任语文教研组组长，并被评为高级教师、特级教师，1984年被任命为靖远一中校长，先后当选为甘肃省中学语文教学研究会理事长和甘肃省教育学会副会长，并被全国中语会聘为学术委员。1988年当选为七届全国人大代表，又被国务院授予"全国先进工作者"及"全国劳模"的称号。一时之间，名声大振，不但靖远人说"靖远人谁要不知道张克让，就等于法国人不知道拿破仑"，而且全国不少地方都知道先生是我国教育界的名人，我们也都为是先生的学生而感到骄傲。

32年的教学生涯，先生传道授业，兢兢业业，恪尽职守。退休后，先生心若止水，乐得清闲。但仍不忘学习。先生的爱好有三，一写书，二书法，三是师生欢聚。他"老牛自知夕阳晚，不待扬鞭自奋蹄"，退而不休，倾吐余热，并一直酷爱书法寄情翰墨，常常以书法自娱。勉励我们求学上进，勤奋有为。

先生是一个理想化的人，经过磨砺，他深深地感到改造社会世俗的艰难，生化人性的艰辛，要民富国强，任重道远。但他仍静观世事求一是，诚对苍生不二心。

先生明理诚信，团结友爱，为人谦和。他是一个正直的人，他也是这样教育我们的。还记得，先生送给我一副对联："有关家国书常读，无益身心事莫为。"天下兴亡，匹夫有责，即使是社会的一粒微尘，也要洁身自好，做对社会有益的事情。先生身体力行，从未放弃对教育事业的追求，培育人才无数，桃李满天下，为社会作出了突出贡献。

光阴荏苒，年华似水。我和老师的师生之情已有四十余年了。他一直是我的良师益友。从做人到做学问，先生的谆谆教诲我一直都谨记在心。我深切地感受到，木受绳则直，金就砺则利，人从师则知。每次聆听先生的教诲，就如醍醐灌顶。先生犹如一束烛光，照耀我的前进之路。是这烛光，给了我自信和力量；是这烛光，使我由幼稚走向成熟；是这烛光，让我学会了乐观向上，正直。感谢您，我的老师，您将是我一生的老师。祝愿老师幸福安康，健康长寿。

　　董葆蒿　甘肃靖远人。1962 年靖远一中初中毕业。长期从事工民建与商业工作，现任靖远恒盛灶具日杂商行经理。

我和我的老师

石生有

一中读书未能忘，师生共仰乌兰堂。

四十八年流逝去，峥嵘岁月谱华章。

恩师克让教诲我，回首当年情意长。

光明磊落为人师，五湖四海桃李香。

人到高年愈加怀念青少年时代的所作所为，稍有触动我就不由浮想联翩，许许多多的趣事、奇事至今难以忘却。我是个乡下学生，并且离县城较远。1959年秋来到靖远一中，初到学校，一切都感到陌生、好奇。经过几个星期后，周围的同学才渐渐熟悉了，老师也认识了几个。当时，我在初一一班，班主任是陈明文老师，他是个好老师。

就在这一年的初冬，天气逐渐变冷。有天下午，我在一中的大礼堂东侧看到一位年轻人拉着骡子碾场，碾的是麦子。我仔细打量这个碾场的人，他个子小，身穿中山装棉衣，尽管棉衣有些长，但还是显得精神抖擞，神采奕奕，不是农民而胜似农民。后来我问高三同学蔺文仁，他说："你不能小看那个人，那是咱们一中的老师，西北师大毕业，文学水平特别好，给我们还讲过几节课，讲得非常好。他名叫张克让，我们都叫他张老师，遗憾的是他在大学读书时被划成了右派。"顿时，我感到惊愕，不过那时的我，对右派左派并不清楚，反正他是我们的老师。以后我心里老想，怎么不见他上课。说实在的，因班级多，上课不上课我是不知道的，不过，我已经认识他了，并且每天都能见面，就是不敢打招呼。学校文艺演出，总看到张老师在台前台后当指导，《红色风暴》、秦腔《打锅》和我班同学师克勤的快板书等，都是在张老师的指导下排练演出的，演得有声有色，非常精彩，并且富有教育意义。

同学们看了，都说："张老师真是多才多艺。"当时我想，如果张老师能给我们上课，那该多好啊！第二年，我们终于如愿以偿，张老师给我们班上代数课了，并且还给我们当上了班主任。开头几节课时，同学们都偷着和他比个子，听讲也有些漫不经心，但经过几周后，同学们从各个方面都感到受益匪浅。课间时间，只要有空，张老师都和我们在一块儿聊天。说实在的，张老师讲课不论什么课，对学生都有吸引力和感染力，数学、语文、历史、俄语，他什么都懂，讲起来抑扬顿挫，特别有表情，有详、有略、详略得当，重点难点突出，由浅入深，因人因材施教说理透彻，举一反三，同学们提出问题，他都不厌其烦地解释，同学们听了容易懂，进步快。这样周复一周，师生关系更加密切，常在一起谈笑风生。张老师常用故事形式、寓言形式、笑话形式，幽默、风趣地来启发诱导学生，教育学生怎样学习，怎样做人。曾记得张老师给我们讲过这样一个故事：古时候有一个读书人，在一座房子里走着读书，是来回走着读，地面上有个坑，这个人怕打瞌睡，来去都要踏着坑走，这样时时要留神，否则就会跌倒。这样久而久之，书也背熟了，腿也走瘸了。讲完了故事，他进一步强调说：从这个故事中，我们要领会到习惯的重要性，要努力养成好习惯，绝不养成坏习惯。听完这个故事至今已 50 年了，但仍记忆犹新。据说"文化大革命"前，有一年高考，作文题就是引了这个故事，要求以《习惯》为题写篇议论文。从这里足可看出张老师的"英明"。现在想起来，张老师处处给我们学生做表率。一次，我们初三一班在他的带领下，去三合农场劳动，干活中，张老师用各种方式鼓舞我们，让我们加油干，按时完成任务。同学们为了给张老师争气，个个争先恐后，每次都能按时或提前完成任务。更有趣的是到了下午回校的时候，张老师带头健步如飞，我们一群学生三步并作两步地跟在后面，个个英姿飒爽、生龙活虎。张老师在体育方面也不亚于他人，翻单双杠上下自如，左右灵活，常给我们几个爱好体育的学生言传身教，没有半点师道尊严的架子！

张老师不论在任何环境中都从不气馁，自始至终乐观、自信，和学生和谐相处，其乐融融。他真算是教师队伍中的光辉典范。

春秋末期的孔子，门徒众多，弟子三千，贤士七十二，游说各国，碰过壁，挨过饿，但他始终矢志不渝，被后世人尊为万世之表。张老师是七届全国人大代表、全国劳模，学子遍天下，著书又立说，为人们立下了难以忘却的功绩。但他当年却苦过心志，饿过体肤，空乏过其身。虽然，和孔夫子不能比拟，但我认为也有相似之处。我作为他的学生，为有这样的老师感到自豪！

　　我前几年见过张老师，他还保持着当年那个样，虽然老了些，但两眼炯炯有神，说话典雅、风趣，干脆利落，平易近人。一进到他屋里，给人一种温馨的气息。书架上放着各种书籍，墙上挂着范振绪写的条幅。地下有张写字桌，看来张老师还在练字。他说："我这样做有利于身心健康。"我想这话有一定的科学道理。当天晚上，我在张老师家住了一夜，同床共枕，拉家常，谈人生。总之，所谈的都是肺腑之言。张老师谆谆告诫我，凡事都要顺其自然，面对现实，不能强求，但得与失却取决于自己，不能轻易放弃，要有拼搏精神。实践证明，张老师讲的的确是人生的哲理。尔后，我才省悟，听君一席话，胜读十年书。

　　张老师虽已75岁，但活泼开朗、气度豪爽、乐观自信，能正确对待自己和社会。从言谈举止、精神面貌上来看，他好像不过是一个花甲老人。张老师精力充沛，身体健康，耳明眼亮，手脚灵便，几乎不减当年，我太羡慕他了，也为他而高兴。

　　祝愿张老师在幸福和谐的家庭中，在优美祥和的社会环境中，福寿双高，乐享天伦！

　　石生有　甘肃靖远人。1962年靖远一中初中毕业。长期从事家乡小学教育工作。

尊敬的恩师

崔仲安

一、不堪重负

我 1959 年小学毕业，考入靖远一中。和我们一块进校的有一位青年教师，只见他身着一身浅蓝色的中山服，戴一副近视镜，身材不高，端正俊俏。他好像有心事，实际上是含冤受屈，心情沉重。他就是后来我们最尊敬的恩师张克让老师。

恩师张克让，甘谷县人，教育世家。他的父亲是一位德高望重的小学老师，一生勤勤恳恳，兢兢业业，为党和人民的教育事业，奉献了自己宝贵的一生。有一年元宵节，他曾以舍身救儿童而名传甘谷城乡，有口皆碑。

恩师自幼就受到家庭的良好教育和父亲的熏陶感染，他刻苦读书，勤奋上进，品行端正，博学多才。上大学时，就光荣地加入了中国共产党。他的许多同窗好友和尊敬的老师都认为他的前途无量。谁知"天有不测风云，人有旦夕祸福"，1957 年"反右"，21 岁的恩师就被错误地打成了"右派"，对血气方刚的恩师给予了致命的打击。他悲痛、忧伤，但却无可奈何，只好在人生的道路上开始了漫长的爬坡。

1959 年大学毕业，他被分配到靖远一中任教，他身背着右派的罪名，头戴着右派的愁帽，一步一步地走进了学校的大门。当时，除了学校领导外，再没有人知道他是一位新分来的教师，只当他是学校雇来的员工，给学校打杂。学校给他配备了一对牲口，叫他赶着去学校农场劳动。他在农场学会了犁地、耙地、磨地、碾场、浇水、施肥，凡是农场的活，他都会干。后来学校后勤缺人，校领导便把他从农场调回来，让他在学校做后勤工作。他给学校拉水，打扫教研室、抄抄写写，后勤所有的杂活都是他干。当然又少不了去农场浇水、犁地。他起早贪黑，披星戴月，有时候去农场浇水，他还得深夜返校，不能耽延次日的其他工作。后来，学校看他表现很好，就开始让他代课。他在大学学的是中文系，但当时他只能教数学和俄语，虽然学非所用，但他的课还是讲得很好，同学们都很爱听。他每周27节课，相当于3个教师的课时量，差不多节节有课，但他从不叫苦，也不叫累。白天根本没有备课时间，他常常晚上备课到深夜。那时候生活困难，加上劳累过度，他曾几次晕倒在课堂上。有一次晕倒后，同学们慌作一团，方寸大乱，有一位同学名叫张文俭，他站起身来大声喊："同学们，还愣着干什么？快找校长，快请校医。"他第一个冲出了教室门，同学们东跑西窜，找来了校长，请来了校医。校医给恩师服了药、打了针，恩师才慢慢醒了过来。看到他醒过来了，大家才松了一口气。恩师也才开始明白，他是在课堂上晕倒了，这么多人在抢救他、关爱他，他感到了人间的温暖。他怕耽误同学们的课程，他要立即上课，被校医拦住了。校医当众说："他是营养不良，身体虚弱，劳累过度，急火攻心，现在不能急于上课，要多休息，增加营养，等身体恢复好了再上课。"

二、育苗成材

我们上初二时，由于恩师一直表现较好，学校决定让他担任我班班主任。同学们像刚出土的小树，恩师像勤劳的园丁，给小树浇水、施肥，并精心修剪、看护，培养小树成长，希望它们成材。

恩师很爱我们，我们也爱恩师，很听恩师的话，班上的组织纪律、学习风气都变了样。通过恩师的精心教导，同学们懂得了尊师重教的道理，懂得了同学们之间要互相帮助、互相学习、互相爱护、互相支持、互相鼓励。整个班级像一个人一样。恩师不但抓我们的学习，而且利用课余时间抓我们班的文艺活动。记得有一次学校会演，我们班演出了秦腔折子戏《打锅》，受到学校的好评。恩师非常关心我们的学习与成长，他不但要求我们学懂学通书本上的知识，而且还经常教导我们怎样做人、怎样做事，将来怎样工作。他经常给我们讲故事，记得有一次，我们班下农场劳动，午休时，恩师给我们讲清明节的来由。晋国的公子重耳有难，介子推保主逃难，君臣断粮几天，重耳饿得快支持不住了，介子推不顾生死，割下了自己腿上的肉给重耳熬汤喝，救了重耳的性命，渡过了难关。后来重耳事成登基，就是晋文公。晋文公登基后，请介子推进朝做官，同享荣华富贵，但被介子推拒绝了。他说："现在帮你谋划国事的人很多，不太需要我，最需要我的人，是我的母亲，她老人家需要我养老送终。"他拒绝了晋文公的邀请，将母亲背到山中奉养，晋文公亲自带领人马到山中找寻，还是找不着。晋文公命人在山中放火，以为山中火起可以将他母子逼出来。谁知，竟将他母子烧死在山中。晋文公后悔莫及，十分悲痛，命人将他母子厚葬，并封葬日为清明节，让全国人民在祭奠先人时，能记起介子推。恩师说："介子推虽然死了，但他的精神没死，他伟大的形象还在。"恩师还给我们讲过许多民族英雄和现代伟人的故事，从故事中，我们似乎看到，在民族和国家生死存亡的关键时刻，我们的国家就涌现出一批又一批的民族英雄，一代又一代的时代伟人。他们在关键时刻，不顾个人安危，挺身而出。他们唤起国人，组织民众，艰苦奋斗，英勇杀敌，百折不挠，前赴后继，直到打败侵略者，以洗国耻，英勇悲壮。他们的出现是民族的骄傲，他们的精神是民族的灵魂，他们的形象是华夏儿女学习的榜样。恩师要求我们要学习他们，将来也要报效祖国。

天下没有不散的筵席。恩师虽好，但难陪我们一生，同学情深，难免各奔前程。1962年初中毕业，同学们和恩师难分难舍地在母校校门前合影留念，然后就各奔东西。有的同学继续上了高中，考上了大学，继续深造。大多数同学都回到了家乡。有的当了农村基层干部，有的当了民办教师，有的被招了工，有的被招了干。初离别的几年，同学们和恩师互相书信联系，后来因忙，大多数同学大体上都失去了联系，将难忘的岁月，寄托在梦中。

三、展翅高翔

1961年，恩师被摘掉了右派帽子，但好景不长，又赶上了"文化大革命"，按恩师的话说"文革一点不文"，恩师又吃了不少苦头。粉碎"四人帮"后，他由语文教师升为语文教研组长，后任母校校长。他新立校规，重整校风。由于他善于调动大家的积极性，因而使学生乐于学，老师乐于教。他一边抓教学，一边抓建设，他东跑西颠，想尽办法，争取到了一笔建校拨款，在校园里建起了一栋雄伟壮观的教学楼，使母校真正变了样。学校被评为"先进单位"，恩师被评为"全国劳模"，当选为全国人大代表。他代表全省人民参加第七届全国人民代表大会，邓小平同志接见了他们，中央领导同志看望了他们，并和他们欢聚一堂，共商国是。大会期间，他的发言，深受大家欢迎。

回校后，恩师在全校师生大会上传达会议精神，长达好几个小时，使全校师生深受鼓舞。恩师狠抓教学，把一批又一批的优秀人才送进全国各大专院校。1990年，他被调到靖远师范学校任校长，只一年，又把他调到省教育学院任副院长，应当说恩师是当之无愧的。

四、乐在其中

恩师被调到教育学院后，工作更辛苦了。他在学院分管教学、人事、财务和办公室工作，按他的话说"要比在中学任校长时的工作量大好几倍呢！"虽然辛苦，可他非常高兴，他的脸上总是笑容可掬。

恩师在教育学院工作了六个春秋，把一批又一批的人民教师输送到祖国最需要的各个地方，使他们在那儿为祖国建设培养合格人才，桃李满天下，芳华遍九州。

1997年，恩师光荣地退休了，退休后，他仍然退而不休。不仅练书法，写文章，并且仍然乐于助人，乐做善事。他很愿意参加学生聚会，他的到会给同学们增添了许多光彩。他到会又说、又讲，总是把欢乐的气氛推向高潮。同学们都很愿意和他欢聚。

五、备受尊敬

恩师为什么这样受人们尊敬爱戴，我考虑再三，恩师有以下几个特点：

其一，他热爱教育、忠于教育、教书育人、其乐无穷。

其二，他品德高尚，不贪不占，一身正气，两袖清风。

其三，他胸怀宽广，乐于助人，工作踏实，一丝不苟。

其四，他积极乐观，对人热情，知识渊博，谈笑风生。

其五，他严于律己，以身作则。他是妻子的好丈夫，儿女的好爸爸，孙子的好爷爷，学生的好老师，学校的好校长，人民的好代表，祖国的好儿子。

最后谨以数句顺口溜聊表对恩师的感激之情：

难忘恩师张克让，滋润桃李四海香。

　　　　　　　　赤胆忠心名陇上，呕心沥血育栋梁。

　　　　　　　　艰苦岁月勤为本，辉煌年代廉生光。

　　　　　　　　翻开中学恩师谱，我师德才誉城乡。

　　崔仲安　甘肃靖远人。1962年靖远一中初中毕业。农民，曾任生产队队长，三滩张家坪水利提灌工程会计、技术员。

恩 师 颂

杨 孝

母校一别四十年，恰似弹指一挥间。

师生情谊深似海，往事历历在目前。

克让老师来靖远，只为直言惹祸端。

风华正茂"小右派"，基层改造"换心肝"。

知识渊博众口赞，多才多艺十八般。

每周二十七节课，外语、几何、代数全。

泰山压顶头不低，身处逆境心坦然。

又说又唱又表演，经常苦战夜不眠。

呕心沥血育桃李，要留"清白"在人间。

先生带班有经验，乐于交流勤座谈。

关心爱护众学子，热情随和心无偏。

批评缺点讲分寸，对待"差生"重扬帆。

一把钥匙一把锁，因材施教创新天。

可叹好景不长远，"文革"浩劫又蒙冤。

种种罪名莫须有，天降大雪六月寒。

批判斗争志不改，丹心一片可对天。

运动后期喜复课，重登讲台乐无边。

备课讲课更认真，肺腑铭言气如山：

"误人子弟事莫为，须知头上有青天"。

一声霹雳乌云散，三中全会树新幡。

拨乱反正平冤案，人世沧桑地翻天。

"右派"身份彻底变，"社会渣滓"变中坚。

教研组长激情涌，决心重树教学观。

荣升校长课不辍，以身作则搞教研。

提出教法十二点，有理有据天地宽。

不少杂志齐登载，"教育名人"上报端。

省中语会理事长，著名特教逸迹传。

人大代表上北京，全国劳模人称贤。

一中校长才六年，学校面貌大改观。

政绩卓著功劳显，改调师范再扬鞭。

学高为师德为范，狠抓师资正本源。

又调甘肃省教院，严把教学质量关。

学员素质逐日高，人才济济唱师范。

急流勇退自潇洒，习书怡情养天年。

奉献余热著书卷，葵花向阳寸心丹。

《滋兰树蕙》师德范，《诗情墨趣》硕果繁。

《书棂画扉》珍品聚，姹紫嫣红春满园。

职位变了人未变，平易近人更胜前。

半生育才无遗憾，喜与学生话当年。

风趣幽默言谈健，众口皆碑"张乐天"。

门前学子常不断，师生聚会连二三。

桃李芬芳殊自豪，无价财富"学子山"。

我今含泪忆师情，高山仰止耸云天。

（原载 2003 年 8 月 13 日新华网，甘肃频道）

杨孝　甘肃靖远人。1962 年靖远一中初中毕业，曾任靖远县三滩学区校长。小学高级教师。

记我的班主任张克让老师

王维雅

每个学生的成长都离不开老师的关心、教诲和培养，每个学生都希望能够遇到一位好老师。但这是可遇而不可求的事情。然而我却很幸运地遇到了一位心系学生的好老师——我的班主任张克让老师。

张老师自 1959 年西北师大毕业分配到靖远一中后一直从教长达 32 年之久，把他最宝贵的青春年华都奉献给了靖远教育事业。我有幸和张老师同年进入靖远一中。当时正值三年困难时期，班上同学流失了很多。我们刚上完初一，到了初二原来六个班学生就只剩下四个班了。学校重新编了班，我从初二三班进入了初二一班，张老师就成为了我们一班的班主任。

那时，张老师还戴着右派的帽子，学校不让他教语文课，让他教数学。安排他代我们代数课。虽然他是学语文的，但代起代数课来也是有板有眼，他讲课条理分明、重点突出、深入浅出、风趣幽默，赢得了学生的一致欢迎。我们的思维能力和计算能力显著提高，全班数学成绩总是名列前茅。连原来那几个对数学不感兴趣的差生成绩也有了长足进步。

众所周知，当班主任是非常辛苦的，不光要管学生的学习，更重要的还要管理学生的生活起居和思想动态。张老师通过个别谈心、家访把全班 40 多个学生根据各自的特点和个性分组排队、扬长避短、因材施教。我从小喜欢唱歌跳舞，但不懂得其中的技巧。张老师就让我当班上的文艺委员。让我每天早操跟音乐老师学习唱歌，晚自习再教全班同学唱。还让我参加校文工团学习戏曲、舞蹈。

张老师多才多艺，爱好文艺。在课余时间他总是教我们排练文艺节目。根据当时形势，他自编自导了黄梅戏《四姐妹摘棉花》、歌剧《果园姐妹》，还导演了歌剧《红色的种子》、《白毛女》等剧目，在定西地区和县上调演中多次获奖。1965 年他编导的秦腔《阶级教育开红花》在地区会演中获得了一等奖，赢得了广大群众的交口称赞。我的一点艺术才能就是在张老师的谆谆教导和精心培养下在实践中不断积累起来的，这为我后来在县宣传队工作和小学教学打下了坚实的基础，并使我受益终生。

张老师热爱学生，乐于助人，善于启发激励学生。无论在什么环境中，他都竭尽所能帮助学生克服困难，勇往直前。他的坚韧不拔和乐观进取精神感染了很多学生。1995年正月初二，我们靖远一中六二届初三一班师生在糜滩张生贤家欢聚一堂，老同学多年不见，分外亲热。张老师精神矍铄、谈笑风生，畅谈了他六十多年的人生感悟。他语重心长地说：奋斗和机遇是并存的。鼓励大家无论何时何地都不能自暴自弃、妄自菲薄，要正确看待自己，正确看待别人。并说他自己就是这样风风雨雨一路走过来的。在那次师生联谊会上，张老师还为我们演唱了他的保留曲目眉户剧《十二把镰刀》，风采不减当年，使我们深受教育。

最可贵的是张老师对待所有学生都一视同仁，并不因为学生的家庭情况区别对待。1996年4月我们全班一行30多人去张老师的故乡甘谷县城为张老师83岁的老父亲祝寿。这其实也是一次观光旅游。一行人中大多数是农民，工作的只有寥寥数人。那天到达甘谷已是下午六点多了，张老师早早在路旁等候我们。见到我们他和大家一一握手，连说辛苦了。走到大门口，张老师的父亲和弟弟热情地迎上来，一路簇拥着我们来到了院子里。张老师83岁高龄的老父亲精神矍铄、神采奕奕，亲自给我们端茶倒水，招待得十分周到。晚上，张老师专程来到我们住宿的旅馆，嘘寒问暖，大家都十分感动。次日早晨，我和文汉同学组织了祝寿仪式，最后大家一起聚餐并合影留念。下午一点多，我们离开了张老师家。接着我们又游览了甘谷名胜大象山和天水名胜麦积山，第四天我们满怀兴奋返回了靖远。一路上大家畅所欲言，欢声笑语不断。大家一致对张老师的宽厚待人赞不绝口，众多农民同学更是感慨万千。

张老师一直关心学生，爱护学生。凡是学生的事情，不管大事小事他都竭尽所能，尽力帮忙。2001年5月，我的大儿子正要娶媳妇，恰逢张老师和夫人回靖远探亲。我请他担当主婚人并在婚礼上致词。他二话没说便爽快地答应了，并叫文汉同学邀请全班同学前来祝贺。在第二天的婚礼上，张老师风趣幽默的讲话博得了亲朋好友的热烈掌声，为婚礼增添了许多喜庆气氛。事有凑巧，2007年7月我的小儿子在兰州结婚，张老师携夫人和生贤同学前来祝贺。在婚礼上他又作了精彩的演讲，还特意赋诗《张金雷、马一丹新婚志喜》，以示祝贺：

> 金城花季花烂漫，喜庆金雷恋一丹。
>
> 金雷爱丹震金雷，一丹恋雷成一丹。
>
> 孝亲同构和谐美，爱家共铸福乐全。
>
> 人生至乐天伦乐，来年添喜合家欢。

　　张老师不仅在生活中关心和帮助我，更在我学习和工作的关键时刻给我以无私的帮助。1990年的春天，张老师调任靖远师范学校担任校长职务。当时我正在靖远师范管理幼儿园，虽说也办得红红火火，但我已经是40多岁的人了，已经不适合在幼儿园工作，需要换一个工作岗位。正好学校需要一名教授语文教学法的教师，并且还可以去西北师大参加省教育厅主办的语文教学法培训班。我怀着忐忑不安的心情找到了张老师，向他说明了情况。张老师向其他领导征求了意见，为我争取到了这次机会，使我顺利地完成了工作岗位的转换。学习回来后我一直从事中师生语文教学法的教学工作，直到退休。在此期间，张老师还带领语文组的老师亲自听我的课，课后提出了许多宝贵的意见和建议，使我改进了教学方法，提高了教学水平，对此我一直铭记在心。

　　张老师退休后一直是"退而不休"，担任了好几所私立学校的名誉校长，教学顾问，并热心于社会活动。此外他还把练习书法、写作当作主要任务，先后出版了《滋兰树蕙录》、《诗情墨趣》、《书棂画扉》、《鸿爪夕明》等多部作品。在笔耕之余他还书写了许多书法作品，送给亲朋好友、学生故旧。

　　1998年"五一"前夕，张老师把自己珍藏多年的二百多幅名家字画带到靖远。县文化局和我们靖远一中六二届初三一班全体同学共同在钟鼓楼上为他举办了《张克让收藏书画作品展》，县上主要领导和广大书画爱好者二百多人参加了开展仪式。大家看到诸多难得一见的名家名作，都兴奋不已，竞相观赏。我县书法家于三、耕夫等人还现场即兴为大家挥毫泼墨，书画作品展取得了圆满成功。

　　张老师自1959年来到靖远一中，从一名普通教师干起，历任教研组长、校长、靖远师范学校校长、甘肃教育学院副院长，荣获了特级教师、全国劳模、全国先进工作者、全国人大代表等诸多荣誉。他把靖远当作自己的第二故乡，他把自己最美好的青春年华献给了靖远教育事业，把自己的精力都献给了学生。他精力充沛，积极乐观，博闻强识，才华横溢，师德高尚，行为世范。可谓桃李遍天下，门生满陇原。先生之风山高水长，这就是我们最尊敬和爱戴的班主任张克让老师。在这里我代表我们靖远一中六二届初三一班全体同学祝愿我们的班主任张克让老师健康长寿，永远年轻。

王维雅　女，甘肃靖远人。1962年靖远一中初中毕业。曾在靖远师范附小和靖远师范任教。高级教师。

我心中的一缕阳光

吴保寿

1995 年是我生命的转折点，那一年阳光照亮了我的心房，也照亮了我的门庭。而这缕阳光就是来自于张克让老师对我的点化与关心。

当时，我在医院和病床上已反复待了整整八年了。在这八年里，因为病情的折磨与贫穷，以及老伴常常在医院照顾我没法给孩子们做饭，孩子们缺衣少穿，我常常萌生出一种自我解脱也解脱家人的念头。然而对于亲情的留恋又使我难以断然了结自己的生命。于是整日里露着一副愁苦的面容，以至于自家的孩子在我面前不敢言笑，就连别人家的孩子们正玩得起劲，见了我也会马上收敛起笑脸远远地躲避。

那一年，春节已临近了，买年货，写春联，别人都在为过年而忙碌着，然而我却烦躁异常，就连窗棂里透进来的明媚阳光都是那么的刺眼，外面孩子们的嬉笑又是那样吵得人心烦意乱。临近中午了我还懒懒地躺在炕上无力动弹……

"吴保寿——吴保寿在家吗？"突然门外传来了一阵异样的呼叫声。那声音听来陌生却不知为啥莫名其妙地有一种难以言表的吸引力，它饱含着渴望、亲润、惊喜等，如天籁之琴音，似山野之清泉。我不知从哪儿涌来一股精气神，一骨碌身子下地，趿拉着鞋还没站稳，一个年纪和我不差上下的生面孔一把将我的臂膀紧紧抱住——"吴保寿，我是你的同学张文汉。"顿时一种久别重逢的同学之情从心底油然而生。

他告诉我，他们和张克让老师联系上了，过完春节，就在张生贤同学的老家糜滩举行师生联谊座谈会。并且说还要去其他地方通知别的同学参加。

吃了顿午饭他神色匆匆地走了以后，我的心情就再也平静不了了。38 年前的那些时日本来已经和我形同隔世，如今却梦一般浮现在我眼前。

在靖远一中念初中时，张克让老师是我的班主任，他忠厚的为人，横溢的才华，信手拈来的典故和名人轶事，常常使我们忘记了饥饿和严寒。那时我还不满 13 岁，头上有一顶沉重的"小地主"帽子，压得我非常自卑，窝在一个角落里不敢高声说话。以至于平平淡淡地上了三年初中后迫于生计回家挣工分去了。

刚出校门那时还没觉得少了什么，等到日复一日没熬没盼地整天劳作在田间地头，我才知道学校的生活是多么值得留恋，尤其是想起张老师那慈眉善目、和颜悦色地和我们谈笑风生的笑脸；想起他幽默风趣、引经据典的博学多才；想起他在舞台上潇洒自如的扮相和清亮的高歌浅吟；想起同学饿着肚子却围在老师身边孜孜以求的动人场面，就常常不能释怀。好在上学时老师教过书法，于是苦了累了，孤了寂了，烦了躁了，我就在田间地头写大字，寻找一种与老师和同学们心灵相通的精神寄托，从而得到片刻间享受身在校园的感觉，以此打发着苦闷的心情。

好容易等到包产到户，日子过得刚刚有点眉目，我的身体又出了问题，贫病交加使我的精神被彻底摧毁。当时我想自己这副样子怎么去见大名鼎鼎的老师和功成名就的同学？他们会不会看不起我？

尽管顾虑重重但是抵不住对老师和同学的思念之情。初四那天，天清气朗，惠风和畅。我们来到张生贤家，相隔 38 年没见面，师生们热泪盈眶，激动不已地拥抱在一起，其情其景实在难以言表。我的内心也激动万分，可是看着满面春风的张老师，看着精神焕发的同学们，我不由觉得自惭形秽，畏畏缩缩。大家一顿寒暄以及对张老师的祝福过后，张老师开始讲话了。

依旧是那样亲切温和，依旧是那样幽默风趣，他的讲话使我犹如重新回到了学校，端坐在教室；他的讲话让我想起了我也有过青春年少，有过热血沸腾；他的讲话如春雨似清泉缓缓流淌进我的心田，我就像 38 年没见过水的禾苗，就像被抽光了血液的人又重新得到了血液一样渐渐复活了。特别是张老师说：农民也是受人尊敬的人，不要自己看不起自己，更不能自暴自弃。不管职位高低，不论贫富贵贱，只有自己看得起自己，振作起来，活出个样子来，生活才精彩，日子才有奔头。张老师大约是看出了我的境况和心理，好像是专门针对我下的"药"。我听了他推心置腹又殷切无比的话，如醍醐灌顶、茅塞顿开，尘封已久灰暗阴冷的心门就此打开，犹如有一缕暖暖的阳光倏然间照亮了我整个胸膛……

是啊，我少什么了？论身体没有少胳膊少腿，论家底爷爷吴锦江参加过同盟会，是甘肃省参议会议员，开明地主；伯父吴宪，毕业于北京师范大学，曾留学日本，又参与了靖远师范的创建，直到"文化大革命"饿死夹边沟；父亲虽然在农村也是教书先生，典型的耕读世家；而我再不济也初中毕业，又是赫赫有名的张克让老师的学生，凭什么落魄？

从此以后我就像换了一个人一样，眼睛里看到的总是喜乐的事，心里想的总是高兴的事，尤其是闲来无事我又拿起了毛笔醉心书法。说来奇怪，从此以后病居然不知不觉就不见了，家里诸事和顺，日子一天比一天好了。等到短短两年后，我们再度相约到甘谷给张老师的老父亲祝寿时，一路翻山越岭我又说又笑，精神面貌焕然一新，令同学们刮目相看，让老师也欣慰不已。

现在我被人们称为农民书法家，经常参加一些书法联谊会，还经常应邀为各种活动写牌匾、对联之类。如此每当夜深人静，自己为自己的变化也感到欣慰无比。细细琢磨，我越来越感到张老师带给我的幸福，就像是他在我的心房上洞开一扇天窗，出去的是陈年的浊气，透进来的是一缕暖暖的亮堂堂的阳光。

吴保寿　甘肃靖远人。1962年靖远一中初中毕业。农民，爱好书法，其作品参加过省级有关书展。

沐师厚恩到永远

高继和

20 世纪 50 年代末，我从黄河沿岸的一个小村庄来到县城的靖远一中读书求学。当时，由于受到家父历史问题的株连，加之在小学毕业时我的档案里被莫名其妙地写进了一些带有诬陷性的评语，所以，自进入一中的校门后，我时时处处受到人们的歧视，就感到自己低人一等，心境一直很灰暗。

在靖远一中，给我们上俄语和数学课的是一位年龄比我们大不了多少的青年教师。他个头不高，身材清瘦，白白的脸庞，鼻梁上架一副近视眼镜，看上去十分儒雅。加之他的脸上始终是一副笑嘻嘻的神态，他的身上就多了一些学生们非常喜欢的亲和力，我们全班同学都十分喜欢他，尊敬他。他就是才进学校时间不长的青年教师张克让。张老师讲课文思泉涌，口若悬河，诙谐幽默。可是，要是不上课时，我们在校园里见到他的情景就和其他老师不一样。其他老师都是经常腋下夹着书本脚步匆匆，而他却是经常在校园里赶着牲口干活，不是驴就是骡子，不是吆架子车拉水就是碾场。开始看到这样的情景我很纳闷，后来才从同学们口中得知，张老师在西北师大上学时就被定为"右派"，他在学校不但要教学，而且还要接受劳动改造，并且学校不安排让他教他所熟悉的课程，却让他教他并不熟悉的俄语、数学之类的课程。从那个时候我才明白，在社会上，在学校里，不但有我这样比别人矮一头的学生，老师中也有活得不如意的人。可是，当时的张克让老师虽然身处逆境，却总是那样豁达乐观，而我却老是消极低沉，相比之下，我和张老师的思想差距是多么大！从那个时候起，我就对张老师产生了深深的崇敬之情，只要是他上的课，我都能够认认真真地听讲。由于受到张老师那种达观性格潜移默化的影响，我的思想情绪也渐渐地得到了调整，也逐渐融入了学校的集体生活之中。

张克让老师当时虽然是学校的老师，但他其实更像是学校的一位工友，因为他除了教学而外，所干的其他活就完全是民工和临时工干的。那时候学校在我老家附近的三合村办有一个农场，农场里的春种秋收几乎都少不了张老师的身影。甚至学校放假了，其他师生都回家和亲人团聚去了，张老师还要在学校的农场里忙碌干农活。因为我从小生长在农村，对农活比较熟悉，又看着老师在农场里受苦受累，咱一个农村娃，给自己的老师也帮不上什么忙，就在有一年的暑假里去三合农场，想着帮张老师干一点农活，以减轻张老师的劳动强度。在农场，张老师知道我的来意以后，开始是坚决拒绝，后来他看实在赶不走我，就想了一个两全其美的办法：在征得农场领导的同意后，让我在农场干临时工，每天可以挣到一元二毛钱。没想到我不但没有给老师帮上忙，倒让老师给我帮了个大忙。要知道，一元二毛钱对当时的我来说，那可是一笔了不起的经济收入啊！

我白天和张老师一起在学校农场里干农活，到了晚上，我们共同在农场的窝棚里谈天说地。就是在那种境遇中，我从来没有看到过张老师有任何一点的牢骚和不满，他照样从早到晚乐呵呵的，照样把任何农活都干得头头是道、有条有理。

有一天晚上，我们一帮在农场里干活的临时工又和张老师在一起喧谎，张老师看我们情绪有点低落，就给我们讲了一个关于"瓜女婿"的笑话。他说：有一位皇帝要考自己女婿的才能，第一次考试，他把女婿叫来，伸出三个指头，女婿向皇帝伸出一把手，皇帝心想：我问他"三皇"，他能答"五帝"，看来我这个女婿不瓜，这第一场考试就算顺利通过了。皇帝的女儿知道自己夫君的底细，为了使他通过后面的考试，她就想方设法从皇帝那里透来了第二天的题。原来皇帝要考女婿"开天辟地的皇帝是谁？"皇帝女儿反反复复地告诉夫君是"盘古王"，她担心夫君记不住，就做了一个"夹代"，把面盘成一股一股的形状，放在夫君的衣袖里。第二天皇帝考试时，果然问"开天辟地的皇帝是谁？"瓜女婿赶忙看了一下衣袖，谁知衣袖里面的"夹代"已经被他压扁了，他死活想不起究竟是谁了，就随口说是"面扁王"，皇帝说明明是盘古王为啥成了面扁王？瓜女婿说：面扁王是盘古王他爸。皇帝惊呆了，心想我这女婿连盘古王的爸是谁都知道，还有啥事情能够考住他呢？

张老师的笑话用他那带有甘谷口音的靖远话讲出来，更加诙谐幽默，惹得我和几个临时工捧腹大笑。笑声中，张老师又说：你们在学习上也不要死记硬背，还要注意锻炼自己随机应变的能力，这个"瓜女婿"在这件事情上就很好地发挥了随机应变的特点。

那时候，由于历史的原因，张老师没有充分发挥他的教学特长为学生传经布道的机会，可是，他却能够利用一切机会，给学生讲一些富有哲理的知识。拿我来说，在那些共同相处的日子里，从张老师的口中得到的各个方面的知识并不比正儿八经的课堂上学到的少，张老师的好多指点，甚至让我终身享用不尽。

我在一中上了三年初中，由于各种各样的原因，未能升高中，就无奈地离开了校园，离开了我的恩师张老师。虽然我走出了学校，但我和张老师的感情并没有因为我的学业的结束而淡漠，倒是在以后漫长的人生道路上越来越密切，越来越加强。

我回乡务农以后，一直和张老师保持联系。只要有机会进城，我都要去母校看望张老师。虽然我当时是一介布衣，可是张老师仍然对我非常关心，他在和我拉家常时问我的家庭状况，问庄稼的收成等。我也把自己在生产和生活中遇到的困难向老师诉说，张老师也经常帮我出主意想办法。我们班的同学以后虽然都离开了张老师，各自都在自己人生道路上打拼，但是我们的心都一直和张老师的心紧紧地连在一起。那时候，我们任何一个同学的家里只要有婚丧嫁娶的事情，张老师有请必到，只要他到场，这家的事情必定过得红红火火、热热闹闹，同学们都以自己的老师参加自己家的红白喜事而感到骄傲和光荣，张老师真正成了我们班全体同学的主心骨。

2009年，我们的一位同学张文汉不幸去世，张老师得到这个消息以后，风尘仆仆从外地赶来参加张文汉同学的吊唁仪式，并且撰写了一副挽联：

> 靖城书展，金城送匾，多次聚首随吾愿，乐坏恩师也；
> 朱山寿庆，隆山座谈，倏尔归西碎我心，痛煞老夫矣！

在那个阴雨连绵悲恸欲绝的吊唁仪式上，张老师撰写的挽联让每一位到场的人都为之动容，大坝村的父老乡亲也为这种生死之交的师生情感慨不已。从这件事情上也能够充分折射出我们的张老师对他的学生的那一颗父亲般慈爱的心。

2004年3月，我和王维雅、董葆蔼、秦凤峨去张老师的老家甘谷给张老师的父亲贺寿。在张老太公热烈而简朴的寿礼上，我看到那么多的同学都来了，他们有的是国家公务人员，有的和我一样也是老农民，虽然前来贺寿的人社会地位各有差异，但是我们共同感恩张老太公为我们培养了一位好老师。

改革开放以后，国家政策逐步允许发展非公有制经济，我也滚雪球般地拉起了一支工程队，开始在市场经济的商海中打拼，期间不管遇到任何问题，我就经常去请教张老师，张老师也时时刻刻指点我，使我少走了许多弯路，在曲曲折折、磕磕碰碰的打拼中，我的事业也得到逐步发展，并且避免了许多同时代的那一批人容易共同犯的一些错误。我也经受住了商海里各种各样的考验，一直能够老老实实做事，端端正正做人。看到我的进步，张老师非常高兴，他兴高采烈地为我作了一首诗，并且还写成书法作品赠送于我：

> 憨厚笃实且灵活，粗中见细远识卓。
> 敢对逆境挑与战，勇向商海拼并搏。
> 师生聚会常资助，亲友扶将不忘昨。
> 长风破浪越天险，还须防礁慎掌舵。

从这首诗中，我深深地感受到老师对我的鼓励、鞭策、支持、告诫，浓烈的师生情谊溢于言表。张老师的赠诗和墨宝，成为我珍藏的一件无价之宝，也是我的传家之宝。在我逐步老去的时候，我要把这件无价之宝传给我的子孙后代，让他们在以后了解和研究这一段历史的时候，知道什么样的人才是"人类灵魂的工程师"，什么样的人才配享"人民教师"的光荣称号！

高继和　甘肃靖远人。1962年靖远一中初中毕业。长期从事道路和桥梁工程建设，现为靖远永通机械化工程公司总经理。

回忆张克让老师二三事

秦凤峨　滕宗和　陈积厚　孙桂兰　杨　孝

张老师是我们五十年前上靖远一中时的老师，也是我们的班主任。回味初中三年的学习生活，让人觉得甘苦相伴，百味杂陈。时间虽过半个世纪，但我们和老师朝夕相处的许多往事，却历历在目，犹如昨天、前天才发生过的一样，使人不能忘怀。在那个特殊年代、特殊环境中和老师结下的纯真的情谊将源远流长。正如他老人家在同学联谊会上讲的："我和咱这班同学的情感如同靖远的牛皮胶糖，越嚼越粘，越粘越甜。"事实也正是如此，张老师和我们这班同学的情谊历时愈久而愈见永恒。

1959 年秋季，我们从农村考入靖远一中初中部，而张老师也从西北师大毕业被分配到靖远一中工作。他当时是戴着一顶"右派"帽子，夹着一个铺盖卷来靖远的。由于极"左"思潮的影响，学校对他是很不公正的，要求他规规矩矩地工作、老老实实地接受改造。因为他是右派，尽管他毕业于西北师大中文系，却不让他上语文课。什么课缺老师，就让他上什么课，也不管他上得了上不了。当时张老师共代初中三个班的代数和俄语课，每周代课时数近 30 课时。还要安排他参加一定时间的劳动，如课外活动时垫厕所、搞卫生，还要去农场劳动，不给他空闲时间。张老师是一位很有才华的热血青年，他是西北师大中文系的高才生，学生时期就加入了中国共产党。但由于张老师忠诚老实、耿直不阿、肯讲真话，所以在反右斗争中被错误地戴上了右派帽子，分配到靖远一中进行改造。

当时正值国家特别困难时期，人民的生活极为困难。当时张老师他们的粮食定量每天不到一斤，最少的时候甚至减到了每月只有 21 斤，其中还夹杂着代食品，如洋芋之类，每月食油不足 2 两，基本上没有肉食。在这种情况下，张老师每天超负荷地工作，除上课外，还要参加劳动。因为挨饿，营养不良，他曾几次昏倒在讲台上。当时班上有几个来自山区的同学，私下里给张老师接济了一些炒面和馍馍，算是暂解了一下燃眉之急。现在回想起来，那时真是度日如年，师生们觉得难熬到头。但那时师生之间却能和衷共济，相濡以沫，是一种闪耀着金色的人性光辉的关系。尽管生活困难，日子难熬，但张老师泰山压顶不弯腰，他顶住了"政治待遇"和生活上的双重压力，为我们树立了榜样。困难时期学生流失很大，我们这一级就有三分之一的学生因生活特别困难而辍学。我们当时因为生活困难，也曾几次有退学的念头，但在张老师苦口婆心的劝导下，在他那不怕困难迎难而上的精神鼓舞下，给了我们学习的信心，终于读完了初中。

我们1962届初三一班同学和张老师深厚的情谊是在特殊年代、特殊的环境中、特殊的条件下结成的特殊友谊。这种友谊是纯真的，是根深蒂固的，是终生难忘的。师生之间经历了新中国成立以来最困难的时期，同时也磨炼了每个同学战胜困难的意志，增强了克服困难的决心。困难时期物质非常缺乏，人们吃不饱肚子，就连树皮、草根、草籽也都作为代食品充饥，一般商品都要凭证供应。当时学校的办学条件极差，十几个学生挤在一个土炕上，到了冬天更是难熬。但我们在张老师的帮助和鼓励下，克服和战胜了困难。我们和张老师的师生之情层层加深，他既是我们的良师，又是我们的挚友。同学们都愿意和张老师谈心，一有空闲老师窄小的房间里就挤满了学生，都愿把自己的心里话讲给老师听。每次和张老师交谈，他总是教育我们要做一个诚实有用的人，要克服困难，努力学习，学好本领建设祖国。他高尚的师德是我们学习的榜样。记得张老师和我们一次谈到老师的职业时，他说："当老师不能误人子弟，误人子弟如杀人父兄。误人子弟事莫为，须知头上有青天。"这就是张老师他老人家当教师的准则，也是他忠诚人民教育事业的准则。杨孝同学毕业后从事农村的教育事业，他把老师的育人原则，作为他的座右铭，时刻记在心上。无论在什么时候，也绝不误人子弟。在他任教的四十年中，不论是教书当老师，还是当校长搞管理，都以"不误人子弟"为准则，因此得到了社会的好评。

张老师师德高尚，他既教书又育人。注意育人方法，潜移默化，润物无声，而且把育人摆在首要位置。他所代的初三一班，由于他以身作则，率先垂范，所以在学校开展的各项活动中，不论是参加集体劳动，还是大搞卫生，无论是体育比赛还是文艺会演，无论是班级纪律还是其他活动，每次评比检查都名列全校前茅。这是为什么呢？因为我们的张老师他始终能和同学打成一片，是每个同学的知心朋友。大家都有班级荣誉感，有极强的团队精神。每开展一项工作他都能身先士卒，亲自参加、指导。记得有一次学校要搞文艺会演，我们班由张老师亲自指导排演了一场喜剧《打锅》，他扮演糊涂县官，其他几位同学扮演不同角色，在全班同学的共同努力下，这个节目被评为全校第一。张老师在担任班主任期间经常利用节假日和同学们一起登乌兰山，游法泉寺，利用这个机会对学生进行理想教育，鼓励我们要克服困难，努力学习科学文化知识，为祖国的社会主义现代化建设学好本领。使我们从小就接受了健康的思想教育，为我们后来做好各自的工作奠定了牢固的思想基础。

张老师知识渊博，教法灵活，生动活泼，风趣有味。在我们初中的三年中，张老师没有给我们上过语文课。因为当时他是右派，语文课本身含有政治内容，学校只让他上代数和俄语课。这两门课不是老师的专业，但张老师为了教好这两门课，他就下工夫钻研教材，认真备课。老师的宿舍和我们的宿舍很近，他每天晚上几乎都在 12 点以后才休息。尽管这两门课不是老师的专业课，但他讲得很生动，同学们特别爱上他的课。张老师上课有许多独到之处，一是写得一手潇洒流利的粉笔字，他板书的粉笔字略带小草，写得又快又好看。我们曾经模仿学习过，但总是学不上。二是有一口流利而带有甘谷口音的普通话，讲起课来滔滔不绝，不讲重话，讲到高兴处，还会手舞足蹈，让人越听越爱听。三是知识渊博、教法灵活。在讲课中为了提高学生的学习兴趣，不时地加些典故或笑话，使同学们精神大振，从而提高学习积极性，达到了教学目的。记得有一次上俄语课时，有个"星期天"的俄语单词，老师教了好几遍同学们都记不住。张老师很有风趣地给同学们说：你记住"袜子装在鞋里头"（是俄语星期天发音的谐音）就记住了，还有一次上代数课，正值外面乌云滚滚，雷声隆隆，有些同学眼望窗外，注意力不集中，他便给同学们讲了一个很有意思的寓言故事："弈之为数，小数也。不专心致志，则不得也。弈秋，通国之善弈者也。使弈秋诲二人弈，其一人专心致志，惟弈秋之为听；一人虽听之，一心以为有鸿鹄将至，思援弓缴而射之，虽与之俱学，弗若之矣。为是其智弗若与？曰，非然也。"他对这个文言故事边背诵，边解释，非常熟练。最后又强调说，下棋是"小数"，尚且如此，我们学习文化科学知识，专心致志就更重要。如果想着天降大雨，一心二用，那怎么能学好这节代数呢？同学们听了，不但会心地笑起来，并且马上振作精神，专心致志地听讲起来。下课后，有些同学议论说：要是张老师能给我们上语文，那肯定要比讲代数更生动，更感人。他能把"学弈"那么长的一篇文言文一字不漏地背下来，真不容易啊！并且随口引来，既纠正了我们不专心听讲的毛病，又不失时机地传授给我们很有趣的一些语文知识，双管齐下，难能可贵！有个别同学还说，看来张老师想上语文，已经是迫不及待了，今天好容易等了个机会，便放手表演了一番。听这个同学的口气，他的话并无恶意，从心底里说，还是想看张老师的"表演"的。

张老师虽然处境坎坷，但他乐观向上，爱好文艺创作和演出。记得我们上初中时经他导演排练的文艺节目有《三月三》、《红色的种子》等，这些节目当时曾一度轰动靖远城乡。他好唱秦腔和眉户，他最爱唱《夫妻识字》、《十二把镰刀》和《兄妹开荒》，说秦腔快板绕口令。他唱起来声音洪亮，精神振奋，同学们随之也精神焕发，无不被老师这种乐观向上的精神所感动。困难时期，老师的精神生活很丰富，他没有被右派帽子所压倒。任凭风吹浪打，胜似闲庭信步。政治压迫和艰苦的生活，磨炼了他的意志，使他更为坚强。老师这种自强不息、乐观向上的精神教育了我们，使我们学到了课本上学不到的东西。

张老师热情，乐于助人，对同学无微不至地关怀。例如班上有一位同学病了在家治疗，他曾几次步行到这位同学家中看望。张老师虽然当时的工资只有 30 多元，但他还经常周济一些家庭困难的学生，他这种助人为乐的事迹不胜枚举。记得有一次杨孝的一个同事参加卫电高师考试，因为报名时的名字和试卷上名字的一个同音字有别，负责发毕业证的院校，没有给他发给毕业证。负责发卫电高师毕业证的院校恰好是省教育学院，而这时张老师已调到省教院任副院长。所以杨孝和他的同事就到省教育学院去找张老师。他当时很热情地接待了杨孝他们，并且很快地按照一定程序，当天就办好了这件事。杨孝的同事感动地说："张院长不辞劳苦，忙忙碌碌，跑上跑下，真把他累坏了！"他要请张老师一同吃饭，而张老师婉言谢绝了。只要是学生求张老师办事，事无巨细，他都不厌其烦，想方设法、竭尽全力去办理。

初中三年的学习生活，使我们感受最深的是遇上了一位知冷知热、交心交底的好恩师，我们和张老师的师生之情源远流长，已延续了半个世纪，张老师对我们的教诲使我们终生难忘。

张老师是我们过去的老师，也是我们现在的老师，他将来必定还是我们的老师。我们能为有这样一位老师而自豪，我们永远是他毕恭毕敬的学生。

秦凤峨　甘肃靖远人。1962 年靖远一中初中毕业。农民，长期从事农村财务工作，任生产队会计。

滕宗和　甘肃靖远人。1962年靖远一中初中毕业。农民画家，系甘肃省美协会员。其作品多次参加全国、全省和西北五省农民画展。

陈积厚　甘肃靖远人。1962年靖远一中初中毕业。长期从事水利工作，曾任靖远靖乐渠段长。

孙桂兰　女，甘肃靖远人。1962年靖远一中初中毕业。农民。

杨　孝　甘肃靖远人。1962年靖远一中初中毕业。曾任靖远县三滩学区校长，小学高级教师。

师生情深五十年

韦博文

在靖远一中上学期间，无缘享受张克让老师的课堂教学，但课外结下的师生情谊日益深厚，我们之间五十年亲密交往从未间断。

1959 年秋，风华正茂的张克让老师远离渭水河畔的甘谷故土，分配到靖远一中任教。他无忧无虑，谈笑风生，谁都不会想到他还戴着沉甸甸的"右派"帽子，受着各种管束。这位西北师大中文系毕业的高材生，不让从事所学专业，只能去教初中的数学、俄语。但是，具有讽刺意味的事是他却又被安排到校文工团进行创作和编导，而不怕"放毒"。不知是那个年代教条的"缺失"还是组织的"疏忽"，从而使张老师得以在文艺园地、文艺舞台发挥特长，展现才华。张老师以渊博的知识、亲和的魅力很快在老师和同学中树立起了威信。我当时是文工团美工组的成员，在工作中和张老师接触多起来。我非常钦佩他，主动与他多交往，从中学到知识。任笃宽老师当时负责文工团工作，一眼就看上了这位精明能干、多才多艺的青年教师。也可能同属"南干干"的缘故吧，使他们二人关系越来越密切。任老师是我尊敬的美术启蒙老师，在他宿舍和办公室我常得到辅导，这样也更加深了我与张老师的情感。

任笃宽老师为人忠厚善良，以大哥哥的身份同情、关心和保护着张老师。在政治运动频繁的年代，两人保持着冷静的头脑，渡过了一次次险关。在任老师的解释说服下，排除了要在文工团内批判张老师的风波。任老师多次向学校党组织要求，因文工团工作的需要，不能过多地限制张老师的行动自由，应多到外面走一走多看看电影和演出，以利于编导。校园内外的小道上常见两人并肩行走的身影，宿舍内常听到两人的谈笑声。他们工作上互相支持，生活上互相关照，坦诚相处。张老师在文工团创作剧本、改编节目，发挥了举足轻重的作用。《拾棉花》、《四老唱猪羊》、

《打猪草》、《夫妻观灯》、《木匠招亲》、《红松岭》等剧目在校内外演出，引起了巨大反响，文工团在社会上赢得了一片赞誉之声。任老师一直希望张老师好好表现，争取早日摘掉"帽子"。1961年春，张老师提议改编地方戏《红色的种子》为歌剧，作为建党四十周年献礼节目。这一动议得到学校的同意，文工团全体成员齐心协力，投入到紧张的排练之中。我和张成仁同学精心制作布景道具，希望能为演出增色。经过大家共同努力，在县影剧院演出获得了圆满成功，评为全县"七·一"献礼重点剧目，引起轰动。张老师为此所付出的辛勤努力，有目共睹。他继续兢兢业业地工作着，直到1961年年底才卸下"右派"这副紧箍咒，获得了一定自由。任老师特请张老师去西关餐馆共尝靖远特产鸽子鱼，以表庆贺。

1964年，任笃宽老师调往会宁任教，张老师一直珍惜这份真诚的友情，使我深受感染，更敬重张老师。我到兰州工作后，和张老师的交往一直没有间断过，张老师一直关心和鼓励着我，我见到了张老师往往就想起了任老师，也自然谈到了任老师，师恩永在心中。张老师诚实为人，敬业教学，赢得了靖远一中更多的教师和同学的同情、敬佩和赞扬。雒鸣岩老师更是慧眼识英才，从同事、益友、恩师而成为张老师的岳父。在张老师最困难的时候带来亲情与温暖，使张老师扎根靖远、融入靖远，将自己的青春年华奉献给了靖远的教育事业。1978年张老师爱人雒庆兰从会宁调到靖远生产资料公司工作，恰与我父亲在同一单位，她对我父亲非常敬重，我父亲常对他两口子的为人处世和良好的家风赞不绝口，使我更多地了解了张老师的信息。此间，张老师也为我小弟和侄女、侄儿的上学出了力操了心。

1988年张老师光荣当选为全国人大代表，他为教师的地位和待遇大声疾呼，"教师涨工资如站外的火车，只听见声音，却到不了站"。他的这句形象比喻，电视播放后，引起了反响。我由衷地佩服张老师的坦率和敢于直言。他载誉归来，我去宾馆看望和祝贺，他心情激动，谈笑风生。他在人民大会堂甘肃厅见到我参与绘制的壁画《丝绸之路》，感到亲切和兴奋，并希望我继续努力创作出更好的作品。

1991年，张老师调往甘肃教育学院任副院长后，我们彼此来往更加密切。他关注着我这个老学生的每一点成绩，交往聚会不忘我，新著作发行不忘我。他所出版的《滋兰树蕙录》、《诗情墨趣》、《鸿爪夕明》等作品，都题款签名后亲自送到我的画室，使我深受感动。为了感激张老师的恩情，我绘制了国画《觅食图》和油画《胡杨林》相赠，张老师将其编入收藏作品集进行展出，常常赞赏，学生受之有愧。我也乐于参与张老师组织的相关活动。在甘谷举办的"张克让先生收藏书画桑梓展"、"甘联大第五次校园艺术节"都尽了自己的微薄之力。2001年为筹备"靖远乡情书画展",张老师精心组织,特邀请来了马国俊先生和冯振国先生,我们一起经过几天评审,做好前期工作,使展览顺利地在兰州市博物馆隆重开幕。

2009年5月,张老师带领冯振国、张成仁和我去会宁,以追思我们对已故任笃宽老师的怀念之情。我们看到任老师家珍藏不少靖远一中时的各种照片,心情激动,沉浸在往事的回忆中。我们十分珍惜在学习和工作中师生之间建立的真挚情感,这情感联系着我们五十多年的亲密交往。张老师是我们的恩师,也是永远的朋友。张克让老师在靖远一中任教31年,风雨兼程,苦乐同行。张老师广植桃李、花开天下,五湖四海的学生常记着老师的教育之恩。张老师诚实为人、遍交朋友。他高尚的道德情操在校内外以致陇上传为佳话。张老师获得了应有的荣誉。张老师仍不懈地为社会、为人民做着有益的事业。

韦博文　甘肃靖远人。1963年靖远一中高中毕业。现任甘肃省美术家协会副主席、兰州画院名誉院长。系中国美协会员,国家一级美术师。

我们的好老师好校长

包守智

"我是靖远女婿，在我人生最困难的时候，是靖远人把女儿嫁给了我，俗话说，女婿顶半子，那我就是靖远人民的半个儿子，为了靖远的教育事业，我愿意拼着命奉献自己的一切！"这是为庆祝建国六十周年被评为"为靖远发展作出突出贡献人物"的张克让先生多次重复过的一段话。它不是豪言壮语，不能石破天惊，却是肺腑之言，赤子之心！一句掏心窝子的话，一片朴素的真情！一颗赤诚的真心！

在这之前，有谁会想到靖远会举办这一活动，又有谁会想到一个调离靖远十八年的退休教师被靖远人民从下而上，又从上而下地推举为"为靖远发展作出突出贡献人物"，这——大概就是"天意"吧，或许是天遂人愿吧！

张老师，不论我在上中学时对我的谆谆教诲，还是我到一中工作时他作为我的同事和领导对我的熏陶、指导和帮助，无论是他的学识或才干，还是他的为人与处事，都是我永远最可尊敬的老师！这是一个学生对他的至高无上的感受和体验！

张老师出生于天水甘谷县，1955年考入西北师范大学，1959年被分配到靖远一中工作。上大学期间由于众所周知的原因，风华正茂的他蒙受不白之冤，工作后，不能教授他心爱的语文课，只能上数学和俄语课，甚至做一些杂七杂八的事情。1961年他虽"摘帽"，毕竟是春风初到，寒意犹存。他虽默默无闻，精耕细耘，然十年浩劫，厄运难逃，挨批斗，关"牛棚"，命运多舛，凄风苦雨，岁月艰难，事业东流，但他对党的忠诚和对教育事业的热爱丝毫没有改变。1978年党的十一届三中全会召开了，人们彻底解放了，他如鱼得水，奋战讲台，拼命工作，奉献教育，一发而不可收，一颗教坛新星在陇原大地上冉冉升起！

"张老师是我们的好老师！"这是几乎全部一中毕业的学生的一句话。他学识渊博，具有学者风范；他深懂教育，是个好教师；他口才甚佳，是个演说家。他讲课语言生动，动情动色，风趣幽默，妙语连珠，重点突出，感染力极强。他不仅重视知识的传授，更重视学习方法的指导，让学生爱学习、会学习。作文评讲时，他不仅对文章的思想、内容、结构、遣词造句等画龙点睛，而且对标点符号也不忽视。他的"八十老人生一子人言非是我子也……"的断句和标点在学生中广为流传，影响甚大。他在纠正学生的不足和缺点时，善于正面引导，用一副对联"瞌睡睡，睡瞌睡，瞌睡愈睡越瞌睡；精神振，振精神，精神越振越精神"，使同学们心奇意奋，睡意顿消。他没有训斥，没有指责，更没有罚站，而是和颜悦色，对联劝勉。他的课，不仅是长知识、学本领，而且是师生间亲密的思想交流、艺术享受。他认为要让学生成才，首先要使学生成人。他重视学生的品行、人格、情操等方面的培养。他热爱学生，关心学生，对学生既严格要求，又循循善诱，既允许犯错误，又不失时机地帮助指正。他为人正直，心地善良，富有同情心，对学生的发展不求一个模式，不一刀切，提倡个性，求异思维，充分调动每一个学生的潜力，发展其特长。

作为他的学生，我有幸在他的领导下工作，并且分管教学，因而对他在教育教学中做出的成绩比较了解。在语文教学上，他刻苦钻研，大胆创新，积极探索，勇于改革，在许多方面做出了有益的尝试，并且取得了成功，在全县、全市乃至全省影响甚大。他总结出了"因文而异，布置预习"、"以主带次，以练代讲"、"宜多则多，宜少则少"、"一课一得、单元比较"、"提倡争辩，鼓励求异"、"读写结合、范文引路"、"口头作文、当堂讲解"等10个方面的经验，被同行和专家肯定，并被广泛学习和推广。在有关部门的组织下，他先后去白银、兰州、天水、陇南等地示范教学，受到教师和学生的好评。许多外地学校和教育机构也组织专家、教师来我校学习取经。在改革开放之初，百废待兴，他带头搞"语文知识讲座"，"口头、书面作文比赛"等丰富多彩的第二课堂活动，扩大了学生的知识领域，丰富了学生的视野，培养了学生的学习兴趣，提高了全校语文教学的质量。他发起组织了"乌兰草"文学社，创办了"乌兰草"小报，给学生提供了一个展示才华的平台，对提高学生的写作能力和活跃学校的学习生活发挥了特殊作用。当他调离一中时，还为其捐款300元，赠《辞海》一部。在他的倡导下，一年一度的全校运动大会，也成了既武又文的大好天地，"小笔杆子"们的壁报、手抄报、漫画等丰富多彩，促进了学生的全面发展。

张老师不仅是一名好老师，更是一位好校长。1984年他走马上任，正是我国经济、社会、教育等诸多领域发生深刻变革的历史过程，人们的思想观念、价值观也在发生深刻变化，校长的职责、工作内容也随之变化。校长不仅要抓教育教学，也要适应社会发展，理财创收。

在教育教学管理上，他大胆创新，大胆改革，走出去，请进来。那时我校在陇上已有一定名气，来我校考察学习的人多了，不仅有省内的，也有省外的。在这一过程中，靖远一中与江苏常州中学建立起了兄弟学校关系，该校是江苏省重点中学，曾经培养出了瞿秋白等多位革命家和许多著名科学家。从1986年开始，全体老师分期分批到常州中学参观学习，使老师们大开眼界，增长了见识，提高了信心，推动了学校的各项工作。那时学校办学条件极差，教室陈旧，危房一片，课桌凳、办公设备、教学仪器、图书等更是缺之又缺，破烂不堪。老师住房更是别提了，只有少数双职工住在一些经过简单改造的破旧的学生宿舍。张校长看在眼里，记在心里，暗下决心，大干一场，对外争取资金，在内开辟财源，先后盖起了四栋家属院，三十余户教工搬进了新家，开启了靖远教育界教师住家属院的先河。在白银首届一指的、面积近4000平方米的教学楼拔地而起，临街又改建了几十间商铺，使学校的办学硬件、经济状况发生了巨大变化。

高考是衡量一个学校教学质量的晴雨表，是高中教育的指标性标志。张校长深知社会、家长和学生的强烈期望，因此，他把抓高考，提高升学率放在了工作首位，不仅要追求，而且要拼命追求。学校在抓好起始年级教学的同时，把重点放在了高三年级上，首先选派责任心强、事业心强的教师当班主任，然后，挑选业务骨干做"把关"教师。定期召开研讨会、情况分析会，以班主任为首的任课教师联席会和高考鼓励会，组织分管领导给学生作高考形势报告等，使全校上下一致，师生一致，拧成一股绳，劲往一处使。为把责任落到实处，每年以高二期末考试成绩为基准，给各班订任务，压指标，并研究制订了《班主任奖励细则》、《任课老师奖励细则》、《学科总评成绩奖励细则》等。为弥补各班班主任、任课教师的不平衡，最大限度地发挥骨干教师的业务优势，建立教师、学生间的交流平台，学校开办了《星期日高考辅导专题讲座》，让全体学生都能够享受到学校的优质教育资源，有力地促进了高考复习成效。这在当时都算得上是开创性的工作。高考成绩公布后，学校兑现承诺，奖励成绩优异的任课教师和完成、超额完成指标的班主任。靖远一中的高考成绩和升学率一年一个新的台阶，在省市名列前茅。兰州、白银、会宁等外地学生来我校求学者不少，一个良性循环的大好局面在靖远这块人杰地灵的大地上形成了。由于他工作出色，成绩卓著，先后当选为全国七届人大代表，省优秀教师，全国劳动模范，并被评为甘肃省中学特级教师等。作为人大代表，他上呼下达，奔走呼吁，为教育呐喊，为教师地位呐喊。教学大楼的立项、资金就是这一时期争取来的。在京开会期间，他充分利用在京工作的学生的优势，多方拜访教育界、文化界名人，反映教育实况，并请启骧先生题写了"靖远一中"校名，费新我题写了"耸翠楼"，还有夏湘平写的"桃李芬芳"等，在白银、靖远影响很大。从此，在见诸报端的文章里、广播里、报告中"乌兰耸翠"频频出现。他与全国劳模、著名中学校长魏书生结缘，这个既当校长、又兼当两个班主任，带两班语文课的奇才给了他深刻影响。他号召全校教师学习魏书生的拼搏精神，创新工作。同时，自己也身体力行，率先垂范，不离教学第一线，马不扬鞭自奋蹄，永不懈息！

张校长一心为公，兢兢业业，不图享受，乐于奉献。在金钱和利益面前严格要求自己，谨小慎微，临渊履冰，他没有"酒肉"，更无铜臭。可谓两袖清风！

张校长关心教职工，热爱学生。他把老师的困难看作自己的困难，老教师张宴妻子有病住院，家庭困难，他亲自送去慰问金，张老师感动得热泪盈眶。毕业于北师大的山东籍教师刘毓峰中风住院后，他多次去医院看望，联系最好的大夫治疗。刘老师病后二十多日方能说话，但出院休息半年后又迫不及待地要求到校上课，在劝阻无果的情况下，刘老师走上了讲坛，虽口齿不太伶俐，但讲课仍是妙趣横生，条理分明。福无双至，祸不单行，两年后，刚被评为特级教师的刘老师因患癌症去世。此时，张校长虽已调离一中，但仍为刘老师的夫人——王汝琛老师的代课教师转正问题奔走呼号。组织上考虑到王老师确实困难，便毅然把她转为正式教师。其他老师有难事，也都愿意找他帮忙，而张校长从不推辞，都尽力而为，办不了的也说明情况。1990年他调入靖远师范后，教师子女就业问题十分突出，为解决老师的后顾之忧，他找领导，讲情况，二三十位教师的子女就业解决了，老师工作安心了，劲头更足了。

张校长在校长岗位上总是率先垂范，身先士卒，要求教师做到的，他首先做到，从不搞特殊。在工作中，他既坚持原则，又和风细雨。他联系群众，和老师打成一片，没有"官架子"。他任人唯贤，唯才是举，大胆启用年轻人。从1986年开始，他先后提拔了一批年轻骨干教师，充实到学校各个领导岗位，给领导班子注入了活力。作为一校之长，张校长用人不疑，疑人不用，他支持副手和各部门的工作，分工负责，从不越俎代庖，使他们有职、有权、有钱。他作风民主，从不独揽大权，一人说了算。凡学校大事，总要群策群力，在广泛征求教工意见的基础上，由领导班子集体决定。谁做出了成绩就予以肯定，哪里出了问题，有了责任，他勇于承担，从不抢功推过。所以下面的同志都敢于大胆放手工作，有了责任，也愿意勇敢面对。所以，学校班子是一个有领导力、凝聚力、向心力的和谐的班子。他带出了一班人，带出了一股正气，带出了靖远一中的大好局面！为靖远的教育事业做出了突出贡献！

是的，有奉献就有回报，有耕耘就有收获。张校长成了陇上名人，他的学生遍布五湖四海，国内国外，桃李满天下。靖远人民没有忘记他，他得到了许多他应该得到的荣耀，国庆六十周年，他又光荣地被评为"为靖远发展作出突出贡献人物"。他是一位好老师，好校长！学生们以有他为幸运，为光荣！靖远人民以有他而骄傲，而自豪！

张老师，张校长，我们永远的好老师、好校长！

包守智 甘肃靖远人。1964年靖远一中高中毕业。曾任靖远一中副校长、靖远师范学校副书记。中学特级教师。

我的老师张克让

杨 智

种德育人四十年，滋兰树蕙灿尧天。
年迈七旬仍奉献，老有所为著锦篇。

杨智 甘肃靖远人。1964年靖远一中高中毕业。曾在甘肃省水利厅地质队、打井队工作。历任省人大常委会办公厅人事处处长、行政处长、省人大农工委副主任。

我的良师益友张克让先生

包守远

我于 1959 年在靖远一中就读初中，直至 1965 年在靖远一中高中毕业，可谓靖远一中的扎根学生。我在一中读书期间，张克让老师早已在一中教书，且在初中高中多次为我们班上语文、代数等课。1980 年我被调入靖远一中任教，有幸与先生共事，后来先生被上级领导慧眼识人，提挈为一中校长，我又成了他的同事。在这半年中有幸亲耳聆听张老师的教课，并受其高尚品质的熏陶和帮助，以及言传身教的直接引导，为祖国伟大的教育事业做点贡献，实在是一生的极大荣幸。

张老师是西北师大中文系的高材生，他的学识是非常渊博的。古今中外、文史哲学以至数学外语等课皆有很高的造诣，加上他高度的敬业精神的支配，使他所教的课程每门、每节都非常生动有趣。枯燥的俄语、数学经他教授也乐不胜收。语文课是他的专业，简朴的文字经他讲解就典故不绝，妙趣横生，耐人寻味。"日晒胶泥卷"、"风吹桐叶篇"的故事，至今已过半个多世纪，仍犹如昨天一样，课堂上的欢快、生动场面常常浮现于眼前。每节课经他驾驭真是轻车熟路、流畅生动。他不仅如此生动地传播知识，更重视教书育人。课文中涉及的忠臣良将，爱国先贤，在张老师的教学中更是浓墨重笔，着重讲述。以此，教育学生不仅要读书，更要学会做人做事，人的一生应始终将民族的、国家的利益放在第一位。我记得张老师在讲述文天祥的故事和《过零丁洋》、《正气歌》的时候，那表情，那语气几乎是声泪俱下。"天地有正气，杂然赋流行"朗朗地吟诵，豪迈地昂首前进的表演，使人顿觉古英烈文天祥就在眼前，做人的楷模在指引我们前进。讲岳飞的故事，讲到"撼山易，撼岳家军难"的章句，反复朗诵，使我们明确了为民族大业，坚如磐石的团结奋斗精神是多么重要。他当校长的时候，有一次过春节，为每个教职工特意赠送了一幅装裱精美的《满江红》字画，我想张老师的用意仍是在昭示我们效法先贤爱国敬业。张老师高度的敬业精神是我一生从事教学工作的楷模。20 世纪五六十年代社会普遍生活艰苦，张老师由于当时受到不公正待遇，又远离家乡工作，生活更是如此。在当时非常艰苦的条件下，他的工作从来没有因此而怠慢落后过。经常废寝忘食地备课或写作。在 1960 年很多学生因生活困难而辍学，张老师和别的老师一起饿着肚子走乡串户地动员学生，说服家长，叫学生上学。为我班教语文课的时候，每次作文课，每篇作文都是精心地批改后逐个当面亲手发给同学，当面指点正误。范文当堂朗读，并指出优点所在。周公"一饭三握发"接待来客，我们张老师待同学有问必答，往往有一问三答之举，总要使学生清楚明白，不厌其烦。

张老师平易近人和蔼可亲，待人诚恳，在我们当学生的时候是这样，当同事的时候更是如此。他的"师道尊严"是通过他宛若行云流水般的讲课，严肃渊博的知识而令人肃然起敬，不是摆架子板着面孔做出来的。在一中有一次我们同在农场劳动，共同躺在麦田旁，谈天说地、谈笑风生。"大风起兮云飞扬，威加海内兮归故乡，安得猛士兮守四方。"高声朗诵着汉高祖刘邦的诗句，称颂我们愉快的工作劳动。在一中当校长，后来又成为全国人大代表，省高校院长，地位变了，但以往对同学同事的态度一点都没有变。依然两袖清风，依然热诚待人，不忘过去的每个同学。过了几十年以后，他根据每个同学的特征，并为其写成诗句相赠。深入靖远农村，为老乡学生及熟悉的朋友赠书赠字，靖远老乡在省上有事相求者，绝对是有求必应。他自己讲靖远是他的第二故乡，靖远人也将他视为自己的亲人。

先生乐观向上，积极进取的精神更是令人赞叹，在教书的过程中他诲人不倦，生活工作中始终是在欢畅欢笑中度过。如今先生早已进入了古稀之年，仍然是乐天派，欢天喜地、笑语连天。就在老年的时候，著述连连问世，热爱学习，热爱写作的奋斗精神令人敬服。孜孜不倦的学习态度的确我取之不尽用之不竭的源泉，在近年一次同学聚会中，他兴高采烈地对同学讲："程咬金活了一百八，我们还是小娃娃。"以此鼓励同学们活到老学到老，生命不息，奋斗不止，始终蓬勃向上。"老骥伏枥，志在千里"，这简直就是古人对我们张老师的写照。

我是幸运者，幸喜遇到了张老师这样的好老师，他言传身教，教给我知识，教给我做人，使我从一个普通农民的穷孩子成长为靖远一中的高级教师，能够在轰轰烈烈的祖国建设中为党的教育事业添砖加瓦。老师的功德无量，师恩永远铭记在我的心中。老师是黑夜的烛光，是我前进的指路明灯。为感谢我们敬爱的张老师特以以下拙句奉献以赞恩师：

> 巍巍乌兰耸云天，滔滔黄河波浪翻。
> 靖远育才开新面，金城树蕙春满园。
> 四海桃李话酥雨，五洲学子赞师贤。
> 老骥伏枥志高远，不朽业绩壮人寰。

包守选　甘肃靖远人。1965 年靖远一中高中毕业。长期从事基础教育工作，靖远一中政治课高级教师。

学问深时意气平

王季芳

张克让老师是我最喜爱、最崇拜的老师之一。他学识渊博，为人诚恳；他热爱生活，平易近人；他喜好文艺，乐观向上；他更加热爱自己的事业和学生。他传授给我们丰富的知识和技能，更用他的一言一行教给了我们如何做人做事。

我很喜欢听他的课，尤其是古文，如司马光的《赤壁之战》、方苞的《狱中杂记》等，至今还记忆犹新。他对课文的讲述深入浅出，提纲挈领，对某些问题举一反三，博引旁征，既能罗列历代学者们的观点，又能明确地表达自己的看法。我们在学习中遇到的疑惑总能从他那里得到非常满意的答复。他教给我们的不仅仅是知识，更重要的是研究学问、解决问题的能力和方法。他严谨的治学精神促使我在自己的工作中尽可能少一些华而不实、主观臆断；多一些分析推断、调查研究。

我上学时喜欢看他娴熟利落地书写他那笔规范流畅的粉笔字，并不时地模仿，渴望有一天自己也能达到这样的水平。工作后的几十年我一直痴迷于中国书法，这和当年张老师对我的影响有着极大的关系。我还敬服他写满了黑板从不让学生代擦，而是自己亲自擦干净，事情虽小却看出了一个教育者的教风。

我工作之后二十多年再未见过张老师。2000 年靖远老乡在兰州举办书画展时我碰到了他。对我这个几十年前的老学生他记忆犹新。我请他给我写一幅字，他欣然应诺。并以赞扬我的语句送我一幅书法作品，使我在感动之余多了一份惭愧。他仍以师长的情怀把我写给他的书法习作中不规范的字指出，并讲清了来龙去脉，使我倍感老师的亲切，对于学生，张老师的确是诲人不倦啊！

不仅如此，张老师的急人之难、热心助人、也是令人十分钦佩的。例如亲友或他的学生子女有大龄未婚者，他既热情、又负责地为他（她）们介绍对象。他总是要提前把双方的家庭以及孩子们本人的情况做一番调查，甚至要和孩子们见面，在确认可行的前提下介绍他们交往。

张老师是一个普通的人，他是我心目中的榜样，我谨用清代学者石韫玉的"精神到处文章老，学问深时意气平"语句表达我对张老师的景仰。

王季芳　女，甘肃靖远人。1965年靖远一中高中毕业。曾在兰州民族中学任教，高级教师。系甘肃省书法家协会和女书法家协会会员。

春华秋实感师恩

陈邦杰

人生的道路尽管漫长，但对每个人在文化知识的传授、精神家园的构建、理想信念的追求上起到耳提面命、栽培熔铸、砥砺慰勉作用的人，则难得一遇。回顾自己求学、执教、学书的奋斗历程，总得到一位善于传道授业、热情激励上进的良师益友的关怀帮助，他就是张克让先生。

中学时期是每个人学习文化知识、形成价值观的重要阶段。我出生于陇上古镇打拉池，考入靖远一中学习，使我得以在求知欲望最为强烈的青少年时代，受到良好的教育。当时的靖远一中，名师众多，可谓阵容豪华。但张克让先生以自己渊博的学识素养、高尚的人格、无私奉献的敬业精神得到同学们的一致好评。他是那样的精力充沛，活泼乐观，因材施教，循循善诱。虽说当时受极"左"路线的影响，教学上有许多清规戒律。但张克让先生还是在教学中艺术地把许多应该传授的东西讲出来。他的教学也不拘一格，使人有耳目一新的感觉。记得有一次张生贤同学的一篇作文，他破例打了满分，声情并茂地在课堂上进行宣读，极大地鼓舞了作者本人和同学们的写作热情，进而带动了全班同学的学习积极性。在张克让先生及其他老师的精心培育下，我们发奋向学、自律自强，即使在走上工作岗位以后，依然保持着在中学形成的良好习惯，有不少同学走上高级领导岗位，更有不少同学成为所在单位的业务骨干，但我们都自觉践行着靖远一中的良好校风、教风、学风。由于张克让先生的栽培和感染，使我们时刻以事业为重，以德行为本，以乐观坦荡的人生态度对待生活，以坚韧不拔的毅力克服生活中的所有困难。令人欣慰的是我完成大学教育后，调入母校任教，又见到了张克让先生，师生成为新的同事。能继续得到老师的关怀帮助，使我倍感亲切，何况在生活上又成为比邻而居的邻居。我庆幸在所有受到克让先生教育的满门桃李中，我可能是缘分最好的人之一。这时的克让先生任语文教研组组长，锲而不舍地钻研业务，进行教育教学研究，他窗前的灯总是熄得最迟，亮得最早。他步履匆匆，神情愉悦，发表论文，探讨学术，上示范课，到兄弟学校传经送宝，为慕名而来的青年教师、莘莘学子解惑释疑，整天忙得团团转。桃李不言，下自成蹊。他的名气越来越大，事业越来越成功，在学生心目中的地位也越来越高，在社会上的影响也越来越广泛，人们提到靖远一中就会不自觉地谈到张克让先生。所谓春华秋实，名下无虚，他开始步入人生的黄金季节，评为特级教师，任省中学语文教学研究会副理事长，荣获"全国劳模"光荣称号，当选为全国人大代表，作为学生，我深深地为教师庆幸，为老师骄傲，真是"不得一番风霜若，哪得腊梅放清香"。见贤思齐，我暗自激励，努力工作，时刻以良好的精神状态，以严谨求实的作风投入到教育教学中。克让先生对我的教学工作非常关心，常勉励我打铁先要本身硬，给别人一杯水，自己先要有一桶水。由于老师的督促关心，我的业务水平有明显提高，为日后从事平川区的教育教学管理工作奠定了一定的基础。在我走上领导岗位后，克让先生一如既往地关心我，对如何从事一个县区的教育工作不吝赐教，提出了宝贵的建设性意见，使我深受教益。我自觉地将靖远一中时期学到的好教风、好校风，在工作中推广宣传，在检查指导工作时与之相对照，反复探讨得失。因为在我的心中总有克让先生这个标准。我不无遗憾也十分庆幸地感到，一个语文教师能像克让先生那样既有知识的深度又有知识的广度，既有内秀又有口才，既治学严谨又善于感染鼓励，而且富有文艺表演才华，能够磁石般地把学生吸引到自己身边，激发学生学习的兴趣，进而鼓起理想的风帆，这样的老师实在是凤毛麟角，太少太少了啊！我感受最深的还有：克让先生是真正具有国土情怀的人，他把教育事业上升到"建国君民，教学为先"的高度，自觉地为天下培育英才，为国家民族的振兴后继有人忘我工作。他单薄的身躯中跳动的是火热的心，挺起的是铁骨铮铮的肩膀。这就不难理解他为什么会对学生爱得那样深，为什么在各种压力下仍然对教学工作那样投入。如果说相当一部分人是把教育当做工作，抑或谋生的手段的话，克让先生则是把教育当做自己安身立命的根本，当做报效国家的神圣职责。每当想起这一切，我的心灵深处，就会陡然涌起庄严的职业自豪感，促使我努力工作，不倦求索。

烈士暮年，壮心不已。克让先生在省教院领导岗位上光荣退休后，仍然退而不休，以弘扬传统文化，彰显传统道德为己任，诚可谓言传身教，影响深远。特别是他的书法更进入了一个新的发展时期。我由于学书多年，与先生有共同的爱好，联系交流无形中也更加频繁。我在深圳、兰州举办个人书展时，克让老师倾注了大量心血，得以圆满成功。甘肃电视台采访我的书法活动，克让老师提出了具体意见，在甘肃电视台、中央电视台（一套、四套）播出后产生了良好的影响。所有这些，我都铭记在心，永志不忘。克让先生以练习书画作为修身养性的有效载体，并礼贤下士以书会友，参与了大量社会活动，得到了人们的高度评价。他谦称自己的书法为"张体"，其实从书法的角度看，先生的书法师承传统，碑帖交融，既有魏晋风神，复有元明余韵，特别是风骨棱棱，遒劲疏朗，长于挥洒性灵，富有笔墨情趣，是很有造诣的。古人说："居高身自远，非是藉秋风"，他的社交圈子也极为广泛，诸多当代名家都与他声气相求，互赠墨宝，他把这些珍迹汇编为《鸿爪夕明》。我的作品也得附骥尾，这既是先生对我的垂青，也是我们师生四十年情谊的体现，我内心是非常感动的。

　　回顾我同克让先生的交往，共经历了师生期、同事期、书友期等几个阶段。但不管形式怎样变，他都是我最敬重、最有感情的老师。因此，写下上面的话，寄托一位年过花甲的学生对老师真挚的情谊，也算是给老师交上的一篇不成功的作文。

　　陈邦杰　甘肃靖远人。1965年靖远一中高中毕业。曾任白银市平川区教育局副局长，中学高级教师。系中国著名脱影双钩书法家，甘肃省书法家协会会员，白银市书法家协会副主席。

我永远的老师

高鹏飞

今年元旦期间，我在兰州打电话给老同学张生贤，想约他一起去看望张克让老师，可生贤告诉我说：张老师去英国女儿那里了，可能"五一"节后才能回来。我已经很久没有见到张老师了，自从我2006年底退休后，时而在靖远老家，时而在北京孩子处，外边走动的多，在兰州的时间反而很少，好几次我在兰州时，他都不在，而他在兰州时我又不在，所以总是见不着面。去年夏天，一个原靖远一中的校友、也是张老师的学生在兰州办个人画展，张老师打电话给我，说想约他的一些学生们利用这一活动相聚一下，也给画展造造声势，可惜我那时正在北京，未能参加。这次回兰州打算只待两个月，看来又见不到张老师了，心里颇感遗憾。听生贤说，为纪念张克让老师从教50周年，同学们倡议编辑出版《烛光——张克让先生风采录》一书，以弘扬张老师的教育精神和彰显其人格魅力。要我也写一篇稿子。我作为张老师最早的学生之一，关于张老师，还真有不少话想说。

张克让老师是1959年秋由西北师大毕业分配到靖远一中当老师的，我也是那年秋天考入靖远一中上初中的。我初中、高中都在一中，在上中学的六年里，张老师教过我初中几何、代数、俄语，高中语文，当过我的班主任，我是他从事教师职业后的第一批学生，算起来我们的师生关系已经有半个世纪了。到现在和中学时的老师还保持着联系的，张老师是唯一的一个了。一个人在学生时代能遇上几位好老师，是非常幸运的，良师的传道、授业、解惑，良师的品格、学识、风范，会影响学生的一生，使其受益无穷。我在靖远一中读书时，有不少非常优秀的老师，张克让老师是其中最为突出的一位。

张老师在学生中威信很高，首先是他的课教得好。他讲课认真，条理清晰，语言生动，重点突出；学生们都喜欢上他的课。我最喜欢他的语文课，尤其喜欢听他讲古文、古典诗词。他讲课时神情非常投入，他那活泼风趣的讲解，旁征博引的学识，能使学生精力集中，课堂气氛活跃，接受知识深刻。听他讲课真是一种享受。

张老师讲过的许多课，几十年后的今天我仍记忆犹新。我上中学时，学校条件差，冬天教室里很冷，有一天下大雪，张老师一进教室，就用他那略带老家甘谷口音的普通话，抑扬顿挫地念了一首打油诗："江上一笼统，井上黑窟窿，黄狗身上白，白狗身上肿。"引得大家哄堂大笑，课堂上一下子就热烈起来，同学们忘了寒冷，专心听课了。关于描写下雪的著名诗词，张老师讲过不少首，我印象最深、至今都能熟练地背下来的就有诸葛亮的《梁父吟》、毛泽东的《沁园春·雪》等。特别是《梁父吟》，课本上没有，是他在讲《隆中对》时讲到诸葛亮"好为梁父吟"那句话时介绍给学生们的，而且逐句地讲解了这首诗，尤其是对最后两句"骑驴过小桥，独叹梅花瘦"的意境，讲得更为详细，说这是诗人在借描写大雪天的景色来表达隐居隆中、胸怀大志的一种心情。他特别喜欢这首诗，还写成了条幅挂在他宿舍的墙上。

张老师知识渊博，给我印象最深的是讲解南宋词人辛弃疾的《永遇乐·京口北固亭怀古》那首词。他告诉我们说词人喜欢用典，在这首词里用了很多的典故，用来加深表达他积极支持抗金北伐，又反对轻率冒进的态度。词中相关的许多历史人物、历史事件、人文故事，张老师都讲得声情并茂、引人入胜，学生们听得津津有味、如痴如醉，不但学习了语文，还获得了不少历史知识。像这样的上课情景，现在想起来好像就在昨天。

张老师对学生的作文教学抓得特别认真，说写作文是学习语文的基本功，对学生的每一篇作文，都认真批阅，对文章结构、文字运用、思想内容等各方面存在的问题都逐一指出，并加以修改。他经常说，作文要多写，多写能力才能提高。凡有学生作文写得好的，他会在课堂上提出表扬并念给大家听。在张老师的鼓励下，我们对写作文也有了兴趣。

由于喜欢张老师的课，我喜欢上了语文，许多优秀的散文和诗词都背诵得很熟，语文课的成绩也不错，甚至考虑过把文学作为终身事业。只是后来觉得搞文学是需要一定天赋的，我深知自己没有，所以学了工科，从业于石油行业。但阅读文学作品的爱好却一直伴随着我。在繁忙而单调的企业工作之余，阅读文学书籍成了习惯，觉得那是一种精神享受，退休以来，更是这样。我想这都得益于张老师的影响吧。

张老师兴趣广泛，多才多艺。师范大学中文系的毕业生，教书、写文章，作诗填词水平高姑且不说，书法、绘画也很有造诣。除此之外，他文艺体育方面都行。他可以和学生们在一起打篮球，打乒乓球，唱歌，演节目。他会拉胡琴，说快板，说相声，会吼秦腔、唱眉户，会编写剧本，导演节目，指挥唱歌。每次学校组织文艺会演，都有他的节目。他的快板，他和张宏勇老师合说的相声特别受欢迎。在当我们班主任时，有一次学校组织歌咏比赛，我们班唱的歌是《社会主义好》，形式是二部合唱。张老师组织排练，亲自指挥，那次唱二部合唱的只有我们班，歌唱得整齐洪亮，很有气势，拿到了比赛第一。我们当时特别兴奋，也对有张老师这样的班主任特感自豪。听说张老师当了靖远一中、靖远师范校长，省教育学院副院长后，还上台表演节目呢。他退休以后，仍是积极乐观，热爱生活。写文章，写字绘画，经常组织和参加一些文化教育方面的活动等。每次面对老师的谈笑风生，看到他老有所为，老有所乐，都深受启发和教育。张老师还给我和妻子撰写一幅行书条幅，书法功底深厚，内容中洋溢着关心和鼓励之意，使我们很是感动。

张老师正直开朗、平易近人、朴素亲切。热爱教学工作，热爱学生。记得他刚到靖远一中时，也就二十出头吧，我们那些十三四岁的乡下来的初中学生，对从大学毕业的张老师既神秘又好奇，总是想多接触了解。那时我们都住校，平房，土炕通铺，一个宿舍里十几个学生。张老师不是本地人，那时是单身，也住校。课余时，住校的老师、学生们经常相互串门，所以大家很快就熟悉了。张老师的宿舍我们最喜欢去，因为张老师为人随和，在他那里同学们无拘无束，除了说些学习作业上的问题之外，天南地北古今中外无所不谈。更多的时候是张老师说，我们听。我们这些从农村乡下来的学生，从他那里听说了许多以前从未听过的事，很新奇，觉得张老师知道的事真多。这种师生之间的交流形式在我上中学时一直保持着。张老师对学生们的情况也十分了解，不论是学习上还是生活上的事，他都关心，学生们有什么事，也都愿意告诉他。记得我们班高中毕业前有个同学生病住院了，张老师特别着急，经常去看，恐怕他不能早点康复，影响高考。在填报高考志愿时，同学们都愿意听听张老师的意见，因为我们知道，只有他了解我们每个人的特长和实力，得到他的指导感觉心里踏实些。

对于学生们，张老师既是师长，又像朋友，师生之间的关系很融洽、感情很深厚。多年来，他教过的学生一说起张老师，都有一种亲切感。有机会都喜欢去看望他。听他说话，会觉得又回到了学生时代。据说有一次他作为全国人大代表到北京参加会议，来看望他的学生之多，让许多领导都羡慕不已，张老师每提起这件事，都非常自豪，说当教师真好，桃李满天下，深以自己所从事的教师职业为荣。多年来，张老师教过的学生数以千计，遍布在全国各地乃至海外的各个行业。不论是所谓的成功人士，还是从事一般工作的，甚至是普通工人、农民，张老师都一样地关心他们。学生们的每一个进步，每一个成就，他都由衷地高兴。我经常听他说起，谁的工作干得不错受到单位重用了，谁又有文学著作出版了，谁的书画展办得很成功，谁的公司经营得很不错，等等。记得有一年，他的一个在农村的学生，自学外语成才，要上中央电视台做节目，接受采访，还要到大学的讲台去讲，他知道后格外高兴。每每说起他的学生们的成长进步，如数家珍，作为老师的自豪感溢于言表。难能可贵的是，张老师始终不忘自己的教师职责，经常利用各种见面的机会，提醒那些有成就的学生们戒骄戒躁，继续努力，而对那些相对平凡的学生们则鼓励他们自强不息，发愤努力。而我们这些他当年的学生，不论做什么工作，在什么岗位上，年龄有多大，在张老师面前，总觉得永远是他的学生。对他的善意提醒、直言不讳的批评、语重心长的鼓励，大家都乐于接受。我想这大概就是张老师高尚的人格所拥有的魅力吧。

张老师直爽大气、古道热肠，不论是他的学生、同事、亲戚、朋友、不很熟悉甚至是慕名而来的陌生人，凡来找他，他都会热情接待，有事相求者，尽力帮助。对他的学生的事，尤其上心。如果说是向张老师请教学问，请教有关学校管理、教学方法方面的经验，或请他指导写作、修改润色文章，或为作品的刊出请他写序、推荐，或请他写诗、题字，向他索要墨宝之类，他都能尽力满足的话，那是他的专长，顺理成章。但一些对他来说似乎不太沾边或勉为其难的事情，只要有求于他，甚至只要他知道别人有为难的事，他都会去热心帮助，而且做起来是那样的自然和认真。这类事我知道的就很多，比如：有关孩子上学、升学方面的事；工作安排调动方面的事；联系医院看病求医的事；农民亲友要他帮忙给农产品找销路的事；农村运输专业户请他托人索要拖欠运输费的事；友人托他帮忙找家政保姆的事；甚至家庭纠纷需要说和；婚丧嫁娶需要帮忙的事，他都会或不辞辛苦，亲自联系办理、或辗转托人帮忙解决。有一次和张老师说起我所负责的单位为解决富余人员要办一个三产，在经营范围上需要某管理部门的审批问题，好像有些难度。他听说后，马上告诉我说，他的一个学生正好在那个部门工作，还是个领导，去找他，只要不违反原则，他会帮忙的。说着就起身穿上外衣，陪我去找到他那个学生，给我们做了介绍，同是张老师的学生，自然容易沟通了。张老师就是这样一个热心肠的人。据说在他担任一中、师范和省教育学院领导时，为了一些教师的职称评定、工作安排、生活困难等问题，在各有关上级管理部门，辛苦奔波，最终使问题得以解决，使这些教师特别感激，为教师队伍的稳定和学校教学工作的正常进行，起到了很好的作用。我想正是由于他的这种以诚待人、乐于助人的品格，才使他有极为广泛的交往和良好的人缘吧。

作为张老师的学生，我清楚地知道，张老师的人生道路是极不平坦的。他大学未毕业就被错划为右派，是戴着"右派分子"的帽子被发配到靖远一中的。当时，正是国家三年自然灾害的经济困难时期，他在靖远举目无亲，受着政治和生活上的双重压力，使他吃尽了苦头。当时我们这些学生，年纪小，也不懂什么右派左派，后来，随着年龄增长，阅历增加，才知道那些被错划为右派的人，是多么的冤屈，在政治上、工作上、生活上所受到的待遇是多么的不公。尽管如此，张老师还是表现得自信乐观，全身心地投入到他所热爱的教学工作中，并做得那样出色，是多么的不容易。后来，在"文化大革命"中他又再次被批斗，迫害，精神上和身体上备受折磨。记得那年我从北京回靖远时到县城去看他，当时他正被管制劳动改造，拉着一辆架子车在干活，看见我点了点头，苦笑了一下，连话也未能说上一句。看得出他当时的处境是何等艰难，我心里觉得很不是滋味。"文化大革命"后，拨乱反正，张老师才得到他应该得到的待遇和位置，用他那杰出的才华和能力，在他所热爱的教书育人的事业上做出了突出的成就。从此一帆风顺，直到退休，也算是失之东隅，收之桑榆。这也许就应了"好人终有好报"，"是金子终会发光"的格言吧。为张老师由衷地高兴。

不论是在逆境中还是在顺境中，张老师对他从事的教育事业、对待他的工作、对待他的学生的热爱都是一贯的。他在我们这些学生心目中的良好形象也是一贯的。现在张老师虽然退休赋闲了，可他永远是我可爱的老师，他的高尚的人品，渊博的学识，永远是我的楷模。我祝福他健康长寿。

高鹏飞　甘肃靖远人。1965年靖远一中高中毕业。曾任兰州炼油化工总厂国际事业公司经理、供应公司经理，高级工程师。

难忘恩师培育情

杨永宽

弹指一挥间，四十八年过去了。1962 年，我考入靖远一中高中部学习，当时高中分两个班，我被分到高一一班。我第一次见到的老师就是张克让老师，因为他是我们的班主任，又是语文老师。上课时经他自我介绍，我们知道了张老师西北师大中文系毕业，甘谷人。

唐代韩愈《师说》："古之学者必有师。师者，所以传道授业解惑也。"张老师真正做到了传授道理，讲授学业，解释疑难。他备课很认真，讲课思路很清晰，结合课文，讲述古今典故，讲得津津有味，使我们学生们听得着了迷，不知不觉就到了下课的时候。说实话，听张老师讲课，真是一种极大的精神享受。张老师知识渊博，传授时深入浅出，是他把我们领进了广博的知识海洋。张老师批改作业很细心，每一句话、每个标点符号他都细心修改。每篇作文都做出切切实实的批语，我们学生拿到作文后，先看批语，写得好的文字继续保留，不好的文字，下次一定改正。

听说当时张老师受政治风潮的影响，工资很低，每月只有 30 多元，还没结婚。一般人是很忧愁的。但他乐观向上，乐观生活，乐观工作。我们学生们总是看到他乐呵呵的，经常面带微笑，既慈祥又严肃。他在困难中能乐观面对人生，我想，他一定是有坚定的信念，面前的困难算什么。他勤恳耕耘，培育祖国的建设人才，他对此很满足，很自豪。当时我的家庭很贫穷，每周背上点五谷杂粮的炒面，再背上些杂粮馍馍，就是一个星期的口粮了。炒面取上半缸子用开水一冲就是一缸了，把粗粮馍馍泡进炒面糊糊中，就能勉强吃饱，学生灶五分钱的菜也吃不起，多么想吃一个白面馍馍，可当时很难办到。在这种困难的情况下，家里叫我回家干农活挣工分，一家人在一块吃饭总是省一些，还能吃到菜，我的思想也动摇了。但是，当我看到张老师那种乐观面对困难、积极向上的精神，我便坚定了学习的信心，再苦再累也要把高中的学业完成，我坚持了，高中顺利毕业了。

张老师也是一个热爱文艺的人。我和张老师同台演出过《白毛女》、《三句半》等。当时因为是学生，什么也不懂，他就耐心地给我教，顺利完成了演出任务，也使我获得了文艺方面的浅薄知识。48 年过去了，现在回想起当时的情景，就好像发生在昨天一样，历历在目。在张老师的教导下，我们首先学到了如何做人，做一个刚直的人，做一个勤奋向上的人，做一个事业心责任心很强的人，做一个心中永远有人民的人；淡泊名利，心胸宽广，任劳任怨，勤勤恳恳为人民的事业奋斗终生。

1965 年我高中毕业离开了母校，而后又上学，参加工作。后来听说张老师已得到了公正的评价，还走上了学校的领导岗位。作为张老师的学生，也感到高兴。我衷心祝愿张老师全家幸福，笑口常开！

杨永宪　甘肃靖远人。1965 年靖远一中高中毕业。工程师，历任榆中三电提灌工程西干水管所所长、机电科长、安装队长、管理处副主任。

春晖桃李　情铸师魂

张仲泰

岁月流逝人易老，一生不变是真情。我离开中学时代已有四十多年了，然而，在读中学的时候，我的老师张克让给我树立的做人典范、给我传授的做人的道理，却一直指引着我自省自律；他在贫苦中苦学博学，在逆境中求索向上，在情铸师德中教书育人育才的感人事迹，永远激励着我奋发向上。我与张老师结下的师生情义也一直延续不断，时间越久越浓厚，越令人回味无穷。

我们中学的校友、同事、同仁、老乡每每小聚，总要说起张老师不胜枚举的教书育人的趣事。

一、遇到张老师，一生之荣幸

20世纪60年代三年自然灾害期间，我考入靖远一中高中部，有幸成为张老师的学生。张老师是西北师大中文系的高材生，俄语、代数、几何样样都通，还喜欢编剧、演剧、当导演，语文教学尤其声情并茂、鲜活生动，寓理于情，以情感人，给人以美的享受。但在那个特殊年代，他还是大学生的时候，就被戴上了"右派学生"的帽子，随后被"发配"到靖远教书，同时经常接受劳动改造，参加背粪、浇地等重体力劳动，而且被迫放弃语文教学专长，改教俄语。张老师教俄语照样一丝不苟，用心教好每一堂课，带好每一个学生。时至今日，与朋友相聚，兴致高时，我还会说几句俄语助助兴，引得大家猜测一番语意，平添几分乐趣。这个时候，我很自然地就回忆起张老师教我学俄语的各种情景，仿佛昨日的事情一样清晰。

二、教学善启发引导，总能出奇招得奇效

一位在中学任教的同学说道：当时有一个男生叫孙崇文，很会讲笑话，经常引

得同学围着他不走，有时候还会在宿舍里讲到很晚。起初张老师难以了解到他讲的笑话内容，后经过与个别学生坦诚交谈，才知道他讲的笑话尽管好笑、吸引同学，但是格调不高，难登大雅之堂。于是张老师别出心裁，为孙崇文组织笑话专场，让他在全班同学面前一展才华。孙崇文开始有些担心，后经过张老师鼓励，便有了勇气，重新选择好的笑话，认真准备，用心演讲。结果老师和同学们都被他讲的那些又有趣可笑又内涵丰富的笑话引得哄堂大笑，笑过之后又深有感悟。通过这个笑话专场，不仅产生了很好的教育效果，而且也转变了孙崇文讲笑话的风格。从此，他专门选择有品位的笑话讲给同学们听，当时竟成了校园里独特的最有吸引力的课外活动。

三、教书有方，育人有道，言传身教，以身示范

一位长期在教育局工作的同学讲了这样一件事情：有一次，一个女生宿舍有蒙面人闯入，拿手电筒乱照，口口声声让女生不要喊不要动，谁敢出声就拿刀子砍谁。整个宿舍的女生吓得浑身哆嗦，大气也不敢出。幸好相邻宿舍有人上厕所惊跑了蒙面歹徒。惊慌失措的几个女生这才壮着胆子去找张老师反映情况。张老师听到这种情况很是震惊，但他还是控制住自己的情绪，冷静地对同学们说："别看那家伙气焰嚣张，不可一世，但他毕竟内心空虚。邪不压正，你越是怕他，他就越凶；只要你不怕他，大家一起上，他就会胆小如鼠，狼狈逃窜。"经张老师这一番安慰和鼓励，几个女同学心里踏实了许多。

后来，在一次晚自习后护送女同学回家的途中，张老师和几个女同学又遇到了歹徒。那歹徒黑布蒙面手持明晃晃的短刀，声色俱厉地叫喊"女生留下，别人快滚！"张老师就是张老师，只见他一边与那歹徒周旋，一边慢慢绕到那家伙后面，利用几个同学分布四面，分散了歹徒注意力的机会，猛地飞起一脚将那歹徒踢倒在地，众同学见势，一拥而上将歹徒摁住，一顿拳脚，打得歹徒口吐白沫，身如烂泥。这一惊心动魄的经历，成了张老师给女同学上的最生动的一堂实践课，永远鼓励着同学们的正义感和不怕邪恶的勇气。

事后，教育局派人全面了解情况，并对这一师生共擒歹徒的壮举大加表扬。一时间在靖远县城传为佳话。

四、对好生差生都一视同仁，以诚相待，热忱帮助

有一位农民同学讲了一件很感人的事：张老师的班上有一位女同学，才华出众，老师同学都欣赏。可是因为家中遭遇不幸，父母双亡，兄嫂不让她再上学了。她无论怎么说，兄嫂都是不同意。她伤心得哭了好几天，眼睛都哭肿了。张老师得知这一情况后，立即着手帮助这位同学。他先是说服她的兄嫂，然后又自己掏钱资助学费，并鼓励这位同学不怕困难，好好学习。终于使这位差一点失学的好学生重新成了校园里的佼佼者。

其实，张老师就是遇见了人见人怕的差学生，也会伸出热情的双手去帮助他。有一个早在乡下时就已经"恶名"远扬的男生转入一中时，竟然被张老师收留到自己的班上。在以后的日子里，张老师细心地观察，发现这个学生有很好的组织才能。于是，张老师就在同学中建立三个兴趣小组，经过小组推选，这位同学担任了三个小组的组长。他一下子精神大振，积极组织各种活动，还代表班里参加学校的比赛，结果竟然连连得奖。这位差学生和兴趣小组的学生因为张老师的出奇举动所带来的出奇成果，对张老师佩服得五体投地。张老师趁热打铁，每天晚上给这些学生补功课，还亲自送他们回家。才一个月时间，这个远近闻名的差生，已经变成了狠下工夫学习的中等生。毕业前夕，他还被评为"三好学生"。

韩愈说："师者，所以传道授业解惑也。"传道即育人品德，授业即教人学识，解惑即指导明辨是非。这三点，在当今市场经济的大潮中，我们的为师者是否能够做到呢？但张老师做到了。张老师一生从教，兢兢业业，他凭着一腔热情、满腹经纶，硬是让很多穷孩子走出黄土地、走向全中国，甚至迈向全世界。"劳动模范"、"特级教师"这样的光荣称号，他受之无愧。

五、对走上工作岗位的学生也是关注有加，
不失时机地给予鼓励和帮助

这种师生情义不是一时一地，而是一生一世永留心间的。让我终生难忘的是，1991年，我在工作中面临前所未有的困难和挑战，内心充满了矛盾和焦虑。恰在此时，得知这一情况的张老师给我寄来了一封信。他在信中说：仲泰：从学生那里听

到你在甘肃省引大入秦工程建设指挥部总干渠龙头工程任工区主任，那里地处甘、青两省交界，土、藏、回多民族聚居，高寒阴湿，环境差，工作苦，难度大。希望你知难而上，求真务实，啃下硬骨头。特赠诗一首勉之：

> 外严内秀心底慈，与人为善乐驱驰。
> 定西育人精英语，永登引水战土石。
> 呕心天堂圣洁水①，挥汗陇原动地诗。
> 纵使艰难横隔阻，只为惠民志不移。

读完张老师的信，我心潮起伏，彻夜难眠，回想当年张老师面对极其不公的遭遇，顶着沉重的右派帽子，冒着随时挨批斗的风险，还能一边参加繁重的劳动改造，一边用心教学，教出了一批又一批的优秀学生。我现在是堂堂正正的工区主任，虽然困难不少，但是有总指挥部的正确领导和大力支持，难道还不能啃下这块硬骨头吗？抚今追昔，我开始信心十足，精神振奋，产生了不达目标誓不休的念头。后来我的行动的确没让张老师失望。我经过坚持不懈地努力，克服重重困难，解决众多棘手的问题，终于圆满完成了龙头工程，并成功地提前三个月试通水，为整个工程的全面进展打胜了第一个战役，为总干渠当年十月全线通水奠定了坚实的基础。当时的省委常委、省政协副主席、省引大入秦工程建设总指挥韩正卿兴高采烈地向我赠诗一首并写为条幅：

> 仲尹先贤谋大略，泰山压顶苦为乐。
> 延年青松挺且拔，寿增禄添福喜多。
> 功夫不负苦心汉，绩德天堂大通河。
> 渠成水到润秦川，首赞喇嘛笑呵呵。

原来，这是一首藏头诗。每句第一个字连起来是：仲泰延寿，功绩渠首。

我抑制不住内心的激动，又把这首诗呈送给张老师看。张老师看后由衷地为我自豪。时隔不久，他兴致勃勃地用绝美的书法写了一首赠韩正卿主席的诗：

> 陇南铁汉实干家，情结三农系桑麻。
> 东江定西抗干旱，民乐永登战风沙。
> 引大鸿业血和水，扶贫状元汗与花。

老来赋诗写人生，步步足迹映彩霞。

我将这首诗精心装裱后郑重呈送给韩总指挥，韩总指挥颇为欣赏。这在我们的师生交往中又增添了一段佳话，至今回想起来，仍令人感慨万千。

后来，工程告一段落，我调任省引大工程建设指挥部纪委书记，张老师又赋诗一首寄给我以资鼓励：

天赋一张包公脸，刀未出鞘三分寒。

纪委书记神差使，铁面慈心敢直言。

起初，我觉得老师用词过美、赞誉过高，不敢领受，但转念一想，又觉得老师一番良苦用心，颇有深意，便欣然接受，就以此诗常常鞭策自己。以后，我无论何时何地，身处逆境顺境，都以老师百折不挠、勇往直前、乐观豁达、笑对人生的精神来感染和鼓舞自己。张老师不仅是我的中学老师，也是我的人生导师，他的高尚品行将是我终生学习的楷模。

近几年，张老师先后写作出版了《滋兰树蕙录》、《诗情墨趣》、《书楗画扉》、《鸿爪夕明》等多部著作。这些著作中，无不折射出他对教育事业的一片拳拳之心，也饱含了他对学生、对亲友的深厚情谊，每每翻阅起来，令人心潮澎湃，久久难以平静。如今，亲友同事，学生晚辈，常常能看到和蔼可亲、风度优雅的张老师，退休之后，赋闲家居，含饴弄孙，尽享天伦之乐。时而与小孙子嬉戏，给小孙子讲故事，陪小孙子玩耍，时而品茗阅读，徜徉于书山学海，流连忘返。真是一幅"莫道桑榆晚，微霞尚满天"的美丽画卷。

附注：

①"天堂"是指天堂寺，位于甘肃省天祝藏族自治县天堂藏族乡，是甘、青两省土、藏同胞举行佛事活动的寺院。

张仲泰　甘肃靖远人。1964年靖远一中高中毕业。历任定西二中副校长、定西地委宣传部科长、引大工程指挥部一工区主任、指挥部党委委员、纪委书记。

终生楷模

张秀英

2010年8月8日传来了金涛同学逝世的噩耗，我怀着悲痛的心情去吊唁。在那里，我见到了四十多年未见过面的同窗好友们，真乃感慨万千。四十年的时光，在无声无息中悄悄过去。当年，我们正值年少，风华正茂，不谙世事地在一起度过了最纯洁、最浪漫、最天真无邪的美好时光。而青春相别，再见面时，皆已两鬓如霜。彼此如同一面镜子，瞬间照出了岁月的无情流逝。四十年的时光，也让我们在滚滚红尘中体会人生百味。有的同学经历艰辛，终于事业有成；有的默默无闻，过着平平淡淡才是真的平静生活；有的随着社会改革的浪潮，靠自己的勤奋和智慧创造了财富……正当我陷入沉思时，突然一副醒目的悼念金涛的挽联映入我的眼帘："金浪滚滚，涛声沉沉，生前轰轰烈烈，五光十色，陇原大地驱旱魔；业绩巍巍，勋劳烁烁，死后堂堂正正，一清二白，凌霄宝殿授龙衔。"啊！多么豪放、多么浪漫的挽联，真是语出惊人。我再仔细的往下看，署名是张克让、雒庆兰。我心头一惊，一转身，面前站着的竟然就是我一生最尊敬的张克让老师！他叫了我一声"张秀英"！这时同学们一起围了上来，紧紧地握住了老师的手……老师！您还是那样精神矍铄，那样平易近人，那样神采奕奕，风采不减当年。恍惚间时光飞快地倒转，四十多年前的往事一幕一幕地显现在我的脑海中。

1962年秋季，我考入了靖远一中高一一班。开学的第一天，我们这些来自全县各地的新生坐在教室里，静静地盼着新的班主任到来。这时，忽然从外面走进来一位个头不高，但非常精干，笑容可掬的人。他走上讲台，自我介绍："我姓张名克让"，紧接着他拿出粉笔在黑板上写上"克让"二字，他接着说："'克'就是'能'的意思。'让'就是'容让一切'。我是甘谷人，就是人们所说的'南干'。有人问我'南干'是什么意思，我说'南干'就是南面人非常非常精干的意思！"他的话音一

148

落，鸦雀无声的教室里顿时掌声雷动，呼声一片。顷刻间，师生之间的距离缩短了。从此以后，张老师和同学们打成一片，他想同学之所想，急同学之所急，在同学们的心目中，他既是一位传道授业的好老师，更是一位把同学们当做兄弟姊妹的大哥。特别是他给我们上的语文课，使我受益匪浅，终生难忘。他讲课生动活泼，方法灵活多变，深入浅出，把我们领入了深奥的知识殿堂，极大地激发了我们学习语文的兴趣。记得一天下午，张老师在语文课上给我们讲文言文《劝学》，他旁征博引，并穿插了许多典故，同学们个个听得入了迷，突然铃声响了，大家往外一看，呀！天都黑了。原来这铃声是上晚自习的信号。师生门极不情愿地下了课，虽然没有吃上晚饭，但人人能以饱餐了一顿难得的知识、精神大餐而满足和自豪。大家赞叹说：张老师的课讲得太棒了，知识太渊博了。能遇上这么博学多才的好老师，真是我们的福分啊！从那时起，在老师的感染熏陶下，我们下决心也要当一名像他那样的优秀的语文老师。

经过了多少的风风雨雨，我的愿望实现了，终于成了一名中学语文教师。调到靖远一中后竟然与我阔别近二十年的张老师坐在同一个教研室里。这时他已不是一位普通的教师，而是一位德高望重的校长。但他还是那样平易近人、和蔼可亲。他还像当年那样，耐心细致，手把手地教我们如何当一名好老师。记得有一次，上级突然决定要在一中搞一次大型的语文观摩教学。张校长毅然把这副重担压在我肩上。他帮我从设计教案、教法、板书，直到试讲等极细微的地方都亲自过问亲自指导。功夫不负有心人，结果这堂大型的观摩教学"一炮打响"，赢得了大家的高度评价，为一中语文教学争得了荣誉。这时，张老师欣慰地笑了，我的眼睛却湿润了。这就是辛勤栽培我成长的终生难忘的好老师。在老师的辛勤培养下，我终于成长为靖远一中骨干教师并担任了语文教研组组长的职务，长期代高三语文。在历年的高考中所代班级语文成绩均名列前茅。这些成绩，不知倾注了张老师多少心血啊！

张老师处世为人更是有口皆碑。在他身上没有凡夫俗子的"贪"、"瞋"、"痴"、"慢"。记得当年学校要建教学大楼，有一位包工头偷偷地到他家，将几千元呈在他面前，希望承包此工程。张老师生气地说："你在侮辱我。"那个包工头难堪地收起钱退了出去。张老师大爱无疆，心中无敌。听他老伴雒庆兰说，一个曾在"文化大革命"中批斗他、打过他、辱骂过他的学生，在张老师当了校长后，登门拜访到他家，求张校长办事。他不但不忌恨，反而热情接待并答应了该学生的请求。老伴埋怨他，他劝老伴说：布袋和尚说得好"有人骂老拙，老拙只说好；有人打老拙，老拙自睡倒；唾到我脸上，任他自干了；我也省力气，他也无烦恼；若知这道理，何愁道不了。"他又说：世事如棋，让一招不为亏，我心田似海，纳百川方见容人。我们的张老师真有一副菩萨心肠。后来他当选为全国人大代表，却丝毫没有傲慢的架子，只要听说有人找他，他会立即跑步向前，热情接待。记得一次张校长正在教研室里给大家说笑话，忽听门外有人喊：张校长——。他立即起身，要去相迎。我们都说：您这一次坐得稳稳当当，拿出当校长的架势，让他们找你。他只得笑着无奈地坐下等着。此时，有两位年轻人走了进来对张校长恭敬地说，我们是县广电局的，来给您送稿费来了。这时教研室里笑声一片，大家说，想拿一次校长"架子"，还给拿"错"了。张老师真有金子般的心，在为人处世方面"固守清净心，八风吹不动"。

张老师一生乐观向上，酷爱文艺。在 20 世纪 60 年代，他虽被划为右派，却依然乐观自在，经常和同学们参加文艺演出。他曾扮演过歌剧《白毛女》中的王大春，歌剧《刘胡兰》中的小石头等角色。只要他一粉墨登场，什么左派右派，全忘个一干二净。我调入一中后，又和我同台演出了眉户剧《夫妻识字》、黄梅戏《夫妻观灯》等剧目。看着张老师在舞台上的尽情表演，啊，原来生活竟是如此之美好，他的精神竟是如此之充实。调入靖远师范任校长时，在师生联欢晚会上，他竟然头顶三尺高的纸帽子上台演滑稽剧，逗得全场师生捧腹大笑。他的歌声笑声伴随了他大半人生。他还酷爱秦腔，正如他写的自嘲诗："风急浪高任浮沉，苦辣酸甜尽我吞，中学大学留趣语，逆境顺境吼秦音，传道授业尊孔圣，滋兰树蕙效君，急流勇退自潇洒，管他寒暑与晴阴。"到如今张老师桃李满天下，故友遍四方。他"因"地善花盛开，"果"地定会福果累累。

张老师，您不仅是我的良师益友、舞台上的搭档，更是我为人处世的终生楷模。

张秀英　女，甘肃靖远人。1965 年靖远一中高中毕业。先后在靖远东湾中学、靖远一中任教，曾任教研组组长，中学高级教师。

处逆境而不自馁 居高潮而不自诩
——克让老师给我的人生启迪

徐 进

我是 1959～1965 年在靖远一中读初中和高中的。那时正值我们国家经济困难时期，很多同学都因吃不饱肚子而辍学，而我们却在许许多多可尊可敬的老师们孜孜不倦的精神鼓舞和激励下坚持了下来，克让老师就是这些可尊敬的老师们中的一员。

记得我们刚进校时，有时会看到有两位老师早操时间在校园劳动，经打听才知道，他们是由于受到了不公正的待遇而接受所谓的劳动改造，其中一位就是克让老师。如果只是一般的常人，由于受到了不公正的待遇，其意志必然会消极沉默，而克让老师却没有，反而表现出了处逆境而不自馁的乐观态度。他学识广博、多才多艺，不仅先后给我们教过语文、代数，还教过俄语课（其中有的顶替别的老师的课）。我们的印象是张老师上课时总是绘声绘色、繁简得当、深入浅出、授受清晰，听后总叫人感到有一种永不忘失的收获，因此同学们都非常喜欢听张老师的课。最难能可贵的是张老师一方面身上背着政治黑锅，一方面又与同学们一起上台演出。他对所饰角色，感情投入，表情丰富，唱白清晰，演艺到位，观后总叫人有一种久久不能忘怀的感觉。张老师还经常给我们做读书辅导报告，我记得在讲《红旗谱》时，那眉飞色舞、手舞足蹈、抑扬顿挫、如临其境的姿态，至今每每想起仍然回味无穷。还有许多许多，这对一个身处逆境的人来说是多么的不易啊！而正是可尊可敬的老师们这种孜孜不倦教书育人的奉献精神和身处逆境而不自馁的乐观态度激励着我们坚持完成了中学阶段的学业。

后来由于张老师的业绩突出，逐步地担任了领导职务。1987 年，我在省委组织部参与全国人大代表的推选工作，便潜意识地给靖远县分配了一个教育战线代表名额，这恰与靖远县、白银市、省人大等各方面的想法不谋而合。张老师当选为全国人大代表后，不负人民的希望，积极参与代表的各项活动，进行广泛而深入的调查研究，针对教育战线存在的问题先后提出了有水平、高质量的议案，引起了有关方面的重视。听说张老师还多次作报告，呼吁社会各界大力重视教育工作。1989年，张老师被评选为全国劳动模范，1991年，又荣任甘肃省教育学院副院长。应当说，这时的张老师相对于刚参加工作时的他来说，已逐步走向了人生的高潮。如果只是一般的常人，很容易产生骄傲情绪。张老师不仅没有，却时时处处表现了居高潮而不自诩的精神风貌。本来，在30多年的时间里，张老师与其他老师们一起将靖远籍的数千名学子送入高等学府，培养了数以万计的有用人才，这些老师们是靖远人民当之无愧的有功之臣、有恩之人，而我却多次听到张老师说："我既是甘谷人，又是靖远人，在我最困难的时候，靖远人民不仅给了我极大的理解和支持，还给了我老婆，使我有了一个幸福的家庭，靖远人民有恩于我。"这是多么宽阔而坦荡的胸怀啊！前年，张老师通过我向我的一位同事要一幅墨宝（其实张老师的书法水平也是很好的），事前多次表示要上门讨教，事后又多次表示要上门感谢，这又是多么谦逊的态度！

这里我不禁想起一首歌的歌词中的两句话："得到是幸福，失去是幸福，知足才是最幸福！"处逆境而不自馁、居高潮而不自诩，这就是克让老师给予我的人生观的启迪。回想我自己近40年的工作经历，有过高潮，也有过低谷，其所以都顺利度过，概受益于此。因此，在这里我要对我的所有的老师们表示最衷心的感谢，因为你们不仅给了我们文化知识，更给了我们人生的哲理。

徐进　甘肃靖远人。1965年靖远一中高中毕业。曾在甘肃省酒泉地委组织部、省委组织部工作，历任省直机关党委副书记、省水利厅副厅长、省政府副秘书长、省人大农工委副主任等职。

恩师张克让先生

贾世俊

我上小学、中学、大学遇上了十几位老师。很幸运的在靖远一中就读期间（1962～1965）我所遇到的老师都是值得爱戴尊敬的，人越老越怀旧。一批高风亮节、各有千秋、学问高深、出类拔萃的饱学恩师们的敬业，照亮了我的登程。这些恩师在弟子的心坎里都是一个巨大的丰碑。语文老师张克让，就是其中的一位。我在西北师范大学读书时，一次有幸求教于中国著名古汉语学家，中文系主任彭铎教授（其水平仅次于北大王力教授），当谈及张克让老师时，他称赞道："张克让是我的学生，他学的不错。"

张老师满腹经纶，出口成章，教案字字珠玑，句句瑰宝。讲课风趣无比，循循善诱，引人入胜，不知不觉一堂课就讲完了。在讲授古典文学，如《师说》、《出师表》时，尤为精彩。我们教室里有他书写的名句"骐骥一跃不能十步，驽马十驾功在不舍"，字迹圆润清秀，鼓励我刻苦学习，不断进取，永不回头。他常以范仲淹的《岳阳楼记》中的"先天下之忧而忧，后天下之乐而乐"，启迪大家，教我们如何做人。

先生一生坎坷，二十出头就戴上了"右派"帽子，在那个帽子满天飞，"马尾巴功能"的年代，仍心系祖国的教育事业，同他的学生心心相印，虽终日提心吊胆，但先生是勇敢的强者，依稀看到了一束亮光，终于挺了过来。先生经历十年磨难，脸上额头上都增加了许多皱纹，但他给人的第一印象是那种难得的大度和宽容。当他直面那些在"文革"中揪过他的管过他的年青人时，他一如既往的亲切，显出一个长者和大家的风范，令人由衷地产生敬意，记得有人说××与先生过不去……张老师总是一笑了之，说："我记不得了。"有人说，文化人大都是健忘的，何况像张老师这样的文化人呢？其实，先生并非健忘，他是大难不死，痛定思痛。为了弥补十年"文革"的严重损失，与时间赛跑，争分夺秒，他不计较个人得失，他是站在中国文化和历史的十字路口，用一种更高的境界和风范阐释出对那文化劫难过后的人生观点，释然了当时的纷乱无序中的重重矛盾。

先生知识渊博，他是学中文的，但讲俄语，授几何，教数学样样博得学生的好评。先生爱好广泛，吼秦腔，演节目，给自己和师生带来欢乐。

先生是我的同事、益友、恩师。

贾世俊　甘肃靖远人，1965年靖远一中高中毕业。先后在白银市一中、靖远师范学校、靖远一中任教。中学高级教师。

难忘的恩师

邓　铎

在一个人的人生道路上，老师的作用和影响是举足轻重的。能够遇上一生难忘的好老师，不能不说是人生之一大幸事。张克让老师就是这样一位叫我永生难忘的恩师。

张克让老师是我的高一语文老师，虽然教我的时间不算很长，但对我的教育影响确实很深很大。可以说：聆教一日，获益一生。

人，要有信念和精神

那是 1964 年我在靖远一中读高一，张老师虽然在靖远一中任教，但他是"摘帽右派"，仍处于被"监督改造"阶段。了解那段历史的人无不清楚那顶政治帽子对于一个年轻人来说意味着什么。他平时似乎话语不多，很少言笑，给人一种性格内向、思想消沉的感觉。可是时间不长同学们就有血有肉地感受到和认识到他那令同学热爱、钦佩、敬重的真实的一面：

他一迈进课堂，就像换了一个人，总是那么精神抖擞，神采飞扬，使整个课堂充满朝气。他那漂亮流利的板书，妙笔生花的语言，满腹经纶的讲解，才华横溢的论证，发人深省的启发，感人肺腑的激情深深地吸引着、打动着、震撼着同学们的心灵。一堂课每每留下还没听过瘾就铃声响起的遗憾。

他讲诗、词、文章，既严谨透彻，又宽活不拘，能发坚涩深奥之义入简单易懂之理，能针对同学们不同的学习要求和兴趣，使大家在点、线、面、体诸知能层次各有所得所获，极大地激发起同学们浓厚的学习兴趣和如饥似渴的求知欲望。课余时间，经常被许多同学追随包围，问这问那，成了他给同学们解惑答疑并共同讨论研究学问的第二课堂。一天没有多少休息和闲余时间，虽然很累很苦，却以此为荣，以此为乐。

他平易近人，关心同学，深入同学，同同学打成一片，像一个情同手足的大哥哥。他有一颗善良而滚烫的心，发现同学生活上或学习上有困难，以极大的同情给予热情的鼓励和及时的帮助，深得同学爱敬。

他谦虚好学，热爱读书，悉心学问，开卷有瘾，爱好文艺，善于创作。每天半夜不熄的灯光，照耀着他苦攀知识、学问和精神的高峰，照耀着一枝神巧的笔写着诗歌、剧本、短篇小说还有长篇小说等。这灯光也透过夜空照耀着、感动着、默化着同学们的心灵。

处逆境不沉沦，陷深坷不丧志，而一身扑在事业上，扑在同学身上，呕心沥血，无私奉献，不懈奋斗，如此卓越，如此出色，实属常人所难为。所有这些强劲地透射出一个坚定的信念和一股顽强的精神。这是什么信念和精神呢？张老师身体力行，为大家树立了鲜活的榜样，人生在世，不能没有这种信念和精神。正是在这种信念和精神感召下，使家庭出身不好且家景十分困难濒临失学对前途陷入失望的我，有了希望、信心和勇气，迎难而进，坚持上完了高中；正是在这种信念和精神的感召下，使我在后来的工作和人生路上，逢遭逆境、失败、挫折、侮辱等不期之遇时，能够视若自然，正确处置，努力前进。也正是在这种信念和精神的支持下，张老师冲出了逆境，荡平了一个个坎坷，迎来了他人生的春天，创造出了令人感佩的辉煌和荣光。感佩之余，学不尽，用不尽。

兴趣和优荣是人生之花

记得考入高中后，鉴于自己家庭出身不好，出于对以后回避政治风险问题的考虑，本打算从高中开始走一条重理轻文学技术远政治的路子；可是，一上张老师的语文课，就使我喜欢上了语文这块迷人的天地，随之我的学习兴趣和重心不可抗拒地发生了不知不觉地转移。有几篇作文受到了张老师的称赞，并在作文讲评课上向全班同学宣读，这对于出身不好而自卑，无缘些许褒奖的我来说，简直是一种天大的奖赏和鼓励。从此，我不甘人后，更加努力，以学好语文写好作文为荣，并为保持这种优荣在文科学习上切切实实地花了些工夫，读了不少文科方面的书籍，也养成了爱读书的习惯。通过语文学习和多读书，开阔了学习和求知的领域和视野，使

156

自己认识问题，分析问题的思想水平和文化素养以及写作能力得到不断提高。

兴趣和优荣是人生之花。某方面的兴趣和优荣，一旦形成而成长壮大，就会成为陪伴你一生的惯性力量。现在回想起来，正是这种兴趣和优荣，对我后来的学习、工作和事业助益不小，增色不少。现在虽然退休了，然而由这种兴趣和优荣延续而来的爱思考问题，爱穷究事理，爱开卷翻书的习惯仍不见衰减，人生之花不谢。

简单的才是最美的

有口皆碑，张克让老师的语文课最受同学们欢迎，还有一位谢家仁老师的物理课也最受同学们欢迎。学习之余我常思考：同样的一门课程，同样的教学大纲，同样的教材，同样的教学态度，为什么教学效果会有如此明显的差别呢？其深层原因是什么呢？方法固然重要，深得教学育人之大道才是最根本的。张老师他们可以说就是这种深得此道堂奥之妙的大师。他们能把"一桶水"提炼出"一勺水"，他们能把复杂、繁琐的问题化为简单明了的事理，他们能引导学生穿透迷雾而见庐山真面目。一句话，他们以其胜人的才德，彰显和践行了"简单"之真谛：大千世界，万事万物，简单才是最真最善最美的。同学们从他们那里得到的是用他们心血浇灌的真、善、美。

斯道大矣，斯理深矣。我在中学、师范学校教学时，悟得老师的道法，喜得同学和同道美誉，甚至在后来的行政、领导工作中，化用老师之道为"简单"之魂，贯穿渗透于处事、撰文、讲话、会议等日常工作中，利事而喜人，誉评不菲。真是当先生学生一日，得恩惠一生。甚荣，甚慰。吾师之恩德大矣。

邓铎　甘肃平川人。1966年靖远一中高中毕业。历任靖远师范副校长、引大工程指挥部处长、引洮筹备处处长、甘肃省水管局书记。

我的中学老师张克让

何振北

　　我常常在亲友们面前讲述自己中学时代的老师张克让时，总是带着一种优越感，这是一个学子一生中难得的机遇和福祉。1963年秋天，我在靖远一中高一二班读书时有幸遇到了张克让老师。早在初中上学时，在校园里经常会看到一位青年教师在忙碌地干活。他小个头，宽额大眼，下巴颏上翘；衣着简朴，行动敏捷有力。同学们都知道他叫张克让，是右派，我们总是用一种奇异的目光注视着他，他怎么会是右派分子！

传道者的楷模，学子们的良师

　　在第一堂课上，张老师就以他生动幽默、妙趣横生的语言，渊博的学问与和蔼可亲的态度赢得了同学们的尊敬和爱戴。张老师讲课声音洪亮，稍带北方地区方言，吐字清晰。他引经据典、绘声绘色，引人入胜。我们的思绪常常随着老师的语言引导飞出课堂，遍历祖国大江南北。古往今来："亦余心之所善兮，虽九死其犹未悔"（屈原），"先天下之忧而忧，后天下之乐而乐"（范仲淹），"江山如此多娇，引无数英雄竞折腰"（毛泽东）。它点燃了同学们的智慧火花，拓宽了学生们的创作思路。这种潜移默化的作用，使我们认知世界的能力在不知不觉中得以提高，更明白了许多做人的道理。

　　四十多年过去了，我仍然能清晰地记得张老师在给我们讲说象形文字"兴"字的演变过程：黑板上一个大大的"興"字，仿佛是一位开怀大笑、手舞足蹈的古老先驱、史前遗民；又如战场胜利归来、庆宴席上半醉的将军、草原夜炊时将醋的壮士。清楚地想起老师讲到《正德下江南》中宰相梁储私察暗访时在知府母亲寿宴席

上做诗的情景："丫环本是亚娘身"，梁储写了第一句便搁笔不书，冷眼旁观那些阿
谀奉承之徒摇头晃脑吹须瞪眼、满口秽语的丑态，然后提笔再书"月里嫦娥降世尘，
生下五男皆做贼"，又置笔不写，一堂哗然。勾画出地方官吏的堕落腐化、谄媚阿谀
的低俗情景，揭露了封建社会陈旧礼教所造成的腐朽没落现象。最后提笔写下"偷
来仙桃敬母亲"，使满堂笑语，疑虑顿失。同学们如身临其境，喜怒尽现于课堂
之上。

作文教学方法独特，批改认真，一丝不苟

张老师作文教学特别，不循规蹈矩，墨守成规；有教无类，因材施教。作文很
少给学生命题划框，或诗歌，或散文；可记叙，可议论，百花齐放，一应俱全。记
得自己曾把幼稚的儿歌，乡里的顺口溜搬上作文，张老师非但没有批评指责，还说
这些内容整理好了，是非常难能可贵的。让同学们认真地去收集整理那些思想内容
健康，人人喜爱，广为流传的民间文艺作品。

两周一次的作文批改量很大，但张老师每次都能按时批阅下来，而且非常仔细
认真，错别字标点符号和不通顺的语句都会一一改正过来。圈了还圈，点了再点，
每篇作文后边都有评语。遇有好的诗文时，还会当堂朗读表扬，师生们共同说读、
释疑、纠错、改评，大大地激发了同学们的学习兴趣，调动了大家学习的积极性。
同学们的畏难情绪尽消，有如醍醐灌顶，作文思路也被打开了。然而可惜的是，我
们沐浴春风仅仅一载，高二时张老师语文教学的权力被夺去了。

一身正气，清香宜人

1966 年 6 月（高考前十多天），史无前例的"文化大革命"暴发了，张老师受尽
了人间折磨，校园里瘦弱憔悴的身影让人心里阵阵发痛、焦虑难过。我们班大多数
同学都是"红兵团"成员，在对方"保皇派"的叫骂声中，亦曾把张老师揪到班上
"批斗"，实是一为敷衍对方口舌，二为安慰安慰老师（默语）：我们永远都是您的学
生，您要坚持住，千万千万珍惜自己的身体，总有一天您会得到解放的。热火朝天
的"文化大革命"丝毫未能改变 1966 年冬天的严寒。我时常远远地望着父亲（何维
华老师）、张老师、蔺老师他们，心中生出无限的惆怅，整个神经系统都麻木了。冰

冷的身体长时间地颤抖着。一天夜里，"守卫"张老师的红三司红卫兵听见老师房中有碰撞的声音，打门声惊动了大家，我和几位学友赶去时，看见张老师倒在地上，口吐白沫。大家含泪把张老师抬到架子车上，默默地祝愿着：张老师，您不能走，您快醒来吧，我们需要您，许许多多的学子们都需要您的教诲呀！

2009年教师节在靖远一中参加《靖远中学恩师谱》一书发布会时，听到张老师这样讲："能受天磨真铁汉，不遭人嫉是庸才。"我却想说道路最坎坷的人也是最富有的人。张老师，您学问渊博、才华横溢、师德高尚，永远都是我们学习的楷模，做人的榜样，您被划为右派"流落"靖远，那是靖远学子们的福祉，是苍天着意的安排。您把自己风华正茂的青春年华全部奉献给了靖远的教育事业。您呕心沥血、淡泊名利的献身精神，是靖远后辈学子们丰厚的精神财富，它将激励着靖远学子勤奋进取，直到千秋万代。

靖远人民永远感谢您！

祝您老健康长寿，万事如意！

何振北　甘肃靖远人。1966年靖远一中高中毕业。靖远县糜滩乡中学教师，曾任学校教导处副主任。中学一级教师。

我与张克让先生

何天星

明月清风师生缘，高山流水教育情。

提起教育工作，如今我虽已退休在家，但是情系教育的心时常沉甸甸的。20 世纪 80 年代，我就在教育局工作，对分管工作尽职尽责，除了对城区学校工作的督查外，跑遍了各乡大大小小的学校及学区，甘苦在其中。90 年代末（1996～2001）我担当了靖远教育局局长的职务，"受命以来"、"夜不能寐"、胸怀教育、奋发图强、披肝沥胆、"奔走效劳"，欲竭力承前继续做好靖远教育工作，深感自己责任大，教育重心该如何定位，宏伟的教育事业该如何驾驭，若有闪失则对不起约 46 万靖远人民。

说实话，就在我诚惶诚恐，踌躇徘徊之时，张克让老师来到我办公室诚恳地说："何局长，我给你提个建议，教育的生命力在课堂"，接着张老师与我长叙了整整一个下午。他说：作为一个教育工作者，尤其教育局长这个角色，一点一滴总关情。学校教育要做到民主和科学。著名教育家魏书生也是这个观点。不管社会怎样变，时代怎样发展，要守住自己心灵的宁静和建设自己的精神家园。千方百计使大家成为生活的主人，命运的主人，成长的主人，学习的主人，教育局的主人是大家。民主程度越高，规范制度越细，越具体。科学实际上是依法治班，依法治校，依法治教育局。建立规范系统，计划，监督检查，总结反馈，当局长基本就是观察与思考。哪里有问题，哪里有反应，研究管理的制度性问题，而不是头痛医头，脚痛医脚，千万别弄得忘了根基，不知道从哪里来，又忘记到哪里去。这样，我们师生探讨关于立足教育制高点的问题。观点很是一致，交换意见十分默契。

说起"教育的生命力在课堂"就想起，我上高中时，张克让老师给我教语文。张老师讲课有很多特点，最突出的是生动有趣，有吸引力。正如全国著名中学语文特级教师于漪说的那样，"能粘住学生注意力，开启心窍"。就连提问，他也是提得很有趣，能让同学们积极思考。例如有一次讲叶圣陶先生的短篇小说《夜》，最后他提了这样一个问题："元人乔梦符说，一篇好文章，应做到凤头、猪腹、豹尾；开头玲珑剔透，中间粗壮结实，结尾强劲有力。请看《夜》的结尾：哇……孩子给颠醒了；并不睁开眼，皱着小眉心直叫，妈妈呀……寥寥数语，寓意无穷，容量大，蕴味深，不失为一条强劲有力的豹尾。请同学们考虑一下，这样的结尾，何以说它容量大，蕴味深?"由于提问提得好，课堂上立即人声鼎沸、议论纷纷。经过议论，大家一致认为：《夜》的结尾，虽然只有短短20几个字，但它包括了全文中心思想的全部内容。本文的中心思想概括起来有三个方面：一是控诉了国民党反动派屠杀革命志士的滔天罪行；二是歌颂了革命者坚强不屈、视死如归的革命精神；三是预示了革命自有后来人的光辉前景。结尾通过革命后代阿男的一声"妈妈呀……"就把三方面的内容全部表露出来了。

高中毕业后，我先在三滩教学，在教学中我有意学习张老师的教法，效果不错。后来我调到县教育局，正碰上白银市在靖远一中搞语文优质课比赛，张老师应邀搞了一次示范教学，讲的是鲁迅先生的《文学和出汗》，他启发让学生登台讲课，对参赛教师启发很大。这就是课堂收获以及课堂的力量。

我们说"榜样的力量是无穷的"。张老师曾经去北京参加七届全国人大二次会议，时隔半年又去北京参加全国劳模和先进工作者表彰大会，接着县上又召开了全县教育会，通过演讲，推选出6位成绩突出的同志到各学校去"传经送宝"。当时局里决定让我当领队，张老师把传达人代会和劳模会精神与自己的工作经验结合起来宣讲，讲的时间最长，也最生动，最受老师们的欢迎。特别是他总结的"活严兼顾，疏约并举"的管理经验与"因文而异、布置预习"，"以主带次、以练代讲"，"一课一得、单元比较"，"读写结合、范文引路"，"口头作文、当堂讲评"等十大教学经验，让学校领导与广大教师受益匪浅。

时随教育进程，我主张教育教学精英作标兵，于是选拔推出靖远县"十大标兵"，开展"送教下乡，传经送宝"等活动，起到积极有力的作用，一时间里教育氛围十分浓厚。学生当局长，老师当校长（当时张老师任一中校长），局里部署的政策，张老师带领省示范学校靖远一中教职工首当其冲贯彻落实，接着靖远二中以及其他学校相继贯彻落实，这样配合方便、得力、收效好。如：教育部推行实施新课改，局里初拟两个实施方案：一是局里传达到各学校，由具体学校派教师赴外学习，取经回来引领教师进行课改活动；二是教育局组织抽调人员赴外学习，回来后组织观摩，逐步普及，最终达到新课改目的。方案拟订后，我请来张老师征求意见，张老师高兴地说："'一花独秀不是春，百花齐放春满园。'两者合二为一运作，定能收到好效果"。我从心底感谢张老师对教育的支持，对我工作的支持！

顺乘全国教育改革的东风，我再次确定教育的中心和重心，对教育内涵再次进一步进行思考和探索：什么是教育？教育给大家向上的力量，教育是人的灵魂得到解脱，教育做给他人，导给他人学，就是帮助人培养良好的习惯。习惯从哪里来？习惯不是喊出来的，是一点一滴行动累积起来的，行为养成习惯，习惯形成品质，品质决定命运。我把思考和探索推行之，坚持贯彻执行，得到广大师生的认可，并为之努力实践，2001和2002年高考成绩名列省、市前茅。又换届教育领导时，顺传了接力棒。

斗转星移，一件事情中师生又相遇。2010年8月31日，六届全国人大代表、甘肃省劳模何宏发逝世20周年之际，他的子女在三滩乡和水利部门的支持下，为何宏发立碑。兰州的魏列琦、张生贤和张克让老师应邀参加。立碑仪式由我主持，张老师和他的学生张生贤应邀讲话，颇受欢迎。张老师还专门为其写了一首五言顺口溜："宏发诚宏发，情系亚非拉。倾心为民众，挥汗润桑麻。树绿绿千山，水利利万家。代表百姓话，公仆渡民筏。一身正气塔，两袖清风霞。笃善家族旺，懿德子孙嘉。立碑精神昌，愈久愈宏发。"受到了在场群众的一致好评。此事后我们几位张老师的学生为张老师和其学生魏列琦、张生贤等准备薄宴饯别，我总是以一个学生倾听他幽默风趣的话语，领略欣赏张老师至今的师之风范。

回首往事，从事教育工作25年之久，后又到人大工作。几年后退休还乡，至今却念念不忘教育，认为教育是一个永恒的话题，尤其靖远教育风雨兼程。我与张克让先生每次相逢，除了话说教育还是教育。这里我自豪地说，张老师过去是我的老师，现在还是我的老师，将永远是我的老师！我们师生和大家一样共同期盼教育大树的苍莽。

何天星　甘肃靖远人。1966年靖远一中高中毕业。曾任靖远县教育局局长、靖远县人大常委会副主任。

一枝一叶总关情

赵得琮

曾经年幼无知，曾经莽撞少年，岁月指间无声滑过，当我陪伴孙子读书、做作业、散步，牵着他的小手走在街头，才意识到过去的日子不回头，开一瓶红酒，为这个曾经属于我，今天又不属于我的节日——"六一"儿童节干杯！

正是 2010 年的"六一"，我兴致勃勃地观赏孙子和他的小伙伴表演节目时，电话铃响了，传来一个熟悉的声音，老学兄、老朋友、老乡亲张生贤来电话称，要在今年教师节为我们的老师——张克让先生出一本书，以示纪念和祝福。我欣然接受了生贤同志的约稿。我的思绪一下子回到了五十年前……

那是 1960 年秋天，我怀着无比兴奋的心情跨入靖远一中，开始了中学学习生活。

靖远一中，我敬爱的母校！它给了我欢乐、知识，同时也给了我烦恼和忧愁。一般人的中学生活是六年，而我是六六届高中毕业生，却不是因为学习成绩差留级，或身体不好休学而在一中度过了八年的时光，盖因"文化大革命"使然！让我们痛心疾首虚度年华的"浩劫文化大革命"真使人不堪回首，以牺牲生命为代价，仅留下了"免费串连，饱览祖国大好河山"一页。

我从山村仅有四名教师和几十个学生的小学进入堂堂靖远一中，真有点刘姥姥进大观园之感。巍巍乌兰、滔滔黄河、东西南北交错的街道，壮观的钟鼓楼和东西城楼，这就是我心仪很久的县城。给我留下了今生今世难以忘怀的印象！靖远一中座落在乌兰山下，宽敞明亮的教室，上千学生，上百教师，特别是电灯电棒使夜晚恍如白昼，使人舒心极了。

就是因为进入一中，我才有幸认识了张克让先生，开始了长达半个世纪的交往！

先生以优异成绩考入西北师大，同时以学业优良毕业于西北师大，却是戴着

"右派"帽子进入一中的。时任教导主任的刘衷先生与先生谈话一席，仅就一个"之"字谈了近两个小时。毕业于北京师大的刘主任事后连称"厉害、厉害！"说张克让老师不愧为"右派"。当时在人们的心目中，"右派"都是有知识，有学问的。克让先生与生俱来，命中注定与"政治"结下了不解之缘。"政治"使其大悲——三十多年抬不起头，逢运动必挨斗、挨整，"反右派"、"反右倾"、"四清"、"社教"特别是"文化大革命"，使先生身心备受摧残，痛不欲生。记得1966年运动刚开始，先生就被关进"牛棚"，无休止的批斗、凌辱使先生万念俱灰，哀莫大于心死，在实难忍受的时候，选择了"解脱"——以死来抗争。当时工作组进校领导"文化大革命"，我以班团支部书记的身份协助工作组整理大字报，当然也受到批判——说我们这些品学兼优的学生干部是资产阶级的孝子贤孙。有一天傍晚，万家烈老师跑来告诉我和班上其他值班巡逻的同学，张克让老师关在房子里自杀了。我和胡思非等同学赶快跑到张先生的宿舍，用斧头砸开吊锁，只见先生口吐白沫、大声呻吟。我们赶快拉来架子车急送县医院抢救，幸亏抢救及时，才把先生拉回人间⋯⋯

"休息"了几天，先生身心更加衰弱，但批斗更升级了，可谓登峰造极，无以复加，夜以继日无休止地批批批、斗斗斗！

就是这场浩劫，靖远一中备受师生尊教的几位好教师——蔺怀章、高杰、雒鸣岩先后离开了他们热爱的事业，热爱的学生，永远地离开了人世！

这些好教师死于非命，真是罪孽呀！每当我在夜深人静想起这些往事的时候，心头总是颤动不已，这就是"政治运动"呀！应该深受诅咒、谴责的"政治运动"——使人民深受其害，民族深受其害，国家深受其害，使我们与发达国家本已缩小的差距越拉越大，国民经济几乎崩溃，人民生活在水深火热之中。

"政治"又使先生大喜。"文化大革命"结束，拨乱反正，抛弃以"阶级斗争"为纲，转为"以经济建设为中心"。先生迎来了人生的辉煌，先是平反，继而提拔重用，担任一中副校长、校长，当选全国人大代表，而后任靖远师范校长、省教育学院副院长，从这个意义上讲先生是幸运的，真所谓"天将降大任于斯人也，必先苦其心志，劳其筋骨，饿其体肤，空乏其身，行拂乱其所为，所以动心忍性，增益其所不能"。

"夫大人者，与天地合其德，与日月合其明，与四时合其序，与鬼神合其吉凶。"先生走过的路又应了"怒指强斋灯影处，看谁得笑到后来"那句诗。但是代价太大了，真可谓九死一生！还是像苏轼说的那样好——"人皆养儿望聪明，我被聪明误一生，但愿我儿愚且鲁，无灾无难到公卿！"

"痛定思痛，痛何如哉"，"惶恐滩头说惶恐，零丁洋里叹零丁"，历史翻过了那一页，让它随着历史的时光过去吧！

先生是个聪明好学、性格活泼、喜欢助人、童心向善的人。先生在极其困难且身心备受摧残的岁月里，仍然热心文艺宣传工作，演戏《夫妻观灯》、《三世仇》、《智审小炉匠》、说相声《女队长》、写剧本《乌兰新歌》，仍然孜孜不倦，潜心学问，潜心教书育人，培养了一批又一批学生，为国家造就了一批又一批有用的人才。

先生在退下来之后仍然竭尽全力写了一本又一本有益于社会的好书——《滋兰树蕙录》、《诗情墨趣》、《鸿爪夕明》……热心为同事同志出版著作作序、题词。我的第一本拙作《珠零拾缀》就是受先生启发而急就的。有一天我正在办公室看报，同时摘录好句、好段，先生推门进来，看到我边看边抄录，就说抄的多吗？我回答说有好多本，先生让我加以整理出版，为别人提供题词、写对联、做文章时参改。我欣然接受，用了不太长的时间整理出版了《珠零拾缀》，先生亲自写序推荐——这是一笔非常可贵的财富，这是赵得琮同志血汗的结晶，值得重视和珍惜。该书最大的特点是：参考性强，适用面广。在学校里教师教学可以引用，学生作文可以作例证；在社会上各族各界都可把它作为修身做人的参考标准，各行各业可把它当做讲话撰文的生动材料。就连书法家作书，它也不失为一本取之不尽、用之不竭的宝贵资料，堪称习书者的"良师益友"。总之，这是一本有益于人生、有益于社会的好书，不是专著，胜似专著，"看似无奇却有奇"，开卷有益。我的第二本小册子《一晒集》出版后送先生阅时，先生笑着说："赵得琮大半辈子骄傲，今天谦虚了——用了一个'晒'字！"

以后我编撰的几本书都请先生作序，先生总是乐于帮忙，从不推辞，即使在眼疾严重，不能多看的时候也欣然命笔，使人感动，由此可见师生情谊之深厚。

先生总是善于启发、鼓励他的学生好学上进，每见学生有成绩就喜不自禁，他在为我的《陇语乡音》作序时写道：

> 长年从政苦奔波，稍有闲暇著作多。
> 《珠零拾缀》如细雨，《语林异卉》似新荷。
> 《珠零拾趣》雅谐海，《杏林拾丹》福寿歌。
> 今日易辙觅乡音，挥手一撒盖江河。

师者，所以传道授业解惑也！张先生不愧为我的尊师。我敬重、亲近他，从他的坎坷人生中学习做人的真谛，从他那里学习知识以丰富自己。我为有这样的先生引以为豪，先生一生舞文弄墨，作为学生我在这里添个趣吧！好在有老师批改。

（一）

滋兰树蕙一生缘，鸿爪夕明精心撰。

自古成纪多名士，先生文采众口传。

（二）

雄姿英发忆当年，先生大名震陇原。

秉烛好学老更健，蕴真斋里别有天。

（三）

人生纷繁数十年，富贵荣华都在天。

是非恩怨等闲看，健康快乐最值钱。

（四）

常说人间苦无边，站高看远即如仙。

愿君不为俗事烦，笑对人生每一天。

愿先生像松柏一样长青长寿！

说起来，人生在世真奇怪，常可以看到农村老婆婆严厉地约束新进门的媳妇，但待到老之将至，婆媳又像母女一样，没有了婆婆的威仪，媳妇的怯懦；师生也是一样，在校时老师因这因那教训学生时非常严厉，但到毕业后，老师见到学生又是让烟让茶，客气异常，学生见了老师也不再像老鼠见猫，躲躲闪闪，而是像忘年交的朋友话东话西话短长。

今天我们的老师是"过七望八"的老人了，作为学生的我们也已年过花甲，垂垂老矣，但越是这个时候，越是清楚地想起往事，想起昨天——师生一场也是缘啊！

让我们师生共同珍惜过去的岁月吧！

赵得琮 甘肃靖远人。1966年靖远一中高中毕业。历任会宁县县长、靖远县县长、县委书记、白银市政协副主席。

德艺双馨　万人师表

朱发忠　王承德

"古之学者必有师。师者，所以传道授业解惑也。"当一位老师把他一生的心血与灵感伴随着艰辛和汗水化作雨露甘霖来滋养满园桃李的时候，他的爱，犹如太阳一般温暖，春风一般和煦，清泉一般甘甜，比父爱更严峻，比母爱更细腻，比友爱更纯洁，是天下最伟大、最纯洁的一种博爱。

多少年来，我们从靖远"转战"到北京，自童蒙经中学、大学至研究生，经历过许多老师，而张克让老师是我们最难忘的师长之一。

1959年张克让老师正值风华正茂却因直言被打成"右派"，政治挤压来到靖远，虽然身处逆境，却很淡定、坦然，没有忧愁和顾虑。他羸弱的身躯不失坚韧，压抑之中不失达观，默默地奉献着自己的青春。当时我们在靖远一中读书，亲自感受到老师的多才多艺。他饱读经书、精通国学、涉猎诸家、知识渊博。经常写小说、编剧本、撰诗文、作报告、讲专题、评著作。他的讲座既很实际，又有新意，深受同学欢迎。他讲的文字学，给我的印象特深。他说"步"字，上面是个"止"，下面是个"止"，止就是脚，一前一后两只脚，就是一步。有人常把下面的"止"写成"少"，那就等于脚指头上长了疮。"爪"是个手的样子，"瓜"是叶子底下盖着一个大瓜。两者截然不同，不能混为一谈。"爬"与"爪"有关，"孤"以"瓜"得声，千万不能混淆了。他讲四大名著，部部都有"亮点"。讲《三国演义》时，除了分析曹操、司马懿、刘备、诸葛亮、孙权、周瑜等主要人物外，还特别讲解了《三国演义》的结构特点，最后还把《三国演义》与《三国志》对比，说明小说与史书有很大区别。记得最清楚的是他讲了这样一个笑话：清朝末年，有个秀才，睡在炕上看《三国志》，看到曹操率兵四十万征讨孙权时，一下子惊呆了，他明明记得《三国演义》上说的是八十三万下江南，怎么一下子就少了这么多？他一骨碌从炕上翻起来，迫不及待地要到书架上去找《三国演义》查对，不小心一脚踏在睡着的孩子身上，老婆埋怨他，他竟一本正经地说："四十多万人都不见了，一个孩子算啥？"在场的同学都禁不住捧腹大笑。有一次，他给全校学生讲写作知识，不但引用了大量古诗，还讲了不少故事，深入浅出，生动有趣，让大家听得津津有味，甚至如醉如痴。例如讲到作品的教育意义时，他随口引用了王之涣的《登鹳雀楼》："白日依山尽，黄河入海流。欲穷千里目，更上一层楼。"讲到真情实感时，他又引用了宋之问的《渡汉江》："岭外音书绝，经冬复立春。近乡情更怯，不敢问来人。"讲到立意新颖时，又引出王建的《宫词》："树头树底觅残红，一片西飞一片东。自是桃花贪结子，错叫人恨五更风。"讲到材料积累时，又引出朱熹的《观书有感》："半亩方塘一鉴开，天光云影共徘徊。问渠哪得清如许，为有源头活水来。"讲到文章的抑扬高低、波澜起伏时，他还给我们讲了一个故事：明朝正德皇帝游江南时，宰相梁储进到一个大户人家，正值这家为老太太祝寿。原来这家的五个孩子全都干得很好，全都有了功名，尤其是老大王凤梧更为突出。因此他们的舅舅便在寿宴上把五个外甥夸得神乎其神、有天没地。梁储见状，心里老大不高兴，便想借写寿诗的机会戏弄戏弄这个舅舅。他先写了第一句："丫环本是亚娘身"，气得这个舅舅吹胡子瞪眼，想上去和梁储论理。而王凤梧一看梁储的书法的确是笔飞墨舞，肯定不是个一般人，硬是把舅舅给劝住了。梁储看到这个舅舅气得差不多了，才又继续写道："月里嫦娥降世尘。"还未等到大家叫好，便又立即写出第三句："生下五男皆做贼"，这个舅舅一看，更加气不打一处来，禁不住暴跳如雷。这一次等的时间更长，最后他才又写出"偷得蟠桃敬母亲"。短短四句诗，先抑后扬，欲扬先抑，太有意思了！我们听后，全都会心地笑了，并且笑得非常开心。

张老师讲课，更是机动灵活，引人入胜。他讲数学，非常重视启发诱导，精讲多练；讲语文，非常注意发挥学生的主观能动性。一次，他给我们讲《智取生辰纲》，他先让我们把课文快速阅读一遍，然后默记故事，宣讲故事，生动之处、关键之处，要尽量用课文中的原话。结果不但不少同学都争着讲故事，并且都讲得非常具体，也非常生动。有的同学还把课文中写天气炎热的好句子，如"赤日炎炎似火烧，野田禾稻半枯焦"等，都一字不错地背出来。特别对"用药"的奥秘都说得非常清楚："原来挑上冈子时，两桶都是好酒。七个人先吃了一桶，刘唐揭起桶盖，又兜了半瓢吃，故意要他们看看，只是教人死心塌地。次后，吴用去松林取出药来，抖在瓢里，只做赶来饶他酒吃，把瓢去兜时，药已搅在酒里，假意兜半瓢吃，那白胜劈手夺来，倾在酒里。这个便是计策。"第一节课主要是让同学们讲故事，故事熟了，第二节课师生共同讨论分析人物形象，分析环境描写的作用，就"水到渠成"了。很长的一篇课文，只用了两个课时，就解决了问题，并且收到了事半功倍的效果。

张克让老师身陷逆境而泰然处之，生活艰难却信心百倍，境遇暗淡却心地光明，他精力充沛、积极向上、坚韧不拔。数十年后，我们仍感受益颇深。至拨乱反正，先生复出，历任靖远一中校长、靖远师范校长、甘肃教育学院副院长、全国人大代表、全国先进工作者（即全国劳模）。光环之下老师不改本色，谦谦君子风度，包容宽厚胸襟。

张老师担任第七届全国人大代表时，每到北京开会之际，都会在百忙之中约我等诸届学生聚会交流，同学们也常去代表团驻地看他。有一次，在京西宾馆，我们一下子去了二三十人，有个新华社的年轻女记者闻讯赶来，专门为我们拍了一张师生合影。没有想到第二天，《人民日报》、《人民日报海外版》、《光明日报》、《中国青年报》、《中国教育报》五种大报同时刊出了这张照片，同学们高兴，张老师自豪，连拍照的那个女记者也因此"崭露头角"。为此，新华社的一个领导还专门到张老师的房间看望张老师，称赞张老师"桃李芬芳，功德无量"。

张老师才华横溢，高屋建瓴，提出许多意见和建议，反映民众心声。尤其关注教育事业，关心教育改革，关心教书育人。他那"目前我国教育事业的发展，就像进站的火车，吼得凶，走得慢"的名言，至今使我们记忆犹新。他对振兴教育的六条建议，深得教育界同行们的称赞，据说会后甘肃人大主办的《人大研究》还专门刊载了他的发言全文。

近年来老师每每来京，我们都会前去探望，述师生之情。我等京中诸生，皆赞其文采学识、感其道德教化。记得2002年，张老师老两口要去荷兰探亲，我俩和王宏广、朱发义等同学在白银驻京办事处与张老师及其家人欢聚。饭桌上，大家无意之间谈起"文化大革命"中有些学生的过激表现，张老师不但没有责备之意，反而心平气和地说："当时他们年龄尚小，不谙世事，主要还是政治气候所迫，责任不完全在他们。"并且进一步"解剖"自己说："我因为当时是阶级敌人，人家不允许我'革命'，不然的话，说不定我也会做出一些出格的事来。那一年，上面布置要'批林批孔'，领导上布置要我编写演唱材料，我还不是照样写了个歪曲事实的活报剧吗？"老师宽怀大度与严于自责的高尚品德，使我们深受感动。

　　七届人代会期间，我们不少同学，如展学习、王建锦、唐连义、王建恩、王生贵、鱼化龙、金凤琴、柳树青、雒力旭、王天灵、宋宏谋、张巨岩等，都专门跑到张老师住处去与张老师合影，争着留下这份平凡而光辉、珍贵且难得的师生情谊。足可看出张老师的人格魅力。

　　张老师教书育人四十载，培育人才无数，真可谓辛勤园丁呕心沥血，满园桃李争奇斗艳，功德无量、万人师表。我等泽被教诲之恩德，永志不忘。

　　朱发忠　甘肃靖远人。1967年靖远一中高中毕业。现任中国人民解放军总装备部副部长，中将军衔，中央候补委员。

　　王承德　甘肃靖远人。1964年靖远一中初中毕业。现任国家中医药管理局对台港澳中医药交流合作中心主任。十一届全国政协委员，教授、主任医师，博士生导师。

母校和母校的老师

陈功鼎

小时候常爬乌兰山，出县城南门，翻过极深的城壕，首先进入靖远中学校园。

那时靖远中学的校园，占地广阔，庭院幽深，一栋栋青砖瓦舍，房前屋后多栽拔地钻天的白杨，刺槐花每到春天把幽香弥满校园。夏秋两季则是向日葵的世界，杆粗叶大，花盘肥硕，映得校园一片金黄。校园内的房舍院落凡有人在，我们是不敢进入的，只有乌兰堂下面的大礼堂，经常门窗洞开，里面空无一人，可以任我们歇凉或浏览。大礼堂砖木结构，南面一头是露天戏台，每年农历三月三日或四月八日庙会时在上面唱大戏给朝山敬香的人看。大礼堂内也有舞台，与前面戏台相连，但主要给学校师生演节目或开大会用。大礼堂顶梁上悬挂一大木匾，上刻"梵王宫"三个大字，依稀记得是范振绪先生手书，只是让人不明白的是范老先生为什么要把这三个字题给学校的大礼堂？又一想，是否是学校从某处庙宇把这三字匾额搬了来悬挂在礼堂内，正如范老先生题写的另一匾额"宇宙弥大"至今还挂在乌兰山无量祖师殿前。大礼堂东侧墙两窗间壁上嵌有一块记载建立靖远中学内容的石碑，内容在当时我们是没有兴趣读下去的，但清楚地记得碑文的题款是"国民革命军新编骑兵第三师师长白海峰"和靖远中学校长苏振甲。苏振甲先生的情况，我们略知一二，靖远糜滩人，教育界名流。奇怪的是很少见到军人介入学校建设的，而且是旧社会国民党的部队。后来才晓得，这支队伍正是靖远老人常挂在嘴边的"新三师"队伍，当时驻军靖远，实际上是一支由中共地下党掌控的武装。许多著名的共产党人如乌兰夫化名乌云隐藏在这支队伍中，师长白海峰一生倾向革命，解放后任职西北民族学院院长。由此看来，这支队伍的主要负责人热心地方教育事业就不足为怪了。

我是1960年由靖师附小考入靖远一中初中部的，编在初一一班，白永寿老师任班主任。记得当时第一次上生物课，石昌寿老师点名认学生，凡叫到的学生应声而起，老师看一眼，然后再坐下。叫到我时，石老师停了下来，打量半晌，突然问我："陈有鼎是你什么人？"陈有鼎是我三哥，当时已从靖远一中初中毕业，石老师应当也给他上过课。我回答后，石老师哦了一声，和蔼地说："一对俏皮捣蛋鬼。"我为石老师认识我三哥而自豪，特别是当着全班互不认识的同学的面，同时，也使我感到石老师的可亲和拉近师生关系的愉悦。

那时的学生人数不像现在这样多，初中一个年级也就 3 至 4 个班，每班三十多个人，还常常有辍学的，教室里总有不少空桌凳。同学们的吃食大多靠家里往学校背。有拿熟食的，比如馍馍或炒面，每顿定量，多吃了下顿就会挨饿。更多的是背米面，交到大灶上，折资成饭票再发给本人。农村加工的米面，往往不是面太粗黑，就是米里的皮壳沙土太多，管灶的王敬诚老师便拒收。比如高一届的同学邓铎，他父亲从乡下背来黄米，验收时被老师发现壳糠太多，要求拿回去再加工。邓铎同学家庭成分不好，家里吃的本来就难以为继，凑这点黄米不知费了多大神，好不容易拿来还不收，邓铎父亲气不打一处来，大声吼叫说就这米家里还吃不着，你收就收，不收娃娃的书也不念了，回！就这样一赌气，邓铎同学回了家，休学一年，再念就赶上了"文化大革命"，刚巧耽误了考大学。灶上的饭菜简单，要么一个大黑馒头一勺清水菜，要么就是一盒黄米糁饭，用筷子划开成等分的 8 块或 6 块，每人一块。所吃的菜，多是校园西部菜地的产品，四季不断的是莲花白、白菜、洋芋和大萝卜。煮熟的菜水中，表面常浮着一层蚜虫，大家照吃不误。由于菜是自己种的，买时就便宜，每份 1 至 2 分钱，最贵 5 分钱，也还有相当一部分同学吃不起。当时流传教导主任刘衷先生的逸事，说他老先生在校会上动员学生说，同学们要吃菜哩，不吃菜对眼睛不好，那天我在卫生室翻看同学们的视力情况，尽是二点几三点几（实为 0.2、0.3）的，吓死人哩，怎么得了啊。背熟食吃的同学也不好过，我有个同学叫马得林，磁泥水村人，每周从家里背来 12 个比拳头还小的杂面馍，每顿只吃一个，刚好吃 6 天，完了再回去，再背来 12 个。马德林同学老胃疼，找卫生室谢医生，谢大夫说，你这病不用吃药，多吃点饭就好了。我还有一位同学叫马文渊，营防滩人，上顿下顿吃炒面，时间一长胃就发烧作酸。他就坐在我后面一排，上晚自习时经常趴在桌面上，脸朝地面，一口一口地吐酸水，叫人看了都替他难受。

那时学校里没有自来水，乌兰堂前面即戏台的右前侧有一眼不知凿于何时的深井，尽管井很深，但水还是很咸，只能搞卫生洒地用。井口一架辘轴，长长的井绳，有时几个同学如拉纤般扯出一桶水，更多的是手摇辘轴。1966年夏季，正是"文化大革命"大字报铺天盖地、知识分子人人自危的时候，我的高一班主任高杰老师失踪了。当时所谓有问题的老师吃住集中在校，无事不得离校外出，现在高杰没打招呼就不见了，不由人不往坏处想。于是派出人到山上，到树林子里，甚至沿黄河边寻找都没见踪影。在这中间教导处在广播上向全校播出招领启事，说有人在井边捡到一副眼镜，谁丢失的到教导处认领。大家都没有想到，这是高杰老师投井自杀前有意识地将自己戴的眼镜留在井口，然后一头扎进那眼黑暗的深井中。烧开水做饭的水必须从黄河运来。学校有一辆拉水马车，车上一只硕大的木桶，平时工友套上骡马拉水，有时牲口有别的活，就安排某班学生拉水，驾辕的挑个大有力的，别的同学拉稍，或者在后面推搡，前呼后拥，吆吆喝喝，引得路上行人看热闹。

靖远一中的教师是一个值得尊敬的群体。现在回忆起来，就像是一尊尊雕像矗立在自己的面前。首先是王汝琰老师，我们在入学前就认识她了。高挑的身材，长长的发辫，有着浓浓的贵族气。尤其是她腕上的手表很惹眼。还有一位张顺适老师，广东人，留齐耳短发，经常穿洗得发白的列宁装，显得文静利落。张顺适老师那时似乎还未成家，教俄语，曾经代理过一段我们的班主任。那一段时间饭吃不饱，总有同学早操时赖在被窝里不起床，张顺适老师发现了，便风风火火地找到宿舍来，二话不说揭起被子就拍屁股，仿佛拍自己的儿女一样自然。另外，外地籍的谢家仁老师乐观豁达，这是由他与人为善的性格决定的。他当班主任时，印发苏联卫国战争时期的著名歌曲《共青团员之歌》教同学们唱。学校演出，谢老师没有挑选当时流行的政治性强、火药味浓的革命节目，而是从班上挑出个头一般大小的四男四女八个同学，跳起了《花儿与少年》。唱苏修的歌曲、跳有谈情说爱嫌疑的舞蹈，这在当时讲阶级斗争、讲突出政治的严峻环境中，是颇有逆风、反潮流的味道的。但那个歌儿好听，那支舞蹈好看，同学们喜欢，谢老师就无所顾忌，那是很需要些胆识的。还有赵慧芳、吴廷珂二位老师，在我个人最困难的时候帮助过我，我个人应该感恩。但我更认为这种关心爱护体现了师生之间的真情，不仅是个人对个人的关系。赵慧芳老师在初三时接替曹为伯老师任我们班主任，虽然是女性，但她平时举止稳重严肃，又是共产党员，开初给人难以接近的印象。改选班委会时，我向赵老师谈我不想再当班长了。赵老师问我为什么，我说上届我没干好，实际是家里困难，想自由点。没想到赵老师明确表示还要让我继续当班长，口气也比较坚定。一段时间，由于家里没早点可吃，上到第四节课时，饿得我光冒冷汗。后来赵老师不知从哪里知道了，私下里以商量的语气让我把她家的购粮本拿去，从她家的定量中给我们家买些，令我十分感动。我上高中二年级时患病，高烧不退，最高时达40度，呈深度昏迷。家里没一分钱，无助的母亲急得束手无策，只得拄了拐杖到学校求助。当时的班主任是吴廷珂老师，他挺身而出，不但求学校为我出具证明，还组织几位同学用架子车把我拉到县医院诊治，一直住了十多天，每天挂水，终于把我救了下来。主治的是侯汝弼医生，说我患的是副伤寒，若再耽误几天，恐怕就没治了。出院结账时，我花了七十多元。这笔钱现在看没有多少，小意思，但在当时却是一笔巨款，就这样欠了下来，一直到年底作了困难救济免于收取的处理。后来吴廷珂老师没了相依为命的老伴，又患了老年痴呆症，只得回三滩居住。有一年我去探视他，他已认不出我，我拿出带来的烧鸡给他，他只埋头吃，一句话也没有。

和我相处相交最多的是魏晋民和张克让两位"右派"老师。魏晋民老师的二儿子魏刚，和我小学同学到高中毕业，而且是最知己的玩伴和朋友。我常到魏老师家里去，他家没什么家具，只是一些简陋的书架，上面满满当当的都是些发黄的书和纸，但没有我喜欢的小说。他家的饭菜和我家的一样简单，韭菜下来光凉拌韭菜，茄子上市光凉拌茄子，魏刚吃得狼吞虎咽。魏老师谢顶较早，一脸大胡子老刮得发青，他说自己是马克思的胡子、列宁的头、毛泽东的思想。魏老师学的专业是教育，但给我们上的是几何。他的宿舍里有一架脚踏风琴，我经常听到他边踏琴边唱歌，但听不出他唱的什么歌，只是从心底里佩服他的多才多艺。还有一件逸事，过去由于某些原因很少流传。抗战胜利那年，一架美军军用飞机迷航迫降于靖远中学东边的荒滩上，由于是盟军的飞机和人员，靖远县县长备了吃喝前去慰劳，不想县长大人不懂英语，无法交流，急得团团转。有人推荐说靖中的魏晋民老师会说外国话，县长忙派人请了来。美军士兵没想到在这样荒僻的地方还有会讲英语的人，不由大喜过望，待魏老师热情极了，把县长冷落到一边。通过交流，得知这架飞机要到兰州去。魏老师便用英语讲顺黄河往上游飞，约150公里可到兰州。美军飞行员临别时，送给魏老师一盒美国火柴作为礼物。这事的过程是后来魏刚私下告诉我的，嘱我万不可再讲给别人，以免给魏老师带来祸殃。后来我到窑街矿务局当采煤工人，偶尔得到一本吕叔湘先生编写的《中国人学英语》，因为煤矿工人的生活苦寂得让人窒息，便萌生了自学英语的念头，写信给魏刚，求魏老师把国际音标一一用汉语的近似音标注，我知道魏老师的英语也是自学的。不几天，收到魏刚的信，里边果然夹着几页又黑又粗的麻纸，魏老师不仅标注了发音，有的还专门注明了发音方法。后来，我的英语虽然没有学成，但这几页草纸我还保存着，连同魏老师那颗热爱学生的拳拳之心。

上中学之前，魏刚同学就给我介绍，说靖远一中有个语文老师，名叫张克让，上大学时就成了"右派"，但讲课极受学生欢迎。更让我仰慕的是，他在大学上学时写了一个中篇小说，因为出了问题没能发表。平时虽然看了几本小说，但没见过作者，我视他们为超凡脱俗的天才，这回有小说作者就在这里，什么时候能见一面才好。考入中学后，让人失望的是张老师并没来我们班上语文课，也没有给别的班上，因为据我后来才知道，张老师当时没有选择的自由，安排他上什么课就上什么课，甚至并非他的专业。如数学、俄语而且不能推辞。一直到了初二和初三，张老师才给我们班上语文课了。他的始终乐观的情绪、他的饱满的精神、他的平易近人，完全不像一个栽过跟头而且还戴着"帽子"的人。记得有一回上杜甫的《羌村三首》，张老师要我们用白话译出原诗，检查时他偶尔点名叫我把我的译诗朗读给大家听，读完后张老师连声夸好，说我的译诗有"五四风格"，令我十分自豪振奋。还有一次上课我的玩儿心来了，拿出一副八仙过海的剪纸，低下头分辨哪个是铁拐李，哪个是曹国舅，被台上讲课的张老师发现了，他气冲冲地到我跟前，一把把剪纸夺过去，喝令我站起来。我没见过他发那么大的脾气，严厉批评我有什么骄傲的资本，相比下来你学过的知识不过是沧海一粟、九牛一毛而已。其实我哪是骄傲，只不过是没注意听讲贪玩罢了。不过，我从批评中听出，至少张老师认为我是语文学得比较好的学生。这两件事后，我认识到张老师既不是一个一味对别人说好话的谦谦伪君子，也不是一个在是非面前不敢表态得过且过的老好人，而是一个平等对待每一位学生，并且从爱护的目的出发从严要求学生的好老师。

"文化大革命"中，张老师和其他老师一齐受到冲击，莫须有的揭发大字报铺天盖地。我无法保护自己的老师，但我坚守底线，绝不拿自己知道的某些材料，如张老师还写有一部黑小说，抛出去邀功请赏。张老师住院时，处于严密的监护中，望着病床上他那瘦小的身躯，鼻子口里插着各种管子，身边又无一个亲人，心里生出无限的悲凉。我的老师漂泊异乡，与世无争，竟被逼到这一步，这个世道怎么了？后来我到外地当工人后便与张老师失去了联系，但听说他的景况渐渐好了起来，成了家，有了孩子，担任了靖远一中的校长。1988 年，张老师和我、苗其荣、宋占海四人一同经成都、重庆转桂林开中学语文教学研讨会，那时大家心情舒畅，精神愉快，为能同游南方而兴奋无比。出发时，我开玩笑说，咱们这是"四虎下四川"，别人都还没有反应过来，张老师谦卑而幽默地说："我算不上虎，只能算一只羊。"

1990 年，张老师调任靖远师范学校校长，那时我在靖师教务处任主任，又和张老师相处在一起了。当时靖师领导班子要调整，需要增补两名副校长，按年龄和资历有不少可以选用的人，我虽有愿望但决无希望。不想有一天，张老师从白银回来找我谈话，说组织决定任命我为主管教学的副校长，令我感到既吃惊又意外。我问当时夺标呼声最高的一位同志为什么没被选用，他沉思片刻，说我决不用年龄比我大或和我同岁的人。看来，选我做他的副手，张老师知人善任，经过力排众议，是做了相当的工作的。

张老师任靖师校长后，想为靖师编写校歌歌词，当时他委托我写一首，他自己写一首，成后把两首校歌歌词初稿拿给许多老师评论，想从中选出较好的来作为正式的校歌。评论的结果，大多数人认为我写得较好，张老师说那好，就选定为讨论稿，征求意见修改后交教代会通过，当时没有一点由于选了学生的作品而老师的作品落选而感到不愉快，由此可见他的胸怀和见识。张老师在靖师任职刚一年，又升任甘肃教育学院副院长。许多老前辈要我们劝张校长别去兰州赴任，说靖远人熟地熟，调兰州没啥意思，实际上理由并不充分，只是从心理和感情上不愿意和张老师分开罢了。到了终于要分手的时候，大家提议送一块牌匾，由我考虑题写内容。张老师的性情，送别既不能凄凄惶惶，当然也不能十分高兴，想了许久，最后用李白《送友人》中的"挥手自兹去"和王勃的《送杜少甫之任蜀川》中的"天涯若比邻"二句，饯别会上张老师看了，连声称好，后来我去兰州他的家，那块牌匾端端正正地挂在门额上。

离开靖远一中已有四十余年，和张老师分别也一晃 18 年了。我不敢对现在的中学教育说三道四，但我觉得比之我就读时的中学，似乎缺少了什么。我们那时的中学生，学习环境比较宽松，考上大学就上大学，考不上大学就找个工作，还是比较容易的，不必自古华山一条路。因此那时的中学生仿佛是手工打磨的，能做到精雕细琢，而现在的中学生是生产线上制造的，生产得多而快，要求标准划一，就谈不上特色，谈不上因材施教了。教师的成分，教师个人的特色，最能体现一所学校的质量，正如蔡元培先生主政时的北京大学，教师中既有鲁迅、李大钊那样的革命先驱，也有胡适、傅斯年这样的欧美留学教授，还有王国维、陈寅恪这样的饱学名士，更有辜鸿铭、刘文共、黄侃般名闻中外的怪才，兼容并蓄使北大一时名人荟萃，成就了百年北大的声誉。我深深地觉得我的老师也都各有自己的特色，比之那些光芒四射的大教授，虽然渺小了许多，但在靖远一中甚至靖远县教育事业历史的角落里，更重要的是在众多受教者的心田里，他们的形象尽管默默无闻却永远熠熠生辉，光照后人。

陈功鼎　甘肃靖远人。1967年靖远一中高中毕业。曾任靖远师范副校长、校长，高级讲师。

给我影响很大的老师

张明清

　　读书十几年，是数十位老师扶着、推着、指引着走过来的，回味老师们的言谈举止，让人永远都心存感激。但不是每位老师都能鲜亮地印迹于每一位学生。懵懵懂懂的学生时代，谁都会本能地以探寻的目光漫无目标地搜索人生，跟你的性格习惯或者是爱好追求有关，肯定会有某位或几位老师给你印象很深，他的言行，他的学识，会深深地吸引住你，让你赞叹并佩服，你会不自觉地模仿他，甚至能触摸到他的思想和精神，这，会影响你的一生。

　　我小时候喜欢看书，作文写得还不算差，但当初也就那么写着，什么都还谈不上。到中学时幸遇两位让我很敬佩的语文老师，我才真正喜欢上了语文课。一位是我在靖远二中读初三时的班主任张秉刚老师，秉刚老师对我的作文有声有色地评讲，让我备受鼓舞。一位就是我高中时的语文老师张克让老师，克让老师生动活泼的教学方法使我在学习中兴趣盎然地攀登着一个又一个台阶。两位老师对我的影响很大，使我终生以中学语文教学为职业。

　　我的作文时不时地被老师拿做评讲的范文，高中老师的评讲和初中时有些不同，张克让老师更注重文章的构思和结构以及措辞，当然那时候的老师们都很注意学生作文的思想性。其实，注意学生作文的思想性与时政八股是两回事，正确的思想教育是指引青少年人生道路的明灯，这是人生不可或缺的很重要的教育。而注重文章的构思、结构、措辞，是在培养学生的学习和写作能力，学生要提高自己的学习和写作能力，就需要深入地思考，更需要加倍地用功，我自己当时就能感觉到老师在引导着我们天天上进。现在想起来当时还不是很努力，在提高，因而，对语文的学习兴趣越来越浓。而且，至今让我倍感欣慰的是，从此我不仅喜欢语文课，也学会钻研其他课程，而且心中暗暗地给自己订下了一个目标——上大学中文系。而在此之前，我仅只是一个天天在上着学的学生。

张克让老师一生都是个笑呵呵的人，他站在我们面前时，是个年轻的右派，在1966年6月之前，我们看到的张老师永远是张笑脸，你无法把他和虽已摘了帽子但仍处于监督改造中的右派分子联系在一起。这种天然的亲和自然地会感染你，你自然地会很喜欢他，喜欢他的言谈，喜欢他的学问，喜欢他一口甘谷话中夹有些许普通话和靖远话，当然更喜欢他的语文课。

和老师本人的性格一样，张老师的课堂组织得十分活跃，他很擅长组织学生讨论，擅长启发学生自己去思考。我不记得当时是否有"双基"的提法，但能记得张老师当时非常注重我们基础知识的学习和掌握，非常注重培养和提高我们运用知识的基本能力。他在课堂上对学生提问比较多，要知道那时的学生不太在课堂上发言，张老师的语文课堂上之所以比较活跃，主要是他很善于提问和启发，特别是任由学生表述自己的理解，即使我们表述得不准确也从不指责，这使我们讨论时很轻松，有想法但没负担，进而会坚持自己的理解和见解。我至今还能记得当年会毫不犹豫地向老师提出一些不同的解析，当然最后的结果是老师给我们打开一页又一页的窗户，使我们的心头增加一缕又一缕的光明。不管课堂上这些发言和讨论会出现多么庞杂的现象，其结果最终都会明晰起来，这完全取决于张老师的教学设计和对课堂的驾驭能力。张老师的教学目的就是培养我们学习和运用知识的能力，这种教学的方式对我的影响很深，使我受益终身。在我的教学路程中，不论高三学生面临的压力多大，我都不会采用急功近利的做法，坚持培养和提高学生学习和运用知识的能力，以扎实的基础知识和运用知识的能力去求得成功。

张老师的课堂活跃，而且在我的印象中他似乎没有批评过我们，但他对我们的要求一点都不低。比如在课堂教学中，凡是课本上要求背诵的或他自己认为有必要背诵的，他大都要我们在一接触课文便很快能背会，这其实是一种难度不小的强化训练。一般来说，除非是神童，学生都会望而生畏的。但张老师有他自己的办法，他把这看似很难的学习活动设计得操作起来并不很困难。他并不要求我们死记硬背，而是首先组织我们一遍又一遍大声朗读课文，要求我们在朗读时先去体会，"读书三遍，其义自见"嘛，然后叫起一两个学生口述大意，最后是要求学生背诵，如果我们在背诵中间卡壳了，他只是提示大意而不是原文原句，引导我们通过对文意的思考将文章准确地背诵出来。这种能力的培养是深层次的，有科学的方法，有较高的要求，主要目的使学生的大脑在高速地运转，养成强力思考的习惯，培养学生强力而准确地学习的能力，这可是硬功夫。

我很钦佩我的老师的能力，这个方法我在教学中也实施过，但鲜有成功。其中一个原因是我做老师的时代是一个以升学率说事的时代，而我几乎每年都带高三学生，时不我待，只好屡试屡弃。我更感遗憾的是张老师这样要求和训练我们时我们已进入到了高中二年级，也就是他给我们上课的第二个学年，而且这第二个学年善始也没能善终，"文化大革命"来了。

20世纪80年代末或90年代初，白银市教育局在靖远一中组织了一次教学研究活动。那时候张老师应该是靖远一中的校长，他还在代课，并做了一堂示范教学。这堂示范教学课不是他在讲授，而是他组织自己的学生上台讲授。要知道这也是高三学生，这些学生的讲授能力确实了得，知识面，理解能力，表达能力，传授能力都很了不起。这一节课和所有的示范教学课一样，仁者智者各有所得。但张老师下了多大的力，内行人一眼就能看得出来。这就是我的张老师，这就是他的学识、胆量和胸怀，也是他的性格、能力和教育教学思想的真实体现。这一堂示范教学让我无数次地回味，也无数次地陷入久久的深思，我想起我们的当年，我们没有这些学生的好机遇，如果当年张老师能把我们培养或训练到高三毕业，也许我们也能具有这些能力，也能在风华正茂的岁月才华横溢。

我始终有一个认识或者说是观点：一个教师，要有思想，要有学识，要有能力，因为有思想有学识有能力的教师，不仅有能力给学生传授知识，更有能力激发学生的学习兴趣，培养学生良好的行之有效的学习方法。学生一旦养成良好的学习习惯，会自觉地把兴趣和方法延伸到其他学科，整体学习能力和学习成绩都会得到提升。这是我当年给张克让老师当学生时的感受，由于是亲身体验，所以数十年我深信不疑，在负责学校教务工作或全面工作时，我都在贯彻这一思想，我会注意给每个班级至少配备这样一两位老师，如果一时缺少，我会着力去培养，我很相信德才能兼备的带头人的中坚效应。

张克让先生是对我影响很大的老师之一，不论在思想、学识和能力方面都是。张老师给我们讲过他被划成右派的经历，当年在大学时好像他是学生干部，很活跃，很热情，很亲和，大约是有同学要表述某种观点或意见，让他发挥自己毛笔字的特长动手写了大字报，其后这些大鸣大放者都成了右派，似乎是几经权衡，最终把他也纳入到右派的行列之中了，年纪轻轻，大约二十刚出头。因为在当年张老师能敢开一次口给我们说这个经历，已经是有风险的，所以我的记忆可能不准确。但老师

181

的这个经历对我的刺激太深，数十年间我都特别注意政策风向，注意法规界限，又想着不能掉队，又想着不越雷池。我老是在想，张克让先生那么聪明灵动，那么活泼随和，而在青春正盛时却一头栽进了精神的苦海，在惶恐中苦渡着人生最金贵的岁月，那是多么的可怕啊！

好在，张克让先生中年以后如沐春风，事业也如日中天。

张明清　甘肃平川人。1967年靖远一中高中毕业。曾任白银五中校长，中学高级教师。

忆逆境中的张克让老师

魏　刚

今年 5 月 26 日，靖远一中 1965 届高中毕业生、省林业厅原副厅长张生贤君打电话来，嘱我写一篇回忆张克让老师往事的文章，我欣然应诺。生贤学长不论在职还是退休，铭记昔日老师的教诲之恩，一直关注各位恩师方方面面的情况，不断著文缅怀追忆恩师，其殷殷之情跃然纸上，溢于言表。先父魏晋明病逝时，请省政府部门厅长参加追悼会，我不敢有此奢望，可生贤君却闻讯自来，光临先父追悼会。生贤学长这种尊师亲民的德行，令人敬佩，令人感动，借此机会谨向他表示至深的谢意！

张克让老师人生跌宕起伏，扮演了从阶下囚到座上宾的角色转换，极富传奇色彩和戏剧性，大有可圈可点之处，值得大书特书一番。然而本人文笔不佳，一支拙笔难以尽述张老师美德懿行，深有力不从心之感。

张老师既是先父患难与共的同事，又是我耳提面命的恩师，是我最熟悉最敬重的一位师长。1960 年秋我考入靖远一中，1968 年夏季离开母校（含留校参加"文化大革命"两年），这 8 年中极左路线盛行，张老师的人生正处于低谷，正处于逆境，往事不堪回首。

蜗居陋室　随遇而安

由于同是右派分子的缘故，20 世纪 60 年代初，学校安排张老师与我父亲同住一个宿舍。宿舍在一个堆放杂物的小院里，小院南侧有马厩，西侧有一座学校唯一的男女学生公厕，居住环境十分恶劣。1961 年 2 月新学期开始了，我随父搬进了这个宿舍，与张老师有了最早的接触。

我住进这间斗室，三人拥挤一炕，空间顿显狭窄，给张老师的生活起居带来许多不便，但张老师从未有不悦的表示。那时，我患有尿床病，每晚睡觉必须铺垫一块厚厚的小褥子以备不测，有时尿在床上骚味四溢，污染了住室空气，我深感内疚，但张老师从不嫌弃。通过这些事例，我发现张老师是一个非常同情人、理解人、宽容人的人，有一颗慈悲的心。初识张老师，他就给我种下了良好的印象。

在和张老师同住的那段时间，我总是看见张老师整天乐呵呵的样子。他笑容可掬的面孔，谈笑风生的情态，妙语连珠的话语，滔滔不绝的口才，显得那么有亲和力吸引力。很多同学不怕受政治牵连，不顾忌"近墨者黑"的说教，乐于接近他。这间陋室常有许多同学造访，屋子里充满了欢声笑语。

在这段时间，年轻活泼的张老师积极参加学校的文艺演出活动。在舞台上，他手舞足蹈，挥洒自如，一招一式显得十分老到娴熟，颇有文艺天赋，给一校师生带来了欢乐，俨然一个乐天派。他不忧右派分子帽子重压而怡然自乐，什么身份的卑贱、政治的压力、社会的歧视、人生的烦恼统统置之脑后，这非一般人所能做到。

蜗居陋室，身陷逆境，张老师不忘文学创作。他辛勤笔耕，一部估计 10 万字的小说出炉了。这部小说的书名我已不记得，只记得内容是描写红军西路军将士挺进河西途中的悲壮故事。书稿寄给出版社却遭退回，在那个年代一个右派分子出书，政审这一关是肯定过不去，自然退稿就在意料之中。那时，学校语文教师中还没有人创作诸如小说之类的大部头作品，张老师居然会创作长篇小说，使小小年纪的我不由心生仰慕和崇拜。

深谙教法　授课有方

我在高一读书时，张老师给我班讲授语文课。在课堂上，他绘声绘色，口若悬河，旁征博引，幽默诙谐，讲课富有趣味性和感染力，深深吸引着同学们的注意力，足见深厚的文学造诣和知识的渊博。有一次，张老师布置同学们写一篇论说文，作业上交后，张老师把我的作文当做范文给大家评析，激发了我对语文课的兴趣和爱好。张老师讲授古文课更加引人入胜，他讲授李白《蜀道难》一文的情景恍如昨日。如今 46 年过去了，仍历历在目，印象非常深刻，至今我还能背诵其中的一些段落："噫吁嚱，危乎高哉！蜀道之难，难于上青天。蚕丛及鱼凫，开国何茫然？尔来四万八千岁，乃与秦塞通人烟。西当太白有鸟道，可以横绝峨眉巅。"张老师精彩的讲课使我体味到了文言文的巨大魅力，从此对古文有了喜好。1964年3月17日我在县新华书店购买了中华书局出版的《中华活叶文选》合订本第一、二、三册，4月25日又购买了《古代散文选》上下册，这两套书都有白话注释，自此我开始自学古文，古文水平大有提高。1980年7月份，我报考兰州大学附属夜大，在翻译语文试卷中的一篇古文时得了满分，这不能不说是得益于张老师的教诲。

针对人们往往容易混淆陽、蕩、賜、惕等字偏旁易、易的情况，张老师给同学们教授了这样一个辨写的窍门：凡韵母是i时，偏旁从易，除其之外则从易。比如：赐，赐字汉语拼音为ci，它的韵母为i，所以偏旁从易；荡字汉语拼音为dang，它的韵母不是i，偏旁不从易而应从易。这一识字辨写的小窍门使我受用一生。

坦率地说，我的文字功底就是这样一点一滴在高中阶段奠定的，此后再也没有什么长进。

现在回想起来，对我中学时代学习最有帮助的当属张老师、高杰老师和我父亲三人。高杰老师是我初中历史老师，他讲课生动有趣，既能把历史史实娓娓道来，又能启发同学们透过历史事件去认识社会发展的规律、树立历史唯物主义世界观，同学们非常爱听他的课。在课堂上，他经常向同学们发问，每当我抢答过后，高老师总是向我投来赞许的目光和报以真诚的微笑。我父亲是我高二读书时的立体几何老师，他讲课我听得懂、记得牢、理解得透、消化得快，凡立体几何课本上所有的作业题没有一道能难住我，每次立体几何考试都得满分。三位恩师，我永远感谢你们！

多才多艺　名噪县城

张老师具有多方面的才能和特长。他的文才在靖远县有口皆碑，作为西北师大中文系高材生，他作文著书、写诗填词自不在话下，而且还擅长书法。他的书体笔锋遒劲，端庄工整，自成一体，那时我常看到张老师用毛笔所写的条幅。1969年夏季（那时张老师、我父亲等"牛鬼蛇神"正在母校被统管囚禁），我被招工到兰州工作，从此便与张老师失去联系，四十多年来基本未曾与他谋面，现在他的书艺想必更加炉火纯青了吧。另外，如上所述，文艺演出也是他的强项。大约1965年夏天，张克让老师和张宏勇老师在靖远戏园子（原址在隍庙头道巷东口，钟鼓楼西侧）表演相声，两人说学逗唱，引得观众捧腹大笑。总之，尽管张老师身处逆境，但他在各方面都是一个活跃抢眼的人物，很能吸引人们的眼球，当时在全县已经有相当的知名度了，"文化大革命"之后他更声名鹊起。

苦觅知音　终结良缘

大约1961年，经上级有关部门甄别，张老师被摘掉右派分子帽子。然而官方的解释是这种人可称为"摘帽右派"，似乎仍属地富反坏右黑五类之列，这样便给张老师解决个人婚姻问题构成了不可逾越的政治障碍。

1961年我尚年幼，对男女婚恋的事似懂非懂，但我看到有一个高年级女生羞羞答答几次来陋室找张老师。她留着一双小辫，脸色偏黑，相貌平平，一副村姑模样，听说是别人给张老师介绍的对象。当然其结局不难预料，只能以失败告终，因为哪一位家长愿把自己的姑娘嫁给一个被专政的对象而使自己孩子受到社会歧视和前途受到影响呢？

又过了几年，张老师成了大龄青年，但凭着张老师的好人缘，同事中愿给张老师当红娘者不乏其人，终于有人给张老师介绍雒鸣岩老师的千金雒庆兰。雒大姐是个出身书香门第的大家闺秀，她身材窈窕、如花似玉、亭亭玉立、仪态大方、知礼贤淑，当时正住在水泉老家，待字闺中；张老师才华横溢、风流倜傥、品德高尚、闻名遐迩，两人如结秦晋之好，珠联璧合，当是天造地设的一对才子佳人组合。雒鸣岩老师独具慧眼，力排众议，决定把自己的千金许配给这个青年才俊和右派后生。此消息一传出，一时间在靖远县城传为佳话。如今，张老师夫妻恩爱，事业有成，家庭兴旺，幸福欢乐，真让人们佩服雒老师在择婿上的远见卓识。

小鼠逃窜　恩师惊魂

"三年困难"时期，学校为了解决粮荒，增加师生食堂粮食供应，于是在三合村开办了校办农场，每到耕种收获季节师生都要去农场劳动。有一年夏收，同学们正在收割庄稼，只听见张老师发出声嘶力竭地惊叫，大家一看张老师如临大敌般浑身颤抖，于是赶紧围拢过去，原来是一只小鼠慌不择路跑进了张老师衣服里，同学们急忙帮张老师脱衣捕鼠。或者是张老师心情紧张看花了眼，抑或是小鼠早已逃之夭夭，人们并未在张老师衣服中找到小鼠，结果是一场虚惊。在我的想象中，老师是大人，何怕一区区田鼠呢？但实际上当年张老师也就20多岁，还是一个稚气未脱的年轻人。由此及彼，使我产生了这样的联想：解放后，政治运动一浪高过一浪，亲历政治运动的知识分子人人都成了惊弓之鸟，一只小鼠可以吓煞恩师，猛如恶虎的政治运动更会使"臭老九"们精神崩溃，甚至感到无路可走而选择一死。而且，死后没有人表示同情怜悯，还要给他们扣上一顶"自绝于党，自绝于人民，畏罪自杀"的黑帽子，让你不得善终。

面对如此境况，恩师们都在思考着选择着，怎样终结自己乃至亲属的人生噩梦。我父亲得出的教训是"读书有罪，文化害人"，所以他向来不主张不支持儿女们上学读书去取得更高的学历，免得后人重蹈自己命运的覆辙，重演自己人生的悲剧。何以见得，有事实为证。自我们兄弟姐妹长大上学后，平时我父亲从不过问儿女们的学习情况，也不在家中为我们辅导功课。1963年初三第二学期开学了，父亲突然不同意我报名上学读书，却安排我去农村劳动。开学两个月后，在母亲坚持下，父亲才勉强同意我继续就读，由于缺课时间太长，学校教导处不同意我复学，差点使我辍学。是年秋季我考入高中，父亲不同意我读高中，仍要我去农村劳动当农民，多亏母亲偷偷给我几文钱，我才得以报名入学。1965年2月，高二第二学期开学了，父亲又不同意我上学，于是我休学去农村劳动。父亲在学校认真教学，诲人不倦，却反对儿女上学读书，当时我很不理解，后来终于悟出了答案。在那个特殊时期，有一句时髦的流行语叫做"知识越多越反动"，知识分子被当做改造的对象，政治运动袭来又当做斗争对象，一大批人还被当做专政对象，知识界成了政治运动的重灾区。知识分子个个夹着尾巴做人，政治背景不好的知识分子的处境更加凄惨。在那个特殊的年代，把整人斗人当做一件乐事，斗人者享受到了取乐的快感，被斗者痛不欲生。那个年代，对知识分子人格的侮辱、人权的侵犯、人身的摧残达到了登峰造极的程度，可谓空前而绝后。面对这样的社会现实，父亲认为当农民最保险最安全最可行，而从事文化教育工作则是一个高危职业。对我们家庭政治背景不好的人来说，父亲当时的考虑和选择无疑是正确的。为不累及儿女后代，他反对我继续上学读书就不难理解了。

现在仍把话题回到张老师怕鼠的故事上来。对张老师惧怕小鼠一事应举一反三地去理解，人都有一朝被蛇咬十年怕井绳的体会，张老师经过历次政治运动的冲击而精神遭受重创，神经已经相当脆弱，惧怕自然界的小鼠应该不难理解。那么，面对的政治运动这只社会猛虎，当年又有哪个"老运动员"不心惊肉跳和魂飞魄散呢？

感谢伟大的邓小平同志，他把千千万万的人从地狱拯救到人间，从"鬼"转变为人，从阶下因转变为座上宾。同时，他又引领中国社会实现了历史跨越和腾飞，创造了一个太平盛世。实践证明，邓小平同志的治国理政思想才是真正的马克思列宁主义。

惨遭迫害　九死一生

　　张老师自谓"老运动员"，确实名至实归。每一次政治运动来临，张老师、我父亲等有所谓"政治问题历史问题"的教师们都要受到冲击，接受批斗体罚。政治运动一结束，又要接受各种的劳动改造。20世纪60年代初，那时靖远县城还没有自来水供应，一到冬天师生饮水困难，学校只好从七八里之外的黄河边用马车接冰供水，我父亲等人则拉架子车同去黄河边为学校拉冰。不论盛夏寒冬，又见我父亲等人手持铁锹洋镐掏师生的男女厕所。夏天粪便臭气冲天，令人作呕；冬天粪便结冰，坚如石块，一镐一锹刨铲下去粪渣四溅，苦不堪言。虽然我已不能清晰地记得张老师干过上述的累活脏活苦活，但我想他不会被免于这种劳动改造的。直到1966年夏季，"文化大革命"运动爆发，很多教师的更大灾难就要降临了。

　　1966年七八月份（学校因开展"文化大革命"运动而没有放暑假），靖远一中第一张针对学校教师的大字报出笼了。大字报化名王思礼写，内容是历数一些教师的政治历史罪行，如：高杰老师曾会见国民党大员陈立夫并就读国民党中央政校的问题，曹为伯老师父亲叛逃台湾并给其往大陆来信联系的问题，我父亲家庭出身恶霸地主且本人右派并教唆儿子（魏刚）反党的问题，还有一些教师参加国民党和三青团的问题。这张大字报堪与北京大学聂元梓的"第一张马列主义大字报"相媲美，可谓靖远县的"第一张马列主义大字报"，正是这张大字报真正拉开了靖远一中"文化大革命"运动的序幕。据我观察和判断，王思礼化名恰好由我原同班三个同学中第一人的姓、第二个人中间名字、第三个人最后一个名字所组成，与这三个字的组成很吻合，可是他们三人怎么会知晓一些教师档案中的问题和组织掌握的情况呢？显然是有人在背后提供材料并操纵安排，这说明这张大字报很有来头。这张大字报一经贴出，从此靖远一中校无宁日，一时间批判教师的大字报贴满了教室和宿舍的墙面，批判我的大字报也铺天盖地而来，我班同学还开会批斗我，很快张老师成为第一个全校师生开大会批斗的对象。

　　那天是1966年8月16日下午，学校组织全体师生在大礼堂（原来的木制古楼）

内召开批判张老师大会。张老师站在礼堂内的戏台上交代问题，全校师生站在台下吆喝声讨，会场气氛肃杀。无意间，我扭头看见了右侧离我一米开外的高杰老师，只见他满脸惊恐涨红，目光直直盯着戏台上的张老师，作深思状，身体似乎在微微颤抖，神情十分异常。孰料，第二天早上我来到学校即听说高老师投井身亡的噩耗，霎时全校笼罩在一片恐怖之中，人人自危。逝者永别，音容宛在，如今想起高老师仍不由我心头发酸眼眶湿润。再后来，由于不堪忍受无休无止的批斗，又发生了张老师服毒的惨剧。

张老师出事并被送去县医院抢救的那天下午，许多同学聚集他宿舍门前打听消息了解情况。当时只看到张老师房间一片凌乱，有一个同学从张老师床上翻看一些书信，并说这是张老师和雒大姐（那时他们尚未成婚）往来的情书。现场有人说，是万家烈老师（他住张老师隔壁）发现张老师自尽于是砸破玻璃进屋呼救。张老师住进医院后，我和几位同学去看他，隔着病房窗户玻璃只见张老师孤单单地躺在病床上，仍处于昏迷状态，正好值班大夫是我初中同班同学金中文，他不让我们进屋，只说张老师正在抢救之中。张老师远离家乡，孑然一身，现在正徘徊在死亡线上，身边却没有一个亲人陪伴，情景何其凄凉。张老师宁愿永别高堂二老和热恋女友，以及与他曾朝夕相处情深谊厚的同事同学们，也要铁了心去见马克思，令人不禁发出许多感慨：张老师非常惧怕小鼠，可小鼠不会置人于死地，政治运动是会吞噬人性命的，政治运动猛于虎啊！

向张老师致敬，并祝恩师一生平安！

魏刚 甘肃靖远人。1967年靖远一中高中毕业。先后在兰州铝厂、钢厂工作，曾任兰州市宗教局（民委）宗教二处处长，民族政法处处长。

我心中的张老师

万廷勇

我从新浪博客获悉《烛光》编委会向张克让老师的历届学子征稿的消息后，心情激动，浮想联翩。我虽然不是张老师的学子，但他伟大的人格魅力却早早地感染着我刻苦学习，努力向上。为什么会这样呢？这话还得从我敬爱的朋友——张克让老师的高足张生贤说起：

20世纪60年代初，农村人靠挣工分吃饭。我的父兄热望我长大挣工分多分粮。所以，我到了上学的年龄竟无人问津。好在那时上学报名可以暂时不要现钱，我主动报名去上学，刚出门就遇上比我大几岁的张生贤同学，他把我领到当时的"接引寺小学"报了名。我和张生贤坐在一个教室里上复式课，他们上五年级的课，我们上一年级的课。我以顽童的好奇第一次听到五年级学生朗读《观刈麦》非常动听："农家少闲月，五月人倍忙……"而我们开口读的第一句是"波—坡—摸—佛"。当时我觉得张生贤他们读的书有意思。放学后，我就跟着他问这问那，张生贤不像其他大点的学生那样瞧不起我们这些小毛孩。他不厌其烦地把所知道的都讲给我听，我当时就觉得他倒比我们的老师讲得更动听。于是，我在初小期间经常向他请教，我也把他当成了我的老师。当然，我也知道了张生贤是那一届学生中学习最优秀，人品最好的学生，全村的人都喜欢他。不久他考上了靖远一中，我像失去了主心骨一样难受，恐怕热恋中的人也没有像我每个星期六下午等待我的"老师"从县城回来的那种心情吧！因为他回来就能给我带来知识和动力。他会给我讲他的老师张克让是如何讲课，如何教育学生，如何关心他的等等。于是张克让老师的名字便如春风细雨般浸润在我的心里。我也仿佛是张老师的一名学生伏在他的案前听课。听着，听着，一个才华横溢，学识渊博，待人极热忱而又极干练的人显现在我的脑海里。我心里暗下决心一定要刻苦读书，将来做张老师的好学生。当然，那时我已升到高小五年级了，言行举止也变得斯文起来，我的作文尤其突出。因为有张生贤的指导，同时他让我从他那里阅读了许多小说。我至今还记得第一部小说是线装的六册本《济公传》，第二部也是线装分册本《聊斋志异》，还有许多武侠小说和演义小说。逐渐地，我的视野开阔了，知道的东西也多了，学习也更轻松了。

然而真正让我在语文方面产生飞跃的还是张生贤的两帧字画。因为那时我曾在亲戚家看见过许多名人字画，很好奇，很欣赏，又不甚明白。而张生贤在他书桌的小屏风上先后挂出了两帧字画。一帧是"大江东去……"另一帧是"北国风光……"字体潇洒飘逸，龙飞凤舞，大有名家之风。由于我对他的尊敬，总认为我的"老师"真了不起，竟然能写出挂在墙上的东西了。出于想对两帧字画内容的理解，我要求他讲解。我的"老师"居然说这是他们课本上的内容。他模仿张老师的授课方式向我讲述。他的表情令我神往，他的语言让我着迷。他看我听得专注，顺便要求我说：你以后看课外书要选择读和课本内容有关的书籍。于是，我如饥似渴地借读了《古今奇观》、唐诗宋词、毛泽东诗词等文学作品。我的学习突飞猛进，我的作文每次都被老师作为范文贴在教室后面让大家阅读。眼看小学毕业的日期已近，眼看我的身体状况越来越具备劳动挣工分的条件，眼看着我上靖远一中读书的梦想要破灭。谁知我的"老师"——张生贤因患伤寒病回家休养了。

当时全村的人都为之震惊而不愿承认这个事实。因为张生贤太优秀了，所有认识他的人都去看他，大家都知道他是张克让老师的高才生，再有一年就非名牌大学莫属了。可这一场病竟然把这样一个种子选手困在了家里实在令人惋惜，就连我的父亲也为张生贤患病而叹息。为了减轻因病给张生贤带来的巨大精神痛苦，我父亲曾亲自主张把生产队记工员的工作安排给他干，这样一来既可增加他家一个全劳力的工分收入，又可以使他更好地恢复身体素质，因为我父亲当时是生产队的负责人之一。这样一来张生贤便有了和全村人接触的机会，他只在劳动现场给社员记工分而不参加体力劳动。他那谦恭的态度、幽默的话语和诱人而亲切的笑容常常令所有的社员为能让他记上一份工而感到欣慰。每到记工时，所有的人都觉得能和张生贤说上几句话而感到满心欢喜了。我则因能常常和他在一起而感到很有底气，但是不能上中学读书的危机时时萦绕在我的心头。我父亲不止一次地对我说："连张生贤那么好的学生都挣工分了，你还念啥书呢！"看来我要上中学的希望真的要彻底破灭了。

有一天傍晚，我家的工分本子背页上用十分流畅的行体字写满了话，我父亲好奇地请来同村的高中生念给他听。我到现在还记得上面写着："在九天银河系中有一颗地球，在地球的北半球上有一个中国，在中国的西北部有一个万老员外（当时我父亲的外号叫老员外），他是一个最尊重知识的人。"我父亲听后，那种开心的微笑是我从未见过的。奇怪的是从那以后，一旦我的哥哥嚷着坚持让我挣工分时，我的父亲先是一阵沉默，而后就慢慢地对他说："这娃爱念书就让他念去吧！"我听后兴奋无比，学习的劲头更足了。更令人高兴的是靖远一中的老师竟然也看望张生贤来了。那时老师看望学生的现象在当地是没有先例的，被我们村的人当做佳话而传诵。我有幸在他家见到了陈宗尧老师、刘毓峰老师和张克让老师。尤其是张老师大热天从三滩来到生贤家中，热汗津津，身穿白衬衣，头戴大草帽，手推自行车，一进门张生贤迎上前去，张老师一把抱住高兴得看上看下，他操着甘谷口音说："病好了，长胖了，也晒黑了。"我因敬慕张老师反而显得不自然离得他们远远的，看他们师徒畅谈，聆听张老师妙语连珠般地说笑。张老师谈笑风生的神态给我留下了极深的印象。我当时就觉得这样的老师太好了，竟然和学生这样亲密啊！我要是能遇上这样的老师多好啊！过了一会儿，生贤把我介绍给张老师说："这是我的小朋友，叫万廷勇，很爱念书，今年小学毕业，很想上一中做你的学生。"张老师听后笑声爽朗地说："好啊！我先欢迎你这个新生。大胆地报考，不要怕，祝你成功！"当时，我激动得只是笑，连连点头说："绝不辜负张老师的期望。"我朝思暮想的老师现在真真切切地就在眼前，他是那么的亲切，热情而有魄力，话语中给人以无穷的力量而又平易近人，使人久久不愿离开。

庆幸的是这年秋天我以第二名的成绩考上了靖远一中。更值得庆贺的是张生贤被定西专署选拔搞"社教"工作去了。但遗憾的是直到我离开靖远一中也没有遇到张老师给我上课。因为那年正值张老师给高三毕业班带课，而我却是初一的新生。但令人欣慰的是我遇到了慈祥的陈宗尧老师带语文课，干练的刘毓峰老师带地理课。为了能让张老师带课，我只有暗下决心以优异成绩考取高中。看能否遇上我心中最敬慕的老师。由于有了这种动力，我在初中三年中把高中有关的文科课本先自己学完了。

有一天体育课，我因捡球而误入高三教室区，捡完球后我隐隐听到有一种极吸引我的声音从眼前教室传出，我从后门缝中看到张老师讲《史记》里的《垓下歌》："力拔山兮气盖世……"当时我不解其意，但我爱屋及乌，凝神静听、偷窥张老师的授课神情，那悲壮的语调、慷慨激昂的言辞令整个教室的人都屏住了呼吸，所有的人无不为项羽拔剑自刎的悲剧结局而扼腕唏嘘。我在门外听得入迷，竟然忘了身在门外偷听的处境，差点被经常巡查的教务处刘衷主任当捣蛋的学生而逮住。

有一次我去教务处办事，张老师也在那里。他见我进屋立即热情地向张宏勇老师介绍说：“这个学生叫万廷勇，我在张生贤家见过，是个爱学习的学生。”张宏勇老师接过话碴说：“听说齐占录班上有个学生会唱秦腔，就是他吗？”我带着激动而幸福的心情回答了两位老师的询问。张老师把他手里拿的一本《白兰花》诗集送给我说：“你拿去好好读吧，有不明白的地方找我。”我离开教务处时心情激动得无以言表。

正当我埋头读书，努力向上，准备以优异成绩升入高中时，一场“文化大革命”运动如暴风骤雨摧毁了我的求学梦。靖远一中变成了大批判的场所，造反派头头掌控了一切权力。不仅学校如此，整个靖远县党政机关也是如此。全国所有的学校都“停课闹革命”。学校处于无政府状态，造反派们随便把老师揪来批斗。张老师在这场运动中成了“造反派”批斗的重点对象。因为他平时的教学工作太突出了。造反派却污蔑他是“反动学术权威”。他们给张老师捏造的罪名是宣扬“封资修”的思想。就连他那次讲的《垓下歌》也成了被批判的罪状。说他是为“国民党反攻大陆作垂死挣扎”，那个署名叫“阳光”的人把大字报贴在乌兰堂大厅里，我因不平前去观看，心里非常气愤，又无处发作。张老师这时也来看大字报，他瘦了许多。我看到他看大字报时那种随意的无所谓的神情时，走到他的面前说：“张老师你看这不是胡说八道吗！怎么能扯到一块呢！”我的眼睛湿了。张老师看到我难受的样子右手拍着我的肩头用甘谷口音说：“真金不怕火炼，好娃不怕试验，你唱过‘三滴血’戏，还不明白吗？”我被他的话逗笑了，也被他的乐观和豁达精神感动了。我望着他缓缓地走出乌兰堂时那坚定的神情，我的心情似乎开朗了许多。在以后的日子里，张老师虽被造反派折腾得死去活来，但他那身经炼狱而不失其真的精神深深地感动着我以及靖远所有敬重他的人。

在那个“横扫一切”的年月里，我作为学生都感到读书无望而参军离开了我心爱的老师和学校。可张老师为了靖远一中的教育事业默默地耕耘，无私地奉献着自己的才华和毕生精力。20世纪90年代的一天，张老师应靖远煤业公司教育处邀请来靖煤公司一中示范教学。我有幸组织学生和他相逢在示范课堂，我仿佛又回到40年前的学生时代聆听他的讲课。

真不愧是教育行家，他把学生的心和神都紧紧抓住，在短短的45分钟里，听课的学生能把朱自清的《春》全文背诵下去。尤其是后三段，"春天像刚落地的娃娃……"他表现出了四十多年前在讲台上那活跃的风采。就连众多观摩的老师们都能在几分钟内完全背会这三段。大家都赞叹不已。

中午，我在公司招待所拜望了张老师。看到他精神矍铄，兴奋健谈的神情，我心潮澎湃，浮想联翩。张老师拉住我的手笑着说："咱们是殊途同归到一个行业上了。"我不得不笑着佩服他老人家那坚韧而博大的人生情怀。由于当时看望他的人很多，房间拥挤不堪，我不敢久留，他执手送我于屋外。

后来张老师调任甘肃教育学院副院长，我有幸在王学仁先生家和他相遇。方知他已退休，我们畅谈了一整天。他那笑谈的神韵不减当年，令人倾倒。去年仲春，张老师准备出国探亲，偶闻我女儿住院，他和张生贤一起去医院看过后才释然起程。我们父女深感他老人家关怀晚辈鼓励后者的伟大精神始终如一地保留在他那乐观、豁达的人格魅力之中。

我们永远由衷地祝福他老人家永葆青春，健康长寿。

万廷勇　甘肃靖远人。1968年靖远一中初中毕业，部队转业后任靖远矿务局水电处政工干部、靖远矿务局一中语文教师、教研组长，中学高级教师。

赠张克让师

刘清森

教育育才，才高八斗；
老师师表，表率千秋。

刘清森　山东人，1968 年靖远一中高中毕业。历任甘肃省计划委员会、省委经济部、省政府办公厅副处长、省政府研究室处长，省非国有经济办公室副主任（副厅级），省民营经济研究会常务副会长。

由耸翠楼所想到的

——实现张克让老师心愿记事

常生荣

前不久，一个老同事告诉我，靖远一中的学生要给张克让老师写些文字，以表彰张老师在靖远一中所作的贡献，邀请我也写一篇文章，我欣然允诺。虽然在一中读书时，张老师没有给我们任过课，他的学识和口若悬河的演讲，我却多次领略过。写什么呢，又拿不准，我把耸翠楼的事，给朱发忠副部长作了报告，他说，写这个就很好。因此，我很高兴给张老师写一篇回忆文章，表达对他的敬意，表达我对母校的敬意，也表达对所有老师的敬意。

20世纪60年代中期，我们在靖远一中读书，这个学校是很有名的，它座落在祁连山的鹯阴山余脉乌兰山脚下。这里曾有靖远八景之一的"乌兰耸翠"。靖远毗邻黄河，著名的红军西渡的虎豹口就在这里。当年，红军西路军西征就是从这里渡过黄河的。因此说靖远一中的历史文化底蕴很厚。这种文化底蕴，又由我们众多的老师一代一代传承而形成，张克让老师就是其中有代表性的一位。我想同学们的这个举动，是一个尊师重教的行动，是一个向母校表达感激和回报的行动。

80年代中期，张克让老师来北京，要我请些著名的书法家，给靖远一中题词和书写校名。这个任务虽然艰巨，我还是答应为母校尽力。我经过思索，形成了一个想法，找我熟悉的一些书画家，来了却张老师这个心愿。我首先请了著名书法家启骧，他是爱新觉罗氏的后裔，是雍正皇帝的嫡后孙，和著名书法家启功是叔伯兄弟。他和我是一个老部队的，也是好朋友。我找到他，说了意图，他很高兴地答应了。启骧给写了一幅字，我记得是"靖远一中"四个字。

我还请了解放军画报社的李力生老师，他也是著名的书法家。七八十年代，《解放军报》毛笔字标题一般都是李力生老师题写的。我给他说明了原委，由于都是总政系统的人，他很慷慨地给予了支持。在第二天他就电话通知我去取，并说，我们都是老师的学生，都是母校的学子，应当支持。

我又请到了总政文化部的夏湘平，他是我国著名的隶书书法家，是湖南人。当时，我们在一个楼层办公，我经常看他写字。我求到他，请他给靖远一中写一幅字，他也很高兴地答应了，并在几天之内就交给了我。他给我这幅作品时说，听说你们靖远一中很有名气，所以就更加注意笔法，不知合适否。我边称赞，边道谢，心里充满喜悦，因为他的字很难求。

特别是我请到了李铎老师，他的名气更大，是中国书协副主席。他在中国人民军事革命博物馆工作。我电话约到他办公室谈这件事的时候，他说不用了，你写个信，把需要写的字写在上面，我写就是了。大约过了5天，他电话通知我去取。我到军博的时候，正有几个人在那里索字。使我惊讶的是，在李老师的办公室上方，挂着一幅告示，内容是："索要作品照章计收"，后面连续打了三个惊叹号。看到这个我稍微有点紧张，因为身上分文未带，当时他正跟两个索要作品的同志在计价收费。显然，他看出了我的神情，急忙说，不收费，不收费，咱们是自己人，都是总政系统的，我这个告示也不是要钱，是为了减少要字的人，向我要字的人实在太多，我有些受不了，所以写了这么一个告示。他把他写的"甘肃省靖远县第一中学"的牌匾交给了我，字很大，他是用四尺宣的三条接起来写的。我看了之后非常高兴，连忙表示感谢。

我还找了我们部的老顾问彭飞，他是28军的老干部，是打金门的一个团的副政委。在部队打金门前一天，他被通知到师里开会，第二天，到了金门前线，他所在的部队全部上了金门岛，他坐在海滩上，看着他的部队回不来，整整在那里哭了一天一夜。现在，他们的团就剩下他一个人。"文化大革命"受到影响，坐了7年的牛棚，被解放以后，任命到总政治部群工部当顾问。他的文字功夫非常好，是我们国家《辞海》的主要编辑人员。他擅长隶书，我请他给靖远一中写字时，他很高兴地写了。

特别要说的是，江南的左笔书法家费新我，他是苏州书画院的大书法家，当时年龄已经80多岁了。我是在1986年带领一部分书画家到老山前线慰问参战部队时认识他的，同行的还有苏州画院的沈彬如，他就是《扣林山九骏图》的作者。那时由我带队到云南前线慰问，所以认识了一批著名的书法家。当张老师提出这个请求时，我想到了费老。我给费老写了一封信，说明了靖远一中的历史，由于想请大家题字，我不乏对我们靖远一中的历史进行了渲染，以引起费老的重视和支持，请求他为靖远一中教学楼题匾。费老由于特别著名，一般是不愿意题词的，由于是老熟人，又是忘年交，他欣然答应我的请求。他说，这个学校是出人的，我要给写。

过了一个月，他迟迟没有写。我又通过他的家人催他，他给我写了一封信，对"靖远一中教学楼"这几个字，他不愿意题写。理由是内容太白，他说，既然你们靖远一中人才辈出，很知名，为什么起这样一个名字呢？你们能不能起一个比较有文化内涵的名字，我再考虑。

于是，我很快给张克让老师写了一封信，把费老的意见转达给了他，考虑到费老的信写得太尖刻，我没有把复印件寄给张老师。我只是谈到，费老认为，这个名字不够文雅，文化内涵不深，没有思想底蕴，不像是一个广出人才的说法。所以他不愿意写，希望靖远一中能够起一个好的名字，他再做斟酌。

过了不久，张老师给我寄了一封信，把"靖远一中教学楼"改为"鹯兰翠教学楼"。张老师在信中说，为什么这样说呢？因为乌兰山属于鹯阴山脉，这个翠，靖远有乌兰耸翠的八景说法，所以起这样的名字，请你让费老给题写。当时，电讯没有现在发达，我又给费老公公正正地写了一封信，把张老师说的含义告诉了费老。结果，等了十多天，没有了消息，我又问费老身边的人，费老身边的人告诉我，费老看了我的信，认为这个名字也不好，说费老还没有写，他在自己琢磨一个名字。

又过了半个月，费老派人把他写好的题字和他的信送到北京，信是这样说的："小常，不好意思，这几个字拖得久了。但是，前几个名字我实在不好题写，这是我的脾气。在江南一带，人们都知道，起不好名字的，我是不会题的。由于咱们是熟人，又是忘年交，所以我对你这个题词既重视又刻薄，请你谅解。我和老伴商量了很久，认为名为'耸翠楼'三个字。耸上面两个人字可代两山，翠是人才的意思，勉可联，也可表现你们中学的历史渊源和人才辈出的这种背景，不知是否中意？如不中意，请你们起好名字，我再写。"

是的，费老是个十分认真的人，又是个十分注意推敲文字的人。七八十年代，我收藏不少书法家的作品，许多让写"梅花香自苦寒来，宝剑锋从磨砺出"，费老写了几幅都不满意，最后他勉强写成一幅，看上去满脸不高兴，我急忙说，费老累了，休息一下。他说，这个"苦"字我不理解，梅花对严寒不是苦，而是喜欢，怎么能叫苦呢，梅花欢喜漫天雪嘛。显然，他对这句诗的用词，不十分满意，可见费老对文字的缜密、老道和执着。

费老的这封信原件存在我这儿，他是用毛笔写的，后来他的家人要收这个原件，并要拿几幅作品换我这个原件。我说，这是我的文化产品，不能给，我只给了他们复印件。所以，这个件一直留在我这里，我不时地翻出来看看，费老跟我交谈的情况历历在目。

我把费老写好的"耸翠楼"三个字和费老题写这个匾额的意见，转告给张老师，张老师非常高兴，并送了当地的土特产，要我对费老表示感谢。我把这些土特产，我记得是发菜、枸杞、兰州香烟，托人送给了费老。费老还专门托人表示感谢，认为育人兴教是应尽的职责，不应当客气。

2010年春，我见到白银市的一个副书记，他是靖远人，他与我聊天时，我简单地讲了"耸翠楼"的来历。他大吃一惊说，原来这个匾额是你给运作的。他还说，靖远有个"乌兰耸翠"的景色，费老写的与靖远八景吻合，可见费老渊博的知识和深厚的功底。我说这是张老师的主意，我帮助完成的。他讲到，有一年温家宝总理当时还是副总理，到靖远去视察，早晨起来散步到了靖远一中，看到"耸翠楼"三个字，温总理就给陪同的县领导说，看来这个靖远一中出了不少人，这个县领导只是答应，但没有说出为什么出这么多人。温总理说，"耸翠楼"是什么意思？这个陪同的领导也答得不完整，温总理开玩笑地说，你是熟视无睹啊。这是白银市的这位副书记给我讲的一段与耸翠楼有关的故事。

有一年，我检验部队拉练，从天水到青铜峡，是大部队拉动，路过靖远一中，围观的人很多，我注意观察，未发现耸翠楼几个字，我问为什么。当时有一位老者说，人们以为耸翠似乎是过去的青楼，所以没有用了。我心里一怔，原来是这样理解的，我心里有说不出的滋味。当时我想，要是张克让老师还在靖远一中当校长，我想他是绝对不会把它取掉的。

张克让老师曾当过靖远一中校长，在他当校长时，据说靖远一中发生了很大的变化，最主要的是教学质量不断提升，培养了很多优秀的人才。可以说，是桃李满天下。后来，他在甘肃教育学院任副院长，也是甘肃省的知名人士。他是甘谷人，思维敏捷，学识渊博，特别是同我们水泉老乡结了婚，这也是我们水泉人引以为自豪的。今天已儿孙满堂，真的是天伦之乐。

我想正是像张老师这样的一大批优秀的教师，造就了靖远一中，培养了一大批人才。我衷心向老师们致意，感谢他们的培养之恩，感谢他们像烛光一样，照耀着后生，照亮了许多学子的前程。

费老是左手写字，所以在长江流域新我左笔的牌匾很多，我问过费老，这是不是真的？他说一大部分是仿的，我不愿意写那么多，包括你们这个教学楼，不是你对母校的崇敬，我是不会写的。费老故去之后，有一年苏州举行纪念活动，特邀我参加。我给主办方讲了这个故事，他们说，费老此类故事太多，一般名字起得不好的，他是不会写的。所以，大街上你看到的很多牌匾，肯定是假的。我想，请费新我、李铎、启骧这样的大家，为我们靖远一中题字，这是一个有历史文化意义的事，是一个提升母校文化品位的事，可以在历史上留下一笔，而这一笔，是我们张克让老师的创意，功德应该属于张老师。

2005 年，我陪总政治部李继耐主任参加兰州军区党委民主生活会，期间，我请张老师把在兰州的老师和我们的同学召集起来，我同他们一起坐了坐。大家聊了靖远一中的过去、现在和未来，也聊了老师和同学们的境况。显然可以看出，张老师在老师和同学们当中，有威信、有影响力、有凝聚力，他的刻苦攻读精神、他的创新精神、敢作敢为的思维模式，都是我们要永远学习和传承的。

一些老乡或同学提出要写文章，我只能把我经过的张老师策划的这段事的原委讲清楚，以便大家知道"耸翠楼"是怎么回事，是谁题写的，为什么这样题写，由于题字，又发生了怎样有思想意义和文化价值的故事。由于我是亲历者，有责任把这段历史告诉靖远一中的老师和同学，告诉靖远一中的后来者。

常生荣 甘肃平川人。1969 年靖远一中高中毕业。历任解放军总政治部群工局局长，全国双拥办副主任，解放军总装备部通用装备保障部政委，少将军衔。

好老师　好校长

唐　渡

在一个偶然的机会，遇见了多年未见面的老师、校长——张克让，寒暄之后，知道他的学生要出一本纪念他从教 50 年的书，作为主编之一的张生贤要我也写一篇文章，当然我是很高兴了，于是欣然承诺。

一、好老师

张克让是我上中学时的老师，在我这个学生眼里，他是一位好老师。

首先，在学生眼里他是一个"知识人"。我上中学时，正处"文化大革命"期间，文化书籍被视之为"封资修"之毒草而除之，求知只能从老师的口中得知。张克让老师给我们讲语文，在语文课堂上我学到了好多原来不懂的知识。他出口成章，下笔成文，在靖远很有名气。俗话说："授人点滴，当有满怀。"他知识丰富、通古博今、无所不知、无所不晓，在我眼中他是知识的化身。

其次，在学生眼里他是一个"豁达人"。张老师虽然在 20 世纪 50 年代末和"文化大革命"时期受到过不公平待遇，但是他心胸开阔，性格开朗，能容人容事。博大的胸怀、洒脱的态度，是他人生中最高的境界之一。他有正确的穷达观，"不以物喜，不以己悲"，"达则兼济天下，穷则独善其身"。生活可以清贫，但思想境界的追求是高品位的。他是个热爱生活、热爱健康、富有情趣、有较强抗挫折能力与自我消解痛苦能力的人。他的这种高尚"豁达"品格深深地影响了我们这一代学生。

再次，在学生眼里他是一个"爱心人"。他能够通过自身的人格魅力和爱心来感染、影响学生。张老师能用真心、爱心去教育学生。他十分尊重学生和善解人意，学生能从他的眼睛里读到关爱、读到感动、读出灵动。他拥有一颗宽容的心，善于营造一个富有诗意的课堂。温家宝总理讲过，"无论是做教师，还是做人，都应该有一颗同情心、一颗爱心。同情和爱心是道德的基础"。张老师的爱心，是激励学生成长、学习的催化剂，更是一颗种子，把同样的爱心播撒、扎根在我们每个学生的心中。

第四，在学生眼里他是一个"兴趣人"。他对教育工作真正感兴趣及在此基础上产生的热爱之情。对教育事业有兴趣是最好的老师，有兴趣的老师可以更好地培养出有兴趣的学生。张老师一踏上教育讲台，就对"太阳底下最光辉的教育职业"特别感兴趣，站在教育阵地几十年，捧着一颗心，点亮上万人。他把教师职业作为神圣的事业去追求，终生热爱自己的职业，以从事的职业为荣，肯为其而奉献。他不断思考和研究，如何把自己的职业做好，做得有特色，在几十年的教育教学以及教育管理实践中，张老师总结并践行了一套完整而科学的教学、教育和管理理论。教师的职业是富有创造性的职业，小则可以成名，大则可以成家。他如今桃李遍天下，既成了名（甘肃的名师），也成了家（曾任甘肃省中语会理事长和教育学会副会长以及全国中语会学术委员等职务）。

第五，在学生眼里他是一个"幽默人"。幽默是张老师的个性特点之一。幽默可以让课堂气氛变得轻松，让学习的过程不再那么枯燥，而且幽默可以解决许多问题。同样一件师生之间的事情，一个幽默的老师肯定会处理得更稳妥。张老师不论是与人谈话或上课，讲话非常幽默，古今中外的趣人趣事，信手拈来，道之不尽，人人爱听。他讲课时，能运用灵活多变的教学方法，有时学生听累时，插一段笑话，消除学生的疲倦，激发起学生的学习兴趣。我印象中他上课的时候总是喜欢用歇后语，逗得全班哄笑，有的同学马上记在本本上。总之，他直观、形象、活泼、幽默、风趣的教学艺术，深深地影响着学生，学生们愿学、乐学，都特别盼望听他的课。

二、好校长

张克让又是我在靖远一中教书时的校长，在我这个老师眼里，他又是一位好的校长。

首先，他是一位"以人为本"的管理者。学校的管理单靠制度管理是远远不够的，还必须以人为本，用人文精神管理教师，以情感人。古人云："感人心者，莫过于情。"张校长是一位人情味很浓的领导。他心地善良，富有同情心。在生活上，坚持"心治"为上，及时为教师排忧解难，殚精竭虑关怀教职工，为他们创造一个心情舒畅的无后顾之忧的生活环境。我1985年甘肃教育学院毕业后调到一中，当时妻子和三个孩子在农村，无法照顾家庭，张校长就派学校的车把家眷接来，并给家属安排了学校的临时工。凡类似我这种情况的，他想尽办法一一解决。

他经常深入到教职工的生活中去。关心他们的生活，帮助他们排忧解难。例如，教师家庭产生了矛盾，夫妇决意分手，校长要接近他们，了解情况，善意批评，耐心劝导；教师家属病故，上门吊唁亡者并慰问教师本人；教师生病或发生意外事故，及时探视，积极安排治疗。他用人的情感去温暖人心、凝聚人力。在工作上，他能和教师打成一片，经常与教师广泛沟通与接触，与教师产生密切的联系。在沟通与接触中了解教师，倾听心声，解决问题。他很重视教职工的素质的提高，尽最大可能地为教职工提供培训进修学习的机会，帮助他们提高知识水平和教学能力。

总之，张校长是一位善解人意，与人为善，尊重同事，赏识他人，理解别人，亲和开明，富有人情味的人文管理者。"投之以桃，报之以李"，教师们又把这份感谢融入到工作中去，紧紧团结在他的周围，积极热情工作，使一中的教育事业蒸蒸日上！

其次，他是一位"身先士卒"的带头者。张克让担任校长以来，凡要求教师做到的，自己首先做到；凡禁止教师做的，自己首先不做，以实实在在的行动给教师树立榜样。孔子说："其身正，不令而行；其身不正，虽令不从。"领导只有以身作则，率先垂范，才能带领他的下属顺利完成工作和任务。一个学校的校长要做到说话有人听、作了决定有人执行，也就是说话有威信，就必须做到"身正"和身先士卒。张克让校长正是做到了这一点。一是他带头遵守党纪国法、校纪校规。他严于律己，宽以待人，无论做什么工作，都检点自己的行为，事事做到无私、自律、清廉，以公为己任，以廉为法宝；二是他带头上课、亲临教学第一线。担任校长本来工作很忙，但他还要坚持带一门语文课。我记得1985年到1986年，他给一个近一百人的高三补习班代语文课，每天晚上在语文教研室定坐下来要批改近百本作文。我们语文组的老师看在眼里，疼在心里，大家劝说他："校长你管理工作忙，不要再代课了。"他老是笑呵呵地说："当校长不带头上课怎么行？"不论是学习，还是工作，他总是走在老师的前面。学校教职工的政治学习，他准时参加；学校的大型文体活动，他积极加入；学校组织的集体劳动，他亲临现场。总之，学校的主要活动都能看到他的影子。

再次，他是一位"知人善任"的领导者。校长作为学校的行政一把手，要把全校教职工的工作积极性调动起来，使他们爱岗敬业、乐于奉献，就必须从知人善任开始做起。我们的张克让校长在这方面做得比较出色。他没有架子，与人非常亲近随和，主动和老师、职工谈心、交心，达到了知人、知心。他根据教师的学识个性、爱好特长、能力水平，合理配置，优化组合，努力创造条件培养他们成为教学骨干、学科带头人或是作为后备干部培养等等。合理地分配工作任务，使每一位教职工的工作任务和岗位职责在时间和空间上得到落实，使人才各尽所能，各得其所，最大限度地发挥每位教师的聪明才智，有效地提高工作效率。如在教师调配时，他首先征求教师的个人意见，尽可能把教师的个人意愿、特长同工作需要统一起来，使教师心情愉快地投入工作。

张校长"知人善任"主要表现在这么两个方面：一是用人不疑，疑人不用。1985 年我刚调入一中后，张校长大胆而放心地让我代高三毕业班的语文课，好多资历比我深的老师疑惑、担心。疑惑，一个刚进修毕业的年轻人怎么能代了高三毕业班的课；担心，一个资历浅的人代高三毕业班的课会影响学生的高考。当时此事确实有些非议。结果 1986 年高考，我代的班平均语文成绩居一中该课成绩之首。如果没有校长的"知人"，也就不会给我如此的"重任"。二是用人之长，容人所短。任何人都有其长处，又有其短处。有人说，废物是放错了位置的有用之材。张克让校长认为只有无能的管理，没有无用的人才。他不但善于去发现每一位教师之所长，善于挖掘身边人才的特点，使每位教职工都有机会各尽所能，各显其才，充分地"扬长"；而且胸怀大度，不求全责备、吹毛求疵，能容人所短，甚至把"短"转化为"长"。例如，把爱写不愿讲的人配置到教务或其他岗位，把好武不好文的人安排到后勤保卫岗位。他善用其"长"，巧用其"短"，能最大限度地调动教职员工的积极性、能动性和创造性，使他们的能力得到全方位的发挥。夸张地说，张克让校长具备伯乐相马的识才之智，海纳百川的容人之量，知人善任的用人之艺。

人格的影响力，思想的辐射力，道德的感召力，威信的穿透力，非权力因素影响。

第四，他是一位"与时俱进"的创新者。张克让校长虽说是一位 20 世纪 50 年代的大学生，但他活跃的思想、新颖的认识、先进的理念，一般的青年教师是远远赶不上的。他深深地认识到改革创新是学校活力和希望之所在，所以他特别重视教育理念、教育体制机制和教学方式、方法的改革和创新。在 80 年代中期，他为了强化素质教育，培养有特长的学生，在一中开辟了第二课堂，有文学的、文艺的、书画的、体育的等。乌兰草文学社诞生就是一例。我刚到一中不久，张校长就提出建立文学社的主张，办一份校内的文学刊物，把学校的文学爱好者组织起来，并让我当社长和刊物的主编，我不好推辞就接受了这一任务。1985年文学社成立了，起名"乌兰草"。当时参加的学生百人左右，好多学生纷纷撰文，给《乌兰草》投稿，有的文章被国内一些少年刊物采用了。张校长不但领导、组织此项活动，还亲自撰文以实际行动支持，《乌兰草》第1期登了他的小说《一场激烈的争夺战》，第4期登了他的《钗头凤一二·九抒怀》。从这件小事，可以看出他不仅是一位好校长，还是一位教育创新的排头兵。

张校长"常有书香在案头"，每天抽出部分时间与书籍为伴，与美文为友，不断学习，不断研究，不断努力从"经验型"向"学习型"、"研究型"转变。他不断运用现代的理论指导教育实践，研究教育现象，总结教育得失，将点滴经验积累起来，进行理性思考，辩证分析，不断努力提高自己的管理能力和教学水平。"路漫漫其修远兮，吾将上下而求索。"张克让在一中任校长期间，就是一个不断求索、不断开拓的创新者。

总的来说，张克让是一位好老师、好校长，他的高尚的人格、渊博的学识、活跃的思想、豁达的性格和大爱的善心，多年来一直深深地感染和影响着我们！

唐渡　甘肃靖远人。1970年靖远一中高中毕业。现任白银市委党校副处级调研员，教授。

情深意诚真良师

贾世俊

去年一次晨练时，在靖远乌兰天桥上与张克让老师不期而遇。有几位学友围着张老师一起聊天，我礼节性地致以问候后便登山锻炼去了。大约有一个小时，我下山返回时见老师仍站在天桥上。我来到老师身边，他告诉我在等一个人："说来惭愧，可能是同事和学生太多的缘故吧。一般师生见面，都是简单地礼节性地打个招呼或聊聊天。可前天就在这里我和一位学生相遇，也只随便打了个招呼。过后我苦思此人是谁，好生面熟，但却又一时叫不出名字来。后来我终于想起来了，这人正是咱们靖远的学生鱼化龙！他在北京工作。前几年我去北京，鱼化龙和柳树青夫妇总是非常热情地招待我。可这次由于我的健忘、疏忽，肯定给鱼化龙心里留下了老大的不解和不快！不行，我一定要给他当面解释、致歉。否则，我心里也不安。听说他近几日还在靖远，而且在坚持爬山，我就在这里等他……"

至于后来老师有没有见到鱼化龙，我不得而知，但这件小事，使我对老师更加由衷地钦敬！老师年逾古稀，仅在靖远一中即学子逾万。出现这种事不足为怪。但老师却如此自责与不安，此举着实令我等汗颜！

老师执教一生，可谓"桃李满天下，才俊遍神州"。各行各业的拔尖人才中均有老师的学生：政坛要员中的佼佼者比比皆是；肩扛将星者亦不乏其人；留洋海外者数不胜数；腰缠亿万的创业者也司空见惯。诚如我辈，则车装船载、俯拾皆是。然老师对一个小小的疏忽竟如此不安，且必欲当面致歉，仁者风范，感人肺腑！

"误人子弟切莫为，须知头上有青天"。这是张老师做人立身之本。忆往昔，师生之谊历历在目，课堂之上是师生，教室以外为挚友，老师家中成客人。他对待学生均一视同仁，从不厚此薄彼。

"文化大革命"期间，老师虽蒙屈受辱、险遭不测，身心饱受创伤。然后来对

"蒙蔽者"则谅解之，甚至为其排忧解难，使其"追悔莫及，无地自容"。这就是老师之高风亮节！如此博大胸襟，我辈难以望其项背。

人敬我，恒敬之，窥一斑而见全豹。就老师对待鱼化龙这件事，能站在乌兰天桥上数日株守，必欲当面致歉，其情之诚，其意之恳，足见老师之为人！我们这些学生为有这样一位恩师而自豪，而骄傲！

贾世俊　甘肃靖远人。1970年靖远一中高中毕业。曾任靖远县农电局生产技术股股长。

老师的情怀　校长的风范

黄天伟

20世纪70年代初，靖远一中，当时改为五·七红专学校，我有幸在高中读书，期间语文课受教于张克让老师，从那时起张老师在我心中留下了终生难忘的深刻印象。

"文化大革命"初期，教育体制犹如没有航标的船，忽东忽西，去向不定，70年代初总归有了点秩序。虽然"天天读"占据了每天的黄金时段，其他课程也有了一席之地，尽管教材简陋，好在有一批知识丰富、业务精湛的教师队伍，他们能将散乱的教材内容梳理成知识的线条，一丝不苟地传授给学生，张克让老师就是其中一员。

张老师个头虽小，却精神饱满，两眼炯炯有神，行动总是那么风风火火，行走如风，站立如松。讲起话来口若悬河，滔滔不绝，言语幽默，妙趣横生，不论什么场所，有他在就让人乐在其中。课堂上更是如鱼得水，鹰击长空。一篇文章经他释疑解惑，让人茅塞顿开，困盹的神态会一扫而光，听他讲课的确是无法用语言描述的享受。古文教学，引经据典，深入浅出，语言丰富，抑扬顿挫，时而狂风暴雨，似有大珠小珠落玉盘之韵；时而轻风扶细柳，犹似阳春三月之盛境。讲到激动时，手之舞之，声形并茂，使听者全神贯注、翘首期盼、喜怒颜表、陶然忘机。

老师对教书育人的执着非常人可比，无论是逆境顺境，总是那样的一丝不苟。尤其是作文教学，不管作业本多厚都要一一批阅、眉批，点评恰如其分。不仅如此，还要从中梳理出上中下多个层面作文，在课堂讲评，其效果甚佳。既能调动学生的学习兴趣，又能使学生知其优劣使优者知其优，更上层楼；劣者知其劣奋发进取。极大地调动了学生的兴趣，从而发奋努力。

老师不仅知识渊博，且多才多艺。书法艺术独具风格，演唱技艺别具匠心，编排演唱都有一手，《夫妻识字》，《十二把镰刀》则是拿手好戏。就是这样一位博学多才，品质高尚，桃李遍天下的好老师，也经历了"逢时不祥"的悲伤。

1959 年毕业于西北师大中文系，但身未致仕，却遭厄运。在那言语不太自由的年月，由于言语的直白，而被戴上了右派的"桂冠"。政治生命已临绝境，就连当位好老师也难。虽满腹文字，却不能传授语文知识，更不让担当班主任。所教学科也非所学专业，教数学、俄语等课是他走上讲台的机遇。人生事难料、身处逆境，还能怎样？适应者生存。虽非专长、只要用心，照样赢得学生的好评。然而又遇"文化大革命"，"右派"岂能免于厄运。真可谓"贤圣逆曳兮，方正倒植"。是时斯文扫地、屈辱尽受，然老师依然如故、微笑面对，被同事们誉为乐天派。

走中国特色社会主义之路开创了我国历史新纪元，政通人和，国运日昌。老师也时来运转，摘掉了"右派"帽子，恢复了党籍，心情舒畅，工作热情更高。

记得 1977 年恢复高考制度后，老师更是废寝忘食，一心扑在教学上。为使学生能更快更好地获取知识，不论白天黑夜，待在教研室，编写讲稿，刻写蜡版亲手推动油印滚筒，一张张，一页页汇集成册，交到学生手里，学生们如获至宝（那时没有任何高考复习资料）。老师熬红的眼睛里露出欣慰的微笑。那种满足的心境今人难以感悟得到。

是纯金，经得起千锤百炼，是夜明珠，埋在土里也发光。1982 年时势将张老师推到了副校长的位置，1984 年又荣升为校长。面对一年一度高考的检验，教学质量逐年上升，高考录取人数逐年递增，张老师多次荣获优秀教育工作者称号，1988 年又当选为全国人大代表。张老师地位变了、荣誉多了，但优良的人格依然如故，或许增添了更多的平民心态，待人更加平易近人、宽厚大度。工作上更加严于律己，除了外出开会、出差，学校就是家，家则是夜图一眠、日用三餐，其余时间他的身影都在学校荡漾。深入学生中间、了解学生思想动态、掌握学生学习和生活情况，对学生们提高课堂教学中存在的问题及时反馈给相关老师。谁生活上有什么难处，让后勤及时研究解决。

对老师则是人性化管理，要求坐班，但不签名点卯。他常说：教师的职业有其特殊性，既要有纪律约束，更要尊重教师的人格，只要大家都用心做了，就会有好的结果。谁能没有点私事，但只要不影响教学工作大事，一切都好说。是的，人生活在社会中，教师也是社会中的人，课余料理点个人事，也是人之常情。可谁能知道他们不在夜晚加班准备明天的教学工作呢？

他在生活上也是关心体贴教职工。20世纪80年代，教师大多数住校，住宿简陋且拥挤。单身职工还凑合，带家者就困难重重，一间土木结构平房，10多平方米，既要住宿，又要开灶，其艰难令人难以想象。面对这种窘境，校长看在眼里，急在心上。先将现住房屋、扩建，改造成灶房，缓解了暑夏灶饭炎热的困境。随后千方百计，逐年为教职工新建了砖木结构的独家小院，解决了教职工的后顾之忧。这是历史，那时的教职工们却很知足了。

1988年，在时为校长——老师的极力举荐下，我担任了一中的教导主任。俗语说得好，"强将手下无弱兵"。我不敢为弱兵，但无强兵的资本，只能尽心竭力、用心去做好每件事，干好教导工作，不能有半点懈怠，因为我深知，这是老师对我的信任和器重，也是我人生旅途的一次飞跃。我不能轻易错过，更不能随意放弃，于是我在潜意识中只能当"强兵"。好在有张老师的支持、鼓励、放手、指导，工作还能说得过去，但使我受益匪浅。我在思想上更加趋于成熟，意志得到了磨炼，工作能力得到了锻炼，对社会有了更深层次的认识。老师严于律己，宽以待人的好品质根植在我的心中，在我此后的人生旅途中意义重大、至关重要。在此向克让先生，我的恩师深表谢意，并致以衷心的感谢。

后来老师调任靖远师范校长，不久又任甘肃省教育学院副院长。环境在不断地变化，职位在一次次地升迁，但事业没有变化，只是升华而已。老师从事教育事业，追求教育事业，执着的心血挥洒，迎得了誉满陇原，桃李遍天下，可谓人生足矣。然而老师不知足，活到老、学到老，生命不息、奋斗不止。离开工作岗位后，依然在耕耘着，自己出版了自撰自书的《诗情墨趣》、《鸿爪夕明》影文书画集，编辑出版了收藏的名人书画《书椟画扉》等大作。年过古稀，仍然是"不须扬鞭自奋蹄"不断有新作面世。这种"老夫喜作黄昏颂，面目青山夕照明"的至高思想境界和勃勃生机的情趣值得学习，值得敬仰。学习他热爱教育事业、甘为蜡烛的奉献精神；学习他生命不息、奋斗不止的高尚人生观和乐于吃苦的奋斗精神；敬仰他人活着就要为社会乐于奉献的高尚情操。

时光如梭，往事如烟。与老师相识、共事往来不觉已40年。40年在历史的长河中则是点点滴滴的瞬间，但在人生旅途中却是一大段。近闻老师又有新作问世，本想将 40 年间的沐浴感情，梳理成章、为老师的新作添彩助兴，但苦于才疏学浅不尽如人意。只好将许许多多的感人肺腑的故事、择其精要，以其拙笔陋言记录，为老师的新作增砖添瓦，聊作一位老学生对恩师的敬仰之情而已。

　　黄天佑　甘肃平川人。1971 年靖远一中高中毕业。历任靖远一中教导主任、副校长，平川区教育局长，总支书记等，现任平川区人大副主任。

三 春 晖

孙兴辉

《师说》有云：师者，所以传道授业解惑也。而我的老师张克让先生教导予我的还有"忠孝、博爱、修身、勤学、廉洁、自强"的思想。他是我人生中的良师益友、人生楷模。

张克让先生是我中学时期的班主任老师，他的学养之博雅，令人肃然起敬，不信今时无古贤。先生是我家乡靖远一中备受广大师生爱戴的校长，是靖远中学教育承先启后的重要人物，为靖远的教育事业呕心沥血、无私奉献了数十年，先进事迹已载入靖远教育史册，先后被评选为全国教育系统劳动模范、当选七届全国人大代表，并被国务院授予全国先进工作者称号。

现已退休的张克让先生老有所为，继续为教育事业献计献策、发挥余热，笔耕不辍、著书立说，先后出版了《滋兰树蕙录》等多部著作，创作了一大批格调高雅的书法作品。读先生的文，睿智隽永，然而语言质朴、不假华藻，那是一个不容易达到的至高至深的境界，可引用杜甫赞太白的两句诗"清新庾开府，俊逸鲍参军"比喻。这是先生所有文章与绘画的鲜明特色，也是先生高贵品格之比附。

我在靖远一中整个学习的过程中，张克让先生给了我亲切关怀和热情帮助，为我以后长期的工作、学习乃至人生，培养了高尚的品德，打下良好的知识基础。每忆及此，对先生不胜感激，其音容笑貌依然历历在目，难以忘怀。他给我们说《山海经》的故事，精卫填海的精神令我们唏嘘不已；他给我们讲陆游、唐婉的爱情，"红酥手，黄藤酒，满城春色宫墙柳"至今在耳际回响；他给我们谈《呐喊》的细节，鲁迅先生的人生之梦时时警示着我们的人生之旅；他时时处处给我们谈"出身—社会—个人努力"哲理思考，令我们第一次懂得任何事情都会有辩证性。他解析"昨夜西风凋碧树，独上高楼，望尽天涯路"的怅茫，"衣带渐宽终不悔，为伊消得人憔悴"的执着，"众里寻他千百度，蓦然回首，那人却在，灯火阑珊处"的豁然，令我们回味无穷。就是在这种潜移默化中，我们对做文、做人有了点滴感悟，我们的激情就这样被点燃，梦想就这样被放飞。他给我们批改的人人都有可圈可点之处的作文本，那红色的笔迹，灿如朵朵红花，永远刻印在我们的心间。他那深厚的理论底蕴，渊博的文史知识，再加上幽默含蓄的谈吐，使他的课堂教学如行云流水，别开生面。他从不对课文进行呆板生硬的条分缕析，而是抓住一点，借题发挥，古今中外，天上人间，文人掌故，箴言警句，皆信手拈来，组织于妙语如珠的课堂语言之间，贯穿于潜移默化的非智力教育之中，让我们体验了不一样的学习情趣，为我们开启了文学神殿的大门。

张克让先生的人生态度令人景仰。他在授课中反复强调了"师范"的含义："学高为师，身正为范"，引导我们要"堂堂正正做人，扎扎实实做学问"。他是这么说的，也是这么做的。他给我们启蒙，为我们领航，使我们得以顺利地走上别样的人生道路，丰富了自我生命的轨迹。先生的教育是受用终生的，也是感念不尽的。"谁言寸草心，报得三春晖。"先生治学的严谨，为人的谦逊正直，学问的博采，心质的纯净，是永远值得我学习的。而今，多数人都奔波于生计，忙碌于财利，真正能静下心来寻一片心灵的净土，做点学问，感慨一段世事沧桑的人越来越少。先生执着于学问的精神更是可贵！他是我们的精神家园！

多少年的岁月，恍如白驹过隙。再忆及张克让先生，我们中学毕业已经30多年了，可先生一直关心、关注着我们每一个同学的成长。古往今来，知识与经验的传授，思想与智慧的传递，道德与信仰的传接，精神与人格的传承，大多都是在"授业解惑"中完成和实现的。先生的一生，对于学生的关爱令人动容。他从教一生，无论走到哪里，他的生命时时刻刻滚涌着对生活的热情，流淌着对苍生的悲悯，倾泻着对学生的关注与爱护，每一个学生都是他永远的惦念和牵挂，他关注着他们的生活，期待着他们事业有成。在他的心里，学生的幸福和成功便是自己的幸福和成功，他就像一件宽大而舒适的袍子，在你真正面对自己心灵的时候，包裹着你，温暖着你，承载着你……

"人生天地间，各自有禀赋，为一大事来，做一大事去。"先生是以这样的气度来面对这个伟大的变革时代，延承文人惯有的"宁静以致远，淡泊以明志"的情怀。心中唯有一个信念，"为了树的葱茏，花的芬芳，草的翠绿，宁愿化作这沉默的泥土"。这是先生的品格，也是师道的最好言说。

　　孙兴辉　甘肃平川人。1973年靖远一中高中毕业。曾任甘肃省审计厅办公室主任，现任甘肃省民委党组成员，纪检组长。高级审计师，注册会计师。

春风化雨　润物无声

——张克让先生的教育理念

李奋华

我在靖远一中读高中时，张克让先生是我的班主任兼语文老师。两年学习时间里，张老师以高尚的人格、精深的专业知识、对学生无私的关怀和爱，给我们全班同学留下了深刻的印象。张老师对我们的影响，现在和以后都将继续指导我们的工作、学习和生活。

张老师，个子不高，清瘦精干，充满活力，脸上永远带着微笑，且一直从容不迫，对学生从不厉声呵斥，说起话来和蔼温和，却一语中的，所以在学生中威信极高。

张老师虽然长期坚持在贫苦地区从教，但他是一位卓有成效的教育家，他的教育思想闪烁着民主、开放、以人为本的光芒，加上老师本人宽厚、谦和、智慧、仁爱的人格魅力，使他在教育战线上的成绩卓尔不群。几十年来，他桃李满天下，培育出了大批优秀人才，而且他的教育理念，影响和改变了靖远地区的教育水平，以及他后来所在的教育学院等单位。从这个意义上说，张老师对基层教育所作的贡献是极其巨大的。

我高中毕业已经 30 年了，这期间，我遇见过很多老师，但是张老师的教育思想最令人感佩。经过多年，仍对我有教育意义，久久不能忘怀，其中有四点终身难忘：

一是从不抛弃一个问题学生。张老师的教育生涯中，碰到过很多现在的术语叫"问题学生"的孩子，他从没有先入为主把他们划入"差生"、"坏学生"的行列，歧视或者冷落，而是用"四心"（爱心、信心、决心、耐心）爱护他们，关心他们，满腔热情激励他们转化，千方百计帮助他们进步。每次遇到这样的学生，张老师总是以成倍的努力甚至成吨的血汗去换取这些孩子的成长。他呕心沥血，仔细分析他们的问题，查找出原因，并且细致耐心地找到他们身上的特长和优势，然后精心策划，创造平台，让这些学生在集体活动中充分展示和发挥特长，从而赢得大家的尊重和信任。张老师会及时针对这个学生取得的成绩，给予相应的热情洋溢的鼓励，使这些学生获得极大的荣誉感和满足感，从而获得前进的动力和信心，焕发出学习的勃勃生机。在张老师带过的学生中，这样的"调皮蛋"、"差生"无一不改头换面，取得了可喜的成绩。这些成绩的背后，也有无数的反复，张老师付出的心血之巨，之艰辛，用区区言语是无法描述的，可以慰藉老师之心的，就是看到学生的成长、成才！

二是教育的过程多姿多彩。张老师对我国传统文化有很深的造诣，可以说腹有诗书万卷，文学修养极其深厚。即使这样，他还是坚持学习，勤奋耕耘，笔耕不辍。张老师多年来一直活跃在讲台上，即使在当校长期间，也坚持上课。张老师在教学中坚持大胆改革，并且乐于总结，乐于推广经验。他把自己多年实践所得并通过实践检验证明行之有效的教学经验概括为"因文而异，布置预习"、"以主带次、以练代讲"、"提倡争辩、鼓励求异"、"一课一得、单元比较"、"读写结合、范文引路"等10个方面。对于这些经验，他总是与同行无私分享，以期让更多的教师和学生能从中受益。张老师还是一个充满生活情趣、多才多艺的人。他教育的过程，如和风细雨，沁人心脾。他业余时间喜欢吹拉弹唱。在教学过程中，张老师很好地利用了自己的优势，组织学生们通过各种文体活动，丰富课余生活。张老师经常组织学生自编自演身边的故事，自己教育自己，不但活跃了学习气氛，也达到了在娱乐中受教育、受启发的效果。

三是勇于承认自己的失误。老师在学生的心中，永远是神圣而崇高的，可是老师也是普通人，也会有失误，很多老师不敢在学生面前承认自己的错误，害怕因此降低威信。张老师不是这样。张老师在教学生涯中，曾经因知识错误、教学内容不当、教法不当而当堂向学生认错。学生在给老师纠错的过程中，和老师互动，师生共同探讨学问，最终达到了教学相长。最珍贵的是张老师当靖远一中的校长时，曾经发生过的一件很著名的事。1983年春天，张老师检查迟到学生时，恰好有两名高三的学生因见义勇为而上学迟到，被张老师当场抓住，由于这两名学生闭口不提迟到的原因，被张老师误认为态度不好而受到了严厉的批评。张老师为严肃校纪，专门召开全校师生大会，会上点名批评了这两名学生。后来真相大白后，内疚的张老师又一次召开全体师生大会，在会上，张老师首先高度赞扬和褒奖了学生的优秀品质和先进事迹，其次便以个人身份向全校师生作了自我批评和公开检查，承认自己是因为官僚主义而犯下了过失，请求全体师生监督自己的言行，避免类似的事件再次发生。张老师话音刚落，会场就响起了雷鸣般热烈的掌声，张老师在大家的心目中，威信非但没有降低，反而更加崇高了。这件事我虽然没有亲历，但每次听人讲起，我的内心都充满感动和敬意。"人非圣贤，孰能无过"，张老师这种知错就改的高贵品质，对学生就是无言的教育。

四是一日为师，终生惦记帮助。张老师教过的学生都知道，只要是他带过的学生，无论毕业多久，都装在他心里。学生只要遇上难事，无论事大事小，张老师永远都不会袖手旁观。最典型的事例是：1989年春夏之交的时候，北京发生政治风波，张老师猛然记起有个中学时代思想激进的学生正在北京上大学，当时已经大四，面临毕业。他非常担心这个学生的思想状况，担心他在这种环境下，如果不小心受到不良思想的影响，做出不理智的事情，将多年的辛苦付之一旦。忧心如焚的张老师放下手头的一切工作，毅然北上，到北京找到这位学生，天天拉着他讲道理、摆事实，给他做思想工作。直到这个学生思想彻底发生转变，稳定下来，并且表示一定会听老师的话，不会被坏人利用之后，张老师才放心地离开北京。后来这位学生果然没有受到政治风潮的影响，毕业后分配到了重要的工作岗位。像这样的例子不胜枚举。在张老师心中，他的学生就是他的孩子，只要教过，就对他一生都负有责任！

张克让老师，把滋兰树蕙作为自己终生的事业，且取得丰硕成果，他永远是我们敬爱的好老师！

李奋华　甘肃靖远人。1973年靖远一中高中毕业。现任中共甘肃省委党校财务处处长。

我最崇敬的老师——张克让

——记张克让老师二三事

高国礼

我是靖远一中七三届高中学生，张克让是我的语文老师兼班主任。他个头不高，黝黑的脸庞，高度近视，讲一口带点甘谷口音的普通话，脸上经常带着微笑，走起路来始终那么精神，好像永远不疲倦。讲起课来声情并茂，有时激动得手舞足蹈。凡是他的课，同学们都不会打瞌睡，全神贯注地听，生怕漏掉他一个精彩的手势。他师德高尚，有口皆碑，教书育人是他的本分，身教重于言教才是他永不凋谢的人格魅力。下面记述的是我印象最为深刻的几件事。

创 作

在靖远一中要说语文课讲得好，非张老师莫属；要说文学造诣深，那更是无人可比。我对语文感兴趣，就是从他给我们代了语文课以后。张老师要代三个班的语文课，业余时间还搞一些文艺创作，写写诗歌、小说之类的。每有一篇作品初稿出来，他要交给我替他抄写整齐，因为我的钢笔字在班里还算可以。那时才学写作文，不懂创作，只记得张老师的字写得好，瘦瘦的、长长的，笔画流畅，我每每照着他的字写，抄的多了，几乎有些乱真，同学们都说我的字很像老师的字。

有一次张老师突然来了兴趣，在课堂上鼓动同学们搞一次文学创作，诗歌、小说不限。我们这些刚学写作文的孩子被他煽动得跃跃欲试，每个人都用了几天时间搞了一篇。张老师将每个同学的"作品"都认真阅读过，而后选了几篇稍有点意思的进行点评，从谋篇布局到情节构思到修辞造句，逐一指点分析。包党义同学的小说写得最好，张老师当范文读给大家听，鼓励同学们要多写多练。为了这次全班的文学创作，张老师用去了几个晚上阅读大家的"作品"，他那高度近视的眼睛明显红肿了，脸也变得更黑了。可怜天下老师心，他有点拔苗助长，恨不得他的学生一夜之间都成为"小作家"。

秦　腔

学校要搞文艺会演，各班都要出节目，有演歌舞的、小品的、快板的，五花八门。唯独我们班排练了一场全本秦腔剧，这在当时可是大手笔。这与张老师爱好秦腔有直接关系，只有他才有这样的魄力。从编剧到导演都是张老师，剧名叫《战沙河》，写的是靖远县水泉乡沙流水村的农民学大寨，战天斗地平田整地的事，从唱词到道白很有点样板戏的味道。文艺会演前夕的一个多月，我们班全体出动，每天晚饭后抓紧时间做完作业，张老师就带着我们去一个大的会议室排练。同学们根据特长和爱好都担任了合适的角色。韩国成同学担任戏的主角，他高大魁梧，脸白，走起路来屁股夹得紧紧的，一扭一扭的，挺好看的。女同学都喜欢他。我不会唱，担任敲"干鼓"，这也是秦腔剧乐队中的首席乐器。张老师请来了陕西籍老师惠庚辰拉板胡，惠老师本是秦腔迷，这下可是如鱼得水，只见他嘴里叼着烟卷，闭着眼睛，摇头晃脑的，拉得可投入了。同学们练多长时间，他拉多长时间，左手的三个指腹都磨出茧子了。文艺会演我们班的秦腔得了第一，大家可高兴了，张老师乐得合不拢嘴，一个劲地说，我们班有人才，我们班有人才……

修　渠

为了改善会宁县的贫穷落后面貌，上面决定从靖远引黄河水到会宁灌溉农田，其间要修十级泵站、五十多公里的引水渠，名叫"靖会渠"。

20世纪70年代初，学校提倡德智体美劳全面发展，学生经常参加一些社会活动和生产劳动，靖远一中也承担了一段"靖会渠"的修渠任务，主要是挖填土方。我们班夹在三和五班的中间，大家在暗地里较劲比赛进度。张老师跟着同学们一起干，组织这种竞赛那可是张老师的拿手戏，他把我们五人分成一组，每组配一名女生，说是干活不累，每组一辆架子车，张老师看到哪个组力量弱，就加入到哪个组，跟同学们一起，一趟一趟地推着装满沙土的架子车奔跑。上坡时，张老师特有的甘谷号子声就响起了，他那种幽默的鼓动声经常逗得大家笑。我们班的进度总是在别的班前面。结果质量检验员一查，说我们的质量不合格，土垫得太快了，没有夯实，要返工。每当这时张老师看到大家情绪不佳，就说说笑话，带头拉起土夯，一夯一夯地砸实垫高的虚土。

张老师吃饭也不回家，跟同学们一起在工地上吃，同学们围坐在他身边，啃着干馒头，喝着白开水，说着笑话，乐得不行。十几天下来，张老师瘦小的身躯看上去又瘦了一圈，但他始终脸上带着笑容，没有倦意。

张老师啊，您真是位为人师表的好老师，三十多年过去了，关于您的点点滴滴都清晰地在我脑海中浮现，您是我永远敬仰的一位良师益友。

高国礼 甘肃靖远人。1973年靖远一中高中毕业。现任玉门石油管理局总经理办公室主任，高级经济师。

教师节前忆师情

刘　瑛

　　总想给我的老师张克让写篇文章，以表达我积蓄已久的敬意，可手中这支笔拙得老是动不起来。当第 26 个教师节来临时，沐浴着阵阵金风，我的思绪飞扬，眼前浮现出一幕幕令人终生难忘的感人场景。

　　张老师在甘肃省教育界赫赫有名。在靖远县，张老师是一位家喻户晓的人物。他曾任过靖远一中校长、靖远师范校长、甘肃教育学院副院长，曾作为人民代表出席过七届全国人代会，被国务院授予全国先进工作者称号。反映他 38 年教学生涯的《滋兰树蕙录》，清华大学原党委副书记刘冰先生为其作序，著名书法家启功先生亲笔题写书名，可以看出此书分量之重。

　　张老师是我学习的楷模，他任教 38 年，经历了很多的坎坷。在他 21 岁时，就被错划为右派，"文革"中又受到多次冲击，尽管如此，他仍没有放下手中的教鞭。他那种对教育事业的耿耿忠心和坚忍不拔的精神一直激励着我，成为我生活中的榜样。

　　张老师出口成章，满腹经纶。时过好多年，我仍然清晰地记得他给我们上《智取生辰纲》时的情形。他好像不是在讲课，而是在讲故事，他绘声绘色的表演，让我们不时开怀大笑。在讲《赤壁之战》一文时，他竟一口气说出许多版本中关于曹操到底拥有多少大军的记载。在教鲁迅先生的《纪念刘和珍君》时，他情绪高昂地大声朗读裴多菲的"生命诚可贵，爱情价更高，若为自由故，两者皆可抛"的诗句，在讲《藤野先生》一文时，他希望同学们为中华崛起而努力学习，做一个对国家有用的人。他那种严谨的治学态度，对祖国的热爱之情，深深地印在我的脑海中。

　　张老师不但讲课讲得深刻生动，非常有吸引力，而且多才多艺，令人敬佩。当年我班的学习委员高国礼他们经常办墙报，张老师不但亲自指导，还亲手给墙报插画。有一次学校组织文艺会演，张老师为我班改编并排练的秦腔《一块银元》，在会演中荣获一等奖，他自己扮演的角色，也深受师生称赞。

张老师对学生情同父子，在他写的《滋兰树蕙录——我和我的学生》一书中，有很大的篇幅记述老师和学生的水乳之情，他把他的学生看成是自己的孩子和朋友，一步一步引导他们走上美好的人生道路。1998 年，我们班搞了一次同学聚会，同学们有幸邀请到张老师来参加，当时已过花甲之年的张老师，竟为这次聚会精心地准备了一个节目。那是一个很长的快板，在我们有节奏的掌声中他尽兴表演。会后，老师凭着对每个同学的记忆，针对不同学生的爱好和性格，为每个聚会的同学挥毫题词。老师给我题的是"雄风"二字，因为在生活中我常有一种对男人不服气的性格。

我虽然没有进过大学校门，没有做过什么惊天动地的伟业，可是，我从老师身上学会了如何认真做人，如何坚强地面对生活。

如今，张老师已年逾古稀，但他仍以满腔热情关注着教育事业的发展；以自己高尚的人格感染着后学之人，激励着莘莘学子。

刘　瑛　女，甘肃靖远人。1973 年靖远一中高中毕业。原在靖远铁路试验室工作，后来身染重病，卧床不起，但始终喜爱文学，坚持写作，笔耕不辍。

刻在心灵深处的名字

孙晓霖

　　爱因斯坦曾经说过："使学生对教师尊敬的唯一源泉在于教师的德和才。"从孩提时代至今，我有幸得到过无数品学兼优、德才兼备的师长们的教诲。我由衷地钦佩他们的才华，敬仰他们的品格和精神。他们的英姿、风采和音容笑貌，陪伴我走过了半个世纪的春秋。而在诸多令人终生难忘的恩师当中，时常浮现在我脑海中的，便是高中时期教语文课的张克让老师。

　　1970 年，在"复课闹革命"的喧嚣中我走进了靖远县第一中学。那时的校园，"斗批改"的狂潮虽然有所减弱，但教学秩序远未步入正轨，课程设置仍然是以学习"红宝书"和"无产阶级专政下继续革命的理论"为主。与此同时，一些基础性的自然科学知识和中国传统文化经典也有所选择地搬上了讲坛。而就当时的绝大多数青少年学生来说，狂躁、迷惘、疑惑的同时也本能地萌发出对知识的渴求。在理性和非理性的激烈碰撞中，传统的中华文化典籍，以其历史悠久、博大精深、绚丽多彩而以绝对优势占据了一大批患有"文化饥渴症"的青年的心灵空间。此时此刻，"文化大革命"前毕业于西北师范大学中文系、讲授语文课的张克让老师，以其深入扎实的功底、广博精湛的知识、精妙绝伦的演讲而深深地吸引着我不由自主地渴望每堂课都上语文课。

　　记得当时，古文课程选编了一篇蒲松龄所著《聊斋志异·画皮》。说的是太原王生因为贪色，被披着画皮的厉鬼裂腹掬心。后经道士收鬼，其妻遵道士所嘱，乞求一疯癫乞人赐心，王生才起死回生的故事。虽说时隔三十余载，但我对上课时的情景记忆犹新。究其原因，除蒲公原著文思精妙和寓意深长而外，不能不说和张老师的讲课艺术有着极大的关系。讲台之上，他那不太标准但却绘声绘色的普通话和惟妙惟肖的形体语言，很快便把同学们"带入"王生家那昏暗鬼谧的书房。"……蹑迹而窗窥之，见一狞鬼，面翠色，齿巉巉如锯。铺人皮于榻上，执彩笔而绘之；已而掷笔，举皮，如振衣状，披于身，遂化为女子。睹此状，大惧，兽伏而出……"面目狰狞的厉鬼、鲜血淋漓的人皮、花容月貌的女子，顷刻之间跃然于三尺讲坛，教室内的空气陡然凝固，讲者淋漓尽致，听者毛骨悚然。一场人妖之间，人伦之间，纯情男女之间，兄弟之间，妖魔之间错综复杂的诱惑、情仇、抗争和生死大战，通过张老师时而委婉，时而激昂的讲述，活灵活现地呈现在我的脑海之中。惊怵、亢奋之余，"识人要识心，而不能被外表和花言巧语所迷惑，警惕那些披着漂亮伪装的魑魅魍魉，谨防吃亏上当"。这样一个浅显的人生哲理被深深地镌刻在我的灵魂深处。

这堂古文课，使得我对张克让老师平添了几许神秘感和崇敬之情。时隔不久，我被选进靖远一中"毛泽东思想文艺宣传队"，而张老师则以他的卓越才艺成为指导老师的不二人选。所以，我们有了较多近距离接触的机会。至此，我观察到，张老师在讲台上下判若两人。讲台上他口若悬河，神采飞扬，讲台下他默然无语，黯然失色。高度近视镜片后的眼神中，除了少许刚毅和自信，更多的则是迷茫和忧伤。经私下打探得知，他在大学期间由于才华出众且刚直率真而被划为"右派"，眼下仍是"限制使用"的对象。对此，同学们都感到不解和茫然。不过，"右派"也罢，"限制使用"也好，"天生我材必有用"似乎是颠扑不破的真理。因为，他的讲课，毋庸置疑地受到了广大学生近乎发狂的欢迎。此后，由他执笔编剧且导演、靖远一中毛泽东思想宣传队排练演出的以农业学大寨为题材的歌剧《沙河战歌》也在当时的靖远县这个小小天地一炮而红。此时的造反派和运动领袖们似乎忘记了张克让老师的"右派"头衔，任由他带领我们一帮不谙世事的弱冠男女，代表当时的靖远县革委会下农村，进军营进行慰问演出。伴随着观众的掌声、领导的赞许，使我对老师广博的知识和卓越的才艺更加钦佩，我似乎认定他就是一位无所不能的英雄。与此同时，也为他蒙受的不公待遇而更为困惑、惋惜甚至于愤慨。

走出校门，融入社会，师生们谋面的机会越来越少，但那自然天成、与生俱来的情谊却与日俱增。在很多公务交往和应酬场合，我自报家门的话音未落，对方便随之接茬："知道知道，常听张老师说起你。"往往就是这一句不经意的表白，使我感慨万千。它所传达的信息是：学生每走一步，老师无不挂怀和关注，而对于学生的每一寸进步，老师都会如数家珍且无比自豪。这种沁人肺腑、催人泪下的无私情结，彰显的不正是人世间最真挚、最纯洁的无疆大爱吗？

　　唐代诗人李商隐"春蚕到死丝方尽，蜡炬成灰泪始干"的不朽诗句，人们传诵了上千年。春蚕终究没说过自诩的话，但它吐出的缕缕银丝却是丈量自我价值的尺子；蜡烛默默燃尽自己，照亮别人的无私奉献，诠释了生命的真谛；人民教师坚守三尺讲台，年复一年，日复一日地擦去功利，播撒真理，用智慧和品格之光照亮学生人生的航程。由于他们劳其终生，用平凡演绎着人世间至真、至善、至美的华丽篇章而备受人们的爱戴、尊崇和颂扬："古之圣王，未有不尊师者也"、"人类灵魂的工程师"、"举世不师，故道益离"、"一日为师，终身为父"、"为学莫重于尊师"……

　　印在书卷上的历史未必不朽，镌在石头上的文字亦难以流芳千古，而刻在我们心灵深处的名字，将真正永存！

　　孙晓霖　甘肃靖远人。1974 年靖远一中高中毕业。历任白银市平川区委书记、白银市委常委、白银区委书记、定西市委常委、政法委书记，现任甘肃省统计局副局长。

师恩浩荡 师德辉煌

魏立堂

春风拂面桃李芬，小树成材忆师恩。1972 年至 1975 年，对于我来说，是人生中一段非常重要的时期。四年的中学学业，让我庆幸的是遇到了张克让先生——我的初中、高中时期的班主任老师。也是在这四年之中，我和先生结下了深厚的师生情谊。如今，我已由一个稚气未泯的青少年步入了知天命之年，走上了武警部队中高级领导岗位，先生也由一名风华正茂的中青年走进了古稀。但不管时光怎样飞逝，岁月如何变迁，留在我心灵深处的仍然是那段刻骨铭心的师恩。今天，当我由甘肃来到辽宁，从西北转至东北，为实现人生价值而继续奋斗的时候，每每都会想起先生，想起先生那慈爱的面容、风趣的言谈、生动的教学、高尚的人品……

关于先生的事迹，有的是我目睹，有的是我耳闻，有的是我从有关材料上看到的，丰富多彩，感人至深。

先生是杰出的教者。先生是 1959 年从西北师大毕业分配到靖远一中任教的，当时由于他是"右派"，学校不让他教语文，只让他教代数、几何和俄语。但是不管教什么，他都教得很出色，深受学生欢迎。摘掉"右派"帽子之后，他开始教语文，一鸣惊人，享誉全县，学生都争着听他的课。粉碎"四人帮"之后，他当上了教研组组长，并先后被评为高级教师和特级教师，1984 年还当上了校长。他在语文组率先提倡搞"教改"，并身体力行，边试验边总结。他把他的教改经验总结为"因文而异，布置预习"、"以主带次，以练代讲"、"一课一得，单元比较"、"提倡争辩，鼓励求异"、"读写结合，范文引路"、"口头作文，当堂讲评"等十个方面，并主动示范，四处推广。先后当选为甘肃省中学语文教学研究会理事长和甘肃省教育学会副会长，并被全国中语会聘为学术委员。他的教学论文《采取多种改革措施，提高语文教学质量》不但被《中学著名语文特级教师教育思想精粹》一书刊用，而且被

《当代论文选》等多种全国性书刊所选登。1988 年当选为七届全国人大代表，接着又被国务院授予全国先进工作者（即全国劳模）称号。一时之间，名声大振，不少地方都知道他是个杰出的教者，是我省教育界的名人。我们也都为有这样的好老师而感到无比自豪。

先生是爱生的仁者。曾记得我在靖远一中上学时，先生对我们当年的小娃娃都非常疼爱，不论谁有个头痛脑热，小病小灾，他都会及时地关心呵护，并从家里带来饭菜送到我们嘴边，我们都从心底里感激他、敬爱他。

粉碎"四人帮"后恢复高考，我班同学鄢珣考得很不错，但由于她的"社会关系复杂"，未被录取。张老师知道后，亲自跑到兰州，通过关系向当时主管教育的副省长朱宣人反映情况，最后才被录取到甘肃农大。鄢珣同学现在已是农大教授，对张老师当年的关爱之情，永志不忘。听说还有个姓马的同学，参加了四、五年高考，每年都考得很好，只是因为他腿有残疾，年年都被淘汰。也是张老师亲自出马，向朱省长陈述己见，最后他才被兰大录取。大家谈起此事，无不称赞张老师的苦心，"先生之功，功莫大焉"！

长久以来，在靖远城乡，一直流传着一个张克让老师"反弹琵琶出新曲"的育人佳话。有一年冬天，正是他任校长之际，有个学生宿舍因未盖炉盖引起火灾，四个学生的被褥被烧毁一空，房子也被烧得千疮百孔。按照常规，应对四个学生严加惩处，但当他了解到这四个学生的实际困难和他们的悔恨心情时，却采用了"反弹琵琶"的方法，动员全校师生给这四个同学捐款，并召开全校大会，给这四个同学发新被褥。会上，这四个同学被感动得热泪盈眶，甚至痛哭流涕，主动要求检查错误，表示今后一定要"将功补过"。这件事，不但教育了这四个同学，对全校师生也是一次具体生动的思想教育。

孔孟之道的核心是"仁"，是人爱人，先生爱生之心，其心可鉴！

先生是善将的帅者。学校虽不同于军队，但领导之术，却同一理。当领导的不但要善于"将兵"，更要善于"将将"。教师是提高教学质量的关键所在，当领导的不但要在生活上关心教师，也要在业务上帮助教师。有一年，有个老教师，妻子住院，危在旦夕。他知道后，立即派人送去 800 元作为医疗费和生活费，这个老教师被感动得老泪纵横。山东籍教师刘郁峰中风不语，卧床不起，他和学校另一位领导亲自把他送到医院，由于治疗及时，未留下后遗症，使这个把大半生献给了西北教育事业的北师大毕业生深为感动，病未痊愈就来上班。后来刘老师去世了，妻子王汝琛没有正式工作，儿女又多，生活困难。张老师为此亲自跑到白银找市长，最后终于解决了王汝琛的工作问题，为这个家庭解决了一大难题。直到现在，王汝琛及其子女还对张克让老师感激不尽。

在业务上，除了给老师们不断创造提高的条件之外，还对有些老师具体帮助，据说一中语文组的好几位年轻老师都是在他的热情支持和具体指导下成长起来的。

1990年调到靖远师范学校后，除了抓教学质量这个"学校工作的生命线"之外，对关系到教师切身利益的事，也特别关注。到靖远师范不久，老师们就反映，教师子女的就业是个大问题。白银市说，靖远师范地处靖远，子女问题应由靖远解决；县上说，靖远师范是市管学校，子女问题应由市上解决。因此，未就业的子女越积越多，老师们对此都心急如焚。他听了之后，便立即去市上找市长，往返多次，几经周折，终于得到了解决。二三十个子女，高中以上文化程度的全部招干，低于高中文化程度的全部招工。多年的"积案"，不到两个月时间就全部解决了，老师们都非常高兴。

张老师，既是个传道授业的好教师，又是个善于"将将"的好校长。

先生是多才的智者。曾听有些教育家说，一个好的语文教师应当是个"杂家"，应当博览群书、多才多艺。张克让老师就正是这样一位博闻强识、才华横溢的智者。在靖远一中，有一段时间差不多每周都有语文讲座，他主讲的文学史、文字学、《红楼梦》、《水浒传》、《三国演义》、《西游记》评介以及《红岩》、《播火记》、《青春之歌》、《林海雪原》简析等专题，都颇受同学欢迎。

"文化大革命"后期，县上、地区、省上经常搞文艺会演，要求自编自排。在"硬性摊派"的压力下，他曾写过不少剧本，有的还曾得过奖。靖远一中改名为"五七红专学校"后，我上的是"文艺班"，张老师是我班班主任。他曾多次带我们到靖远农村朝阳、大芦、高湾等地演出，白天帮助乡亲们干活，晚上为乡亲们演出。每次演出，先生都是集编剧、导演、演员等多种角色于一身。他个人清唱的眉户《十二把镰刀》和自编自演的现代剧《车轮滚滚》，每次都赢得观众经久不息的掌声。我们毕业之后，听说他还编了个活报剧《粉碎"四人帮"》，更是火红一时，誉满城乡。

不管是在学校，还是去到农村，我们都经常办墙报。我班的墙报，作为学习委员的我是主要的设计者和书写者，张老师除了指导，还经常亲自动手为墙报插画。他虽然没有专学过美术，但每次却都画得绘声绘色、惟妙惟肖。同学们都说他是个"多面手"，老乡们也都称赞他是颗"被埋没了的珍珠"，是个"全才"。

先生是勇敢的强者。先生 19 岁时，就被戴上了"右派"帽子。在靖远一中被"监督改造"的近十年中，特别是在"文化大革命"的前期，正如他自己所说的"喝凉水也塞牙缝"，但他还是勇敢地挺过来了，不言而喻，这需要多大的勇气和毅力呀！"要知松高洁，待到雪化时"，他始终壮志不改，从未放弃对教育事业的追求，超常的勇气和惊人的毅力终于换来了红日高照。20 世纪 80 年代之后，一顶顶的"桂冠"简直使他手不暇接，头不暇戴，照他自己的话说，就是"公鸡戴帽，冠上加冠"。他认为，正是由于当年的"苦"，才换来了今日的"荣"。他是个真正的强者，一个扎扎实实的、地地道道的、异常勇敢的强者。

在靖远一中任校长期间，他利用参加全国人代会的机会，不止一次地向当时主管计委工作的副省长李萍陈述情况，要求支持，最后硬是争取到了 120 万元的拨款，盖起了靖远一中第一栋教学大楼"耸翠楼"，从而使学校面貌有了第一次"飞跃"的变化。每当谈到此事时，他总是笑着说："没有别的，咱靠的就是胆子大、脸皮厚。"说穿了，也就是一种大无畏的精神和勇气。真是难能可贵！

先生是知足的乐者。1997 年春节，是先生退休后的第一个春节，我们在兰的五六个同学去给张老师拜年。走到门口，只见他门上贴了这样一副春联：上联是"无拘无束，无忧无虑，潇潇洒洒，退休真好"；下联是"有亲有友，有酒有肉，热热闹闹，过年诚欢"。横批是"知足常乐"。同学们看后，都说他心态很好，他笑着说："我现在是拿着党的钱，坐着自由船，港湾避清闲，有什么不好呢？"当我们问到他退休后的爱好时，他笑着拿出一首他自己写的顺口溜让我们看。这首顺口溜是："从小即好动，老来更癫狂，好动不乱动，癫狂不疯狂。一不羡酒仙，二不慕烟皇，不做搂腰圣，不当麻将王，惟余两大癖，练字吼秦腔。练字不习帖，笔随心翱翔，行书图流畅，草书求张扬；秦腔无板眼，由性乱改腔，只求自己乐，管他什么'章'"。大家都说这是他一贯性格的真实写照。他是个真正的"乐天派"，难怪同学们都戏称他为"张乐天"。正是这种"乐天派"性格，才使他在多次的风浪冲击下没有被卷走，而是谈笑风生地劈波斩浪，驶向胜利的彼岸。

先生是淡泊的贤者。张老师喜欢书法，但他自己却说他的"书法"称不上是书法，只能算是大楷，因为他的"书法"不入规格。不管他怎么说，但靖远人却都非常喜欢他的字，戏称他的字为"张体"，你托我，我托他，家中挂张老师字画的人非常之多。他的学生更不用说，差不多每家都有他的字画，靖远有，兰州有，北京有，海南有，全国不少地方的学生都有。有人求到他的字，或求他办了事，要给他"辛苦费"，可他说什么也不收。并说："你这样做，是看不起我。"大家都说张老师淡泊名利，但他却说："不对，说我淡泊'利'，这是事实；说我淡泊'名'，我不赞成。我是非常爱名的，我不能让钱玷污了我的名声。"并教育我们说："你们知道'钱'这个字的来历吗？'钱'字左边是'金'，右边是'戈'，戈就是武器。能正确对待，就是卫国护身的武器；不能正确对待，就是损人害己的武器。"他说得那样精辟，那样透彻，我们也都听得津津有味。

有一件事，在靖远城乡广为流传。据说有个姓高的老学生，去年他们家族决定要给他们的先祖清朝康熙年间的两个将军立碑，特邀张老师去揭碑、讲话。对学生的要求，特别是老学生的要求，张老师一向是有求必应，这次当然也不例外。但他万万没有想到，立碑的地方离兰州起码有二三百公里，并且在一个非常偏僻的山沟里，路也非常难走。他到靖远后，当晚先住在一个叫野马滩的山村，第二天早上六点起床去立碑的地方，直到晚上九点才回到野马滩吃饭。吃罢饭，高氏家族负责立碑的几个主要领导商定，给张老师包了一个不小的"红包"，可张老师却拒不接收，不管他们怎么说，张老师最后还是没收。当时，在场的人都异口同声地说："真想不到，在当今商品经济社会里，竟然还有像张老师这样不要钱的人！"正如他自己所说："好名声是多少钱都买不到的！"

先生是永远的善者。先生经常说，他是个唯物主义者，但他却相信"善有善报"。并且还引用佛家"人为善，福虽未至，祸已远离；人为恶，祸虽未至，福已远离"的话加以证明。他在位时，确实做了不少"善事"，退休之后，尽管他喜欢自由、不爱拘束，但力所能及的善事，他还是尽力而为。谁请他办事，只要他认为"不出格"、"不越轨"，总是竭力去办。尽管有些事并没有办成，但路他还是没有少跑。

他的好多学生已到了嫁姑娘、娶儿媳的年龄，办理婚事、举行婚典，请他讲话，他总是欣然前往。讲起话来，他总是情绪高昂，精神饱满，每次讲话，总是要大讲"孝道"，大讲"善行有善报，首善孝为高"。有时还从文字学的角度讲儿子孝顺老子，天经地义。并且还大讲教育，说"教"字是左"孝"右"文"，说到底，教育就是"孝道文化"。再加上他说话风趣，经常是笑声不断。

遇到丧事，只要是熟人，他都要登门吊唁，还要送上一副自编自书的挽联。据说教育学院（现为甘肃联大）家属院，不管谁去世，他都一视同仁。由于他的挽联内容非常符合逝者情况，因而颇受欢迎。有的子女还把它保存下来，装裱之后挂在房内以志纪念。他认为写挽联不仅是悼念死者，主要还在教育后人，这是大大的善事，应当"见善勇为"。

今年3月份，我母亲去世，张老师不但亲赴靖远吊唁，还自编自书了这样一副挽联："慈面慈心，慈育子孙，溘然驾鹤去，魏门折柱群情哀；善德善行，善待乡邻，倏尔踩云归，瑶池添座众仙迎。"并且还在灵前即席讲话，高度评价我母亲平凡的功绩，不但对死者家属是很大的安慰，对在场的群众也是一次孝道教育。我村村民和在场的学生都深受感动。

我的班主任张克让老师就是这样一位令人敬仰的教者、仁者、帅者、智者、强者、乐者、贤者、善者，我一向以先生为知己并感到无比自豪。每时每刻，都有前去拜见先生的冲动，以期在同先生的长谈中得到人生、事业的启示，在先生的精辟之言中获得感悟。我也时常暗自思忖，先生的为人风范和为学精神倘若能够在我辈身上体现于万一，则吾愿足矣！

恩师今已年逾古稀，仍精神矍铄，实为我辈之望。当此之时，我自沈阳遥祝恩师：松柏鹤龟，永寿齐年！

魏立堂　甘肃靖远人。1975年靖远一中高中毕业。现任武警辽宁省总队参谋长。

大爱无声

刘向东　刘向辉

——回首昨天逝去的岁月，总有一种感动时时撞击着我们的心扉。这种感动来自于一位老人，他，就是与父亲曾经共事的、我们敬爱的张克让叔叔。老人一生都在燃烧自我，温暖着别人，这种温暖是一种爱，是一种无声的大爱……

> 把责任扛在肩上，
> 把别人装进心上，
> 一辈子忙忙碌碌，
> 总在为大家奔忙……

> 您是一个好人，
> 尝透了岁月风霜。
> 您是引领我们的先导，
> 大爱无声、静静地在我们心田流淌……

刘向东　山东人。1975 年靖远一中初一肄业。先后在定西地区文工团、定西市广播局工作，现任定西市文联办公室主任，副调研员。

刘向辉　山东人。1982 年靖远一中高中毕业。部队转业后，在白银棉纺厂、针织厂工作，安保负责人。

道德文章是吾师

肖进忠

年轮又转过了一圈。然而，往事并不如烟，尤其是那些对自己有着重大影响的人和事，总是不思量，自难忘。在这又一个教师节来临之际，我再次想起年逾古稀的恩师张克让先生。

此生有幸，忝列先生门墙，回忆中的先生依然那样的年轻而富有激情：旁征博引，妙语连珠，让人感受到一种睿智与洒脱，课堂上，他深沉的气质、广博的知识、清楚的思路、新颖的观点，深深吸引着我们每一位学生；他的独到见解、大胆质疑，更是触动了每位学生的心灵深处，让他们因语文而积极思考人生和世界；他谙熟古典诗文，并因此激发学生的学习兴趣，加深学生对课文的理解，一篇篇看似枯燥的文章一经他的讲授便变得活色生香。他渊博的学识，诙谐风趣的语言，富于表情而引人入胜的讲解，让一届届的学生真正体会到了什么叫如坐春风。他积极开辟第二课堂，借助文学社、戏曲等形式，让学生学有所获，学有所用，学有所乐。

一名优秀的老师，可以在言传身教中教化自己的学生，而一名伟大的老师，却能够以自己的教育思想和实际行动带动一大批同行甚至影响到整个行业。而张克让先生，就是这样一名优秀并且伟大的老师。

当年，为了将自己的教学经验推广开来，他拖着有病之身四处奔波，前后多次奔赴固原、景泰、白银、天水、陇南交流教育教学经验，做报告，亲自上示范课，受到外地师生的热烈欢迎。他创立的科学严谨、循序渐进、师生互动、生动活泼的教学方法，深刻影响了本地区语文教学风貌，他成了我省中学语文教学改革创新的积极倡导者和领军人物，曾担任甘肃省中语会理事长和教育学会副会长以及全国中语会学术委员等职务。

古人云："太上有立德，其次有立功，其次有立言，虽久不废，此之谓不朽。"

先生的教育成就有目共睹，其道德风范更令人高山仰止，学高为师，身正为范，张克让先生自己的学问与品行为这句话做了最好的诠释，金杯银杯、不如学生的口碑，先生的每位学生的交口赞誉便是明证。

他身先士卒，与学生一起参加劳动；他关心学生生活，不惜一切代价帮助因生活困难而辍学的学生重返校园；他率先垂范，与学生一起排演节目；做班主任他与学生俨如父子，做校长他与老师亲如一家，即便是离开靖远甚而退休后依然时刻心系靖远教育，关心着自己昔日学生的生活与事业。

张克让先生不仅是教育者的楷模，也是教育管理者的典范，在担任靖远一中校长期间，他以身作则，从不因处理日常繁杂事务而离开课堂，他常常出入教研室，与一线教师平等交流，他自勉："教育工作是一项艰苦的劳动，领导怕吃苦，在教师面前说话就没有力量，其身不正焉能正人？要领导好学校的教学改革，首先要身先士卒，充分调动各方面的积极性，这是教育教学改革的关键。"他的"活而不乱，严而不死"的管理方式，使得校风学风日益好转。他制定奖惩制度，极大调动了老师们的工作积极性，学校出现了认真搞好教学和班主任工作，积极辅导学生参加第二课堂活动和踊跃撰写论文的喜人局面。而如今身为校长的我，希冀能秉承恩师风范，时以自勉，尽心尽力做好自己本职工作。

"纷吾既有此内美兮，又重之以修能。"先生一贯勤奋，活到老，学到老，皓首穷经，笔耕不辍，《滋兰树蕙录》、《诗情墨趣》、《书楷画扉》、《鸿爪夕明》相继问世，读其辞，品其味，感其情，叹其理，愈觉齿颊留香，受益匪浅。

高山仰止，景行行止，先生之风，山高水长。

肖进忠　甘肃靖远人。1975年靖远一中高中毕业。曾在靖远曹岘、城关学校任教，现任靖远二中校长。系中学特级教师，甘肃省优秀专家。

师作读来格外亲

张存学

孔子弟子三千，贤者七十二，这已是老话了。再咀嚼这句话时就想到孔子其实很是看重他门下的优者的。师者传道授业解惑当然以门下优者为荣，但作为一个从事普通教育的教师，更重要的是如何让所有的门下都优起来，让他们在身心知识各方面都有所长进，以优者为荣，但也不以劣者为鄙。让优者更优，让他们成为出类拔萃的人物；让劣者正常地成长，将他们身上潜在的能力挖掘出来，让他们也成为优者。这应该是一个从事普通教育的教师最为自豪的事了。

《滋兰树蕙录》记录了张克让老师从事教育几十年中与学生相濡以沫的一些往事，这仅仅是些片断，是一个真诚为教者的一些心路历程。作为学生，在读这本书时，扑面而来的是熟悉的生活，熟悉的身影和熟悉的声音。对一个老师的评价，学生是最有发言权的了。张克让老师不管在教书还是在育人上都有口皆碑，他的成就也是有目共睹的。但是，作为万千学生中的一员，相随老师的时间毕竟是有限的，对老师的了解也是片断性的，局部性的了。读过这本由张克让老师自己写的书就惊奇于一个老师的胸怀了，他几十年中与学生之间发生了那么多的事，在不同历史阶段他始终如一地以一颗真诚的心对待着每一个学生，以自己尽所能及的力量培养着、扶持着每一个学生走向成熟，走向成功。

学生的生活复杂多样，他们有着不同的家庭，不同的社会背景，也有着不同的成长道路。在很多时候，一个学生的成长取决于一个学校的教育，取决于一个学校的学风，一个学校教师的素质和修养。

应该说，学业基于德之上。德已经是一个被经常使用的词，一个人人皆知而又不被过分推究的词。德这个词在一定程度上被政治化了，被概念化了，甚至可以说，它被庸俗化了。一个学生如果在这种德的强制和扭曲下，他的成长将是有问题的，他的学以致用的过程也将是有问题的。

用心去理解学生，真诚地与他们对话，与他们的心相通，懂得他们在想什么，在持有怎样的心态，在此基础上尊重他们，把他们当做一个个真正的、有血有肉的人看待，从而在尊重他们的同时发现其身上的闪光之处，也发现其不足之处。矿其不足，扬其长处，让所有的学生都能正常地发展。

一个教师在德之教育的成败上往往取决于自身是否具备较高的修养，身教的作用是无法估量的，一个教师在行为上辐射出的力量远远大于他在语言上说教的力量，一个教师的胸怀和他持有的精神境界直接影响着他的每一个学生，影响着他们对于未来，对于自身，和对于世界的态度。一个精神高远者必将引导他的学生瞻望人生的高目标，必将引导他的学生朝着高境界努力。

读过张克让老师的这本书就能体会到他作为一个长者、一个教师是怎样去用心与学生沟通的，怎样去用心理解学生的，又是怎样真诚地与学生对话并与他们打成一片的。在循循善诱中让学生的心中闪出光亮来，让学生的性格中迸发出精彩的火花来，并让他们在认识自己的同时认识人生，向着精神高远的境界迈步。

由此而能感受到张老师在德的教育方面是怎样成功地进行的。这也是这本书最有价值的方面，也是所有读者能深切感受到的方面。

我是张克让老师的一个学生，做他学生的时间是非常有限的。在读这本书的第一版时我一下子就进入了过去的生活。二十多年前一个普通老师的身影重现在我的眼前，那时的张老师朴素而又亲切，就如他一如既往的今天一样。朴素和亲切的笑容中蕴含着一种谦虚的智慧，在这种智慧中又饱含着一个普通教师的热情。再读这本书时又使人回到了宝贵的中学生活，仿佛又看到了那时的同学，又看到了那时的校园，又看到了那时奋发向上的情形。

引人回忆，读一章章生动而又华美的文字更多是再次激励起向上的热情，并珍重那时的时光。人生如梭，而激励的力量时时是需要的，况且张老师把这种让人向上、让他的学生再次奋发的力量凝成这本书，这就显得更加难得和珍重了。一日为师，终身为父，这是中国人的古训，它深刻的含义在于一个真正的老师对于他的学生的教育和训导是终生的，不管学生到了怎样的年龄，到了怎样的境地，听从一个真正老师的声音是有必要的。

而这本书给了我们这种声音。

张克让老师一生从事教育，从靖远一中到靖远师范，再从靖远师范到省教育学院，走过的路可谓漫长而又曲折。但最难能可贵的是他在过去风云压城的年代里不失一个教育者的良知和真诚。在那样的年代里，他虽然身负家庭和政治上的重荷，但仍兢兢业业地教书育人，仍然以巨大的热情和执着的精神对待着自己从事的工作，并在那样的年代里顽强地将每一个学生培养成人。身负重荷，依然向前，桃李不言，下自成蹊。张克让老师就是这样从过去的时光里一步步走到了今天。今天，他的学生遍布全国，从东向西，从南到北，每一个学生都会默默记住他的身影，记住他的教诲。这对一个教师来说是最幸福的了。

《滋兰树蕙录》将给每一个读者以力量。

张存学　甘肃靖远人。1977 年靖远一中高中毕业，中国作家协会会员，历任《飞天》杂志社编辑，小说部主任，现任甘肃省文学院副院长。

校长楷模

张宗礼

　　"知识改变命运"是时代的主题，而知识维系于教育，大到一个民族、一个国家，小到一个地方、一个家庭，在推动文明进步的进程中，教育永远是贯穿始终的一条红线。如果把学校比作是一个地方的眼睛和心脏，那么校长就是学校的旗帜和灵魂。

　　靖远一中原校长张克让先生，其教书育人的嘉言懿行，深孚众望，他任教并担任校长的靖远一中，在全县教育界树立了样板，深远地影响了靖远教育事业的发展进步，也给予我们如何做一名人民满意的教师和校长以深刻的启示。

　　张克让先生是我的老师，我在靖远一中上学时，他给我上语文课。记得有一次，他把我的一篇作文进行了非常细致的修改，最后作为范文在全班进行了讲评，并让我誊清后贴在教室后面的墙上让大家欣赏。没有想到，这一次讲评，竟大大激发了我对语文的学习兴趣。参加工作以后，我之所以能较好地写出一些像样的讲稿和总结，归根结底，张克让老师功不可没。去年，中共靖远县委决定，把我从靖远二中校长的岗位上调任县教育局局长，不久张克让老师被评为"为靖远发展作出突出贡献人物"，国庆那天召开大会，对他们进行表彰。由于县上决定让教育局接待张老师，因此我有幸和张克让老师进行了较长时间的接触和交谈。我感到张克让老师在荣誉面前，仍然一如既往，还是那样谦恭虚心，平易近人，平凡中透漏出一种一般人难以企及的"伟大"。作为教育局长，我觉得我有责任总结一下张老师的优秀业绩和可贵品质，让全县教育界的同志们向张克让校长学习，促进我县教育事业向更高层次大踏步迈进。今天正好张克让老师的一些老学生相约为张老师出书，就让我借这本书的一席之地完成这一任务。

　　张克让校长以人为本的育人理念是我们学习的楷模。学校的建设离不开先进的办学理念，先进的办学理念离不开校长的思想引领。苏联教育学家苏霍姆林斯基说过："领导学校，首先是教育思想的领导，其次才是行政上的领导。"张克让校长是一位从真正意义上树立了以人为本办学理念的校长，他真正把教书育人奉为百年大计的神圣事业来对待。他有着通达透彻的学生观和教师观，倾心倾情促进学生全面自主发展，引领教师赤诚育才。他真诚地爱着教育、爱着学校、爱着学生和教师，他关爱每一名师生的成长，不嫌弃任何一个人，因材施教，一视同仁，竭诚为每一名师生创造成长成才的每一个机会。大凡处理教育教学事务，不分大小，无不妥帖自然，人本至上。我们时常探讨人生的真谛，我认为人生的真谛就是爱、就是善，教育事业更是良心事业、爱心事业。正是张克让校长以人为本的育人理念，让全体师生如沐春风，如沐春雨，化育了几代师生成长成才，也造就了靖远一中这所陇上名校。

张克让校长文化兴校的办学风格是我们学习的楷模。文化济世长，学校文化更是引领师生意气风发前进的旗帜。张克让校长凭借自己丰厚的学养、深远的目光、美妙的文采、雄辩的口才、开朗的情怀，光扬文化盛事，注重潜移默化，陶冶、感染和引领一个又一个教师、一批又一批学生营造了靖远一中浓厚的精神文化、学科文化和环境文化。在精神文化方面，他激励学生追求知识，励志向学，通过读书改变命运，形成了全体学生自强不息、厚德载物的强大精神磁场；他关注教师的物质、精神、价值和发展需求，为教师提供施展才华的舞台，激励教师实现个人价值和社会价值。在学术文化上，他率先垂范，钻研教务，在全校形成教学相长、崇真尚实、重科教、重知识的学术氛围。在环境文化上，他绿化美化校园，积极倡导活跃的校园文化活动，筹建教学大楼，改善办学设施，营造书声琅琅、诲音谆谆、舒适幽雅、和谐清新的校园环境。"唤醒比改造更难，引领比要求更加重要"，张克让校长正是用自己独到的文化人格力量，召唤师生心志，引领教育风骚，寻找到文化兴校的大道，历久弥新，生生不息。

张克让校长勤研教学的求实态度是我们学习的楷模。科学反对虚妄。校长首先是教师，张克让校长除了高尚的思想道德情操外，他力排外界干扰，亲临教学一线，以身作则，亲身理解和体验教育教学特点和规律，召唤教师勤于钻研教学，勇于践行教改，真诚务实的敬业精神和高超绝伦的教学水平更深得广大师生的钦佩，他是乐上课、会听课、善评课的首席教师，是师者之师！通过深入教学一线，在培养学生成才的同时，也培养优秀教师脱颖而出。他热心帮助教师提升业务水平，给教师的成长创造宽松的环境、体现价值的空间、展示才华的舞台，在他的带领下，全校教师经过长期学习修养、探索研究、总结积累，在教育实践中形成高尚的师德师风、坚实的学术功底、精湛的教学艺术，打造了一支德才兼备的师资队伍，为学校的发展开掘源头活水。

张克让校长筚路蓝缕的奉献精神是我们学习的楷模。教师所从事的职业是天底下最光辉的事业，关系到孩子的前途、祖国的未来、社会的发展、人类的进步，教育事业最为崇高，使命也最为重大艰巨。高尚的师德，是对学生最生动、最具体、最深远的教育。张克让校长自尊自重，时刻不忘人类灵魂工程师的神圣使命，时刻坚守中正恭谨的态度，抛弃一切私欲杂念，以庄敬纯正的心境对待学校里的每一个人和每一件事，甘为人梯，乐于奉献，静心教书，潜心育人，一生坚守，永不倦怠，把整个身心都倾注到人民的教育事业中去，捧着一颗心来，不带半根草去，实现了他爱心满天下、桃李满天下的大美大善的人生价值。说句良心话，张克让校长作为一名外籍教师，把靖远当故乡，视师生为亲人，为靖远的教育事业呕心沥血，竭忠尽智，其博大的胸怀、高远的境界越发叫人肃然起敬，由衷爱戴。

张克让校长广结人脉的师长情怀是我们学习的楷模。一如蔡元培等中国第一等校长，张克让校长既是管理学校的强者，教育教学的行家，更是一名教育活动家，一生追求广阔的人生天地。居高声自远，在学术追求上，他是甘肃省中学语文教学研究会理事长、甘肃省教育学会副会长，通过全省乃至全国的学术交流，为学校引进最先进的教学理念和教学经验；在政治地位上，他是七届全国人大代表、全国教育系统劳模，全国先进工作者，反映基层学校实情，巧借政府办学力量，推动教育改革发展。在日常生活中，他是师生精神领袖，时刻不忘敷荣勉善，济物利人，凝心聚力，助教尚学。桃李不言，下自成蹊。张克让校长礼贤下士的人格魅力、教书育人的人生宗旨、克己奉公的奉献精神，成就了他有口皆碑的社会声誉，进而通过卓有成效的社会活动，以自己的影响扩大教育事业的影响，以自己的地位助升教育事业的地位，争取政府对学校的关怀重视，争取社会贤达人士对学校的关注支持，有力地推动了靖远教育事业的发展进步。

日月两轮天地眼，诗书万卷圣贤心。张克让校长是靖远县教师和校长的楷模，是教育战线的精神路标。唯愿全县各级学校的教师和校长，大家都来学习和研究张克让校长的师德师风、育人理念、办学思想、教育教学理论和经验，同心同德谋人才，群策群力办教育，则靖远教育有开阔的前景，靖远学生有远大的未来。

沁园春·烛光

张宗礼

梅兰竹菊，千秋品格，万古雅扬。正鸿爪夕明，德馨靓美；滋兰树蕙，书卷清香。汇聚陇原，相逢盛世，华国文章多秀芳。蕴真斋，醉诗情画意，翰墨轩房。

老师如此春阳，爱圃园缤纷骄徜徉。赞宏伟教育，前程似锦；大观事业，众盼犹望。桃李晖泽，琼瑶枝头，杏坛鸿鹄振翅翔。共鸣曲，借圣贤儒气，再燃烛光。

注：蕴真斋系张克让老师书房名。

张宗礼　甘肃靖远人。1978年靖远一中高中毕业。历任靖远若笠学区干事、靖远二中教导主任、副校长、校长、靖远一中副校长。现任靖远县教育局长。中学高级教师、特级教师。

难忘恩师

冯德刚

我是 1974 年进入靖远一中读书的。入学前,我无数次闻听过靖远一中的辉煌和神奇,这些传闻令幼小的我心驰神往,充满了期待。但是进入中学后,那些好奇和向往很快就被"如火如荼"的政治运动所替换。那时,正处于"文化大革命"的后期,不谙世事的同学们学黄帅,反潮流,学铁生,交白卷,批师道尊严,"革命小将"热情高涨,口诛笔伐,校园里到处是学生东摘西抄来的署名大字报。靖远一中应该是"文化大革命"的重灾区,有些墙壁尚留有"文化大革命"初期"打倒××××"的字痕,人名还是倒着写的。当时,教学秩序尚未真正恢复,不用学习,没有考试,师生把大量的时间投入到学工、学农的社会劳动之中,老师无奈,学生无知,是非混淆,斯文扫地。值得庆幸的是我在中学时代遇到了一批来自五湖四海的教育精英,他们不仅知识渊博,思维敏锐,而且师德高尚,挚爱教育,虽处逆境,不改初衷,他们关怀学生,爱护学生,他们的求知精神、教学态度、行为作风、对学生的热情无不透射着灿烂的人格魅力,耳濡目染、潜移默化,这些老师对我的成长产生了深刻的影响,张克让老师就是其中的突出代表。

张克让老师是我上高二时的语文老师,给我的最初印象是步履轻快矫健,说话干练利落。在那些政治挂帅的日子里,少年时代的我和我的同学们,上课难免枯燥乏味,然而张老师的语文课却大不一样。他在课堂上,神采飞扬,说着一口流利的"甘谷普通话",讲授内容丰富多彩,语言诙谐生动,形式不拘泥死板,表述铿锵有力,条理清晰,板书工整有序,一目了然。在关键的时候,往往还会举起小臂把指头捏成撮,随着语言节奏的变化而摆动,师生互动,课堂气氛热烈活跃。张老师敢说敢讲,敢于突破当时的某些禁锢。在他的课堂上,我听到了诸如"三战吕布"、"三顾茅庐"、"智取生辰纲"等生动鲜活的故事,我的语文学习不再枯燥乏味。正是从那个时候起，我更加喜欢读书了，读书成了我一生不可或缺的嗜好。

其实，对张老师的认识并不是从给我们上语文课才开始。此前学校有文艺宣传队，高年级设有文艺班，由张老师负责。在张老师的策划下，编导排练了一批精彩的节目，在校园内外演出，深受欢迎。记得1975年，学校组织我们去河靖坪定西地区五七干校参观，并由校文艺宣传队进行慰问演出。对其中一个"我是勃列日涅夫"的节目印象颇深。"勃列日涅夫"是由高年级同学扮演的，其特异的装束、夸张的动作、精彩幽默的自白，把以勃列日涅夫为首的苏联当局称霸世界的野心暴露无遗。在学校文艺宣传队，张老师集编剧、导演、演员于一身。"四人帮"垮台后，张老师亲自上台表演传统剧目《兄妹开荒》，我们是在学校大礼堂观看演出的。当时张老师头上扎着白毛巾，说唱表演富有激情，尤其是手里的锄头随着音乐的节奏上下挥舞，夸张的动作干净利落，把演出推向了高潮，深深地打动了全场观众。我就是在那个时候知道了多才多艺、热情乐观的张老师，并通过同学谈论对张老师有了进一步的了解，向往着早一天能聆听张老师的语文课。

1977年底，高考制度恢复，重新点燃了大家的希望，学习热潮骤然掀起，古老的靖远一中焕发了生机。坚冰被打破，师生的热情得到极大释放，学生对知识的渴望和追求空前高涨，大家都试图在非常有限的时间里，弥补荒废已久的学业。为了提高学习效率，学校根据学生现状进行测试分班，配备了最强的教师团队，堪称"梦之队"。翌年春，在我高二的最后一个学期（延长了半年），我在高二·四文科班，张老师继续给我们代语文，并担任班主任。根据新的分班，老师们分层次有针对性地上课辅导。那是一段与时间赛跑的日子，天蒙蒙亮，校园里就有许多同学早起晨读，就连校外南边的铁路两侧也遍布了晨读的学生。为了教学，老师们殚精竭虑，乐此不疲。经常可以看到教室里、教研室甚至校园的路上有老师给围着的学生耐心地答疑解惑，经常可以看到老师教研室的灯光亮到很晚很晚以至通宵达旦，同样，学生自备的煤油灯也会亮到很晚很晚……

为了高考，张老师更是竭尽了全力。那个时候，没有完整的教材，尤其是语文学习资料特别匮乏，似乎只有一个指导高考的大纲。围绕大纲，张老师搜集整理编写复习资料，从语音到语法，从古汉语到现代汉语，从阅读到写作，样样涉及，并且亲自用蜡版刻印，先后给学生印发了《汉语常用3500字》，十多篇范文和许多试题。记得印制纸张很差，都是用白麻纸或彩色麻纸印的。这些对于如饥似渴的我来讲，是什么也换不来的宝贝，因此我一直保存着这些资料，直到前几年搬了几次家，丢失了，很遗憾。然而，我依然清楚记得许多内容，如《纪昌学射》、《马说》、《劝学》以及徐迟的报告文学《哥德巴赫猜想》等文章。这些学习资料不仅使我们学到了知识，更是打开了通往知识圣殿的大门，启迪了我的思想，激发了学习热情，对我以后的学习和工作产生了重要影响。当我想起《劝学》篇中句子："吾尝终日而思矣，不如须臾之所学也，吾尝跂而望矣，不如登高之博见也，登高而招，臂非加长也，而见者远，顺风而呼，声非加疾也，而闻者彰……骐骥一跃，不能十步；驽马十驾，功在不舍……"脑海中马上就会浮现出张老师讲授时的情景，似乎又听到了他朗读讲解时的那铿锵有力的声音，仿佛又回到了母校，回到了那段难以忘却的日子。

在张老师代课、任班主任期间，我从来没有见他发火狠批过学生。面对调皮捣蛋的学生，他平和从容，循循善诱，即使责备的眼神和咂嘴叹息，体现的多是对学生的关爱之情。高考恢复之际正是我们高中即将毕业之时，"冰冻三尺，非一日之寒"，学业长期荒芜，旦夕之间也不可能会有大的作为，老师做了最大努力，最终考上的寥寥无几，不能不说是一件憾事。在1988年底的一次同学聚会上，面对78届同学，张老师说："不是你们不学，是那个时候不让你们学。"惋惜之情溢于言表。

庆幸的是，我考上了庆阳师专（现陇东学院）中文系，有了继续上学的机会，张老师很高兴，鼓励我要好好学习。快要实习的时候，我对上讲台很紧张，有些胆怯，张老师说："上课如唱戏，只要准备充分，唱开了就没有什么顾虑了。"张老师对语文教学研究得很深，有许多心得体会，在我六年的教学工作中，也得到过张老师的指导和帮助，比如"一课一得"的观点，比如在如何把握知识点和趣味性，使学生在感受文学之美、陶冶情操的同时，又能够掌握知识点打好基本功，比如在如何感染学生，调动学生，实现师生互动等方面我都学习运用了张老师的经验，教学效果非常好。多年以来，张老师的语文教学是我的一个标尺，对于所有的语文老师的教学我都自然而然地和张老师作比较，包括许多成名的老师，包括在师专给我上课的老师，在比较中，我更加为拥有这样一位博学、睿智、热情的语文老师而感到幸运和自豪！

张老师从一名普通的教师，成为学校的领导，成为全国人大代表，成为全国劳动模范，他为我们的母校赢得了崇高的荣誉，在他身上集中展示了靖远一中所有恩师的风采。在鲜花和荣誉面前，他没有忘记学生，仍然积极奔走于师生之间，关心学生的工作和生活，我就是通过张老师认识了许多前前后后的同学，无数次享受了师生欢聚时的快乐。我到白银市科技局工作后，张老师专门为我撰写了一首诗相赠："面善心亦善，外秀内更秀。学海舟船渡，笔下龙蛇走。情系高科技，心怀众黎首。德高性刚毅，春来满川柳。"充满了关爱和鼓励。完全可以这样说，张老师用他的智慧和热情谱写了师生间最美丽的篇章，学生已经成为他最宝贵的财富，成为他生命里有机的组成部分。同样，以张老师为代表的恩师们也是我宝贵的精神财富，是我灵魂深处永远张扬的旗帜。每当遇到挫折时，只要想起恩师期待的目光和鼓励的话语，我就会振作起来，似乎就有了不竭的动力。

张老师人生并不平顺，经历了许多磨难，但他没有气馁，他永远是那样乐观自信、豁达干练。光阴荏苒，30年过去了，少年的我也步入了中年的行列。随着时间的推移，阅历的增加，我终于透过这种乐观自信、豁达干练的表象，逐渐领悟到了张老师胸怀的宽阔和意志的坚强，更加体味到了张老师高深的修养和人格魅力。说实在，比起其他有些同学来，我与张老师的联系不算很多，但张老师对我的影响是难以用联系次数来简单衡量的，它应该是脱俗超凡的一种"刻骨铭心"。人应当常怀感恩之心，是的，我们应该感恩上苍，让寂寞的地球拥有了生命，让我们来到人间，让我们幸遇良师，让我们有了一份工作……应该感恩所有给予我们的帮助。我就是在张老师的坎坷经历和一言一行中，加深了对感恩一词的理解。只要我们常怀感恩之心，还有什么迈不过去的"沟沟坎坎"？

很久以来，我一直都想写一些关于老师的文字，可每次拿起笔来不知道从何写起，于是就把这件事搁下了，一日复一日时间长了总是觉得大脑像忘记了很多记忆，写下这篇回忆文章，就是为了提醒自己，不管时间过了多久，不管走得有多远，靖远一中是我的母校，我永远都是张克让老师的学生！在此，我要祝我的母校繁荣昌盛、再铸辉煌！祝张克让老师和所有的恩师们快乐、健康、长寿！

冯德刚　甘肃靖远人。1978年靖远一中高中毕业。先后在白银市会宁二中、定西地区行政干校工作，曾任白银市农科所办公室主任，现任白银市科技局副局长。

忆良师恩育

李玉海

我始终认为人生之幸莫过于良师恩育，良师的谆谆教诲好比东方的启明星，为我们指明前进的方向，又似迷途中的星星之火，给予我们拼搏的力量，更像浩瀚汪洋上的灯塔，为我们照亮远航的坐标。回忆过去，不禁让我想起在靖远一中的那些时光，想起那些在逆境中热爱教育、关爱学生的恩师们，想起那位睿智热情、风采卓然的张克让老师！

我是 1976 年春天由乡下学校来靖远一中读书的，分到高一·五班，班主任是王继泰老师。初来乍到，觉得一切都是那么新鲜，学校的管理、老师的教学都是农村学校无法比拟的。当时尚处于"文化大革命"时期，教育受到了重创，学习工农兵，热衷于政治运动，是那个时代的主旋律。然而，就是在这样一个特殊时期，面对无知的学生，身处逆境的老师们仍然"痴心"不改，不轻言放弃，艰难地履行着教书育人的神圣职责。1977 年上高二时，张克让老师是我们的语文老师，他的授课内容丰富，妙语连珠，引人入胜，生动热烈，课堂不沉闷无聊，大家听得津津有味，就是最调皮捣蛋的同学也竖起耳朵，瞪大了眼睛，45 分钟的课堂时间一晃而过，而往往是听着意犹未尽，这在那个政治挂帅的年代是多么难得的一件事情！张老师用知识的甘霖滋润了我们干涸的心田，给被政治凝冻的幼小灵魂吹拂着久违了的春风。因此，在我毕业以后的工作和学习中，我虽聆听过无数老师的授课，也得到过他们的许多帮助，然而，唯有张老师在那个特殊时期、我的特殊年龄段的那些别开生面的教学情景给我留下了最深刻的印象，永远难以忘却。

1977 年的秋末冬初，国家恢复高考的消息不胫而走，一时间，万千学子欢呼雀跃，为之振奋。这也让靖远一中的老师们精神焕发，似乎有了用武之地，都想着尽快把自己积蓄已久的知识传授给比任何时候都渴求知识的莘莘学子。张克让老师更是喜不自禁。然而，当时条件十分困难，没有系统教材，荒废了多年学业的学生们根本不知道从何着手复习功课。宣布恢复高考好像是 1977 年 10 月份，考试好像是在 12 月初，期间只有短短的一两个月时间。在这么短的时间内要让知识基础很薄弱的学生尽快掌握知识，在高考中取得较好的成绩，确实很难。就是那个最艰难的时期，为了帮助学生参加考试，张老师兢兢业业，孜孜不倦，自己动手编写复习资料，并亲自刻印。当时的学生受"文化大革命"影响，除了抄袭大话空话连篇的批判稿，根本不会写作文。张老师一边给学生讲解作文的方法，一边自己动手给学生写范文，并亲自刻印发给学生。

遗憾的是那个年代，能安于学业的寥寥无几，高考恢复之际正是我们高中即将毕业之时，学业近乎荒废。1977 年我们同级同学有 7 人榜上有名，我们班的邱庭彦上了西北轻纺学院，崔明霞上了甘肃农业大学。1978 年又延长半年，我们又参加了第二年的高考，同级又有 10 多位同学考上了大学。高中毕业后的 1979 年，我即参加了工作，虽然当时没有能继续上学，但高中最后一段紧张学习的经历却对我的未来产生了很大的影响。尤其是靖远一中老师们的教学风采和辛勤付出都成了我宝贵的精神财富。在那个特殊阶段，面对我们这些基础薄弱的学生，张老师在惋惜之余，并没有放弃每一位学生，而是因材施教，循循善诱，鼓励鞭策。他注重培养学生的兴趣，常常给我们推荐一些他认为优秀的文章，常常叮嘱我们要多读些书。也正是老师的教诲和鼓励给了我不断拼搏的信心。我参加工作以后，一直没有放弃学习，我终于在 1983 年通过考试，进入甘肃省交通学校脱产学习两年，取得了中专文凭，为我的人生道路提供了重要的转机。以后我又相继参加西北师大函授大专和武汉理工大函授本科段学习，取得了本科学历。正是不断的学习提高了自己，让我受益匪浅，走上了领导岗位，有了今天的作为。回首往事，短短几年师生情，悠悠终身栽培恩。时过境迁，然老师的神采，至今仍历历在目，思之想之，感慨万端，良师恩育，无以为报！

张老师将大半生献给了靖远的莘莘学子，在那三尺讲台上他一站便是三十余载。老师是全国人大代表，是全国劳动模范，是地厅级干部，可他从不以高官自居，平易近人、从容谦和是他始终不渝的风格。他独特的教学方式，深厚的文学底蕴，崇高的人格魅力，不知培育了多少人，不知感染了多少人，他无愧于"桃李满天下"，也无愧于"恩育遍天涯"。他的慈祥、大度与宽容，至今为学生传颂。离开靖远一中的 30 余年来，我与张克让老师联系不多，但始终关注着张老师，我与同学多有来往，在我们的交谈中常常提到老师的谆谆教诲，在与同学的交流中获取着张老师的许多信息。前几年，我与朋友来到兰州的一家名叫"飞毛腿"的餐馆就餐，无意中发现餐馆张贴着张老师的书法，一问，老板也是张老师的学生，感到无比亲切。

2009 年，张老师来到白银，与在银的同学欢聚一堂，我有幸再见恩师，这是我高中毕业 30 余年后与张老师的第一次重逢，让我享受了师生聚会的欢乐。当时看到老师的两鬓斑白，皱纹增多了，而时常萦绕在我脑际中的那双炯炯有神的眼睛却并没有退去丝毫的光华。看着眼前的张老师，时光仿佛又回到了过去，回到了他的课堂，记起了他在讲授鲁迅作品时的义正词严与慷慨激昂，回味着他讲述"横眉冷对千夫指"的气魄和"俯首甘为孺子牛"的无私时的情景，我仿佛又一次感受到了"大江东去浪淘尽，千古风流人物"的荡气回肠……很难想象，在那个政治挂帅、阶级斗争上纲上线的年代，大字报漫天飞舞，批判声不绝于耳，在那纷纷扰扰的校园里，老师却还能为自己的理想和信念独守一片净地，能为他酷爱的教育事业倾注百倍的热情，其精神令我辈望尘莫及。

如今老师已离开了他深爱的讲台，可他并未赋闲养老，就像他常说的要"老有所为"，虽年过七旬，却还是笔耕不辍。他利用自己丰富的教学经验，先后出版了《滋兰树蕙录》等 4 部专著，为靖远乃至甘肃的教育事业献计献策。2006 年，老师在内部发行了影文书画集《鸿爪夕明》，于 2007 年再版，我有幸得到了老师的馈赠，才真正体会到什么是"学无止境"。这本集子中收录了老师从教 30 余年与家人、同仁、学生的照片，收录了老师关于语文教学方面的论文，及老师的部分作品，包括小说以及剧本；另外还收藏了甘肃省一些著名书法家及老师自己的书法作品。在自序中老师自嘲："《鸿爪夕明》，东鳞西爪，杂七杂八，诚为一盘货真价实的大杂烩。"集子虽然是以"内部赠予"的形式发行的，但我终究为能得此馈赠感到幸运。因为集子充分展现出了老师从教 30 余年的工作成果，展示出了老师广泛的爱好，展示出了老师极好的口碑，以及老师和谐、美满、幸福的家庭生活。

将书置于案头，时时翻阅，从那些往昔的照片、文字、书法、绘画中，我似乎又找回了已逝的青春，寻觅到了往日的豪情，那种欣赏已不再是欣赏，而是一种人格的洗礼，一种心灵的净化。这就让我想起了苏霍姆林斯基的一句话"对人来说，最大的欢乐、最大的幸福是把自己的精神力量奉献给他人"。而我敬爱的老师便是用他的一生践行着这一格言，实现着自己的人生价值，正是这种精神力量的奉献给了我们不竭的动力，鼓励着一代又一代的学子在追求真理的道路上不断前行、不断探索。

李玉海　甘肃靖远人。1978 年靖远一中高中毕业。历任白银公路段副段长、白银公路总段副总段长、庆阳公路总段总段长、白银公路总段党委书记，现任白银公路总段总段长。

烛光里的老师

滕宝慧

我欲抒赞我的老师张克让先生之情久矣,然而,出于对老师的尊重、爱戴,诚惶诚恐,惟恐写不出老师的风采,表达不出心里的感动。

于是乎,无限憧憬:我在《满江红》之词境里崇拜老师;在七言律诗之句行里赞美老师;在《滋兰树蕙录》里聆听老师的谆谆教诲;在《诗情墨趣》里领略"张体"书法的翰墨情趣……

老师如歌的人生与境界,无论从何角度诠释其韵味都是精彩的。这里我胸臆充溢着中学时代与张老师相识相处的师生情结:

读中学时,我上初中,张老师代高中课。听高年级同学说,张老师上语文课棒极了。于是每到课间,我总要去他带的班门口张望。若是他在上课,就掂着脚尖往里看,且听着他抑扬顿挫的洪亮的讲课声。常常在课间或课外活动,只见张老师夹着讲义在校园行走,我们一个个围上去倾听他渊博知识之"鸿儒"歌。后来学校组织宣传队,张老师负责导演节目,我也踊跃参加了,弹秦琴(三弦琴),属乐队一员,那可不简单哩!

那时的张老师年富力强,智慧的一举一动在学生眼里真伟大。排练节目时,他一会儿指导学生演艺,一会儿指挥乐队要跟上节奏。有一次他对我说:"这个女子节奏感强,跟得快。"自此,我更加努力,每天到排练节目时间,就早早地到了排练室,首先看到的是张老师在那里张罗着忙乎着。张老师多才多艺,不仅自编自演写歌词,还谱曲填词编写课本剧、哑剧、相声等。他常常与学生同台演出,"那场面,那效果,真是人山人海。"

他的那个热情,工作的痴情,忠诚事业,热爱学生之精神,真正感染和影响着与他共行的所有师生。节目排成后,在学校统一组织带领下,我们在小芦、大芦、高湾、二十里铺等地巡回演出，受到一路好评。

高二时，我被选拔到"尖子班"，张老师任这个班的语文课，我的那个高兴劲儿没得说。他给我们亲自写、亲自印的作文小册子（当时学习资料几乎没有），每人一本。我天天念，记背重点句段篇。其中有一篇为小小说，主人公名叫"招弟"，与我乳名相同了。我读了张老师作文小说后，一直没敢作声，怕有同学说笑我，让我不好意思。

光阴荏苒，转眼三十年过去了，我从未给张老师说过这个"情结"。不过它给我的成长影响和鼓励很大，直到今天才在这里提及，仍然觉得张老师塑造的主人公就是我，我应该像主人公一样心灵和行为永远美丽。

1979年我被录取到靖远师范。我决心要像张老师那样当一名合格的出色的语文老师。在以后二十余年的教学生涯中，我努力践行自己的誓言，努力实现我的理想。如今的我也小有名气成了省级语文学科带头人，甘肃省作家协会会员。

2004年我的诗集《教苑清声》出版发行，张老师热情作序，写诗勉励：

> 须眉气概巾帼雄，乐学上进今昔同。
> 党务家务肩道义，文坛教坛傲云鸿。
> 好诗真情巧对仗，妙词佳境谐仄平。
> 万里驰骋贵在韧，日正中天又一程。

以后每年张老师被邀到靖远开会，或旧地重游等事宜，我们共餐、聊天，要谈的内容可多哩。一般我没事给张老师从不打电话。一来忙，二来怕"引喻失义"，影响张老师情绪。但牵挂之情不已矣。经常在高县跟前探问老师近况：眼疾好了吗？身体是否健康等。还不时挖苦高县："你是老师的得意弟子，我是啥呀？"高县笑着说："张老师心底里偏你，你信不？"我说："不信。"我嘴上说不信，其实我能感知先生对我的呵护。因此，我乘师名，如沐春风，每当想写点只言片语时，总要翻看先生的勉励赠言："靖远女秀才，诗情滚滚来。一本连一本，雪山红梅开。"（张老师为《少芸论文集》出版题词）这样仿佛才有灵感，常常沉浸在"雪山红梅开"之诗境中。今借《烛光》吟成一诗献给张克让老师：

三尺讲台萦笑声，倾心教育溢激情。

滋兰树蕙清芙蓉，诗情墨趣幽峥嵘。

红烛燃燃映灿烂，园丁默默乐耕耘。

恩师飞絮天涯聚，芬芳桃李烛光明。

滕宝慧　甘肃靖远人。1978年靖远一中高中毕业。历任靖远县城关中学教导主任、靖远三中副书记，现任靖远县乌兰中学副校长。系中华诗词学会会员，白银市作协会员，靖远县楹联协会副会长。

大树苍莽

——中川机场师生情

张 毅

我虽然未经历人生百味都入怀，但从上学、考学以及工作历练中，对诸多事情感触深深：岁月长河中有着记忆的珍珠，一串串点缀着人生灿烂的天空；往事的乐章里有着片片温馨。金钱和地位都如过眼烟云，唯有珍贵的启明星在记忆深处闪闪发光，那便是师恩难忘，尤其张克让先生是我心中航空线上的一盏明灯。

记得 20 世纪 70 年代，我在靖远一中上高中。高考前，我上文科，张克让老师是我的班主任，并教语文。考前复习，他和杨从、刘毓峰等老师没日没夜地为我们印材料，讲重点，全面复习，重点突破。但由于我们在"文化大革命"中耽误太大，肚内空空，尽管费了九牛二虎之力，考上者依然寥寥无几。在考学的关键时候，怀着急切求知的愿望，每次写完作文都要拿着张老师看一看，张老师总是不厌其烦地为我把作文改好，并给予指点：天下文章一大套，看你会套不会套；要有具体事例文章就充实了；要有抒情议论文章就生动了等。后来我以文科的优势考上了大学。

1986 年，我从靖远公安局调到中川机场工作，一直想着这些老师，但一直无缘得见。直到 1990 年的一天，靖远师范王仲翰书记来中川机场接张克让老师，我才知道张克让老师已由靖远一中校长调任靖远师范校长。原来是张老师去北京参加七届人大三次会议，即将返兰。这天中川阳光灿烂，万里无云，空气清爽，鲜花艳艳。王书记是专程来兰州接他。飞机着陆后，舱门打开，只见张老师高兴地缓缓走下舷梯，向我们招手致意，接着与王书记一行领导亲切握手，祝贺声声，我也赶紧与张老师握手问候，心里暖暖的。这是我离开靖远后第一次与张克让老师见面，师生久别重逢，感到无比激动。

此后，张老师知道我在中川机场公安处工作，凡是送亲友、送熟人、送学生，都先打电话给我，要我出面帮忙给以方便，大多是让我要迎送证即一面牌子，把人送到飞机跟前或一直送到飞机上。这种送行记得有七八次，其中记忆犹新的约有三次：

2004年，张老师女儿从荷兰回国探亲，返荷兰的那一天，有两车人，起码有七八个亲戚到机场送她。飞机起飞之前，张老师的学生魏立堂，当时任兰州市武警支队队长，正好他的部下在中川机场执勤。事前他不但在机场安排好了一桌饭为张老师的女儿饯行，还帮张老师的女儿托运行李。魏立堂还亲自到机场送行，并给张老师的女儿买了不少甘肃的土特产，如百合等，让她带到荷兰去。当时我要了三个迎送证，魏立堂的部下又要了三个，我们六人一直把张老师的女儿张春雯全家送到飞机上，直到把自带行李完全放好。出来后，张老师和老伴一再感谢我和魏立堂，我们都说这是我们当学生的应该做的。

2005年元月，张克让老师的一个在解放军总政治部工作的学生常生荣，是个少将，他们一行20多人来兰州军区办事，办完事后准备坐专机返京。张老师电话告诉我，常生荣对他非常热情，这是他第二次因公来兰。第一次来兰大概是2003年，有天晚上，常生荣专门领着兰州军区的两个处长去家里看他，还让两个战士抬着一盆很大的杜鹃花送到他家。电话里我听得出张老师很兴奋，声声叙话带着深情，带着赞美。这次来兰，又亲自到家里来看他，还让他出面把在兰州的一些原在靖远一中工作过的老师请了一桌，接着又把他的一些老同学和这些老师共同招待一次。现在他们一行20多人返京，张老师和魏立堂准备在机场送他们，让我给个方便。我很干脆地答应了张老师给我的"任务"。记得那天天气很冷，好像还飘着雪花，张老师坐的车还在路上被堵了，他们到机场时，常生荣他们坐的专机很快就要起飞了。当我把张老师他们领到飞机跟前时，常生荣他们正准备登机，有的人已进入机舱。常生荣看到张老师时，便大步流星地走到张老师跟前，一边和张老师握手寒暄，一边让他的秘书赶紧给他和张老师照了两张合影照。这张照片据说已登在张老师编著的一本书《鸿爪夕明》上。当时我看到他俩的深情厚谊，我也为有张克让老师这样的好老师而感到无比自豪！

2005年的一天，张老师给我打电话，说他有个农民学生叫李双芳，自学英语，已小有名气，不但被兰州大学、甘肃农大等高校聘请为名誉教授，还被甘肃日报、兰州晚报、甘肃电视台、兰州电视台等十多家媒体报道，可以说已享誉陇上。这次中央电视台的崔永元约他去中央台为《小崔说事》栏目做嘉宾，并已委托兰州电视台为他买好了去京机票。可是李双芳说他这个农民从未去过北京，更没有坐过飞机，现在要独自坐飞机去北京，他真不知道如何办才好。张老师的意思是让我先把李双芳接上，帮他办好一切手续，并亲自把他送到飞机上，至于北京那边，他再安排其他人帮忙。当时我的确被张老师这种关心学生的无比热情所深深感动。尽管我当时有其他任务难以脱身，但我还是委托其他同志按张老师的意思全心全意地办好了这件事。我委托的这位同志的的确确是根据我的嘱咐，按时接上李双芳，并帮他办好一切手续，亲自把他送到飞机上，直到看他坐在了他的位置上。事后我才知道，李双芳到北京机场后，又是张老师事先打电话，让他在京的学生王承平亲自开车去机场接李双芳，并把他一直送到中央电视台，直到和有关人员接上头。据说王承平还给李双芳买了不少吃的东西，李双芳从心底里感激。但当李双芳表示感谢时，王承平却说："张老师安排的事情，我怎能不全力以赴呢？"

经历了这些事，我对张老师真是太敬佩了，张老师真是一位爱生如子，乐于助人的好老师！

我觉得：老师引导我们走上洒满阳光的人生之路，老师像春雨滋润着我们的心；老师是大树，为世界带来一片春色，老师是一片绿叶，乐于默默奉献。老师的爱像太阳一般温暖，像春风一般和煦，像清泉一般甘甜。"春蚕到死丝方尽，蜡炬成灰泪始干"是万古流芳的园丁魂！

如今我走上工作岗位已近三十年了，所从事的工作往往晚上值班时间较多，每当夜深人静，站在中川机场感到空旷寂寥，仰望星空就会情不自禁地习惯地遐思飞往母校靖远一中，想念尊敬的老师们，想念张老师。无论怎样总结人生，离不了老师在我人生路上的作用的厚重：难忘张老师曾经的亲切教诲；难忘靖远一中成长的摇篮；难忘众同学情谊深长！

语云："桃李不言，下自成蹊"，人生是挑夫盼担当，生命是大树盼苍莽。岁月悠悠，我承载着这份靖远一中赋予的厚重和张老师的关爱，在中川机场公安护航工作中，迎送着南来北往的匆匆过客，坚信：哪里有事业，哪里就有爱，哪里就是家。

张毅　甘肃会宁人。1981年靖远一中高中毕业。现任民航兰州机场公安处处长。

尊敬的老师——张叔

杨万勤

提起张克让老师，靖远教育界无人不知、无人不晓。这位广受靖远人尊敬、深得学生们爱戴，在靖远工作生活了 32 年的语文老师，在离开靖远 20 年后，人们仍念念不忘。张克让老师与靖远学子、与靖远教育、与靖远大地所拥有的密切关系，已构成非常奇妙美丽的风景线，他用自己不懈的努力把一位传道、解惑、授业、无私的教师情怀表达得淋漓尽致，深深地感动着大家！在很长时间里，我们凡是说起"张老师"，那就是特指张克让老师。而随着时间的推移，"张老师"多了，为了区别，我们不知不觉中又改变了称谓，背地里尊称他为"克让老师"，倍感亲切！

我认识、了解张老师要比其他同学更早一些。习惯上称张老师为张叔，这主要缘于祖父（杨文陞，靖远一中老教师，1983 年去世）在世时两家人的特殊关系。祖父和克让老师的岳父雒鸣岩老师相交多年，在"文化大革命"前，同是靖远一中的老师，既是同事又是好友。张叔到靖远一中工作后，又和祖父在一个教研组。他是戴着"右派"帽子被分配到靖远一中任教的，"反右"和"文化大革命"期间都挨过整，政治和身心上的折磨曾经使他有过失去生活的信心和希望。然而，后来成为其岳父的雒鸣岩老师和祖父却非常看好他，善待他。祖父还充当媒人角色，极力撮合张叔与雒姨的婚事。"文化大革命"开始后，雒鸣岩老师不幸罹难，我的祖父遭批斗毒打，年轻的张叔亦不能幸免。物以类聚，人以群分，共同的遭遇使我们两家走得很近。也许是一种缘分，后来我们两家又住到了隔壁，一同生活在靖远一中的一个小院子里，两家大人孩子有着密切的来往，我一直将克让老师叫张叔，管他夫人叫雒姨，将他的岳母叫雒奶。那时的张叔步伐矫健，时不时还哼着小曲，见了人总是笑脸相迎，快言爽语，令幼小的我们感到非常亲近！

小院子坐落在靖远一中东北角，房子低矮狭小、破烂简陋，这对当时的祖父和张叔来说，已经属于很大的照顾了。同居一个小院，两个走"背"字的家庭在这里生活，和谐相处、互相帮助，共同应对着各种困难，对未来充满着美好的期待！就是在这个小院里，我度过了我的中学时代，也与张叔有过无数次"零距离"的接触。

当时经济短缺、生活困难，老师们同样在限量供给制的条件下艰难生活。为了解决燃料问题，"拓煤砖"是每年高温酷暑期必须要做的一件事。张叔提前谋划，弄来沫煤和红土，按比例搅拌均匀，兑上水泡上一段时间后，就带领全家人一起上阵，先和成煤砖泥，然后再将其装入木制的模子里，翻倒出一排排整齐的煤砖块。这个时候是小院最热闹的时候，大人小孩将煤泥堆围成一圈，手里搓揉着黑泥巴，追逐嬉打的笑声闹声溢满了小院。此时的张叔身着"跨栏"背心，全身上下沾满了黑黑的泥巴，习惯性地将手插在腰间，藏在厚厚近视镜片后面的眼睛总是笑成一道缝。他一面欣赏着全家的劳动成果，一面分享着孩子们的喜悦！小院里诸如此类的活动，经常会被张叔组织得头头是道，颇有情趣。挖菜窖、担水、劈柴等，张叔都是行家里手，他既是组织者、又是参与者，尽管孩子们还小，但他还是尽可能都让孩子们多参加一些这样的活动，通过言传身教和潜移默化，从小让孩子们就懂得"谁知盘中餐，粒粒皆辛苦"的道理，培养孩子们热爱劳动的良好习惯。

对我们的学习，张叔也倾注了很多心血。尽管那时候教育战线仍然是政治挂帅，不大注重学习，但张叔却没有随波逐流，而是非常关注。张叔博学多才，传授知识不拘一格，常常以循循善诱的方式，将我们带入知识的殿堂，让大家感受学习的快乐。星期天节假日，小院内总会传出孩子们朗朗的读书声，有时还会听到一个稚嫩的声音在讲课，讲课者不是别人，而是张叔的大女儿晓春妹妹。晓春当时正在上小学，在张叔的鼓励之下，她把小院周围的孩子们都组织起来，在墙上挂上小黑板，再摆上小方凳，自己俨然一副"张老师"的样子，正儿八经地给小伙伴们讲自己学过的小学课程。张叔在旁边看着，时不时地给予一些指导。这种学乐结合的方法，提高了孩子们的创新能力，巩固了知识，增强了学习的乐趣。张叔的四个孩子学习都很优秀，晓春现在国外定居，给英国人教授中文。

张叔是天水甘谷人，普通话说得还算标准，尽管多少带着一些甘谷腔调。靖远人习惯，把靖远以南的人都叫"南干干"，当然甘谷就更不带说了，我们也听见有人在背后把张叔叫过"南干干"。有一次，年幼的晓春很伤心地哭着回来了，她一边哭一边说，同学把她叫"南干干"。看着心爱的女儿哭得这样伤心，张叔一边安慰她，一边给她讲了"南干干"的寓意。张叔说，叫"南干干"有什么不好，"南"就是南边来的人，"干"就是精干，"南干干"就是南边来的人非常精干。女儿的疑惑解除了，人也不哭了，脸上终于露出了笑容。后来张叔在给我们上语文课的时候，把这个故事讲给了全班同学，我们听后既增长了见识，又为张叔的睿智、豁达敬佩不已！

张叔在工作中是一位敬业的老师，同时也是一位尊长爱幼的典范。每年到了假期，张叔都要抽出专门的时间，带着孩子们去甘谷老家探亲、尽孝。张叔在靖远除了岳父一家之外，基本上是举目无亲。他把岳父家当成了自己的家，对于知书达理的老岳母非常孝敬，经常嘘寒问暖；对于小舅子、小姨子的上学、就业、婚嫁之事，非常重视、关心备至。与同事，张叔始终恭谦礼让、和睦相处；对长者，张叔更是尊重关心、热情相待。祖父肠胃不好，食堂的饭吃的时间长了胃里不接受，吃糁饭、面条等家常便饭要舒服一些。张叔和雒姨很关心，经常请祖父到他家吃饭。祖父也考虑到张叔家的实际困难，将食堂的饭菜买上，给张叔家的孩子们吃，以作垫补。每当遇到这样的情况，张叔和雒姨总是坚决推辞，而祖父依然我行我素，生怕给本来生活拮据的张叔家增加更多的麻烦。祖父在世时经常念叨张叔家的饭好吃，时至今日，我们全家对张叔一家照顾和关心祖父的情谊不敢忘怀，内心充满着深深的谢意！

我是七九届靖远一中毕业生，当年被新疆乌鲁木齐步兵学校录取，却因种种原因没有到校。1980年在靖远一中高二一班插班补习，张叔是我的班主任、语文老师，真正把张叔改口叫张老师也是从那个时候开始的。当时的靖远一中，聚集了许多毕业于名校的老师，师资力量很强，而张叔的个人魅力、教学水平，更是深深地吸引着学生们，班上的学生始终是超员的。能有机会听张叔讲课是同学们的强烈愿望，更是我长久的期待！正是因为有祖父，有在一个院子生活的密切来往所建立的深厚情谊，我便很顺利地成为张叔的一名学生。课堂上的张叔，对于教学内容准备得非常扎实充分，讲授深入浅出、灵活幽默，感染力、吸引力非常强。每当遇到个别同学注意力分散的时候，他则采用讲一些极具针对性的小故事和笑话进行调节。班上的同学违反了纪律，他的批评总是动之以情、晓之以理，注重调动学生的学习积极性，使同学们很快投入到紧张的学习中去。

由于"文化大革命"的影响，我们的初中和高一阶段大部分时间是和同学们一起参加学校组织的勤工俭学，文化功底是比较差的，面临高考，总觉得底气不足。在张叔班上一年的学习中，我感觉进步很大，尤其是课后，在靖远一中的那个小院里，当我在学习上有困难的时候，张叔一定会放下自己手中的活儿，给我认真地辅导讲解。为了提高我的写作能力，张叔要求我每周写一篇作文，他亲自给我评点修改。这样的强化训练，使我的语文水平提高很快，1980 年我顺利地通过了高考，被甘肃农业大学录取。

张叔是一位优秀的教育工作者，他对靖远教育工作的艰辛付出，得到了社会各界的一致好评。在我离开一中小院之后，张叔先后任靖远一中校长、靖远师范校长，后来调任甘肃教育学院副院长，还被选为全国人大代表、全国劳模等。尽管联系少了，但一次次听到这些消息，我都会为我的张叔高兴，为我尊敬的老师自豪！

张叔退休已经十几年了，年逾古稀的他依然热情不减，频繁奔走于同事和学生们中间，联络沟通、增进友情。当同事和学生们遇到困难的时候，他总是想人所想、急人所急，动用他的各方面资源，给予积极帮助。他豁达开朗的性格感染着人，幽默风趣的魅力吸引着人，积极向上的奋斗精神感动着人！

张叔之于我既有老师教育学生的师恩，更有长辈关心晚辈的亲情，我自认为，我与其他同学相比和张叔多了一层关系。回首往事，总会想起靖远一中的小院子，想起我们两家人，想起小院子里发生的故事，一切都是那样清晰，仿佛如昨。一想到这些，我的内心总会激动起来，似有说不完的话，道不完的情。因而，我在称谓老师的同时，更愿意叫一声张叔，并在此衷心祝愿我的张叔：福如东海，寿比南山！

杨万勤　甘肃靖远人。1980 年靖远一中高中毕业。历任白银市农科所副所长、所长，平川区委副书记、区长，白银市财政局局长，景泰县县委书记。现任甘肃省景泰川电力提灌工程管理局副局长。

我的老师张克让

高财庭

我常常想一个人一生遇不上几个好老师，那是十分不幸的；一个人一生有几个好老师，那是非常幸运的，终生受益的。像我就非常幸运，小学、中学、大学，人生的起步阶段都有恩师劝学，都得良师栽培，遇到了几个好老师，使我终生受益，如坐春风，如沐化雨，因而也就成就了今天的我。可以说没有这些老师的教育、帮助就不会有今天的我。

我也常常感慨，有的人当老师只管学生在校的时日，有的人当老师却系学生一辈子的幸福。能心系学生一辈子幸福的老师的确是学生的福祉。而我的老师张克让就正是这样的一位能系学生一生幸福的人。我们都以我的老师张克让为荣。说起张克让，都是"我的老师"。

的确，张克让老师自1959年西北师大毕业分配靖远一中任教，在靖远工作长达32年，从语文教员、教研组长，直到靖远一中校长，靖远师范校长；从一名名不见经传的普通教师，到全国特级教师、全国教育系统劳动模范、全国先进工作者、全国人大代表；从爷爷、奶奶、爸爸、妈妈到孙子、孙女，一家三代受教门下者不乏其人。这期间，有的学生比他的年龄还大，有的学生比他的子女还小。他把最美好的年华献给了靖远，把自己的毕生精力贡献给了靖远。靖远人谁能不尊重他、爱戴他呢？靖远人到一起，认识不认识说起我的老师张克让，一下子就情意多了、熟悉多了；说起张克让是我的老师，大家一下子就荣光多了，亲近多了。在张老师的麾下，没有过不了的关，没有办不成的事。以至于许多在外地工作的人，根本不是张老师的学生，都自己说是张老师的学生，认张老师为师了。可见张老师的人格魅力。

我生而有幸，得在张老师的门墙下求教，程门立雪，不胜荣幸。

我是1977年春天考入靖远一中的，当时给我们上语文的正是张克让老师。那时的我刚从农村来到县城，既新奇城里的生活，又留恋乡村的风光。记得第一次作文，同学们按习惯给自己的作文本包了牛皮纸皮子，在封面上大而化之地写上了自己的名字，五花八门，千奇百怪。一周后作文课上，新本子发下来时却面貌全非，焕然一新。皮子全部翻了过来，原来五花八门的字体全部被张老师工丽优美的书法取代了，五六十人的本子都是他一个人翻新、书写的。这样，我第一次知道了中学的要求，第一次感受到了城里老师和农村老师的不同。我也被张老师多才多艺，热爱学生的魅力所吸引。

我上高中时正是十三四岁光景，好动贪玩，常常是课堂无精打采，课后精神焕发。但一到语文课上，张老师来了，却就不一样了。他的课生动活泼，学生爱听；他的课说笑逗唱，学生喜欢。至今我脑海中还清晰地记得他在教授柯岩的长诗《周总理，你在哪里》时的情景；他把同学们分成甲、乙、丙、丁几组，分角色朗读，摹情景拟演，声情并茂，肃穆庄严。就因为这样，这首长诗我至今还能背诵出其中的篇章。

正是从那时起，我渐渐喜爱上了语文，有了阅读的兴趣、阅读的能力也不断提高，我的作文也在班上被老师讲评，特别是我在作文中所用的"犹如"一词，被张老师大加赞赏，直让同学们羡慕不已，至今老同学见了面还呼我为"高犹如"。

中学毕业后，我考上了张掖师专，张老师知道后很是高兴，鼓励我好好学习，争当一名合格的人民教师。还热情地给他的同学、我师专的老师康舒泰写信嘱托，关心帮助。一到假期我也常到他的家里去坐，和他交流思想，畅谈人生。后来我到县上工作，见面的机会多了，交流的范围广了，不论是我在学校教书，还是调到县上当秘书，不论是我在局长的岗位，还是副县长的位上，他都支持、关注着我的成长。每有进步，他必鼓励；每有不足，他必提醒。特别难得的是他始终嘱我不要放弃爱好，有时间多学习，多写些东西。1999 年，我的《浅草集》要出版了，他热情写序，为我高兴，鼓励我上进，期盼我的"第二部、第三部更为宏厚、更有分量的新作问世。"张老师的这篇序言使我本来就稚嫩的《浅草集》增色溢绿，给我这本粗俗的册子增加了夺目的光彩，使我的虚荣心得到了极大的满足。

在张老师的鼓励下，我的文学之梦越做越大，写作兴趣愈来愈浓，我的"第二部"、"第三部"……《槐花集》、《楹联漫话》、《槐英轩诗稿》、《槐英轩联稿》出版发行，同时被吸收为甘肃省作家协会、中国楹联学会、中华诗词学会会员，成为一名地方上小有名气的"作家"了。

张老师特意为我写了一首诗相赠：

> 文采横溢才思敏，诗词联对俱清新。
> 浅草不浅草若树，槐花真槐花如银。
> 执教诚觉诸生喜，从政倍感百姓亲。
> 生性尤爱老干部，振翅高翔又一春。

勉励我"振翅高翔"。溢美之情自不言说。

　　熟悉张老师的人都会被他热忱执着、乐于助人的精神所感动。张老师热爱学生，至老弥笃。凡是学生的事，不管大小，他都愿意插手。学生聚会，他乐于参加，而且有请必到，到了必讲。学生到家，他热忱欢迎。退休至今十数年了，仍然门庭若市。凡是学生求他的，办成办不成，他都乐意出面、跑路。2006年，他已从岗位退休十年多了，一位多年不见的学生忽然从靖远来兰州找他，想为自己才录取到兰州商学院的孩子转个专业，请他帮忙，张老师虽没在兰州商学院工作过，但他听了二话没说，立即联系，硬是通过以前的一个同事帮忙给转了专业。2005年，我们靖远一中文科班前后几级的同学在靖远聚会，他不顾七十高龄从兰州赶来参加，陪同我们这些四十来岁的学生逛古城、游母校，热情一点不减当年。联欢会上他还即兴表演节目，惹得大家前仰后合，笑得我们肚子生疼。他不仅演了，而且还要讲，他要我们"莫忘家乡，莫忘父母；莫忘母校，莫忘恩师；莫忘同学，莫忘事业。友情深似海，事业重如山"。他要我们"坚持一个中心（身体健康），两个基本点（家庭和睦，事业进步）"，祝愿我们"人人事业有成，个个家庭幸福"。言出肺腑，叮咛再三，让我们这些四十好几的学生听了无不感动。更为难得的是，会后他回到兰州，按通讯录上的名单给每个同学写了一幅条幅，给大家保存留念。

　　2006年，县区换届，张老师远在山隔水阻的英国探亲，却惦念着我这个学生的前程。8月30日下午，他从万里之遥的英国打来了长途，关心我的安排问题，当得知我因为"能写"，"且去填词"时，他既惋惜，又惊诧，千叮咛，万嘱托要我"韬光养晦、笑对人生。"后来他千方百计调动各种关系给我说情，走"后门"，希望安排一个合适的岗位。其意之切，其情之恳，令我没齿难忘。

　　心态平和，老有所乐是张老师退休生活的两大法宝。现代社会，竞争激烈，许多人，尤其是领导干部退休了，不能转换角色，摆对位置，往往有失落感、寂寞感。

很多人慨叹门前冷落车马稀，而张老师从省教育学院副院长的岗位上退休之后，却能心若止水，泰然处之。工作的时候没有时间，退下来了，乐得清闲，正好干些自己喜欢的事情。退休之后，他爱好有三：一写书、二练字、三是师生欢聚。老夫聊发少年狂，早弄墨、晚舞文。他开始著书立说，撰写缅怀回忆、寿序、诗词数百篇，出版了《滋兰树蕙录》、《诗情墨趣》、《书棂画扉》、《鸿爪夕明》等四部著作，书写数百幅书法作品，赠送亲友、学生，频频出席这个班的聚会，那个班的联欢。今天这个宴、明天那个会，几天英国、几天北京，几天兰州，几天靖远，老有所乐，生活充实，心宽体胖。古稀之年，他将自己数十年来收藏的书画墨宝二百多幅带回家乡甘谷，举办了盛大的"张克让收藏书画作品桑梓展。"名家荟萃，琳琅满目，让家乡人大开了眼界，令参观者大饱眼福。层次之高、规模之大、墨宝之珍，学生之多，堪称之最。我和德刚、云鸿等白银学生也前往沾光。我们给他送去了书法家老树写的祝贺作品："克明峻德，滋兰九畹盈阶秀；让逸竞劳，立言三千满县荣。"

回来的路上，我们一路议论着这次展览，感慨着展览的品位，更加钦佩张老师的人品和人格魅力。

退休之后的张老师，走到哪里，学生簇拥到哪里；来到哪里，哪里云集着学生。他关注着学生，学生们爱戴着他；他呵护着学生，学生们感激着他。桃李不言，下自成蹊。就在他退休之时，他的学生张生贤等四十多人给他送去了"业勋杏坛"的巨匾，表达了学生们对他的感激之情和敬仰之心。

"崇德常克己，当仁不让师。"这是我赠张老师的一副嵌名联，更是张老师一生教书育人的真实写照。张老师之于学生，就像茫茫航程中的一盏灯塔，无时无刻不在照亮着学生的前程；张老师之于学生，就像惊蛰时节的一缕春风，丝丝缕缕都在沐浴着学生的身心。语云：善歌者使人继其声，善教者使人继其志。如今，张老师学生遍天下，桃李芬芳荣。古稀之年的张老师心广体胖，幸福安康。衷心祝愿张老师健康长寿，祝愿我的老师桃李芬芳。

高财庭 作者简介参见《师魂》。

永远的楷模　永远的圣者

宋圭武

没有老师，就没有人生，或者起码就不会有完美的人生。老师是人生的启蒙者和引领者，也是灵魂的雕刻者。在人的一生中，总会遇到很多老师，其中有些老师总是让人终生尊敬，终生难忘。我在靖远一中上高中时，给我上过语文课的张克让老师，就是这样一位让人尊敬和难忘的老师。

张克让老师是一位造诣深厚的学问家。张老师做学问很扎实，也很认真，从不摆虚架子，对语文有深厚的造诣和研究，是甘肃语文教学与研究方面的权威人士之一。张老师知识丰富，上课旁征博引，给我的影响非常深刻。当时学生都非常喜欢听张老师的课，因为张老师能在短短的一节课里讲很多东西，使人受益匪浅。

张克让老师是一位忠诚的人民教育家。张克让老师既当过中学老师，也给老师当过老师，可谓桃李满天下。他是全国人大代表、中学特级教师和全国劳动模范。他非常注意教学方法的研究和改进，教学经验丰富，教学方法得当，教学效果显著。听张老师的课简直就是一种享受，幽默风趣，在轻松的氛围中就不知不觉掌握了好多知识。好多年后，每每回想起张老师的课，仍让我记忆犹新。

张克让老师是一位品质高尚的道德家。张老师为人谦和，没有架子，衣着朴素，戴着一副近视眼镜，平时对自己要求很严格，做事总是认认真真，从不马虎，并且总是充满朝气，充满理想。张老师原来是我的中学老师，后来当了教育学院的院长。在当院长期间，也没有一点院长的架子，我们接触时总是十分的热情朴实，让人感觉非常亲切。记得在贾致顺老师儿子的婚礼上，大家请张老师讲话，当时张老师已经退休，但张老师讲话仍然是当年的风采，认真幽默，风趣自然，让人难忘。

如今，时间已进入到21世纪，改革开放已经30多年，中国的市场化已很深入，人们的生产生活观念也发生了很大变化。但每每回想起像张老师这样的老师，总不免感慨万千。中国发展，需要现实主义，更需要理想主义。因为，没有理想主义，现实主义就是丑陋的，现实主义就是没有灵魂的，同时，现实主义的发展也就是盲目和危险的。所以，国家发展，离不开老师们，更离不开像张老师这样的人们。可以说中国正是有了许多像张老师这样的人，也正是他们，才支撑了国家的发展，才支撑了国家的现代化建设。中国需要他们，民族需要他们，人类也需要他们，因为正是他们这样品质的人，才真正书写了大写的"人"的含义，才真正体现了人类高贵的品格。

马克思说过："如果一个人只为自己劳动，他也许能够成为著名学者、大哲人、卓越诗人，然而他永远不能成为完美无疵的伟大人物。""历史承认那些为共同目标劳动因而自己变得高尚的人是伟大人物，经验赞美那些为大多数人带来幸福的人是最幸福的人。""如果我们选择了最能为人类福利而劳动的职业，那么，重担就不能把我们压倒，因为这是为大家而献身；那时我们所感到的就不是可怜的、有限的、自私的乐趣，我们的幸福将属于千百万人，我们的事业将默默地、但是永恒发挥作用地存在下去，而面对我们的骨灰，高尚的人们将洒下热泪。"鲁迅先生说："我们从古以来，就有埋头苦干的人，有拼命硬干的人，有为民请命的人，有舍身求法的人……这就是中国的脊梁。"庄子云："小人则以身殉利，士则以身殉名，大夫则以身殉家，圣人则以身殉天下。"

张老师就是这样一位"圣人"，他代表了中国知识分子的现在，也代表了中国知识分子的未来，他是中国知识分子的真正榜样。张老师是我永远的楷模，同时也是一位我要永远追随的"圣者"。

宋圭武　甘肃靖远人。1980 年靖远一中高中毕业。现为中共甘肃省委党校经济学教授，兰州交通大学兼职硕士生导师。

影响我一生的人

吴辰文

说起我的老师张克让，可以说是影响我一生的人。

先生是我的语文老师，也是我的班主任。我们上中学时，由于还是小学五年制，初中、高中二年制，因此我们大部分同学上到高一时，年龄大多在 15 岁左右，那时，我们还是一帮懵懂的孩子，而先生在教授我们知识的同时，更给予了我们更多做人的道理、人生的智慧和对待生活、工作的乐观心态，这些使我们受益终身。

上高中时，我们同学最爱上的课就是语文课了，只要先生一进教室站上讲台，学生们就安静地等待着汲取那知识的营养，而先生就会带我们走进每一篇课文所展现的浩瀚历史和宇宙乾坤。说是语文课，实际上我们学到了很多语文课本以外的东西，特别是有些课文涉及历史事件时，先生总会将这些历史背景讲述得非常清楚，以至于下课了，我们还常常沉浸在历史的故事中，甚至会模仿他的甘谷靖远普通话学着讲那些故事，念那些课文。"褒姒一笑失天下"的历史典故，"望梅止渴"的成语故事，等等，都是从那时学到的。记得先生的大姑娘要比我们低几级，当时可能在上小学五年级，她的作文都已经登上了《甘肃日报》，先生在课堂上给我们读着文章，教我们写作文的方法，记得当时这件事在我们班触动很大，以至于很多人后来竟然"叛变"到文科班去了，新望、包强和杨贤就是典型代表。当然上课只是先生工作的一部分，由于担任我们的班主任，所以很多课后的时间，先生都会到教室来，令我印象最深刻的是先生会早早地来跟我们跑操，然后晨读英语，督促我们的学习，还会与部分同学谈心，先生特别关心在学习上、生活上遇到困难的同学。

弹指一挥间，中学毕业已经 30 年了，可先生一直关心、关注着我们每一个同学的成长。我特别钦佩先生的记忆力，每每同学聚会时，先生总能讲出许多中学时期发生的事情。每每听到他的学生取得了成绩、获得了荣誉，先生高兴的心情溢于言表，而先生出口成章的口才，总是成为同学们"惩罚"他的武器，因此，每次聚会的高潮就是先生即兴的赋诗、作词，最高兴的时候甚至会吼几句秦腔。

先生不但是我的老师，也是我父母的老师。后来我夫人认识先生以后，更是钦佩和敬仰他的为人和学识。我和我的夫人在教育学生和子女上也深深地受到了先生的影响。

先生的文采、文章，我们感觉到朴素、亲切，没有高深的字、句，没有生涩的词语，没有故作褶皱、过度修饰的语法，没有花哨的装饰，每次读来总是朗朗上口，甚至他自己也调侃自己写的诗是打油诗。先生的书法也独成一派，字如其人，我们在先生的字里行间总能看到那无拘无束的风格、行云流水的笔画。学生们大多都在家里挂有他写的字，而内容并不是千篇一律，而是会根据每个学生的特点来书写。学生们常常会求要他的墨宝，先生从不拒绝，而一旦答应了，绝对不会忘记，会按照约定的时间给你。

现在我们有好几个同学都在从事教育职业，甚至在大学任教授、博导，个别人甚至成了全国知名学者，但我们的智慧和光芒永远不会超越先生，人们常常会用"长江后浪推前浪，前浪死在沙滩上"来形容一代一代人的更迭，先生尽管是前浪，但早已不在长江，而是大海上的一座巨浪，我们这些学生永远都是那巨浪旁边的一朵朵浪花，追随着先生。先生的智慧、修养和学识，一直在影响着我，而且会一直使我受益下去，先生所有的这些，永远值得我们学习。

吴辰文　甘肃靖远人。1980 年靖远一中高中毕业。现任兰州交通大学电信工程学院教授，甘肃省网络监测中心主任，省网络测试技术研究中心主任。

敬爱的张克让老师

张万智

大家可能不知道我是多么幸运的一个人，从小学至今一直受到很多老师的偏爱。在小学、中学阶段我遇到两位严厉的老师：李万兆和张永吉老师。我因为调皮，经常受罚，写、背多遍作业。这使我打下了坚实的基础，并且以优异成绩考入靖远一中。在高中阶段我遇见了谈复华和任家浩两位老师，他们在我的学习和生活各个方面给了我莫大的帮助和关照直至大学毕业，如同再生父母。

参加工作后又有幸多次接触张克让老师，他是我大半生遇见的许许多多最优秀的老师之一。张克让老师在靖远一中名声很大，语文教得特别好，我仅仅听过一次代课，觉得他讲课干练、风趣、诙谐，并且条理清晰。他的知识面特别广，学生都很喜欢他讲课。人们对于他的生平经历和教育事业的贡献有目共睹，在靖远无人不知无人不晓。

我和张老师认识已有十余年。通过多次交流，我对张老师又有了更深的了解。他把自己的全部心血献给了自己所热爱的教育事业，功德无量。从普通教师到特级教师、全国教育系统劳动模范、全国先进工作者、全国人大代表，是万人师表。

张老师不但是一位杰出的教育工作者，也是一位书画爱好者。撰诗文、作报告、讲专题、评著作……他先后出版了《滋兰树蕙录》、《诗情墨趣》、《书棂画扉》、《鸿爪夕明》四部著作，并将自己数十年来收藏的书画墨宝近二百幅带回他家乡甘谷，举办了盛大的"张克让收藏书画作品桑梓展"。名家荟萃，琳琅满目，这让家乡人大开了眼界，令参观者大饱眼福。他的书法只要有学生求，他都会赠送。赠送给我的多幅书法中有一幅短短几句诗便将靖远从古至今地形地貌、丰富物产、人才辈出的景象描写得淋漓尽致："丝绸重镇古会州，物阜人杰华岁稠；煤炭大米羊羔肉，棉花红枣胡麻油；张绣育龙范振绪，程俊进宝潘绍周；更喜新人澎湃出，浪尖风口驶飞舟。"像一幅美丽的图画历历在目，得到了许多人的高度评价。

他乐观热情，爱好广泛，师生聚会、同乡联谊，只要张老师在场气氛就特别的好，记得有一次教师节聚会时，我不知道当年在靖远一中给我任课的老师电话，于是张老师便个个通知到位并要求每个老师出一个节目，就餐结束后他先唱起眉户《十二把镰刀》："一把、两把、三把、四把……"句句铿锵有力。对于七十多岁的老人来说，一口气唱完，真是不简单。任家浩老师和冯树梅老师演奏二胡名曲"二泉映月"，其他老师有的独唱，有的独舞，有的三五个合唱，热闹非凡，歌声乐声欢呼声此起彼伏，就好像回到了童年时代，开心之极。从此张老师提议每隔一段时间聚会一次，每次聚会他都出新节目，讲新故事，有趣的故事经常逗得大家捧腹大笑。记忆深处有一段秦腔快板《四层殿》很绕口："陕西省，长安县，有个老汉没事干，城隍庙里去游转。低头进了一层殿，一层殿用目看，两个小鬼面对面站，一个叫满面毛，一个叫毛满面，满面毛手里拿着鞭杆短，毛满面手里拿着短鞭杆。毛满面要换满面毛的鞭杆短，满面毛不换毛满面的短鞭杆，你还拿你的鞭杆短，他还拿他的短鞭杆。可要走可要看，低头进了二层殿……三层殿……四层殿"一口气说完，越说越有趣，大家笑得前仰后合。

他和蔼可亲，对人以诚相待，用心交流。他在和学生交谈中，总是愿意和学生成为知心朋友，也愿意更多地了解学生们的喜怒哀乐，以便帮助他们。他的做人原则不但影响了我而且影响了我的儿子。我一直认为"棍棒底下出孝子"，因为我是严父棍棒下出的孝子。儿子小时候犯了错，我就拿"家法"（其实是小木条）吓唬孩子。有次下楼正好碰上张老师，孩子哇哇大哭，张老师抱起孩子并抚摸着孩子的头，问明原因，然后和蔼地对我说："做父母要学会教育孩子，多和孩子交流，以情感人，以理服人。"他讲了许多道理，使我认识到自己教育孩子的方法不当。从此我不再打孩子，并且和孩子成为了好朋友。

他淡泊名利，乐于助人，从不计较个人得失，以做善事好事为荣。他经常帮助有困难的人，谁请他办事，只要不违法、不出格，他都会尽力去办。我小叔子四肢二度残疾，考入了甘肃教育学院，可是报名上学有困难。我作为一个普通学生尝试着去学校找张老师，结果他一路开"绿灯"并亲自带我办理手续。我被感动得不知说什么好，只觉得鼻子酸酸的。他关爱学生，帮助学生，鼓励学生不断追求进步。

张老师，您用一支粉笔写下了辉煌人生；用一根教鞭指引学生们走出了迷茫、走进了大学校堂；用一块黑板记录了您的无悔追求——教书育人；平平淡淡的三尺讲台却是您人生的最大舞台，培育了桃李芬芳；风风雨雨 30 多年中无悔的粉笔灰染白了您的双鬓，您却无怨无悔。我想用最壮丽的诗篇描写您的一生，把您的一切写进我感谢的诗行，可我文笔较差不知从何下笔。千言万语道不完您对学生的情、对学生的爱。请允许我对您说一声谢谢！感谢您在我工作和生活中的无私帮助！

最后也感谢其他帮助过我的老师们！——师之鸿恩，没齿难忘。

也借此机会祝愿老师们健康长寿！

张万智　女，甘肃靖远人。1980 年靖远一中高中毕业。供职于兰州灌溉试验示范中心，高级工程师。

我终生难忘的张克让老师

马建忠

1978 年，我上了高中，张老师是我们高一·一班（重点班）班主任兼语文老师，我有幸成为他的学生。

张老师当时四十几岁，他精神饱满，潇洒干练；他知识渊博，才华横溢；他热爱教育，教学认真；他待人和蔼，乐于助人；他幽默风趣，乐观进取。

我当时热爱文学，最爱听张老师讲课。他讲课声音铿锵有力、语言生动、旁征博引，遇到重点的字、词、句常常是一边讲解一边板书，他的板书十分整齐，字也写得非常漂亮。他讲文章时，特别是讲文言文时，一边朗诵一边逐字逐句地解释。他的课生动活泼，学生爱听，并且内容丰富，容量较大。记得他讲到诗的哲理性时，随口就给我们念了一首朱熹的《读书有感》："半亩方塘一鉴开，天光云影共徘徊。问渠哪得清如许，为有源头活水来。"教育我们要多读书，读好书，为将来工作打好基础。讲《劝学篇》"青，取之于蓝，而青于蓝；冰，水为之，而寒于水……"讲得具体透彻，教育我们要好好学习，要坚信"长江后浪推前浪，一代新人胜旧人"，要努力做到青出于蓝而胜于蓝。并要求全文背诵。由于他的严格要求，因此至今我仍能背诵这篇古典名篇。

张老师作为我们的班主任，和我们一起跑操，检查我们的课间操、纪律、卫生，指导班里的一切活动。他平易近人，同学们犯了错误，他常常是摆事实，讲道理，循循善诱，正面批评，很少见他发脾气。他经常到学生宿舍去检查，看火炉子是否生好，是否漏煤烟。他和同学们聊天，询问同学们有何困难，并给予力所能及的帮助。他还经常家访和家长沟通，有的放矢地教育学生，使每个学生都能健康地发展。我班的谢二庆、吴辰文、包强、陈建康、焦兴旺等同学现在都是大学教授，除了他们自身的努力，与张老师当年对他们的教育是绝对分不开的，这也是大家公认的。

　　张老师后来担任语文教研组组长，领导全组进行教改，成效显著。以后又荣升靖远一中校长，当选为七届全国人大代表，他充分发挥他人大代表的作用，不辞辛苦，四处奔波，争取到上级拨款，盖起了靖远一中第一栋教学大楼"耸翠楼"。师生们从简陋的平房搬进了明亮、温暖的楼房上课，学校面貌有了飞跃性的变化。

　　他心地善良，乐于助人。他和我父亲是同事，我母亲去世时，他当时是靖远一中校长，是他帮助我父亲料理后事。我结婚也是他帮助操办的。我父亲去世后，虽因我没有来得及通知他，使他未能亲自到平川吊唁，但事后他还是通过各种方式多次进行悼念。所有这些恩情我都铭记在心，感谢终身。

　　恩师今已年逾古稀，仍精神矍铄。衷心祝愿张老师松柏鹤龟，健康长寿！

　　马建忠　原籍甘肃甘谷人。1980年靖远一中高中毕业。现任靖远煤业公司高级工程师。

回想起那些日子

陈 茂

在靖远人眼中，张克让老师早就是一个地地道道的靖远人了，他成了我们靖远人的骄傲和偶像。

我是靖远一中1982年的毕业生。

由于考分不理想，也不知道能不能考得上，听从原班主任李尚勇老师的意见，先报班补习等结果。这样，有幸在张老师的语文课上听了几节课，大概不到十天时间，待中专录取通知书下来后高高兴兴地上甘肃省水利学校去了，但张老师留给我的印象随着时间的久远愈发深刻了。

其实我早就熟悉张老师。

1979年我从靖远最偏僻的北八乡之一——永新乡考入靖远一中高一·二班。班主任是很有名的马志高老师。张老师在邻班教语文。随着新同学的相互熟悉，加上总有同班的同学中在邻班有从同一个地方来的，大家自然对各自的教师有了直接和间接的认识。那个时候，马老师教语文课里的文言文特别认真，但对学生要求也很严格，就像严父对儿子一样。而张老师的教学风格却不一样，他总是在课堂上把语文的每一课讲得像故事一样，加上他的风趣和幽默，还有如慈父般爱学生的一切，让大家对他更加尊重和倍觉亲切。

记得补习时张老师给我上的第一节课是《廉颇蔺相如列传》。张老师是甘谷县人，大学四年没有改变他的乡音，工作二十多年也没有完全改变他的乡音。他一上讲堂，没有多少拖泥带水，直奔主题，让同学们把课本直接翻到他要讲的那一节课。用他那浓浓的甘谷口音先读第一段："廉颇者，赵之良将也。赵惠文王十六年……"我才知道什么叫真正的抑扬顿挫、铿锵有声，我本对张老师有种深深的敬意，对张老师的课有种本能的向往，从内心深处对听他的课有种向往。可是真正听他的课，却让我内心非常非常的激动，那时从农村出来，对学习还是非常向往的。我用余光看到我左右的同学，一样的兴奋和精神。一节课很快就结束了，下课时整个教室里充满着快乐和兴奋。那时大家都还小，不善于表达自己的情感，确切地说还多少有些不太成熟故装老成的掩饰，但现在回想起来，眼神掩饰不了一切。一种遇到良师益友的难得从稚幼而清澈的眼神中表现得淋漓尽致。这才知道什么叫震撼！

二十多年过去了。有幸，万炜同学从武汉回家省亲。张强同学已荣任省气象局的副局长。他广泛召集同学，我也被大家多方打听联系上了，参加了一次幸运的同学聚会。地点选在张万智同学开的飞毛腿饭馆。这位被张老师誉为能工能商的巾帼，也是我第一次直面接触。多少年过去了，曾经的同学的影子不复存在。唯一的联系是能唤起回忆的班主任老师。大家十多个人谈起曾经的同学经历，我的眼中强忍着泪水。一晃二十年过去了，人生易老，唯独不老的是曾经的师生情。曾经的一切化作相思和怀念。感谢张万智同学，每年教师节，总能想尽办法把在兰的曾经的老师请到自己的饭馆小聚一次。这种情怀让我们钦佩。大家在言谈中谈到最多的当属曾经的老师的点点滴滴。每当同学们谈到张老师的一切，总有种思念，萦绕脑际。曾经另一个班的同学讲起张老师讲到靖远人称他的老家甘谷人是"南干干"时，解释说，南者，靖远之南也。干者，非常干练的意思。真可谓入骨三分。张老师正是"南干干"的代表！

我也曾在心中默默想起更多的老师，任家浩老师，他的第一节课是焦耳定律，那让人基本能听得懂的浙江话，似乎包含着太多的学识与新鲜，整节课都在想，他为什么讲得这么好？至今，见到任老师的姑娘——我们曾经的同班同学任红红，总是对任老师有一种莫名的思念，只能淡淡地问候一声：任老师还好吧！

岁月流逝，我们曾经的孩子如今成了中年人。太多的事情都忘却了。唯独曾经的师生情，至今回想起来，愈加醇厚绵甜，总有种冲动，希望能有一天，和曾经的老师聚会，说说我们曾经的欢乐。

感谢几位老前辈，是他们的愿望让我有了一个表达积存了许久的愿望，把自己多年的愿望通过科技的平台表达出来。感谢甘肃省水利厅的贾小明处长，是他真挚地把大家召集到一起，才让我知道张老师从教五十年。我不太会写文章，但我衷心地祝愿我的老师们，希望你们晚年幸福健康，希望你们快乐。

陈茂　甘肃靖远人。1980年靖远一中高中毕业。现任甘肃省水电工程局九洲水电建设公司经理，高级工程师。

草根的转折

包 强

1979年，全县范围内第一次进行初中升高中的选拔考试，我进了靖远一中重点班，被分到了城里学生最多的一班，张克让是我的班主任兼语文老师。

第一次见张老师，是开学前的班会，我记得他说他是地地道道的"南干干"，是我们的班主任和语文老师，其他的话现在已经记不起来，因为我原来听说过他，就一直盯着老师看，这么大牌的老师教我们，当时还有点不相信，后来证实了他的确是我的班主任和任课老师。

我那时候贪玩，基本上除了上课就是打球，但张老师的课我是最爱上的，他的课早有公论，但当时总觉得自己语文太差，似乎什么都不知道，所以先生每一句精彩的话我都会很认真地记下来，有时甚至把先生所写的范文当毛主席语录来背。现在想起来总觉得很有意思，先生当时的魅力咋就那么大呢?!

当时张老师常去我们学生宿舍，看我们吃的咋样，睡的咋样，冬天的火架的咋样，大早上叫我们起来跑步，我就一直在他引导的知识海洋里扑腾。后来和老师见面，有时提及此事，我说语文那点底子全都是老师给的，我幸运自己遇着了好老师，但似乎又有点辜负了老师。

比较深刻的印象是在八零年春节以后，这一届一共有八个班，前四个是重点班，高考前要选报文科还是理科，在那个"学好数理化，走遍天下都不怕"的年代，张克让老师鼓励我们报文科，因为他是班主任，所以一班选择文科的最多，如胡云鸿、杨贤、赵映汤、宋国虎、仇树文和我等人，而其他班好像极少。因为当时我们这一级还未分文科班，我们就成立了史地学习小组，白天上理科的课，晚上上历史和地理课，大概持续了两个多月时间，要进行高考分班，我被分到了三班，仍然是个理科班，有同学戏称：一二班是大学班，三四班是中专班，五六班是没戏班，七班是补习生的好班，张老师当时已成了补习班七班的班主任。这时候我们学文科的几个同学基本上没地方上课，处于无人管的状态，觉得好失落。据高财庭回忆："当时的文科班难肠极了。我们的教室是原来的实验室，空堂堂的。前面是教室，后面支了些床板供我们这些农村来的娃娃寄宿。"张老师不知道做了多少工作，最后让我们几个提着自己的板凳到七班的教室听课，上完课后带着凳子在教室外自修。后来在张老师的努力下学校有了一个比较正规的文科班，我们和财庭等就合在了一个班里，从此我们也算是有了一个真正的归宿。

那是我最难忘的一段时光，张老师一直鼓励我们，鞭策我们，最难的时光也许是最辉煌的时光，他决定了我们的命运。这一年，1980届文科班6人考上了大专院校。高财庭考入了张掖师专，仇树文考入了陕西财经学院，徐生仓考入了西安政法学院，刘再祥、张芳考入了庆阳师专，我考入了北京商学院。当年全县文科有人考上了大专，而且有个说法是由于文科考生考得好，比二中多出了好几个，喜人的成绩感动了校方。因此，1981年以后，靖远一中的文科班就正式办了下去，而且学生越考越好，学校越办越强，考入名牌大学的学生也越来越多，成了全校师生的骄傲。

我想，这自豪来自于张老师的远见卓识，是他开拓了一中文科教学的历史，是他的辛勤培养为我们做出了永恒的榜样，是他的人格为我们铺垫了强大的基石。

最后我要表达的是，张老师，是您改变了我们这些无数草根的命运，我们永远感谢您！

包强　甘肃靖远人。1980年靖远一中高中毕业。曾在兰州商学院任教，现任广东金融学院教授。

仰之弥高　钻之弥坚

——恩师张克让先生

罗崇泰

　　饮其流者怀其源，学其成时念吾师。1978年通过考试选拔，我有幸成为靖远县第一中学的一名高中生，为此感到自豪。在我上学期间，先生已是闻名全县的语文教师了。尽管先生只在高二给我教了一年的语文课，但他的教学风格、人格魅力、对待生活的态度给予了我深刻印象。在课堂上，先生讲解生动，声情并茂，奇文瑰句，引人入胜。采用的教学方法灵活多样，内容充实新颖，情绪热烈饱满，语言形象风趣，课堂节奏松紧得当，设疑提问恰当适中，板书设计简明扼要，运用教具充分直观，多般武艺各用其极。这是先生从事30多年教育的潜心研究和理论实践的重要成果，成为教育界的教学典范。

　　经师易遇，人师难遇。先生诚笃朴实，严谨治学，精心施教，始终坚持"教书育人，其乐无穷"的理念，遵循"学，问，思，知，行"的教学原则，使学生深刻理解"学而不思则罔，思而不学则殆"的道理，培育了一批批人才，如今在不同的岗位上发挥着重要作用。先生不但是一个孜孜不倦的读书人，更是一个勤勤恳恳的教育者。先生脚踏实地，从普通教师走向领导岗位，历任靖远一中校长，靖远师范学校校长，甘肃教育学院副院长等职；先后被评为中学高级教师和特级教师，当选为甘肃省中学语文教学研究会理事长和甘肃省教育学会副会长，拥有全国教育系统劳动模范，七届人大代表，全国先进工作者等光荣称号。先生代表了一代教师的严谨风范和刻苦精神，体现了高风亮节和诲人不倦的博大人格。其身正，不令而行；其身不正，虽令不从，先生处处以身作则，言传身教，先育人，后育才，得到了学生的尊敬和爱戴。

　　随风潜入夜，润物细无声。在校的或不在校的学生，都让先生操心。有一年冬天，一位学生生病不见好转，先生竟顶风冒雪，骑着自行车行程50多里山路三次看望学生，让家长为之动容。先生时常利用出差的机会或专程与考上北京、西安、兰州等地大学生谈人生，话未来。对一些思想"活"得出奇的学生，在政治方面都给予关心和帮助。先生和风细雨的教诲为学子抹去了人生道路上的坎坷，永远是学生前进的动力。先生待人真诚，严于律己，"桃李不言，下自成蹊"。

人非圣贤，孰能无过，过而能改，善莫大焉。先生秉承一个理念，那就是学生没有"好""坏"之分。先生总是以爱心、信心、决心和耐心对待学生，因材施教，对症下药，一视同仁，严格要求，共同进步。学习成绩好的学生，不言自明。学习成绩落后的学生和所谓"问题"学生，他从没有放弃过。或不辞劳苦，亲自登门说服，给他们以信心和鼓励，更给予了人格方面的尊重；或召开民主讨论会，分析问题，解决问题。先生无论是对待学生的学习还是生活，都是一丝不苟，周到细致。有些有"问题"的学生和"差生"在先生的关心和帮助下，最终走向了大学殿堂，成为社会有用之才。到现在为止，只要是做过他的学生，没有一个不为他严谨的治学态度和高尚的人格而感动的。

寓教于乐，乐在其心。先生尽管是领导，但为了丰富教职员工和学生的文化生活，也自编、自导、自演，货真价实的"山寨版"，恰恰是这种"山寨版"的导演和演员，极大地丰富了校园文化生活，减轻了学习压力，提高了效率。这是一种内心情感和精神境界的丰富表达，更是现在教育界大力提倡的素质教育的具体体现。即便是在那个被称为"臭老九"的特殊年代，先生也并未怀才不遇而怨天尤人，在那样的环境中，对待任何事情都是知之，好之，乐之。"点点滴滴，挥汗沥血沁桃李，喜煞我；日日夜夜，绞肠呕心育栋梁，乐死人。"正是先生的真实写照。

申申如也，夭夭如也。古稀之年，先生仍然抱着以平淡为乐的旷达态度，始终保持爽朗的胸襟，舒缓自如的心情对待生活。喜收藏，练书法，是先生退休后的主要活动。先生痴心书画收藏，据了解目前已收藏书画 600 多幅，而且还在天水展出藏品 200 多幅，有中堂、竖条、横幅、对子、四条屏以及大小斗方，形式多样，内容健康向上，许多学生专程到场祝贺。

学贵得师，亦贵得友。先生既是老师，更是朋友。从先生给我赠送的《鸿爪夕明》影文书画集的赠言中就能表达这样的意思。

俯首甘为孺子牛。先生学而不厌，诲人不倦的高尚人品让我感动。他把教书和育人作为他事业的无限追求，并且用自己的实际行动诠释了什么是师德，什么是为人师表。

　　子在川上曰："逝者如斯夫！不舍昼夜。"不尽的师生之情，不了的感恩之心。

　　愿先生健康长寿。

　　罗崇泰　原籍甘肃甘谷人。1980 年靖远一中高中毕业。现任兰州空间技术物理研究所（510 所）党委书记、副所长，研究员，博士生导师。

老老实实做人　踏踏实实做事

谢二庆

　　"别梦依稀咒逝川，故园三十二年前。"1978 年，也就是 32 年前，张老师作为我的班主任兼语文老师，从高一到高二教了我们两年。几十年来，经历了很多人，很多事，唯有老师对我的教诲，牢记不忘，也一直遵照执行。老师给我的教导就是"老老实实做人，踏踏实实做事"。

　　师者所以传道授业解惑也，韩愈早在他的《师说》里说过。老师既要传道又要解惑。传道就是告诉学生做人的道理，告诉学生生活做事的方法。身正为范，教师是高尚人格的化身，教师的言行就是道德标准。张老师在平时的教学工作中一丝不苟，成为我们做人做事的榜样。记得有一次写作文，我在情节记叙上有些不实，老师认真地指出，作文就是要记录真实的生活，不能有虚假的东西。张老师将我的作文改得满篇皆红，几乎重新写过。每次作文本发下来，都能看见老师大量的修改和评语，后来我的作文能力提高不少，有一次还把我的作文作为范文给全班朗读。老师这种踏实认真的教学风格，给我深刻的印象。十几年后，我也成为一名教师，在教学中都以张老师为榜样，认真批改学生的每一篇文章。老师待人和蔼可亲，无论多忙，都要热情接待来访的学生，回答学生的问题。记得大学毕业后一次去老师家探访，老师那时已承担校长职务，工作繁忙。老师热情招待我们三个学生，大家一个下午一起谈天说地，谈古论今。老师说过，学生就是他的最大的财富。他最愿意和学生一起谝。

　　我大学毕业分配到了靖远春光厂，当时厂子经营情况每况愈下，自感前途黯淡。我去找张老师诉说，他以自身经历鼓励我，不管顺境逆境，都要踏踏实实做事，天道酬勤。在老师的鼓励下，后来经过努力考上了研究生。可以这样说，没有张老师的教导，我不可能有今天的成就。我在研究生毕业时不愿留校当老师，想去研究所做研究。我当时认为自己很木讷，表达能力很差，教不了学生。在那段时间，张老师的身影时时出现在脑海中，我想只要踏踏实实学习，也能做一个像张老师那样的人，终于下定决心留校当了一名教师。初上讲台时，我总是努力模仿着张老师的教课风格，认认真真备课，踏踏实实做科研工作。一年后，我的讲课得到了老师和学生的好评。

如今，我已到知天命的年龄，回顾几十年来自己的学习、生活和工作，张老师的教诲一直牢记在心，一直是我走向未来的动力。今年初见到张老师，虽已 70 多岁了，他仍然精神矍铄，声音洪亮，和学生一聊就是半天。在这里衷心祝福张老师健康长寿，幸福美满。我们学生也会经常看望老师，和老师谝一谝，再次聆听教诲。

谢二庆　甘肃靖远人。1980 年靖远一中高中毕业。现任兰州大学物理科学与技术学院副院长，教授，博士生导师。

我心目中的张克让老师

吴增颖

退休之后的师兄张生贤厅长萌生了给恩师张克让出一本文集的愿望，身为师弟的我非常高兴，当然积极响应。由于本人文学底子差，故勉为其难，拖了很长时间才动笔。

我是 20 世纪 70 年代末在靖远一中读的高中，当时张克让老师名气就很大，语文教得很棒，但是无缘经常听张老师讲课，仅仅听过一次辅导课，觉得张老师讲课神采飞扬，引经据典，风趣诙谐，条理清楚，知识渊博，说着一口流利的"甘谷普通话"，学生们都很崇拜他。我和张老师的交往，主要是在近十余年。通过不断交往，对张老师又有了更深入的了解。

张老师是甘谷人，于 1959 年从西北师范大学毕业后分配到靖远一中任教，在靖远工作长达 32 年，所以张老师说他是甘谷人，也是靖远人，靖远是他的第二故乡。我爱人是我大学的同班同学，和张老师是同乡，他们也很投缘，经常在一起聊天。张老师博大的胸怀、无私的爱心，和他与生俱来的人格魅力无不感染着我们及周围的每一个人。

张老师是一位杰出的教育工作者，他戴着"右派"帽子，从一名普通的语文教员、教研组长，直到靖远一中校长、靖远师范校长、甘肃教育学院副院长；从一名名不见经传的普通教师，到特级教师、全国教育系统劳动模范、全国先进工作者、全国人大代表。张老师的成就无不体现了他对教育事业的强烈追求和赤诚热爱。

张老师对教育事业的贡献，人人皆知，有目共睹，我不再赘述。我重点谈谈张老师在退休后的点点滴滴。

张老师是一个知足常乐者，从他退休后撰写的对联"无拘无束，无忧无虑，潇潇洒洒，退休真好；有亲有友，有酒有肉，热热闹闹，过年诚欢"中就看出他"乐天派"的心态。他不慕荣利，乐观热情，只要亲朋好友有求他必应。我在兰州大学第一医院工作，由于职业的特殊性，和老师、同学、老乡打交道的机会多一些，张老师经常带朋友、老乡、亲戚来医院看病或咨询，做到无病预防、有病积极治疗。同时广交在兰的靖远籍和甘谷籍老乡，高兴之余谈论国内国外的所见所闻，诗兴大发时现场赋诗——喜欢以打油诗的形式总结概括。同乡会或聚餐时自娱自乐，或吼秦腔，或轮流出节目，气氛活跃。张老师走到哪里哪里就很热闹，无论开业典礼、同乡聚会、师生联谊、婚娶丧嫁，只要邀请，他都乐意参加，而且经常撰稿发言，或祝贺，或勉励，或谈文学书法，或宣扬孝道。

写书、练字、师生聚会是他人生的三大志趣，常著文章以自娱，颇示己志，忘怀得失。张老师先后出版了专著《滋兰树蕙录》、自撰自书行草习作《诗情墨趣》、收藏书画与自书习作《书棂画扉》、影文书画集《鸿爪夕明》。每每有一新作问世，恩师必定赐书赠阅，每一幅作品都跳跃着张老师那生命的律动。

作为教育学院的副院长，张老师时刻把离退休老同志的冷暖挂在心上。今年六月份，他从英国探亲回国后，听说教育学院席玉瑚教授身体欠安，就带着我和我爱人马鹏程前去看望，这些事体现了张老师关心同事、尊敬老人的优良传统和作风，也教育了我们年轻人。恩师的这种境界和胸怀不能不让我们肃然起敬。

张老师也是一个社会活动家，经常参加社会公益活动，参与各种有意义的聚会。甘谷县成立同乡会，张老师即席发表了热情洋溢的讲话。同时，他还积极参加同乡会组织的为家乡北山引水工程和救助肾移植患者的捐款，体现了张老师大爱无疆的胸怀。

张老师很关爱学生，经常给学生题词题诗以鼓励学生不断追求进步。"同校校友结同心，同院同仁更情深。两个救死扶伤使，一对积德施善人。古冀靖卫争璀璨，泌尿心血竞芳芬。鹏程万里更增颖，大德大艺大写人。"一诗就是对学生的莫大鼓励，让我们很受感动。

张老师是一位优秀的教师，也是一位杰出的教育工作者，还是一位孝顺的儿子、称职的丈夫和慈祥的父亲，更是我的良师益友。黔娄之妻有言曰："不戚戚于贫贱，不汲汲于富贵。"她的话，说的应该是张老师这样的人吧。我们祝愿他青春永驻，身体健康！

吴增颖　女，甘肃靖远人。1980 年靖远一中高中毕业。现任兰州大学第一医院心内科主任医师。

天涯有尽处　师恩无穷期

张　清

　　漫漫求学路上，教过我的老师不下四五十位，他们不仅是我思想上和学识上的引路人，而且是我生活上的益友。他们多像那默默无闻的树根，使小树苗壮成长，又使树枝上挂满丰硕的果实，却不要求回报。他们爱学生胜过爱自己的亲人。回首顾望，心存感激。没有老师就没有我如今阔步前进的刚毅与坚强。日子徐徐滑过，流水无痕，稚嫩的心中却有飞鸟翅膀划过的痕迹，无声无息却终生受益，令人难忘，张克让老师就是其中的杰出代表。

　　上中学时，张老师给我们代语文。他给我的第一印象就是平易近人，在学生面前像一个年龄较大的朋友，难怪大家称张老师是"朋友型的老师"。

　　张老师博学多才，教学严谨，一丝不苟，他的课对学生有着强大的吸引力。虽然，他说着一口流利的"甘谷普通话"，但是，讲课语言诙谐幽默、干练犀利，悦耳若叮咚的山泉，亲切似潺潺的小溪，激越如奔泻的江流。加之授课内容丰富多彩，表达铿锵有力，即便是一节很平常的课，经他一讲，会变得妙趣横生。

　　课堂上偶尔有个别学生注意力分散，东张西望时，张老师掌握学生心理，十分委婉地说："在窗内看风景，风景也会在窗外笑你。欣赏固然重要，但上课不能心猿意马。"同学们不得不集中注意力听课。

　　每逢夏季，教室闷热，下午上课，同学们瞌睡难当。有人打盹时，张老师满脸堆着笑容，一手握着粉笔，一手拿着黑板擦敲着讲桌，像似在说快板："瞌睡睡，睡瞌睡，瞌睡越睡越瞌睡；精神振，振精神，精神愈振愈精神。"这时，同学们精神振奋，只有借别的课堂投机取巧，语文课上充满了求知欲望。

　　他把教书和育人水乳交融地结合在一起。知识的获取，永无止境，而做人的道理可以伴随一生，不会陈旧。时隔多年，许多教学细节渐渐模糊，而他的人格却一天天清晰、高大起来，高山仰止般让我难以翻越。记得一次师生聚会时，张老师还鼓励我们说："困难像弹簧看你强不强，你强它就弱，你弱它就强。"在张老师的激励下，使我们迎着阳光雨露，骄傲地成长。

张老师不只是教学的行家里手，而且是教子的能手。他常教育儿女要自尊、自信，追求永不放弃。"文化大革命"期间，全家人没有因为突如其来的打击扰乱原本平静的生活、冲散原来美好的希望和梦想。在他的辛勤栽培之下，儿女们都考上了大学，成为社会栋梁，为国家的建设作出了巨大的贡献，这不就是自尊、自信和自强不息精神的应验吗？

张老师常以豁达、乐观的态度对待人生。1959 年，毕业于西北师大中文系的张老师，孤身一人背井离乡来到乌兰山下的靖远一中时，除了一卷铺盖外，还有一顶可怕的政治帽子。他迎着狂风，伫立于前，他用自己的人格力量，撑起了一片蓝天，托起了希望的太阳。他以惊人的毅力和敬业精神承担每周近 30 节的课程。政治运动没有冲垮他，生活的困窘没有压倒他。在那最艰难的日子里，他依然对未来充满信心，从不沮丧。在那段能拧出泪的日子里，他还是笑口常开。

他比别人更知道这个社会，他受到了这个社会不公平的待遇。但他不怨恨这个社会，始终保持着一个坚定的信念——兢兢业业，教书育人。在磨难面前，他没有悲痛过。他坚守"能受天磨是铁汉"的名言，他由一个普普通通的语文老师逐渐走向靖远一中校长、靖远师范校长、甘肃教育学院副院长岗位，以至成为七届全国人大代表，被授予"全国劳模"的殊荣，完全是由他坚定的信念和豁达乐观的人生态度决定的。

我最敬佩他的为人处世。当生活不如意或工作不顺心时，他从不抱怨，而是坦然面对。我从他身上读懂了对生命的乐观与热情、生活的勇气和信心，赋予了我读书生涯的诗意。他的胸襟无人能及，他的豁达令人赞叹。如果说，一滴水因为滋润了小草而得以永生，那么，在我们小草一般平凡的生命里，应该有张老师的延续。

张老师桃李满天下，全国各地、各行各业都有他的学生。由于受张老师的影响，不论地位高低，都是品德高尚的人。至今，他把学生视若儿女。学生求他办事，都能热心帮助，一如当年。在学生面前，张老师如同冬日的暖阳，在严寒肆虐之时降临，让整个生命充满温暖，在冷漠的河床中唱响生命的恢弘乐章。可以说，张老师是希望与幸福的播种人。

就是这样一个普通的老师，一身正气，两袖清风。为教育事业呕心沥血，默默耕耘了四十多个春秋。那满头的白发和脸上一道道的皱纹是岁月在他身上留下的无情的痕迹，也是他一生兢兢业业、克勤克俭的美好见证。

借此机会，我还要感谢我中学时期的班主任、数学老师——李明田老师。他和张老师是多年的搭档，他们为了一个共同的目标同舟共济、风雨兼程，在乌兰山下、黄河之滨，为党的教育事业无私奉献了大半辈子，展现了一代高级知识分子无比崇高的精神境界，他们的身影永存在我的记忆之中。万水千山总是情，洒向人间都是爱！天涯海角有尽处，只有师恩无穷期。学生感恩知报永在心中。

恭祝恩师身体健康，幸福永远！

张清　甘肃靖远人。1980年靖远一中高中毕业。曾任景泰县委常委，宣传部长，会宁县委副书记，现任白银市委农办主任。

师爱难忘

李洁河

有一种爱，像太阳般温暖，春风般和煦，清泉般甘甜，它比父爱更博大，比母爱更细腻，比友爱更高尚，这种爱助人茁壮成长，这种爱让人终生难忘，这就是老师对学生的爱。

从小学、中学到大学，是老师把我们带进知识的海洋，是老师引领我们树立正确的人生目标，是老师的教诲感染着我们，激励着我们，使我们永不偏离人生的航向。在这许许多多的老师中，最令我难忘的是我的高中语文老师——张克让。

难忘张老师的严谨治学。张老师治学之严谨不仅在靖远一中有名，而且在靖远县，白银市乃至甘肃教育系统，堪称楷模。在我的记忆中，张老师穿着朴素，但很整洁，始终表现出严肃认真的仪态。他最爱穿的是一件蓝色的中山装，虽然已经洗得发白，但仍然干净、笔挺。每当他走进教室的时候都会习惯性地将自己的头发捋一捋，将衣服撑一撑。张老师在仪表方面的自尊与习惯，同学们感到很酷，我们都自觉不自觉地去效仿，对我的影响也很大。不仅如此，张老师的严谨更体现在授课过程中，他严谨细致的作风足以让人折服。他给我们班教语文，上课向来都是做好充分准备，提前到教室，等候学生们的到来。每次讲课都要认真备课，板书工工整整，讲解一丝不苟，每节课都很投入。对学生的作业批阅得非常认真，特别对于作文更是逐字逐句地进行批改。后来，张老师成为全国人大代表、特级教师，任靖远一中校长，靖远师范学校校长，甘肃教育学院副院长，是甘肃省知名教育专家，这些成就都与他严谨的工作作风和辛勤的努力是分不开的。

难忘张老师的幽默诙谐。张老师讲课的一个显著特点就是风趣幽默，他经常要求我们多看书，多读文学书籍，曾讲过这样一句话："读书破万卷，下笔如有神；读书看半页，下笔如有鬼。"这句话经常萦绕在我的耳际，鼓励着我至今喜欢涉猎各类书籍和各类杂志，丰富着我的知识面，也丰富着我的人生。他讲文字学，给我的印象更深。他讲解"采"字时，这样讲道："采"字上面是"爪"，就是手，下面是"木"，意为用手采摘植物上的花果。后人给左边又加了一只手，变成了"採"，多此一举！现在又把它简化了过来，是很有道理的，可以说是"返璞归真"。多有趣！他的风趣幽默使学生在轻松愉快的气氛中学到了知识，悟懂了道理，使我们感到上他的课就是一种享受。

难忘张老师的博学多才。"给学生半桶水，自己就要有一缸水的准备"，这是张老师经常告诫自己的一句话。在给我们的授课过程中，我也亲身感受到他的博学多才，他精通国学、涉猎诸家、知识渊博。在我的印象中，他对中国四大名著读得很熟，对《史记》、《三国志》等文史类书籍也颇有研究，经常在讲课过程中引经据典，使学生们听得津津有味。

难忘张老师的勤奋好学。业精于勤，张老师的博学源于他的好学。每当夜深人静，我们还能看到张老师办公室的灯光，节假日的大部分时间不是给我们补课，就是把自己关在办公室里批作业、备课和学习。他在工作之余，还致力于文学创作，如写小说、编剧本、撰诗文等都是他的爱好。后来，他走上了领导岗位，还经常受邀进行讲座辅导，他的讲解，内容丰富，切合实际，富有新意，深受欢迎。据我所知，老师无论是教学、还是从政，从来没有放松过学习，如今他已经是70多岁的人了，仍然学而不止，笔耕不辍，不仅经常读书、写作，而且还悉心学习书法绘画，通过学习使他的晚年生活丰富多彩充满情趣。

难忘张老师的言传身教。教书育人是老师的天职，教书先育人，育人先育己。张老师一生以"杜鹃夜半犹啼血，不信东风唤不回"的执着坚韧，以"精诚所至，金石为开"的强烈事业心和责任感，用爱心和真诚滋润着学生的心田，无怨无悔地做着"人类灵魂的工程师"应做的事。记得上高中时，为了提高我们的写作能力，他要求我们写日记。为了鼓励和启发我们，他把才上小学五年级女儿的日记拿来给我们作示范。他女儿的日记写得情真意切，感人肺腑，字、词、句的运用流畅自然！而我当时写篇作文都七凑八拼，难以成文，这使我很惭愧，后来在老师的积极引导和言传身教下，我写作的兴趣逐渐浓厚，写作能力也逐步提高。张老师对我写作能力的培养，对于我后来上大学、参加工作、当好企业的领导都受益匪浅。直至为人父，我教女儿要向老师的女儿学写日记，尽管有时才几行字，但对她学习语文和作文都有很大的影响，直至今日读大学，她还经常问我，你的语文老师现在还写文章吗？可见，张老师的教诲影响的岂止是一代人。他曾经说："授予学生以猎枪和面包，我更注重猎枪，只有掌握有效的学习方法才能受用终生。"在我的工作生涯中，我也曾培训过焊工技师，也曾担任过兰州石化技术学院焊接专业课老师和客座教授，我也更注重教授学习方法和培养逻辑性思维，有很好的教学效果。我也以老师为榜样，倾己所能，辛勤耕耘，努力把自己的所学传授给莘莘学子，使他们也都能成为单位的骨干和栋梁。"子不教、父之过；生不教、师之惰。"张老师一生教书育人四十载，培育人才无数，辛勤园丁呕心沥血，真可谓"桃李满天下"。张老师的学生在政界、学界和商界，均有不俗的表现，有的成为省、部级领导干部，有的成为专家学者、教授博导，有的成为大学校长、院长，有的成为董事长、总经理、党委书记等。我等泽被教诲之恩德，永志不忘。老师教育有方，他的几个儿女在他的熏陶下都已成家立业，不但都考取了大学，有的还留学海外，成就了各自的事业。

　　光阴似箭，岁月如梭。一晃我离开母校靖远一中已经28年了，这么多年来，虽然与张老师见面的机会很少，但是老师严谨的作风、高贵的品质、朴素的精神和对学生、对教育、对工作的挚爱和负责，始终在影响着我、激励着我，使我终生难忘。做人要做张老师这样的人。我时常告诫自己，要踏踏实实做人，老老实实做事，勤于学习，敢于创新，像张老师一样，努力为社会贡献力量，才能无愧于以张老师为代表的一批老师的谆谆教诲，才无愧于老师倾注于学生的关爱。

　　李浩河　甘肃靖远人。1980年靖远一中高中毕业。现任中石油第二建设公司党委书记、副总经理，高级工程师。

怀抱云山　居高声远

胡云鸿

人生若得一位好朋友，富有一辈子；若得一位好妻子，幸福一辈子；若得一位好老师，受益一辈子。我的恩师张克让就是一位让我受益一辈子的好老师。

我是1980级一班的学生，报名第一天，同学们得知我们的班主任是一代名师张克让，大家议论纷纷，都显得异常兴奋，盼望着早日聆听教诲。第一堂语文课他来了一段开场白：同学们，我叫张克让，克己复礼的克，当仁不让的让……我是地地道道的"南干干"，普通话说得不好，就用"南干干"腔，叠（dié）。我看着他羸弱的身体，顿时心里凉了半截，有些名不副实的感觉。但是随着课堂的深入，我们被他满腹的学养、生动的讲解、风趣的语言深深打动了，很快同学们都喜欢上了这个"南干干"。在后来两年的高中生涯中，同学们对语文产生了浓厚的兴趣，经常掐着指头等待每一堂语文课的到来，为他的讲课而激动着、陶醉着、自豪着。至今回味起30年前他的开场白，我都会为他的幽默风趣忍俊不禁。后来，听说张老师曾为儿子妙释过"南干干"之意，可谓异曲同工、才高趣雅。我们上学时，他的儿子涛涛八九岁，长得憨头虎脑，同学们都戏逗他"小南干"。儿子十分委屈，张老师把他高高举起轻轻放下："'南干干'嘛，那是精干的意思，这是在夸你呢！"儿子马上转阴为晴，父亲的因势利导，让儿子备受鼓舞。

张老师讲课，经常是信手拈来，皆成妙文。如有一次讲到比喻和象征，不但举了赵树理在《小二黑结婚》中说三仙姑老来俏，经常涂胭脂抹粉，好像"驴粪蛋蛋上落了霜"，还随手引用了苏东坡的诗句"欲把西湖比西子，淡妆浓抹总相宜"和曹邺《官仓鼠》："官仓老鼠大如斗，见人开仓亦不走。健儿无粮百姓饥，谁遣朝朝入君口？"用官仓老鼠象征比喻贪官污吏，太形象了！就是在教育学生时，也经常是引经据典，张口就来。如有一次他教育我们要珍惜时间，勤奋不懈，随口就念了一首董必武的《题赠〈中学生〉》："逆水行舟用力撑，一篙松劲退千寻。古云此日足可惜，我辈更应惜秒阴。"不但培养了我们的意志，还给了我们丰富的知识。没有深厚的文化底蕴和爱生如子的诚心，是绝对做不到的。

1980 年高考，我因基础较差，发挥失常，以 3 分之差名落孙山。当时，正值责任田下放，大哥招工在外，弟妹年龄尚小，所有的农活都压在了多病的父亲身上，我在父亲的呻吟中放弃了复读。就在这个时候，我的九叔受张老师委托多次来家中动员我去复读，我都拒绝了。有一天，张老师突然来到了田间地头，令我十分惊讶。他语重心长地动员我重返课堂。因为我缺乏信心，张老师给我讲了个故事："巴西有种被誉为'花中之冠'的火红花，它用八九个月的时间只长出巴掌大的叶子，然而到了第十个月，在短短的三两天内，就能奇迹般长出巨大的枝蔓和叶子，足足可以把一亩地覆盖完，其原因就是提前聚集能量，厚积薄发。虽然你现在落榜了，但是只要你再下工夫学习一年，就一定可以像火红花那样，爆发出惊人的能量，实现你的大学梦想。"但我还是不够自信，固执地拒绝了，张老师只好失望地走了。在以后的日子里，我常常梦见自己聆听张老师的讲课。在我劳动的一年时间里，张老师又先后多次托人来找我去复读，第二年开学，他还捎话让我去复读，但最终我还是选择了劳动，没能成为恩师期望的"火红花"。

天不绝人，在我劳动了一段时间后，我有机会当了民办老师，接着上了靖远师范，工作几年后，又到兰州教育学院学习，毕业后我被分到了靖远一中任教，有幸成为张老师的部下。当时他是全国第七届人大代表，靖远一中校长。靖远一中的教学环境得到极大改善，教学水平不断提高，教师的工作积极性空前高涨，连续几年高考在全省的独立高中中名列前茅。他又成为全省赫赫有名的特级教师，当选为甘肃省中语会理事长，并被国务院授予"全国先进工作者"称号。各种荣誉手不暇接、头不暇戴（他的戏说），全校师生对他推崇备至，但他从不居功自傲。在一次全校职工大会上，他说："靖远一中能有今天，是我们全体职工奋斗的结果，我经常在外开会，都是因为我们有个好的领导班子，好的工作团队。抓教学，我不如包守智；抓行政，我不如韦有孝；管学生，我不如杜培涌。正是由于你们的努力，我们才有了今天的好成绩。我是个好老师，不是个好领导。"他的这段话，突然让我想起汉高祖刘邦的故事，汉朝刚建立时刘邦曾问群臣："吾何以得天下？"群臣回答皆不得要领。刘邦遂说："我之所以有今天，得力于三个人——运筹帷幄之中，决胜千里之外，吾不如张良；镇守国家，安抚百姓，不断供给军粮，吾不如萧何；率百万之众，战必胜，攻必取，吾不如韩信。三位皆人杰，吾能用之，此吾所以取天下者也。"我当时想，这是他引典说事，话虽这样说，但是群众心里有一杆秤，大家都说，张校长他很会用人，放得活，收得住，能调动和指挥领导班子，带领广大的教职员工，不畏艰险，攻坚克难，是个既能将兵、更能将将的帅才。靖远一中的每一位领导、老师在他的引导下都能最大限度地发挥自身潜能。尊重与宽容，欣赏与关爱，引导与激励，平等与合作，靖远一中成了学生幸福成长的乐园，老师施展才华的平台，张老师成了我们遮荫挡雨的大树。

张老师是一个执着的人，也是一个有心的人。在工作岗位上，他几十年如一日，全身心地扑在教育事业上，披星戴月，呕心沥血。退休了，也仍然是同学们的良师益友，他仍十分关注走向工作岗位的学生。年逾不惑的我们，怀旧情结让我们常常聚在一起，每次邀请张老师，他每请必到。同学们都喜欢听张老师讲话，他和蔼慈祥的笑容，脍炙人口的典故，奇闻趣事的调侃，动情晓理的谈吐，引人深思的劝导，常常让同学们欢呼雀跃，受益终生。他是个善于学习和与时俱进的人，和我们交谈总是不忘言传身教，给我们以鼓励和关怀，绵绵之意殷殷之情常令我们难以忘怀。有些同学工作不如意，达不到自己的愿望，怨天尤人，发泄对社会的不满，张老师总是循循善诱，教导学生热爱工作，报效国家。有一段时间我也曾牢骚满腹，不思上进，好像看破了红尘，张老师知道这个情况后，对我说了一句很经典的话："人有三种累法，身累、心累和身心俱累，七尺男儿宁可身累，不可心累，尤其不能身心俱累。"恩师一句话，醍醐灌顶，让我如梦方醒，人一旦身心俱累，必将一事无成，颓废落伍！从此以后，我常被这句话提醒着，工作上不敢出现丝毫的懈怠。

张老师对同学的关心可以说是无微不至。记得2009年冬天，张老师去看他在英国女王大学工作的女儿。到英国后，他把联系方式告诉了同学们，互相问候联系。当张老师听说学生高财庭准备为儿子举办婚礼，就特意写了一首诗："厚德高才流自芳，沧桑正道著华章。子贤媳淑衡门庆，长发其祥百世昌。"并细心地叮嘱我写成书法作品，转赠于他。迢迢万里之外，悠悠他国之乡，张老师心系学生的深情厚谊让大家感动不已。他回国后，我们在兰州、白银工作的部分同学为他接风洗尘，席间听说几个同学得到省政府表彰，他高兴地端起酒杯说："我听说谢二庆、吴辰文、罗崇泰、张强等成为甘肃省领军人才，非常激动。学生进步，老师高兴，来！为你们获得的殊荣干杯！"令在场的学生热血沸腾。这时我情不自禁地想起他经常说的"学生晋级心飞进，学生成名血沸腾"、"只要学生干得好，我自己再穷也自豪"之类的话来，看来他这种以学生为荣，以学生为乐的"职业病"根深蒂固，难改初衷！

语云：上善若水，大爱无疆。张克让老师与我的师生情缘已经被我铭刻在心底，在未来那依然漫长的岁月中，将时时发出生命之光。

胡云鸿　甘肃靖远人。1980 年靖远一中高中毕业。曾任白银市工商局副调研员，白银区工商局局长。现任兰州市七里河区工商局局长。系白银市书协副主席。

只因此心不自哀

——献给老师张克让先生

周 擎

孜矻平生杏苑台，广敷慧露万树开
秋风瑟瑟黯雨夜，春雷朗朗舒天怀
碧泓波映团圞月，鹏翼风生五色槐
何当化作身千亿，只因此心不自哀

周擎　甘肃平川人。1980 年靖远一中高中毕业。一直从事医疗工作，现为和中诊所内科主治医师。

《烛光》赞

——呈张克让老师

张明泰

每忆当年求学难，先生劝步擅扶肩。
登台演讲三春雨，下水作文九夏篇①。
砚种舌耕诲不倦，薪传道布意更虔。
烛光烂漫花千树，竽翠乌兰灿陇天。

附注：

①九夏，古乐名。凡乐事以钟鼓奏九夏。分"王夏、肆夏、昭夏、纳夏、章夏、齐夏、族夏、祴夏、骜夏"。郑玄注"九夏皆诗篇名，颂之族类也"。

张明泰 甘肃靖远人。1980 年靖远一中高中毕业。历任靖远县副县长、景泰县县长、县委书记、白银市副市长等，现任天水市委常委、秦州区委书记。

仰沾时雨之化

徐 智

如果把他从教的步伐汇合，我想那定是一次万里的征程。

如果把他执教的笔沫汇总，我想那定是一座洁白的丰碑。

如果把他施教的妙语汇集，我想那定是一本不朽的巨著。

这就是忆起张克让老师时我最先想到的字句。在我的印象中张老师总是那样兢兢业业、勤勤恳恳、呕心沥血、不辞劳苦地工作着。他那严谨的人生态度、执着的工作精神、爱生如子的无私情怀和潇洒俊健的讲课风格，留给我们的永远是感动。

张老师是我读高二时的班主任兼语文老师。第一堂语文课上，张老师绘声绘色的讲解便深深地吸引了我，我恍如坐在一位激情昂扬的演讲家面前，如痴如醉，兴奋不已。他那渊博精深的专业学识、出口成章的如珠妙语、活跃气氛的幽默诙谐和那举手投足间的自信洒脱，每每让我们沉浸在极其美妙的世界之中而不愿回到现实。我暗自惊叹，语文课竟能如此有趣！

印象最深的是高考前一天，张老师一盒粉笔一杯水，从早上八点到中午十二点，从语法到修辞，从现代文到文言文，从记叙文到论说文，洋洋洒洒，把每一个知识点都巧妙地融入一个完整而又详尽的系统之中，就像把一棵葱郁的知识之树植入我们的脑海，让人既能轻易地综观全局又能轻松地细剖枝叶。那一节课堪称一次规模宏大气势空前的讲座，慕名而来的外班学生越来越多，先是挤满了教室，后来连窗户外面也是人头攒动。所有学生都凝神静听，如同沉醉在仙乐中一般！提起张老师的语文课，那在靖远县的教育界绝对是响当当的，人人赞不绝口！当时我们个个都以做张老师的学生为荣，而外班的学生总是投给我们以极其歆羡的眼神。

作为班主任，张老师总是以身作则、躬亲示范、公正无私而又平易近人，爱学生如己出，待学生如朋友。每一个晨钟敲响的黎明，总能看到张老师精神焕发地带领同学们做早操，迎接着新一天的到来；每一个遇到困难的同学，总能得到张老师及时而又耐心热情的帮助，树立起自信勇敢向前；每一位才华独具的学生都会得到张老师匠心独到的循循引导，朝着自己的特长进军……我们的班集体在张老师的带领下就像一个和谐而又温暖的大家庭一样，融融洽洽，其乐无穷……

时光荏苒之中，毕业、学习、工作、成家，匆促的脚步推动着匆促的人生，见到张老师的机会是少之又少，可是沉心静默之时，依然难忘张老师那爽朗的笑声、睿智的言谈、生动的讲课，更难忘的是张老师谆谆的教诲："纸上得来终觉浅，绝知此事要躬行"、"水惟善流方成海，山不矜高自极天"、"千里之行始于足下"、"知识就是力量"……真可谓句句叮咛句句励志，字字殷切字字真诚！

此时正是阳春三月，谨以此联送给先生，和着这和煦的春风表达我深深的谢意，同时敬祝张老师身体康健、和乐安逸：

> 三尺讲台、舌耕不辍，经纶满胸怀；
> 一心为生、春风化雨，桃李遍天下。

徐智　甘肃靖远人。1981年靖远一中高中毕业。曾任白银市平川区政府办公室主任，现任平川区经济开发区主任。

启蒙老师张克让

焦兴旺

一

1977年恢复高考，城市大门开始向农村青年敞开，这对所有农村学生都是一个极大的诱惑。那年，我们村里的高中考上了三个大学生，其中，我们同一个生产队的刘家荣考上了西安交通大学。这事被乡亲们翻来覆去说得有些神了。有的说，他在家已经研究出原子弹了，还画了草图；还有的说，他日后至少是政治局副主席。反正，学生们学习的劲头一下子被刺激起来了。

初一的时候，母亲念我岁数单薄，老受大孩子欺负，硬是让我留了一级。果然，留下的这个班学习风气浓厚，而且不搞阶级斗争。这真要感谢母亲的英明决定。留级还给我带来一个意外的好处。一年后，从我们那一年的初二开始，县城重点中学一中、二中的高中部面向全县招生。当然，要在县城参加统一考试。学校组织我们村同一年级的五个人去考试，结果全部考中。这样一来，我就到了全县最好的中学，当时大概也是全省最好的中学之一——靖远一中。我被分到高一·一班，重点班。

我到靖远一中是1979年。那时的一中，五湖四海，名师荟萃，集一时之盛。物理老师任家浩、谈复华夫妇是浙江人，数学老师李明田是河南人，地理老师刘毓峰是山东人，历史老师彭世荣是广东人，语文老师是天水甘谷人张克让。当年给我们上课的这几位老师都十分优秀，他们中的多数后来都调到了省城兰州或外地，当了大学老师，有的还成了学校领导。张克让1991年调任甘肃教育学院副院长，并在这个岗位上干到退休。

张克让在甘肃名气很大，但并不是因为他后来成为全国人大代表、全国劳模的缘故。那是后来的事。按照他自己自嘲式的说法，那只不过是"一顺百顺，冠上加冠"的事。其实，20世纪70年代末的时候，张克让在老家陇中一带就已经是一个传说中的人物。我的母亲不识字，住在离县城六十多里的乡下，但她知道张克让。

对一个依赖知识而度过一生的人，中学阶段的重要性不言而喻。中学阶段能不能遇到好的老师，能不能受到好的教育，实在太重要了。但这完全是运气。命运对我很开恩，在我的中学阶段，我遇到了张克让。他是我的语文老师兼班主任，他是我的启蒙老师，他对我的影响最大。

二

我的初中同学杨建庆比我们村考到城里的五个人都聪明，但因为他家庭条件的限制，初中毕业就上了中专。当然，他现在也很好，在老家靖远县人大做办公室主任，也是个很重要的角色。但我至今仍觉得，没能上靖远一中，没能听张克让的课，他吃了大亏。记得上一中的第一节课就是张克让老师讲的，听到中间我的脑子里蹦出八个字：如痴如醉，目瞪口呆。这是我当时彻底进入聆听状态的准确描述，也可能是我此生当学生所达到的最高境界。我是一个有点共产主义思想的人，我当时想，要是杨建庆和我老家村子里上学的兄弟姐妹们都能听到这样精彩的讲课，那该多好！

对农村青年来说，上高中还有一个更重要的目标：通过高考完成城乡二元身份的转变。这如同鲤鱼跃龙门，是惊险的一跳。直到今天，我还会偶尔做关于高考的噩梦，梦中，不是考试迟到，就是答题时找不到笔，或者考试成绩不理想，乃至于后来又反复参加高考。惊醒之后，确认自己早已考上大学，才又安心入睡。我和许多参加过高考的人聊过此事，似乎大家都做过类似的梦。

1980年临近高考的时候我突然得了一场伤寒病，在县城医院住了一段时间后，又回家修养。第一年因高考缺7分名落孙山，第二年补习时转文科。1981年7月，我接到兰州大学经济系的录取通知书。当时我是县里的文科第2名，省里大概是第24名。

靖远一中文科班最初给人的印象是理科学不好才学文科的差生的去处。1980年，从应届理科转到文科班的包强考上了北京商学院，这之后，大家的观念才有了转变。补习后，我转学文科，第一个征求意见的当然是张老师。他以头一年包强的事例激励我：学文科照样有出息，照样可以上好大学。到了文科班，虽然他不再为我上课，但我时常到他那里请教问题，有时他不在家，雒师母代为讲解，她也始终在关注着我。那时，张老师是为数不多的参加高考阅卷的中学老师之一。1981 年 6 月，他从兰州阅卷回来告诉我，他查到了我的两门课的成绩，分别是语文和地理，都在 80 分以上，估计上一个好大学没问题。张老师告诉我这些情况时是在他家里，当时他的表情和眼神我至今都还记得清楚，那不是纯粹的高兴，深邃的目光中还满含着任重道远的期待。

三

有一种小孩子叫"人来疯"，张克让讲课颇有"人来疯"的风格。只要他一站到讲台上，马上就进入角色，抑扬顿挫，手舞足蹈。讲到兴奋处，他的嘴唇微微发抖，这时的学生们也个个屏住呼吸。他几乎有着掌控课堂气氛的魔法，讲到白居易的《琵琶行》，满教室的空气中都是噼噼啪啪的弹奏声；讲到《过秦论》，整个教室又被悲情所笼罩。他最厉害的一招是讲到难点重点时的突然停顿，此时无声胜有声，这个突然停顿里面什么都有了，给你片刻的时间，你就抓紧体会、抓紧领会、牢记心中吧！

作为语文老师，张老师最大的缺陷是普通话不过关。但我爱听他朗诵古代诗文，尤其是古诗词。他带家乡口音的普通话念起唐宋诗词来别有韵味，以至于使人怀疑那些唐宋名家是否都说甘谷话。当然，有一种可能是唐宋人的口音接近于陇右腔调，但更大的可能是他对这些著作的理解十分到位，对其中韵味的拿捏到了十二分的火候。我曾经用普通话朗诵过李白《梦游天姥吟留别》、文天祥《过零丁洋》等印象深刻的诗篇，但总感觉味道出不来，没他那个效果。

张老师的板书是一大绝活。现代书法的种类当中好像没有粉笔书法。其实，应该在教师队伍里提倡粉笔书法。一些短诗，一些歇后语，一些即兴编出的对联，经张老师的板书表达出来，令人赏心悦目、过目不忘。虽然张老师近年也写毛笔字，但他的毛笔书法不是我喜欢的那种类型，太硬，太标准，缺少变化。几十年的粉笔生涯，他只适合在粗粝坚硬的黑板上书写，命运似乎已经把他定格成了一名标本式的中学语文老师。

我的一篇作文曾经被张老师用粉笔抄在学校的黑板报上，那也是我平生发表在公共场合的第一篇文章。我知道,那是一桩力气活,黑板的表面全部皲裂,写起来费劲,而且每次写之前都要拿墨汁把黑板刷过。老师用辛勤的劳动和隽永的板书来肯定自己学生的作文,这对学生是何等的奖赏和激励!我现在还能写点东西而且能够表达自如,多半应该感谢张老师给我打下的基础,是他把我领进了写作的大门。

四

我到靖远县城的时候刚满 15 岁。青春无限好。但我要与青春进行残酷的搏斗。渴慕异性而无从下手,那些惊为天人的城里姑娘,就是自己的同桌或邻桌,可就是不敢说话。几天洗一次脸,平时不理发的时候基本不洗头,头发经常结成一个硬邦邦的"锅盖"。自卑,深深的自卑。不考上大学,你休想与这些女同学们正正当当地说上一句话,你只有偷看一眼的份儿。娶一位城里姑娘,成了当时那个懵懂少年考大学的最大动力。我听说,张克让就是大学毕业后娶上了一中老教师的女儿。我与我的青春达成了妥协,先金榜题名再说。

得要感谢当年我同桌或邻桌的城里姑娘,或许她们至今都不知道,是她们成全了我的大学梦。上大学的最初一两年,我与靖远城里国营工厂的一位女生死去活来地搞起了单相思,直到最后她随父母调到了遥远的南方杳无音讯为止。

我在靖远一中完成了我初步的城镇化。20 世纪 70 年代末期的甘肃农村,随处可见那些披衣服嗑瓜子懒洋洋的少年,我曾经也是他们当中的一员。刚到一中,我还是保持着披衣服的习惯,冬天上课总是把一件棉外套披在肩上。如何纠正我这个毛病,班主任张老师费了一番心思。我只记得某次课堂上,他说到穿戴要整齐,学生要有学生的样子,突然,他笑呵呵地对坐在前排的我说:"大家都在看你呢,怎么回事啊?"我转身一看,果然全班同学都在看我,我的脸一下子红到了脖子根,因为那天全教室披衣服的就我一人。这肯定是一个经过精心设计的局面,估计张老师一直在寻找合适的机会,以一种看似不经意的委婉的方式来达到他所想要的效果。我披衣服的毛病从此得到了纠正。不过,老师这种提意见、批评人的委婉的方式我一直没有学会。我现在还是一个直来直去的人,总因为说话不会拐弯而得罪人。

张老师与学生始终保持着良好的关系,这在讲究师道尊严的县城中学好像有点另类。他与学生的关系有三个特点:一是自然,二是亲密,三是长久。他的普通话不好,一些字的四声念不准,他就把从小会说普通话的李宁宁同学安排在前排,随时请教，随时校正。当时买花椒、白糖都要凭票供应，李宁宁的爸爸是国营二七九厂副厂长，他时常会通过这位同学走后门买点花椒、白糖。据说，60年代张老师家的生活状况非常糟糕，是靖远乡下的塬上学生接济了他，即使三年困难时期，他也没怎么挨饿。若干年后，他的学生中不乏权高位重者，但见面时都喜欢以"张克让的学生"自称。在北京工作的学生们，平时难得一见，但只要他来，总能聚到一起，年龄和辈分相隔两三代，但统统执弟子礼。那些早年毕业的学生与他年龄相仿，但短一声张老师，长一声张老师，喊得不亦乐乎。

<h2 style="text-align:center">五</h2>

张克让一辈子烟酒不沾，没什么养生秘诀，但至今70多岁，仍很精神。他热爱生活，却甘于淡泊。上高中时，我有一次去他家请教问题，他刚从定西地区教育局开完会回到家，还没有吃饭。师母问他吃什么，他说糖开水泡馍。一碗开水加少许白砂糖，学校食堂的馒头，掰开泡到碗里，我眼看他津津有味地吃了。在靖远一中时，他家住在铁道边上，距离铁轨大约五十多米，每天都有火车定时通过。我曾经在他家亲自体验过一次火车经过时的情景：忽然间地动山摇，哗啦啦房屋作响。师母说，后来搬到兰州的好长一段时间里，他们两口子都因听不到火车声而无法安睡。他是一个吃过苦的人，一个从物质匮乏年代过来的人，他对物质生活的追求近乎于无。但他始终是一个精神贵族，他的内心世界似乎没有因苦难生活而留下阴影。在靖远县城的时候，只要有电影大片上映，他总会带着师母在电影院正正规规地看上一场。现在，他最乐于做的事情就是在晚辈学生们的聚会上讲话，为老年大学的学员们上课，如果有学生与他交换一幅有特色的字画，他会长时间地沉浸在兴奋之中。

张老师1957年大学二年级的时候就被打成了"右派"，并开除党籍，那时他刚21岁。我看过杨显惠的《夹边沟记事》、高尔泰的《寻找家园》等书籍，我知道他们这拨人九死一生的不寻常经历。我至今不知道他当年因何而成"右派"，我对他后来的乐观性格也难以理解。我有种直觉，他的阅历和命运绝不像他本人后来所说的"倒运"、"走运"那么简单，那么轻描淡写。

对他的"右派"一案，我特意访问过与他同时代的一中老师，但回答都是语焉不详，不得要领。最近，我在高财庭同学的博客上看到一个张老师的演讲稿，讲的是他近些年出国考察的"24 条观感",也是中国与国外的"24 个'不一样'"。他的观察既高屋建瓴,又见微知著,而且每一条都对国内的现状有所针对。直到这时,我才隐隐约约地感觉到,张老师本质上就是一个"右派",一个天真可爱会说实话的"右派"。过去的这么些年,我们被"左派"害得不轻。我觉得,这个世上还是多点张老师这样的"右派"好。

如果我没记错的话,张老师与我的母亲同庚,都已是 75 岁的老人。我希望他们与全中国的老人一样,都能有一个幸福快乐的晚年。当然,我还有一点小小的希望,希望张老师能为他所处的时代做一些反思性的工作,因为他有这样的阅历和能力。一个 21 岁的"右派",一段 20 年的沉冤,亲人付出生命,自己也曾在死亡线上徘徊,那是怎样的刻骨铭心,为什么不写出来?在写这篇文章的采访中我发现,至今在一些人心目中,对当"右派"一事还是讳莫如深,甚至视为可耻。现在的年轻人对现状有些不满,但我们的国家原来是个什么样子,他们并不知道。我希望张老师能在有生之年把他丰富坎坷的人生写出来,对自己、对后人、对这个时代,都是一个交代,也是一份财富。

焦兴旺　甘肃靖远人。1981 年靖远一中高中毕业。历任中国(海南)改革发展研究院院长兼经济研究所所长,《中国改革》杂志主编、《经济观察报》研究院院长。

我印象中的张克让老师

王彩霞

岁月悠悠、时光荏苒！

蓦然回首，离开故乡已二十余年。但细细回想，中学时的一幕一幕竟如同昨天：儿时的发小同窗活灵活现，游憩玩耍求学之景似在眼前；师长的教诲犹在耳边，慈祥的面容印在眼帘，记忆的闸门再也难掩……

1982 年为求学离开故乡靖远，大学毕业后被分配到天水，感慨可以用这样几句话来表达"求学离故土，谋生赴异地，同学少联系，师长寡谋面，只为社会人，庸事多牵绊！"

一张阳光的脸

张老师面容和善，性格乐观，总在脸上流露着微笑，如一缕春风，荡漾在靖远一中的校园，抚育着幼苗成长！拿眼下时髦的话说，就是"喜庆"、"阳光"，在莘莘学子心田播撒阳光；在校园释以轻松、快慰、安详、宁静！因此，我们学习语文知识也很轻松，愉悦！

一副精神的身板

张老师身材不魁梧，但身板硬朗挺拔，精悍干练，给人以坚毅稳健的感觉。在未正式结识前，总在校园里看见一个走路稳健、精神抖擞的中年老师，当成为我们班的语文课任课教师后，随着在课堂上讲课动姿语汇的表达，更感到张老师的干练与利落。

一笔漂亮的字

张老师是文科科班出身的教师，尤其是"文化大革命"前的大学生，一笔书写流畅、端正、优美、好看的钢笔和粉笔字如他的为人：正直、善良、谦和、宽容、富有魅力。看张老师写黑板字是一种享受，欣赏张老师办的板报，增长知识，提升境界。所以，他的秀丽的字体，一直镌刻在我的脑海里……

一口甘谷普通话

大家都知道，张老师老家是天水甘谷，大学毕业后一直在靖远一中任教，将自己最美好的时光奉献给靖远的教育事业了！靖远学子对张老师的爱戴不亚于父母，对张老师的熟识程度像自家人。因此，凡做过张老师学生的人，听过张老师课的人，都清楚：张老师的普通话始终带有甘谷话的音韵，乡音难改啊！这在张老师活泼、幽默的讲课风格中又平添了几分感染力！这儒雅中透着的朴实更令人钦敬！

一身的睿智

张老师知识渊博，才思敏捷，讲课活泼，幽默风趣。在我所听过语文课的老师中，对我影响最深！张老师不仅仅教会你书本上的知识，更在于他能点化人学习语文的技巧！他常说"给人以金子，不如给人以点金术"。他在讲一个知识点时，举一反三，引申启发，教会大家如何学习。所以，听一段时间的课，你就会自然而然地知道：如何自学；如何积累素材；如何欣赏作品；如何起笔写作文；如何分析文言文；如何开阔视野；如何集腋成裘……就连我这个死记硬背的人，经过一年的学习，语文的学习成绩也突飞猛进，在高考中，成绩还不错呢！

一位富有魅力的人

张老师在学术上，可谓靖远文科语文课泰斗！培育的人才桃李满天下。每每提起张老师，首先是他在语文教学上的成就，使我们引以为自豪：在靖远张克让老师——语文课的象征；在政治上，张老师曾当过七届全国人大代表，当过靖远一中的校长，也曾任过甘肃教育学院的副校长，无疑对靖远乃至甘肃教育界产生过巨大影响，靖远尽人皆知！

张克让——一个靖远人家喻户晓的名字！

张克让——一代饱经风霜受人爱戴的教育者！

张克让——一个颇具人格魅力的文化名人！

张克让——靖远教育界的一面旗帜！

王彩霞　女，甘肃靖远人。1982年靖远一中高中毕业。现任甘肃林业职业学院校刊主编、教育研究室主任，副教授。

写给恩师

韦兴钰

"一树蓓蕾莫道是他人子弟，满园桃李当看成自己儿孙。"

受张生贤先生感念恩师的影响，自己的眼前也总是浮现出曾经教过自己的那儒雅饱学、性格鲜明的面容……今闻靖远一中校友准备为张克让先生出一本文集，内心百感交集，故撰拙文，以示纪念和祝贺。

恩师在反右斗争及"文化大革命"中备受打压，虽处逆境却从容淡定。恩师1984年任靖远一中校长，其多才多艺，学而不厌，诲而不倦，真可谓桃李满天下。在三十多年的教育教学以及教育管理实践中，总结并践行了一套完整而科学的教学、教育和管理理论。尤其在中学语文教学中有独到的建树，创立了科学严谨、循序渐进、师生互动、生动活泼的教学方法，是我省中学语文教学改革创新的积极倡导者和领军人物。恩师一生爱岗敬业、任劳任怨、不计名利、坦荡真诚，先后被评选为全国教育系统劳动模范、当选为七届全国人大代表，并被国务院授予全国先进工作者（即全国劳模）称号。

脑海中恩师透出的则是一股儒雅之气，衣着永远干净整洁，戴一副眼镜，举手投足，文质彬彬。课堂上，恩师情感充沛，挥洒自如，让课堂充满情趣；作报告，恩师引经据典，出口成章，把人们领进一个瑰丽的文化世界。尤让人敬佩的是恩师渊博的学识和优秀教师的功力，使得他走到哪里都是标杆人物。只要他一站在讲台上，学生眼中就只有对知识的臣服而忘了其他，他的名气就不可遏止地传播开来，甚至在"文化大革命"的氛围中，他的名声连同他的甘谷腔调，都显得非常的特立独行，在那时大多数的靖远人都知道有这样一位中学语文老师。每一个时代总有每一个时代独有的特征或风采，每一种文化也总有每一种文化滋生的土壤。靖远一中在恩师担任校长的时期，实现了跨越式的发展，从1977年恢复高考初期的靖远高考开门红，到 20 世纪 80 年代中期，靖远一中每年高考的录取名额已经进入了全省前三强的行列，几乎每年都有 500～600 名学生考入大学，其中有近 1/6 能够进入重点大学。靖远一中在克让先生手中所创造的辉煌，使得靖远一中似乎具有了神秘的力量，成为能使生铁也发光的神圣磁场，来自天南海北的学生都想方设法投入一中的怀抱来接受教育熏陶。退休之后的恩师，走到哪里，学生簇拥到哪里；桃李不言，下自成蹊。就在他退休之时，他的学生张生贤等四十多人给他送去了"业勋教坛"的巨匾，表达了学生们对他的感激之情和仰敬之心。

如今，恩师学生遍天下，他还笔耕不辍，相继编辑出版了教育专著《滋兰树蕙录》、自撰自书行草习作《诗情墨趣》、收藏书画与自书习作《书棂画扉》、影文书画集《鸿爪夕明》。这些作品，是恩师作为一名忠诚的教育工作者一生教育情缘的凝结，不仅对于我们这些学生，对于广大的教育工作者也是弥足珍贵的。恩师带给我们的太多太多，寸草春晖，何以报德？唯有砥砺奋进，将恩师的美德发扬光大，才是我辈应得之举。我无法一一列出恩师常里瞬间的诸多善举，但通过与恩师的接触和交往，深知他的人格魅力源自他博大的胸怀、无私的爱心、强烈的责任，源自他对事业的执着、对学生的关怀、对同事的宽容和对生活的乐观，这些，足以让我们追求一生。

春秋代序，日月递嬗，风雨将磨炼单纯，阅历会酝酿成熟！仿古生命历程，重温师生情谊，会欢心会激动会伤感，更会得到一份温馨……

韦兴钰 甘肃靖远人。1982 年靖远一中高中毕业。历任中国银行兰州市西固、七里河、城关支行副行长。现任中国银行兰州市广武门直属支行行长，会计师。

烛 光 颂

韦尧兵

九月圣洁的阳光在照灿

十日鲜艳的红烛在点燃

教师　神圣而光辉的职业

烛光　人类社会永恒的亮点

春蚕吐丝　乌兰笔翠矢志不变

呕心沥血　金城滴绿诲人不倦

一中师范精雕细刻严示范

甘肃教院兢兢业业任劳怨

桃李饱含园丁情大智无言

玉器深藏匠人心大爱无边

教师　振兴民族希望的关键

烛光　照耀学子希望的亮点

讲台　人生的第一站

粉笔　知识的远航帆

自然人孕育靠母亲关爱

社会人教育靠教师锤炼

一腔热血甘心情愿当摆渡

一颗爱心领引学子到彼岸

两袖清风正清廉

满腹经纶登文山

中年弟子顿感重任在肩

青年学子又感任重道远

寒来暑往　勤勤恳恳三十八年

春去冬回　孜孜不倦壮志无限

一身正气天地间

一笔好字日月焕

从风华正茂到白发银鬓

从宽严适度到爱的奉献

引乌兰清泉浇灌陇原花朵满园

倾黄河涛声培育社会栋梁千万

一套方法师之范

一口官腔师之言

春蚕到壮丝未尽

蜡炬成露液不干

教师用身躯点燃学生智慧之火

红烛用心血放射光辉照亮人寰

韦尧兵　甘肃靖远人。1983年靖远一中高中毕业。历任兰州理工大学研究生处副处长、机电工程学院党委书记、教务处长等，现任学校办公室主任，教授，硕士生导师。

最忆油墨飘香时

——我与张克让老师的交往与情缘

高振茂

人的一生，留在大脑深处的故事很多，一旦被某种情结勾起，往往会让人有一种说不尽道不完的感觉。

前些年在整理和归类书报刊的时候，妻子曾在耳旁嘀咕："看你的书架都挤不下了，到处摆的是书，我想把那些旧书、废报纸和烂杂志（油印报刊）拿下去当废纸卖了。"每当这个时候我就"翻脸"似的跟她发急并较真："不行，这些东西不能丢，哪怕是写了几行字的一张纸片，这或许是我写作的素材，或许就是一些难得再造的宝贝，要扔也得让我检查过了才能给你。"

明白我有这个"癖好"以后，妻子眼中所谓的旧书、废报纸和烂杂志也就顺理成章地保存下来，偶尔翻起，不但能激起我对许多故交和往事的回忆，而且常常点燃我创作的欲望。

就在这些并不起眼的陈旧材料中，最让我欣慰的还是当年自己参与过的一些活动记录和曾经创办过的油印报刊，尽管它们承载的内容单纯而且幼稚，但其中所有的经历或细节却凝聚了我们的心血和汗水，有时甚至耗尽了我们最具豪气的青春时光。我们的梦想，往往从此飞翔！

我与张克让老师的交往，源于这些油印材料溢出的馨香，古朴且淡雅，迷人而悠长。

随风潜入夜，润物细无声

1979 年秋，我从当地一所普通的农村学校考入靖远二中，直到两年高中毕业选

310

择了文科方向以后，才对张克让老师有所耳闻。听说他在反右和"文化大革命"期间曾经遭受过不公正的待遇，但他处世乐观、为人和蔼、热爱教育、关心学生，"文化大革命"结束后被评为中学特级教师。听过张老师语文课的同学说他课上得很棒，语言风趣幽默，教学风格朴实且有特色。

仅仅这些耳闻，足以让我神往和敬慕。

1982年秋，靖远二中新开两届的文科班开始报名。我因为高考的失落，似乎无颜再见二中给我上过课的各位老师，于是便跟几位分数相近的同学转到了一中。时年张老师已经从教研组长荣升为学校副校长，遗憾的是没能给我们文科班上课，以至于后来的接触竟缘于一场作文讲评，至今记忆犹新。

1983年春，全校组织过一次中学生作文竞赛活动，我的一篇习作《给台湾中学生的一封信》荣幸获奖，第一次被打印成油印版的校内作文集发到了我的手上，心中洋溢着难以言表的激动。

随后，为了表彰作文获奖的同学，学校专门组织了一次全校师生参加的露天表彰大会。就在这次表彰会上，我与其他十多位获奖的同学坐在前排，我第一次近距离领略了张校长的风采。

他代表学校先向作文获奖的同学表示了祝贺，然后就"如何写好作文"向全体同学讲了许多关于作文的技能和技巧，他特别强调作文素材的积累，要我们多读书、多观察、多思考，要坚持记笔记、写日记，要言之有物、言之有情。他列举了许许多多实例和范文，让我听得如痴如醉、心花怒放。特别是他介绍时读初三的女儿张春雯的获奖作文时，最让我震撼和汗颜的是春雯从小学三年级就开始写日记，截至当时，日记已有近200万字之巨，难怪当时省内外的许多报刊上都能看到张春雯的部分习作，这对当时的中学生来说的确是最大的鼓舞和激励。

就在这天，张老师作为一名普通的副校长第一次走进了我的视野：他个头不高，满面春风祥和，身穿一套朴素但很笔挺的中山装，显得自信、儒雅、乐观，讲话时语速稍快，抑扬顿挫，亲切流畅，普通话里常常附带浓浓的乡音，既有陇南甘谷的厚重，又有陇中靖远的硬气，在引经据典和诗词吟唱的自然表述中给人以智慧和力量。

在张老师的点化下，我的思想深处有了一丝触动。从那以后，我才正式开始我的读书笔记和日记之旅，虽然恒心不足、断断续续，却也保持了许多年，这为我后来的写作和教学增色不少。

久旱逢甘霖，他乡遇故知

每一个时代总有每一个时代独有的特征或风采，每一种文化也总有每一种文化滋生的土壤。

20 世纪 80 年代至 90 年代初，是一个让人难忘的时段。那时人们的生活条件还很艰苦，文化和教育也正处于拨乱反正的时期，影视传媒尚未普及，多媒体的开发和利用更是遥遥无期，校园内油印或铅印的报刊一度成为主宰校园文化的重要载体，它们像一面面张开的白帆，将许多年轻学子的梦驶向远方；又像一把把燃烧的火种，曾经点燃无数青少年最纯真的激情。

1987 年秋，我从西北师大教育系毕业分配到靖远师范教书，因为爱好文学便很快融入当时比较兴盛的校园文化氛围之中，与武承明等老师携手创办了靖远师范"雨笋"诗社并编发油印诗刊，从而增进了与当地文学协会和兄弟学校的联系与沟通。

张克让老师时任靖远一中校长，兼任学校"乌兰草"文学社名誉社长。该文学社早于 1984 年创办，成为靖远县各学校十一届三中全会后最早成立的文学社团。1988 年，在张克让、张普、孙宪武、周玉林等老师的酝酿下，靖远县文学协会正式成立，张校长兼任文学协会主席。在他的感召下，靖远县文化馆主办的《乌兰》，靖远一中的《乌兰草》，靖远二中的《春芽》和《黄河浪》，靖远师范的《雨笋》和《百草原》，杜树泽等人自发编印的《祖厉河》，曾经成为当时靖远文化的大亮点。在这些文学社团的发展和报刊编印中，许许多多青少年深受感染和鼓舞，他们中的大多数人从此步入了一个充满希望和理想的良性发展轨道，今天已经成为各行各业强有力的中坚力量。

就拿我们当时创办的"雨笋"诗社来说，会员最多时超过全校学生的四分之一，在县级以上报刊发表诗文的学生有近百人，曾与《诗神》、《奔流》、《当代诗歌》、《中学生校园文学》、《飞天》、《白银报》、《文化与视听》等报刊建立了广泛的联系，涌现出吕文英、邹占才、郭宝军、李云飞、梁泰、芮培文、贺文、陈尚敏、王丽强等一大批优秀的校园作者，对靖远师范校园文化的繁荣起到了应有的促进作用。

然而，每一个文学社团的发展和报刊的编印皆与创办者和支持者有关，否则是很难运行的。1989 年，由于经费的困难和诸多其他方面的原因，诗社解散社刊停办，许多师生因此感到遗憾和无奈。直到第二年张克让校长从一中调入师范后才恢复重办，而且在此基础上又新添了《靖师团报》、《靖师青年》、《百草原》和《钟声》等多种油印小报，张校长不仅成为校园文化的倡导者和校园文学社团的支持者，而且是校园油印报刊的直接撰稿人和各类校园文化活动的主讲人或参与者。

张校长从一中调入靖远师范不久，第一次观看演出后就发现，师范生的文艺技能和演出水平比中学生好，但所有的节目都是"现成"的大素材，反映学校实际生活、自编自导的节目极少，学生上台的积极性很高，而教工上台的积极性不高，这不符合师范学校人才济济的特征。于是，他号召全体师生共同参与、自编自演，充分开发并利用教职工的艺术潜能，深入挖掘校园内部资源。一时学校上下闻风而动，情绪高昂，真可谓"堂上一呼，阶下百诺"，连爱好民间器乐的几位后勤服务人员也要登台亮相。

为了将这次演出落到实处，张校长亲自动手创作了一篇《满怀激情赞靖师》的陕西快板，随后，由学校师生创作的《王教授卖面包》、《两张高考成绩单》、《国外来信》、《校园晨曲》等节目也就一同搬上了舞台，加上原有的优秀曲目和秦腔等，上台教工明显增多，演出内容又切合学校实际生活，因此场内掌声四起，效果很好，给全校师生员工留下了极为深刻和美好的印象。难怪张校长常说："一花独放不算春，百花齐放春满园。"

就在这一年夏天，学校组织的中师生合唱比赛赢得了全省中师生录像评比二等奖的好成绩，学生353件美术作品首次在白银市三县两区巡回展览，吸引了数万名师生和群众参观，受到时任副市长卢天禧的祝贺以及各县区政府的赞扬和表彰。因学制调整，当年有两届学生同时毕业，因此，经张校长多方奔走，积极争取，当时有10名优秀毕业生被保送西北师大和兰州师专深造，成为靖远师范历届保送生最多的一届。

秋季，我被任命为学校团委书记，张校长曾对我说："咱们师范的历史悠久，文化底蕴很深。根据我的观察和了解，学生晚自习前的书法练习和晚自习后的唱歌很有特色，值得赞扬，但好多歌曲听起来似乎格调不高、阴阳怪气。"我接过张校长的话题说："就是，这些大多是近年来流行的通俗歌曲或摇滚歌曲，学生们爱唱，觉得时髦。"张校长说："那你说说它们的教育意义如何？它们适用于我们的中小学和中师吗？"我当时的确没有想过这些，只好看着张校长尴尬地笑了笑。张校长又说："下去咱们组织师生讨论讨论，听听师范生到底应该唱什么样的歌曲？为什么？"经过组织师生讨论，大家基本形成了以唱革命歌曲为主的基调，辅以内容健康、有教育意义和激励作用的好歌，这种传统一直保持了许多年。

这正是油墨飘香的时候，这也正是中师生年轻有为的关键时段。每当我看到一个个青年学生从这里走向大世界时，我常常有一种挥之不去的校园情结。在这情结的背后，让我最为感动的是那些为之默默付出的老师和同学，以及校园文化活动最有力的支持者和指导者。

每当这个时候，我也就自然而然地想起了尊敬的张校长，以及与我同甘共苦的所有师生。因此，让我以文字的形式向他们郑重地道一声感谢！

淡中知真味，常里识英奇

毛泽东主席在《吴玉章同志六十寿辰祝词》中曾有过这样一段话："一个人做点好事并不难，难的是一辈子做好事，不做坏事，一贯的有益于广大群众，一贯的有益于青年，一贯的有益于革命，艰苦奋斗几十年如一日，这才是最难最难的呵！"回想张校长多年来的所作所为，我浅陋的文笔无法一一记述，但我因他常常联想到主席的这段名言。

20世纪90年代初，就在张校长调入靖远师范短短的一年时间里，他除了大力倡导教学改革和校园文化建设外，曾为老教师的子女就业跑上跑下、费心尽力。当时靖远师范虽然直属白银市管，但由于地处靖远县城，许多教师的子女就业一度成为"两不管"的"遗忘角落"，市上想着有县上解决，县上认为市管学校应该由市上解决，结果未就业的教工子女越积越多，直接影响到许多教师的心情和生活。得知这一情况，张校长感同身受、心急如焚，立即上找市长、下拓岗位，通过多种途径解决了许多教师子女的就业问题，从而解除了许多教师的后顾之忧，为教育教学工作间接地起到了助推的作用。

这些当年解决了就业的教师子女，心中充满了感激和鼓舞，他们深受老一辈教育工作者的影响，勤奋学习、努力工作，思想积极上进，工作兢兢业业，无论是干部还是工人，绝大多数现已成为各个部门的骨干力量。

同年入冬，我市景泰县寺滩乡和正路乡发生地震灾害，消息传来，立即牵动了全体师生的心。张校长马上召开会议并向全校师生发出倡议，一个为地震灾区捐款捐物的活动迅速兴起。他率先拿出身上的50元投进了捐款箱，而后"你1元我5

元"、"你 5 斤我 10 斤"、"你 1 件我 3 件"地就捐了起来，仅几天时间就为灾区人民募捐了 5000 公斤面粉、612 公斤粮票、1066.5 元现金和数十件衣物，分两车直接运往灾区，彰显了全体师生"一方有难、八方支援"的浓浓爱心。此消息在《白银报》发出后，引起了人们的广泛关注。

直到 1991 年张校长调离师范后，我偶然从"成长之路"报告团的一份复印资料中得知，他曾为靖远一中"乌兰草"文学社捐过 300 元，在靖远县某一年的集资办学活动中捐过 400 元，仅 1991 年以前就为教育捐款多达 1800 元，相当于我当时一年半的工资。这在工资微薄的时代，无疑是真正意义上的慈善之举，没有坚定的信念和博大的爱心，窃以为恐难为之。

自张校长从师范调入甘肃教育学院后，我和张校长的直接交往便越来越少，但对张校长独有的一份敬重却越来越深。这不仅仅是因为他没有忘记我这个默默无闻的学生和同事，曾为我签名赠送他的《滋兰树蕙录》和他的书法作品，而更让我感动的是一些平平常常的瞬间和平平淡淡的往事。

在当年靖远县的文化圈里，我曾结识过许许多多的老师和文友，如张普、孙宪武、周玉林、苏宰西、高财庭、滕宝慧、张莉军、李晓、万国钰等，他们独守一方寂寞且宁静的天空，苦苦地思考、默默地创作，将自己多年的心血凝成一页页散发油墨的书稿。每当这个时候，大家想到最多的还是张克让老师，请他作序、请他述评，因为他博学宽容、善解人意，甘当人梯、愿为绿叶。他不会因为名利跟你索取什么，只会凭着良心和热心扶你上路。一个热爱生活且保持上进思想的人，若能遇上这样的老师，应当是人生中的一大荣幸。

景泰县条山农场的团委书记徐定福，是我从团委转业前结识的好友之一，在工作和为人等方面都表现得非常出色，善于学习和研究。他曾多次向我赞美张克让院长的人品，我觉得纳闷儿，想他曾经告诉我他是河西学院毕业的学生，他怎么认识张院长的呢？于是我便问他："你是张院长在省教院进修时的学生？"他说不是。"那你是怎么了解张院长的？"他说他是省中语会的会员，是在中语会组织的活动中认识的，张院长是省中语会的理事长，难怪他对张院长佩服得五体投地。

几年前，张校长从兰州给我打过一个电话，说是会宁有个叫李彦龙的学生，妻子在县城教书，他在乡下教书，家里有病人、有老人，生活非常困难，让我跟老同学贾汝昌联系一下，看看能否调动到一块。当时贾汝昌正好外出学习，我没有联系上，就把电话号码给了张校长。事后想起自己 1989 年也曾带过一个名叫李彦龙的学生，不知张校长推荐的是不是同一个人。经过电话询问，才得知正是我当年带过的学生。由于近 20 年没见，我连李彦龙的长相都有些模糊了，可张校长却一直记挂着这个曾经进修过的贫困学生，这不得不让我惭愧甚至感动。这样的关怀和厚爱若不是让我碰巧赶上，恐怕只能默默地留在被关爱者的心灵深处。

古人云：见微而知著。我无法一一列出张校长常里瞬间的诸多善举，但通过与张校长近二十年来的接触和交往，深知他的人格魅力源自他博大的胸怀、无私的爱心、强烈的责任，源自他对事业的执着、对学生的关怀、对同事的宽容和对生活的乐观，这些，足以让我们追求一生。

高振茂　甘肃平川人。1983 年靖远一中高中毕业。现任靖远师范教研中心副主任，高级讲师。系白银市作协会员，白银市诗词楹联家协会秘书长。

同张克让先生进餐记

王天灵

对张克让先生最初的深刻印象，大概是 1983 年他在靖远一中当副校长时。记得有一次，在一中大操场上他站着对全校师生"讲课"，或者说是演讲。演讲的主题好像是关于写作方面的，从观察生活到积累素材，从提炼主题到布局谋篇，从修辞手法到遣词造句，有理论，有实例，大部分实例还出自本校学生作文，既亲切，又感人。娓娓道来，使空气当中都充满了生动。我想许多人同我一样，对那次张先生用他的甘谷味的靖远话，或者甘谷味的普通话所作的充满轻松和快意的演讲，即便是几十年后，同样应该是有印象的。现在回想起来，如果不是那次演讲，由于他不给我们带课，我可能就没有机会得睹张先生授课时的风采了。

我们非常幸运，因为在我们的学习时代的靖远一中，有许多如张克让先生这样的生动的让人受益的讲课，总要算是我们生活中有价值的、难得的好事情。靖远一中也正是因为张先生这样的许多执着于"传道授业"而又个性生动的先生而生动着。张先生任靖远一中校长后，接着又获得全国教育系统劳模称号，再接下来就是七届全国人大代表，全国先进工作者，好事连连，有为者居其位，为靖远一时之盛。

1988 年他赴京参加七届全国人代会，我曾同一帮靖远同学在京西宾馆拜会过他，其后"两会"期间还见过一次，除了听张先生谈会上见闻，听他同其他教育界人士提出的有关教育方面的意见、建议和议案，并且还和他在甘肃团驻地师生合影。除了老校友展学习、王承德、鱼化龙等人之外，年轻的同学有我和宋宏谋、张巨岩等。我们一齐围在张老师周围，倍感亲切和自豪。

2006 年 3 月 1 日，一帮在京的高中同学及同乡约 10 多人，在马甸桥东南的辽宁驻京办的靖远风味餐厅，一个十分地道的靖远美食小馆，欢迎张克让先生及夫人。说是欢迎，实际上也为张老师及夫人饯行，因为他们老两口准备去英国探亲，看他的女儿、女婿和外孙。人快到齐的时候，忽然进来一老一少，老的是一个六十开外的女同志，大家都不认识她。只见她径直走到张克让老师跟前，问张老师是否认识她。张老师端详了很久，还是未能认出她来。最后还是她自我介绍说，她叫段明慧，是张老师当年在靖远一中时的老学生。她听她儿子说，他们一帮靖远同学要和张老师欢聚，当她得知这位老师正是张克让老师时，便自告奋勇地跟着儿子来了。几十年没有见张老师了，她显得非常激动。我们一帮年轻同学也都为这位老同学主动来看望老师而深受感动。另一方面，也可由此看出张克让老师在学生中的崇高威望。

餐桌上的张先生，老则老矣，也不再是一中校长，也不再是教育学院副院长，当然也不再是人大代表，但语文老师的风采还是依旧，种种做派曲尽其妙。神情活泼，谈吐仍然生动，时有妙语如珠连发，颇多随心所欲而不逾矩之风流。席间承张先生奉赠一张"名片"，其背后有先生诗作，名曰《自嘲诗》。全文如下：

> 风急浪高任浮沉，苦辣酸甜尽我吞。
> 中学大学留趣语，逆境顺境吼秦音。
> 传道授业尊孔圣，滋兰树蕙效 Q 君。
> 急流勇退自潇洒，管他暑寒与晴阴。

从这首《自嘲诗》中，我们明显地感受到张老师是一个坚强不屈、拼搏向上、爱好秦腔、说话风趣、教学认真、一丝不苟、尊崇孔子、热爱学生的好老师。全诗八句，其他六句全是真情实感的自我表白，只有最后两句"急流勇退自潇洒，管他暑寒与晴阴"，是一种"自嘲"，是一种调侃。因为我们知道，他退休后，一直是退而不休，又著书，又练字，教学生不停步，做好事不断头，哪像个"管他暑寒与晴阴"的样子呢？

愿张先生乐养天年，景山常绿！

王天灵　甘肃靖远人。1983 年靖远一中高中毕业。现在外交部工作，任中国驻日本大使馆参赞。

我们事业的基座

高启繁

一个人，无论他是成功还是失败，在他的人生轨迹里，一定会留下一群人的脚印，这些脚印中最深的无疑是父母和老师的脚印，父母养育了我们的身体，而老师升华了我们的灵魂。如果把人生事业比作一座塔，那么老师，就是这塔底的基座，若没有老师帮你打下牢固的基础，你便无法成就一番事业。

在我生命中就有这样一位好老师……

30 年前仲夏，我从乡下来到渴望已久的县城读高中。高一第二学期开始，我们班换了新的语文老师兼班主任，他就是后来靖远县人人皆知的张克让老师。张老师始终是个充满活力与自信的人，别看他个头不高，但他有一套独特的教学方法，在课堂上，总能用几个幽默风趣的小故事紧紧地凝聚学生的注意力。因此，我们班的课堂气氛很活跃，大家都爱上他的课。张老师更是个热爱教育和学生的人，张老师在靖远执教 30 余年，受教于他的学生成千上万，每个学生都对他怀有浓浓的敬佩和感恩之情。

三十余年过去了，至今我还记得他第一次迈入我们教室的画面：笑容可掬的面容，灼灼其华的眼神，潇洒出尘的风度，这都显得他卓尔不群、超然独立，顿时让我眼前一亮。

张老师在教学方法上的独树一帜，源于他对教育思想和方法的潜心研究和实践创新。在他看来，每个学生都具有无量的潜质，关键是如何通过激发学习兴趣来发掘潜质。因此，在他心目中，每个学生都是一块值得认真雕琢的璞玉浑金，他希望把每一块都磨砺锻造得更加熠熠生辉；他盼望着他的弟子都能够走出黄土高坡，实现宏图伟志，青出于蓝而胜于蓝。他善于把握学生的心理变化，对学生总是循循善诱，乐于疏导。因此，一旦有的同学在学习上有了进步，他都给予积极的褒奖并在以后的教育中更加注重培养和关爱；而对成绩稍差的同学也从不贬低蔑视。

记得高一第一学期，由于重理轻文偏好的影响，我对语文课总感到枯燥和乏味，写作文更是我最头痛的，每次写作文总是抱着应付老师的态度。所以，我的作文总得不了高分。第二学期开学不久，有一次写作文我写得很一般，但张老师对我的作文进行了认真的修改，给了我高分和批语，教育我"要做好任何一件事，首先要热爱，其次要认真，有了这两点，没有做不好的事"。就这样在张老师的鼓励下，我渐渐地喜欢上了写作文和语文课。

张老师教书育人的理念来自于他对教育事业和学生的热爱。有了这样的大爱，他教书育人就做到了以学生为本，以学生为中心进行教育方法的研发与应用。他将博爱的思想润物细无声于传道授业解惑的过程中，也体现在对学生们生活的关心和照顾上。

张老师热爱教育事业最直接的表现方式就是爱护和关心自己的学生。30 年前我读高中时，正值改革开放初期，物质极度匮乏，生活十分艰苦。我来自偏远农村，家离学校有一百余公里，而且不通班车，整个学期基本上都不能回家，经常因思乡念家而影响学习。张老师得知这一情况后，多次找我谈心，给我安慰和鼓励。对我的生活也经常嘘寒问暖，多方关照。那时，张老师还经常带周末不回家的同学到他家里小聚和用餐。要知道，他那时还是一个普通教员，收入还十分微薄。1983 年 8 月，我的高考录取通知书寄到了学校，张老师得知我被福州大学录取后，一方面为我能上大学而高兴，另一方面又为我这样一个从来没出过远门的西北偏远农村学生到距离家乡三千余公里的祖国东南沿海求学而忧心和牵挂。临行前，他帮我了解列车时刻表，为我策划去学校的行程路线。到校后，他又来信问我能否听懂当地语言，能否适应当地气候，学习压力大不大等。在我们众多学生踏上工作岗位后，他还会不断地与你联系，询问你的工作和生活情况，经常给予我们关心、鼓励和指导，勉励我们对待工作要严肃认真，尽职尽责，力争为国家多作贡献。

张老师除了教授我们知识之外，他更教会了我们做人、做事的道理和方法。张老师对自己的事业孜孜以求、苦心钻研、大胆探索、勇于实践，造就了他渊博的学识和优秀教师的功力，我想这正是他能从一个中学语文教员不断升任中学校长、师范校长、省教育学院副院长、省教育学会副会长的主要原因；张老师胸怀宽广、仁心仁术、乐善好施、助人为乐，造就了他高尚的人格魅力从而使他英名远扬，我想这也就是他能从一名名不见经传的普通教师，到中学特级教师、全国劳动模范、全国人大代表的根本所在。

张老师谦虚谨慎、胸怀坦荡，学而不厌、诲人不倦的精神早已镌刻在我们的心中！张老师开拓创新、严谨务实、多办实事、力求实效的工作作风将永远激励我们的事业不断进步！

高启繁　甘肃靖远人。1983 年靖远一中高中毕业。曾在靖远电厂、珠江电厂工作，现任广州临海环境技术有限公司总经理，高级工程师。

桃李不言　下自成蹊

张　强

　　师者不仅在于传道授业，更在于为人之表也。在我从小学到大学，从读研到做科研，从社会到工作单位，走到今天，能取得一点微薄成绩，虽无名师或贵人相携，却得益于众多老师的言传身教。为了追求儿时的梦想，为了实现少年时的壮志，求学的欲望在我的内心总是根深蒂固，因为这是改变我命运的唯一途径。也许是师生情缘之故，也许是运气比较好，每走一步，我总会遇到一些和蔼可亲、诲人不倦的好老师，他们的品质和精神，常令我感念不已，一直激励我努力以自己微薄之力回报社会，努力在自己日常行政管理和为师生涯中传递老师们为师育人的精神，努力为社会培养人格健全、意志坚强、专业精深的人才。

　　清朝文人史震林在《西青散记》中论到人生憾事曾云："幼无名师，长无良友，壮无实事，老无令名。"此四憾的确十分精辟。说到名师，乃远比普通人博学而睿智之人也，若能得其垂青，可谓人生之幸。在我的求学路上，早在高中时期就遇到了像张克让、顾志宏、任家浩、李尚勇、白喜存等一批才华横溢、叱咤讲台的优秀老师，此乃我之幸也！正是因为他们高度的敬业精神和高超的教学艺术，把我从一个土里土气的农家毛头小子培育为一个可以在大学校园里放飞理想的时代骄子，也正是他们曾在前校长吴之瑛老先生的带领下，在 20 世纪 80 年代为靖远一中创造了全省高考成绩名列前茅的佳绩，为靖远一中赢得了一度十分灿烂而辉煌的历史。

　　说起张克让老师，我与他的师生缘分从高中就开始了，不过那时他并不认识我这个学生，因为他从没有给我正式上过课，我也从没有机会与他说过话。那时我的语文老师先后是顾志宏和马志高两位老先生。不过，我曾慕名聆听过张克让老师利用课余时间给整个靖远一中学生开的几次讲座。说起慕名主要是因为我到靖远一中读书后，遇到从靖远毕业的学兄或正在就读的学友们在谈论靖远一中的一些老师时，他们总把张克让和任家浩等老师们说得神乎其神，如天人一般，让我好生羡慕，也满心好奇。所以，那时只要有张克让老师开的讲座，我就早早地坐在讲场里等着。

记得第一次听张老师讲座，我是怀着十分兴奋而激动的心情在等待着，当我看到一位神采奕奕的小个子老师走进讲场时，我听到讲坛下有同学在低声说道"哇，张老师来了"，从语气里透着爱戴，我这才知道原来这就是张克让老师，其实在校园散步时也曾碰见过。他一口地道的甘谷调普通话，讲得铿锵有力，娓娓动听。听他讲座的学生非常多，迟点去的学生只能站着听了。他博闻强记，博古通今，使每次讲座都高潮迭起，精彩纷呈，很能感染人的情绪。在他讲座的现场，同学们一会聚精会神地听着，一会又前翻后仰地笑着，生动极了，也痛快极了，好似现场整个空气都变得十分鲜活了。讲座结束了，许多学生仍然不忍离去，纠缠着张老师没完没了地请教问题，张老师总是诲人不倦，耐心解答。他的讲座效果也非常好，对学生的影响也很深刻，我至今仍能记得当时讲座中的许多内容。就连枯燥无味的古文，他也能讲得有趣有味，让人津津乐道。尤其，对一些寓意深刻的古文成语，从他嘴里讲出来总是通俗易懂，妙趣横生，而且也容易活学活用。至今，同学相聚，还会学着他特有的甘谷调普通话笑说"黔驴技穷"、"东施效颦"、"亡羊补牢"等一些张老师曾经讲解过的我们至今仍耳熟能详的成语典故。

我与张老师接触虽不多，但能感觉得出，他谦虚谨慎，平易近人，为人谦和，胸怀坦荡。后来也从张老师直接教过的学生处了解到，张老师不仅学识渊博，能写会画，而且还多才多艺，能唱一口好秦腔，能拉一手漂亮的二胡。尤其，他艰苦拼搏的精神、与人为善的品德，感染了许多学生，也激励了许多学生，使很多学生一生受用无穷。前几天，我应山丹县委、县政府邀请，到山丹县给全县所有科级以上干部作报告，没想到在台下600多人中就有一位张老师的得意门生，他叫李仲杰，如今已是山丹县委副书记。我一作完报告他就立即上前握住我的手，说他也是靖远一中张克让老师的学生，他常听张老师念叨我，所以对我神交已久。他从言谈中透着抑制不住的兴奋，我明白这主要是由于张老师拉近了我与他之间的距离，张老师已经为靖远一中的校友们营造了一种天然的亲切氛围。

我与张老师真正相识却是在我工作多年以后的事情，好像是在兰州一次靖远老乡聚会的场所，他与我交流不多，但亲切得让我一点也感觉不到陌生，好像我本来就是他一直倾心关注和爱护的学生。也正从那时起在我的内心油然而生出对他的师生情谊，我也开始在各种场所以张克让老师的弟子自称。此后，也听一些靖远一中校友们说起，张老师在很多场所也经常提到我，在一直关注我的成长，也在为我取得的点滴进步高兴和自豪，言谈之中也颇有师生之谊。光阴荏苒，许多往事不再清晰，但我与张老师的师生情谊却愈来愈浓厚，正如洋溢着芳香的成年老酒一般，沁人心脾。

对张老师的事迹了解多了，我更加体会出，有不少老师是在用嘴讲课，而张克让老师是在用心教学，他总能深入每个学生的内心去理解、去感受，并认真寻找那把开启每个学生知识之门的钥匙。他总是以委婉而艺术的方式，引领着学生们前行，并让学生们认识前进的方向，掌握前进的方法。如今，越来越多的学生们正在朝着他所期望的方向走去，为祖国发展作着贡献，为靖远人创造着自豪。

1983年张克让老师获得了全国教育系统劳模称号，1988年他又被推选为全国人大代表赴京参加全国七届人代会，1989年又被国务院授予全国先进工作者称号。这是国家为他对社会的杰出贡献给予的崇高荣誉，也是我们所有学生的骄傲。

在盛名之下，张克让老师并没有停留在神坛上，他仍然是那样的随和，是那样的淡泊名利，他仍然活跃在学生中，笑谈在书友故交中。张克让老师总保持着他特有的质朴和生动。

从张克让老师身上让我看到了一位优秀老师的高尚精神境界，他们就像一盏灯，燃烧着自己，照亮了学生。"桃李不言，下自成蹊"，这是张老师在高中时的一次讲座中曾经讲解给我们的古典名句，如今我最想把这句话再回赠给张老师，以表达一个学生对老师的敬意！

张强 甘肃靖远人。1983年靖远一中高中毕业。历任中科院寒旱所实验室主任、国家气象局干旱所所长。现任甘肃省气象局副局长，研究员，博士生导师。

三好师恩　感悟生命

李志忠

我高中时期的母校是靖远七中，即北滩中学，一个"没有书包可以，没有铁锹不可以"的学校，其实本质上就是一个"农业中学"，记得好像学习过有关"五谷套种、四缸四冲程拖拉机"等农业基础知识。1979 年春季结束后，15 周岁的我高中毕业，形式上参加过高考，自然就名落孙山，回家务农挣工分，犁过地、放过牲口、当过石匠，"包产到户"后的 1980 年秋季又进入北滩中学重学，数理化实在一般，英语只会 ABC，似乎语文还不错，其实就是作文还凑合，记得定期写的作文曾数次得到当年语文老师吴炯的赞赏！从此喜欢语文。

1982 年秋天由于前一年的高考成绩免费进入靖远一中读高三，20 世纪 80 年代左右靖远一中传奇多，语文老师张克让就是个传奇，也是学生们的福祉。张老师"绘声绘色说现代，字斟句酌解文言"，作文教得出神入化！造就了高三（2）班男生好作文的"四剑客"：班长兼团支部书记韦尧兵、文体委员张国虎（现为甘肃省一建公司董事长兼党委书记）、高中（现任白银市实验中学副校长），还有一位是当时受张老师关爱而且喜欢作文的我；另外还有女生"敏芳娇"——副班长芦少敏、学习委员苏芳和詹玉娇。

张老师"教语文让学生感悟人生，教作文让弟子学会做人"。我高中毕业 28 年一直和张老师保持着密切的联系，深知"当恩师中学之弟子，实弟子终生之荣幸"，时值《烛光》征稿，选赞恩师"三好"，即学好专业、捧好媳妇和悟好情谊。

一、好专业是学出来的

1983 年高考之后感觉不错，报了兰州大学化学系未被录取，结果被填在志愿表中的最后一个志愿西北师范大学生物系（当时最不吃香的专业之一）拿下，接到通知书后多少有点郁闷。张老师对我的鼓励话是"没有最好的专业，只有学好的专业。好专业是学出来的！"当时算是基本释然，虽然我当年超出一志愿兰州大学 420 分的线较多（后来方知）。1987 年大学毕业到河西学院（原张掖师专）工作 14 年，2001 年在甘肃工业大学创建生物工程专业时被作为人才引进，并竞争上岗担任生命科学与工程学院首任主管教学的副院长。真是应了张老师的吉言：一个地地道道农民的儿子学成了现在还有点小知名度的生物化学教授！

二、好媳妇是捧出来的

1997 年仲夏我从南京农业大学研究生毕业后的有一年年底去拜访张老师，美美地吃过了师母做的"六菜一汤"后，师生自然古今中外、天南海北地喧之，我老婆感觉神奇无比、感悟无言，当时只说"好！"，回到家说你的语文老师对你太好！太神奇！有一年春节，拜年后张老师在送我回家时告诉我，"好媳妇是捧出来的，多表扬、少批评！"照此良方（虽然有时难免有点磕磕碰碰）之精神，果然贤妻良母不但孕育生命让小才女李宜倩（作文写得让老师夸奖"有点冰心奶奶的味道"！）上了西北师大附中，而且大爱无言把我家老尔李志锋以"长嫂为母"的身份关心和资助到研究生毕业！

三、好情谊是悟出来的

2001 到 2009 年在兰同学聚会，张老师受邀参加，仍然是出口成章、妙趣横生，有时还特别准备绕口令、益智故事、修改的红色段子等节目，让学子感悟生命冬去春来。中医学院的万忠兴，来自武威的毛大同，甘肃工信的王俊海，还有大智若愚的金鸿鸣，等等，不一而足。师生同聚，不亦乐乎！恩师指点江山、激扬文字，同学们相互鼓励、共同进步，在交流中感悟友谊的神圣。张老师说"好情谊是悟出来的！"

张老师给我教语文的时间是有限的，而给我的人生启迪和激励是无限的！2004 年得知我乔迁新居，张老师特意为我的书房撰文勉励：独擎机遇共，颖在囊中鸣；术业陡然热，价位别样红；张专擎旗手，甘工排头兵；职称职务重，长天任纵横。

书房之激励和客厅之牡丹（忘年交冯振国教授之"玉堂一品如真，竹报平安实确"）
交相辉映，让弟子感悟生命与人生之任重道远：教育是一朵云吹动另一朵云，一棵
树摇动另一棵树，一个心灵感动另一个心灵；教育是思想与思想的碰撞，灵魂与灵
魂的沟通，生命与生命的对话。"教师人生"需要生命的活力，需要生命的激情，需
要生命的灵动；"教师人生"需要感动，只有感动自己，才能感动学生，感动家长，
感动未来；"教师人生"还需要责任，需要体验教育的快乐，感受教育的幸福。做一
名教师，应该全身心地播撒爱的雨露，应该让每一片绿叶都充分享受阳光。张老师
就是这样一位教育家！

让我们用平和心态来看待，让我们用阳光心态去追求！关注健康闲来无事就读
书，珍爱生命读书之余多思考！和风细雨要给学生新鲜水，宽严适度教师应似长流
水。珍惜亲情母爱最伟大，关心学生师爱最神圣！虽然这些感悟有一些事实依据，
作为教师还要穿越各种各样的情景和困境而继续走下去的旅途肯定会引发新的感悟。
最重要的是，我怀着对未知生命世界的谦卑、敬畏和崇拜，内心会产生一种坚定的
信念：寒来暑往，循循善诱，引甲子之风沐浴理工栋梁；春去冬回，孜孜不倦，倾
宜海之水浇灌生命花朵*！

撰此小文因工作繁忙总难以静心，虽三易其稿，仍难表师恩。可谓"怀胎三月，
今朝分娩"，"六一有思考，七月才草稿，八八方定好"，九九心愿十分感谢老师多年
的栽培和教育，祝愿张老师：笑口常开，常开智慧之果，身体健康，健康生命之树！

*：兰州理工大学校本部和西校区分别有甲子山和宜海之"山海"景观。

李志忠　甘肃靖远人。1983年靖远一中高中毕业。曾任河西学院生物系副主任、
副教授，现任兰州理工大学教学指导委员会委员，教授，硕士生导师。

悠悠师情

李仲杰

感人心者，莫先乎情。大凡芸芸众生，在心中难以割舍的，依旧是父母的养育之恩和老师的教育之情。随着岁月的流逝，年龄的增长，我愈来愈切身感受到，父母的伟大，在于造就了儿女硬朗的身板，健康的体魄。而老师的崇高，在于教给学生丰富的科学文化知识，培养学生养成良好的行为道德习惯，教会学生树立远大理想和抱负，让学生懂得如何做人，如何做事，如何处世的道理。正如多年来流行的经典语言所说的，"老师是人类灵魂的工程师"。

我出生在甘肃省靖远县大坝村。在我的求学生涯和健康成长的历程中，我相遇了很多学识渊博、德高望重的好老师。尤其使我终生受益的是，我很荣幸地受教于张克让老师门下，考上了学，在大城市就了业，拥有了更多的发展机会。正是他，给了我一杆生活的标尺，让我天天去丈量自己的言行；也正是他，给了我一面模范行为的镜子，让我时时处处有学习的榜样。正因为得到了张老师如沐春风般的教诲，才使我走上了工作岗位，成就了我清正廉洁的公仆形象。

张老师是一位博学多才的师长。在我没有认识张老师之前，靖远人就纷纷传说着有关他的感人故事。张老师于1959年从西北师大毕业后，是戴着一顶"右派"的纱帽被分配到靖远一中接受"监督改造"而执教的。根据所学专长，他理应教授语文课，但事与愿违，他只有教代数、几何、俄语的权利和缘分。尽管如此，学校把哪门课程交给他，他都能教授得非常出色，以至于让自己的学生高兴得津津乐道，佩服得五体投地。后来摘掉"右派"帽子后，他才开始从事语文课的教学。中文是张老师的看家本领，教语文简直就是他的拿手好戏。以至于一时名声大振，轰动全县。靖远的学生纷纷争着想得到他的亲传和教诲。我与张老师相识相交之时，他给我的第一印象是步履轻快矫健，讲课激情飞扬，思维敏捷活跃，说话干练利落，言

328

辞掷地有声，板书工整漂亮。张老师授课往往不拘泥于陈旧死板的内容和教法，而是在备课上下工夫搜集资料罗列故事，在讲课上讲求技巧让师生互动，在语言上注重诙谐幽默生动有趣，在轻松活泼愉快的课堂氛围中调动学生乐学好学的积极性。凡是有益于学生身心健康发展的内容，他都能冲破政治上的禁锢和思想上的罗网敢讲敢为。张老师丰富多彩的课堂内容，仿佛在我面前打开了一扇通往知识殿堂的窗口，让我从中窥视到了一个五彩缤纷的新世界……

"学高为师尚自修"是张老师的真实写照。身为中学语文教师，他特别注重教材教法的研究与改革。当语文教研组组长时，他极力倡导教研教改，躬身实践，率先垂范，甘当领头雁。担任校长后，他更是大力推进教研教改，号召全校教师潜心钻研教材教法，致力探索既能提高教学质量又能激活学生思维的新思路、新教法。在点上开红花，在面上结硕果。经他实践总结出的"因文而异，布置预习"、"以主带次，以练代讲"、"一课一得，单元比较"、"读写结合，范文引路"、"提倡争辩，鼓励求异"、"口头作文，当堂讲评"等十种教法，在靖远得到全面推广。教学论文《采取多种改革措施，提高语文教学质量》、《我是怎样领导语文教学改革的》、《在语文教学中努力培养和发展学生的求异思维》等，先后入编《中学著名特级教师教育思想精粹》、《语文教学经验与研究》、《教学改革论坛》等学术论著。由于他在教研教改方面取得了引人注目的成绩，张老师先后当选为甘肃省中学语文教学研究会理事长、甘肃省教育学会副会长、全国中语会学术委员，荣获全国教育系统劳动模范、七届全国人大代表、全国先进工作者（全国劳模）等殊荣。从一名戴"右派"帽子的中学语文教师，一步一个脚印地艰辛攀登到了陇上著名教育家、国家级知名人士的宝座，直至赢得了一顶顶桂冠，张老师是当之无愧的。我们理所当然地为有这样的好老师而自豪和骄傲。

张老师执教 38 年，堪称是学子遍华夏。他无论走到哪里，哪里都有他手把手教诲过的学生在等待着为他接风洗尘，与他畅叙衷情。这是张老师身正是范、无私关爱学生的结果。有的人当老师只管学生在校的学习生活，有的人当老师却心里装着学生的终身大事和一辈子的幸福。而人人敬爱的张老师恰恰是这两个条件都十分具备的好师长。学生有了进步时，他必鼓励上进；学生有了不足时，他必提醒修正；学生有了困难时，他更是在所不辞地倍加关爱。特别是对出生于贫寒家庭的农村学生在生活上给予格外的关心照顾。学生有了头疼脑热的小灾小病时，他及时送到医疗单位就诊，百般呵护。学生缺粮断炊时，他就从自己家里带来饭菜解燃眉之急。

在学生的心目中，张老师虽不是家长却胜似家长，友情深似海，令学子没齿难忘。时至今日，在靖远人当中仍然流传着他救苦救难活菩萨般的一系列激动人心的故事。高考制度恢复后，有个学生的成绩已达到大学录取分数线，但由于她的社会关系复杂而未被大学录取。张老师得知详情后，亲自到兰州托关系找分管教育工作的副省长朱宣人反映问题，为学生请命，直至被甘农大录取。有一年冬天，一个学生宿舍因没有盖好炉盖而招致失火，四个学生的被褥被烧毁殆尽，房子也被烧了个一塌糊涂，身为校长的张老师按常规是要严加惩处这四个学生的。但当他得知这四个学生贫寒的家境和他们的悔过之心后，竟采用了"反弹琵琶"的手段，主动带头和动员全校师生捐款购置被褥，并在师生大会上为四个学生发被褥。四个学生痛哭流涕地检查错误，表示一定要好好学习，将功补过。张老师的这一善举，既教育了这几个学生，又解除了他们的后顾之忧，一时被靖远人传为佳话。他到甘肃教育学院担任副院长后，直至退休至今，更是热情关注家乡人的学习工作情况。每当家乡人和自己的老学生遇到困难请张老师说情帮忙时，他不怕惹麻烦，不怕丢面子，不怕欠人情账，不怕得罪人。总是义不容辞地动用各种领导关系、同学关系、同事关系和师生关系，尽最大努力帮助自己的父老乡亲解决实际困难，直到家乡人满意了才觉得心安理得。我本人虽没有遭受过多少灾难，但在我的成长历程中却得到了张老师无微不至的关怀。我取得的每一个成绩，乃至每一次进步，都倾注着张老师至诚至爱的拳拳关爱之情。

我可敬可爱的张老师，就是这样一位难得的良师益友。他一直在矢志不渝地为花的盛开、果的成熟忙碌着，默默地垂着叶的绿荫！他多像那默默无闻的树根，使小树苗壮成长，又使树枝上挂满丰硕的果实，却不要求任何报酬。他的品格和精神，就是播种希望与幸福的播种人！正是他，支撑起我们一代靖远人的脊梁！他像燃烧不止的红烛，为我们后辈献出了所有的热和光！老师的精神，让我铭记在心！

钟情于书画墨宝的珍藏，是张老师的一大嗜好。因张老师本身就是名人，倾心为他馈赠书画墨宝的名家自然也就挺多。加之张老师自己很早就与翰墨结缘，对书画艺术极其挚爱，所以张老师珍藏的书画墨迹内容丰富，风格流派繁多。所珍藏的名人书法中不乏启功、启骧、杨再春、夏湘平等大家之瑰宝，名人绘画中有应中逸、陈伯希、韦博文、冯振国等人的杰作。仔细欣赏后，足以使你产生精品荟萃、琳琅满目、赏心悦目之感。除名人书画外，亲友珍品和学子佳作也是张老师珍藏的重点。大凡能征集到的墨迹，无论质量高低，无论关系亲疏，他都能一视同仁地兼容收藏、倍加珍惜，足见其宽天阔地的胸襟和对书画艺术的挚爱。我自己在书画方面虽没有一技之长，但因得到张老师的熏陶而乐于和书画艺术家交友，同时也不失时机地收集张掖知名书画家的数件书画作品敬呈给张老师。每有收获，张老师总是大加称赞，连声道谢，欣喜和幸福之情溢于言表。退休之后，功成名就的张老师情系家乡，将自己多年来珍藏的200多幅书画墨宝带回甘谷，举办了"张克让收藏书画作品桑梓展"。展出规格之高、规模之大、作品之多、场面之盛，在甘谷历史上是罕见的。确实让家乡人开阔了眼界，大饱了眼福。同时也赢得了广泛的社会赞誉。

现如今，张老师已顺利跨越古稀之年。但古稀之年的张老师却退而不休，将写书、练字、师生欢聚作为退休后的三大快慰事和完美的人生追求，依然在书坛墨海中不知疲倦地"浓墨书盛世，拙笔写诗情"，依旧在莘莘学子的请求和期盼声中往来穿梭地到处忙碌奔波着。正如他自撰的春联那样，"余热无多，只能写写画画沐晚霞；人缘尚好，犹可说说笑笑傲夕阳"。"无拘无束，无忧无虑，潇潇洒洒，退休真好；有亲有友，有酒有肉，热热闹闹，过年诚欢。"其心态乐观大度，其爱好高雅有趣，其精神可敬可佩。我在繁忙的工作之余，每当品读张老师的《滋兰树蕙录》、《鸿爪夕明》等文集和欣赏其一幅幅结构匀称笔力刚健的书法作品时，就不由自主地回忆起我们师生之间发生的一幕幕充满深情厚谊的逸闻趣事来，只觉得有汨汨暖流遍布全身，滋润得我热血沸腾，激励着我好学上进，倍加努力工作，以高尚的情操和良好的品德来回报老师的关爱之情。在张老师七十寿辰之际，我学着老师的风格撰写了一副对联，恭祝我敬爱的张老师笑口常开，福寿绵长！上联曰：执教靖远，缅怀绛帐恩情似海；下联曰：颐养金城，追踪彭祖福寿如山。

拙作结束时，我还要高声呼唤：老师，有了您，花园才艳丽迷人，大地才生机盎然！老师，请您打开窗子看吧，在这满园春色的精神家园，满园桃李都在向您致以崇高的敬礼！

李仲杰 甘肃靖远人。1984年靖远一中高中毕业。历任甘肃省广播电台科长、都市调频台副总监、党支部书记，省广播电影电视培训中心主任，民乐县副县长、副书记，现任山丹县县委副书记。

饮流怀源

陈建平

饮其流者怀其源，学其成时念吾师。

我的高中生活，是在靖远一中度过的。在一中，我认识了好些老师，学到了好些知识，明白了好些事理。一中，如一颗珍珠，永远镶嵌在我充实的生活、率性的生命中。

1980年8月，我通过一中的插班生考试，考进了一中。在一中，给我代过语文课的老师有好几位，唯独张克让老师，给我留下的印象最深刻。

说起张老师，我记忆犹新。

我上高二时，他是我们的语文老师。他给我的第一印象，个头不高，步履矫健，说话干练。他在课堂上，神采飞扬，说着一口流利的"甘谷普通话"，讲授内容丰富多彩，语言诙谐生动，形式灵活，语调铿锵有力，条理清晰，板书工整有序，一目了然。在关键的时候，往往还会举起小臂把指头捏成撮，随着语言节奏的变化而摆动，师生互动，课堂气氛热烈活跃。

有一次，他给我们上《林黛玉进贾府》一课，讲述"木石前盟"的故事，精彩处，手舞足蹈；深情处，抑扬顿挫，他把自己融进了故事中。这节课深深地印在了我的脑海里。在讲《为了忘却的记念》时，他问我们这篇文章出自鲁迅先生的哪部杂文集，我们答不上，他就说他是"南干干"，南干就是能干的意思，说的话是南腔北调，鲁迅先生的这篇文章就是出自于他的《南腔北调集》，我们便牢牢地记住了文章出处。

张老师敢说敢讲，在他的课堂上，我听到了诸如"祭东风"、"走麦城"、"抢渡大渡河"、"陕北刘志丹"等生动鲜活的故事，听到了诸如"瞌睡睡，睡瞌睡，瞌睡越睡越瞌睡；精神振，振精神，精神愈振愈精神"等诙谐有趣的告诫。让我们感到学习语文不再枯燥乏味。正是从那个时候起，我更加喜欢读书了。在他的课堂上，我有如沐春风的感觉。

张老师饱读经书、知识渊博，经常写小说、编剧本、讲专题、评著作，他的讲座既实际，又有新意，深受同学们欢迎。

张老师的课堂之所以受到同学们的欢迎，能给同学们留下很深刻印象，是因为他的平易近人和火一般的教学激情，但也许更为重要的是他的深沉的教育思考，为众多学生认识社会、认识自身，提供了一种新的视角。他要我们做真理的发现者，他认为，真理需要两个人：一个是说者，一个是听者。他所说的"听者"，当然也包括看者，阅读者。他调侃道："有人用眼睛听，有人用肚子听，有人用钱袋听，有人则根本不听！"只有用"心"去听，用"心"去看，才能有所发现，有所收获，才能为发展真理贡献自己的一份力量。

张老师爱好文艺，自编自演，只要学校有文艺演出，定有他的节目，他演的眉户剧特棒。我第一次在全校师生面前亮相演了一出相声，就是得益于老师的指导和鼓励走上舞台的。往日的情景老在我眼前浮现。1984年，我从一中起航，考上了兰州师专中文系。学校的教学大楼，就是在他上任时盖的。他当了全国人大代表，从不在人面前炫耀，在成绩面前从不张扬。

1987年师专毕业，我分配到了母校。这时候，张老师已经是一中校长了。但他仍与从前一样和蔼可亲。他虽有单独的办公室，但他多在语文组，和曾与他一起研讨教学工作的老师在一起，笑声总在我们耳畔回响。他常指导我的工作。使我的教育教学能力日臻完善。后来他调到靖远师范当校长，我们见面少了，但一见面，他总问起我的工作，至今让我难以忘怀。这就是我的老师，一个和蔼可亲，平易近人，学识渊博的长者。

张老师从一名普通的教师，成为学校的领导，成为全国人大代表，成为全国劳动模范，他为我们的母校赢得了崇高的荣誉，在他身上集中展示了靖远一中我的所有恩师的风采。

张老师用他的智慧和热情谱写了师生间最美丽的篇章，学生已经成为他最宝贵的财富。同样，以张老师为代表的恩师们也是我宝贵的精神财富，是我灵魂深处永远张扬的旗帜，每当遇到挫折时，只要想起恩师期待的目光和鼓励的话语，我就会振作起来，似乎就有了不竭的动力。

师恩浩荡，我终生不能忘怀！

陈建平　甘肃靖远人。1984年靖远一中高中毕业。现在靖远一中任教，中学高级教师。

一场酒宴

高春明

这是 2010 年的一个夏天，艳阳烘烤着大地，空气中全是热的精灵，承受了几天酷暑的人们，渴望有一场夏雨的来临。今天是周末，该回兰州了。抬头望了望天，天空中出现了几块白云，正在相互招呼着往一起聚集，给酷暑难耐的人们带来了一丝下雨的希望。

突然，手机彩铃响起，说兰外的几个同学要为我的孩子考入军校祝贺。此时还在夏河回兰州的路上，咋办？只好启动"应急预案"，开始滥用职权，以高三·七班兰州校友会长的名义调动兰州同学，备酒、订座，设宴。

十几年来，到地州市开会，总免不了要和当地的同学一聚，每次相聚都喝一个天翻地覆，走路失重。第二天清醒后贴着心对自己说下次绝不喝了。可是一到酒场。就身不由己。今天几位同学来兰州，又是来祝贺的，我一定要招呼好。于是打电话备酒三箱，晚上送到爱乐山庄的快活林包间，要让来兰的同学喝个高兴，喝个舒服。他们都是"酒精"考验的高手，个个身手不凡。

第一位，由政府部门到河西挂职，一挂就是十几年，属于"空降部队"。但他落地生根，千方百计发展县域经济，在产粮大县发展酿造工业。现在他的工业强县战略已经实现。目前又推广"公司＋农户"的模式种植啤酒花，说要把河西走廊变成河西酒廊。第二位，号称"拳打黄河两岸，脚走平川靖远"，十几年来在黄河沿岸推广高原夏菜，远销江南。当了蔬菜局长后又从山东引进了彩色辣椒，今年出口日本供不应求。第三位，有丰富的乡村工作经验，说"洋芋开花赛牡丹"，十几年带领乡亲种土豆，卖土豆，在北京的农交会上展示过我们家乡的三件宝：洋芋、土豆、山药蛋。现在的三件宝都成了农民致富的"金蛋蛋"。第四位，开发能源搞科研，开煤矿多年，投入资金 1200 万元进行了高科技产品的研发，被称之为白银市经济转型的模范，转型投资胆量大，酒量和他的胆量一样大。第五位，"开山运石砌护墙，流血流汗为国防"。十几年带过兵、开过山、放过炮。在国防某基地当工程兵，任团长，酒量大得惊人。第六位，巾帼不让须眉，纪检工作认真细致，为了保卫"高风险"行业的人不被醉倒，苦心练就了一套"花拳"，出手快，人品好，模样更好！旁边还有姓虎的和姓牛的两位女同学相随，俗称"八大金刚"。

兰州的龙同学，多年来站在高处，谋在新处，干在实处。为人正直、善战，就以他为中心。其他同学自由组合。再安排一位男同学"潜伏"下来，半小时后入场。此人酒量大，城府深，我们一起喝酒多年，没有见他醉过。不知道他酒量的深浅。今晚的宴会，前面的几个如果顶不住了，他就出场，他有平定中原的本事。

再度谋划，我们请张克让老师坐镇，他是"八大金刚"的老师，也是我们兰州同学的老师，他为人热情，威望高，不吹"黑哨"。退休后他热心于公益事业，为靖远的发展，余热不断。有他在我们要办一个"公开、公平、公正"的晚宴。

一切都安排完后，我有一种轻松感，点上一支烟，哼起了"我站在城楼看风景，忽闻城下乱纷纷……"小车在山路上上下起伏。

再看天空，几块白云聚齐后，变成了乌云，天空暗了下来，突然间电闪雷鸣，雨滴似千军万马，从天而降。路面积水越来越多，司机只好放慢速度。眼看就要到开宴的时间了，我还在路上，只好告兰州的同学按时开始，不要等我。我可能要迟到一个多小时。

夏天的雨来得急，去得快。路边地里的玉米经过一阵暴雨的浇灌，有的精神焕发，有的却东倒西歪，就像喝醉了酒的人一样。我想此刻的宴会也该如此了。

迟到的我，不敢怠慢，走进快活林，只见同学没有一个醉倒，反而在哄堂大笑，一个个乐不可支，原来是张老师给大家讲了一个笑话。我忙端起一个满杯敬张老师，张老师说：今晚我是"改革开放，喝酒随量"，对你们的要求是"感情好，能喝多少是多少"。原来，张老师"能喝多少是多少"的提议得到了大家的赞同。酒量小的女同学都敢主动出击，而且轮番上阵。输了拳的男同学在女同学的掩面窃笑中喝个精光。还说"酒品就是人品"。男同学之间划拳"雷声大，雨点小""能喝多少是多少"。在同学猜拳过关中，张老师不时地插播一段"广告"，这些"广告"，有《红楼梦》中刘姥姥的名言，有发生在我们身边的笑谈，也有我们当年上学时的逸闻趣事。张老师的"广告"就像当年他讲的语文一样"文采飞扬真情比过万重山，启人心智妙语更赛三部曲"。当年，他轻松愉快的讲课让书上的文字栩栩如生地映入我们脑海；当年，他启发式的教学教会了我们用学到的知识去独立思考问题，不被标准化的思维定式所禁锢；当年，他用渊博的知识带领我们在中国博大精深的文化长廊里徜徉。如今，聆听他的"广告"是一种快乐的享受。

宴会在欢笑声中不知不觉进行了四个小时，最后张老师拿出了一幅墨宝要送给我儿子高睿，上书"寒窗苦读心血倾，三更灯火风雨程。今日喜登龙虎榜，他年冲霄万里鹏"。并当场宣读，同学们个个赞不绝口。看到张老师的诗句，让我们回想到了二十多年前的中学生活。那时，我们住在能容纳二十多人的宿舍里，住的是通铺，吃的是玉米黑面，但"八十年代，立志成才"的口号，让我们鼓足了劲儿要千军万马闯过独木桥。我们点着煤油灯寒窗苦读，像张老师这样的一大批老师鼓足了劲儿苦教，为了扶我们走过独木桥他真是倾尽了心血。如今他都老了，都离开讲台了，我们要衷心地祝愿他身体健康。是他让我们走进了象牙塔，成为天之骄子；是他带我们上路，抓住了冲霄万里的机遇。今天在座的都是他的学生，虽然个个都有所成。但看到他写的诗句，我们感到还有距离，还有一种使命没有完成，有今天的晚宴，更要有明天的盛宴。

回家的路上，我说今天没有一个醉的，儿子说："我看今天你们都醉了，都醉在了张爷爷的'广告'中了，只是看了张爷爷写给我的诗，你们才清醒过来。"是的，以后不能喝烂酒了，"革命尚未成功，同志仍需努力"。

高春明　甘肃靖远人。1984 年靖远一中高中毕业。现任甘肃省发改委经济研究室副研究员。

336

阳　光

王芸兰

你的微笑

像阳光照耀大地

眷顾着我们

撒满大地的种子

在阳光里

生机盎然

遍天下的桃李

在阳光里

硕果累累

廿五年后的今天

你灿若阳光的微笑

照亮学生的心田

你的幽默诙谐

像阳光

滋润着学生的生活

你的自信坚强

像阳光

激励学生向前

你的豁达开朗

像阳光

引导学生走向广阔

你对人生的热烈追求

像阳光

照亮学生前行的方向

不管境遇如何

在阳光下

学生昂首前行

克让老师的那一抹微笑

是学生心间

永远的阳光

王芸兰　女，甘肃靖远人。1984 年靖远一中高中毕业。曾在甘肃省供销社储运公司工作，现为一民营企业法人代表。

偶像与楷模

李贵蕊

同学之子金榜题名，满怀喜悦之情前往恭贺，不期而遇张克让老师，顿有梦般感觉，一下子让我回到了二十多年前。

1982年秋季，我有幸考入心仪已久的靖远一中，开始了追梦的高中生活，期间，总有"神通广大"的同学说起张老师的许多事，也时常在校园中看到张老师神采奕奕的身影，但一直暗自缺憾没机会听到张老师传奇般的讲课。

高二第一学期的期末，机会终于来临了，我们班的语文老师请假几天，语文课由张克让老师代上，当时我们的课刚好上到《林黛玉进贾府》这篇古文，古文一直是我们学习的一大难点，我们班大部分同学都不爱学古文。记得那天语文课前，坐着七十多人的教室里一片寂静，同学们在静静等待新老师的出现，上课的铃声响过，张老师健步走上讲台，在作了简短的代课说明之后，开始了精彩的课文讲解。我在初中时曾阅读过《红楼梦》全套书，一直没搞清楚里面诸多的人物关系，张老师对贾府人物的简单介绍，对课文中贾宝玉、林黛玉、王熙凤三个人物形象的分析，使我在欣赏到课文中精彩语言的同时，也欣赏到了老师声情并茂的教学风采，记得当时年少的我在想：张老师太厉害了，对《红楼梦》研究得如此之深！现在想起来，当年老师备课没有方便的网络可查资料，上课也没有多媒体设备做辅助，仅凭一本书和一支粉笔讲的课能让学生在二三十年后还念念不忘，确实让人不得不佩服老师渊博知识的积淀和过人的教学水平。虽然张老师给我们上了两节课，但从那时起，张老师便成了我崇拜的偶像教师，绝不亚于如今的少男少女对明星的崇拜。

在我们这届学生离开靖远一中之前，张老师一直在进行教学工作，后来听说张老师当了全国人大代表，一中的校长，靖远师范的校长，再后来成了甘肃教育学院的副院长，随着老师职位的变迁，我对老师由最初的"敬"变成了后来对领导的

"敬畏"，并且更多了些"畏"的感觉，虽多次想去拜访，终因这种感觉而未敢登门。

二十多年后再见张老师，依然还是当年十几岁的我对正值中年、年富力强的老师的印象。如今年逾古稀的张老师虽已生华发，但精神矍铄，思维敏捷，席间谈笑风生，出口成章，使得师生同聚的气氛更甚单纯的同学相聚，热闹非凡。张老师与我们谈到了他大半生的生活经历，他豁达的性格，热爱生活的态度深深影响着在座的每一位同学。张老师以他的学生为骄傲，以拥有众多的学生为最大的财富，作为学生，我们何尝不也以有这样的老师骄傲和自豪。

"与君一席谈，胜读十年书。"与张老师短短几个小时的相聚，使我再次学到了很多东西，在同样作为教师的我的心中，张老师已由偶像变成了楷模，让我看到做一位受学生爱戴的老师所具有的别人无法拥有的幸福，也使我对自己所从事的职业多了份热爱。

"寒窗苦读心血倾，三更灯火风雨程。今日喜登龙虎榜，他年冲霄万里鹏。"这是张老师对孙辈学子的殷切希望，也是对我们这些亲授弟子的一种鞭策！

我们不愿称张老师为张校长、张院长，更愿称他为张老师，因为在我们的心中，他是我们永远尊敬的老师！

愿我们的张老师永远保持年轻的心，健康快乐！

李贵瑛　女，甘肃靖远人。1984 年靖远一中高中毕业。现在兰州市女子中专任教，英语高级教师。

改变我人生的张克让老师

宋秉明

　　人到不惑之年往往就会多出几分感慨，针对命运和人生抉择的感慨往往是最多的。就命运而言，我是幸运的，而这份幸运离不开我的老师张克让先生，是张克让先生在我人生最关键的时候帮我做出了正确的选择，从而改变了我的人生。如果没有遇到张克让先生，我恐怕就得延续父辈"锄禾日当午，汗滴禾下土"的人生。在我内心深处一直深存着对张克让先生的感激，师恩如山高，师恩似海深。我想在靖远故土，因张克让先生而改变命运和人生的绝非我一人，对他心怀感激也就不在少数。

　　张克让先生并没有给我带过课，但我有幸在入校的第一天就聆听过他一席长谈，正是那次长谈改变了我以后的人生。

　　我是1982年考入靖远一中的。1982年，靖远的农村和全中国的大多数农村一样，一个穷字似乎就能概括和诠释出生活的全部内容。尽管我是村里那年考到县城靖远一中为数很少的高中生之一，但是，到一中报到的那天，却没有一丝自豪，甚至连对新学校新环境的新奇感都没有，心里是酸酸的沉重，我的学费是借来的。临行前夜，父亲的叹息和母亲的眼泪，使我一路上都在上学还是不上的矛盾中煎熬着。我家兄弟姊妹6个，除了大姐，其他5个都在上学，家里缺乏劳力，更缺少经济来源，每年的学费已经让家里债台高筑。到学校后我依旧没做出决定，也就没去报名，在校门口找了个平坦点的地方，把铺盖卷一丢，就坐下来愣神。我从中午一直呆坐到了下午，那半天是我一生中最为漫长的半天，我是想上学，可想到家里的情景，真是心如刀绞。太阳慢慢地快要落山了，进出校门的人越来越少了，我还是不知道自己是该进去还是该回家。就在这时，一个人朝我走了过来，他问我是不是报到的新生？为什么不进去？犹豫再三后，我对他说了自己的情况，他听完后，要我背上铺盖卷跟他走。我跟着他到了宿舍，放下行李后，他把我带到了一间办公室，这时我才知道他就是张克让老师。在办公室张克让先生给我做了一次长谈，让我下定决心安心读书的是他其中的一句话：上学你穷一阵子，不上学你穷一辈子。就这样我开始了高中生活，也知道了他是我们靖远一中的副校长，后来成为校长。高中三年，张克让先生没给我带过课，我和张先生也没什么接触，只是爬到窗台上听过他讲的精彩的语文课。真正感激张先生的时候，是我拿到大学录取通知书的那一刻，在那一刻我清楚地意识到如果我在三年前报到的时候没遇到张克让先生，那么我可能就和大学录取通知书永远无缘，我的人生也就可能是另外一种样子。

上大学期间，张先生当选为七届全国人大代表，我在北京见过两次，张先生勉励我好好学习，毕业后用自己所学的知识报效祖国，建设家乡，改变家乡的贫穷面貌。在我工作的这些年里，通过报纸、杂志了解到张先生先后被评为中学特级教师，当选为甘肃省中学语文教学研究会理事长、甘肃省教育学会副会长等，先后荣获全国教育系统劳动模范、全国先进工作者等称号。张克让先生在靖远工作长达32年，为靖远县教育事业作出了突出的贡献，为靖远培养了大批人才，桃李不言，下自成蹊，张克让先生对靖远学子的恩泽，将永远铭记在我们心里。

2010 年 6 月 22 日

宋秉明　甘肃靖远人。1985 年靖远一中高中毕业。历任甘肃省祁连山国家级自然保护区管理局科研室副主任、繁育中心主任、办公室主任、省森林公安局祁连山分局政委，高级工程师。

师爱无疆

李兰宏

从学龄时迈进校门，一直到大学毕业，我接受过许许多多老师的关爱和教育。几十年过去了，每一位老师的音容笑貌都时常在我的脑海里萦绕。他们给予我的都是我人生旅途中终身享用的宝贵财富。而张克让老师给予我的更是无边无涯的教诲与指点，看顾与扶持，是一日为师终生受益的恩泽与挂牵，是镌刻在骨髓里的感恩与感激……

20世纪80年代初，还在靖远大芦中学就读的我，凭着一份自以为优秀的成绩和几分农家少年的执着，在高二就参加了高考。尽管预选入了围，可到了正式考试还是落选了。那时的我只能继续读高三。可是，因为我选修的是文科，当时就读的大芦中学又没有开文科班，我只能选择转学。老早就听说靖远一中是全县乃至全省的名校，更知道一中的校长张克让是一位大名鼎鼎的教育专家，在靖远教育界乃至全县老百姓中有非常好的口碑，能在一中就读是全县多少青年学子梦寐以求的愿望。因此，我选择了去靖远一中读高三。

靖远一中不愧为陇上名校，尊师爱生蔚然成风，校园里一派生机勃勃、充满活力的景象。张克让老师爱生如子的许多故事在师生中传为佳话。能够成为张老师管理下的靖远一中的一名学生，我感到十分荣幸。每个星期一的清晨上早操时，我们都能够聆听到张老师的例行"训话"，远远地欣赏他的诙谐幽默，领略他的风趣睿智。

然而，一个普通学生和校领导之间的距离是不言而喻的。我经常期盼着能够有机会接受张老师的授课，当面聆听他的教诲。正好有一天我们的班主任顾老师病了，张老师就给我们代上了一节语文课，内容是《葫芦僧判断葫芦案》。在那一节课中，他丰富的表情和传神的语言，他的绘声绘色的讲解和声情并茂的阅读，让我们沉浸在艺术的氛围中，以至于专注到听不见下课的铃声。

也就是那一节课，消除了我和张老师之间的距离。因为就在课前点名时，张老师点到我的时候，那厚厚的眼镜片后面，一双慈祥和善的眼睛盯了我好一会儿。下课以后，张老师把我叫到办公室，用他那略带甘谷口音的靖远话对我说："李兰宏，今天才把你对上号了！"语气里带着明显的赞赏和早就知道的意思，使我受宠若惊，又让我深感纳闷——因为我是来自高湾山塬的农家孩子，后来又在大芦中学上高中，这才转来一中上了不到半年学，而且我平时也是一个默默无闻的普通学生，张老师作为一校之长怎么会知道我呢？

原来，那还是我在高湾乡马寨中学上初二的时候，县上举办了一次以"迎春"为主题的征文大赛。在学校领导和班主任老师的动员鼓励下，我写了一篇描写山塬春色的小文章《春草》参赛。时隔不久，征文大赛揭晓，我竟然破天荒地得了个一等奖，获奖作品还在县城的钟鼓楼公开展示。那次的参赛获奖，对于我以后的喜爱文科、喜欢写作起到了关键性的作用。可是，那毕竟是发生在好几年以前的事情，连我自己都几乎忘记了，没想到当时作为大赛评委的张老师竟然还记着这件事，记住我的那篇习作，也记住了它的作者李兰宏。张老师身上所体现出的这种高尚师德，真让我心存感动。

习作《春草》拉近了我和张老师之间的距离。此后，只要有机会，我就经常去找张老师，问惑释疑，聆听教诲。他总是那么和蔼慈祥、循循善诱。他鼓励我不但要专心致志地搞好学业，还要积极参加学校的各种活动，并且要经常练笔。记得张老师当时对我说：一个喜欢写作的人，不但要有生活，还要善于观察生活，记录生活，在生活中提炼闪光的东西，这样，才能够写出有分量的作品。在张老师的鼓励鞭策下，我的学业不断上进，写作也小有成就，并且成为学校文学社刊物《乌兰草》的骨干作者。

1986年，我考入兰州师专，和张老师的女儿张春雯分在同一个班。这样，通过张春雯，我也经常能得到张老师的消息，并且通过她可以带去我对老师的问候。听张春雯说，张老师知道我和她在一个班时十分高兴，不断地给她讲过去我们之间的师生情谊，还说他第一次见到我时我纯粹是一个"憨娃娃"，听到张老师这样亲切的评价，我心里热乎乎的。

记得有一年新学期开学，张春雯笑着对我说："我老爸又夸你了！"

我迫不及待地问她："老师又夸我啥？"

张春雯故作神秘地对我说，我老爸说，你有从政的天赋，希望你以后往这方面发展。我听了这话好不欣喜。也许是老师在听了张春雯向他讲述我作为班干部做过的一些工作后对我的一种鼓励和期盼。但就因为那句话，潜意识中从政的"春草"不知不觉中就在我心中萌芽了。

1988年春季，我即将从兰州师专毕业，来到我的母校靖远一中实习。有一次我给高二班的学生讲课，课文内容是鲁迅先生的《纪念刘和珍君》。那次讲课，我的教案准备得比较扎实。到开课时，张老师和学校的几位领导来听课，这让我虽然紧张了一会儿，但也更加激发了我的信心和勇气。那一堂课我讲得十分成功。特别是讲到"真的猛士，敢于直面惨淡的人生，敢于正视淋漓的鲜血"和"苟活者在淡红的血色中，会依稀看见微茫的希望；真的猛士，将更奋然而前行"的时候，我把自己对于腐朽没落的段祺瑞政府的痛恨和鲁迅先生那种在黑暗世界唤起民众的精神通过自己流畅的语言、丰富的表情和有力的手势作了充分的表达，我的激情讲授深深地感染了每一位同学。下课后，我从张校长喜悦的脸上看得出，老师对我的讲课是满意的。

实习结束后我回到师专没有几天，张老师就亲自来到我们学校，他告诉我，学校（靖远一中）已经研究决定，同意接收我去我的母校教书。听了张老师的话，我既欣喜又矛盾。一方面我为能够得到他和母校的认可而兴奋，另一方面我又想毕业以后从事行政工作。但这个想法又说不出口，担心辜负了母校和老师的一片盛情。也许是张老师猜到了我的矛盾心理，他让我谈谈自己的想法。我就直言不讳地对张老师说：我出生于教师家庭，对教师的职业一直比较热爱。但是，我从父亲从教生涯中了解到教师的社会地位和工作环境并不是很理想。我想在从政的道路上实现自己的抱负，要是我以后能够成为一名管理教育的干部，我一定尽我的最大努力为发展教育事业、改善教师的工作环境做一些具体工作。张老师听了我的真实想法以后，当时就表示坚决支持。他说，你有这个志向好啊！还说早就看出你有能力有天赋，一定能在从政的道路上有大作为。听了老师的一番肺腑之言，我打消了顾虑更确定了我的人生目标，也更坚定了我的信念——走由老师点拨的、也是我自己选择的从政之路。

德高的老师，总给他的学生以人生更多的关注、更多的指点。张老师就是我人生之路上的伯乐，他的支持和鼓励总让我信心百倍。我本来就是学校推荐的调干生，已经老早就报上去了，可是，眼看着其他同学都已经分配离开了学校，而我的分配却遥遥无期。这时候我十分着急，可是又无能为力。可能是张春雯把我的窘况告诉了张老师，有一天他来到兰州，在详细询问了我的情况后，就亲自去了一趟省委组织部，很快就了解到我没有及时分配的原因。在他的帮助协调下，我很快接到了分配通知，卷起铺盖走出了学校，走向社会，走进人生历程的真正起点。

我被分配到平川区种田乡五星村工作。种田乡是一个十分贫穷的地方，这里山大沟深，干旱少雨，土地贫瘠，人们的生活状况非常艰苦。我当时的主要工作是搞计划生育。这项工作当时是农村工作中难度最大的。听说以前的好几名干部都因为吃不了这里的苦，受不了工作中的气而先后离开了这个岗位，离开了这里。面对这样的环境，这样的条件，这样的工作，我没有知难而退，而是把它看做锻炼和磨砺自己的机会。我每天翻山越岭，走村串寨，克服了许多意想不到的困难，把党和国家的基本国策反反复复地向村民们宣讲。由于自己从小在农村长大，对农村生活比较熟悉，对农村的父老乡亲有着与生俱来的感情，我像对待自己的亲人一样对待他们。在山村农家的窑炕上，我经常和房东大伯一起啃洋芋蛋，一起抽旱烟渣子，一起熬罐罐茶；在田间地头，我也经常和村民一起干农活，辛勤的汗水同样滴洒在这里的黄土地上。就这样，我逐渐和这里的群众建立了深厚的感情，工作局面也慢慢地打开了。在我离开五星村的时候，这个村的计划生育工作已经完全摆脱了落后局面，我的工作也得到了村、乡领导的好评，同时自己也在艰苦的环境中得到了很大的锻炼和提高。如今，我经常回忆起种田乡的那些虽然艰苦但却温馨的岁月，思念那里纯朴善良的父老乡亲，感觉到种田乡的经历确实是我的人生历程中积累的一笔宝贵财富。离开种田乡已经将近 20 个年头了，可是我一直和种田乡的乡亲们保持联系，只要有机会，我都要去那里看望他们；他们有什么事也经常来找我帮忙。

在种田工作的那些日子里，我也时时刻刻想念我的恩师张克让老师，有时候也胡思乱想，想着自己已经走出校门、走向社会了，再也没有机会接受张老师的关心和教诲了，心里不免有些失落。

我在种田乡工作了两年以后，突然有一天，平川区人事局通知让我到区政府办公室报到。我当时感觉十分纳闷，也感到十分激动和不舍。不久，我就办妥了调动手续，到区政府办公室上班，从事区长秘书的工作。事后才知道，原来张老师通过他内弟听说了我在种田乡的处境和工作表现，专程来到平川区，向时任区长的我的学兄秦伟极力推荐，从而使我的工作得以调整。

在平川区工作期间，我时刻得到张老师的关注和支持。1998 年，在我担任陡城乡党委书记期间，为了支持我的工作，张老师专门来陡城主持举办了一次农民书画展，从而极大地推动了该乡文化事业和精神文明建设的发展，收到了意想不到的效果，成为当地的一段佳话。

1999 年底，市上公开招考副县级干部。张老师知道这个消息以后，给我又打电话又写信，鼓励我抓住机遇报考。经过自己的刻苦努力，我终于以全市第一名的成绩考取，随之调入白银市工作。张老师得知我已到市上报到后，随为我赋诗一首：

> 烈焰熊熊情满腔，文韬武略誉城乡。
> 才见平川捷报传，又闻陡城凯歌扬。
> 党务政务皆里手，内事外事俱当行。
> 跨区晋市脱颖出，始信男儿能自强。

并且用他那遒劲飘洒的"张体"书法写成条幅赠我。老师的关爱之情、勉励之意溢于言表。

2009 年下半年，市上动议，让我下县区工作。期间出现了一些反复。张老师知道后，好几次打电话为我鼓劲打气。当年年底，我在白银区政府就职。在新的工作岗位上，我没有忘记当初向张老师的承诺，首先对全区的教育现状进行调研摸底，短期内走遍了全区的大多数中小学，和教育部门的干部共同努力，很快制定了教育资源的整合方案，优化了教师配置，加大了对教育的投入，落实了学校的危房改造和教学设施的配置更新项目；加强对校园的安全管理，检查防范措施的落实；并且解决了历史遗留下来的一批代课教师的养老保险问题。当我在新的工作岗位上能够通过自己的努力工作为党为人民做一些事情的时候，当我看到全区的教育事业健康发展的时候，我永远不会忘记张老师对我的谆谆教诲和拳拳期盼。我深知，只有老老实实做人，干干净净做事，为人民掌好权，用好权，才能报答老师的关心和培养，才能对得起老师！

师恩绵绵，终身难忘；师爱无疆，薪火呈祥。张老师就是这样时刻关注和爱护着他的每一位学子。他对学生的那种爱，是一种超乎了一般师生关系的大爱。他不但负责对学生在校期间的培养教育，而且负责对学生的终身培养和教育。几十年来，他和我们历届学生都保持联系，他的学生要是有了进步，他和学生一起乐呵；他的学生要是遇到困难，他竭尽全力帮助解决。他用自己的一言一行、一举一动把"人类灵魂的工程师"解读得淋漓尽致至高无上，我们每一个学生都能够讲述出他的许许多多感人至深的故事。如果把张老师倾注在他的每一位学生身上的那份爱汇集起来，那不就是一条激情澎湃、大爱长存的浩然大河吗？

李兰宏　甘肃靖远人。1986 年靖远一中高中毕业。曾任白银市房产管理局局长，现任白银区区委副书记、区长。

一个人的影响和
一所学校的气质

段芝璞

回望母校靖远县第一中学，总感到它有某种特别可贵和动人的气质。这种感觉的出现，和靖远一中第六任校长张克让有很大的关系。

上世纪 80 年代，提起甘肃省教育名县靖远县最负盛名的两所中学——靖远一中和靖远二中，关心靖远教育的人都会不约而同地说："文一中，理二中。"

所谓的"文一中"，是指靖远一中以文科实力强、影响大而冠誉全县。当时的一中，文史哲方面的优秀教师汇集一堂，蔚为壮观。仅以语文为例，仅给我上过课的，如周玉林、顾志鸿、马志高、张思明等，放置全省教育界，也是一流的语文老师。而这个群星灿烂的优秀团队的领军人物，或曰旗帜性人物，就是中学特级教师、全国劳动模范、全国人大代表、靖远一中校长张克让。

我能够走进靖远一中校园并和张克让相识，完全是因为我父亲段全洲"追星"的缘故。

父亲为何如此尊崇张克让，并执意要送我去当时由张克让任校长的靖远一中读书，我已不得而知。因为我的父亲1997年已去世，他生前我们没有就此问题深入交换过意见。

但有一点是清楚的，当时父亲心目中全县最优秀的高中语文老师是张克让。或者说，当时全县影响力最大的高中语文老师是张克让。因为父亲当时只是一所农村小学的校长，和我后来就读的这所全县一流的中学学府的校长并不认识。当时可以毫不夸张地说，在我们那个以历史积淀和文化底蕴深厚著称的教育大县，张克让的名气和影响完全可以与县委书记和县长比肩。

顺便说一句，我的父亲毕业于靖远师范学校，是当地一位受人尊敬的语文老师。

受父亲的影响，我的语文成绩一直都比较好。父亲认定我是学文科的料，他的最大心愿就是我上高中时能遇到一位优秀的语文老师，特别是在写作上能给我指导和帮助的老师。

而那时，西北师范大学中文系毕业的张克让，已名满陇原教育界。官方对其高尚师德、独特教法、育人心经、治校理念等都有很高评价。民间广为传播的看法是，读书多、口才好、文采好、待人好。

就这样，望子成龙心切的父亲选择了张克让，也让我和张克让老师结下了不解之缘，并在一定程度上影响了我的职业选择和人生发展。

应该说，我能到靖远一中读书是颇费了一番周折的。因为我初中是靖远二中毕业的，当时都是一中的初中毕业生报考一中，二中的初中毕业生报考二中。据说当时我的这种"跳槽"也是一种"破例"。但因为父亲的"追星"和执着，我还是走进了一中，走近了张克让。

是因为张克让的魅力和影响，我"折腾"到了靖远一中。到了一中，我惊奇地发现，像我这样"慕名投校"的还不少，我们班甚至有从省城兰州来的借读学生。

我虽有幸进入一中，却无缘在张克让任课的班上读书。那时他已担任行政领导职务，社会活动也较多。所以虽同在一校，却很少见面。

如今回想起来，整个高中阶段，和张克让老师较近距离的接触仅有三次。

第一次在他家中，算得上是面对面交谈。利用午休前的短暂时间，父亲带我去张老师家拜访。印象中家里陈设很简单，父亲很诚恳，张老师很热情，我拘谨而又兴奋。张老师热情健谈，主要是和父亲交流，给我说了一些鼓励的话，也有读书和写作方法上的简单点拨。如今回想当时的谈话内容，指点的是基本功，主要有两点：其一是多读书，读好书；其二是勤写作，写真情。其实于我这个刚入高一的学子而言，从某种意义上说，这次谈话的内容并不十分重要，重要的是得到了大名鼎鼎的张克让的热情接待和热情鼓励，这就够了。

对于张克让老师的平易近人和热情鼓励，当时我很感意外。因为当时在我们的心目中，他就是大师级的人物，是需仰视的。后来有了更多了解后，始知这正是他的真性情，是他内心爱的流淌的一种自然展示。当我大学毕业后，有了一段在大学任教的人生经历，才懂得这样一个道理：爱是教育的最高境界，也是一个教育家最可宝贵的品质。而我们的校长张克让，就是一个心中充满大爱的人。

张克让后来又调任靖远师范学校校长，最后从甘肃教育学院副院长职位上退休，并且头上又多了一些荣誉称号。但他始终没变的就是自己的赤子之心和大爱之心。他对所有的学生都一视同仁，对所有的学生都满腔热情，他始终像一团火，靠近他，你就会感到温暖。在兰州他的学生经营的一家小餐馆，我见到他的书法作品，题诗中充满祝福和鼓励。在他的一名学生任董事长的私人公司庆典上，我看到他登台发表热情洋溢的讲话并献文艺节目。有次师生聚餐时，一位学生无意中讲到自己工作中遇到了些麻烦，他马上表现得十分着急和关切，又是出主意，又是想办法，其古道热肠，侠义之气，令人动容。有师如此，幸何如哉！

第二次在学校的露天操场上，他演讲，我当听众。记得是一个下午，好像是全校学生都参加了，演讲主题是关于写作和文学意境方面的。这是我们那个年代经历过的"最大一堂课"，也是整个中等教育阶段唯一的一次"上大课"，印象十分深刻。

以后，我走出小城，进了国家重点高等学府，才知这种方式叫"演讲"，或曰大型专题讲座。我们何其幸运，身处偏远小城，却照样享受大学里才有的"文化大餐"和"思想盛宴"。

这次演讲，历时两个多小时。张老师激情四溢，神采飞扬，演讲中妙语连珠，引人入胜。我最早知道王国维在《人间词话》中关于"成就大事业大学问的三种境界"的论述，就是这次讲座中的收获。"昨夜西风凋碧树。独上高楼，望尽天涯路"的怅茫，"衣带渐宽终不悔，为伊消得人憔悴"的执着，"众里寻他千百度，蓦然回首，那人却在灯火阑珊处"的豁然，被张克让老师解析得清晰透彻，令听者回味无穷。就是在这种潜移默化中，我们对作文、做人有了点滴感悟。我们的激情就这样被点燃，梦想就这样被放飞。对张克让老师，也有了更多的敬意。

可以说，以前关于张克让的种种评价和赞美，都还只是"传说"，现在是亲眼目睹大家风采，亲耳聆听大家教诲，确有听君一席话，胜读十年书之感。

那时的张克让，既教、又研、又写，是名副其实的"多面手"。在他的带动和影响下，靖远一中教研成风、文气郁郁。当时在报纸杂志上，时常能看到一中老师和学生的文章，这被传为美谈。可以说，张克让时代，整个靖远一中上空始终弥漫着一种浓浓的文学气息。一些学子对语文学习有了更浓厚的兴趣，一些学子对文学这种十分神圣的东西有了某种向往，一些学子萌发了将来从事文史工作的志向……这一切，在那个年代那个封闭的小城里都显得弥足珍贵。

第三次在学校礼堂，他在台上演出，我在台下观看。那时全校搞文艺表演，多才多艺的张克让老师亲自登台演出他的拿手好戏《夫妻识字》，台上演得惟妙惟肖，台下笑得前仰后合。

　　要知道，在那个千军万马挤过高考独木桥的年代，不少学校的不少师生都在争分夺秒地在"应试"上下工夫，像我们这样大张旗鼓地"不务正业"者，确属罕见。但这样的活动，无疑在沉闷而灰色的应试阶段的生活中，增添了一抹亮色，丰富生活的同时也丰富了人生的体验和感悟。这在当时是一种可贵的放松和调节，在以后的人生回味中，始终温柔、美好、感动。

　　我常想，在那个全社会追求高考升学率的年代，在那个"考考考"、"分分分"喊得震天响的年代，还有一所学校，还有一群人，还有闲情逸致时不时组织和参加各类文艺活动，这多少显得有点"另类"。但这也正是靖远一中的不凡之处：它不仅追求知识的传授，也追求心灵的高贵和自由。

　　我们许多同学都有这样的感受，当时的一中开明开放而有个性，有宽松的发展环境和自由的发展空间。一些同学多年后还深情地回忆说，在一中校园散步，不仅没有通常在其他学校会有的压抑感，甚至有一种优雅而浪漫的感觉。大家明白，这一切，与校长张克让的眼界、胸襟、气度、才情和人文素养是密不可分的。

　　张克让虽然没直接给我们授课，但身处一中校园，我们这些文学爱好者还是能时时感受到他的影响力。学校有个文学社团"乌兰草"，他是热情支持者。学校举办各类作文竞赛，他是积极倡导者和批阅点评者。有时我们还能从报纸期刊上读到他的作品，这在那个年代是一种十分神圣的感觉。

　　一个优秀的校长，必会在一所学校的发展史上打下自己深深的烙印。靖远历史悠久，人杰地灵。靖远一中历任校长励精图治，学校声名远播。张克让在靖远一中奉献 31 年，从一名普通的教师成长为一校之长，学校和他自身早已融为一体。是一中这方肥沃的土壤成就了他，反过来，他的出现又极大提升了靖远一中的社会影响力，给这所有 68 年历史的省级示范性高中树起了新的精神坐标。张克让无疑是一种象征，他和他的团队让这所学校传统意义上的"书卷气"更浓了，人文气息弥漫校园各个角落。

　　人生不能假设。有时静心思考，我也这样想：假设没有张克让，我会不会突然改变求学轨迹去靖远一中读书？到了高中分科时会不会不假思考地选择文科？填报大学志愿时会不会又选择了张克让当年读大学的专业——中文系？甚或现在还从事不从事与文字和文学有一定关联的职业？

　　但不管怎样，对当初的选择我都无怨无悔，深感荣幸。我始终认为靖远一中是世界上最美的校园之一，我时常回忆起在靖远一中度过的美好岁月，也不断忆及张克让那一代老师对我们的深刻影响。

深深感谢我那平凡而高贵的母校！深深感谢深刻影响了靖远一中、影响了一中无数学子，也影响了我的张克让老师！

段芝璞　甘肃靖远人。1986 年靖远一中高中毕业。曾在兰州大学宣传部、新华社新疆分社工作，现任新华社甘肃分社副社长，高级编辑。

桃之夭夭　灼灼其华

冯玉雷

1985 年，我从宝积中学考取靖远一中。同年，家乡鸾沟从靖远划出，归平川区，我有幸成为最后一批考取一中的"外籍"学生。那时，靖远一中闻名遐迩，城乡学子趋之若"鹜"，竞争异常激烈，考上靖远一中的光荣超过考取大学。因为，迈过这道门槛，考取大学似乎在情理之中。所以，得知被录取的消息，家人都很高兴。尤其我的姥爷乔永兰，那位出自山西乔家大院的慈祥老人，每天坐在东湾砂梁的马路边向熟人和陌生人宣告：我的外孙子考上靖远一中了！至今，我对那次考试印象最深刻的，除了初夏靖远钟鼓楼盘旋翻飞的快乐燕子，就是姥爷在马路边槐树下笑意盈盈的宣讲。

进校后，我就读于高一·三班。姐姐、弟弟同时上学，家里负担过重，不可能像有些同学那样经常下馆子，生活清苦到极点。很奇怪，当时大灶的饭非常简朴，可是，吃了三年，我竟然长胖长高了。靖远一中崇尚的是学习，学生都朝着这个目标奋斗，以苦为乐。对我而言，更高兴的，是学校有"乌兰草"文学社，并且排印油印一本文学刊物《乌兰草》，直接负责人是周玉林老师，顾问是鼎鼎大名的张克让。先生当时是校长，在他的关注中，"乌兰草"文学社经常举办活动。我曾经随同文学社到石门哈思山采风。可惜，那次先生没去，让本来不善交际的我又失去一次近距离接触的机会。

靖远一中以文科闻名，这与当时的校长张克让先生有关。先生毕业于西北师范大学中文系，对文学情有独钟。学生都喜欢私下里议论同学和老师，先生乃明星式风云人物，学生自然格外关注他的一举一动。我对先生的很多经历，就是通过"卧谈会"了解的。另外一个重要途径，就是开全校大会。先生的发言，实际上是生动的演讲，妙语连珠，异常精彩。高中三年，我从来没有对学校的大会厌倦过。事过多年，很多先生教过的学生相见，都能惟妙惟肖地学他讲话，很有趣。

高二开始，我学文科。从初中开始，我就打定主意要学文科，特别关注语文老师。很庆幸，上初中时我遇到邓永发、孙明礼、滕宝慧等几位非常敬业的语文老师，升到高中，我对文学知识的需求可以说是"如饥似渴"，先生是语文老师，一中的学生，谁不期盼先生讲授语文课？但这种愿望能够满足的只有少数几个班。我班则始终无缘——有一次很偶然，给我班派的语文老师不知何故，不能上课。先生暂时顶替，讲《孔雀东南飞》，有两周时间。这是唯一聆听先生授课的机会，关于"相"在古文中的几种用法，至今记忆犹新。

到高三，我们被编成文科一班，教语文的是张秀英老师。她课讲得很好，讲到"克"时，说有"能够"的意思，并且举例：校长张克让，名字的意思就是张"能"让。这就是文化啊。

从高三开始，我的成绩逐渐靠前，基本上都在前四名，有一次，还被同学投票选为"白银市三好学生"。父母看见奖状和奖品，自然非常高兴。可是，下次回家，他们却变得忧心忡忡。原来，父亲曾到一中打算感谢老师，可是，找错了人，听错了消息，以为我"造假"，母亲为之两个晚上没睡着觉。我感到很吃惊，说奖状和奖品都是张校长亲手发给我的，怎么会错？父母也从民间获知先生的口碑，自然相信了。但始终不明白为什么会产生那个误会。

在高三文科一班，我曾主编过一份手抄小报《征帆》，赢得先生和其他老师、同学的好评。展出后，小报不知所终，我发表在上面的文章也石沉大海，很怀念！

高中毕业，考取大学，先生也调往靖远师范，后来又调往甘肃教育学院。2004年，我再次与先生建立联系。那时，我工作中出了一些不小的麻烦，先生从某个渠道得知，聚会时，他主动提出，可以帮忙调我去甘肃教育学院工作。人事问题最麻烦，大多数人惟恐避之不及，先生却一片热忱，关爱有加，怎不让我感动？在这之前，也只有兰州师专中文系（现兰州城市学院文学院）主任莫超先生及书记杨贵忠先生诚挚邀请我回去。中国传统观念，好马不吃回头草。先生在这关键时刻提出邀请，我应该领情，可是，我想，如果一走了之，原来工作中的"问题"就永远不明不白。还是从哪里摔倒从哪里爬起来吧！虽然这样冒着极大的风险，我还是向先生坦露了想法。先生尊重我的选择。

当时，靖远寓兰乡友会打算给母校靖远一中立碑纪念。先生向秘书长宋得顺推荐，让我撰写碑文。宋得顺先生骑着自行车到安宁区说此事，我考虑再三，推辞。

其后，宋先生因为拜访其他朋友之便，和我见了三次面。我再三解释：靖远文化底蕴深厚，人才济济，前辈同侪，杰出者不计其数，我只不过发表了一些小说，实在不敢斗胆执笔，并非不愿为故乡效力，请宋先生和张校长等前辈一定谅解！时隔不久，宋先生再次骑着自行车来了，他说，张校长的意见，还是你写最合适。宋先生已经到我寓所来了五次，再推不过，只好应命。于是，查阅资料，熟悉靖远历史文化，然后撰写《思贤感怀赋》初稿，由宋先生分发部分乡友。意见反馈后，我再次修改。立碑之事，却未能很快确定。兰州敦煌医学研究所所长王芝意建议将《思贤感怀赋》刻在铜匾上，赠与母校，既有现代感，又简单易行。于是，大家采纳了。正要付诸实施，热心其事的宋得顺先生突然病故，刻匾事又搁置下来。

我对《思贤感怀赋》反复修改，完善。2008 年，1988 届文科一班同学拟于 8 月16 日在靖远聚会。因为《思贤感怀赋》由我书写，大家建议将此文刻匾赠送母校。我想，文章既成，如刻匾赠母校，不但能代表我班同学及校友的情意，也了却已故校友宋得顺先生及其他校友的一桩心愿。校友代表与先生商量，他表示赞同，并且专程到靖远一中协商其事。王芝意先生慷慨解囊，承担刻匾费用。2008 年 8 月 16日，张先生和王芝意先生不辞辛苦，到靖远一中参加我班同学聚会，出席赠匾仪式，并且发表情真意切的讲话。

去年，先生在甘谷举办《张克让先生收藏书画桑梓展》，又嘱我写序言，并且邀请我参加活动。回首往昔，自1985 年进校，到现在，时间过去二十多年，虽然我与先生交往断断续续，但是，关于先生的种种消息不断传来，分享这些令人鼓舞的消息是一种美好享受。先生豁达大度，热情洋溢，与学生建立了深厚感情。就我而言，若非先生极力推荐，我还不知道自己能写《思贤感怀赋》之类的文章，更不可能进而写出《万佛塔记》、《药师佛殿碑记》等碑记类文章。倘若说这是一片预料之外的小小绿荫，那完全是先生造就。先生的学生遍布全国乃至海外，受先生和靖远一中恩泽的人有多少啊！靖远多少家庭的命运又由于学生命运的改变而产生巨变啊！这是大功德。

冯玉雷　甘肃靖远人。1988 年靖远一中高中毕业。现任西北师大《西北成人教育报》编辑，系中国作家协会会员、兰州市作家协会副主席、甘肃省文学院一级签约作家。

张克让校长与靖远一中教育

张建君

2009 年 11 月中旬，在井冈山迎宾馆接到同乡前辈张生贤副厅长的电话，告诉我今年是靖远一中老校长张克让先生从教 50 周年的日子，一中校友想出一本文集以示纪念与祝贺。张厅长知道我是一中校友，特意嘱咐我写一点儿东西以襄其盛。接到这个邀请，我着实有点诚惶诚恐，"慌"的是靖远一中英才辈出，有多少学高德绍、声名远播、事业有成的学长与师友，文章由他们来写更有启发价值与纪念意义；"恐"的是我就读一中的时间较短，当时克让先生已经是闻名全国的人大代表、一中校长，并没有过直接的接触，逸闻倒是听说了不少，在自己尚不是一中学生的时候，就听说过有位乡下贫寒学生，拿其作文贸然找张校长自我推荐，克让先生读完文章就立即拍板将该生转入一中，并给予多方面生活资助，后来该生果然学有大成，一时在全县传为佳话，这无疑是一个现代版的伯乐故事。其中所传述的慧眼识才、唯才是举的先生风范已经深深地震撼了我，使我很有唯恐因知之不多、写不出一些有价值东西而担忧。

克让先生 1959 年本科毕业于西北师范大学中文系，那时他才 23 岁，风华正茂、充满干劲。20 世纪五六十年代的中国有着太多的政治运动，反右派、拔白旗、反右倾、"文化大革命"……一连串的政治运动风起云涌，克让先生就是因为特立独行、过于优秀而被划成"右派"，被发配到了偏远的县城中学，其心情的郁闷可想而知。据说，克让先生的秦腔唱得不错，也许秦腔——这个陇原文化的艺术表现方式，给了他宣泄生命重负的渠道，能够沉着面对命运的磨难，把这纷扰、残酷的世界抛之脑后，用积极的心态对待工作、生活，并最终成为靖远人的女婿。见过克让先生的一首《自嘲诗》，诗云："风急浪高任浮沉，苦辣酸甜尽我吞；中学大学留趣语，逆境顺境吼秦音。"这也许表达了他对人生境遇无常的态度。重要的是，克让先生渊博

357

的学识和优秀教师的功力，使得他走到哪里都是明星，只要他一站在讲台上，学生眼中就只有对知识的臣服而忘了其他，他的名气就不可遏止地传播开来，甚至在"文化大革命"的氛围中，他的名声连同他的甘谷腔调，都显得非常的特立独行。在那时大多数的靖远人就知道有这样一位中学语文老师，儒雅饱学、性格鲜明。

随着"文化大革命"的结束，国家重新确立了尊重知识、尊重人才的大政方针，克让先生优秀教师的教育品质终于大放光彩，累计获得优秀教师及劳动模范等各种奖励，并出任了一中校长，成为继苏振甲、刘协、段生旺、侯宗周、吴之瑛诸前辈之后又一位备受爱戴的好校长。一中在先生的手里，很快就进入了跑步发展的快车道，一方面是先生整饬校风有方，其独特的教育思想推动了教师、学生两个方面的积极性，借助高考的东风，迅速地凝聚起了老师爱教、学生爱学的良好校风；另一方面，则得益于那个特殊的时代，将那么多来自天南海北、毕业于名牌大学的知识分子，因时代的关系留在了偏远的县城中学，其中有不少来自北京师范大学、中山大学、兰州大学、西北师范大学等全国名牌高校的本科生。在今天，我们仍然要衷心地感谢这些老师，克让先生无疑是他们中的杰出代表。靖远一中在克让先生执掌教印时期，实现了跨越式的发展，从1978年恢复高考初期的靖远高考开门红，到20世纪80年代初期靖远一中高考的名校叠中，到了80年代中期，靖远一中每年高考的录取名额已经进入了全省前三强的行列。学校则从北京大学、清华大学、中国人民大学到全国的其他各大名校无不囊括，几乎每年都能够有500~600名学生考入大学，其中有近1/6能够进入重点大学。记得1988年3月在靖远一中全校师生大会上，克让先生就是站在一中尘土飞扬的操场上，介绍了自己刚刚参加的全国七届人大的有关会议概况，给我留下深刻印象的有两个话题：其一，是与国家领导人有了面对面的交流，提出了中学教育改革的问题，这让我突然感觉中央与我们并不是那样天人悬隔，听到有关会议的介绍更是让我们大开眼界；克让先生还讲到了毕业于中国人民大学、专门为中央领导进行新闻拍摄的新华社记者——靖远一中校友李学仁给他拍摄与国家领导人合影的趣事，让我一直想象这位校友是何等的厉害，及至2009年底有缘见到这位学兄，乃一相貌敦厚、行为低调的谦谦君子。其二，就是大约在1986年靖远一中的高考录取比率已经名列全省前茅，克让先生提出要师生共同努力，实现百尺竿头，不断地进取与突破。靖远一中在克让先生手中所创造的辉煌，使得靖远一中似乎具有了神秘的力量，成为能使生铁也发光的神圣磁场，来自天南海北的学生都想方设法投入一中的怀抱来接受教育熏陶。

当时我们班上就有来自兰州、白银及周边县市，甚至河南、山东的学生，足以证明靖远一中已经具有了超一流的教育声誉，这正是克让校长以及各位先生们孜孜不倦、兢兢业业教育精神所得到的必然结果。据说他每天起得最早，站在校门口检查教师、学生们的到校情况；而直到所有办公室的灯光都熄灭了，他才回家休息。刚入一中，我就有一种油然而生的自豪，教师不但具有一流的教学水平更有超一流的敬业精神，学生不但具有一流的智力素质更有超一流的学习精神。无论在早晨、还是傍晚，无论是中午、还是深夜，在教室里、在操场边、在路灯下都是看书、背书、学习的身影，都有不倦的学子，还有时刻等待学生求教的老师，甚至有些老师为了多找一点时间给学生讲一些新东西，还和别的老师为晚自习时间属于哪门功课而吵得面红耳赤。当然，这些额外的教学活动并没有任何的报酬。可以肯定的是，这时克让先生也在积极地寻找机会，给因为开会误了课的学生们多讲一些知识、开一些小灶。最为"恐怖"的是我们1988届文科高三一班的班主任展志海老师，只要没有老师在上课，教室里即使有稍微的响动，他都会及时地出现并加以"弹劾"，他绝不允许有人浪费时间、更不允许干扰其他同学学习。现在想想，在信息技术非常落后的当时，能够有如此神力，他一定将眼睛时刻盯在高三文科一班的教室里；否则，我们只能认为他有特异功能。教地理的曲老师，则总是能够在数学、语文、英语这些大课的空当时间，及时把握机会出现在教室，说是耽误大家几分钟时间，借机进行高考前的地理课辅导，他决不允许地理成绩拖了大家的后腿。有次，他采用激励式的教学，讲应届毕业生参加高考，即使学习成绩一般的同学，如果能够好好发挥，高考成绩就能比平常提高100多分，喜得我抓耳挠腮，觉得他就是在说给我听，后来我在正式高考中果然超越了重点线十几分，学习成绩一般的我，在千军万马争过独木桥的高考中总算有点儿一鸣惊人了。这就是克让先生执掌一中教印期间的真实教学场景。在靖远一中求学期间，我能够感觉到自己天天有进步、时时在成长，在这样一个讲求知识和学习的地方，我有一种不好好学习就是犯罪的感觉。靖远一中，无疑是我心目中最好的中学。

事实上，多年以后，我才发现，靖远一中毕业的学生，无论是否当年考上了大学，只要有志于学都最终走入了大学的校门，只不过存在时间早晚、学校好坏的差异罢了。甚至发现，有许多当时成绩不佳、被迫入伍的同学，在几年后有许多都考入了军校，成了英姿飒爽的军官，其中不乏军衔很高的将领。即使经商、务农的靖远一中学生，也似乎发展得要更好一些。在毕业20年的同学聚会上，我的一位农民同学吕玉乾给我们讲起了他在玉米地里听到玉米拔节的声音，是何等美妙；讲到他在务农以来写下的 20 多本日记，字数超过了《平凡的世界》；讲到他如何培养自己的子女学习，并最终考取了大学。听得我非常非常的感动，这就是伟大的教育力量。教育的真正成功，不仅仅在于成就了什么样的人物，更在于能够使普通的受教育者都有爱业奋斗、自我认同、安居乐业的德行。在这次聚会上，受我们的作家同学冯玉雷邀请，克让先生不但专程从兰州赴靖远参加了我们的同学聚会，而且使得我们有机会再次聆听教诲，他勉励大家在各条战线上有闯劲儿、出成绩，即使做工务农也要不忘学习。这不啻于是一场跨越了 20 年的关注式教育，体现了克让先生关注式教育思想的精髓。

　　一位哲人说过："灯亮着，希望就在。"克让先生就是靖远教育的希望之灯。他的嘉言懿行，将激励起一代代的靖远人尊重教育、重视教育、投身教育的基本态度，兴起焚膏继晷、工作读书两手硬的学习精神，以使得我父母之邦的文明火种愈烧愈烈，日益勃发出奋发向上、事功作为的璀璨光芒。

　　张建君　甘肃靖远人。1988 年靖远一中高中毕业。中共甘肃省委党校教授，经济学博士，中共中央党校理论经济学博士后流动站研究人员，中华外国经济学院研究会理事。

赞张克让先生

何爱育

陇原奏和烛光曲，桃李缤纷乐群英。

鸿爪夕明拳教育，滋兰树蕙眷师生。

文章似玉清品洁，气度如松直影青。

侪辈高扬诗韵律，吟咏杏坛峻峥嵘。

何爱育　靖远乌兰中学党支部书记，中学高级教师。

靖远一中，张校长，其他的人和事

张巨岩

离开靖远一中已经快二十年了。但在一中学习的六年时光，种种的人和事，不时进入梦境。期间的甘苦，也总不能忘怀。最后一次回到一中校园，是在 2001 年回国返乡途中。想去寻找一些过去熟悉的房屋，路径，草木和人，但已经变得完全不认识了。

1984 年，我从靖安乡的张寨柯小学临近毕业。父母百计寻思如何能将我转入靖远城中去读书。此前的数十年，他们两个西海固边缘地区的农民，身负前辈遗留的政治原罪与折磨，和后来故去的大姐一道，在干旱的村庄劳作，辛苦将我的三个哥哥和另一个姐姐送到学校，指望他们能有一技之长，将来不至于饿肚子。到我小学毕业，他们仍坚持这一信念，视读书识字和学习技艺为要务。但如何让我去靖远城中读书，他们却一筹莫展。县城的姑母努力奔走，但临近九月，尚无着落。

上世纪 70 年代后期，我二哥巨鸿在靖安中学读书时，认识了从水泉下放到那里教书的周玉林老师。一次他邀周老师到我们那个简陋的家里做客。其时我尚是七八岁的害羞孩童。听说我会画画，周老师笑着用普通话对我讲，我是你周叔叔，你能画这个杯子吗？我埋头用铅笔将父亲喝茶的杯子小心地画出来给他。他不断称赞，把那张小画折叠放入口袋。此后数年我再未见到周老师。这时家里想到或许周老师可以帮忙转学。其时他已经调到靖远一中。于是我的二哥去找他。周老师记得我会画画，连说好啊好啊。那时得知他和一中的张克让校长熟识。

此前小学四年级时候我参加县城的绘画展览，送去多幅画作，被县文化馆的师直老师选中十多幅，和其他孩子的画一起挂在钟鼓楼展览。展览完毕，和那些未选的钉在一起，存在姑母那里。于是赶快请姑母将这些童稚的画送去给周玉林老师。

362

周老师拿了这些画，去给张克让校长看。他告诉我张校长已看完，但要见一见我再决定。

那时一中已经开学十多天。周老师带我去见张校长。到了他的办公室，我略略紧张。张校长笑对我说，我听说你会画画。他将办公用的蘸笔拿起递给我，说，你画一张吧。我接过笔，在他给的纸笺上用红墨水画了一匹马，还有一个小小的仕女。张校长看完，当即写了一张纸条。周老师接过纸条，带我去正对着学校大门的教导处。教导处的薛衡主任接过条子，看毕，将我插入初一·四班。但他要我出具转学证。没有听说过，自然就没有。姑父雷祯详已经六十余岁，坐了班车，到240里外我所在的村庄去取。但班车到了离村庄五十里路的贾寨柯，无论如何也不肯走了。他只好以当年作随军游击队员时从山西徒步行军进入西北的精神，步行50里路，向村庄走去。刚进入家门，外面便下起瓢泼大雨。母亲后怕，因为后来知道姑父刚过了枯水河，那里即开始发洪，连手扶拖拉机也掀翻了，死了几个人。

初一·四班的教室是以前的化学实验室，气味刺鼻。因为开学快两周，前面座位已满，我虽然是小个子，只好暂时和高个子学生坐在最后一排。地理课开始，屈生来老师健步进入教室。大家起立。只见屈老师向我坐的方向忽然指过来，大声说你怎么不站起来！所有的学生转过头，看见小个子的我站在那里一头雾水，哄堂大笑。

此后开始了一中的六年学习。住校。只在寒暑假坐班车回240里路以外的家。我不再是乡村的孩童，而成为远离父母和乡土的少年。其间有许多苦闷，乃至寒冷与饥饿。但渐渐明白了怎样奋发和独立。在校园中有时候可以看见张校长。我心存感激，但向他问候时仍觉羞怯。后来居然渐渐地看见他就远远地躲开了。早晨在教导处前升旗时全校集合听到他讲话，训诫。那时开始听到关于张校长过去被打为"右派"的遭遇，也开始觉到他治校的严格。那时候的一中在他带领下，大家都能感到一种生机勃勃，齐整上进的进取精神。

在一中第一年的元旦，第一次知道有文艺晚会。外面是西北的寒夜，大礼堂里面一片热闹。一个高年级的男生和女生合唱《辽阔草原美丽山岗》；两个老师用会宁腔说相声，学村妇哀哭，说牛（你）死了把槽（我）留下。张校长演农村老汉，手持烟锅，头上缠着白手巾，跷腿坐在凳子上，似乎在谈有关喂猪的事情。下面的学生哈哈大笑。

初中三年级，我们搬入临近公路的工棚住宿。四壁皆是缝隙，冬夜极寒。一次一个王同学分煤炭时搞到一把钥匙。于是全宿舍半夜下自习后提了装干粮的蛇皮袋子潜到那个用土墙圈起来的地方去偷炭。我们五六个潜入，在里面飞速装炭，外面的六七个往宿舍里抬。正在络绎搬运，忽然听到外面低呼说有人来了。里面的人慌忙飞速把木门关上，屏气听外面的动静。过了片刻，一个普通话声音问你们在干什么？似乎是班主任万老师的声音。宿舍里的一个在外面慌忙回答说在捡白天分炭时候撒在路上的炭，其音甚为可怜。但这时候一个声音说，"你们可不能偷炭啊！"这是张校长的声音，甘谷口音。我一动不动，心向下沉，暗想这下完了。但张校长说完，就迅即走了。他们只是路过，却几乎捉到现行。我后来经常想，是否他以仁恕的精神刻意放了我们一次。

初三时候和张校长的儿子张春涛同在二班。元旦晚会他和另一个同学演双簧。前面一个表演动作，藏在后面的配合。画外音用提前录制好的磁带，是张校长的声音。讲一个小流氓进了监狱后自陈其状，录音夸张之中有些尖利，其间还有模拟的狂笑声，极有喜剧效果。演到一个王同学拿装了水的饭缸给小流氓送去时，小流氓拒食，劈手将水泼了王一身。哄堂大笑。那时张校长是全国人大代表。他每次去北京开会回来，全校师生都去操场集合，听他讲开会的事情。但他基本并不照本宣读会议精神，而是讲很多见闻及趣事，满操场的学生津津有味地听。例如他和邓小平握手，以及垂垂老矣的周谷城如何开会戴墨镜躲记者拍照他打盹，等等。一次他讲到当时在人大读书，后来成为我师兄的一个一中毕业生去他下榻的宾馆，不知怎样拧水龙头取热水，因而未能享用宾馆的热水澡。学生大笑。

1990年，我以甘肃省文科第一名考入中国人民大学国际政治系。其时张校长还是全国人大代表。一次他来北京开会，我和一些在北京读书的一中毕业生去宾馆看他。他还是那样和善可亲，和以前一样笑眯眯的。他忙着介绍我们和当时一起开会的甘肃省的一些领导代表认识，合影。七年前他将我转入一中以后，我从未近距离与他交谈过。我想他应不记得我了，也大概忘记了批条子让我转入一中的事情了。我问候过他，想对他讲，是他把我转入一中的。但其时不知为何欲言又止。人声鼎沸之间，未能感谢他多年前和周玉林老师改变了我的人生轨迹。后来一直觉得这是憾事。但有时想，春风雨露何曾要草木以言语感激？只要草木繁茂生长，即不负春风吹拂，雨露润泽之德了。

　　我后来离开北京，去广州工作，不久到美国读书、工作。海草三绿，不归国门。我闻知他退休后仍不倦努力，泽被乡梓。在此真诚祝愿张老师健康长寿！

　　张巨岩　甘肃靖远人。1990 年靖远一中高中毕业。美国密苏里大学博士，目前在美国得克萨斯大学圣安东尼奥校区（**University of Texas at San Antonio**）执教。

毕生的老师

薛志忠

　　曾经无数次想过，试图找到某种合适的具象来形容我的老师张克让先生。或可用直插苍穹的劲枝来形容先生的执着；或可用慈蔼谦和的伯父来形容先生的平易；或可用深广的山谷来形容先生的谦逊……但最终觉得这些都无法摩盖先生的人生华点，细细思量先生与教育、与学生、与生活万般诸事，颇多感慨。

　　克让先生是我靖远一中时的校长，在高中求学期间曾无数次为先生在那个风雨飘摇的特殊年代表现出的恬然淡定、执着不屈、乐观自信所深深折服，同时也一再庆幸多次聆听过先生在全校师生大会上的教导。先生现虽离开教坛，但其精神光华无时无刻不在感染着每一位从靖远一中走出的学子们，先生的执着在于对传道授业人生追求的坚定，在于对求知若渴干涸心田的全力慰藉，在于对桃李遍撒的教育事业的守望。当然，先生的执着也给了我这个曾出于其门下，又有幸与先生共事 4 年的学生有益于一生的精神给养，初作为一名高校管理工作人员踏上工作岗位，工作中的磕磕绊绊曾使自己迷茫彷徨，先生恬淡自信的处世风格、诙谐幽默的教诲鼓励我一步步成长，从学生管理工作到学校办公室工作，每一个工作的进程中我都把先生的这种超然物外、心无旁骛的事业追求奉为楷模。在先生的感召下，经过多年的工作锤炼，如今我可以沉着冷静地应对工作中的一些问题。先生曾挥毫勉励我：情系学子微，事事有循规；工作苦和累，学习策与催；身高心且细，言简行不违；志当存高远，振翅凌云飞。这既是对我的期望，又何尝不是先生爱生如子的人生写照？

　　先生一生桃李无数，遍布大江南北、祖国各地，走出国门者也是恒河沙数，在各行各业领风骚者皆而有之，历数其名，于常人想来，恐怕先生也未必一一记得。但有一事，至今令我无法忘却。先生退休后，我和妻子共同去探望，妻子曾是先生在靖远师范的学生，虽说是学生，却只有一面师生缘。克让先生在师范任校长时，尽管公务繁忙，但却是"家事国事天下事，事事关心"。先生十分关心学校的文学社，常常忙里偷闲，抽时间给学生作文学知识讲座，亲自指导学生创作。妻子曾写过一首小诗，那首小诗曾被先生推荐在省级报刊发表。从靖远师范到甘肃教育学院，再到先生退休，已近十年时间，时过境迁，想先生日理万机，区区一件小事，肯定早已忘记。没想到说起妻子，先生欣然跑进书房，搬出厚厚一本文集，我和妻子都很感然，先生翻到其中一页，上面赫然粘贴着妻子发表的那首小诗的剪贴，愕然之余，崇敬之情油然而生。我们迅速翻遍全册，文集中收集了先生多名学生的稚作，有散文、有小说、有诗歌、有杂谈，有靖远一中学生的，也有靖远师范学生的。说起每一篇文章、每一个学生，先生都是神采飞扬、如曝珍稀。当时，我看到了，这位花甲老人一生在教坛上躬耕不辍，情注满园桃李，他的幸福不在于晚年接踵而至的荣誉，而在于他的满腔热血浇开了一朵朵娇艳的花朵，可贵至极的是这一朵朵娇艳的花朵还结出了累累硕果，这每一篇文章、每一颗累累硕果的培育者，其情怀是何等令人敬仰！

奋斗了一生的先生，如沥沥春雨，"既滋兰之九畹兮，又树蕙之百亩"，可谓是战果辉煌。退休之后，理应在家安度晚年，尽享天伦之乐。可对生活的执着坚定、乐观豁达、自信超然铸就了先生的退休生活比工作期间更加光彩烨然。先生笔耕不辍，相继编辑出版了教育专著《滋兰树蕙录》、自传自书行草习作《诗情墨趣》、收藏书画与自书习作《书棂画扉》、影文书画集《鸿爪夕明》。每每有一新作问世，先生必定赐书赠阅。这些作品，是先生作为一名忠诚的教育工作者一生教育情缘的凝结，是先生笑对人生的粹华提炼，不仅对于我们这些学生，对于广大的教育工作者也是弥足珍贵的。对于这么一大笔精神财富的总结，先生自谦为"'老牛自知夕阳晚'，所有的目的也只是为了'留得残荷听雨声'，别无他求"。虽然在此期间，先生曾患眼疾，但他"老牛亦解韶光贵，不待扬鞭自奋蹄"，克服困难，终于将这一部部惠世之作呈于大家面前。先生的胸怀是何等深广，对生活是何等的桀骜不屈。借用先生动物画的一句题词"敢与秋菊同傲霜"来形容先生的晚年生活是再恰当不过的了。

先生与学生，与教育，与生活不是片言尺牍所能概述尽的，他的人生光华，如熠熠明星，想到《周易》中的两句："天行健，君子以自强不息"，"地势坤，君子以厚德载物"，先生的毕生追求，我想用这两句来诠释应是比较恰当的。先生带给我们的太多太多，寸草春晖，何以报德？唯有砥砺奋进，将先生的美德发扬光大，才是我辈应得之举。愿我毕生的老师——克让先生的晚年"满目青山夕照明"。

　　薛志忠　甘肃靖远人。1990年靖远一中高中毕业。现任甘肃联合大学办公室主任。

一缕春风惠杏坛

吴明霞

1988 年阳春 3 月，西北古城白银市靖远县依旧春寒料峭。

然而，人们的心里却蓄着一团火，抑或是怀揣着一粒希望的种子，又如孕育了一冬的土地，生机萌动，蠢蠢跃跃，按捺不住的喜悦与期盼在每个人的脸上摇曳着荡漾着……

这个春天，我们靖远一中的张克让校长当选为七届全国人大代表。这一消息给靖远人们带来的喜悦与振奋从靖远一中蔓延开来，弥漫了整个县城乃至周边地区。一时张克让老师成了身负教育改革使命的大人物，人们把太多的希望寄托在这个小个子巨人身上。是啊，全国人大代表对于小小的靖远是多么的金贵！在靖远教育系统更是前所未有独一无二的。

多年来醉心于教育工作的张克让老师，不仅对教育系统存在的问题了如指掌，同时他也把教育界同行们的点点滴滴的呼声谨记于心。而今，天赐良机，他有多少话需要向上反映啊！但是他深知全国人代会属于他发言的时间弥足珍贵。他怀着一颗知识分子的良知和对教育事业的无比热爱，集思广益、深思熟虑，将他对教育改革的看法和建议凝结成短悍精深的六点建议，倾吐于全国人民面前。

当时，面对教育系统存在的种种弊端，和教育改革势在必行的强烈呼声，他的建言进策就像是一缕温暖和煦的春风，让整个人民大会堂，也让中国整个教育界浪花飞溅，波涛汹涌。这一切的一切，通过电视，通过广播，我们都清楚地看到了，听到了。

在国家领导人和代表们合影留念时，甘肃代表团非常荣幸地排在了最中间，因而好多人都和我国改革开放的总设计师邓小平握了手，张克让校长自然而然地乘上了这个东风，和邓小平同志非常亲切地握上了手。这一握顿时感觉就像有一股暖流注入他的生命之中，使他浑身充满了力量，从而更增强了他致力教学改革的信心和决心。这种感受是他亲自告诉我们的，我们也都为此激动不已。

当他开完人代会从首都回来时，靖远师生和靖远人民敲锣打鼓夹道迎接这位为靖远争光，为中国教育改革摇旗呐喊的代表凯歌归来。我们靖远一中的2000多名师生倍感自豪！

此次会议使张克让老师心中如泉的革新理念与全国同行间的思想精华融会贯通，眼界大增，思路大拓，他仿佛是取经归来的高僧，坐春风，沐春雨，情绪激昂地在靖远一中千人会场为师生们作传达，作汇报。

在汇报中他对中国发展的前景以及对教育改革事业的展望所流露出来的热情洋溢的情绪，深深地感染了我们靖远一中的每一位与会者，全校师生的精神为之一振，工作和学习的热情也随之空前高涨，从而使靖远一中开始走上了更加辉煌的道路。在以后的日子里，不少老师和同学都纷纷议论说，张校长后来提出的"活严兼顾，疏约并举"，"一课一得，单元比较"等一系列教育教学改革措施，都来源于邓小平改革开放的伟大战略思想，说不定那次握手，他就把总设计师的伟大思想从手上接过来了。多少年以后，他的学生工作在各行各业的岗位上，大多能大刀阔斧地锐意进取，独树一帜，创造出骄人的业绩，这与张校长的启发、引领有很大关系，与邓小平改革开放的伟大思想关系更大。

从七届全国人代会之后，中国的教育事业，尤其是老师的待遇和社会地位不断提高，普及教育也已一步步落实，而这其中的巨大变化就有我们的老师张克让先生的贡献。是他和众多代表的建言进策有力地奏响了教育改革的滚滚春雷，是他和众多代表的建言进策掀起了一缕和煦的春风，加速了中国杏坛百花盛开，繁荣昌盛的进程，人大代表功不可没！

行文至此，我脑子里忽然萌发出一个非常奇特的想法：现在社会上流行着一种"追星族"，其中有些人我并不赞成，但我们的张克让校长却是一位与众不同的"追星族"，是一种高层次高品位的"追星族"，因为他"追"的不是别人，而是我国改革开放的总设计师邓小平。这种"追星族"值得赞扬和称颂，值得大书而特书！

吴明霞　甘肃靖远人。1990年靖远一中高中毕业。现为安徽合肥市庐阳中学语文课高级教师。

感恩的心

万国钰

　　"感恩的心，感谢有你……"每次听到这首歌时，我便想起一位让我永生难忘的老校长——张克让先生。他做人做学问，教书育人的故事，细细读来使人受益匪浅。他在教学上诸多的心得体会和真知灼见，给予我们很大的教诲和启示。见到张校长一月有余了。时至今日，我始终不敢启动尘封已久的笔，我怕我的拙笔出不了妙文佳作，我怕我的拙笔记不了张校长的高风亮节，为人师表的师德师风。

　　2009年9月初，这是我自靖远一中，靖远师范读书毕业之后第二次见到张克让校长。他依然神采飞扬，精神矍铄，和蔼可亲，笑容可掬，风趣幽默。一同吃饭的有张校长和夫人以及他的小外孙，还有几位文友。总之，大多数人都是张校长的门徒。我从来不敢说我是张校长的门徒，不是因为我"自命清高"，我觉得自己无官无才却令人羞惭实在不配称他的学生。但是我的语文老师（市文联高主席）是他的学生，这是我很引以为自豪的。好久不见，张校长与大家侃话的兴致很高，无所不谈。话题转到张校长的学生魏立堂写的一篇文章《师恩浩荡，师德辉煌》发表在《白银日报》上。同时，也有我的一篇文章《一架风琴谱新曲，三尺讲台写春秋》在《白银日报》刊登。因此，大家在品味魏立堂写的文章时，也不忘议论我的"长篇"。每次饭桌上看到张校长与他的学生热情碰杯的场景，我在心里暗暗自语：论学识辈分，张校长您老应该是我的师爷啦！这一次见面，张校长热情地握住我的手说："小万的文章写得不错啊！""上次我把小万送给我的碟片带到英国看了听了，你写的歌词《望乡关》'大漠空，孤烟直，挥手阳关……秋叶飘，旅雁低。一别今朝何处重相聚……'在异国他乡听了，真的想马上飞回祖国飞回家乡！"我腼腆地不说什么，一笑作答。多年的事了，张校长还记忆犹新。

　　记得2006年10月初的一天，高主席打电话说是要与张校长一同共进晚餐，我激动兴奋的心情难以言表。从家里走时，慌里慌张地带了一张《黄河飞歌》光碟送给张校长。张校长边吃边讲一些有趣的见闻，我默默地听着。这时，张校长分别将大家的电话号码一一记下。没想到过了不久，他托他的学生、我的老师转给我一份贵重的礼物——两幅带有墨香的字画。我惊喜万分，爱不释手。我把其中一幅装裱挂在书房，作为座右铭。记得当收到张校长的书法作品，感激万分。想当面表示谢意，但一时半会儿见不到他；想打电话说声"谢谢"，可我又不知道他的电话号码。也因张校长时常忙碌，奔走于中国和英国之间。想打电话的念头随着时间的流逝便搁置脑后……

席间，有人对张校长的书法作品赞不绝口。张校长谦虚地说道："我那字不算书法，只算是大楷。"不管怎么说，大家都非常喜欢他写的字，称他的字为"张体"。那一刻，我不必对张校长赠送我的礼物多做解释，或是大加赞扬，或是表示感谢。因为我的感激之情早已刻印心里。我知道，此时无声胜有声。其中有一幅字张校长引用杨敬之赠给唐朝诗人项斯的诗：几度见君诗句好（原诗为：几度见诗诗总好），及观标格过与诗，平生不解藏人善，到处逢人说项斯。张校长对我的厚爱足以让我"沾沾自喜"，但我不敢以此骄傲，它将时时提醒我继续努力，不断奋进。今天跟张校长共进晚餐，在握手之间，在碰杯之间，我都感觉到有一种巨大的、无形的力量鼓励着我："百尺竿头更进一步"！

记得在靖远一中上学时，学校每月都要组织一次《乌兰草》文学社活动。印象最深的一次是张校长给文学社的全体社员讲课。这也是我第一次听张校长讲课，而且是文学讲座。一位高年级女生写的小说《203号宿舍》，张校长以这篇文章作为范文，他对文中的每个细节，每个段落都做了详细的分析、评讲。他再三强调："古人云：口不绝吟于六艺之文，手不停披于百家之编，然后方能口吐珠玑之言手写华美之章。我们大家平时只有多听多读多看多练，多注意观察周围的人和事物，多积累知识，才能写出好文章。"那精彩而短暂的一节课结束时，教室里掌声雷鸣，经久不息。大家依依不舍簇拥着张校长走出教室。自这次活动之后，同学们学习、读书的热情更加高涨。各班级每周组织一次读书活动，口头作文比赛等。就在那短短的一年读书期间我学会了凡读书必记笔记，也养成了写日记的习惯。记得班上订的《语文报》内容丰富多彩，开阔了我们的视野，陶冶了我们的情操。作文课老师讲评，学生互评，我们的作文水平大有提高。

"操千曲而后晓声，观千剑而后识器。""粗僧大布裹生涯，腹有诗书气自华。"

在张校长号召下，全校师生形成了良好的读书学习习惯，学文爱文的良好风气。学校创办的《乌兰草》小报深深地吸引着我们的眼球。《乌兰草》也为我们以后热爱文学点亮了一盏指路的明灯，指引着我们不断地学习，再学习。也为我们今天从事文字，编写文章打下了牢固的基础。

我对张克让校长的感激之情，怎能用"谢谢"两个字"了得"呢？又怎能在这篇页之上表达得清楚呢？

感恩的心，感谢有你，伴我一生，让我有勇气做我自己。感恩的心，感谢命运，花开花落，我一样会珍惜……

万国钰　女，甘肃靖远人，1987年在靖远一中读高一，1991年靖远师范毕业。现在靖远县教师进修学校任教，小学高级教师。系白银市作家协会理事。

爱生如子的张克让校长

李双芳

1989 年，我在靖远一中上高一，校长是张克让先生。由于种种原因。当然主要还是家庭困难，我不得不告别校园，辍学回家。我在靖远一中只上过两年学，并且张校长在我升高二时就调到靖远师范去了，但张校长却一直承认我是他的学生。对这一点，我从心底里感谢我的校长张克让。

辍学回家，出路何在？在煤矿、砖厂、建筑队、田地都有我挥汗如雨的身影。干活之余，心情非常苦闷，我拿出了昔日在初中、高中学过的英语课本，从此走上了打工自学英语的道路。二十年如一日，2004 年我首次走进兰州大学参加《全国英语等级考试》。因为我是甘肃省考生中唯一一个自学英语的农民考生，引起媒体关注。我在兰州大学参加考试 6 年，获得《全国英语等级考试》一级、二级、三级、四级合格证书。先后有《兰州晨报》、《兰州晚报》、《甘肃日报》、兰州人民广播电台、《中国之声》国际广播电台、甘肃电视台等十多家媒体进行了全方位的报道，而且省内不少高校邀请我举办英语学习方法讲座。我自学英语的艰难历程感动了很多学生，兰州大学、甘肃农业大学还将我聘为英语口语指导老师。

2004 年 12 月，我忽然收到一个陌生电话，打电话者自称是中央电视台《小崔说事》栏目策划人，名叫曹东，邀请我做客央视，来去坐飞机，一切花费全报销。对方电话让人高兴而担忧，父母不放心，妻子不放心，兄长不放心，亲人都说咱的农民娃娃不图名不图利，社会复杂，哪有农民上中央电视台的，天底下哪有这等好事。虽多方打听还是不放心，不踏实。在对方多次给我打电话后，我告诉他，我的家人不放心，不允许我来，你们另外找人吧！打电话的曹东说："李双芳，我怎么做才让你能相信这是真的。我们栏目组开了会，崔永元及所有工作人员欢迎你的到来。我们在全国邀请过无数嘉宾，像你这样不愿上中央电视台的嘉宾还是第一个。"我说：

"你也不必介意，我们农村人没出过远门，没见过世面。"就这样，对方打电话，我找出各种理由推辞。我在兰州，对方打到兰州，我在靖远，对方打到靖远，来来去去，在两个月内我收到这个策划人很多邀请电话，我想去，但不敢去。不得已，我用电话联系报道过我自学英语事迹的省电视台和兰州电视台咨询这件事，他们都说没有问题，而且他们说打电话的策划人曹东就是从兰州交通广播电台调到中央电视台的。尽管如此，家里人还是说啥也不同意。

万般无奈之下，我想到张克让校长。我到兰州找到张校长后，把事情的来龙去脉说了。张校长听后就这样说："小李，我看这样，事情看来是真的，但也不是百分之百，不怕一万，就怕万一。我们这样来，第一，对方再打电话，你就说没路费，从兰州到北京的机票让他们买。他们如果不买，看来这个事情有假；如果买了，就说明有真的可能。"

我对张校长说："我从来没有去过中川机场，也没有见过飞机，这该怎么办？"

张校长说："中川机场有我一个学生，他是机场保卫科科长，我打电话让他在中川机场接你，并且把你一直送到去首都的飞机上。"

我说："张校长，那到了首都后我该怎么办？打电话的记者让我到首都机场给他打电话，他说他接我，若是坏人咋办？"

张校长说："这个不用怕，你到首都机场下机后，不要给这个记者打电话，我让在北京的一个学生开车接你。"

我说："张校长，我怎么找到您的学生呢？"

张校长说："我让我的学生在机场举一个牌子，上面写着你的名字。让他开车送你直接到中央电视台，这个事情就清楚了。"

我说："张校长，如果是假的，我该怎么办？"

张校长说："不用担心，如果真是假的，我就让我的学生给你买上返程的机票，你就可以回来了。"

就这样，经过曲曲折折，一切按照张校长的精心安排，全方位部署的方案，我终于去了北京。张校长在中川机场工作的这个学生叫张毅，按照张校长的安排，他让他的一个同事一直把我送到飞机上，直到我坐在我的位置上，飞机快要起飞时他才离去。在首都机场开车接我的张校长的学生叫王承平，他对我非常热情，在去中央电视台的路上，他还给我买了一大包吃的。我感谢他，他笑着说："这得感谢张克让老师，他安排的事，我怎能不全力以赴呢？"我听了非常感动。

庆幸这件事情完全是真的。我于 2005 年元月 25 日成功做客中央电视台《小崔说事》栏目，成功接受崔永元访谈，实现了一个自学英语农民在中央电视台面向全国人民说英语的梦想。

在这次央视节目播出后，我收到全国各地英语学习者的来电来信，也得到周围许多人的赞许和表扬。可是有谁知道，在这件事背后，张校长付出了多少心血啊！记得我做完节目，准备回来时，在首都机场我给张校长打电话，说了没几句，便不由自主地哭出声来。我知道这是激动的哭声，是感谢的眼泪。男儿有泪不轻弹，只因未到伤心处，我这是由于过于激动而引发的伤心！

自 1989 年至现在，在我和张校长近 20 年的交往中，有很多让我感动难忘的事情，我一直默默记在心中，不想多写。因为我在靖远一中只读了两年零一个月的时光，我高中没有毕业，我没有上过大学，我没有给张校长增光添彩，内心很自卑。但我永远不会忘记张校长对我的关爱、同情和帮助。我也不会给张校长丢脸，我会像张校长那样做人做事。

李双芳　甘肃靖远人。1991 年靖远一中高中肄业。自学英语成才，获得全国英语等级考试一、二、三、四级合格证书。被兰州大学、甘肃农大聘为英语口语教师。

难忘校长爱生情

贾小明

1988 年夏，在靖远农村上学的我即将初中毕业，在村里有点儿人缘的父亲忙着打听城里的高中哪个教学质量好。这时，有热心的邻居找上门来，拍着胸脯说："一中好！一中好！"并忙不迭地伸出手，扳着指头数出一串串例子来，"一中的张校长好！管理学校好！校园环境好！老师教得好！学生学得好……"就这样，在邻居的一片"好"声中，我走进了靖远一中，成了这里的一名学生。

初识校长张克让

报到那天，在早期入校的一帮小老乡的簇拥下，我第一次走进了靖远一中的校门。校园很整洁，花坛里的花儿开得红艳艳的，人行道两侧的树木修剪得很整齐，老师、同学见了面都笑嘻嘻的，很热情，也很有礼貌，感觉确实不错。就在我好奇地东张西望的时候，有眼尖的小老乡指着新生报到席旁边的一位中年人说，"那就是咱们的张校长，张克让，中学特级教师，全国劳动模范。"我仔细打量了一下那位张校长，个儿不高，不胖不瘦，脸白白净净的，戴副眼镜，眯缝着眼，笑眯眯的，很和善的样子，正在和旁边的一位老师说话。哦！这就是"传说中的张校长"！我的第一印象是，潇洒斯文，精神饱满，像我们靖远人，挺好！

报完到，分了宿舍，交了粮，换了饭票……一切都顺顺当当地办完了。接着就是校纪校规学习，拿现在的话说，叫"洗脑"。不过，从校纪校规里讲的来看，确实很有一套儿，不像现在的有些文件，有那么多数也数不清、令人窒息的"严禁"、"禁止"。

半天的校纪校规学习结束了，接着便是新生入学典礼。教导主任简短地发言结束后，"传说中的张校长"挪过话筒，用清脆的嗓门说道："同学们，大家好！欢迎大家来到靖远一中，在这里，你们将得到良好的教育……"

怎么地？这位张校长说话怎么一口的"南干干"腔？一点儿靖远味儿都没有，倒像常常在我们村走街串巷的秦安"货郎子"？悄悄地问问知情的同学，才知道这位"张校长"压根儿就不是靖远人，好像就是会宁、秦安一带的人。一个"南干干"，一个连卖点儿颜色都要拿个挖耳勺勺抖半天的尕"货郎子"，能给我们靖远人当校长？我真有点儿大惑不解了！不过，这位"南干干"校长好像真有些威望，这一点，从他清脆的嗓门和大家经久不息的掌声中就能听得出来。但我还是在想，好在这位"南干干"校长不给我带课，不然我就净想了那挖耳勺勺的事儿了。

正式开课了，一切都印证了那位邻居的话，老师们授课很认真，同学们学习很刻苦！校园里到处充满着一种严谨、严肃、紧张而不乏轻松活泼的气息，好像有人在刻意指挥着一样。我很快就适应了这里的环境，脑子里那些关于"南干干"的担忧也慢慢淡化了。

午夜里的绷带和洋芋

转眼到了 1988 年冬天，学校给每间学生宿舍都生了煤炉子。一天晚自习后，住在乌兰山脚下、铁道边儿男生宿舍区的我们送走了例行检查的"南干干"校长和他的检查组。宿舍的同学给火炉里添满了煤，敞开了门，散散屋子里的煤味。在这个空当里，我们一帮乡下野孩子照例要歇斯底里地扯上几嗓子流行歌曲，再在床上摆几个学校舞台上的经典造型。就在我们得意忘形的时候，一颗核桃大小的石子从房门里飞了进来，不偏不倚，正好打在仰起脸看其他同学表演的王克敬同学的左眼上。他"哇——"地惨叫了一声，两手捂住双眼，鲜血像断了线的珠子似的从他的指缝里涌了出来。我们都吓懵了，赶紧抬起王克敬同学往学校医务室跑，另几个同学赶紧去叫老师。

学校医务室的大夫在查看了王克敬同学的伤情后，说校医务室没有做手术的条件，要我们赶快把人往县医院送。就在这个时候，张校长猛地推开医务室的门闯了进来。在简单询问了王克敬同学的伤情后，张校长顺手拿起校医务室的一捆绷带，撕下一段，叠成块，遮在了王克敬同学的眼睛上。随后，他不知从哪儿找来一副担架，让王克敬同学平躺在担架上，我们抬起担架就走。就这样，张校长在前面跑，我们抬着担架紧跟着张校长往县医院跑。张校长一边跑，一边回头催促我们快点儿，他手里剩余的白色绷带在夜色中挥舞着，像一把小手电，引领着我们往前跑。

到了县医院急诊室，张校长像疯了一样，在走廊里大声叫喊，完全没有了平日的镇定和斯文。在张校长的带动下，我们一帮同学也声嘶力竭地喊了起来，请大夫立即为王克敬同学治疗。张校长还从衣袋里掏出工作证，塞在大夫的手里，说他是一中的校长，不管花多少钱，先把娃娃的病看好……

县医院的大夫检查后说，病人的伤势很重，他们无法为王克敬同学做手术，建议到县中医院去看看。张校长二话没说，马上和我们一起抬起担架又往县中医院跑。张校长一边跑，一边还不住地安慰在担架上呻吟的王克敬同学，要他坚持住，相信到了县中医院就有办法。

到了县中医院，又是一通忙乱，终于把王克敬同学送进了手术室。张校长像瘫了一样，坐在手术室旁边的椅子上。我们这才发现张校长原来连棉衣都没有穿就跑了出来。同学们纷纷脱下外套，请张校长穿上御寒，不料他坚决不肯，并说："我身体好，这点儿冷不怕什么。就是冻感冒了，家就在学校里，养几天就好了，比你们这些远离家乡的娃娃们办法多。"

夜里 12 点多了，手术还在紧张地进行着，张校长却不知道去了什么地方。就在我们纷纷猜测的时候，他却像变戏法一样出现在我们面前。原来，他趁手术间隙，跑回家给我们取了些馒头和洋芋。他把馒头和洋芋塞进我们的怀里，自己却自责地说，都是他没有带好学生，平时对同学们的安全教育做得不够。现在已经是午夜了，想来大家应该很饿了，请大家先吃点他家里的洋芋、馒头，再怎么也不能饿着肚子熬夜了。

王克敬同学的左眼最终没能保住。不过，我们却记住了那天晚上张校长手里那白色的绷带和那些煮熟的洋芋，那绷带是那样的耀眼，那洋芋的味道是那样的香甜。

后 记

1990 年，"南干干"校长悄悄地调离了靖远一中，但一中的校园里，就像他还在当校长一样，有序、宁静而安详。

二十多年过去了，在以后的学习和工作中，我结交了很多曾经被我戏称为"南干干"的朋友，但我始终记得，有一个"南干干"，那是我的校长，是他，用白色的绷带给我们引过路，也给我们吃过那香甜的洋芋，也是他，让我在懵懵懂懂的人生路上，懂得了共和国的命运原来与我联系得那样紧密，又那样亲近。

　　贾小明　甘肃靖远人。1991年靖远一中高中毕业。历任甘肃省水利工程地质建设公司科长、省水文局副局长、省引洮协调办副主任（正县级）、高级工程师，系省水利学会施工委员会主任。

人生何处不相逢

李艳艳

世界固有偶然事，不意偶然又偶然。

7月31日中午，烈日炎炎。我去田园宾馆贺堂妹聘礼之喜。因忙完培训随身带有几本书，似显累赘。我便问门口几位保安是否可以暂存片刻？得许放好书后正要离开，一名保安问"你是不是老师？在河靖坪教过书吗？"我说"是的，你们是……"一名年轻英俊的保安被其他几个人推了出来，"见了老师没礼貌……""咦，谁没礼貌？学生见了老师一定要有礼貌！"好熟悉的声音，转头一看，呀，旁边说话的竟是大名鼎鼎的张克让校长！我惊喜非常连忙问候"张校长，是您呀！您从兰州来的吗？""是的，来参加个活动，你是一中学生吗？"张校长果然对一中情有独钟"生"结浓厚。不等我回答，他转向保安自信地说，"你们看，我的学生多礼貌！"一句话，逗得大家哈哈大笑起来。

陪同张校长一起来的还有他的夫人和另一位靖远人。礼贤待人的张校长主动介绍那位陌生者，这是省林业厅退休的张生贤厅长，糜滩人。张生贤，久闻大名却从未见过人。这次得遇张校长而幸会张先生，岂不是偶然中的偶然？张先生真乃豁达热心之人，主动说自己和槐英轩主正编纂关于张校长的书集，顺便向我这个曾经的一中学生约稿。能为德高望重的张校长写稿自是我十分幸运而高兴的事，但说实话，我对张校长知之甚少却又时刻关注。咦，这话怎讲？容我慢慢道来。

我在一中上学时，正是张校长声名鹊起旋即红得发紫的时候，他很快就被调往靖远师范了。无缘聆听其课的我却有幸听了他在一中校会上的一次演讲。从他的演讲中，我领略了名师的风采，感受了演讲的魅力，欣赏了"全国人大代表"的风范。那抑扬顿挫乡音不改的普通话，丰富生动幽默诙谐的语言，高昂兴奋激动人心的语调，无不使人感同身受印象深刻，好像真随他去了趟北京，开了一次全国人代会。

演讲能这般打动人心，让人有如此身临其境的感觉，当年还是初中生的我，是第一次体验到。现在想来，当时情景宛如昨天历历在目，令人经久难忘！

以后他由靖师又调往甘肃教育学院任职之事，因我一直当学生，不甚了解。略去不谈也罢。这可不就是知之甚少吗？

但知之甚少并不代表淡忘抑或遗忘这位总让第二故乡的人牵挂的教育名人。20世纪90年代，我在兰州上学时，偶然见到一份甘教院的油印小报，上面多是诗歌，其中有学生陈述张校长如何支持扶助该刊的文字。读后并不惊讶他的做法。以他的性情，他的素养，他的内涵，不这样做才奇怪呢！这样做，于他也不是第一次，靖远一中"乌兰草"文学社不就是他倾心倾力的结果吗？

后来，我从一位前辈手里借阅了张校长的书《滋兰树蕙录》，折服于他的为师风范，感动其人格魅力，慨叹其热诚的为人，年轻单纯的我，心里扎下了"做人应如此，为师当这样"的信念。可以说这本书引领我选择了现在的职业。同时，我也从书里知道了他家的一些事。如他大女儿从师专起步，一路考研、当大学教师又出国，甚至择婿之事都在书中尽述，让人叹其教子有方时，无不感受到书香门第代代相传的奋斗精神和他为文写作的坦诚质朴。

再后来，毕业、工作一晃几年，待到因互联网遍及全球时，我加了几位博客好友，从他们那儿，我不断丰富着对张校长的了解，知道了他退休后热心教育东奔西走，钻研书法挥毫泼墨；知道了他视靖远为第二故乡，魂牵梦萦忘不了这方成就他事业的热土，靖远人也不忘他对当地教育的贡献和不遗余力的支持关心，曾授予他永久市民称号；还知道了他儿女皆事业有成，含饴弄孙之余，老两口西游欧洲各国……一切的一切，都让人叹为羡慕！但让人更为羡慕的是他为师做到了如此地步：无论走到哪里，都有他的学生，学生的学生，徒子徒孙无穷尽地围着他，老师当到这个份上，足矣！难怪他年逾七十还身体健康精神矍铄，心态充满活力，"智者乐，仁者寿"原来就是他这样的啊！

我二十多年未见过张校长了，张校长也从不认识我这样一个普通的学生。但就在这么一个偶然的时间地点，我们竟相遇了，还一见如故相谈甚欢，虽然仓促短暂，但正好少了师生正式约见的拘束，多了亲人如归的惊喜！真是人生何处不相逢啊！难道这是上天对我"神往"张校长已久的厚赐？还是前时无缘今日缘到？此时的我竟相信，天意从来高难问，一切皆有定数！难得我印象中的这一个"矮人"，因他的学识、风范、品格，使得许多人为他挥笔成文，竟渐渐丰硕壮大了我心中的他：好大一个人！一个大好人！

李艳艳　甘肃靖远人。1991年靖远一中高中毕业。现任教于靖远二中，中学一级教师。

我与张克让老师的书法情缘

赵学森

我本不是一名书法爱好者，充其量是一个"爱练大楷"的人，为每年老家大门上的春联而练。但因为张老师，我走上了一条书法爱好者的道路。下面是我走上这条道路的一些与张老师有关的趣事。

一、名分之争

我与张老师的师生名分曾经是有争议的。张老师一直不说我是他的学生，而我一直以他的学生自居。这个问题直到我参加工作多年以后才得到解决。我与张老师的"师生"名分之争是这样的：

1986年我初中毕业，考入靖远师范，学制4年。当时，张老师在靖远一中任校长。师生的名分无从谈起。

当时，作为一名在教育一线工作近30年、经历了"文化大革命"严重冲击的老教师，张老师兢兢业业地工作，桃李满天下。1987年张老师作为白银市教育界有重要影响的人士当选七届全国人大代表，1988年3月赴京开会。张老师当选全国人大代表的消息在学生中奔走相告，学生们为此倍感自豪。"文化大革命"后，这是靖远教育界第一次产生全国人大代表，广大师生和教育工作者都认为这是本县教育事业的"春天的脚步"。所以等到会后张老师回到靖远，靖远一中张灯结彩，师生们敲锣打鼓，兴高采烈地到火车站迎接，让我们这些外校的学生也看着羡慕。从那天起，人大代表的巡回演讲就开始了。靖远师范的操场上，张老师绘声绘色地给我们讲述北京见闻和会议趣事。我和张老师就是在这样的场合第一次见面的。但是师生关系似乎遥不可及。

风水轮流转。民间的这句话没错。1990 年初，张老师调任靖远师范校长；1990 年 7 月，我从靖远师范毕业。毕业证上，盖着一个清晰的印章：张克让。原本无从谈起的师生关系有了一个戏剧性的转变。

再次见到张老师，就是我参加工作以后的事了。1993 年我到甘肃教育学院工作，而张老师已于 1991 年调任甘肃教育学院副院长。张老师又变成了我的领导。在一些师生聚会的场合，张老师介绍他的学生，姓名之前总要冠之以"我的学生"，而我是没有这个待遇的。考虑到上下级关系，怕别人多嘴舌，也免得我有攀附之嫌，我从没有说过什么。张老师退休以后，还这么做，我终于"忍无可忍"。

"张老师，我也是你的学生。"我说。

"我没有站在讲台上教过你，就不能给你称老师。"张老师很谦虚，也很坚持原则。

"在我的毕业证上盖着你的印章，组织上已经任命你是我的老师了。"我半开玩笑地说，"你做我的老师是我的荣耀，过去不好讲，现在没有过多的顾虑了，你就认了我这个学生吧。"

"好，我认了你这个学生。"

二、背地之赞

张老师的口才很好，做讲座从来不用稿子，谈古论今，雅俗共赏，很多经典表述总是信手拈来，会场里一会儿是笑声，一会儿是掌声，气氛非常热烈。只要是张老师有讲座，就有教职工慕名前往。

一天，张老师给甘肃教育学院的学生搞讲座，主题是师范生的技能培训。会场离我的办公室不远，我也想去听一下，但手头的工作很多，脱不开身。

会后，一位同事见我就说：恭喜，恭喜，领导夸你了。我一头雾水，连忙追问。原来是张老师在讲座的时候说，师范类学生要当好老师就要有"三个一"：一笔好字、一口"官"话（指官方语言普通话）、一表人才。讲到兴头上，他就随便举了个例子，说院长办公室有一个小伙子，小赵，就有"三个一"的优势，找工作的时候一下子就被用人单位看上了。你看，"三个一"还能变成"四个一"，这种高产、高效足以说明"三个一"的重要性和实用性。

小的时候，我练过一段时间的字。那是因为从小学开始，父亲把写春联、贴春联的任务不容置疑地承包给了我，摆在我面前的路有两条：要么找人写，要么自己写。初二以前我选择的是前者，初二以后，父亲让我自己写，说"难看就难看，只要你看得过就行"。可孩子们少年气盛，又有哪个愿意别人说自己的字难看的？尤其是贴在门口天天叫人笑话。我与父亲达成协议，给我两年的过渡期，两年后我家春联由我来写。两年间，我基本做到了天天练习。期间，我初中毕业，进入靖远师范。按照学校的要求，书法是一门必修课，自然坚持练习。当年春节，我工工整整地给自家大门上写下了春联，字虽然不好看，但毕竟开始"自力更生"了，这已经是一个进步了。对"书法"的追求，我没有更多的想法，目标就是写春联而已，不想再走得更远。听了张老师背地里的称赞，我感到汗颜、心虚，觉得自己根本不值得作为一个特例讲给别人听。

"为了让张老师的表扬更加名副其实，看来得好好练字了。"那时，我心里这样想。

张老师退休时，给了我新的"压力"。当时，他给分管部门的每位同事赠送一幅书法作留念。送给我的，除了书作，还有他练过字的宣纸，很瓷实的一捆给我抱过来，再附带上一本《六体书帖》。他说，小赵练字有潜力，应该多练练；年轻人买不起宣纸，先在这些废纸上找点感觉，等练好了再买新纸。张老师的细心与关怀令我感动，他的期待又让我感受到沉甸甸的压力，再不对张老师的期许付诸积极行动，我的心里就会有一种强烈的愧疚感。如果说后来我有志于书法，这里应该是起点。

三、"书家"之赠

追求书法艺术的更大动力来自张老师退休以后。2002 年的一天，我接到张老师的电话，说要出一本收藏书画与自书习作的集子，名之曰《书椟画扉》，要我写一幅作品送给他，并且将收录在这本书中。

要以"书法家"的身份赠人"作品"，而且要变成印刷品，两种情形对我来说都是第一次。我没有信心，再三推辞，张老师执意不允，说这是师生间的事，不在于好不好，而在于写不写。我只好奉命。

书作的内容写什么？我习惯写春联，就决定写一副对联送张老师。翻了几本经典名著，找了好久，没有发现合适的。我想，张老师的职业生涯以教师始，以教师终，育人为本，桃李芬芳，而从业过程中又经历了人生的大起大落，决定据此自撰一联，以表达对张老师的敬意。几经修改，最后对联的内容就定为"勤耕心田桃李盛，甘为人梯苦乐频"。

农村春联图个喜庆，不太讲究也没有条件讲究章法，而书法作品不能不讲。简单的一副对联，我在报纸上布局谋篇，反复研究，都不满意。好在张老师给我的时间较长，两个多月里，可以说是"发奋练字"，未尝懈怠，终于选到一个看得过眼的样式。

难题接踵而至。练字我在报纸上写，书作可是要写在宣纸上的。材料的差别，又适应不过来。每当面对一张崭新的宣纸，我就在心里告诉自己：开始写作品了，认真点！宣纸本是人民币，可不能浪费哟。越这样想，写得越糟糕。原本写在报纸上能看得过去的，现在根本看不成。十几张纸浪费了，心里就疼，心想练字的成本可真大。想起张老师给我送宣纸时说的话，我有些后悔了，怎么没有认真对待他老人家的话呢？

情急之下我有了新的发现。写在废旧宣纸上的字还凑合，写在新宣纸上的字倒不行，我认定这是心理作用的影响。如何摆脱心理上的不良暗示呢？我急中生智，将崭新的宣纸当做废旧宣纸揉作一团，再展开，宣纸变得皱皱巴巴，不再把它看得太珍贵，然后欣然命笔，心里顺畅了，效果也好多了。

我不知道那些书法家在最初接触宣纸的时候有没有类似的经历，只感到自己的这种写法真是滑稽；我也不知道这些留有皱皱巴巴痕迹的"作品"送给张老师的时候，他心里是怎样想的，只看到张老师把带有墨香的作品集送给我时，我的作品赫然其中。

2005年，张老师出版一本影文书画集，取名为《鸿爪夕明》，收集一些与他的工作和生活有关的照片、文章、书法和绘画作品。提前三个月，他又要我写一幅作品送他。这次我选了欧阳修的一首诗《鹭鸶》："激石滩声如战鼓，翻天浪色似银山。滩惊浪打风兼雨，独立亭亭意愈闲。"诗人欧阳修一边感受着人生的忧患，一边从容不迫地接受生活的挑战，诗中鹭鸶的意象用以自喻，也借以喻人，滩声、浪色、风雨，暗示着生活的艰险，也衬托出高尚之士的特立节操。至于书写方面，有了上次的经验，我如法炮制。反复练习多次，最终选定一幅比较满意的作品奉上。

两次写作品送人的经历，而且是送给自己老师的经历，都以一种"小聪明"的方式蒙混过关。侥幸之余，我对自己关于书法的认识进行了深入反思，认识到这种轻浮投机的态度与中国书法的追求格格不入。投机的作品如同一面能照出心灵的镜子，使我清晰地看到了自己的缺点，鞭策着我在书法的道路上更加勤奋努力，激励着我按照"书法家"的标准要求自己，认真习帖练字，钻研书法艺术，体会汉字书法的点画之美、结体之美、布局之美、气韵之美。我深切地体会到，汉字书法之美其实是传承与变化之美，创新之美，需要我们保持年轻的心境，勤奋的态度，开朗达观，张扬个性，不保守、不媚俗，字里行间自然就会透露着阳光、轻灵，给人以艺术的感召。

在我对书法艺术无意进取的时候，张老师似乎追着我，一路鼓励，一路鞭策，一路走来。两次赠送书作以后，我逐步养成了一种练习书法的习惯，每有闲暇，研帖习字成了主要任务，铁马冰河，高江急峡，大漠孤烟，或者是映日荷花，沉浸于不同艺术风格的熏染，每每使自己的精神世界得到新的洗礼。

四、终展之幸

2008年，张老师在甘谷县举办了个人收藏书画展，看了他收藏的书画作品，我对藏品的数量、层次、范围感到惊讶。其实在此之前，他已在其他地方举办过四次了，只是规模没有这次大。

2009年6月，我已担任甘肃联合大学团委书记（2001年甘肃教育学院与甘肃联合大学合并）。当时我们正在组织"大学生文化艺术月"活动，其中计划列入的项目包括书画摄影展。为了提高学校书画摄影展的层次，扩大文化艺术月的影响，我想到了张老师收藏的作品。我抱着试一试的心情，问张老师是否愿意将收藏的作品拿到学校来展出，没有想到张老师很爽快地答应了，并很快到学校察看场地，规划展品，布置展室。连续两天，七十多岁的张老师精心挑选展品，逐一核对作者信息，并在现场亲自指挥学生布展。他虽不说什么，但我知道，他这是以实际行动支持我这个他很晚才承认的学生。

6月2日，开展那天，依托张老师的名望，我们请到了甘肃省党政军和出版界的部分重要领导、一些知名艺术家，与学校领导一同出席开幕式。

当天，艳阳高照。6月的文化会堂，气氛非常热烈。我汗流浃背地主持着"甘肃联合大学大学生文化艺术节暨张克让先生个人收藏书画展"开幕式。当我宣布，"请全国劳动模范、七届全国人大代表、原甘肃教育学院副院长张克让先生致辞"后，张老师起身走到主席台一侧，手持话筒，仿佛回到了青年时代的讲台，开始了激情演讲。

从说说"我这个人"开始,张老师讲了他的个人经历、他的书画收藏和本次展览,细说了他收藏书画作品的来龙去脉,讲了他与全国著名艺术家交往的逸闻趣事,讲了某些特殊藏品的获取过程,更讲了他退休后对生活的感悟、对教育工作的赤诚和对这所学校的依恋,激励在座的师生以乐观开朗的心情对待工作和学习。说说"我这个人"讲得尤其精彩。大起大落和大落大起的传奇色彩,"顺"、"苦"、"荣"的三部曲式生命历程,以"乐"收场的职业生涯的尾声,给到场的人留下了深刻的印象。"高职不如高薪,高薪不如高寿,高寿不如高兴",在笑声中让我们对生命多了一份感悟。

他讲了在靖远县工作 31 年的经历,又提到在他的老家甘谷县办展览时,场内是一阵惊讶的骚动,继而爆发出热烈的掌声。同学们向这位在他乡历尽艰辛却无怨无悔地奉献出宝贵青春的老教师致以崇高的敬礼。

在展室,出席开幕式的书画艺术家还与学校的师生进行了现场交流,让师生近距离感受中国书画艺术的博大精深。在张老师的积极帮助下,这次活动圆满成功,成为学校文化活动的一个新的高点。

后来我才知道,这是他的计划之外,又是愿望之中的最后一次展览。他一生工作过三个单位,在靖远县办展览,两个单位的教职工都参观了,只有在甘肃教育学院没有办过展览。想要了却愿望,又不知从何做起,我的请求来得正好,用他的话说是"瞌睡遇着了枕头"。办完这次展览,他将把所有的藏品分送给儿女们保管,自己不再为收藏操心。推算起来,如此计划,400 多幅藏品再聚首可能就难了,这次展览应是张老师收藏作品的最后一次展览,而最后一次展览由我来承办,也是我这个做学生的莫大的荣幸了。

对书法艺术的追求,我还在朝圣的路上,眼前还有很长很长的距离等待一步一步地走过。但在张老师的引导下,我已走上了这条漫漫长途。一个没有在讲台上给我传道解惑的人,在讲台之外更加广阔的天地,教我做人,教我做事,也督促着我艺术追求的脚步永不停息。

赵学森 1991 年靖远师范毕业。现任甘肃联合大学团委书记,旅游学院书记。

恩师难忘　盛情永存

王承栋

　　拜读古今灿烂的文学长卷，卷卷都缀满一个深深的情字；翻阅中外辉煌的盛世华章，章章都布满一个沉沉的义字。夜阑人静，回首过去，一路走来，恩师真情，思绪万千！每每想起张克让老师，触摸先生的灵魂，回忆先生的笑颜，品味先生的话语，那花雨缤纷的意境，真挚动人的情感，行云如水的语句，千般气象，万种风情，顷刻间唤醒我沉睡的心灵，像花瓣绽放在春光中一般，顿时充实，快乐，振奋，炫彩。

　　1990 年，我考入了靖远师范学校，恰在这一年张克让老师也调入靖远师范学校任校长，于是就有了聆听他的教诲的机缘。张校长个子不高，头颅微翘，举止得体，显得很是自信。他说甘谷方言，但口才甚佳，是个出色的演讲家。至今仍记得开学第一天他给我们新生作报告，语言生动，风趣幽默，声情并茂，妙语连珠，感染力极强。他当时给我们的评价是"新生带来新面貌；新生带来新风采；新生带来新活力；新生带来新气象"。虽是平常排比之语，但经张校长激情讲出，顿时气势大增，仿佛我们一下子成了英才，让我们备受鼓舞，也让我们对明天充满信心。

　　当时靖远师范每周一都有全体师生参加的升旗仪式，张校长站在国旗下演讲，无论是传达上级指示，还是介绍知识经验，还是发表教学见解，抑或指导为人之道，他从来不用训斥，不用指示，只用幽默风趣的讲谈或用长者亲密的思想传授方式，博得师生们的阵阵掌声和爽朗的笑声，显得那么和谐和快乐，让每周都开始在轻松的笑声中。所以，只要有机会，我们总爱欣赏他那带着乡土气息的风采，更喜欢聆听张校长的演讲，甚至每句话每个字。因为听张校长的话语，不仅是在学知识、学本领，更是在进行一次人生愉快的艺术沐浴！

　　作为校长，先生自然日理万机，但他从没停止过给学生们讲课，因为讲台是他的人生舞台，只要站上讲台，他渊博的学识，他学者的风范，他智者的灵魂才彰显得更为出色。"张校长是教语文的好老师！"这是在听完他的课后大家的一致评价。那时他给我们开"语文知识讲座"，在学校大礼堂给我们全年级学生上课，讲古代汉字的造字方式，讲现代汉语的构词规律……他讲课重点突出，不仅重视传授知识，更重视指导方法，虽课时不多，但却使我们懂得了学习方法，扩大了知识领域，丰富了文化视野，提高了学习兴趣，我本人因此爱上了语文课，也因此奠定了我的语文教育生涯。

作为师范生，我们大多数将是"师""小""农"，即农村的小学老师，虽也会被冠以"人类灵魂的工程师"，但大家心里多多少少都为此感到些许的自卑。加之那时毕业还是国家包分配，所以很多人对学习并不上心。一次，我们几个人在教室疯玩，被张校长看见了，他语重心长地对我们说：不要看不起老师，我就是老师。我们将要面对的不是水泥钢筋，建造的不是高楼大厦，而是娇嫩嫩的心灵，鲜活活的生命。作为教师必须提高自己的知识水平，提高自己的语言能力，拓宽自己的应变能力，将来，我们的每一个动作、每一句话语都会影响孩子的一生。所以，作为师范学生，就是要趁现在储备一笔取之不尽的财富，而这些财富的获得，只能依赖于读书，依赖于锻炼，唯有此，才能拥有源头活水，才能滋润学生求知若渴的心田，教起书来才会妙趣横生，左右逢源，得心应手，事半功倍，这样，我们才能成为好老师，成为名老师。简单的话语，却醍醐灌顶，使我豁然开朗，终生难忘。

在我师范求学期间，张校长调往甘肃教育学院任副院长，期间他曾来靖远师范做过两次报告，我作为普通的学生虽只能远远地仰视先生，但也获益匪浅。有多少老师，有多少校长，能够从学生的心底、处境去指导学生？能够从学生的成功、成名去指导学生？遇见一位好老师多幸福，哪怕只是精神上的导师。因为遇见一位好老师，就像迷途的航船遇到了航标灯，就可以高扬理想之帆，驶向人生新的旅程。

有时我想，茫茫人海之中，每个人各自在熙熙攘攘的红尘中看各自的花开花落，在这偌大的世界，再相遇的机会往往很渺茫，有时两个人就算彼此重新站在同一个原点，也会朝着不同的方向，望不见彼此的身影。在相识并走过了八年之后，能够再次聆听老师的教诲，的确是一种缘分。

1998年秋，我在工作五年之后，到教育学院进修学习，此时先生已经退休很少来学院，但我还是有幸再次见到他。记得在一个风和日丽的下午，先生有事来学院，我在学院教学楼前恰好与先生碰面，当我说到从靖远来时，先生十分高兴，再提到靖远师范时，先生似乎倍感亲切。这时的张老师还是那样的平易近人，他拉着我的手，主动询问我的毕业分配、工作经历，询问我的心事，我的生活，还有工作中的优点与不足。他告诉我：在这个繁华的世界，要特别珍惜自己，不要被其富丽所迷惑；他鼓励我：趁年轻要好好学习，不要荒废在此学习的两年时光，为将来成为名师奠定基础。"幼吾幼以及人之幼"，张先生洒向学生的都是爱，他关心爱护学生，尊重关注学生，把阳光洒向学生的心扉，让平等、博爱造就师生和谐的关系，成就了道德高尚的教师。张先生全身散发出来的人格魅力，增进了我无尽的动力和信心！这如父子般零距离的师生关系让人愿意去信赖，甚至可以说产生一种依赖的心理——能遇到这么和蔼亲近的老师，应该是我的福气吧！身为他的学生，我感到自豪，更感到说不尽的幸福！

记得张爱玲在小说《爱》结尾说道："于千万人之中遇见你所遇见的人，于千万年之中，时间的无涯的荒野里，没有早一步，也没有晚一步，刚巧赶上了……"或许这就是缘分的诠释。正是如此，不早也不晚，正在对先生思念之时，又遇见了他，我的张先生。

2007年4月，甘肃省教育学会中学语文教学专业委员会在兰州举办推进普通高中新课程工作研讨活动暨甘肃省第二届"创新杯"新课程语文教师优质课竞赛活动，我作为代表有幸参加高中组比赛。比赛结束后，省中语会邀请历届理事长指导评点，我又一次遇到了张先生。大会组委会邀请张先生讲话，先生虽年近古稀，但站在主席台上，依旧让人感受到他周身闪烁着自信和诚挚的光芒。讲到令人心驰神往的地方，先生更是禁不住朗诵般吟咏起来。依旧用透着乡土气息的语调风趣幽默、抑扬顿挫，依旧是那份声情并茂、引人入胜，对数百的与会人员产生着磁石般的吸引力。从先生身上我看到了什么是兢兢业业的作风，看到什么是认真负责的态度，更让我深深地体会到当老师的不容易，特别是做一个负责任的老师的不容易。

会后，大家照完相，我特意找到张先生，提及我的身份，他很是高兴，当得知我已教育硕士毕业，且在这次比赛中喜获桂冠时，先生特别激动，问长问短，叮嘱鼓励。他对生活见解独特，对事物的看法也很深刻，谈话更是独辟蹊径。他鼓励我去品尝物质世界以外更高层次的追求，不仅仅要对书本知识有深刻认识，而且要能自己想问题，养成良好的思维习惯与追求目标。在中语会举行的答谢宴席上，他拉着我对中语会的领导成员一一介绍，言语间颇有为师者的骄傲自豪之感，正所谓不怕蜡熄丝尽，只期果硕花红。古时，严师能出高徒，现在，贤师方有高徒，正是张先生，唤醒了我的许多迷惘，哺育了我的许多自信，催发了我前行的征帆，点燃了我向往真善美、崇尚理想的生命之光。

自古贤者，以其昭昭，亦使人昭昭。从张克让先生身上，我学到了许多，他以自己为装饰的叶子，衬托出万千朵殷红的花瓣。我了解到，曾几何时，当岁月的溪流从他身边走过，他也经受过凶暴的摧残，连枝带叶全无幸免，直至剩下全裸的树干，可他却以更加饱满的精神重新再现着自我的伟大。或许，任何以虚荣为主体的赞誉，在他坦荡的微笑面前都显得渺小和多余。有时候想，整个社会都把老师看成是"人类灵魂的工程师"，要求他们"为人师表"，凡事都要求他们必须作为榜样，可是他们也只是一个普通的人啊，他们已经付出了很多很多，人们为什么还要对他们要求那么多呢？教师，天天在讲台上吟诵，没有掌声和鲜花的回报，更没有地位和名誉光顾，往往当人们离开学校之后，也可能很快忘却了老师，然而不会忘却的是老师的影响与魅力，因为它已在人们的灵魂深处，成为学生生存方式的一部分。

人生是一个不停地追求的过程。从念小学起，每每经历一个阶段，每每长大一岁，面对着不同的老师，我都会感谢他们。就张先生而言，无论他在上师范时对我的谆谆教诲，还是参加工作后对我的熏陶、指导和帮助，无论是他的学识或才干，还是他的为人与处世，都是我永远学习的。这是一个学生对他的至高无上的感受和体验！

和先生不见快四年了，但对于现在，往事不仅仅是故事的瞬间，也不仅仅只是繁星的碎片骤然滑落天空，而是一种无声的追寻，是一场不凡的经历，是一缕永恒的光明。

恩师难忘，盛情永存。

王承栋　甘肃靖远人。1993年靖远师范毕业。现任白银九中（原矿一中）语文教研组组长。高级教师、教育硕士。系甘肃省中语会会员，白银市作协会员。

滋兰树蕙 高山仰止

杨胜文

近日的一场新雨,润物无声。天朗气清,春风和煦,大地一派生机。奉读我的恩师张克让 38 年教育心血和成果结晶的《滋兰树蕙录》,与恩师 20 年的情结清晰地映入脑海,再也放不下自己浅陋的笔了。

1990 年冬,在黄河之滨的甘肃教育学院,我与全院师生一道,分享着一个春雷般的喜讯:省教院新领导集体即将赴任,特别是全国先进工作者、七届全国人大代表张克让先生是主管教学的副院长。1991 年春,省委组织部领导宣读了省教院人事任命文件,接着是新领导表态,张院长的讲话尤为生动:"自 1959 年至今,我在靖远工作达 32 年。戴着'黑五类'帽子,沦为阶下囚;但学生支持我,欢迎我,我工作中是'拼命三郎',每周 27 节课,两次累倒在讲台上。1977 年阶下囚变成座上客,以后更是'公鸡戴帽——冠(官)上加冠',教研组长,副校长,校长,师范校长,省中语会理事长,全国先进工作者,桃李满天下,芳华遍九州。"简短的几句话不时被热烈的掌声所烘围。会后,有几位政教系靖远籍的同学十分自豪地对我说:"胜文,张院长老家在甘谷,享誉却在靖远。"

第二天午饭后,我与刘济人前往张院长简陋的办公室拜访,他慈祥地谈起他对未来工作的规划,对我们新学生的期望,"关乎人文而育化之"地提醒我们叫他张老师,不要称什么长。君子之风,倍觉亲切。

3 月份张院长参加七届人大四次会议载誉归来,全院师生聆听张院长别开生面的会议传达:"作为最高国家权力机关的人民代表,身负人民重托,责任重大。"他在深入调研的基础上,在人代会期间所作的专题发言,被中央电视台等新闻媒体直播、转载,他提出的"信仰危机是一个民族最大的危机;我国教育事业的发展,包括改善办学条件,提高教师待遇,是进站的火车——吼得凶,走得慢"等建议和意见得到大会的重视，推进了相关政策的出台和落实。有人说："人大代表的发言，不说白不说，说了也白说"，张院长坚定地回答："代表发言不白说，即使白说也要说"，体现出他作为人民代表深深的责任感和高度的使命感。对教育行业一度刮起的"下海潮"、"经商热"，老百姓深为不满，张院长说，教师开商店做生意，"臭老九"变成了"店小二"，有辱斯文，成何体统？渗透着他对当时教育现状的深切忧虑。

作为专家型的高校领导，他率先垂范，抓教风学风，促质量提高，求科学发展。深入各系、各处室，调研指导工作。在他的领导、关心下，全院师生信心十足，求真务实，一派盎然生机。新栽的松柏吐翠，新建的教学楼、宿舍楼拔地而起，学术气氛浓郁，文体活动活跃。主办大中专、高中校长培训班，非常成功。政教系还荣获省委、省政府"教育系统先进集体"称号。在庆祝建党七十周年晚会上，张院长登台表演了眉户清唱《十二把镰刀》，台上台下欢声雷动。这个节目我引用张院长的名言，确是：飞机上吊电壶——水瓶（水平）高。他还申请创办书法专业，特邀黎泉、王松山等光临指导，有潘格非等近百名会员参加。1991年冬季举行省教院田径运动会和足球赛、越野赛，我不仅积极参加，而且在张院长指导下写出了长篇报道，登载于《甘肃教育学院报》，反响很好。

尤其感动的是，张院长关心年青人成长，总是把机会让给别人。1992年元宵节，他让校车编队送学生们去西固观赏灯展；不久，兰州军区驻疆某红军师邀请张院长等领导到省政府礼堂观看演出，张院长把自己的几张票全赠给了工友们，看出我想去，他开导说："你还有机会，让工友们去吧。"我深受感动。

我即将毕业，张院长又是与郑伟强（现任甘肃联合大学副校长）等同我合影，又是赠送"远上寒山石径斜"的书法珍品留念。遗憾的是由于张院长出国等原因，我在兰州未能亲聆教诲。所幸的是，他始终关心我，培养我。2000年9月，我承担的甘肃省"九五"教育科研课题在他的指导下，通过省级鉴定，该课题《思想政治课教与学的尝试及优化课堂教学的探讨》刊登于9月22日的《甘肃教育报》，他百忙中电话向我道喜，这是对我莫大的鼓励。

作为甘谷人的骄傲，故乡留下了他的眷眷情结。现在甘谷胜迹大像山有张院长"……时雨秋风亦有情"的大理石碑刻，甘谷老年大学多次邀请他讲学，他的收藏书画展在甘谷隆重展出，他心中总惦记着故乡甘谷，惦记着亲友和学生们。2008年冬甘谷县委王书记等领导专程赴兰州举行在兰甘谷籍乡友团拜会，张院长欣喜若狂，即兴吟诵七言诗以示欢庆。老干部汪鸿铎有高血压，张院长多次陪汪老找他当年的学生检查治疗。汪老去世，远在欧洲的张院长亲自打电话，一再托我向汪夫人致意，并致奠仪。

我虽然没有什么建树，可张院长高尚的人格魅力将永远激励着我。张院长给我的赠言是"教院苦炼立雪功，渭水扬波鸟欢鸣"。德高望重的离休老革命杨昌先生赞扬张院长是"为人文始祖伏羲帝争了光"。

是的，张院长属于国家，属于人民。

杨胜文 甘肃甘谷人。1992年就读于甘肃教育学院。现在甘谷四中任教，中学一级教师，系《发现》杂志社（北京）副理事长。

因为您我不再沉沦

李彦龙

在我的求学生涯中，遇到过很多老师，而最让我刻骨铭心、终身难忘的是曾任靖远一中校长、靖远师范校长、甘肃教育学院副院长、七届人大代表，曾被评为"全国劳模"的张克让老师。

1989年，我在靖远师范上学期间，先生被国务院授予"全国先进工作者"即"全国劳模"的称号。先生赴京参会回来时，整个靖远县城锣鼓喧天，城区各校的师生把马路围成人墙，欢迎先生载誉归来。先生徒步向我们招手，那场面至今让我记忆犹新。

1990年，先生任靖远师范校长，多次给我们作了精彩的演讲，我领略了先生的学识与风采。我求先生为我留下他的"墨宝"时，先生没有一点点儿官架子欣然答应，谈笑风生，精神饱满。在多次交往中，我们建立了良好的友谊。

一

1995年，我在甘肃教育学院离职进修。当年会宁遇到了新中国成立46年来从未有过的特大旱灾，庄稼颗粒无收。同时，我的父亲患有肺气肿、冠心病，母亲又是胃溃疡、胆结石。为父母治病，往年的余粮全卖了，我的工资也花光了。面对买粮买米、父母医疗治病、我上学交学费等一系列的困难，我每月仅有的300多元的工资，已无法应对这么大的开销，我不得不另寻一条新的求生之路……

我渴望以自己的诚实劳动来面对艰苦生活的挑战，我试过了各种工作，最后选择了蹬人力三轮车拉人、送货，这活看起来窝囊，但能挣钱。于是，我低价买来了一辆旧三轮车，平时上课，到了"双休日"，我就开始谋划我的"新"生活。

一天，正当我拉着一车面粉往一家小餐馆运送时，听见有人喊我的名字，原来眼前站着的是张老师。我知道先生时任甘肃教育学院的副院长，在开学典礼大会上，他给我们作了报告。我和先生几年没有"接触"了，突然遇到这种场面，令我无地自容。干这种苦力，最怕碰见熟人，我不知说什么才好。这时，我发现先生那炯炯有神的目光正在从头到脚扫视着我。或许先生在认真地读我的辛酸：衣衫单薄、汗珠坠落、满面烟尘；或许还在填充其他的想象……过了好长一段时间，先生终于开口了："你这是何苦呢，找几家家教不也能挣钱吗？这样太辛苦了。"边说边从衣袋里往出掏钱，我知道先生的用意，我趁着人群的簇拥，悄悄地溜走了。虽然，我为对先生的不敬而多次诘责，但是，我是一个大学校园里就读的学生，这场面让我羞怯、尴尬。况且，我生性不愿接受别人无条件的"施舍"，我只有选择逃避。

两周后，先生打发人叫我，说："我已经在你们班里调查了，你是一个品学兼优的学生，我很同情你的处境，你家境贫寒，我特意和学院协调，最后决定免收你的全部学费。'穷人的孩子早当家'，我理解你的苦楚。人一辈子都会有几次磨难，要记住，即使跌倒了，受伤了，也不要去看自己的伤口，继续往前走，伤口看的时间长了，走路的时间就没有了。你要克服困难，认真学习，为国家的建设多作贡献。"

这些肺腑之言，犹如一股清泉流入我的心田。"木受绳则直，金就砺则利，人从师则知。"难怪先生的人品与才气令不少学子崇拜、叹服。先生在"文化大革命"中屡遭厄运，且仍然兢兢业业；在阴霾的岁月里，依然从容乐观，传道授业，兢兢业业，恪于职守，感悟了人生的坎坷。在伤口没有愈合时，先生就像一只雄鹰一样展翅高飞了。而今，我如遇甘霖，这言传身教，增强了我与困难作斗争的决心和信心，使我在后来的生活中，从来没有被困难吓倒过。就这样，在先生的帮助下，我顺利地完成了学业。

二

2003年，我在会宁乡下教书，妻子在县城一所小学工作。有一天，我女儿发高烧，妻子在带女儿去医院治病的路上，一辆农用载重三轮车飞驰而来，她在躲闪不及的情况下，一把把女儿推到人行道上，女儿摔了点儿外伤，自己却被三轮车撞倒。在场的人们挡住了肇事车辆，并积极主动地把我的妻子送到医院治疗。当时她遍体鳞伤，经检查后，发现小腿出现粉碎性骨折。

灾难降临到了我身上，我只好请假伺候妻子，在医院度过了三个月牢狱般的生活。妻子出院后半年多时间，生活不能完全自理。

到了年底，我照例去兰州看望我的恩师张老师。当先生问起我家里的情况时，我谈及了因车祸妻子受到的磨难，先生极为同情，说："你爱人需要照看，你们要是能到一起生活，倒也方便一点儿，我托人试试看，能不能把你调到县城工作。"第二年，先生几经周折，托过好几个人，最后解决了我的调动一事。

我对先生的敬意越来越强烈，这是发自内心的，并不是有一种奢求的欲望产生的。先生做人"善"字当先，使我在窘困中学会了对爱的认识和身体力行的担当。我从先生身上体会到了父亲般的温暖，每次见面总有一种久违的亲切，自2008年2月，我的父亲病故之后，这种感觉越来越明显了。每次道别，先生陪送我到南河桥边才离去。看着先生远去的背影，这不就是家父生前在村口和我告别的场面吗？

三

2009年1月，在内蒙古打工的弟弟头疼住院，在鄂尔多斯市中心医院初步判断是恶性脑瘤，这个惊天霹雳并没有让我惊慌失措。在朋友的建议之下，我冒险把弟弟从东胜带到兰医二院。当时医院神经外科没有床位，我苦口婆心再三要求住院治疗，大夫的答复是："半个月后，你再过来看看。"弟弟疼得在地上翻滚，他大汗淋漓，呕吐不止。我强控制着自己的情绪，我把所有"有地位"的朋友、同学都联系了，仍然无济于事。在百无聊赖之下，我又想起了恩师张老师，于是又给先生打了电话，说明缘由。先生说："人命关天，不能怠慢。我给你打听一下再回话。"几分钟后，先生回电话告诉我，他托了兰医二院普外科的陈主任，陈主任是先生在靖远一中的学生，在陈主任的帮助下，当天在楼道加了张床，总算是住下了。

主治大夫告诉我，这样的重症病人，如果不抓紧输药就治，就有生命危险。2月6日，在住院急救之下，完全否定了我弟弟是恶性脑瘤的错误论断，确诊是脑脓肿。这时，我忘记了十几天熬煎的疲劳，不再感觉到自己有重感冒，不再为今天是父亲一年的祭日而伤痛。过道里的风也似乎小了，窗外的雪也停了，我不再感觉到寒冷，我在体会一种幸福。因为，弟弟有了生还的希望。几天后，弟弟成功地被做了手术。

忘不了我因家境贫寒无力支付学费而濒临辍学、在饱尝人间的艰辛时，先生对我的帮助；忘不了先生对我工作的调动，让我增加了生活的信心、体会到了家的温暖；忘不了先生给予我弟弟的第二次生命。先生在我的眼里和心里是伟大的，这种感情是任何师生之情无法比拟的，也胜过了亲情。时间可以割舍一切，这种师生之情永远割舍不去，这种情感如春风化雨，一直滋润我的心田。

先生教给了我做人的方式，在先生的豁达、智慧与坦诚中，使我学会了笑对人生，让我自拔，催我奋进。

先生一直关注着我的成长，是先生改变了我的命运，再造了我的人生。在我成长的道路上，先生为我树立了一个坐标，为我铸造了飞翔的翅膀。于是，我不再沉沦。

祝先生健康长寿，岁月吉祥！

李彦龙　甘肃会宁人。1992 年靖远师范毕业，1997 年甘肃教育学院毕业。先后在会宁县党岘中学、东关小学、柴门小学、会师小学任教，中学二级教师。现任会宁县档案局办公室主任。

仁师张克让

汪 渺

　　"穷得只剩下骨头，就用骨头歌唱。"这是上甘肃教育学院时，作为"涛声"文学社社长的我，在创刊《涛声》时写下的首句发刊词。十多年过去了，这一句铁骨铮铮的誓词还激励着不少和《涛声》有关系的文学青年。从网上得知，当年的"涛声"文学社现已壮大成了"涛声文学艺术联合会"，活跃于甘肃高校文坛。

　　上过甘肃教育学院（后改为甘肃联合大学）的同学大都知道"涛声"，可几乎没有人知道谁给文学社起了这个名字。这个人就是桃李满天下的张克让先生。1995 年，我上"省教院"时，张克让任副院长。张先生是从基层调上来的一名院领导。他是我们天水甘谷人，但在靖远工作达 32 年。他先后在靖远一中、靖远师范当过校长，当过全国人大代表，全国劳动模范，是当地教育界的一颗"明星"。到"省教院"任院领导后，他还保持着基层的实干精神，颇得广大师生的好评。当时，我们一群文学爱好者激情澎湃，热血沸腾，想成立一个文学社，办一份报纸。也许激动过了头，大家就是想不好一个社名。我找到了张院长，向他汇报了筹备成立文学社的打算，他听后表示大力支持，并为我们起了大家公认的社名——涛声。"省教院"位于黄河之滨，静静的夜晚，校园里能听到黄河歌唱的浪涛声，用这个名字再恰当不过了。出第一期文学报时，他还主动捐款资助，让我们感动不已。《涛声》的报名也是他亲手题写的。《涛声》一出，在校园里引起了极大反响，师生一致叫好。

　　为了让《涛声》走出校园，张院长还请来《飞天》编辑部的著名诗人何来和老乡，作专场诗歌讲座，开阔我们的视野。后来，《飞天》的品版栏目"大学生诗苑"集中刊发了"涛声"文学社的二十多首诗作，引起了省内外广大读者的关注。由于《涛声》自身的实力，在兰州所有的高校中颇有声望，吸引了兰州大学、西北民族大学等高校文学青年前来取经。后来，兰州大学等十所高校的文学青年联合办了一份质量较高的《西北风》，创刊词就是我发在《涛声》上的发刊词。《涛声》的荣耀和张院长的大力支持是分不开的，没有他的支持，说不定还没有创刊就"流产"了。事过多年，和杨柱贤、刘海英等文学社的老社员聚在一起时，总提起当年张院长对我们的关心和支持。

张院长是一位传统的知识分子，有仁人之心，君子之风。身为地厅级干部的他，在中国老百姓的心目中已是一个不小的官了，可他没有一点儿官架子，像春水一样可亲可爱。曾听一位老师说，有一年学校上报了21位副教授，有不少人是一些接近退休的老教师，有关部门审查时，一下子就刷掉了8位。张院长认为，这些老教师辛苦了半辈子，最后连个副教授都评不上，实在是太亏了他们。他前后去人事厅跑了7回，费尽了口舌，终于感动了"上帝"，最后这8位老教师全都获得了副教授的职称。全校一片赞扬，这8位教师更是感动不已。对学生也是一样，他始终将自己当一位普通的教师，和我们来往。我们有什么事，他知道后就会竭力帮助。"省教院"毕业后，我回到乡下教书，虽然远离了他，但还是能感受到他阳光般的温暖。我想从乡下调往天水市文联，他知道后，非常赞成。他认为我搞创作比当教师更有潜力，更能发挥特长，不但鼓励我积极努力，还主动给当时的市领导张津梁、张国华积极推荐我，说我有才华，是个人才，从而使我比较顺利地进了文联。前年，他来过一次天水。步入晚年的他，头发染上了岁月的雪霜，身体瘦弱，但精神依然不减当年。我陪他转了两天，参观了麦积山、伏羲庙等景点。他离开时，有点儿难为情地对我说："来了两天，花了你不少钱……"我听后，眼睛一酸，差点儿流出了泪水。他给我帮过的忙，他全部忘了，只记住了我管他几顿饭的钱，替学生心疼啊！

张克让先生当校长时，始终没有脱离教学，坚守在教学第一线，代着语文课。他酷爱教学，如果还有来世，他肯定还会选择教师这门职业。他的学生数以万计，有党政要员，有高级军官，有教授，有名医，有科学家，有企业家，有优秀教师，有著名作家，留学的弟子也为数不少，遍布世界各地。只要当过张克让的学生，没有一个不说他是个难得的好教师。但他不居功，不自傲，称他为仁师，一点儿也不过分啊！

退休之后，当了一辈子老师的他，一颗心还放在讲台上，为教改跳动着。除了不断利用他省中学语文教学研究会理事长的身份继续倡导教改之外，还著书立志，出版教育专著一部，名曰《滋兰树蕙录》，这是一本非常实用的育人案例，曾荣获1998年第五届中国西部地区教育图书特等奖和1999年中国教育学会东方杯科研成果二等奖。我的父亲也是一位非常称职的好教师，教学上兢兢业业了一生，在当地口碑极佳。父亲认真拜读完张院长的书后，对我说："《滋兰树蕙录》我看得太迟了，否则我也能当上一名好老师。"在父亲眼里，和张院长比较起来，觉得自己做得还不够，算不上一个真正意义的好老师。

希望我的孩子，将来上大学时，和我一样，能遇上张克让那样的仁师。

汪渺　甘肃天水人。1995年甘肃教育学院毕业。现任天水市文联秘书长，《天水文学》主编，甘肃省作协会员。

高山仰止　景行行止

刘克先

时间总是在不经意间就流走了。转眼之间，认识张克让先生已经整整 15 个年头了，现在想起 1996 年 9 月的时候在甘肃省教育学院第一次见先生的情景，历历在目，心中仍然充满了激动。

我虽然不是先生的在校学生，但我上大学时先生是我所在学院的副院长，我和他有过一段师生情缘，后来成了忘年之交。说来一切都是机缘。记得还在上高中时，我的语文老师孙宪武是个很有学问的好老师，他对"红学"研究颇深，我很敬重孙老师。他和张克让是莫逆之交，曾跟我说起过张克让老师，我从他那里了解到张克让先生是白银乃至整个陇上都很有影响力的语文教育专家、知名学者、著名的校长。很凑巧的是高考后我被录取到张掖师专中文系，但办学点设在甘肃教育学院，在那里我结识了张克让先生。

记得到甘肃教育学院报到那天，天气阴沉，小雨淅沥。父亲送我到学校办完入学手续后就返回白银了。一个农村孩子第一次出远门到省城兰州求学，心中难免有些孤独和惆怅。我独自一人在校园里转悠，走到一个四合院里，看到了一排院长办公室，我忽然想到孙老师提到的张克让副院长，我便大胆地敲开了张克让副院长办公室的门。张克让先生真切地出现在我的面前：戴着眼镜，头发有些稀疏，个头不高，精神矍铄，一副学者形象。我作了自我介绍后，张克让先生对我非常热情，称我为白银的"小老乡"，与长辈第一次见面，作为晚辈心里肯定会有些紧张，但先生亲切和蔼的面孔让我一下放松了紧张的情绪。他给我泡了一杯热茶，问了我孙老师的一些情况。后来，我们的谈话就在轻松愉快中开始了，他对我说，你还年轻，要静下心来好好做学问，我院中文系有很多大师级的好老师，要珍惜机会，珍惜时光，虽然学院坐落偏僻，但却是一个潜心做学问的好地方……在言语中我清晰地感觉到他的干练和缜密，同时也感受到了一位长者对青年人的殷殷期望。

后来的学习生活中，我与张老师的交往进一步加深，虽然他大我三十多岁，但我与他却无所不谈，感觉就是和一位长辈没有代沟相互理解地交流。我们谈有关中国教育、语文教学方面的话题、谈学院中文系名师的上课等等。他说，省教育学院是培养教师的摇篮，从这里出去的学生大多都将走上教师岗位，一定要打好基础，练好基本功，以后工作你就会轻松许多。做教师看似简单，其实做一个好教师很难，尤其是做一个好语文老师更是难上加难。俗话说"台上一分钟，台下十年功"，就是这个道理。谈到写作方面的话题，我提到学院的"涛声"文学社时，他神采飞扬，鼓励我积极投稿。他认为，语文教师，就是要能写，以后当老师，还要常写"下水"作文，指导学生写好作文。如今活跃于甘肃高校文坛，很有影响力的"涛声文学艺术联合会"，其前身就是原甘肃教育学院当年的"涛声"文学社发展起来的。当年指导学生创办文学社的，就是才华横溢的张克让先生，他给文学社起了"涛声"这个名字，因为省教育学院位于兰州黄河之滨，静静的夜晚，校园里能听到黄河歌唱的浪涛声，用这个名字真是再恰当不过了。今天可以这样毫不夸张地说，如果当初没有先生的奠基培土，"涛声"文学社就决不会有今天的社会影响力。

先生常对我说："我们是同修，古人是我们共同的老师，我只是比你们先接触了几十年，把我的经验给你们作借鉴能让你们少走很多弯路，学生以后是一定要超越老师的，不然人类文明是无法进步的。以后当老师一定要对此有清醒的认识，否则你会耐不住寂寞，影响工作。'青出于蓝而胜于蓝'说的就是这个道理。"那时，我还不太理解先生说的那些话，如今从教 15 年了，我对此已有了深刻的理解，先生的话经常在耳畔回响，我仍然坚守在教育战线上，扮演着红烛、人梯、摆渡者的角色，对自己也有了比较准确的定位。"青出于蓝而胜于蓝"，是教师追求的最高境界。这是先生对教师职业独到的领悟，现在我也彻底领悟了。他教过的学生都说先生对他们永远都是满腔赤诚，知无不言，言无不尽。在教育产业化、知识商品化的市场经济社会里，先生的这份谦逊、真诚确实让人感动。先生如今是桃李满天下，许多他的学生成了各行各业的拔尖人才，有科学界领军人物，有政府高官，有大学的教授，有公司高管等。每每提起这些，先生特别的欣慰、自豪、满足。一是因为他的很多学生都超越了他，即"青出于蓝而胜于蓝"；二是因为他的很多学生没有忘记他，经常有学生到兰州看望他，说明他当年没有愧对学生。我敬重张先生其实最主要的原因也是基于这一点，这是一个好老师应具有的博大胸怀和不懈追求达到的目标之一。

与先生在一起，我始终感受到的是他身上的一种活力，一种积极的心态，一种独特的思想。他喜欢文艺，善于调剂生活，经常是一副乐天派。我记得很清楚，有一年元旦全学院搞文艺会演，他上台用串词夸学院的老师，相当精彩，引得台下捧腹大笑。当时中文系白银籍的王人恩副教授（现在厦门集美大学）刚出了一本祭文书，他以此为话题，说死人都被写活了，夸王人恩写作水平高。后来他还唱了一段陕西一带流行的地方戏，我发现他的嗓音很好。总之，他给我的感觉是他有一颗年轻的心，他的思想好像一直都在飞，他身上那种中国文人特有的气质对我来说是一生都难忘的。先生有很好的一手毛笔字，字体宛若其人，笔画润圆刚劲，间架结构自然和谐，给人美的享受。我毕业时向先生求得一幅墨宝，他写了"淡泊明志，宁静致远"八个字送给我，我明白先生的用意。张先生不仅才高，师德也是典范。乐观豁达的个性，淡泊名利的志趣，与人为善的品德，使他得到了众人的尊敬，在社会上有很高的声望。

1996年，我大学毕业了。当时白银有色金属公司的中学缺语文老师，通过试讲以后，我被派往西铜中学任教，可是手续迟迟办不下来，拖了大半年，我父母都愁坏了，因为当时白银公司的土政策是只接受本企业子弟，我需要到省上改派。后来我找到张先生，说了我的情况，他马上就给我写了一封短信，让我去找当时省教育厅的一位当处长的老乡，后来这位处长帮忙把我的改派手续办妥了。现在想起当时张先生对我热情帮助的那一幕，仍记忆犹新。点滴之恩，当以涌泉相报。我工作后的第二年，先生退休了，后来我到西北师大进修时，到他的住所——兰州南河滩省教育学院家属院看望过他几次。我们一聊就是半天，有说不完的话。今年暑假，我又前去看望他，感觉好多年过去了，先生变化不大，古稀之年的他依然很精神，笑声还是那样爽朗，只是视力稍微有些下降。我想这与先生平和的心态有关，先生官居地厅级，有"全国教育系统劳动模范"、"全国先进工作者"、"全国人大代表"等荣誉称号，但他却没有什么官架子，退休后在家就是写写毛笔字，看看书，做一些公益事业，有时也带带孙子，享受人间天伦之乐。

在学校里先生对学生不仅仅是传授知识，更注重学生品德方面的培养，帮助学生形成正确的人生观、价值观。在家中他也是一位好父亲，教子有方，几个孩子都很有出息，个个事业有成。能够结识先生，我认为是一份机缘和福分，作为学生当心存敬意，好好努力，不辜负先生的教导，他将是我一生的楷模。先生后来送给我一本他写的书《滋兰树蕙录》，扉页上题有先生亲手写的苍劲有力的硬笔书法，我一直珍藏着，这本书对我的影响也很大，当工作中遇到不顺心时或难题时，我就会拿出来读一读，在先生的书中我多半都能找到解决问题的答案。这是一本非常实用的育人案例读本，曾荣获 1998 年第五届中国西部地区教育图书特等奖，1999 年中国教育学会"东方杯"科研成果二等奖。这本书是先生智慧的结晶，教育实践经验的总结，反映了先生如何去探寻有效的工作方法，如何教书育人，字里行间体现了先生对教育事业的无限热爱之情以及他的人格魅力。

张老师是天水甘谷人，大学毕业后分配至靖远县工作长达 32 年，在靖远一中工作了 31 年，担任靖远一中的校长好多年，呕心沥血，殚精竭虑，使靖远一中有了大发展。他后来在靖远师范学校当了一年多的校长，之后才调到兰州工作的，他把自己最宝贵的青春年华留在了靖远这块热土上，他是当地教育界的一颗耀眼的"明星"。前一阶段，中共靖远县委、靖远县人民政府组织评选出了十位为靖远县的发展作出巨大贡献的人物，张克让先生尽管已不在靖远，但仍被选入其中。这说明靖远人民没有忘记他，他为靖远教育的发展所作的巨大贡献将永载史册。一个人一生中会遇到很多人，有的人很快就被淡忘了，有的人却叫你永远无法忘记；有的人招人下看，有的人非得仰视。高山仰止，我心中的张克让先生就是一个让人永远无法忘记，非得仰视的长者！

刘克先　甘肃白银人。1996 年甘肃教育学院毕业。现为白银市十一中语文教师兼校报执行主编，中学一级教师。

慈悲为怀　仁义为师

李维君

　　屈指算来，我创办兰州人文学校已经整整八年了，八年来，学校在经历了满怀憧憬的起步、满含悲壮的坚持和充满曲折的发展后，已经进入了稳步前进的良性循环阶段，并先后荣获"兰州市诚信办学单位"、"兰州市最可信赖的教育机构"、"兰州市优秀民办学校"等荣誉称号。每当我以兰州人文学校校长的身份出现在别人面前时，他们大都会发出如此的慨叹："作为一个农家孩子能在省城办起一所学校，并能获得学生、家长和社会的认可，真不容易！"面对着自己事业的不断壮大，社会各界对学校的日益信任以及学校品牌的逐步确立，我时刻不能忘记在自己学习、成长、事业发展过程中多次给予我无私帮助的我的恩师张克让先生。

　　可以说认识克让先生并与先生结下师生之情是我一生的缘分。记得在 1996 年 9 月，我在老家陇西县福星中学教了三年书之后来到甘肃省教育学院进修，被分在 1996 级二年制本科班。初来乍到，对我这样一个没有进过大学校门，也没来过省城的农村孩子来说一切都是那么新鲜。开学典礼那天，1996 级的同学们坐满了整整一礼堂，主席台上坐了一排校领导。在他们各自讲了些学校的方方面面之后，轮到坐在最边上的一位长者讲话了，我们本想着他会有更加条理化的高见发表，没想到他用对我来说非常具有亲和力的甘谷普通话说："一张一弛，文武之道，前面几位处长给大家讲了各方面的条条框框，可能把大家都吓坏了，我给大家讲点儿轻松的，我告诉大家，我们甘肃教育学院是全世界唯一没有一楼的大学，这是因为学校在八十年代曾经由于黄河涨潮而遭遇过水灾，所以后来学校在建楼时就把一楼设计成空的。另外大家不要小看教育学院，这里和县长一样大的官就有六十多位……"听着大家都哈哈大笑，一下子轻松了许多。讲这话的就是后来多次救我于水深火热之中的副院长张克让先生。他的这番话一下拉近了所有新生与张院长之间的距离，也使我记住了这位带着我老家口音的校级领导。

在学期中间的一天，时任教育学院中文系系主任的王人恩先生（现为福建集美大学教授、全国著名学者、红学家）找我，他听说我的字写得不错，让我抄一位学校领导的稿子。我接过一看才知是张克让先生的《滋兰树蕙录》手稿。因为先生在开学典礼上给我留下了深刻的印象，于是我非常高兴地接手了为先生抄写书稿的工作。当时，先生的《滋兰树蕙录》还没有成书，在《甘肃教育学院报》上连载，每期一个教书育人的经典案例，全校师生争相阅读，产生了广泛的影响。我虽然为先生抄录了好几篇文章，却一直没有直接见过先生，每次都是由中文系的一位老师转交给我的。然而，通过抄写先生的文章，我对先生的才华、为人、为师之道等有了更深的了解，并进而产生了一种崇敬之心。

二年级时，我们几个文学青年接过"涛声"文学社的创办者汪渺（现为著名诗人、天水市文联专业作家）等人的衣钵继续开展文学社的工作，由我出任第二任文学社的秘书长。后来由于文学社的经费问题，我们几个在师兄的"指点"下，找到了一如既往支持"涛声"文学社的校领导张克让先生。记得这次找先生还颇费了一番苦心，几个人策划了好久，由谁去，去了怎么跟先生说，在演练了一个最好的版本之后，我们来到了先生的办公室。进去后，一听说我们是文学社的，先生便非常热情地接待了我们，与我们侃侃而谈，当初的设计与演练一下被抛于脑后。先生对我们的热情给予了极大的肯定，还给我们讲了怎样才能搞好创作、办好刊物等专业知识，同时承诺在每期刊物出版印刷时从自己的工资中捐出一百元给予资助。先生的鼓励与支持，使"涛声"文学社得以生存并健康发展，如今在一届届文学青年的坚持下已发展成为省内高校最具实力的文学社团。这次可真谓与先生进行了"零距离"接触，先生的热情诚恳、平易近人；先生的博学多才、宽广胸怀，如涓涓溪流，滋润着我的心田，如暗中灯塔，指引着我前进的方向。我在两年短暂的学习中争分夺秒，聆听了各位教授的精彩演讲，博览了图书馆丰富的藏书，圆了一个农家孩子曲折的大学梦想。

进修结束后，我本应该回原单位继续从事教学工作，因为在当时那儿毕竟是个"铁饭碗"。但由于诸多原因，我阴差阳错地忝列省城教育行列，先后在兰州七中、亚西亚中学任教。1999年4月，在调入七中无望、亚细亚中学又无发展前途的情况下，恩师王人恩带我找到了张克让先生，在听说了我的处境之后，先生当即向时任兰州二十一世纪实验中学校长的王广生先生推荐，让我去那所学校工作。在先生的引荐下我顺利地找到了一份新的工作。就是因为这份工作使我在省城找到了自己的立足之地，同时也奠定了我以后的发展方向，塑造了我一生的立身之本。我先后从事书法教师、办公室干事、办公室主任、常务校长等工作，所有这些工作经历都使我不断进步、逐步成熟。我在那所学校工作的五年间，也曾先后主办过由先生组织的甘肃省中学语文教学观摩研讨会，张克让先生收藏书画展等活动。随着与先生交往的增多，对先生的为人、治学更加了解，可以说先生的风范对我的成长产生了极大的影响。与君一席话，胜读十年书。是啊！在与先生的多次交谈中，我学到了许多书本上学不到的知识，体会到了许多人生的哲理。

天有不测风云，人有旦夕祸福。2002年，我所在的那所学校因资金问题面临倒闭，何去何从，一时间又没了方向。考虑到多年来一直从事民办教育工作，并已略有经验，所以我决定自己创办一所小型的高考补习学校。经过慎重地思考，我开始了学校的选址、设备的购置、教师的聘请等工作。在2002年底完成了所有的筹备工作后，学校开始着手第一期的招生，但当宣传资料发放下去，学生家长陆续前来咨询的时候，却因为学校没有办学许可证而被兰州民间组织管理局查封。眼看多年打工挣来的一点儿积蓄就要付之东流，所有的憧憬也将化为灰烬，在这危难之际，我又一次找到了张克让先生，并鼓起勇气向先生提出了帮助我申请"办学许可证"的事，先生欣然应允。先生的大度胸怀以及他对后学的提携，使我又一次看到了生存的希望，又一次鼓起了生活的勇气。

2002年的腊月十八，省城已经弥漫着浓浓的年味，天气非常寒冷，路上还有厚厚的积雪。先生带着我从他住的兰州雁滩安居小区出发，徒步到甘肃省教育厅找时任成教处处长的他的学生张兴江。先生当年已是66岁高龄，为了学生的前途竟在雪中行走了近十里的路程，一个真正的仁师才会这样的无私，一位真正的长者才会如此的仁慈。因为先生的出面，张处长当即给主管兰州市民办教育的刘继任处长打电话嘱托此事，刘处长也表态如手续合理会给予支持。然而好事多磨，通往幸福的路总是那样曲折漫长，没想到当办学申请进入审查阶段后，学校的其他条件完全具备，只因我的职称问题不能出任学校的法人代表而暂时搁浅。刘处长提出要先生亲自出任学校的法人代表，这对先生来说太突然了。本来是想帮学生申请一个办学资质，没想到却要承担如此大的责任：法人代表对民办学校来说那可是全权责任人。先生是全国人大代表、省内著名的教育专家，学生遍布全国各地、各行各业，可以说留得一世英名，而民办教育行业则是个高风险行业，学生的成绩、健康、安全等一切都无法预料。记得 2003 年的正月十六，我与先生从刘处长的办公室出来后，在兰州市教育局的门口先生意味深长地对我说："维君啊，现在辘轴拽到半坡了，行也得行，不行也得行，我就给你当这个法人代表吧，但是你一定要好好办学，决不能欺骗任何一个学生和家长。"听了先生的话，我鼻子一酸，泪水差点儿流了出来，感动得不知说什么才好。我想只有将先生的教导深深记在心间，在后来的办学实践中严格执行，使更多的学子受到优质的教育，才是对先生最好的报答。因先生的帮助，学校的办学资质顺利地批了下来，虽然后来的办学过程充满荆棘，但先生的帮助对我来说是划时代的，使我有了得以拼搏奋斗的起点，使我有了终生的事业。

八年的办学生涯，我每一次的进步，都与先生的教诲与指点密切相关，学校每上一个台阶，无不留下先生的足迹。记得学校刚刚成立时，为了学校的形象宣传、规范办学、良性发展，先生都亲自出席学校的公益活动、教师会议、家长会等活动，小到学校招生宣传的起草，大到学校办学宗旨的制定，什么能写，什么不能写，先生都一一掌握把关。尤其是"决不能欺骗每一个学生和家长"这一句通俗而富有哲理的话时时回响在我的耳边。多年来，我时刻没有忘记先生的教诲，一直以这一宗旨为办学的第一要务，善待家长、善待老师，关心学生、关心员工，注重长远、精心办学，赢得了学生、家长和社会的认可，办学第一年就被评为"诚信办学单位"。为了提高学校教学质量，先生也曾带领甘肃省中学语文教学研究会的专家来学校考察，对学校的教育教学工作给予指导。

先生在退休后，不但笔耕不辍，著书立说，而且喜欢练习书法，经常自作诗词，与朋友诗书往来，自得其乐。2004 年 5 月，先生为学校师生作诗一首："滋兰树蕙万象新，悉赖诚信主义真。高招教师殊高招，舒心学子特舒心。今朝奋发面苦壁，他日腾飞跃龙门。莫言民校名不赫，从来深山早逢春。"并用苍劲的行书表现出来，真是诗书俱佳。我将此作装裱之后挂于办公室显赫位置，时刻提醒我不忘先生的教诲。2006 年 6 月，学校迁入省委党校后，有人听说我是先生的学生，在他们举行书法展览时特意托我求一幅先生的书作，先生展出的一件作品不仅书法艺术效果不凡，主要是自编的内容使所有的参观者赞不绝口，"从小即好动，老来更癫狂。好动不乱动，癫狂不疯狂。一不羡酒仙，二不慕烟皇。不做搂腰圣，不当麻将王。怀余两大癖，练字吼秦腔。练字不习帖，笔随心翱翔。行书图流畅，草书求张扬。秦腔无板眼，由性乱改腔。只求自己乐，管他什么章。"形象地表现了先生退休以来健康向上的生活状态和安逸乐观的愉快心情。先生知道我喜欢书法，只要有与书法界名人名家接触的机会，便带我前往，好几次还带着我的作品，让他们现场点评，使我的书艺长进不少。先生对学生的关心与爱护，是出自内心的一种大爱，有多少学生在他的教导下成人成才，有多少学生在他的帮助下改变了命运，有的位居高官，成了省部级领导；有的学问精深，成为世界名牌大学的教授；有的飞黄腾达，为腰缠万贯的民营企业家；有的安贫乐道，至今仍在黄土地上耕读传家。不管他们从事何种行业，只要是受过先生言传身教的学生，他们都会具有一颗健康向上、兼济天下的仁慈之心。

学校成立以来，因诸多因素，几次濒临倒闭，每到这时，先生都会把我叫到家里，给我信心、给我鼓励。在很多次进退两难的危急时刻，先生都语重心长地对我说："既然办起来了，就要坚持下来，只要坚持住，前途肯定是好的。"事实证明，先生的话是正确的，如今我已度过了事业发展最艰难的时期，学校也逐渐走上正规。在先生出任两年法人代表后，终于将学校的负责人改成了我本人，但我时刻有个坚定的信念，吃米不忘种谷人，吃水不忘挖井人，没有先生的帮助就不会有兰州人文学校，就不会有我今天的事业。千金易得，良师难求，一位真正的仁师不只具有广博的知识，精深的学问，更拥有一颗大爱无边的慈善之心。克让先生，就是我遇到的一位仁师，一位使我终生难忘的恩师。

李维君　甘肃陇西人。1998年甘肃教育学院毕业。现任兰州人文学校校长。系甘肃省书协会员、省教育学会书法专业委员会副秘书长、省民盟艺术家工作委员会委员。

文誼常青

1999年在靖远鹿鸣园,参加"恩泽碑"立碑仪式,各界朋友合影留念(前排右起第2位为张克让先生)

2008年10月,在甘谷举行《张克让先生收藏书画桑梓展》,与甘谷老年大学全体教师及部分学员合影(前排右起第3位为张克让先生)

我与张克让的一段情缘

吴贵峻

张克让同志 1959 年毕业于西北师范大学中文系，由省教育厅直接分配靖远一中任教。一干就是三十多年。三十多年来，他一直辛勤耕耘无私奉献，用自己的青春年华，心血汗水，浇灌着靖远教育战线这块沃土，培养了一代又一代优秀学子，为国家输送了大批建设人才。可以说他桃李满天下，遍布全国乃至世界各地。张克让同志为靖远教育事业的发展作出了巨大贡献。由于他的教学成绩斐然，所以，他已成靖远县城乡群众无人不晓、个个称赞的知名人物，无论男女老少，都知我县有位张克让校长。

我和克让同志接触认识，是 1965 年。那年我在靖远县委宣传部任部长。为推动革命文艺事业发展，定西地委、专署决定，当年要举办全区文艺调演，要求各县准备派团参加。演出节目要以就地取材，自编自演的革命现代体裁为主，表演形式可以多种多样。为此事，我和县文教局领导研究决定，抽调人员组建一个创作班子，完成此项任务。在人员选定上，除当时县秦剧团的编导人员外，又从县一、二中抽调了两名有创作水平的语文教师：一名是一中的张克让老师，一名是二中的傅学义老师。在部署创作的会议上，我才认识了二位老师。在讨论过程中，二位老师谈了很好的意见，在体裁内容的设想选定上各有见解。记得张克让同志当时还身处逆境，精神上压着一个沉重的"包袱"，不免在创作上心有余悸，生怕给自己再创出麻烦来。我很理解他的心情。当时我给他做了安慰动员工作。我说："张老师，组织决定抽调你搞创作，一是认为你有这方面的才能，二是对你信任。你大胆去搞，出了问题我负责，绝不由你承担。"于是，他俩就聚精会神搞创作。创作出了现代体裁的秦腔、眉户剧、快板等。经排练，使调演取得了较好成绩。在这次接触过程中，我发现张克让同志思维敏捷、文底扎实、说话流畅、开口成章、性格开朗、平易近人。我俩的友谊初建于斯。随着时间的推移，尔后，我任局长，他任校长，工作上接触来往多了，相互了解加深了，我对他既尊重又信任；他对我既敬重又支持，我俩的友谊情怀绵绵不断，一直延续至今天——永远！

近日，我重读了克让同志撰写的《滋兰树蕙录》，每读一篇，都觉得情趣横生，内容具体，生动感人。全书比较清楚地反映了克让同志正确的教育思想，真实地记述了克让同志针对中学生年龄特征所采用的教育教学方法，特别是在教改实践中独创的新鲜经验尤为宝贵。我认为，提倡中小学教师阅读此书，对提高教师业务能力，改进教学方法，进一步提高中小学教育教学质量，肯定会有效益。

张克让同志天资聪颖，勤奋好学，在学校读书时，就是一名优秀生，在大学时代就加入了中国共产党。毕业后来靖远一中任教，一登台讲课，就受到学生的欢迎和好评。经过教学实践锻炼，逐步成了靖远一中语文教学的领头人。是我县高中语文教学的把关教师。克让同志有一句口头禅，就是"打铁先要本身硬"。在语文教学中，他对自己就是这样要求的。每讲一课，他都首先熟读课文，吃透教材，认真备课，精心设计教案，对每一个教学环节，都做到心中有数。在课堂上，他从开始复习旧课，导入新课，以至全部教学过程，都紧紧地把学生的情绪、精力，吸引在自己周围，全神贯注听老师讲课，积极回答老师的提问。在克让同志的课堂上，没有丢盹打瞌睡的学生。为什么呢？因为张克让同志有一个得天独厚的条件，或者叫做优点，那就是他那天赋洪亮的嗓音和不结巴，不说重话、沓话，侃侃入耳的讲述以及绘声绘色、扣人心弦的讲课艺术。在教学中，克让同志很重视教学方法的钻研和改进。他极力反对"注入式"、"填鸭式"的旧教学方法，提倡运用启发式教学方法。每一节教学，都采用讲练结合的方法，让学生参与教学，积极思维，力争达到当堂接受、理解并融会贯通教材内容的效果。张克让同志特别强调学生的写作锻炼，他要求学生每天写日记，并交自己检查审阅。对在作文批改中发现的"优文"和"劣文"，则安排专门的作文讲评课，师生一起进行讲评，点明"优"与"劣"的方面，达到引路提高的作用。为培养学生爱好创作的风气，在他的倡导下，学校成立了"乌兰文学社"，主编《乌兰草》小报，及时刊登学生的作文来稿。对其中优秀作品，学校推荐给国内刊物，如《少年文史报》等，曾选登数十篇之多。对提高学生的语文程度，起到了很好作用。许多学生成才就业后，都给克让同志来信，以发自内心的真挚之情，"感谢张老师栽培之恩"。

1978 年党的十一届三中全会召开后，实行了改革开放政策，这股强劲的东风吹苏了中国大地。国民经济建设全面展开了，当务之急是需要大批人才。邓小平同志高瞻远瞩，大胆进行拨乱反正，纠正十年"文化大革命"浩劫中给党和国家造成的混乱。对"文化大革命"中和历次政治运动中遭受极"左"路线打击迫害的所有人员（包括知识分子）落实政策。凡以莫须有的罪名戴上的政治帽子一律摘掉，所有的冤、假、错案一律甄别平反。张克让同志也得到政策落实，1957年"反右"运动中强加在克让同志身上的种种不实之词全部被推倒，恢复了政治名誉。此时的克让同志心情无比高兴。他看到了光明的前途，工作更加积极了，主动给学校出谋划策，抓好教学。为了充分发挥克让同志的知识才能，组织上提拔他担任了靖远一中副校长，继而又任了校长。任职后，他工作非常卖力，信心十足，决心要把靖远一中办成全省第一流的学校。他首先东奔西跑，上下联系，争取资金，改善办学条件，完善教学设备。从改造学校危房入手，先后修建了教学楼、仪器、实验室、学生宿舍楼、教师家属楼等基础设施，还增添了大批图书资料、教学仪器，改造、购置了学生课桌凳、教师办公桌椅等。因体育教学需要，扩展修建了一个四百米跑道的体育场。其次，狠抓了教师队伍建设，除每年从大专院校毕业生中引进人才外，学校重视加强在职教师的培养提高，按学科成立教研组，定期开展教研活动。组织老教师带新教师，帮助提高教学能力。提倡教师进教室，互相听课。学校还多次组织各科教师外出，去各兄弟学校学习，互相交流教学经验，取长补短，提高教学水平。现在，从靖远一中教师队伍的素质看，各学科教学所需教师队伍已经形成。再次，张克让同志还很重视学校校风建设和校园环境建设。他认为，要办好一个学校，还必须注意培养好的校风和营造幽美的校园环境。所以，他在学校管理上，对教师和学生都有严格的要求。教师要加强师德修养，在行为上对学生起表率作用，在教学上要认真负责，形成好的教风。学生要遵守校纪，遵守《中学生守则》，孜孜不倦，勤奋学习，养成好的学风。学校所有人员，都要讲究卫生，净化环境，养成良好的生活习惯。要植树、种花、美化校园，努力把学校打造成一个优善的学习乐园。在张克让同志的领导下，经过全校师生的共同努力，办学条件有了显著改善，学校面貌焕然一新，教学质量有了很大提高。历年高考成绩名列全省前茅，为国家培养了大批优秀人才。经省教育厅考核合格，学校被确定为全省重点中学，全省示范性高中。

张克让同志为靖远的教育事业做出了卓越贡献，甘肃靖远人民和广大学生爱戴他、尊敬他，党和国家也给了他很高的荣誉，先后被授予全省特级教师、全国先进教育工作者、全国劳动模范等光荣称号。1988 年当选为七届全国人大代表，出席全国人代会，参与了国家大事的议定。这些荣誉是克让同志心血汗水的结晶，是受之无愧的。

吴贵峻　甘肃靖远人。1930 年生。曾任靖远二中、三中校长，县委宣传部部长、县文教局局长、县教委主任、县教委党委书记等职。

由中庸书院说开去

吴正中

峡口门，太美了，她是甘肃省靖远县平堡乡金峡村之所在，山环水绕，绿树葱茏，河水呵呵，峡风习习，有一种独具特色的田园风光。孔子云："知（智）者乐水，仁者乐山。知（智）者动，仁者静。知（智）者乐，仁者寿。"生于斯长于斯的我，对她有一种特殊的感情，魂牵梦绕，没齿不忘。

公元 2010 年 8 月 22 日（庚寅岁七月十三日），是我草创"中庸书院"挂牌典礼大喜大庆大吉大利的日子，徜徉在这座生态院落的地面上，优哉游哉，自得其乐，大有"君子居之，何陋之有"的感受。为了庆祝"中庸书院"成立，张克让先生诵读了他倾心所撰的《中庸书院落成纪念》之匾文，其文曰：

> 耕读书香门，正中敨器心；儒医培家风，德彰金峡村。
> 兰大高才生，教坛乐传薪；孜孜敏于学，循循善诱人。
> 采药云深处，耕耘杏苑春；讲授医古文，诠释汉字魂。
> 苦心国学林，精研论语深；处事宗中庸，笃奉恕与仁。
> 孝悌忠信倡，礼义廉耻遵；胸怀坦荡荡，浩然正气存。
> 药乡撰当归，情动台胞心；一家共和谐，两岸赞声亲。
> 药苑漫话美，兰山夜记真；论著立意奇，散文情理淳。
> 书序励后学，碑刻颂至尊；字字凝珠玑，篇篇谱瑰珍。
> 教授麟麟名，益公树树荫；己立亦立人，己达又达人。
> 任重赴远道，积德惠子孙；志道堂前昆，灼灼万花馨。

所谓"敨器心"，即敨器所达到之"中而正"的境界。"中而正"，即"中正"；

"中正"，即"正中"。文中言笔者所取得点点滴滴的成绩，全赖恪守"中庸之道"所使而然。"中庸之道"的真正含义是什么？笔者认为："中"，立也，中立也，居中而立也。像人挺胸抬头，二目平视，两手叉腰，端立地面。中立者，不左不右，不偏不倚，头顶青天，端端正正站立于地面。从文字学角度而言：中间一竖，上像头，中像身，下像并列之腿足；两旁两"口"像两臂叉腰形。象形兼会意。中立之人——堂堂正正，心无邪念；一身正气，无所畏惧。已故大文字学家徐中舒主编之《汉语大字典》解"中"曰："正，不偏不倚。"恰切之极。解"庸"曰："平常。"引申为"平"。合而言之，"中"为一竖"｜"，"庸"为一横"一"，一竖一横相交构成"正"字"十"，即人生坐标。竖（｜）示不左不右，不偏不倚，是为纵坐标；横（一）示不上不下，不高不低，是为横坐标。二者会意，意为人之一生，一定要把握好自己的人生坐标，既不卑躬屈膝，见风使舵，随波逐流；又不点头弯腰，奴相十足，同流合污。应当是一位有道德有良心有脊梁的好汉子硬汉子铁汉子。作为人生坐标之中庸之道"正"——"十"，读 zhèng，即"端端正正"的"正"字，二者交叉点即"心"之所在，要求人有一颗端端正正的心，正直无私的心。无论在丽日蓝天，柳暗花明的晴天，抑或在电闪雷鸣、风雨如晦的黑夜，都应处于最适中最恰当最正确的位置上，以不变应万变。如此，则言无过而行不乖矣。《论语·先进》："子贡问：'师与商也孰贤？'子曰：'师也过，商也不及'。曰：'然则师愈与（欤）？'子曰：'过犹不及'。"此评论后世泛指做事过头和不够一样，半斤八两，都是不好的，一定要恰如其分。过，非也；不及，亦非也。"过犹不及"，作为经典名言已成为人们耳熟能详的成语，教导人们时时处处事事奉行中庸之道。今天，这个坐落在黄河母亲岸边的书院用"中庸"二字命名，太好了！

我是怎样知道并有幸认识且与之频频友好往来的张克让先生这样一位才华横溢的人的呢？说来话长，大概是 1962 年秋，甘肃省中等学校校长教育工作会议在天水召开，我当时在天水师范学校教语文课，风闻此事，抽空儿兴冲冲跑到开会处看望了三位当年靖远中学的恩师：语文老师侯宗周（时任渭源一中校长）、数学老师强钧国（时任定西中学校长）、化学老师吴之瑛（时任靖远一中校长）。靖远一中的前身，就是我的母校靖远中学。三位老师都和我很熟，都对我很好，多年不见，非常亲热。当时我因家中生活困难，请求吴老师把我调至母校任教。万一不行，天水不放时可以兑调，如果母校有天水地区的老师的话。听了我的诉苦后，吴老师说，有倒是有一位天水甘谷的老师张克让，但估计不一定愿回天水，因为他对乌兰山下、黄河岸边的靖远已有了一定感情，靖远人也舍不得让他离开。后来这件事虽未办成，但通过这件事却让我了解了张克让其人。

克让老师刚到分配到靖远一中时，因为戴着"右派"帽子，未能教书，当了一名勤杂工，后来才准许他教代数，让原甘肃师大（现西北师大）中国语言文学系汉语文学专业的高才生学非所用。在"阶级斗争要年年讲，月月讲，天天讲"的年代，惟恐这位"打入另册"的青年张口放毒，x＋y＝z 是纯而又纯的科学，无毒可言。后来的后来，又准许教俄语，因为"乌啦，布尔什维克"毕竟是外语，又是后来的后来，在政治环境稍稍宽松的情况下，大学中文系尖子生才学以致用教上了语文，且慢慢当上了班主任。在尊重知识、尊重人才的日子里，张老师乐呵呵的天性发挥到了极致，他身上的快活因子与激素，全用到了教学上，一批又一批的英才，从他扶摇的摇篮里脱颖而出，今天这么多学生为他写书出书就是最有力的明证。

1987 年，作为一位念书人的靖远人，我自告奋勇地与一些志同道合的同窗好友，以"靖远寓外同学联谊会"的名义，仿效鲁迅当年为翻译家曹靖华之父曹植甫先生所写的教泽碑为靖远师范、一中、二中树立教泽碑。当兰州大学老教授魏晋贤、顾正二先生撰好碑文后，分别请孙艺秋老教授与牟紫东、王金慎三位书法家书写了碑文正面，碑文后面的立碑人名单，则请靖远近现代史上前清进士书画家范振绪的弟子关振邦先生书写。为此，师范王仲翰、一中张克让两位校长与关先生同来兰州，我们四人一起为完成此任务共付艰辛。这样一来，我终于和克让先生有了零距离的接触。先生学识渊博，为人谦和，豁达大度，敬业负责，是一位合格的好校长。1988 年教师节时，在王、张并二中校长张宏勇三位先生与老师们的配合下，顺利完成了树碑大业，可谓靖远教育界一大盛事。

1991 年，我终于厚积而薄发，研制发明了"神农仁慈散"（原名"华夏戒毒神药"），为拯救一个个堕入"瘾君子王国"的失足者而大发慈悲，为社会治安而效力。当时，突发奇想，决心致书于分管此事的中共中央政治局常委乔石同志，这样便自然而然地想到了全国人大代表张克让先生。时在 1992 年 3 月 15 日，晴天朗朗，风和日丽，我刚刚为建文辅导学院中医自学考试班的同学讲过医古文而下课，由于上年秋至四川九寨沟调查抗癌中草药时不慎腿部受伤，由三位同学用自行车扶推着回家，说来也巧，在地质矿产局中学的院子里遇见克让老师的妻哥雒庆福先生，询问克让赴京开会之日，雒告以当日下午。回家草草吃完一顿饭，便给乔石同志写信，写后立即复印，让同学们马上送雒庆福先生，雒先生立即送克让君，特事特办，急事急办。"君子成人之美"的克让老师，"与朋友交，言而有信"，终于通过20世纪50年代之中共甘肃省委副书记焦善民同志，如愿以偿地将致书送到了乔石同志手中。这样一来，便有了甘肃省公安厅缉毒政委张亚林同志对我的友好支持与指导。对克让君"受人之托，忠人之事"的君子行为我没齿难忘。

2005年以来，"靖远寓外同学联谊会"先后发起为原靖远中学的两位老校长刘协和段东阳立碑，张克让对这两位被划为"右派"而屈死在夹边沟的校长并不认识，但他出于正义，出于对两位老校长的同情和尊敬，两次立碑，他都欣然前往，并在两位老校长的墓前发表了慷慨激昂的讲话，他说："右派"昭雪，我们应当感谢党中央，感谢邓小平，感谢胡耀邦！历史是非常公正的，多少年之后，错划的"右派"总会"彻底平反"。字字千钧，掷地有声，无私无畏，令人敬佩！这样一来，他在我心中的形象便愈趋高大。

"地上种了菜，就不易长草，心中有了善，就不易生恶"。吉人天相，克让先生由靖远一中勤杂工而教员而校长而靖远师范校长，由靖远而兰州而甘肃教育学院副院长，由特级教师而七届全国人大代表而全国劳动模范而全国中语会学术委员，那么多花环佩身，夫人雒庆兰受恩父慈母教诲，大家闺范，张君贤内助之功大矣；言传身教，耳濡目染，子女成才，皆有父母之风范。老子《道德经·五十八章》："祸兮，福之所倚；福兮，祸之所伏。"又《七十九章》："天道无亲，常与善人。"张克让老师，人如其名，"克"者能也，在"忍让谦和"四字的诱导下，奉行天道，且得其哺育，因祸而得福，名列国册，真可谓"善有善报"也！

从峡口门中庸书院到兰州杏苑小区，三个多月来，我一直在思索中庸之道与反思的关系，二者的关系究竟是怎么一回事呢？要不要反思？《论语·为政》："子曰：'学而不思则罔（wǎng），思而不学则殆（dài）'。"罔：蒙蔽，欺骗。殆：危险。要善于思考，在学习中思考，在思考中进一步学习。拉丁美洲谚语说："不会思想是白痴，不肯思想是懒汉，不敢思想是奴才。"绝对不能当白痴、懒汉和奴才。凡事思而后行，三思而行，以免做出错事蠢事，因为草率的言语和行为，必然导致罪恶的结果，甚至付出惨痛的代价。为了伟大的中国人民，为了伟大的中华民族，为了雄居于世界之林的文化大国的中华人民共和国，我们要学会反思，认真反思，努力反思。今后无论如何都要认识到，原汁原味的中庸之道，是治国治世治人时时刻刻都离不开的天下第一大道。

《人民日报》2005年8月16日第14版"本期主题——为促进社会和谐创造良好

文化条件"栏目中，在所发表的北京师范大学教授何兹全《把和谐思想融入人类发展》一文中，所加的提示语明确指出："中庸之道是一条雍容和谐的大道，是中国文化不同于西方文化之处。"足见"中庸之道"生命力之强大，以孔子《论语》为中心的儒家文化对世界贡献之大。亚圣孟子之《孟子·公孙丑》曰："天时不如地利，地利不如人和。"天人关系，人际关系，身心关系，都离不开一个"和"字。天人不和，即有天灾；人际不和，便有人祸；身体内阴阳之气不和，必生疾成病。"和为贵"：和有利于夫妇，有利于父子，有利于兄弟，有利于师生，有利于官民，有利于乡里，有利于邦国，有利于全世界。和是目的，和是价值，和是健康，和是幸福。

……

《中庸书院落成纪念》，克让先生力撰大作，大作寓大谊，大谊寓大情。考中庸究和谐谈反思意犹未尽，"始终记着自己是个人，不要忘记应该怎样做人，好不容易来世做一次人，总得像个人"！

最后引 2008 年 8 月 8 日旧作《暮年寄语》一诗如下，以申志也：

> 坎坷沧桑近百年，往事缕缕如云烟。
>
> 试问今日何为贵？中庸和谐大似天。

现在，由张克让先生所撰、昝钦明先生所写的《中庸书院落成纪念》端端正正地悬挂在我家"志道堂"中，不但时时激励着我这个孔门信徒，并且将永远激励着千千万万的华夏儿女和龙之传人！

吴正中　甘肃靖远人，1933 年 12 月出生。1958 年毕业于国立兰州大学中国语言文学系。甘肃中医学院教授，创建学院中药标本馆。2010 年 8 月创办"中庸书院"。

张克让同志的非凡人生

颉志鸿

张克让校长在他的《诗情墨趣》自序中说:"我这一生,堪称'阴晴变殊,寒暑易剧,大起大落,大落大起'。起始为'百事顺心,火盛一时';继而是'风急浪高任浮沉,苦辣酸甜尽我吞';最后则是'公鸡戴帽冠上冠,糖和蜂蜜甜加甜'。有人将此戏之为我人生之《三部曲》。"这无疑是一段中肯而确切的表述,读后颇有感慨!

他是一位学识渊博、心胸坦诚、生命力极其旺盛的人。与这样的人共事,我确实感到荣幸和难得。

我与张克让同志早年并不认识,1979年秋季我被安排到靖远一中任教,才和张克让同志相识。我俩同在语文教研组,他是我们的教研组长,且与我办公桌相对,一对就是十载,相处得很顺心。

在备课过程中,我有不懂或拿不准的知识随即请教,他总是随问随答,哪怕再忙也要立即放下手中的活,热情细致地为我释疑,让我感动。他的教案做得细、做得深,我经常借过一阅,对我启发颇深,当时真沾了"近水楼台先得月"的光。

就在那个时期,由于克让同志长期受到压抑,心理上养成了对领导不敢反抗的习惯,遇到不顺心的事常常是忍气吞声。有一次,他曾和校领导因差旅费的报销发生了争执,领导认为他是为个人平反问题去的兰州,学校只报销往返的车票费,住宿费该由个人负担,张克让认为这是落实政策的一部分,既然车票能报销,那住宿费也可以报销。领导当时拿不准报销尺度,也就没做表态。

得知这一情况后,我立即去找领导从中斡旋,而且满有把握。理由有四:其一,我与时任领导没有共同工作的经历,没有畏惧心理;其二,我任高一六班班主任,兼任语文课,而时任领导在我们这个班任其他课程,接触频繁,有话就说;其三,时任领导在小学时期与我叔父同班,我八九岁的时候就知道这层关系;其四,我在空军部队服役期间，于 1954 年春季去兰州一中看望我的班主任、物理老师雷成贤的时候，恰好时任领导也在场，他们二人是老同学，我们师生三人无话不谈，他对我印象比较深刻。

基于上述考虑，我去见当时的学校领导，开门见山地提出不予报销一事是他的不对，而且我向他建议，只不过百十元的事，而且不违犯财务规定，何必固执呢？百十元在公是小事，但对张克让同志却是大事。他妻子儿女六口人，只靠他五十几元工资生活容易吗？请领导设身处地地想一想，决不可因小失大，让一位杰出的人才白白外流，这划算么？经再三劝说，时任领导不但欣然采纳了我的建议，合理地解决了这一问题，而且和张克让同志的关系和好了，也更加重视张克让同志，充分肯定了他的教学水平和能力。张克让同志也安下了心，更加勤奋地为一中的教学贡献着自己的力量。

1982 年，张克让同志被任命为一中副校长后，他的闯劲更加引人注目。除了繁重的行政工作外，依然代高三两个班的语文课，并努力投身于教学改革。多次举行示范教学，总结出一系列的教改方法，比如"因文而异，布置预习"、"以主带次，以练代讲"、"提倡争辩，鼓励求异"、"一课一得，单元比较"、"读写结合，范文引路"、"口头作文，当堂讲评"等等，成效显著，从而大大提高了我校的语文教学水平。尤其是对青年教师张秀龙的着力培养，使张秀龙老师很快掌握了他多年积累的相关技能和策略，在县属的各中学作示范讲课，反响特好。由于张秀龙老师采用张校长的教学方法，在白银市教育局举办的全市语文优质课比赛中夺得第一名，为一中争得了荣誉。

在吴之瑛校长的大力支持和领导下，身为副校长的张克让身先士卒，带领全体教师积极投身教学一线，埋头苦干、任劳任怨，使靖远一中在 1982、1983 两年的高考中取得了突出成绩，高考上线人数居全省前三名，充分彰显了靖远作为"文化大县"的良好风采。张校长乐在其中，正如他在房门自撰的对联一样："点点滴滴，挥汗沥血沁桃李，喜煞我；日日夜夜，绞肠呕心育栋梁，乐死人。"

1983 年秋季开学后，由于当时某领导偏激，对我有不实指责，我宁直不屈，无法接受，决定离开学校，一走了之，回乡务农或在农村学校了此一生。就在我回乡不到半年的 1984 年春季，县上决定张克让同志任靖远一中校长。在开学前两天，张克让校长带着副校长黄天布同志，风尘仆仆地坐班车来到我的家乡，邀请我重返一中工作。

当然，我感激他们的盛情，但仍然坚持不想去。自知长期在军队中养成的直性子，难以应付复杂的人际关系，准备在乡村小学教书或下田劳动。但张校长和黄天布副校长耐心地、不厌其烦地开导我，劝解我直到深夜。张校长坦诚地评价："八二年你带文科班，一举考上大学 19 名，占全省文科指标的二十分之一，确实全省闻名，为我校争得荣誉。"黄天布副校长也说："八三级你带理科三班，我任英语课，考后，65 名学生考取大学 42 名，中专 14 名，我们能忘记吗？"听了他俩真诚的开导，我为领导能公正地评价我而感到欣慰，郁闷了好几个月的心情也随之舒展开来。此时张校长半开玩笑地说："忘掉一切不愉快的怨气，忘掉过去，为我捧捧场吧！"气氛一下子活跃起来，我也打趣地说："愿为知己者拉马拽镫！"次日，我们三人同行返校。通过这次思想和行动的转折，使我更加感佩张校长"礼贤下士"的工作作风和人格魅力。

古语说得好："其身正，不令而行。"他虽然升任校长，但仍然兼任高三两个班的语文课，许多业务分给相关副手主管，自己却一门心思地扑在教学上，难怪八十年代中后期的一中形成了教风正、学风浓的良好局面，这就是无声的命令和无言的证明。当然，人的精力有限，教两个班实在太重，又加上要去省、市、县开会，少则两三天，多则十来天，张校长就请我代其补缺。说实话，教四个班确实吃力，嗓子喊哑了，胸部发胀，但心情却是舒畅的。"士为知己者死"，我受点累，又有何妨？

张校长在一中担任校长的七年中，带领全校师生奋勇前行。说实话，就高考成绩而言，一年一个台阶，历年高考在全省名列前茅，那时的确是一中的黄金时期，一直受到省、市、县各级领导的高度评价。平心而论，这与张克让校长身体力行的工作作风是分不开的。

在他任职期间，待人真诚、热情，同仁们对他也很尊敬。记得 1987 年时，学校有位青年教师，工作很不起劲，上级决定把他调往一所乡村中学。这位老师知道我与校长桌对桌，请我为他说情，我推辞再三却又同情他的苦衷。若调往农村学校，就有妻离子散的可能，我听后心软了，大胆地去向张校长求助。张校长听了我的陈述后，经再三考虑后便去县文教局恳求，终使这位老师留了下来。后来，这位老师通过自我反思，努力投入工作，得到大家的好评。

1986 年，我有个学生曾托我向张校长请求，希望调往一中工作。我向张校长说明后，他便问我："教什么课的？"我说："物理。"他又问："哪个学校毕业的？"我说："庆阳师专。"他听了后和颜悦色地说："一中需要本科的，专科的暂不考虑。"我急忙解释说："此考生情况特殊，他就是八一年高考预选时物理 100 分，正式高考时物理 97 分，曾经震惊全校和省招办的那个学生。"张校长听完后喜形于色："那一个，要，要，要。"事后多年，经教学实践考验，这位老师最终成为一中的物理骨干，在全校乃至全县都声望很高。

1985 年，他得知我的儿子在 133 地质队当野外工，没有什么技术，找个对象也很难，我虽然做过多种努力但终无结果。他得知这一情况后曾经安慰我说："不难不难，133 地质队在我校学习的学生很多，我可以跟他们的领导具体谈谈。"果然立竿见影，为了解决我的后顾之忧，地质队领导当即调我儿子学了汽车修理，此情此理，怎能不叫我铭记于心呢？1989 年，学校通过县市向省教育厅申报我为省"园丁"奖获得者，但在审批的前两天省厅忽然转来一封诬告我的匿名信，张校长看后既生气又着急，立即以学校的名义写了一封澄清信，基于时间短促，邮寄太慢，他怕贻误审批时间，故派专人送去，终究被按时审批下来。我后来获知此事真相，确实百感交集。

就在这一年的职称评定中，我已具备申报高级职称的条件，但由于在部队和学校多年的磨炼，我对中教一级已经心满意足，而对进一步晋升高级似乎看得很淡也很坦然。此时，张校长曾多次催促我尽快拿出高级教师的申报材料，我一推再推，不感兴趣。最后，张校长甚至对我大发脾气："今天我宁可得罪你，你要不写，我就不行！"在无可奈何中完成了我的申报材料，后来我也被如期地评定为高级教师，当时我也没觉得有多少激动，但工作却更加努力，多年给高三年级上课或带班，直到退休，不敢懈怠。所带班级的学生高考上线人数始终居各班之前茅，这也算是对张校长的一点回报吧。张校长就是这样一位关心下属，公正无私，颇受全校师生拥戴的人。

党心是公正的，民心是公平的。张校长在靖远工作了大半生，其贡献有目共睹。他曾幽默风趣地说："我是靖远女婿，靖远是我的第二故乡。"他是一位教师，而且是教师中的佼佼者，他为选择了教育事业而自豪，他的高教和特教是名副其实的。所以张校长 1986 年被评为全国教育系统劳模，那是当之无愧的。更为光彩的是 1988 年当选为第七届全国人大代表，这不但是他个人的光荣，更是全市人民的喜事，真是可喜可贺。

往事如烟，我作为一个年逾 77 岁的老朽，记忆力特差，但对张克让同志真切待我的情谊是难忘的。尽管他 1990 年以后调任靖远师范校长、甘肃教育学院副院长，但我们仍然保持密切的联系，他只要来到靖远，总要到我家转转。他退休后，还特意为我书赠了一个条幅：

> 生性刚烈心坦诚，直言快语真军人。
>
> 多年文科沥血汗，桃李争艳报三春。

这对我的评价的确是太高了，但也流露出我们之间的深情厚谊，它将激励我笑对夕阳红，愉快度余年。他退休后依然勤奋耕耘，有多部作品问世，如《滋兰树蕙录》、《诗情墨趣》、《书棂画扉》、《鸿爪夕明》等，均赠送于我，实属珍品。

孟子有言："天将降大任于斯人也，必先苦其心志，劳其筋骨，饿其体肤，空乏其身，行弗乱其所为，所以动心忍性，增益其所不能。"这不正是说给张克让同志的吗？总之，张克让同志确是一个好人，是我的好同志，好领导，好弟兄。衷心地祝他健康长寿，晚年幸福。

顾志鸿　甘肃靖远人。1934 年生，军转干部。长期从事基础教育工作，中学高级教师。

赠张克让先生

刘汉杰

躬身讲坛四十春，克己复礼不误人。
桃李争艳满天下，名留华夏处处馨。

刘汉杰　甘肃靖远人。1935 年生。曾长期从事农村信用社工作，后务农，爱好书法、文学。

说说幽默风趣的老同学张克让

郭自强

从高中到大学，我和张克让始终是同窗，而给我影响最深的就是他的乐观、活跃、幽默风趣。而今天已步入知天命、不逾矩之年，老同学之间的聚会也就越来越多，每年都有好几次。这是在抢时间，享受生命，不希望下次见面又少一个。然而，不管哪次聚会，最不能缺的就是张克让。有他在场，气氛就大不一样，趣人趣事、幽默笑话、雅的俗的应有尽有，非逗得你开怀大笑不可，正所谓"浩歌方知乾坤小，酣饮不觉日月长"是也。当然这不是为了讽时刺世，但也不排除有这种成分在内，只要偷得半日清闲，心情舒畅，放松放松就好。现凭记忆抄录数条于下，以补足他人格魅力之另一面。

平凉地区在崆峒山组织招商活动，请了不少明星如宋祖英等到场助兴。结束后地区领导在酒店招待客人，还特请一位退休多年的领导作陪。嘉宾自然上坐，老领导也安排在宋祖英旁边。席间，老领导为表示对宋祖英的热情，不断用自己的筷子给她夹菜劝食，可宋祖英就是不动筷子。良久，年轻秘书便悄悄告诉他，人家是嫌你的筷子不干净。老领导听后，赶紧把筷子在嘴里嘬了几下，说："很干净，很干净，一点儿不脏！"继续夹菜。——可算当今草根版的一出小小的《官场现形记》。

有一年，计划生育工作很紧张，村干部便分片进农家做工作。村主任到一家农户对女主人说："你家有两个孩子了，赶快去结扎，再不能违犯政策生了。"女方满口答应，说明天就去结扎。数日后，村主任再去落实，一见面女方便说："已结扎了。"村主任这才放心。可是过了几天，村主任还是感到不踏实，又去对女方说："我已经报上去了，作为咱村的工作成绩，你绝对不能骗我。"女方千言万语做了保证。大约过了三四个月，村主任在村口又碰到了那个女人，只见她挺着大肚子。村主任长叹一声："唉，完了！你这不是把我给装进去了吗？"——一语双关，叫人喷饭。

当今世界，三陪小姐风行，甚至高学历者亦大量加入其中，心有所感，他随口念了首《三陪小姐赞》调侃：

> 一不偷，二不抢，紧紧依靠共产党。
>
> 不投资，不贷款，促进经济大发展。
>
> 不用油，不用电，自己设备自己干。
>
> 不征地，不建房，办公只用一张床。
>
> 不生女，不生男，不给国家添负担。

拿国外的事儿编事，也是他的所长：

在旅英期间，一次碰见一个英国打工的中国人，一见面就愤激地对他说："英国人的英语实在太臭！"问其故，答曰："前几天我去办事儿，找那个单位的英国领导说明情况，可我说的英语他全然不懂，他说的英语我也听不明白，无法交流，真让人生气！"——唉！可爱的中国人，有理的中国人！

还是在旅英期间，她女儿问一个旅居英国的中国青年："你的英国身份办好了吗？"他说已经办好。问何以如此快就办好，答曰："因参加法轮功，受迫害跑出来的呗。"问他相信法轮功否？答曰："谁相信那玩意儿？只要能骗外国佬，加入英国国籍就行了。"——狡黠的中国同胞，入外国国籍也找捷径！

旅荷期间，听说有一对久居荷兰的年轻夫妇不育，便去当地医院就诊。医生首先问她最近吃过什么？思索良久，答曰："曾在湖边抓到一对鸽子，回家煮着吃了。"医生笑曰："这就对了。荷兰法律规定，鸽子是受保护禽类，不许捕食，但因此繁殖太快，影响环境，便想出办法，在它们的食物中加入避孕药，以减少繁殖。你吃了鸽子，就等于吃了避孕药，自然怀不上孩子了。"——看来在什么地方都要注意饮食，当今的中国尤其如此。

荷兰当地有一首民歌，翻译成汉语是：荷兰的牛奶薯条，让人的个儿直往上飚，男人一米八二不算高，女人一米七八仍属小。——国人也喜欢叫孩子吃牛奶薯条，不只是为了长个儿，或是壮胆？

克让也喜欢创造警语，最著名者如：在全国人代会上，针对中国教育改革的现状，曾有个精彩比喻："就像进站的火车，吼得凶，走得慢！"当时语惊四座，后来流传甚广。

下面再举在教育学院的数条：

在省教育学院任副院长期间，一年逢新生入学，他给学生介绍几位坐在台上的处长说："你们知道处长有多大吗？就和你们县上的县长一样大。当然，官虽同级，但权却不一，这就好比猫和老虎，在动物分类学上虽同属猫科，但本事和权威却悬殊大了。"台下顿时哗然。

一次学校有个老师办画展，要他讲几句话。他先讲了个故事：在雨伞发明初期，有人外出，碰上大雨，正好他拄着条木棍，还带了块布料，急中生智，便用木棍顶起布料遮雨。回来后，便向人宣扬自己的这项发明。有人听了，便取了把雨伞让他看，顿时愕然。故事讲完，言归正传："著名的书画大师们，就好比发明雨伞的人；一般的书画家，包括今天到场的诸位，都算是使用雨伞的人。我对书画充其量也就是用木棍顶块布料遮雨那个水平，今天要我讲话，肯定是班门弄斧，孔门卖经。"——看起来是自谦，却也避免了逢会必唱赞歌的尴尬。

就此打住吧。上面挑了几则"雅"的，要连"俗"的一并讲，几天几夜也说不完。即此已说明我这位老同学的幽默风趣。他不仅在私人聚会时讲，在那些很庄严的场合也敢讲，是调侃讽世？抑或抒发才情？我不知道，总之能赏心悦目就好，所以总给人留下深刻印象。

2010 年 6 月 5 日于兰州

郭自强　甘肃武山人，1935 年生。原甘肃教育学院中文系主任，教授。

拜访同窗张克让有感

安固国

新春千里出门行，访友我来靖远城。
酒食接风情意盛，床衾畅叙心灵清。
文才横溢多篇翰，教改嘉谋惊视听。
览胜黄河括胸臆，更闻谈笑增风生。

流光已过三十年，乍见同窗仍蔼然。
求教语文奉拙写，为增知识问新鲜。
五中无有廿旬苦，七尺甘超四化前。
结束访君我归去，喜迎春色驻心田。

安固国　甘肃甘谷人，1935年生。兰州师范毕业，曾在玉门石油从事教育工作，中学高级教师。

张克让是教育战线上的成功者

苏宰西

我跟克让，非同学却有同学之情，非同事却有同事之缘，非朋友却有朋友之谊。二十余年断断续续地接触，给我留下了深刻而美好的印象。

印 象 一

记得"文化大革命"后期，我请创作假回家乡写作，住在靖远一中教师宿舍，宰北弟住室的隔壁。那时同宰北弟交谈的机会很多，他几次谈到张克让老师的不幸遭遇和才气。他说克让上大学时写了一部长篇小说，让他看过，故事情节新颖有趣，如少年智斗日本鬼子的情节就十分精彩。我觉得他的才气被污浊的政治气候葬送了，十分惋惜。当时，我得知靖远一中我所崇拜的高杰、雒鸣岩、蔺怀章等老师被迫害身亡，夜不能眠，有解连环·师魂词记录彼时的心情。

夜静时分，与屈子相遇；朦胧中仿佛宇宙声息消弭，唯听得山河咏唱《离骚》："余既滋兰之九畹兮，又树蕙之百亩。畦留夷与揭车兮，杂杜衡与芳芷。冀枝叶之峻茂兮，愿俟时乎吾将刈。虽萎绝其亦何伤兮，哀众芳之芜秽。"声声芳洁，遍地喷香，屈子留芳人间而顺水飘逸远去。猝然梦断，终难成寐，披衣案头，灯下独酌，思绪如缕，古今相映，师魂捷足，隐约可见，遂留下一纸哀情：

乌兰夜幕，幽幽无苍天，魂荡山颠。杰哉鸣岩胸怀章，伴遽返道山，哀声何冤？庸中佼佼，乃光风霁月可鉴。昔日曾知晓，师保众生，肺腑血染。

怎奈星座逆转，怪石嶙峋乱，滚滚无涯。步屈子赍志以终，殁存未曾言，谁敢有怨？呜呼哀哉，死已矣，生者何堪。待黎明大声疾呼，还师尊严！

（1975年端阳夜于母校）

无独有偶。当我得知克让兄正是雏鸣岩老师的贤婿，爱屋及乌，无形之中将对老师的感念之情移到了他的身上，十分想面晤，获得教益。但，不能。我夜访何维华老师，临走时他再三告诫，千万不能再去他那里，不能乱串门，免得招惹麻烦。我是个寓外浪人，现实面目不明，就连我的同学也多有回避，校园里许多生面孔都用疑惑的目光扫描我，不敢贸然约会，只能留下遗憾。

印 象 二

正式的会面是在20世纪80年代末期我回靖远的一个星期天的下午，在宰北的引荐下，我们同去他家，在校园西边头排小院里，记得有两棵苹果树，已经挂了果实，有点农家小院的感觉。当时他和爱人都在家，经介绍像接待久别重逢的老朋友一样盛情洋溢，满脸堆笑，言谈举止无拘无束。那次去克让家有两个目的：一是想结识他；二是有求于他。我有个亲戚小孩在二中高考落榜，碍于情面，想转到一中复读，让我询问能否接收的问题。他不假思索地满口应承，并同意立办。那种痛快劲，一下子就拉近了我们的距离，也就无所不谈。当然脱不开文学和教育同行同业的话题，有许多共识。

有人说，靖远的某些人有个毛病，势利眼看人，稍有点才干就视自己为国宝。我经常走亲访友，遇到过许多难堪，有些亲戚娃娃，当了个县部长局长之类的芝麻官员，如突然出现时，亲戚家的人立即起立，马上换好烟好茶招待，甚或在柜子深处摸出一瓶名牌酒，让抿几口。两种待遇，很失脸面的。前不久我参加一次婚宴，进门向着餐桌空位走去，原本熟悉的一位县上退休领导没认出我，开口道："那是上席！"我随口说："哦，我就坐下席吧。"其实，那是个大圆桌，唯我年长，何况我的职位并不亚于后来者。我感到痛心，不知道尊老爱幼，何以孝父母？何以为民众？何以倡和谐？

张克让不同俗尚，他平易近人，谦虚，坦诚，健谈，风趣。后来在兰州同学为靖远中学老校长段生旺先生坟头立碑时，张克让应邀参加，讲了话，他说：我也是靖远的半个老乡，有人开玩笑对我说，靖远人不知道张克让，就等于法国人不知道拿破仑……

后来，在各种社交活动中，遇见的机会就更多一些。我常说，张克让就是一团火，在不同场合只要有他的出现，顿时场面就热烈，气氛就和谐。他谈笑风生，温暖融洽。能与他媲美的是靖远一中老教师李光俊，也是一把火，给老同学老朋友老年人几乎每天都能传送快乐信息。他们二人有过一段让人难忘的趣闻：有一年，学校评定高级职称，酝酿的名单里没有李老师。李老师是十多年的理化组组长，教学水平公认，应该说是名师，这就让光俊纳闷。他在校门口碰见张校长便质问此中缘由，克让无奈地回答说：主要是你的教龄不够。李老师一听动了气：背了二十年的冤案，教龄不够应个人负责，还是组织负责？再说，职称是代表教学水平，还是代表教学年限？张克让面对这类尖锐的批评和指责，不但没生气，反而十分同情，知错就改，立即去向文教局反映了李老师的特殊情况，希望向上汇报。文教局领导不知道如何回答这个问题，便委托他代表文教局，直接跟省市职称部门联系，结果很快特批了指标。

这是领导的高层次的精神境界，礼贤下士的实际行为，对待工作疏漏积极补救的客观态度。

印 象 三

我曾经听李光俊老师对靖远一中三任校长的评价，即吴之瑛"直"，张克让"虚"，雒秀"实"。从他具体阐述中，听得出乃是三位校长的个性、也是姿态，也是办学理念。后边赵得璧和现任的吴贵栋如何呢？他苦思冥想几年，未找到合适的字，我则续了两个字"勤"和"新"。这五个字可以有各种理解，但其中的奥妙在于恰当地反映出"文化大革命"后期和改革开放以来靖远一中的发展变化。

"直"是耿直无私，以此压住了阵脚，实现拨乱反正历史转变，使学校走上正常教学秩序。吴之瑛校长之所以受人尊敬当在此。

"虚"是务虚求实，从宏观方面规划学校发展的前景：为靖远人办一所名校，为此而不懈努力。有无新观念，这是决定领导成败的关键。"只埋头拉车，不抬头看路，奉行故事，抓小放大，亦步亦趋"是领导的通病。只有脱开这条死胡同，站得高，看得远，才能干出一番有创新精神的事业来。想别人不敢想的事，干别人不曾干过的事，让靖远一中成为全省名校，这就是一种新观念。后来他本人告诉我他的办学理念也不出此大略。而且，在他任职期间，正是为这个伟业不懈拼搏。张克让开了好头，行了奠基礼，在制造舆论，培养骨干教师，加强学习空气，活跃第二课堂，普及校园文化诸多方面做了大量工作。这是张克让校长对靖远一中的贡献。

接任的校长雒秀务"实"，脚踏实地，按照办名校的方向努力奋斗，继续打基础，连年考生猛增；再接下去就是现任白银市教育局副局长的赵得璧，在他任间因为"勤"，业精于勤，对照名校之所长，补救不足之处，使学校与时俱进，发展为甘肃省示范高中。再下来则是吴贵栋校长，在如何让省示范高中更上一层楼上做文章，用科学发展观创新，图进。"新"字则构成他的办学理念。

对靖远一中而言，这个具有大气魄、大作为新观念的开创者则是张克让。他面对延续前任校长耿直无私的作风，而启迪后起之秀为之不懈努力的接班换代工作，放开了胆子，迈开了步子，使学校有了很大起色，彰彰明甚，功不可没。几代老校长向年轻一代交好班的深切希望莫过于此。靖远县在 2009 年评选先进的活动中，张克让被评为"突出贡献者"之一，我为他唱的赞歌是：

> 国家新生两代人，热情饱满风霜身。
>
> 开创开拓血汗流，奉献为民建功勋。

内中谈到了新中国两代人交替的历史背景流程。张克让作为承前启后人物，没有辜负党的重任和老一辈人的期望。他在靖远一中执教 30 年，任校长 6 年，既是名师，又是著名校长，是教育战线上的成功者。

办学要有新观念，教书要有新观念，开展文娱活动要有新观念，这是素质教育的核心，也是科学发展观的灵魂。我很欣赏靖远一中树立更上一层楼的新观念，那就是让家乡教育兴旺发达，力创一流学校，而且付诸实施。观念上的突破，是十分重要的。张克让的新观念，经过几届校长努力，终于成为现实。吴贵栋的新观念能否打开新局面，需要各有关方面的重视和支持。

"文化大革命"前夕，我曾经跟陕西省宝鸡地区文教局长分别率团赴北京景山中学和小学参观学习和调研一个多月。彭真市长为宝鸡地区特批了通行证，在那里我们可以随意听课，看教案，翻档案，找任何人谈话。我们的学习也就深入。邓小平在改革开放初期对该校的题词："教育要面向现代化，面向世界，面向未来。"这实际是对景山中学办学新观念和成功实践的肯定。景山中学的办学目标是：创一流学校，创一流质量，培养一流人才。在学校管理工作的全方位，突出对人的重视，教师受到充分的信任、照顾和尊重；学生受到百般的爱护、鼓励和引导；在德智体美劳诸方面都实行素质教育目标管理责任制，从学校领导、教师、职员到炊事员等勤杂人员，各司其职，无一例外。提出领导育人，教书育人，服务育人，为人师表的口号，净化了学校环境，都在为一个目标努力。全校上下，戮力同心，营造出一个空前的开放式的师生竞争的环境。景山中学的口号是："让学生能走的走，能跑的跑，能飞的飞。"这种办学理念是超前的，面向世界的，因之景山中学的旗帜不倒，至今仍勃勃有生机。希望一切教育创新者有所借鉴。

印 象 四

20世纪90年代初期，我因写了《先富起来的人》中篇系列小说，被县文化馆的领导看重，邀请我改编成秦腔剧本。当时参与讨论剧本的有万忠新、张宏勇、张普等人，多次讨论，多次修改，多次谈到张克让的舞台和教学成就。他们对张克让编剧本甚是佩服，说既当编导，又当演员，在宣传党的政策活动中，有时可以在一个晚上突击出一个短剧，而且演出效果特好，寓教育于喜剧之中。

张克让的教学，得力于他的文艺天赋，课堂教学生动活泼，生趣盎然。新千年后，我因写作原因，在与老同学广泛接触和阅读靖远县教育发展历史资料过程中，对张克让其人做过深入调查，发现张克让的许多过人之处。特别是他的个性化的教学，可以概括为五大特色：第一，戏剧性——能调动学生的求新心理；第二，趣味性——能引发学生求知的欲望；第三，形象性——能打通学生的多向思维；第四，知识性——能让学生接触比较丰富的知识领域；第五，深刻性——能挖掘出语文教材的文化底蕴。他的众多学子和崇拜者，无不受到这种别开生面的教学个性的多方面的影响。我也同他的学生和同仁谈论过，比较一致的看法是张老师真正能让他们快乐地学习，他们爱听他讲课，每堂课都有亮点。张克让被评为特级教师是当之无愧的。

不宁唯是。张克让的学生获得了较大教益。从大量的回忆文章里，不难看出成功教学的长远影响。把知识传授给学生，那种收益是肤浅的；把知识形象化地教给学生，那种收益是深刻的；把知识扩展开来给予学生，那种收益是极为有用的；能在教知识的同时渗透做人的素质教育，也就是教书育人，方能管用一生。张克让言传身教，孜孜追求，热爱生活的教师风范和知识渊博，教法有趣的教学风格，征服了他的学生。他的许多从教的学生效法之，成了名师；他的更多的从事专业的学生效法之，成了各条战线的精英；他的不少从政的学生效法之，成了各级优秀领导干部。

教师的伟绩，不仅仅局限于自身的成就，更重要的是在后学中不断延伸，产生广泛的生命力、奋发力，赢来桃李争妍，春回大地。

印 象 五

我在主编《靖远中学恩师谱》时，聘请了李光俊、张克让、冉立功、杨德本、王维新、许晖宇、吴世华七位副主编，其中不是同学的唯有张克让。为什么邀请克让出山呢？本意有三：第一，他是靖远中学改名靖远一中，原老校长之后年轻校长的第一任，许多老教师在他的领导下继续发挥余热，他了解老教师的后半生；第二，他在兰州的同事、同学、学生圈子有不少是原靖远中学的青年教师和校友；第三，他的社会活动能力强，影响力大。让我始料不及的是他的工作热情，主动性和责任心。凡他联络到的撰稿人，从约稿、催稿、审稿到发送文稿，负责到底，无一拖延。有的文稿修改三四次，发送三四次，其认真程度可以想见。与此同时，他时刻注视整个编辑工作，不断出主意，想办法，提供有益建议；并主动承担报批书号和资金筹措等难题，不仅保证了编稿的顺利进行，而且保证了基本印刷费用。在联系资金过程中，是我有求于他，而多是他给我打电话，报告对方态度，资金数量以及新的渠道等等。这就是做过领导而考虑问题周密，而又一抓到底的长人之处。

关心普通人，关注社会和谐而赋予极大热情者，我先后遇到过两个人，后者就是克让兄，前者是原白银市教育局长李保和先生。李局长从我的《教坛四十年》一书中了解到我的职称是副高级后，他认为从我的许多著作衡量，应该是正高水平，便主动托人捎话给我，让我参加市老教科协，解决职称晋升问题。我当时并未有行动的打算，觉得退休了要职称干吗！出乎意料的是他接连两年多次托人督促，并让人送来了申报表，填表后很快办了晋升教授的报批手续，确实让我感动了。不只如此，当我的《现代家教新思路》出书前，邀请他撰序时，他不仅答应，而且预定百十本表示支持，并邀请我去白银市参加开展家教方面的座谈会，其对普通教师的深情厚谊由此可见。其实，在此之前，我们并不相识。为别人着想，为事业着想而无私，则正是李保和、张克让的人格魅力之所在。

当然，我成为教授之后，也未敢满足于虚名，而时刻想着多做点教授的事情，于是接连出了《论语新编》、《老子别解》、《庄子味读》、《唐诗六百首作法》等推向全国发行的具有学术气味的书。在克让解决了《恩师谱》印刷费用之后，对我来说不是感到轻松，而是感到了压力，必须将该书编好，尽力提高质量。期间我的腰椎间盘突出老病复发，一时行动不便起来，但不敢中途停止，除发挥别的副编的作用外，又请高财庭、杜树泽、高振茂、杨济海、李宪民以及李静芳等靖远名人名师参与复审。好的领导能让我念兹在兹而刻苦自励，其带动作用之大可以想见了。

这是我跟张克让远距离共事的几个月的收获。我在想，做人们信服的领导，不只局限于他们在职时候的事业心，而且还在于他们退休后的作为，成人之美，造福社会，始终如一地忠诚党的事业，始终如一地充满贡献于社会的热情，始终如一地带动周围人为国家共同奉献力量。张克让做到了，我在他和李保和的带动下播种了较多的庄田，体察到了发挥余热的香甜。

靖远一中广大学子，联合起来围绕张克让写尊师感恩文章，这是值得提倡的善举。最初是张生贤来我家时提到的，意思是我主编了《恩师谱》，他们会继续搞续编；不久，"烛光"编委会在白银成立，我即将征稿信息发在私人网站"静心斋网"（http：//www.jingxinzhai.net.cn/）页面上，保留很长时间，支持这种尊师的具体行动；最近，在他们即将圆满完成专集之际，张生贤来电话约稿，我没有推辞。我向来主张退休不退职，大家动手写自己的人生，写老师，写同学，写亲友，写英才，抒发真实的感情，将地方文化搞得浓厚一些，为地方创造一个和谐美好的文化环境。因为这种行为能温暖人心，温暖社会，温暖整个国家，对后学的带动作用将是无法比拟的。张克让曾被选为全国人大代表，同时离开靖远一中到靖远师范任校长，继而去甘肃教育学院任副院长，影响面愈来愈大，学生们为他编写专集，对构建和谐社会的推动就更大了。编辑《烛光》的意义和深远影响当在此。

苏宰西　甘肃靖远人。1936 年生。先后任陕西师范大学函授部、宝鸡师范学院中文系和核工业二七九厂教育中心负责人。

快马加鞭未下鞍

——张克让先生事迹撷英

孙宪武

提起第七届全国人大代表、全国先进工作者、全国教育系统劳模，曾任靖远一中和靖远师范校长的张克让同志，人们也许并不陌生。但对于他那几度沉沦、几度沧桑的艰苦历程却未必人人皆知。

二十年炼狱

1957年，张克让先生作为西北师大中文系的高才生、共产党员，正沿着又红又专的道路攀登"小宝塔"，可谓前程似锦。然而天有不测风云，他那横溢的才华、广泛的涉猎和革命者执着的探索精神竟使横祸飞临：被划为右派开除党籍。万丈高楼失脚，可他才刚满21岁啊！

1959年毕业后被分配到靖远一中，说是当老师，实际是改造。他每周的课程竟达27节之多，代数、几何、俄语，应有尽有，唯独没有他的专业语文课。为了不误人子弟，他每每秉烛夜读，有时竟不知东方之既白。长期的超负荷运转，使他瘦骨嶙峋、羸顿无力，曾两次晕倒在讲台上。"史无前例"中更是屈辱受尽，几死魔掌，但他埋藏在心灵深处的星星之火并没有熄灭。有道是"粉骨碎身浑不怕，要留清白在人间"。

迟到的攀登者

"千锤百凿出深山"。拨乱反正，春风化雨，这对克让先生来说决不是停泊休整的港湾，而是扬帆远航的始点。20年炼狱，已耗尽了生命中最珍贵的年月，人生尚有几何！同窗们，或在学术上，或在教育界，早已名声斐然，而自己依然两手空空。面对动乱后千疮百孔的教育现状，青年时代那颗火热的心又被点燃了。他决心追回已逝的蹉跎岁月，开始了迟到的攀登。

深入研究中学语文教学是他攀登的第一高度。十年动乱，语文是重灾户，为使这一学科起死回生，他在借鉴外地经验的基础上，率先在课堂上进行实验性教学。我省语文教改起步较早的靖远一中，就是在他的先锋作用下启动的。经过反复实践，终于总结出了"因文而异、布置预习"，"以主带次、以练代讲"，"宜多则多、宜少则少"，"提倡争辩、鼓励求异"，"一课一得、单元比较"，"口头作文，当堂讲评"等十个方面。并在省级以上报刊上发表教研论文十多篇，还多次在全国和省、市的中学语文教学研究会上进行学术交流。他曾应邀先后赴景泰、白银、天水、陇南等地或示范讲课或举办讲座，深得同行们的赞誉。特别令人瞩目的是被选入《特级教师论文选》的《灵活多变、讲究实效》一文，这是近年来不可多得的一篇教学法论文。文章在实践各流派教法的基础上，吸取精华，力排偏颇，本着因文因人的原则，寓教、学于一体，创造出了自己的教法体系。在职称评审中，评委对他的评价是98.5分，理所当然地获得了中学高级教师职称，之后他又获特级教师的殊荣。累累硕果，早已使他的声誉超越了县、市的范围，先后被选任甘肃教育学会副会长、甘肃中语会副理事长和白银市中语会理事长等职务。

机遇在人生中的重要性自不待言，可对张克让先生来说，却是因他那"莫问收获、但问耕耘"的愚公精神感动了上帝。1984年他被任命为靖远一中校长，时代的大潮把他涌上了人生的第二高度。

"行政领导"这个概念在世俗者的词典里不过是权利的同义语，甚至于会是满足个人欲望的"卡拉OK"。可在张克让同志的心目中则意味着更多的奉献。一位2500名师生的校长，公务的繁忙不问可知，然而张克让先生却一如既往地把主要精力放在教学上。他深深懂得，一旦离开讲台，他的教师生涯也就终结了，更重要的是作为校长就失去了指导教育工作的主动权。尽管社会活动与日俱增，但一回学校就立即走上讲台，不是迫不得已，决不让别人代课。为了弥补新老教师之间的断层，在任校长期间，他十分注意培养青年教师，市语文优质课竞赛第一名张秀龙老师，就是在他的直接陶冶下成长起来的。在学校管理上，他一直坚持"活严兼顾，疏约并举"，即思想教育"活"，纪律约束"严"，思想疏导与严明纪律双管齐下。实践证明，这一指导思想无论在靖远一中或靖远师范都是行之有效的。譬如为了抵制社会上的一些文化浊流，突出德育，让思想教育"活"起来，他和师生们一道，积极开展健康的文娱活动。他自己动手编写的文艺节目就有 30 多个，其中 8 个在县市调演中获奖。他在任靖远一中校长期间，靖远一中平均每年为大、中专输送的学生一直保持 200 多人的记录，其中一部分已经走向社会，成为各行各业的骨干，而且遍布北京、上海等全国各大城市。可谓"桃李满天下"。中共甘肃省委、甘肃省人民政府授予靖远一中"全省教育战线先进集体"称号。张克让自己也曾获得市政府的"优秀学校管理园丁奖"。

继 1986 年荣获全国教育系统劳模后，张克让同志于 1988 年当选为七届全国人大代表，1989 年被国务院授予"全国先进工作者"的称号。党和人民对他的充分信赖和肯定，标志着他人生的第三高度。随着社会地位的扶摇直上，并未使张克让同志忘乎所以。他常说："在物质利益面前，就要像打排球那样把它托给别人，而不能像打篮球那样抢在自己手里。"言必行，行必果，他决心以自己的威望为教育战线办好事，而不是为个人谋私利。他曾多次为教育事业慷慨解囊，还经常沐雨栉风，为靖远一中的教学楼四处奔走。1990 年，3800 平方米的"耸翠楼"赫然屹立在乌兰山下。楼若有知，克让校长辛苦奔波的甘苦它是应该知道的。1989 年，白银市委表彰他为"廉洁奉公的好党员、好干部"。

只争朝夕

张克让同志以他卓越的建树和奉献精神被列入《全国名人大辞典》的条目之中，但是他所创造的精神财富将永远是我市教育战线前进的动力。祝愿克让同志在更高的起点上，继往开来，快马加鞭，向新的高度冲刺。"一万年太久，只争朝夕。"

孙宪武　河南襄城人，1936 年生。曾在白银实验中学任教，高级教师。现任中央民族大学教授。系中国散文学会会员、甘肃省作协会员。

我学习的榜样和尊敬的老师

吴世华

我是在苏宰西教授的"静心斋"网站上看到的 2009 年 10 月 10 日刊载的"烛光"编委会在 2009 年 9 月 22 日发布的征稿启事的。看了编委会的征稿启事和声明，对于一位被中共靖远县委、靖远县人民政府为庆祝中华人民共和国六十周年国庆评选为对靖远有突出贡献的先进人物——张克让校长，一位甘谷人为靖远教育事业甚至是甘肃省教育事业作出突出贡献的领军人物，来编辑《烛光》一书，很有必要。他当选为全国教育系统劳动模范，全国先进工作者（即全国劳模），当选为第七届全国人大代表，他的成功和贡献受到党和政府的肯定。我想靖远人民是明白的，他的学生是清楚的，他的同事是理解的、认可的。我想编委会用"烛光"做书名就是照亮了靖远人民的心。

我和张克让校长的相识相知超过十年了，还是他退休之后的事。他老有所为，为教育事业继续献计献身，发挥余热，这正是他的可贵之处，忘我之处，值得大书特书。我想这方面的材料，他的学生和老师肯定提供得很丰富了。

1999 年 3 月 10 日我在靖远设立"吴世华教授教育基金"，我太太雷巧玲老师专程回靖远办理这件事，受到甘肃省、白银市、靖远县各级领导的重视和关怀，举行了隆重的成立大会。我投入的五万美金完全是在自己的生活中节省下来的，都是自己掏腰包，美国之外的任何私人捐款是不能免税的，我的行动受到我太太和全家人的支持。我太太带回一本张克让校长亲自签名赠送的大作《滋兰树蕙录·我和我的学生》，因为得知作者就是曾任我母校——靖远一中的校长，写得又都是靖远的人和事，又写的是靖远一中发展和进步的真实记录，读起来倍感亲切。我是一口气读完这本来自故乡又记录母校靖远一中的人和事的书，那确实是我读到的由国内带来的最好的一本书，一下子拉近了我们的距离，加深和强化了我们的感情。尤其是我虽然未接受过张克让校长的直接教育，但看来我们是同时代的、共产党培养出来的新型知识分子，能吃苦耐劳，忘我地工作，所以我们有共同的语言和体会，为党奉献，为人民奉献，为学生奉献，为事业奉献。正值中华人民共和国成立六十周年，张克让先生从教五十周年，这个双喜的日子来庆贺他的成功。

我和张克让校长第一次的直接接触是 2000 年 4 月我专程返回靖远给靖远一中、下滩小学和吴窑小学的优秀教师和品学兼优的优等生颁发奖学金时，我特意约他见面的。4 月 29 日在兰州饭店靖远旅兰乡亲专门安排的欢迎会上我们终于见面了，还进行了个别交流，他又给我赠送了他珍贵的墨宝，并写了鼓励前进的语言，"诗言志，歌咏言"，真不愧为人民教师，语文教师，我们两人还在条幅前摄影留念，这真是难忘的时刻。他为人谦虚诚实，热情积极好学，给我留下深刻的印象，是一个值得交往的朋友。关于张校长的成就和贡献，2002 年甘肃省委副书记、省政协主席杨振杰访问华盛顿，我作为东道主组织西北同乡会接待和欢迎时，我们还曾经谈到过。2004 年 7 月我参加中国侨联第七次代表大会，当时住在北京饭店，已调任全国政协工作的杨振杰主席专程到北京饭店来看我，我们又谈论过此事，认为张克让校长是同时代出类拔萃的人物，更加深了我对张校长的了解和理解。

从 2000 年 4 月之后，我们直接或间接有些联系，或书信或电话，进一步加深了解了他是一个热爱教育事业的模范人物。这个"烛光"会继续照亮他前进的道路，能照亮自己，也照亮他人。

2009 年 5 月 14～18 日，受世界中医男科学会会长曹开镛教授的邀请，我作为世中联男科学会副会长、国际中医男科学会的副主席去成都金牛宾馆参加 2009 年国际中医男科会议，并做主题发言，会后于 5 月 18～24 日回靖远访亲探友，顺便了解"吴世华教育基金"的执行情况。我先后拜访了吴窑小学、下滩小学和靖远一中，和同学老师分别进行了三次座谈，对于张克让校长的为人处世常听到正面的反应，这是很难得的。我在靖远下滩小学拜访了我的启蒙老师郭治瑞老师，还与 10 余位下滩小学时的老同学见了面，有的小学同学是 60 多年来第一次见面；同靖远初中时的 10 多位老同学和我的恩师张明纪老师见面并座谈，有的同学自毕业后有 50 年左右都未见过面，如房文翰、李鸿才、王维兴、牛志华、张立信和宋学忠等同学。见到这些老师和同学倍感亲切。

2009 年 5 月 22 日在兰州饭店，由靖远乡亲万夫领高工和兰州卫校同学李振英主任医师组织的靖远乡亲与兰州卫校同学的见面会上再次见到张克让校长，他热情、可亲、坦率、直爽的性格，真令人敬佩和学习。除了靖远乡亲外，他和我兰州卫校的同学也相处得很融洽，相谈甚欢。

2009年5月24日，又是一个特殊的欢聚会。2000年我在靖远见到的时任靖远县委书记的张国华书记，后调任天水市常务副市长，去年刚调到甘肃省国土厅任副厅长、党组成员，他在百忙中约我见面，又是张克让校长组织一批靖远名人欢聚，包括我在西安医科大学时的老同学、甘肃省政协委员、甘肃省医学科学院首席专家、甘肃省名中医裴正学教授，甘肃卫生厅副厅长、甘肃侨联主席李存文，甘肃省林业厅原副厅长张生贤，甘肃省侨办原副主任杜梅林，兰州大学第二医院心外科高秉仁教授等。张国华副厅长是我在靖远设立"吴世华教育基金"时，他正在靖远县委主持工作，是一位很出色的领导干部，他在天水时我们也常联系。我在华盛顿接待过很多的西北五省的省市领导、代表团、朋友和乡亲。但接待离我家最近的两位靖远乡亲，一位是烟洞沟上宋村的王宏广博士，他任职于中国科技部生物研究中心司长，当时他在美国明尼苏达大学做访问学者，因为都是乌兰乡烟洞村人，与吴家窑相距只有五华里路。在美国见面倍感亲切，所以在华盛顿与北京多次见面，而实际上我是和他的父辈们接触多一些，他也写过鼓励我的文章"做人的榜样，做事的楷模"。另一位是下滩村的张生贤先生，曾任职于甘肃省林业厅副厅长。他跟我是同村人，因为他父亲在村子开过小杂货店，比较有名，小时候常去杂货店买杂货，应当是最近的邻居。我们在华盛顿相谈甚欢，我都是在我简陋的住宅里热情地接待了我的乡亲。

张克让校长还有一个特点，善于联系群众，善于社会组织工作。在欢聚会上，有人带名片，有人不善于用名片，为组织联系，张克让校长专门登记造册，以便会后联系，这是很可取的很细节的社会工作。我回美后想跟很多朋友联系，苦于没有地址和电话，就是张校长手中有这些资料，这是我们这些同时期人的特长。我至今没有手机，他为了给我寄这些联系方式，也花了不少时间和精力，我是非常感激的。

教师以身作则，这是为人师表起码的条件，张校长的著作《滋兰树蕙录——我和我的学生》讲得很透彻，我也深有体会。我也想借此机会谈一点自己的感想，也是与张校长交流思想的机会。

回顾我这一生，自我总结，我深深感到，我本人并不聪明，但很勤奋，我相信勤奋出智慧，学习和工作要有信心、恒心、决心、贵在坚持，勤奋和毅力这就是我这一生的动力。在毛主席领导下翻身，在中国共产党培养教育下，由一名医学生成长为具有特别专长的主任医师（教授），在邓小平改革开放的指引下我能走出国门学习进修，利用自己的一技之长——中医针灸为祖国人民、为世界人民服务，宣传推广中国文化，贡献自己的技术，为人类健康服务。自我有记忆起直到今天，我都是每周学习或工作 7 天，每天学习或工作 12 小时，每天 6 时起床参加锻炼，跑步（以前）或步行（目前）五公里，风雨无阻，节假日不停，中午坚持休息 1～2 小时，晚11 时就寝。我很少休寒暑假，都是利用开会的机会做短期的旅行，参观访问。我的生活很单调，但我认为过得很充实。家和万事兴，我能有今天，当然和我的妻子雷巧玲老师全力支持分不开。我有三个小孩都已成家立业，还有四个孙辈，包括一个孙子一个孙女和两个外孙，全家 12 口人，有了全家的鼎力相助，我能有机会和条件继续努力学习、生活和工作，健康快乐，安度晚年。我是怀着敬佩与学习的精神写这篇文章，愿与张克让校长共勉之。

吴世华　甘肃靖远人，1936 年生。美国华盛顿中国传统中医针灸中心主任，芝加哥大学客座教授，中国侨联顾问。

原道立德　可钦可师

——我心目中的张克让先生

潘志强

观妙应徼，探究事物发展变化规律之实理，谓之道；造道践行，而实有得于己，是为德。原道而立德，诚为贤达之举。张克让先生在我心目中正是这样一位贤达之君与表率楷模。

克让先生和我同邑同龄。过去还在不相认识之前，就因为他的师表与享誉而久慕久仰；后来因为熟悉了，更觉得可亲可友，可诚可信，可师可范，可尊可敬。

一

张克让先生是一位享有盛誉的文化名人与教育名家。在他人生的奋斗历程中最为清雅纯真、执着弘毅的敬业精神，就是忠诚教育、教书育人。立身原道，造道践行。践行之于立德，立德之于原道。

在日常的执教与工作实践中，探索掌握了教书育人的基本规律，进而产生了由必然王国向自由王国的飞跃，从教有道、育人惟德、惟道惟德、唯贤是举、驾轻就熟、事半而功倍。

在他的人生奋斗历程中，最为有意义的人生价值，就是富于创意、不畏艰难、埋头耕耘、忠勤奉献。价值的本质特征就是行于己，益于人，利于社会。价值的行为方式，就是一时一事，点点滴滴，横向累积，纵向衔接，偶然继而渐进，必然续于持恒，在升华人生境界的价值链上，不停地向高端迈进。他的敬业精神就是他实现人生价值的内在动力与激情活力。他的人生价值，就是体现他敬业精神的自身的客观存在与能动的规律必然。

有耕耘，必有收获，有春华，必有秋实。因为有付出，所以有成就；因为有投入，所以有奉献。正是因为这样，国家、省市地方给予了他许许多多的殊荣与嘉奖，社会为他投入了许许多多关爱与钦敬的目光；也正是因为这样，他的受业学子、同道同仁，总是对他称颂不已，总是对他念念不忘。这种殊荣、这种称颂，得之不易，不易得也。

教育是一个地方，一个民族，一个国家兴旺发达的基础。张克让先生一家几代人都投身教育，难能可贵。

张克让先生的籍贯就是甘谷，甘谷是华夏初置县。甘谷教育历史悠久，源远流长，是秦陇教育发祥最早的地方之一。早在甘谷初始建县一百余年之后，孔门贤人石作蜀（唐封石邑伯，宋封成纪侯）负笈东鲁，学成归来，初始办学，创始教育。启蒙开源，晨光灿烂。张克让先生的家庭，就是这位创始教育的老祖宗，石老夫子故里的一个当代教育世家。书香门弟、溯源逐流，就是这个世家的历史背景与时代特色。张克让本人就是这个世家承上启下之栋梁中坚。他的老父亲就是一位德高望重，为人师表的老教师，一位勤勤恳恳、默默奉献了一生的老教育工作者。他的子女鹏程万里的事业，也都选择了教育的方向，为这个世家门第锦上添花。后来者居上、"青出于蓝而胜于蓝"就是这个教育世家明天的寄望与未来。

二

张克让先生，首孝于亲、长友于弟，为邑邻口碑载道。

孝者，惟仁之本。是中华民族历史文化传统的核心价值观，是一个人最为基本的做人准则，亦为社会行为高尚之公德与传统美德。张克让先生之行操，首重于孝，但他却又长期在外，不在老父身边，虽然多时抽空探亲，也只能是来去匆匆。他的为孝之道，就是竭尽心力，精诚励志，工作不忘尽孝，尽孝不忘工作。在他的事业中，有作有为，有绩有效，有花有果、有名有誉。作为人子，奉亲于孝，孝莫大焉；他的父亲因为有着师道师德的实践与修养，虽然高龄高寿、多病体弱，但却贵能洞悉子心，体察子意。对其所作所为、一举一动，皆乐在心中、喜在心头，进而快慰平生，安度晚年。其为父爱、亦莫大焉。

"兄道友、弟道恭，兄弟睦、孝在中。"张克让先生正是因为长期在外，老父亲的日常生活起居，全由留守家庭阵地的弟弟与弟媳侍奉。鉴于对其弟与弟媳的感激，作为兄长，克让先生则把不能对父亲奉晨昏的遗憾之情，进而转化为对弟与弟媳的特别关爱。其弟与弟媳，更为通情达理，鉴于对兄长特意关怀的感激，又把侍亲之举，进而转化成为一加一大于二的双重孝心。

一个家庭关系，因孝而升华，因孝而美满，因孝而和谐，也因孝而生辉，以致影响里邻左右，受到乡亲们的称颂。

两个相互矛盾，互为作用的辩证因素，两个相依相因，互为前提的转化因素，紧密结合，融会贯通、生发出了一个闪光明丽的亮点，通过这个亮点，使人更加明晰地看到：惟孝之忠，臻于至忠；惟忠之孝、臻于至孝；惟兄友弟、臻于至友；惟弟恭兄、臻于至恭。张克让先生就是这样用自己的情操、用自己的人品、用自身的行动，在具有个性的小小的家庭关系之中，解决了一个更大的时空范围之间困惑人们思想的忠孝难于两全的共性的矛盾。我想，张克让先生在处理这样一个由对立到统一，由矛盾到和谐的重大问题上，对于人们的启迪，不仅有着深远的历史意义，而且有着更为深刻的现实意义。

三

张克让先生是一位乡土观念浓厚，非常热爱家乡的贤达之君。一个热爱自己家乡的人，在他的眼中，家乡的一山一水，一草一木似乎都有感情，都很亲切，都值得可爱。由物及人，更是如此。

克让先生经常惦念中小学时期的同窗学友，而且愈老愈珍惜相互情谊。这种情谊似乎在他的心目之中，分量愈来愈重。每次探亲回乡，行程安排再紧，他都要抽出一定的时段，和老同学聚会。因为他的几位同窗都是我的老同事、老熟人，所以也有幸应邀，参与其中，分享同龄同谊之同乐。同窗之情是乡情的浓缩，乡情是同窗情谊的扩展与放大。每次聚会，可谓畅所欲言，古今天地、阅历人生、信息反馈、真情流通。每当即兴发挥进入高潮，确确就是返老还童，童心天真、乐在其中、趣乐融融。

克让先生是甘谷的英才，靖远的女婿。在甘谷的杏坛灵犀启蒙，在靖远的学府教书育人。正是因为这样，靖远人对他非常熟悉，倒是甘谷的家乡人似乎对他有一点"儿童相见不相识，笑问客从何处来"的陌生感觉。一次他给我说过，他到靖远城里，不论街头巷尾，没有不认识他的人。但是，走到甘谷城里，认识他的人却很少很少。此种感觉似乎在他心里缺少了点什么。不过我也知道许多知道张克让先生大名的甘谷人，同样因为没有与他遇面的机会，似乎也在心里边觉得缺少了点什么。话题引申之后，克让先生谈到了他在靖远与省城兰州举办书画展览的事情，让我听了深受启发，当时我就向他建议，是否能在甘谷家乡再办一次，创造一个他与乡亲见面的契机、交流的平台。这个建议，他听了非常高兴。后来提上议程之后，很快得到了天水市政府、市文联与甘谷县四大组织领导同志的高度赞赏、大力支持。2008年10月10日，"张克让先生收藏书画展"如期在甘谷县城以空前规模的声势隆重举行，获得了很大的成功，甚至超过了预期的目的。一件文化喜事，短短几天的书画展览，广播电视的媒体宣传，让许许多多甘谷人，亲眼目睹了这位为家乡争得荣誉的名人名家的风采，进一步扩大了克让先生在甘谷的影响。许多人为能与克让先生握手谈笑，亲切交流而高兴、而满意。克让先生也从中进而感悟到了家乡人们的盛情，领略到了回报家乡的喜悦与满足。

"敬人者，人恒敬之。"克让先生常怀敬人之心。他的修养进一步赢得了乡亲们对他的尊敬。一个热爱家乡的人，必然是为家乡所爱的人。克让先生非常热爱家乡，家乡人们也是对他非常的唯贤是爱。事物的辩证法，从来如此。

四

张克让先生是甘谷老年大学特别邀请的一位甘谷籍客座教授，家乡的学校能够邀请到这位家乡的名人专家作教授，可谓"近水楼台先得月"。克让先生乐于到老年大学讲学，学校的讲台又为他增多了一个与家乡老年人交流的场所与沟通的渠道。

克让先生讲学，有理论、有实践、有新意、有特色、非常适合老年人的心理要求，非常富有针对性。既能深入又能浅出；既涵容深刻哲理，又表达得通俗形象，生动活泼、丰富多彩、曲径通幽，引人入胜。特别是讲到大家全神贯注，津津有味的时候，当场即兴，或吼几板秦腔，或唱一段眉户。《辕门军帐》中的须生杨延景，字正腔圆；《四层殿》的快板书，有声有色。一节课听完了，留给大家最为深刻难忘的印象就是：专家的水平、学者的风度、艺术家的风采，妙趣横生的演讲风格。

克让先生的讲学，题材非常广泛。从老年人的学习、兴趣、爱好、老年人的养生、锻炼、注意的问题到老年人的心理健康，人生境界，人生价值，奋斗目标。非常系统，非常富有教益。除了这些切入老年教育主题的内容之外，他还向大家特意介绍一些国外的情况，让大家多了解一点外部世界的信息。他的《旅欧杂谈》，从自然环境、社会秩序、社会文明程度、科技水平，到公民素质，服务设施，福利事业、城乡差别，一口气把欧洲的方方面面讲述了 22 个专题。甘谷老年大学的学员们，没有一个人有过旅欧的经历。但是听了张教授亲身经历的讲谈，仿佛就到欧洲走了一趟，虽然可能是走马观花，但却获得了一个大概的印象。当时的讲学正是春天。老年大学的校园里，东方文化的春风与西方文化的春风，交融到了一起。顷刻之间，使人感到春风得意，春意盎然，既欢快、又愉悦。

张克让先生给我说，今后只要他来甘谷，一定到老年大学讲课。我作为甘谷老年大学的校长，能够邀请到克让先生讲学，非常荣幸、非常高兴、非常感激、非常感谢。

竹天浮云翠，兰溪流水香。本文结尾，就是在我心里最为想说的一句话，最想表达的一个意愿：向克让先生学习，向克让先生致敬。

潘志强　甘肃甘谷人。1936 年生。曾任甘谷县副县长、县委副书记、县政协主席。系县书协主席、甘谷诗词学会会长。

教改先锋　校长楷模

李保和

张克让先生是我的同学、同事、朋友。获悉他昔日的学生、今日的栋梁在我国第 26 个教师节来临之际，为了感谢师恩，总结先生的教育经验，彰显先生追求卓越的不朽业绩，弘扬"百年大计教育为本，教育大计教师为本"的光辉思想，串联和谋划为张先生出一本书，以记载继承和颂扬张先生"学为人师，行为世范"的高尚人格，精益求精的活学精神，虎虎生威的教育生涯。我为之加油、喝彩，也信笔写来。

一、向教改要质量

1978 年我国进入改革开放的新时期，教育战线迎来了教育的春天。身为老教师的张克让先生意气风发，斗志昂扬，尤其担任靖远一中语文教研组长后更是如虎添翼。在语文教学中他刻苦钻研，大胆创新，积极带领全组同志进行多方位的探索与改革，"向教改要质量"是张克让教学工作的座右铭。实践—总结—学习—再实践—再总结，经过多年的语文教学实践，总结出了"因文而异，布置预习"、"以主带次，以练代讲"、"启发诱导，质疑问难"、"发扬民主，鼓励求异"、"一课一得，单元比较"、"各种学科，互相渗透"、"讲解生动，语言风趣"、"板书简洁，教具直观"、"读写结合，范文引路"、"口头作文，当堂讲评"、"举手发言，登台讲课"、"多般武艺，各用其极"等 12 个方面的语文教改"经"。1986 年在全市中学语文优质课竞赛中他荣获冠军。他多次到景泰、白银、平川、天水、陇南等地做示范教学，传经送宝，与同行交流和切磋，所到之处深受广大师生的欢迎。一次宁夏海原县中学语文教师组团来校参观考察，张克让先生拖着病体走上课堂为客人进行了观摩教学。在课堂上，由于他教学有方，课堂气氛十分活跃，提问质疑，争先恐后，回答问题精练准确，使听课教师受益匪浅。一位海原老教师深有感触地说："听了张老师的课，对我们启发很大，学生中存在着极大的潜力，关键在于我们用什么方法去引导，去调动。张老师的示范为我们打开了门户，使我们教改有了方向。"

"一花独放不是春，百花争艳春满园"，张先生"学为人师，行为世范"，在他的带领下，靖远一中的教改活动蓬勃发展，得到省、市教育厅局的高度赞扬。改革开放的第一个十年中，该校教师的教育教学改革论文在各处报刊发表的有 70 余篇，他撰写的教改论文，在省级以上刊物发表的有十余篇，其中《在语文教学中努力培养和发展学生的求异思维》，《采取多种改革措施，提高语文教学质量》被全国中学语文教学研究会向全国推介。张先生不仅重视课堂教学，而且非常重视开展第二课堂活动，作各课堂教学的延伸和提高，从而扩大学生的视野和知识面，培养学生的创新思维和写作水平。在他的努力下，语文组长期坚持开展"语文知识讲座"、"课外阅读指导"、"口头、书面作文竞赛"、"电影电视座谈讨论"、"讲演比赛"、"手抄报、手抄杂志评展"等活动，既扩大了学生的知识领域，并且带动了全校教学改革深入持久地开展，不断提高教育质量。由于他坚持学习，勇于探索，善于总结，在语文教改中成绩卓著，赢得了同行们的赞扬和支持，先后被选为白银市中学语文教学研究会理事长、甘肃省中学语文教学研究会理事长、甘肃省教育学会副会长。

二、副校长——副院长

改革开放的春风吹拂着祖国大地，各行各业焕发出勃勃生机，广大知识分子有了用武之地。在干部队伍"革命化、年轻化、知识化、专业化"方针的指引下，张克让同志 1982 年被任命为靖远一中副校长，1984 年担任校长，1990 年调任为靖远师范学校校长，1991 年调任甘肃教育学院主管教学的副院长。

靖远一中是始建于 1942 年的靖远县教育的"老字号"。作为县上第一学府的当家人，他反复思考着、权衡着、计划着如何把学校教育办好，把教师队伍建设好带领好，让学生德智体美全面发展……首先要严于律己以身作则。他常说："教育工作是一项艰苦的劳动，己身不正，焉能正人？"面对 2600 名师生的一校之长，日常事务十分繁忙。多年来他一直战斗在教学一线，坚持代高三语文课，除了外出开会，从未误过一节课。他所任课班，每届高考成绩都很突出，因此在 1987 年全校教师职称评定中,他得了 98.5 分,名列全校第一,成为全市第一批中学高级教师,后又晋升为特级教师。

他对工作充满爱心、信心、责任心。特别重视对青年教师的培养。他每学期参加听课评课 20 余次,尤其表现在全市举行优质课竞赛,他都亲自指导备课和试讲,青年教师载誉归来,他感到极大的欣慰。他关心教师的思想建设、业务建设及身体和生活,他带的队伍强手如林,在 20 世纪八十年代教师职务评定中靖远一中涌现了 4 名中学特级教师,占全市中教级的 1/4。他对教师如亲人,对学生像对待自己的孩子。1988 年的一天,山东籍老教师刘毓峰中风不语,卧床不起,他和另一位同志用架子车把刘老师送到医院。由于治疗及时,没有留下后遗症,使这位把大半生献给了大西北教育事业的北师大毕业生深为感动,病未痊愈,就要求上班。有一次,有位同学参与打架,影响很坏,不少教师说:"不开除这个害群之马,校无宁日。"张校长说服了这些恨铁不成钢的老师,一次又一次找这个学生推心置腹地谈心交流,该生提高了认识,改正了缺点,转变得很好,毕业后考入了南京气象学院。

在靖远一中的学校管理上,张校长坚持"活严兼顾,疏约并举"的理念,即思想教育"活",纪律约束"严",思想疏导与纪律约束双管齐下。在思想教育方面,他强调教师以身作则的传帮带作用,在方法上,"一般号台和个别指导相结合","正面教育与树立典型相结合"。1987 年冬一次一学生宿舍(平房)因未盖炉盖引起火灾,4 名学生的被褥被焚烧一空,屋顶也被烧了个洞。按常规,应对这 4 名学生严加惩处。他经调查后,把这次事故作为教材,采用了"反弹琵琶"的方法,"前事不忘后事之师",召开全校大会,引导全校师生引以为戒,注意安全,还动员全校师生为这 4 名学生捐款,解决他们的被褥问题,会上 4 名学生热泪盈眶,检讨错误,并表示"将功补过"。这件事对全校师生也是一次生动深刻的"学雷锋树新风"教育。

张校长十分重视学生的全面发展,每学期都有多次体育比赛,每年举办一届体育运动会,每年举行文艺会演。他既是领导者,是编剧,还是演员。他先后自编文艺节目 30 多个,其中有 8 个在县、市、省调演中获奖。这些活动的开展,增加了知识,陶冶了精神,活跃了学校生活,又使师生受到了形象而生动的教育。

张校长在靖远师范学校工作一年多,该校《树千秋师表 建一流师范》一文是这样评价张校长的:"在校时间虽短,但其干练的气质、务实的态度、民主的作风、活泼的性格、渊博的知识、勤政为校、敢为人先的精神,给师生留下难忘的印象。他身兼数职,工作非常忙碌,但始终精神饱满,乐此不疲。学校文艺演出,他身先士卒，自编自演，寓教于乐，使教职工的文化生活得到了极大的活跃。他不断致力于教学研究，笔耕不辍，发表论文多篇……"

1991年底张克让校长调任甘肃教育学院副院长。

三、社会活动家

张克让先生先后当选为白银市中学语文教学研究会会长、甘肃省中学语文教学研究会理事长、甘肃省教育学会副会长、全国中语会阅读研究中心常务理事，1986年被评为全国教育系统劳动模范，1988年当选第七届全国人大代表，1989年被国务院授予"全国先进工作者"称号。

由于张克让先生高尚的人格魅力、精湛的业务水平以及担当的各项社会工作，他的工作范围已远远超出学校，他已走向社会，走向全省，跨出甘肃。作为全国人大代表，他曾代表教育工作者在人民大会堂就发展教育事业发表意见。每年从北京回来，都在市、县的各种会议上宣传贯彻大会精神，教育和鼓舞广大师生和人民群众，立足本职与时俱进，为建设富强民主文明和谐的具有中国特色社会主义现代化国家而努力学习，积极工作。

退休十余年，他仍继续笔耕，先后在各种报刊发表文章20余篇，出版了《滋兰树蕙录》、《诗情墨趣》等四部著作，印刷两万余册。还为十几位同志的著作写序。退休后习练书法有长足发展，多次在《甘肃日报》发表作品。更主要的是给单位、学生、同事、亲朋题字、赠言、贺词、楹联等200余幅。他还在平川、靖远、白银、天水、甘谷等地举办书法收藏展，为弘扬祖国书法艺术作出了积极贡献。他在兰州组织了靖远老师沙龙，每月聚会一次，谈古论今，颐享天年，沟通交流绽放出新的思想火花。每年都到白银、靖远数次，参加校庆、教师节乃至红白喜事等有关活动。

按照联合国教科文组织对教育的定义，教育是能够导致学习的交流活动。可以说张克让先生是一位社会活动家也是我们的"终身教授"。

李保和　河北人，1936年生。白银市教育局原局长。现任甘肃教协常务理事、学术委员会副主任。

长大想当工程师的少年郎

——记儿时好友张克让

安真光

今年兰州的夏天很有些反常，刚刚艳阳高照了一天，气温一下子窜到了 20 多度，不过一夜之后，立马又跌到几度。就在天气又一次风云突变的一个飘着丝丝细雨的上午 11 点左右，家中的电话突然响了——电话是我少年时期的好友张克让打来的。

"我从英国回来，已经到兰州了，特向你报到。"电话那头的张克让声音依旧如少年时期那般响亮。

放下电话，我思绪万千。

有人说，少年时期犹如一串深藏箱底的水晶项链，而一个个玩伴，便如那一粒粒晶莹剔透的华美水晶，于晴朗无风的日子里，从箱底抽出，置于明媚的阳光下，便会为我们恬静的生命闪射出缤纷的五色光芒……

同学口中的"张代数"

我和张克让是同一个属相，都是属"鼠"的，我们出生的那一年是 1936 年，也就是抗日战争全面爆发的前一年。在中华民族多灾多难的历史中，这一年无疑也是孕育着灾难的一年。

1949 年，13 岁的我进入了甘谷中学，也就在这里，我认识了我少年时期的最好的玩伴——张克让。

1949 年 8 月 26 日兰州解放，我和张克让这一批进入甘谷中学的学生也是解放后甘谷中学迎来的第一批初中学生。从此以后，我和张克让就开始了初中、高中一共六年的同学生活。

张克让是我的同桌，在甘谷中学共同学习生活六年之后，他考入了西北师范大学中文系，而我考入了兰州医学院医学系。我俩虽不同校，所学各异，但在以后60年的岁月里，我们一直是有联系的，因为我们既是同学，更是好友。

从初中到高中的几年中，张克让以他超乎其他同学的天资和超强的理科理解能力而闻名全校，特别是他的代数学得最为突出，因此，同学们都戏称他为"张代数"。每每同学们在一起做数学题时，他总是第一个快速地就把让很多人搔首挠耳的难题轻而易举地解决了。在轻松地完成自己的作业之后，他总是去帮助其他同学，给他们讲解。有时候，当一个难题成为很多同学的难题的时候，他就自告奋勇地走到讲台上，拿起粉笔，像个小老师一样，在黑板上一笔一画地边写边讲起来……

想当工程师的多才少年

同学们都想，理科成绩突出的张克让将来上的大学必定是理科大学，而其实从进入甘谷中学之后，张克让自己也不止一次地说过，他的理想是将来当个工程师。

可是，最后的结果却有些出人意料，在考大学报考志愿时，张克让竟报考了文科，最后被录取到西北师范大学中文系，这多少让我们这些熟悉他的同学吃惊不小。不过，那时候因为考大学的事情，大家都各自忙乱，甚至是有些自顾不暇，所以，就是像张克让这样的事情也是听说了就听说了，没有顾得上详细询问理由。后来，长大了，经历了一些事情之后，也就明白了，人其实要走什么一条路，似乎是注定的，尽管好像有些宿命，不过也不无道理。这样一想，也就理解了张克让的出人意料的那个选择。

和其他在校同学相比，张克让是有很多才气的。上初中时，班级中有一块壁报栏，多的时候，壁报上的文章都出自张克让之手。他的文章在全年级都是数一数二的。那时候，学校里演戏，张克让除随学校文工团去农村演出《秋收战歌》《保卫村政权》等剧之外，他自己还编写排演了《交工粮》《除四害》等小剧，演出效果很好。高三时，学校举行文艺会演，我班演出的是秦腔剧本戏《张羽煮海》，张克让在前半本戏里扮演丫环，在后半本戏里扮演龙女琼莲，在全校引起轰动，都说他身上充满着艺术细胞。

生活俭朴的优秀生

张克让家在距离学校十多里之外的土桥村。初一时是走读生，每天早晨来校，晚上回家，非常辛苦。那时渭河上无桥，每天还要涉水过河，但他却从未缺过一节课。初二时开始住校，每到周六下午，他就和同村同学一块回家，第二日下午再从家中返回学校。张克让的父亲是一个农村小学老师，尽管如此，家中还有几个弟妹要抚养，所以，他的家中也是很困难的。不过，困难的生活不仅没有压倒张克让，反而让他养成了一种省吃俭用的好的生活习惯。

每次回家，他都是徒步去，徒步来。回来时，每次都背着沉重的干粮。每天早晨吃些干馍馍，中午就自己点火烧饭。学校里有一口井，他自己用一个瓦罐从井中汲水，然后搭建一个简易的火台，煮些干面条吃。有时候，面条没有煮熟，快上课了，就啥也不顾了，糊里糊涂吃下肚去，哪管生熟。什么像现在的副食呀，根本就是见不上的，生活的艰苦由此可见一斑。偶尔有洋糖（也就是水果糖）吃吃，那简直是极其奢侈和高兴的事。吃洋糖的时候，还舍不得一口气吃完，而是一口一口地舔着吃……

尽管生活是艰苦的，尽管穿的是补丁衣服，吃的是杂粮，但是，这一切都似乎没有影响张克让快乐外向的个性。平日里，他依然是那样的开朗，课外活动，他很喜欢打乒乓球，时常和同学们打得热火朝天，尽管他打球的技术不像他学习数学那样优秀突出。

从 1949 年到 1955 年，和张克让同窗整整六年，现在回想起来，那六年的时光尽管在人生长河中是短暂的，但是，它留给我们的却是一生都难以忘怀的美好和记忆——那个想当工程师的后来成了语文老师的张克让，那个多才多艺的少年张克让都将是永远封存于我们记忆中的一块美好的回忆……

永远的好朋友

正因为儿时友谊深厚，所以在以后漫长的岁月中才友谊长存。在我俩的共同提议和共同努力下，我们在兰的中学时期的同学，经常聚会，细水长流。每次聚会，张克让都是快乐的天使，谈笑的主角。他那"改革开放，喝酒随量"、"感情好，能喝多少算多少"的"拒酒辞";他那"凡事要想开，保持好心态"、"理解江河远，包容天地宽"的"处世铭";他那"放开你的腿，管住你的嘴"、"聚会求欢娱，弄孙寻乐趣"的"养生诀";"善行有善报，首善孝为高"、"中庸万花芬，和谐万木春"的"劝善歌";还有那外国人看到中国人家家窗子上都有防护栏，很奇怪，说中国人怎么到处都是监狱之类的小笑话以及"当个头头真够累，革命小酒天天醉，喝得单位没经费，喝得医院没床位，喝昏了头脑喝歪了嘴，喝坏了党风喝坏了胃，喝得精力大减退，喝得老婆背对背。老婆告到纪检委，要求管管这贼匪，纪委书记也醺醺醉，他说不喝也不对"等顺口溜，不仅让大家非常开心，也给了大家不少启发与警示。难怪从去年11月他去英国探亲到今年5月份回来，大家都一直等着他。大家都异口同声地说："张克让不在场，我们聚会就不热闹。哪怕是等多长时间，我们一定要等他回来再聚会。"

他不但在兰州经常和同学聚会，在甘谷，甚至在北京，一有机会，也常约同学欢聚。有他在场，总是其乐融融。

我们从儿时好友已发展到老年"乐友"，愿我们的友谊与天地同在，与松柏常青。

安真光　甘肃甘谷人，1936年生。兰州大学第二医院呼吸内科原主任，教授、主任医师、硕士生导师。中华医学会甘肃呼吸病学会主任委员，《中华内科》、《中华内科理论与实践》杂志编委。

张克让同志赞

张东明

　　我和克让同志虽系家乡同龄人，但未一起工作过，近几年有幸结识后，我发现他文采出众，知识渊博，品德高尚，忠诚厚道，刚直不阿，为人师表，是一位德高望重、可亲可敬的师长。特赞言如下：

一

古冀好儿男，靖卫师中贤。

汗滴陇原土，桃李春满园。

二

热情满腔火，豁达笑语喧。

高风比菊梅，美德赛竹兰。

三

育蕙五十载，真先勤善篇。

华章笔如椽，雨露枝头甜。

四

孜孜常不倦，功到自然先。

人大代表旗，全国劳模帆。

五

退休不褪色，昂首永向前。

广结新老友，快乐天地宽。

　　张东明　甘肃甘谷人，1936年生。曾任中共甘肃省委组织部、甘肃省人事厅处长，甘肃省监狱管理局政委。

张克让学长俚句赞

王金慎

风物四时皆不同，人生百味耐品寻。
丽日蓝天好扬帆，暴雨疾风健征程。
逆境不移崇真志，坎坷常拭指航灯。
滋兰树蕙铭芳德，鸿爪夕明蕴深情。
高堂至孝传口碑，杏坛美誉播嘉风。
万卷珍藏人皆醉，旅欧归来广见闻。
老年课堂声朗朗，畅怀引吭歌声声。
晚晴绚丽光灿灿，笑傲人生乐融融。

王金慎　字谨三，甘肃甘谷人，1937 年生。曾任甘谷县副县长、县政协副主席。系甘肃省书协会员。

雪泥鸿迹依稀话旧游

胡大浚

苏东坡诗曰:"人生到处知何似,应似飞鸿踏雪泥。泥上偶然留指爪,鸿飞那复计东西。"回味此生,世事翻覆如走马,人情冷暖过冬春,老来反思,往往脑际一片空白,颇多麻木不仁的感喟!老友话旧,偶得泥迹,依稀、朦胧中,竟觉缕缕温馨,依旧浸润心田……

丁卯正月初七(公历 1987 年 2 月 4 日)下午,克让自靖远来,带汽车接我们在兰七位同学,赴靖远"欢度新年"。这天立春,入夜,大雪纷飞。兰州通往靖远的公路上,覆盖着厚厚的积雪。汽车用灯光奋力撕开风雪和夜色交织的黑幕,缓慢、艰难地行进着。车中,七男一女八个"老九",都年过知命,却"意气"不减当年,笑语欢声热烈有加,早把风雪的肆虐、道路的艰险、旅途的疲劳抛之九霄!尤其克让老兄,半天之中,往返跋涉六百余里,却毫无倦意,满车中时时回响着他那激动热切、急促而高亢的声音,从路途的山水景观、民俗风情的描述,到民谚传说、现实生活的笑谈,以至数十年"河东河西"的境遇变迁、亲友挚情的回味与憧憬,娓娓、殷殷、昂昂、扬扬……一瞬间,我仿佛回到了三十多年前的课堂里、宿舍间。

西北师院中文系 1955 级的一百名学生,百分之九十以上来自外省,大多数来自南方,而来自部队、党政机关的"调干生"又占了相当比重。那时各门课程多有"课堂讨论",让学生对专业重要学术、理论问题"各抒己见",往往引起激烈的争论;"调干生"则常常是争论的主体,因为他们"见多识广",知识面、理解力非我们来自中学者可比。作为本省(甘肃)籍年龄又小的张克让,则每每"奋起抗辩",仪态昂扬,以气促而调高的"甘谷口音",侃侃而论,展现了他敏锐的思辨力,给我这操"鸟语"的南蛮留下最为鲜明的印象。但,得于斯,失于斯!到了 1957 年不准思辨的年代,被当时众多老师誉为思想、学习最活跃的 1955 级学生,近百分之三十划为"右派"，其中"调干生"占了多数，"小同学"克让竟也难逃一劫，从此开始了他数十年的艰辛人生路……尽管1976年"文化大革命"结束后，同学们陆续恢复了联系，而集体赴靖相聚，则是灵魂解冻后的首次。同窗八人，遭际相殊，职业不同，身份各异，把大家的心灵紧紧联结的，依然是三十年前那少年意气，浪漫情怀，那没有被无休止的"斗争"泯灭掉的朴实的挚性，那真是最可宝贵的啊！难怪克让今夜心情如此激动，语锋不减当年。人的真情至性啊，"改"也难！然而，惟其如此，人活着岂不才有意义吗？把人都"改造"成千人一面，众口一声，表里不一，各怀鬼胎，那才叫"禽兽不如"，人性的浩劫呢。

我忽然想起历史上"王子猷雪夜访戴安道"的故事。那是发生在"人性觉醒"的魏晋时代的事情，一件彰显率性任情的美谈。然而名士王子猷那乘兴而行、兴尽而止，及门而不前，比之我等三十年艰辛人生路，三百里奔车故旧情，又岂可同日而语？在摈弃人性人情的时代之后，或许我等之举仍有人难以理解，在我看来则它起码是一桩新的历史美谈。

到达靖远一中克让家，时已深夜，一家老小都在焦急等待。炉火正旺，客厅里暖烘烘，老伴雒庆兰，四个儿女，几乎都是第一次见面，端水洗漱，上茶进膳，跑前跑后，几番忙碌，一群人团团坐定，母女们来回频频劝餐，"昔别君未婚，儿女忽成行。怡然敬父执，问我来何方……夜雨剪春韭，新炊间黄粱。主称会面难，一举累十觞。"千年前杜甫诗里写的岂不正是我等今日的情景？生活中纯真的诗意啊，让我顿时沉浸在家的温馨中！

是夜，除女宾有女主人陪伴，我等七人，一盘大炕，抵足联臂，再次回味昔日的集体生活，不知几时，才蒙眬入睡。然而晨光熹微，便陆续起来，走出门外，出了小院，踏着积雪，走遍校园，直到校外周遭；时值寒假，又当清晨，学校里阒静无人，正好让我细细地观看、熟悉周围的一切——记录着克让沦落于此，洗雪于此，创造于此，扬名于此的环境。要知道，将近三十年的时间，他由一个"发配"异乡的"右派"，变成桃李遍天下的特级教师，名校校长，学界景仰，誉满全县，其印痕履迹，值得寻觅，亦一定可以寻觅。

靖远一中坐落于靖远县城南郊，背倚乌兰山，北连县城南大街，与高耸在城中心的明代古迹"钟鼓楼"相望，登上乌兰山远眺，滚滚黄河由城外向东北流去，气象万千。不失为一方嘉气汇聚、人才辐辏的宝地！这天，校门上的一对巨幅春联吸引了我："春风和畅乌兰耸翠紫气旺"，"教苑辉煌碧桃竞芳硕果繁"！经打问，正是克让老兄杰作。这不正是改革开放以后克让校长辛勤耕耘的学校新面貌吗！这些年，靖远一中迅速崛起，春联中我看到了他的心血、他的理想。学校教职工住房，为一式并排的平房小院，是近年改善职工生活条件新修。克让家门口，我看到："欢度新春瑞雪华灯添喜庆，笑迎学友深情厚谊话今昔"的春联，更加体味老友阖家的心意。卧室门外，又有一联："院中果树大小扁圆皆可口，屋里藏书古今中外尽称心。"望着院内那棵干壮枝繁的苹果树，虽然叶已落尽，我却感受到它迎着料峭春寒蕴蓄的勃勃生机；看到室中架架发黄而整齐的书籍，我更明白它的主人大半生在逆境中坚守道义、奋发自强的人格！

在靖远三天相聚，少不了寻幽探胜，但更多的是围炉秉烛、夜以继日地倾谈，细细咀嚼那"人生不相见，动如参与商"的契阔情怀，品鉴数十个冬春世情荣枯、人事转烛的悲喜况味。在我，似乎又获得一次精神的洗礼。

出乎意料的是，不久之后，克让被选为全国人大代表，继而被提拔为甘肃教育学院副院长，全家迁兰。随之，便有了在兰同学一年数次的相聚，有了1990年为老大哥王少中（兰州大学离休干部）举办花甲寿筵，有了1997年全国各地的学友团聚母校的倡举。近四十名年逾花甲的西北师院中文系五五级校友，南自海南、两广，北至首都北京，东起齐鲁，西达新疆，同窗情浓，怀旧意深，不远千里，汇集兰州，感恩母校，拜访师长，故地重游，共话沧桑。这在母校历史上仅有，也是我等人生中永难忘怀的壮举！这群人中，既有中共省委书记，大学党委书记、校长，市、县和事业单位领导成员，更有为教育事业默默奉献终生的一大批中学特级教师、校长、教授，以及中央政府授予的劳模、突出贡献的专家；不管此生的道路如何曲折艰辛，他们都无愧于社会，无愧于母校，无愧于自己的人生！我曾以一阕《相见欢》志此会，词曰：

> 青衿化作秋蓬，去匆匆！三十八年天畔，思无穷。
> 霜雪霁，兰山翠，喜重逢！金缕不弹犹唱，夕阳红。

2010年6月30日于西北师大

胡大浚　广州人，1937年生。西北师大中文系教授，甘肃省唐代文学研究会会长。

烛 光 吟
——赞张克让老师

刘俊清　乔建民

满腹经纶仁者相，施教育才情满腔。

三尺讲台启睿智，五洲桃李氤氲香。

讲课演讲若悬河，热情似火志未央。

人大代表议国是，特教劳模美名扬。

诗情墨趣尽潇洒，多才多艺皆华章。

德高望重怀若谷，廉洁奉公遐迩芳。

为民解忧乐善事，师生深情江水长。

妻贤子孝天伦乐，甘谷靖远俱家乡。

烨烨烛光万里远，真珠何处不发光！

刘俊清　甘肃靖远人，1938年生。历任省水管局副局长，甘肃省"两西"副指挥，省扶贫办副主任（正厅级），省老促会副会长，高级工程师。

乔建民　女，甘肃靖远人，1938年生。曾在企业水管单位工作，现任甘肃省水管局退休干部支部书记。政工师、心理咨询师。

我印象中的张克让先生

裴正学

那是 1998 年秋天的一个下午，当时我大学时的老同学旅美华人吴世华教授给家乡捐献 50000 美元作为"吴世华教育基金"的启动资金，我和克让先生都被聘请为该基金管理委员会成员。那天，由靖远县委、县政府举行的"吴世华教授基金启动会"在靖远县城隆重召开。会后我和张克让先生同时走下主席台，他热情地伸出手，向我自我介绍说："我叫张克让，久仰先生大名！"我心头一愣，这就是大名鼎鼎的张克让啊！他的名字，我在十年前就已知晓，他是我们天水的名人，是家乡人民的骄傲，把手之余，恨相逢之晚矣。克让先生热情地邀请我去看望他在靖远城中的两位老朋友。首先，我们来到张尚瀛老先生家里，张尚瀛先生和我同为甘肃省文史馆馆员，曾有过几面之交，他饱读经书，著作等身，在靖远县可算是文苑泰斗，克让在靖远一中担任校长多年，与尚瀛先生过从甚密，堪为知己，两人在靖远人民的心目中俱属"文坛名人"。由张老先生家中出来，克让领着我径去关振邦老先生家，当时振邦先生已年过七旬，他的书法在靖远县可算首屈一指，在陇上也堪称一家，克让在靖远时与他泼墨共赏，志趣相投，堪称"书苑至交"。

看过两位老先生后，太阳已经西斜，秋天的靖远县城秋风萧瑟，颇有凉意，我和克让驱车返兰。车中我俩打开了话匣子，像一对久别重逢的老友，天南海北地扯了起来。克让先生是一位传奇式的人物，他以优异的成绩 1955 年考入西北师大中文系，由于他主持正义，坚持真理，"书生意气，挥斥方遒"，1957 年在校期间就被打成"右派"，毕业后被分配到靖远一中任教。由于他学识渊博，口才流利，兢兢业业，任劳任怨，得到了广大师生和全县人民的高度信任，1984 年被任命为靖远一中校长。在任期间，励精图治，发愤图强，使靖远一中在全省越来越有名，大学升学率逐年上升，一段时期，曾遥遥领先于省内不少同类中学，与全国有名的高考状元县会宁一二中并驾齐驱。克让的名气遂不胫而走，靖远的老百姓感激他办好了靖远一中，使自己的子女考上了好大学，称克让是他们家庭转变、实现小康的大恩人。不少人过年过节都要来看看他。克让由此成为甘肃省教育界升起的一颗冉冉红星，1988年当选为七届全国人大代表，1989年被国务院授予全国劳模称号。我们越谈越投机，他的经历打动了我的心，使我产生了共鸣。克让长我一岁，我们算是同龄人，他在师大上学时我正就读于西安医科大学，1957年我也曾经历了那场狂风暴雨般的反右斗争，被批判斗争了两个多月，最终因我发表过一首进步诗词而幸免于戴上右派"桂冠"。克让爱好书法、文学，这也是我的爱好，我俩可算是志同道合。谈话中时间过得真快，不知不觉已到了兰州，临别之时，仍然依依不舍，我们互留了电话并再三嘱托今后多多联系。

转瞬之间，十多年过去了，我和克让在近十年来差不多隔三差五总要见上一面。譬如去年，吴世华回国探亲时，应甘肃省国土资源厅张国华厅长之邀，我和克让、世华、张生贤、高秉仁等人就聚过一次；今年重阳节之前，克让又约我们医药界的一些同行，如康笃伦、李存文、牟家璧、武茗菊、冯岩、陈晓等人欢聚过一次，克让在"致酒辞"中还随口念了四句诗："九九重阳宴，救死扶伤宾，至朋至友聚，愈聚愈情深。"大家听了，都非常高兴。我们到一起总有谈不完的话。他的《滋兰树蕙录》等几本著作出版后，总是首先赠送给我，让我先睹为快，我们成了莫逆之交。我们都已是七十岁以上的老人了，他那宽厚的人品，对事业不断追求、奋斗不息，退休后仍然孜孜不倦，把余热余光继续贡献给社会的精神，永远是我学习的榜样。

裴正学　甘肃武山人，1938年生。主任医师、教授、博士生导师，曾任甘肃省医学科学院副院长，省政协第五、六、七届委员。

难忘的教诲

——张克让先生印象记

刘安国

20 世纪 60 年代，我在靖远二中求学。那时，张克让老师的名讳已如雷贯耳了。

在靖远一中任教的姻兄许立民，常常对我说起张克让老师，且情不自禁竖起大拇指夸奖一番。说他聪明绝顶，人才出众，学识渊博……社会上甚至还有"靖远人不知道张克让，就等于法国人不知道拿破仑……"之说。从那时起，克让老师的芳名就铭刻在我的脑海之中。然而，遗憾的是，我却只闻其名，未能睹其风采。

时序迁流，光阴荏苒。时代老人已将历史定格在 20 世纪 80 年代。那是 1988 年的深秋，克让老师的门生张生贤，发起成立靖远一中 1962 届初三一班学友联谊的倡议，得到同学们的热烈响应。从此，一年一度的师生联谊活动持续不断。当年初三一班的班主任，时任靖远一中校长，当选为全国七届人大代表的张克让老师，同学们爱戴的恩师，自然就成为联谊活动的中心人物了。

在一个偶然的机会，我有幸参加了他们的联谊活动，克让老师感人肺腑，扣人心弦，神情激昂的讲话，磁石般地吸引住了我，我终究如愿以偿，结识了这位学高望重的名师。在潜移默化中，我不知不觉地加入了他们的联谊行列，此后和克让老师的交往日臻密切。

在频繁的社会活动和私人交往中，加深和增进了我对克让老师的了解和友谊。他渊博的学识，崇高的人品，富有哲理的讲话艺术……给我留下了美好的记忆。尤其是在为家严祝寿活动和悼念仪式上有意义的孝道教育，给我以深刻的启迪和教诲，在我心灵深处留下了不可磨灭的印象。

烛光——张克让先生风采录

1998 年，烈日炎炎的盛夏，时已撷取特级教师、全国优秀教师、全国劳动模范桂冠，刚从甘肃省教育学院副院长职位退下来的克让先生，和我二中的班主任老师张秉刚及有关领导、亲朋、部分同学，前来为我父亲祝寿。克让先生的到来，为家严八十大寿锦上添花，使庭院蓬荜生辉。

祝寿活动办得简朴隆重而又热烈。寿匾、寿联、寿辞、寿桃、寿糕、鲜花琳琅满目，把整个庭院装扮得绚丽多彩。张克让先生题撰，关正邦先生书写的寿匾"德寿同辉"，摆在堂屋正中，引人注目，寿幅"福寿兼巍"、贺词"霞光紫气瑞云堂，共庆刘公寿而康，欢声笑语歌盛世，孝亲敬老写华章"以及亲友四邻、师生的贺词、贺联、贺幛、中堂，悬挂庭院两侧。

祝寿活动在礼炮和寿乐声中开始了。在热烈的掌声中，克让先生起立鞠躬祝寿。首先，他祝愿家父健康长寿，且说："长寿要健康，长寿不健康，躺在床上，越活越吃力，本人受罪儿女受累……"。接着，他深有感触地说："我们中华民族是一个以孝敬老人而著称的优秀民族，早在战国时期孟子就说过，'老吾老以及人之老，幼吾幼以及人之幼'，这是一个非常高层次的孝。祝寿活动是一个精神文明建设的巨大工程，应当大力提倡，尤其在当前已经不是三娘教子而是子教三娘的情况下，我们更应当大力提倡，发扬光大。"在阵阵掌声中，他语重心长地向子女们提出了希望，他说孝敬老人是子女应尽的义务，孝无止境，吃的穿的容易做到，摸揣老人的心事，不让老人生气是很不容易的，希望你们能持之以恒。又鼓励老人要有长寿的信心，他说："人生七十古来稀，而今八十不足奇，只为儿孙皆成器，善待耄寿盼期颐"，并以一则民间故事寓于教化之中。民间有个小伙子，25 岁还未娶妻，在父亲面前念叨说：光棍苦二十五，裤子烂了没人补。父亲答：若要有人补，还得二十五。儿子说：人生七十古来稀，哪有五十才娶妻？父亲又说：程咬金活了一百八，你才是个小娃娃！惹得哄堂大笑。他引经据典，巧趣横生，有声有色的讲话，教育了在场的每个人，更是深深地打动了我的心。最后，他说：人老了要把握一个中心两个基本点，即以身体健康为中心，要糊涂一点，潇洒一点。说着，年逾花甲的他，竟然唱起秦腔《拾黄金》和眉户《十二把镰刀》，手舞足蹈地"潇洒"起来，人们不约而同地拍手合拍，一同哼唱起来，演唱声、欢笑声、乐炮声，把祝寿的热烈气氛推向了高潮。我和在场的人们在欢声笑语中聆听了这位高等学府教育家的教诲，无不为他诙谐幽默，精彩绝伦，富有教育意义的讲话而折服，啧啧赞扬声不绝于耳。

2008 年 5 月 29 日，父亲与世长辞。年逾古稀的克让先生，又从兰州赶来吊唁。在悼念仪式上，他对家父的一生作了高度评价，他说有两句名言：有的人活着，他已经死了；有的人死了，他还活着。刘老太爷当之无愧属于后者，无疑也属于虽死犹生这一类人。他又说伟人有两种：一种是伟大的伟人，一种是平凡的伟人。伟大的伟人出生如死，建功立业；平凡的伟人从一点一滴做起，给后代留下了一种高尚的品质。刘老太爷正是一位平凡的伟人，除了他高贵的品质外，他的主要功绩在于呕心沥血，鞠育儿女。在他老人家的捧负诲训下，今天你们这个家族才兴旺昌盛，枝繁叶茂，人才辈出，为国效力，各有建树。刘老太爷劳苦功高，功德无量。他的言传身教主要是传统思想的教育，而传统思想的核心就是孝道。"孝"字上面是老子头，下面是子，老子在上，儿子在下，儿子要孝顺老子。教育的"教"字，一边是"孝"一边是"文"，教育就是孝道文化。刘老太爷给我们留下的最宝贵的财富就是孝道传统。现在我们应当大力提倡从孝子里面选拔干部，是孝子，才能爱党、爱国、爱人民，对父母不孝的干部就不是好干部。刘老的儿媳们孝敬刘老太爷，这正是刘老太爷积德行善，孝道教化的硕果。最后，他赋诗一首表示沉痛悼念之深情：

震天霹雳山柱摧，大河嚎啕血泪陪。

风餐露饮子女立，言传身教儿孙巍。

财物有价人无价，形体不飞神自飞。

伟大平凡相映辉，中华国魂藏金雷。

张克让老师是我有生之年结识的一位陇上名家，杏坛泰斗。我崇拜他的学识，敬仰他的人品，羡慕他的才艺……

他的教育思想感染了我，影响了我。在他"孝无止境"的教诲下，我和妻子商定，为家父雇了一位专职保姆，使他老人家晚年过得安逸幸福，寿享期颐。

他的人格魅力赢得了社会的好评。他交友不分高低贵贱，对人充满激情，平易近人，乐于助人。我孙女在省商学院的专业是他出面协调调至会计专业的，因供电公司需要这方面的人才，就顺利签约了，我们全家非常感激。

克让先生兢兢业业严谨治教治校的精神，为人处世的高尚品德是我们学习的榜样和楷模，他宛如茫茫沙滩上的指南针，漫漫人生中的灯塔，十字路口的路标，为我们指明了前进航向，给我们树立了人生长征的里程碑。

刘安国　甘肃靖远人，1940 年生。水电工程师。先后任炮十五师农场水电所所长，兰州军区农场副场长。系白银市书协会员、靖远县书协会员。

点亮心灵中美的一盏灯

——与张克让院长相交感怀

冯振国

张院长给我的感觉很普通,普通人。从声闻他到同他相识、相熟,我一直是这种感觉,"不识庐山真面目,只缘身在此山中"吧。然而,在相处中遇到的一些事却总难令人忘怀,"横看成岭侧成峰,远近高低各不同。"

1968 年前后,我从新疆回到了靖远。听老同学张普讲,张克让是他的老师。张普的文采很好,他是张克让的学生,因此我猜想张克让一定是个能人。

"文化大革命"结束,恢复高考,张普开始辅导学生,作文押题十之八九会中,一时在靖远声名鹊起。传闻张克让教学生很有办法,我感觉张普似乎得了张克让的真传,走路昂首挺胸,十分神气。另外老朋友李耀星辅导政治课也极厉害,在我的印象中,他们是靖远高考辅导三巨头。我虽没有机会同张老师接触,但因为他是张普的老师这层关系,爱屋及乌,我也敬重张老师,他给我的印象很好。

与张老师实质性的交往,是从我准备调入甘肃教育学院时开始的。贴近的交往是在我们都退休之后,粗略地算,前后快二十年了。

这段缘分的肇始很偶然。大约是 1993 年,张院长去张掖师专(现河西学院)巡视检查工作,靖远籍的年轻老师,大多是他的学生,要同他合影留念,我也应邀参加了。其间,张院长问我:"我们要成立美术系,你愿意来吗?"我随口答应:"行!"我们的对话一石激起千层浪,年轻老师七嘴八舌地问:"我们行不行?"张院长笑着说:"你们嘛,不着急。"随之是一片"哎哟"的惋惜声。当时的情景十分感人,年轻人在张院长面前像孩子一样,亲热得很。"桃李不言,下自成蹊"。

我同张院长合影前,不说是素昧平生,也差不多。毕竟他同张掖师专原校长王利民不同,一块儿共事了十五六年,王校长了解我,王校长对我很信任,很器重,一直挽留我，我很感激，这是后话。而张克让院长那时节对我是否知根知底？我同他非亲非故，却能得到他的关顾，这在常人是很难想象的。对我而言，知遇之感难以忘怀！我曾对子女们说："给别人的好处不要记，别人给的好处一定要牢记"。基于此，张院长要我的画，我从不推托。记得一次随张院长参加他的学生的聚会，有人索画，我随即表态，只要是张院长说了，我就给。一时兴起，说了大话，意表我对张院长的感念，绝非言不由衷。

2006年接校人事处文件，通知让我"休息"。自此，我同张院长都退了，闲暇时见面多了，过从也密切了起来，友谊"与时俱进"，友情与日俱增。有些应酬聚会，时不时也会相约一同前往。我们之间没有什么虚套，你来我往，皆坦荡相向。行坐谈论虽无意高洁，却也纯净，友情不说深厚，但却能言笃诚。

我们之间还真有些"君子之交淡如水，秀才人情一张纸"的意味。回想同张院长相交的短长，表面看似平淡，骨子里却很讲礼尚往来，重的是礼数，不施"小恩小惠买转帝王"的心机。我们的很多观点也是一致的，相谈颇为投机。我给张院长送画，如果他显出喜悦的情态，我心里便觉踏实。他很欣赏我画的牡丹，逢人说项，誉我"冯牡丹"。我的画每出现新面貌，他必大加赞扬，在这种场合他如果说："那就收藏一张吧。"我必欣然应诺。气氛何其融洽，心情何其畅达，斯时也，若佐杜康，定然"把酒临风，其喜洋洋者矣。"

可惜张院长不会喝酒！他的最爱是土豆。我也爱吃土豆，尤其是烤土豆。当然，油饼更好。张院长的夫人雏庆兰炸油饼那可是一绝，捞出来的油饼到口酥松，吃一个还想两个。张院长伴夫人送过我油饼，正中下怀。也送过我甘谷辣面，说是家制的。辣劲不大，味道挺"余豁"（方言，非常好、香之意）。

平素，我也去张院长家坐坐，但总不及他勤快。今年，张院长出国探亲返兰，我还没来得及看望他，他倒先送两件英伦三岛"特产"到我家：一是画廊图册，万里之遥不忘传递欧英文化信息给研习西画的老友，感人至深；二是精装巧克力，言说是给我孙子宝旦的，说话的语气轻巧，一点都不生分。随着我饶有兴趣地翻看画页，他的话匣子也打开了。谈他在异国他乡的见闻，大侃英国画廊如何壮观，油画何等使人震撼，人物刻绘怎样逼真。我时不时插话表示赞同，一时他谈兴更浓了，找到了知音似的。

他特别赞赏油画的写实手段，联想到他对书法的观点，他这个人虽说不是个

"唯美主义者"，但学术主张崇尚美，却是实实在在的。在给书法家关振邦书法集写的序里，他大胆地表述了自己的观点："好的书法，我认为起码要具备以下三个特点：美、力、新，美就是美观、好看。""三者之中，'美'占第一，也是前提"。

我说张院长大胆，是说他敢说真话，正所谓"可贵者胆，所要者魂"。他强烈地抨击"以丑为美"的行径，主张"雅俗共赏"，即"不但群众喜欢看，并且还能看得懂"。其实"美"是个很简单的东西，不要神秘化。我在讲授《艺术概论》课时，曾经就艺术的功能、艺术的表现，坦陈过类似的看法：艺术的三大功能中，"审美功能"是特殊强项；艺术表现真、善、美，美是前提。我的大学老师潘国彦，上美学课时是这样说的："好乃美的本质，美乃好的形式。"张院长说："好字，字形美观……"看法相似，简括明了。有人为了说明美不能简单理解，说是："美丽不是美，美不是美丽。"语焉费解。郑渊洁先生说过一句话，耐人寻味："把听得懂的话往听不懂里说，把简单的道理往复杂里说的，都是骗子。"张院长谈书法时说："有人却提倡绕弯弯，画圈圈，忽左忽右，忽高忽低，东一榔头，西一棒子，甚至指东打西、南辕北辙，似字非字，似画非画，还美其名曰'现代书法'。"通俗透彻。要做到把复杂问题简单表述，需要一种境界，也需要胆识。

这境界、这胆识，促成了他的为人、传道。《圣教序》云："名无翼而长飞，道无根而永固"，张院长的为人处世，感动的何止是学生！大凡提到张院长，人人如数家珍，感恩之情溢于言表，暂且不说。只说他传道，心血尽在《滋兰树蕙录》里，篇篇故事尽皆布道之作。尤令人服膺者是他对传道、授业、解惑的拿挂：娴熟精到，体悟细巧。只举一例，窥一斑而见全豹。在《一种区别字形的简便方法——排他法》一节中，他对许多书写中容易混淆的偏旁的鉴别作了科学而有趣的表述。其中最精彩者莫过于对偏旁"朿、束"的辨析：除"刺、棘、枣、策"四字用"朿"旁外，余皆用"束"旁。不但好记，而且有趣。读到这一节的时候，我马上联想到这些字都带刺，策乃竹片，不小心也扎手。他的传道方法巧妙生动，学生个个称赞，有奇妙的亲和力。他的教学法画龙点睛，箭箭不离靶心，有一种潜在的感染力。上乘的教学法，使他的名声如虎添翼。

这亲和力和感染力，得来不易，却也是性格使然。张院长"生不逢时"，在"像八九点钟的太阳"时便被打成了右派分子。随后一连串的"运动"，轮拨儿"首当其冲"，命途多舛挈！那阵子，用他的话说，倒霉得"放屁都砸脚后跟，喝凉水也塞牙齿缝"。他是挺，是熬，过来了！无罪而下炼狱，却培养了老少几代学生，若无"俏也不争春，只把春来报"的胸襟，何以成就学子？

下炼狱而成就学生，献身教育，希望这个世界美起来，就是他！一位"祈盼人格完美的教育工作者"！前些年我曾写过一篇"美育是使人完美的教育"的文章，表面看来是讲美育的作用，实际上是在说美育的目的，这个目的通过言传身教才能通达。张院长曾设计过一个美育方案，在《鸿爪夕明》一书里叫"孝亲、敬老、尊师。"开宗明义，文章起首便写："古人云：'百善孝为先'、'老吾老，以及人之老'"，认为人人皆孝亲敬老，则社会风气将大变，孝亲敬老者多了，为非作歹的肯定就会减少。他明白世上有"歹人"，孝亲敬老不易。他的办法是"从我做起，大讲孝道，宣扬敬老。"他的观点是只要坚持信念，上行下效，必风行草偃。

倡善一直是他的主旋律。今年春节，张院长撰书春联："儒家重和千金不贵和为贵，佛门讲善万事皆空善无空。"横批"和善是福"。倡善施善，最大的受益者是他的学生。有学生问他："为什么学生很尊重您？"他回答："因为我爱学生！"正合古人之言："幼吾幼，以及人之幼。"善，使人的心里有了光亮。罗曼·罗兰有一句名言："要有光！太阳的光明是不够的，人，必须有心灵的光明。"善像心灵中美的一盏灯，人们需要这盏灯的亮！心灵光明就是心灵美，它在每个人的心头荡漾，在交往中放歌，使友情隽永。在与张院长的交往中，我体悟到了"心灵光明"的消息，以善良的心态写字予人便是其中之一。

张院长谦称"自己只是个书法爱好者"，《鸿爪夕明》一书有他"修身养性练书法"的雅照，有"鼓励孙女勤习书"爷孙俩的合影，足见他对书法的崇好，练书法是他退休后的重要活动。《鸿爪夕明》收有 2003 年"自抒情"春联，便是他习书心绪的写照："余热无多，只能写写画画沐晚霞。人缘尚好，犹可说说笑笑傲夕阳。"他写字很认真，认真到了执着的程度。一次，张院长写字时，孙女不小心弄了点墨在纸上，张院长顿时表情大变，简直了不得了。雒夫人爱孙心切，随口回了一句："有啥大不了的，重写一张不就行了吗！"张院长给人送字从不敷衍，说不定当时写的字正好是"遵嘱"之作，马虎不得，故而情不自禁，下意识促而失态。

说到送字，张院长有一句话经常吊在嘴边："只要是我的学生要，我就写。"实际上，亲朋、好友、同事他都写。他的墨脚落印处不少，一次，去甘谷参加他的书画收藏展开幕式，顺便游览大象山名胜，沿途景点不时有各种功能的刻碑展现。我边游览边观赏，突然有一块似"张体"的刻碑映入眼帘，凑近一瞅，果为张克让撰书，心中一怔：没料想他的墨宝会在名胜景点立地生根！这碑是张先生给故乡做的功德，我誉它是"张氏功德碑"。

如今社会风气讲的是"包装"，有些人芝麻大的事四处张扬，如果有字书刻碑，不知要干什么了？！张院长有书法勒石，却不声不响。他对别人到处义务宣传、赞扬，依各人不同情状，或称颂，或勉励，"出手大方"。对自己的书作，则字斟句酌，反复推敲，力求到位，"十足苛刻"。

十多年前，我迁居新楼，张院长依乡俗"暖房"的方式送我一幅装裱好了的中堂。张挂起来，他开始用大家熟知的泛靖远味的甘谷普通话，一边读一边解释，特别点明"椿萱"指代"父母"。过了些日子，他又送来一幅依然是装裱好了的中堂，与原来的差别是最后一句中的"一层楼"改成了"一重天"。这么一改，全诗合辙，且意境更高远了。他处事之真，实令我钦佩。正是：暖房书贺肺腑言，溢美绝妙好词篇。楼天推换意高远，得道胜赴武当山。

中堂内容如下：

> 豪放耿直众口赞，陇原独秀冯牡丹。
> 三尺讲台传道乐，一方画板授业艰。
> 桃李斗艳情翰墨，兰桂争奇报椿萱。
> 举家挥毫写宇宙，奋力更上一重天。

十多年来，这中堂一直张挂客厅。我的孙子宝旦牙牙学语时，我每天抱着他，对着中堂逐句朗诵，每读，他必兴奋得手之舞之，足之蹈之，但他却从不跟读。三岁那年，一日，我刚开读第一句，他突然接茬一口气把全诗背出来了，我是又惊又喜，既为孙子的聪敏，也为诗的神妙。中堂诗句给我家带来了欢乐，也给我家带来了好运。我认为中堂诗句是谶语——有象征和预言的神性；也视其为箴言——有鼓励与鞭策的人性。

张院长肯以褒扬词语喻人予人，不遗余力八方宣示，让人既受鼓舞，又承鞭策。他赞誉弟子的成绩，赞誉同仁朋友的收获，常引用苏轼的诗："欲把西湖比西子，淡妆浓抹总相宜。"视人们有作为堪比西湖、西子：得体、漂亮，可爱而美丽。他视奖披学子为己任，习惯成自然，同仁朋友也因此受惠。同他相处，自由而愉悦。他呼唤良善，感染友朋，祈盼人们心灵中永远亮着美的一盏灯。

祝愿《烛光》点亮人们心灵中美的一盏灯！

冯振国　甘肃靖远人，1941 年生。甘肃联合大学（原甘肃教育学院）美术系教授。系甘肃省书画研究院副院长。

君子之交

苏宰北

最早是从张普口里听说张克让的。

张普是我小学同班同学。1962年我由兰州回到家乡，住在隍庙三道巷十九号彭家老院里，和张家做了连墙邻居。张普刚由靖远一中毕业，他喜欢文学，作文写得好。他曾给我读过他作文里描写农村少女的片段，印象很生动。张克让是他高中语文老师。张普告诉我，张老师课讲得特别好，非常有才华。

"他上大学时就写过一部小说，毕业前被打成了右派。"说这话时，老同学很为他的老师自豪和惋惜。

"你见过他的小说吗？"

"那倒没有。"

我那时特别爱看小说，对张普的这位老师便生出几分敬意来，也记下了张克让这个名字。

第二年，我和张普都去乡下当小学代课老师了。

"文化大革命"初期，我因给一位同事提了一条意见差点被打成反革命，因此而失去了代课教师的工作。

流落社会多半年后，经张成仁推荐，去县陶瓷厂做彩绘工，和成仁面对面坐着画了八年瓷。成仁也是小学同学，又能说得来，工作不很紧张时，便有说不完的话题。他跟我说起过好几位他在一中上学时的老师，其中便有张克让。

从成仁口里，我又知道了张克让老师不但语文课上得好，还教过数学课，能写会演，是个多才多艺的人。虽然戴着"右派"帽子，但深受学生喜爱与敬重。

高中时，张成仁擅长书画，又会演戏，是学校文艺宣传队的骨干。他经常出头露面，人又英俊，用现在的话说是个帅哥儿。他的妻子杨树华正在初中上学，是个靓妹。他们二人从相慕相爱到终成眷属，张克让老师起到了红娘的作用。

张成仁对此是十分感念的。他们夫妇与克让老师的师生情谊一直很好。

1974年，因为县革委会文化口领导高祖忠的看重和提携，我被调到靖远一中任美术教师。

由于张普和张成仁二位老同学先后对我的无意灌输，没见面前，我对克让老师早就怀有敬意和好感。加之张老师又和杨文昇老师住在隔壁，这便让我一进学校就和克让老师有了接触。

杨文昇是我表兄，虽是远亲，关系却很密切。他和我二哥是几十年的挚友，两家人素有往来。他又是我的婚姻介绍人之一，我和表兄表嫂的关系也不一般，那些年月里过从甚密。到了一中，没事了常去他们家闲聊。不时地会碰见住在隔壁的张克让夫妇，两人都很热情。

他们两家的关系非常融洽。张老师夫妻把杨老师夫妇尊为长辈，管杨老师夫人呼杨妈，几个孩子呼老两口杨爷杨奶。

慢慢的，我知道了张克让夫人雒庆兰是一中老教师雒鸣岩的女儿。当初，年轻的张克让与雒鸣岩、杨文昇同在语文教研组，组里的几位老教师都很看重张克让的才华人品。在杨老师等人的撮合下，雒老师把女儿嫁给了有着右派身份的张克让。"文化大革命"初期，许多老教师受到造反派的残酷迫害，雒鸣岩老师没能过来那个坎儿——含冤离世了。

我想，他们两家关系好，一定与那一段经历分不开。

那个阶段，学校里的文艺宣传队，经常排演一些配合形势，宣传政治的节目。往往需要现编现演，有这种创作才能的人并不多。张克让老师便常常被指派编写剧本。时间紧，任务重，他是不能推辞和拖延的。写出来还得听取各种不同意见反复修改。好在他文思敏捷，来得快，总能完成任务。当然，张老师付出的辛劳以及意见相左时的一些无奈，不是所有人都能理解的。他曾经向我流露过这种苦恼。

无论如何，由于克让老师天生对于文艺的爱好，这类工作无疑也给他带来了很多快乐。他有时也参加演出，给我的印象大多扮演反角或中间角色，且活灵活现，让人捧腹。

工作中的任劳任怨和随和性格，使得张老师同宣传队的师生们关系大都不错。负责宣传队工作的工宣队员展学林师傅对张克让老师特别敬重。他是个很好的人，和老师们的关系很融洽。我存有一张旧照片，是展师傅离校回厂时，宣传队全体师生欢送他的合影。坐在最中间的学林师傅一脸的憨厚可亲。是个冬天，克让老师和我都戴着暖帽，我的那一顶看上去尤其沉甸甸的。

由于担任舞台美术工作，我与克让老师有了较多的来往。我一直喜欢看小说，有时候谈起文学作品和一些作家时，两人便有了很多话语。或许是我的身份也不咋样，加之我坦诚开朗的性格，交谈中二人均无机心。他曾经给我讲过"文化大革命"初期，在造反派的残酷迫害中，他也曾生出过轻生的念头和行为，具体细节已记不起了。他还让我看过他写的短篇小说，给我的印象喜欢用歇后语。

恢复高考后，张克让老师被定西地区抽调去临时工作一个多月，他上的高二语文没人带。教导处负责排课的刘衷老师接连找了我两次，说学校安排让我给张老师代课。我都以不能胜任为理由坚决推辞了。

没想到校革委会主任韩佩亲自上门了。

"苏老师，学校有困难，张老师的课还是要你代。"韩主任的态度很好，口气却是不容商量的。

"我一个高中毕业生，如何教得了高二的语文课？确实不能胜任！"我还是那话。

"你能行！是内行向我们推荐的。语文老师的课都排得满满的，实在没法错挪。只有一个多月，你就别再推辞了。"领导把话说到这个份儿上，我还能说啥呢！

那天晚上我失眠了。代了这课，今后，我必然要教初中语文。这是我不愿意的。要坚持推辞，领导必然不高兴。当时传着不久将要调工资，到时一定会受影响的。至于韩佩说的"内行推荐"，我想一定是张克让。但我当时并没有说破。直到三十年后的一次白银聚餐时，跟克让老师说起当年的那段经历，那内行果然是他。

生存是第一位的，我没再坚持。语文课代上了，调资文件下来了，却是上边定好的死杠杠，与学校领导无关。我只能后悔莫及了。

新学年开始，初中只招了一个班，70名学生，在当时是很大的班。我担任班主任，代语文课。另外，兼任初中的几节美术课。我的办公桌搬进了语文组。

这个阶段，正值"文化大革命"结束，"右派"平反。张克让老师担任了语文教研组组长。他尊重老教师，团结中青年教师，把教研组工作搞得勃勃有生气。当然，对我这半个语文教师，更是十分关心和友好。

一年后，我调到279厂工作。克让老师在他家里设宴和组里老师一起为我送别。那一天，张老师约了语文组全体老师来到操场同我合影留念，教英语的权步荣老师看见后也撺了过来，蹲在前一排的一边。如果没记错的话，应该是田继尧老师拍的。

现在，照片上坐在我旁边的几位老教师都已先后辞世。人生如梦，每当看照片时，便会想起在靖远一中工作的那些年，也总会生出一种难以说清的感动和怀念来。

就在我离开一中的几年里，张克让老师迎来了他人生的黄金时期。先是由教研组长干到靖远一中校长，还被选为全国劳模、七届人大代表。接着又调任靖远师范校长。仅仅一年，又升任甘肃省教育学院副院长。

当了领导，找的人便会多起来。克让老师在一中当校长时，我也找过他。不是为我，是为朋友冯振国的事。

当时，振国正由张掖师专往兰州市教育学院办调动，遇到了难题。他听说张克让和兰州市市长柯茂盛都是七届人大代表，便想问问张校长能否帮他给市长说一说。

虽然当了校长，他们夫妇对我的突然造访依然很热忱。张校长也答应找机会给柯市长说说情况。当年我在一中时，冯振国在县文化馆，经常到学校找我。克让老师不但认识，还非常看好振国的美术水平。他很愿意给振国帮忙。既然如此，我便叫振国自己去找张校长。后来，冯振国虽然没能调进兰州市教育学院，最终，却被已经担任省教育学院副院长的张克让调进了他们学院。两人也成为很要好的朋友。当然，这已经是后话了。

在279厂干了六年，我又被王仲翰校长接纳到靖远师范教美术。张克让来师范当校长，我正在那里。过去的组长成了校长。在会场和校园经常可以见到他，若是单独碰面，对我依然是热忱、关心，还略带一点客气。我从没有去找过他。领导很忙，我一般是不愿意打搅的。然而，张校长却关心着我们这些困难教师。经他多方联系协商，为学校搞了一批招干、招工名额，解决了老师子女就业难的问题。我的小女儿也因此而有了一份工作。这一点不光是我，我想，师范的许多老师都是感念他的。

张克让调到省教院任副院长是1991年。第二年，我也离开师范，到白银市群艺馆工作了。

1993年夏，冯振国在信中告诉我省教院在组建美术系，克让院长为他的调入正在努力。信中有这样一段话："他们要调五人，现已调入一人，另四人尚未全部确定，其中我算初定下的一名，赵某也已通过，但师专也不放，另二人原来有你，但因文凭一节而暂停，余一不知系何人。关于你的事我好谈，亦将信告张院长。"这事对我有点突然，原因是我并没和张院长说过想调他们学院的事。便以为是朋友冯振国在调动他自己时，知道需要调入的人多，向克让院长顺便举荐的我。

正好我因儿子高考录取一事去兰州，顺便到张克让府上拜会。说起老冯调动一事的进展情况时，我说："听说老冯还向你推荐我？"

"是我先想到了你。院里让我负责组建美术系，调老师时，我首先想到了你。主要是文凭问题，我还想再努力一下。"克让院长的一番话，让我非常感动。

他叫我送些作品写个简介好让领导班子研究时看。同时，准备好来学院试讲一堂课，时间定好后通知我。

我当时正为住房分配遇到困难而情绪很低沉。虽然明知我的情况调入大学的可能性很小，既然张院长不嫌弃于我，愿意帮忙，就努力争取一下吧。

最终，教院领导班子会上没能通过，我也没有去试讲。

虽然调动不成，但克让院长对我的看重和提携之意，仍然让我既感动又十分感激。

其实，早在靖远一中时，他向领导推荐由我这个只有高中文凭的美术教员代他的高二语文课，本身就是一种信任和看重。我之所以不愿教语文，是因为舍弃不下美术。

我在兰州秋田会馆和书画研究院搞的几次个人画展，克让院长都拨冗出席了开幕式，还书写诗词当场朗诵表示祝贺。秋田会馆的是《清平乐》，词曰：

炎夏初退，金果撩人醉，三年两度秋田会，兰山蔚红缀翠。

当年一绝雄鹰，今日百禽争鸣，一管神笔在手，画尽天下生灵。

在省书画研究院我的画集首发座谈会上，克让院长赋诗一首：

妙笔生华自学成，百鸟声声喜酬情。
宰北今日宰禽宇，画苑增辉春正浓。

他那生动活泼略带幽默的现场朗诵，使座谈会的气氛热烈而活跃。

退休后，克让院长多次来过白银，每次总有学生设宴聚会。他也总会想起我这个老下属，通知我去会面叙谈。

写到这里，我突然想起古人君子之交的说法。在我和张克让几十年的交往中，既无密切过从，更少热烈往来。淡淡的，却不乏相互间的一种理解和信任，一种尊重和善待。作为年长者和领导，克让老师对我又有着一种兄长般的关怀和看重。

庄子山木篇有云："且君子之交淡若水，小人之交甘若醴。"

古人对君子的道德学问有很高要求。我有自知之明，哪敢自称君子？但"交淡若水"太让我动心了。于是，我竟大着胆子，在文章的最前边标题部位打出了四个字：

君子之交。

未知克让老师认可否？

苏宰北　甘肃靖远人，1942年生。白银市群艺馆副研究馆员。中国书画研究院院务委员，白银市美协副主席。

张克让先生的故乡情

谢梦熊

张克让先生是甘谷县新兴镇土桥村人，他的父亲是我初小时的老师，他的弟弟是我天水农校期间的校友。他们村有几位同志是我工作时的同事，所以我常打听张老师的家世。得知张老师的长子克让先生在靖远任教多年，因教书育人有方，被评为全国劳动模范，当选为第七届全国人大代表，后调任甘肃教育学院副院长。听其名，没见过其人，也就谈不上认识。我退休后，2005年报名上甘谷老年大学，克让先生应邀来老年大学讲课，并被聘请为老年大学客座教授，我才第一次见到了他。

我是1942年出生的人，他可能比我要大好几岁。我们老年大学200多名学员，我第一次与他只打了个照面，我说我是他父亲的学生，他就把我认下了。

因为他是我们甘谷老年大学聘请的客座教授，所以他每次回甘谷探亲，都主动来老年大学讲课。他讲的内容非常广泛，我亲耳听的主要有两讲：一讲是旅欧见闻，一讲是老年养生。他把西欧见闻总结为"四好、四高、三多、三少、三新、三小和两强"，共22条。每条都有四句顺口溜，如服务设施好：公路铁路百余年，车站机场上下连；地下管道自控暖，风雨沧桑无大残。文明程度高：素不相识笑脸迎，声声"HELLO"异国情；路无痰迹少杂物，主动让座车让人。拔尖人才多：诺贝尔奖世界奖，洋人确比国人强；剑桥就占九十多，牛顿大名举世扬。城乡差别小：城乡面貌几无差，农民收入更为佳；一年出国两三次，早沐晨曦晚沐霞。法治观念强：执法如山不容情，自觉纳税已成风；遍地飞鸽无人烹，慎独自律重名声。既有说明，又有实例，边读边讲，生动感人。他把他的养生经验概括为12字诀，既精辟，又易记。什么"管住你的嘴，放开你的腿；凡事要想开，保持好心态；理解江河远，包容天地宽；聚会求欢娱，弄孙寻乐趣；坦然对死生，心安身自宁；不求超高龄，但愿无痛终"等等，都颇有见地，使我们受益匪浅。

他虽然年过七旬，可全身上下依然充满着生机与活力，他一口气能讲两三个小时，中间从不休息。并且说话风趣，感染力极强，我们200多学员，个个听得全神贯注，兴奋不已。

他在靖远、兰州生活的时间要比在我们甘谷生活的时间长得多，但他真诚、挚热的故乡情却深深地感染着我们老年大学的每一个人。他说他无论走到哪里也忘不了故乡，什么时候也割舍不了故乡情。不管地位多高，荣誉再多，也忘不了养育自己的父老乡亲，他要以自己的实际行动回报故乡。正如他诗中所说："乡恩浩荡涌泉报，拼得残年写华章"。

他每一次来老年大学讲课，都将他几十年收集和整理的资料及其作品编印成册，无偿送给故乡的同学、同行和朋友。

2008年国庆刚过，即10月10号，他邀集了甘谷在兰州、天水已退休和在职的三四十位老乡，携带自己一生收藏的近二百幅书画精品来故乡举办"桑梓展"，使甘谷人大开眼界。作品涉及当代不少书画名家，如中国书协原主席启功，现任中国书协副主席李铎，全国政协原副主席卢嘉锡，全国人大原副委员长孙起孟，中国美协副主席刘文西，首都师大书法教授欧阳中石，著名书法家杨再春等，还有我省清末书法家范振绪、陈国钧、张云锦，我县著名书法家宋廷祯、宋子材、魏学文、武克雄等。这次展览为我县广大书画爱好者提供了一次提高鉴赏水平和文化品位的难得机会，为促进我县文化产业特别是书画业的繁荣发展将产生积极的影响。另外，他还邀请省书画研究院副院长冯振国教授，给学员讲授国画课程，并现场作画。他这种为活跃故乡文化生活，促进精神文明建设无私奉献的行动及高尚品格，值得我们永远学习。

谢梦熊　甘肃甘谷人，1942年生。曾任甘谷县政府驻新疆办事处主任、县工商联主席、县委统战部调研员。

赞张克让校长

冯 岩

陇上育人五十载，桃李芬芳环宇开。
呕心沥血真师表，残阳如火情满怀。

冯岩　甘肃榆中人，1942年生。曾任靖煤公司总医院中医科主任、副主任医师。系甘肃书协会员，中国楹联学会会员，中国书画家协会会员。

读《滋兰树蕙录》
——呈克让先生

雏 翼

杏坛奕世耦耕忙，家学渊源流韵长。
久濡芝兰成远志，传承薪火启芬芳。

铁冠压顶醒还疑，正是布帆风满时。
但有讲台三尺在，带镣起舞亦多姿。

常把南冠当桂冠，忍尤攘诟育荃兰。
黄河湾里寻津渡，扶送诸生过险滩。

志存师表耻冬烘，常为鲲鹏积厚风。
又见轻帆冲浪去，河边笑倒一痴翁。

倾心九畹无萧艾，得跃龙门羡有缘。
更向京华吁时弊，再为冯妇亦堪贤。

能吼秦腔善赋诗，挥毫作书有风姿。
天真本性无雕饰，出水芙蓉不骛奇。

古稀常作故园行，送得春风满冀城。
渭水朱山情义重，老年教育梦魂萦。

教坛早岁闻雷鼓，及叩洪钟每恨迟。

幸得鸿编长遗我，滋兰树蕙有良师。

雒翼　甘肃甘谷人，1944年生。曾任甘谷一中校长、党总支书记，甘肃省中学语文特级教师。系甘谷诗词学会会长。

良师益友张克让

刘书贤

我是 1970 年大学毕业分配到靖远县"农宣队"（在双龙公社仁和大队）接受贫下中农再教育。一年后再分配，历经周折才于 1972 年初到靖远一中工作。1972～1978 年，对于我来说，是一段人生非常重要、难以忘怀的时期。初到靖远一中，让我幸运的是遇到了为人正直谦和、为学杰出有才的良师益友张克让老师。

和张克让老师在语文教研组共事七个年头。张老师对我和其他年轻教师的关怀、教诲和培养，情真意切，言犹在耳。由于"文化大革命"的影响，我们师范生在校期间，专业课学习仅一年时间。"文化大革命"一开始，我们的学业荒废，师范生所应具备的素质根本全无，我就这样走上了教学岗位。古语曰："师者，所以传道授业解惑也"。自己既不会备课，也不会讲课，满脑子不解之惑，怎么给学生解惑呢？一来学校又让我教高一的语文课。担此重任，从知识面、备课、教课方方面面，从零开始，困难重重。庆幸的是张老师正好坐在我的对面，"近水楼台"。凡是不会的就请教张老师，即便是一个词、一句话他都认真地讲解，交代得明明白白。

有一次教导处要听我的一节课，只有一段课文的内容。我又紧张又害怕，整天诚惶诚恐。看到我这样，张老师说："别紧张，没事的。"反复地把这段课文从字、词、句及怎么把握分析，耐心仔细地讲了一遍。等于是我先学了一遍，然后再教给学生。"热蒸现卖"才过了这一关。为此，我从内心深处充满了对张老师的敬佩、感激之情。那些年，无论是备课、讲课，还是作业、作文批改诸多方面，我都是张老师手把手带出来的。他对年轻教师既言传身教，又悉心培养，态度谦和，不厌其烦，诲人不倦，从不指手画脚。所以，我在教学上进步很快，完全得益于张老师的无私栽培。

"文化大革命"后期，县上经常搞文艺会演，要求自编自排。课余时间张老师曾写过不少剧本，他集编剧、导演、演员于一身，排练过歌剧、话剧、曲艺、舞蹈。我们曾一起排演过歌剧《沙河之战》，到处演出。一切剧务、化装等工作都由演出的师生共同承担。虽说很忙、很累，但师生们内心充实，心情愉快。那段生活非常惬意，让人永志难忘，至今记忆犹新。

我背井离乡，只身来到靖远一中工作。课余闲暇时难免想家，心绪不定。每当此时，张老师总是热情关怀、无微不至。七十年代物资尚较匮乏，生活质量差。张老师时常为我们这些外地老师买肉、买蛋，这些东西在那个年代都属紧俏物资。瓜果成熟的季节，张老师常请我们到他家吃西瓜什么的。光阴荏苒，转瞬已三十多年，但仍历历在目。

张老师杰出的教学和为人的正直谦和，一直影响并激励着我的教学生涯，感悟颇多，受益匪浅。虽然1978年我调离靖远一中，但一直没有中断和张老师的交往。教学上经常交流，高考复习资料互通有无。在甘肃省中学语文教学研究会召开的各种会议上，经常见到张老师，并经常拜读他的诸多教学论文。特别是他总结的"因人而异、布置预习"；"以主带次、以练代讲"；"一课一得、单元比较"、"提倡争辩、鼓励求异"；"读写结合、范文引路"；"口头作文、当堂讲评"等语文教学经验，对我改进教学方法、提高语文教学质量起到了至关重要的作用。因此，我所教班级的语文期中、期末统考成绩，经常达到或超过兰州市同届语文平均成绩。

从张老师的言行、举止中，使我深深感到他确系我人生的良师、益友。我认识的张老师，是作为我一个教师心中的骄傲，因为他的正直和谦和；我认识的张老师，是作为我一个教师心中的榜样，因为他的杰出和才华。

刘书贤　甘肃兰州人，1945年生。曾在靖远一中、兰州旅游职业学校任教。中学高级教师。

读《烛光》致张克让老师

张成泰

淑世润身恰与时，烛光摇曳颂恩师。

十年树木百年计，三陇桃红雨露滋。

张成泰 甘肃靖远人，1949 年生。农艺师。历任部队连长、军务股长、军务参谋，转业后任省扶贫办主任科员，省"两西"投资公司副经理、党委书记。

总是和笑声在一起

靳 健

张克让先生的一些老学生发起要为张克让先生出一本文集，约我写稿，我乐意地接受了。开篇之前，想给文章定一个主题，总是和笑声在一起——便跃然纸上。总是和笑声在一起，来得如此轻松，来得如此快捷，来得如此愉悦，我想，这就是张先生的象征，这就是大家和张先生在一起时共有的内心感受。

张先生性格开朗，为人豁达，每一次相会总是笑语不断，令人难以忘怀。第一次见到张先生，是在靖远县召开的中学语文教学研讨会上，大约是上世纪80年代初，我大学毕业参加工作不久。记得有位先生登台讲话："我作为一名语文教师很不合格，尤其是普通话南腔北调。我把自己好有一比，就是癞蛤蟆屁股上插鸡翎子，飞禽不像飞禽，走兽不像走兽。"顿时满会场笑声鹊起，掌声一片。这就是张先生给我的第一印象，几句话就让一个严肃得令人透不过气的会场灵动起来。那个年代粉碎"四人帮"时间不长，人们讲话都比较拘谨，尤其是在一些所谓正式场合，可张先生妙语连珠，滔滔不绝，引来笑声阵阵。一打听才知道他是靖远一中的新任校长，大学毕业后就在靖远一中当语文教师，六七十年代受尽了磨难，任教30年，已是桃李满天下。

经历了30年的劫难，却如此潇洒，如此豁达，这应该有一个答案。因为忙，一直没有找到合情合理的解释。前年，张先生的父亲仙逝，我和《读者》集团副总编黄强、甘肃联合大学教授王金寿（我们都是甘肃省中语会的同仁）一起去参加追悼会，突然悟了一点什么。张先生的父亲仙逝时已过耄耋之年，20世纪30年代在兰州中学求学，毕业后回老家甘谷当老师、当校长、办教育，一直在乡村学校栉风沐雨，有8个子女，生活虽然艰苦些，但把坦荡与释然留给了家人和邻里，当地人说起时没有不跷大拇指的。我国著名学者陈寅恪先生认为，做学问一定要研究家学渊源，或者用孟子的话来说叫"知人论世"，才能产生朱熹所谓"问渠哪得清如许，为有源头活水来"的顿悟。这使我联想到了我的舅父贾尚策先生，我舅父和张先生父亲的人生经历相似得惊人。我舅父去世时也过了90高龄，20世纪30年代在兰州中学求学，毕业后回老家会宁当老师、当校长、办教育，一直在乡村学校栉风沐雨，有8个子女，生活过得很艰苦，还经受了"文化大革命"惨无人道的折磨，但他给后代和邻里留下了一笔十分可贵的精神财富，成为当地人心中的路标。我舅父70年代写过一首《芙蕖》诗："芙蕖如貌雪如容，素淡风流懒争春。深院微风香阵阵，疏篱晓露珠盈盈。精生珍药堪医世，华放琼光最引人。任尔狂飙从地起，红心终古不沾尘。"诗中所表达的那种素雅、那种清馨、那种入世精神、那种凌然骨气，正好是那一代知识老人特有的精神风貌。老人先天下之忧，后天下之乐，子女耳濡目染，如沐春风，自然就有了张克让先生如此潇洒豁达的个性。

20世纪90年代初，张克让先生和我先后调到兰州工作，张先生任甘肃教育学院副院长，成为一名地厅级干部；我在西北师范大学中文系当老师，开始了新的学术与教学生涯。而"中语会"这一情结又一次使我们走到了一起，张先生任甘肃省中学语文教学专业委员会理事长，而我担任秘书长。

一次甘肃省中语会搞活动，讨论非常热门的"素质教育"问题。张先生讲了一个发生在中学里的故事："一位教育局长为了检查本县的素质教育开展情况，去附近一个学校听课。他一进教室，看见讲桌上的地球仪的中心轴不是和桌面垂直而是有点倾斜，他问一个学生为什么，学生急忙摇头说，不是我弄偏的。刚好学校教务主任走进教室，局长问为什么，教务主任说，买来就是这个样。这时校长进来了，局长问为什么，校长说学校经费困难，买的大概是次品。局长马上承诺，为了深化素质教育，我给你们批点钱，明天就买一个正品来。"与会的专家们一听，便哄堂大笑。大笑之余，人人顿悟素质教育的症结所在，深感中语会肩头的担子沉重。甘肃省中语会经常围绕基础教育中的热点问题确定工作方向和具体活动事宜。有一次，要选拔一位中学语文教师代表甘肃省参加全国"语文报杯"课堂教学竞赛活动，张先生找了一辆车，不辞劳苦和几位专家一起跑学校，选拔参赛教师。因为甘肃很多地方路况不好，一路上下颠簸，左右摇晃，张先生一个接一个地讲故事，大家笑得前仰后合，驱车近千里，竟没有一个人觉得困乏。听张先生讲故事，就像看赵本山演小品，有时笑声如开闸喷涌而出，有时笑意似绕肠忍俊不禁。我没有听过张先生讲课，我经常想，他的课堂一定充满活力，一定引人入胜。我仔细拜读过张先生的著作《滋兰树蕙录》，那书页之间弥漫着灵动的气息，故事之间流淌着美妙的旋律，字句之间闪烁着智慧的光芒，叙述之间投射着课堂的魅力。怪不得张先生退休多年了，依旧是门庭若市，年龄悬殊、发色迥异的学生经常在同一时间去看望老师，与那些门可罗雀者相比，张先生可谓是占尽了天时、地利与人和。唐代刘禹锡曾说"谈笑有鸿儒，往来无白丁"，这正好可以作为张先生人缘的写照。

张先生讲话办事，总是在笑声中解决问题。即使遇到一些麻烦事情，他也总是用笑声来化解烦恼。有一次中语会年检，民政厅社团处一位20来岁的副科长傲慢无礼，斜躺在椅子上，横挑鼻子竖挑眼，鸡蛋里挑骨头，硬是不给中语会的年检报告盖章，70高龄的张先生笑脸恭立，动之以情，晓之以理，仍旧化解不开副科长的铁石心肠。张先生为了公益教育事业，遭遇如此亵渎，同去的专家愤愤不平，忍无可忍。可张先生笑着说了韩愈的两句诗："偶然题作木居士，便有无穷求福人。"那位副科长不知何意一脸茫然，大家会意，怒气顿消，便笑着离开了。甘肃省中语会是一个群众性学术团体，创立三十多年来，举办了一系列语文教学研讨活动，成了全省语文教师与时俱进的一面旗帜。原理事长西北师大校长王福成教授、原副理事长西北师大中文系主任吴春晖教授、原副理事长甘肃教育学院姚冠群教授、原副理事长甘肃教育厅督导室李舜钰主任等，均以无私的精神为甘肃省中学语文教育事业的发展奉献着力量。自从张克让先生担任甘肃省中学语文教学专业委员会理事长以来，奉献便成了中语会的主旋律。学会办事需要车，张先生就求熟人出车；学会活动需要吃饭，张先生、吴先生等便轮流请客；学会要给下面学校送资料，张先生就领着王金寿等教授，扛着资料爬楼梯；选手教师要去参加教学赛事，几位专家便利用休息日和参赛者一起切磋教学设计。久而久之，奉献积淀成了省中语会精神，奉献开拓出了省中语会大道，奉献迎接来了课程改革的雄壮队伍。省中语会，已经成了甘肃省推进素质教育的先锋。就是在这样的背景下，张先生把省中语会的大旗传给了我。我资历尚浅，能力欠佳，接旗之日便如临深渊，如履薄冰。但是，只要笃信奉献的力量，只要凝聚众人的力量，只要信仰笑声的力量，中语会之路定会越走越宽广。

总是和笑声在一起，张先生的人格魅力感染着他周边的每一个人。有一次研讨一个两难问题，大家觉得左右为难不好办。张先生随即讲了一个故事："我在靖远一中当班主任，有一年接了一个新班，班上女生不少，都很漂亮。第一次和学生见面，有个捣蛋鬼就问，张老师，你喜欢漂亮的女生，还是喜欢捣蛋的男生？这一问厉害，男生女生都瞪大了眼睛盯着我。我自然地伸出双手，反问那个学生，你说我喜欢我的左手还是喜欢我的右手？那个学生笑了，全班学生也跟着笑了。"张先生总是用笑声解决问题，总是用幽默化解矛盾。杜甫说："好雨知时节，当春乃发生。随风潜入夜，润物细无声。"就是在这种春风化雨式的情境陶冶下，他的学生个个前途无量，他的孩子人人事业有成。张先生还写得一笔好字，向他求宝者络绎不绝；张先生收藏了许多书画，有些甚至是无价上品；张先生富有艺术才气，登台演唱时掌声迭起；张先生不时漫游世界，天下奇闻令听者陶醉。古诗云："春有百花秋有月，夏有凉风冬有雪。若无闲事挂心头，便是人间好时节。"现在恰逢张先生极好时节，衷心祝愿张先生和夫人身体健康，万事如意！

靳健　甘肃会宁人，1949 年生。西北师范大学教育学院教授、博士生导师。系中国高教学会语文教育专业委员会常务理事，省中学语文教学研究会理事长。

转益多师是吾师

——赠张克让先生

万全琳

吾家会北靖南间，世代耕耘敦厚传。

先祖读书农牧兼，我嗜诗赋广结缘。

张君克让老园丁，如雷贯耳久闻名。

愧我无缘难识面，何曾聆听教诲声。

有幸参与编书籍，彼此相知情谊深。

肝胆相照忘年交，无瑕立雪称师尊。

渭水之滨小山乡，张氏生男喜欲狂。

少年好学入庠序，人誉神童张子房。

高中毕业志未酬，西北师大驰骝骧。

无奈风云多变幻，打入右派好心伤。

学成分配靖远县，躬耕讲堂秉烛光。

身处逆境仍从容，潜心学问教语文。

赢得桃李满天下，陇原教课有盛名。

默默耕耘一园丁，苍天不亏有心人。

靖远一中任校长，示范学校声名响。

七届人大当代表，转调靖师当校长。

不出一年多，教院当副车。

学界理事长，全国选劳模。

外出讲学展风采，发表论文震山河。

退休临帖重操刀，人书俱老称英豪。

收藏书画数百幅，借鉴品赏手自高。

甘谷办画展，同道共养眼。

州牧亲剪彩，梓里人共美。

著书立说老有为，存史资政美名扬。

《滋兰树蕙录》旧事，《诗情墨趣》映华章。

《书棍画扉》撼心声，《鸿爪夕明》欣向阳。

吾本一农夫，文章偶为之。

脑钝手拙犹好学，转益多师是吾师。

常听财庭言，让翁善结缘。

有幸觐得恩师面，铜城画展拜尊颜。

一见如故情谊长，始睹挥毫何壮哉。

金城参加编委会，群英荟萃我无才。

难得让师多担待，恋恋不舍竟忘归。

回首让翁七十年，芝兰树蕙懿行徽。

道德文章人俱老，朝野师生都说好。

为之编书颂功德，结集出版永为宝。

君不见堪为人师为表率，承蒙让翁教诲之。

我来斟酒祝恩师，人生击水会有时。

惟祝让翁得长寿，乐奔期颐自添筹。

老骥伏枥志常在，夕阳宏图铸壮猷。

万全琳　字无瑕，号万缘堂主、清凉山人。甘肃会宁人，1952 年生。现任白银市诗词楹联家协会主席，系甘肃省作家协会会员。

非师胜师沐心雨

——我和张克让先生的一段情缘

宋育红

张克让先生在我的老家靖远是大名鼎鼎的人物。不论是他教过的学生还是他没有教过的学生，不论是读书人还是大老粗，提起张克让先生那是有口皆碑。我虽然不是先生的在校学生，可和先生有过一段师生情缘。

认识先生是在那个特殊的年代。那是 1974 年的夏天，我带着高湾山塬上的土腥味和汗垢味，风尘仆仆地来到县城的县革委会招待所，参加由县革委会政治部宣传组举办的一次文艺创作座谈会。那次参加会议的大概有二十多个人，大多数都是有工作的，他们都穿着很新、很干净的衣服，一个个显得志得意满踌躇满志。相比之下，我这个来自高湾山塬的知青就显得分外邋遢。当时参加会议的人住的房子是大通铺，报到的那一天晚上都没有人愿意和我挨着睡。

我自惭形秽，第二天上午开会的时候，就坐在会议室的一个拐角里，听县上领导的讲话，听与会人员的发言。除了组织会议的张有发先生对我比较亲切友好之外，几乎再没有一个人理过我。在好多人的心目中，好像这样的会就不应该让我这样的人参加。

第一天上午的会议开到大概九点多，进来了一位中年男子，主持人张有发赶快起来为他让座，并向大家介绍说这是张克让老师，大家就一齐鼓掌。张克让先生十分和善地向大家笑着招手，入座以后，主持人又把与会的每一个人向先生作了介绍。因为会议开始的时候已经介绍过一次了，这一次介绍大家都反映比较平淡。而当主持人介绍到我的时候，张克让先生从座位上站起来，把我看了好一会，他还特意走到我就座的拐角里和我十分有力地握了一下手，并且对我说："你发表在甘报上的文章我看了，写得不错！"也许由于先生的热情，其他人对我的冷漠态度有了一些转变。

在那次会议上发言讨论时，与会者都侃侃而谈，而先生的发言却很少，我也感觉到他说话比较谨慎。后来听其他人说：先生是"摘帽右派"，我才明白为什么他说话那样谨慎了。

在那次会议上，不知道什么原因，先生对我特别热情关照。吃饭的时候，先生婉言谢绝了让他和领导坐在一起的安排，和我坐在一起说话。他问我是从哪个学校毕业的。问我下乡的高湾这几年收成怎么样。当先生得知我进中学以后就没有上课，后来"复课闹革命"了，我又被赶到广阔天地去的境况以后，长长地叹了一口气，他不无惋惜地说：要是把高中读完就好了。他鼓励我一定要把写作坚持下去，他说：写作需要生活，你虽然读书少，但是你有生活，这也是一笔财富，只要能坚持下去，就一定能够成功。

那时候，全国人民的生活标准普遍比较低，会议的伙食虽然比我在农村的伙食好多了，但是总的来说还是很差，特别是数量少得可怜，八个人四盘菜，主食就是两个花卷，统称"四菜一汤"，一般人都吃不饱，而对于我来讲，就只能够塞个牙缝了。先生可能看到我的吃相很不雅，知道我饭量大吃不饱，就把他的花卷省给我吃。我极力推辞，先生却说他胃不好，吃了花卷胃里不舒服。虽然就那么几天会，虽然就那么几个花卷，对于经常挨饿的我也解决不了什么问题，可是，先生对我的热情、关心、鼓励使我非常感动。那已经过去三十六年的往事我至今记得清清楚楚。

那次会议快结束的时候，先生还告诉我：他有一个亲戚叫畅红霞，在打拉池插队，也喜欢写作，打拉池和高湾很近，让我们取得联系，互相交流，共同提高。我遵照先生的嘱咐，曾经去打拉池和畅红霞见过两次面，后终因受到时间及各方条件限制还是渐渐失去了联系。

虽然和张克让先生就是那么一面之交，可是却给我留下了永远都忘不了的印象。后来曾经有过想去拜访先生的想法，可终因自己写作上的碌碌无为而羞于见先生。再后来，又因为写作而栽了一个大跟头，就更无颜面对先生了。离开靖远以后，听到先生在三中全会以后政治上彻底翻了身，后又担任靖远一中、师范校长，并当选全国人大代表的消息，很为先生高兴。只是感觉自己没有机会成为先生的学生接受先生的教诲而深深遗憾。最近，先生的历届弟子筹划编写《烛光》，展现先生的风采，弘扬先生的精神，这是一件功德无量的大事。作为先生的校外弟子，能够参与编纂工作，我感到非常荣幸。能在其中尽自己努力做一些工作，也算是报答先生当年关心、支持、鼓励之恩德于万一。

宋育红　甘肃靖远人，1953年生。现任白银市作家协会副主席。《金凤凰》杂志主编。

亦师亦友享受领导
亦诚亦信沐浴真情

——在张克让副院长领导下工作札记

硕升琪

我 1972 年高中毕业于靖远五合中学（原靖远四中），一生中遗憾之一就是未能就读靖远一中，领略张克让先生的风采，聆听其教诲，感受其为人。1980 年至 1986 年我在靖远县粮食局和靖远县委工作，那时，张克让先生的大名和为人如雷贯耳，但因我们之间不是师生关系，谋面机会不多。与张克让先生第一次见面是在 1985 年 6 月甘肃电大首届语文类靖远教学班学员毕业时，作为学员，我有幸和张克让校长及其他领导人合影，当时我只是县委的一般干部，虽然对张克让校长仰慕已久，但自感差距太大，并未说话。

第二次见面是 1990 年 5 月的一天，张克让校长参加甘肃省知识分子成长之路报告团来甘肃教育学院巡回演讲，我作为甘肃教育学院组织部的干部，参与了接待工作，聆听了张克让校长的演讲。他讲了五十年代中期以优异成绩考入西北师范大学就学，不久就受到了不公正待遇；又讲了毕业分配到靖远一中教学所遇到的种种磨难。既讲了粉碎"四人帮"后政治上获得新生，各种荣誉接踵而至的盛况；也讲了担任领导后带领广大师生艰苦创业、开拓进取、无私奉献、廉洁自律的事例。演讲基本脱稿，声音洪亮，诙谐生动，收放自如，引起了强烈的反响，师生掌声雷动，群情激奋。在送别张校长时方才相识，当时相约以后多联系，见面再请教。然而谁能想到山不转水转，当年未能给张克让先生当学生的遗憾由当其部下来弥补了。

一、尽快熟悉情况　迅速进入角色

1991 年 3 月，中共甘肃省委、省人民政府任命张克让校长为甘肃教育学院党委委员、副院长。任命文件由省委组织部、宣传部、省教委党组领导宣布。教育学院从 1978 年复办以来，虽然经过十多年的恢复重建，学校的软硬件建设有了较大的改善，但条件还是不尽如人意，学校给张院长安排了一间办公室兼卧室。由于教育学院教职工家属楼都在市里，教职工下班时都坐通勤车回家了，偌大的学校只剩下为数不多的单身职工和学生，尽管张院长性格开朗、豁达，但由于人地生疏，环境的变化还是让他颇感寂寞。加之在大灶就餐不适，饮水不服（原教育学院当时还未通自来水，饮用水是抽取地下水自行处理的），开始一直肠胃不适、拉肚子。为了减少不适，他坚持少喝水、少吃饭，身体受到了较大的影响。记得有一次，我看到张院长吃不下大灶的饭就让我妻子烙了一块饼子送他，现在看来再简单不过了，但当时他却感激不已。面对环境的不适，想到从县城来到省城，条件竟是这样，曾一度想回靖远。然而随着时间的流逝，他还是偕夫人阖家搬入教院陋室。坦然面对困难，既来之，则安之，尽快熟悉教育学院的基本情况，迅速进入了角色。根据党委班子的分工，他主管人事和财务工作，这是一名常务副院长的职能。对于人事工作他根据学校现有人员、人才的状况，立足当前，着眼长远，根据教学和管理的需要，积极考察、吸纳，建议党委审定引进人才，为学校的进一步发展奠定了人才资源优势。同时努力做到工作（事业）留人，感情留人，逐步创造条件待遇留人。积极向省上争取职称限额，尽可能将符合条件的教师都推荐上去。为此，他将自己的中学高级教师（副教授）的职称限额也让了出来，供其他教师评聘，受到了全校师生的好评。在张院长主管人事工作的那几年，教育学院各学科聚集了一批在全省乃至全国较有影响的骨干教师，对提高教育教学质量，提升教育学院的知名度起到了积极的作用。在分管财务上，尽管穷家难当，他首先是积极开源，除争取省上按期拨付正常的经费外，还利用领导和个人的关系，争取专项经费，使学校"有米下锅"，维持正常运转。其次是努力节流，管好、用好每一笔钱。大家感到，尽管学校的经费一直比较紧张，但该花的钱，如工资、津贴、科研差旅费、水电暖及交通维持费等从未拖欠过，人们都说："张院长的确是个好管家。"

二、发挥专业优势　促进学科建设

当时的甘肃教育学院经过多年的办学积淀，已设有汉语言文学教育、数学教育、物理教育、化学教育、政治历史教育、外语教育、音乐教育、体育教育、美术教育、教育行政管理等 7 个成人师范类本科专业、11 个成人师范类专科专业。学科门类涉及经济、教育、文学、历史、理学、工学等领域，基本涵盖了基础教育的全部学科。依据多类型、多规格、多层次发展专业教育的思路，从 1994 年开始招收现代市场经济管理、财政与税收、书法等成人非师范专业。从 1996 年开始，鉴于成人生源逐渐萎缩，及时调整专业结构，与省内普通高校合作，设置培养旅游外贸等 6 个普通专科专业。通过卫星电视、函授、自学考试"三沟通"的方式，完成了 1.3 万多名卫电学员学历教育任务。举办了近 50 期教育管理干部、教师短训班，培养学员 3000 多名，在校学生达到了 3135 人。完成了以成人专科教育为主向以成人本科教育为主的转变；实现了由单纯成人教育向以普通教育和成人教育全面发展的转变。科学研究队伍扩大，科学研究数量增加，具备了一定的科研水平和实力。应该说，当时的甘肃教育学院办学规模逐步扩大，办学功能齐全，师资力量比较雄厚，教学体系完整，基础设施能够基本满足教学需要，办学效益良好。尤其在院党委的领导下，经过张院长的不懈努力，师资队伍的结构有了较大的改善，教师中高职称、高学历的比例达到了 32%，硕士以上学历达到了 13%。党委一班人带领全校教职员工顽强拼搏、开拓进取，教育学院的办学实力、办学思路、管理水平及影响力在全国教育学院中排名比较靠前，在西北五省教育学院中是领头羊。由于张院长在中学和师范从事教学和管理工作三十多年，总结和践行了一套比较完整、比较科学的教育管理理论，他将这些教育的理论和实践移植、借鉴在大学教育教学中，使教育学院的教学更能结合中学教学的实际，从理论和实践的结合上给学生以启迪和教育，学生缺啥补啥，具有较强的针对性和实用性，充分发挥了专业优势，促进了学科建设。

三、班子团结协作　共谋学校发展

张克让院长 1991 年 2 月至 1996 年底在甘肃教育学院工作的近六年时间，是呕心沥血、殚精竭虑的六年。他以一个老教育工作者的胸襟关心甘肃的教育事业，为甘肃教育学院的发展尽心竭力，恪尽职守，对分管的工作扎实到位。在党委班子内部，他全力支持一把手的工作，努力促进班子成员之间常沟通、勤补位、不越位，大事讲原则，小事讲风格。张院长高调处事，低调做人；襟怀坦白，处事公正，平易近人，在他手下工作，既能得到锻炼提高，人尽其才，才尽其用，又感到身心愉悦。他们那届班子开拓进取，狠抓教育教学质量的举措有目共睹。特别是以东道主的名义主持召开了以西北五省（区）为主，全国部分教育学院参加的协作会议，展示了甘肃教育学院的办学思想和办学成果，获得了同行的赞许和首肯，扩大了教育学院的知名度和影响力。在抓好软件建设的同时，张院长和其他院领导积极从省上争取资金，建成教育学院综合办公楼、理化实验楼 12000 多平方米，大雁滩教职工住宅楼 112 套 9000 多平方米。大大改善了教学和教职工的住宿条件，为合校以后的进一步发展奠定了较好的基础。

四、为人坦荡真诚　处事公正无私

熟悉张院长的人都知道，他虽历经磨难，但生性豁达、豪爽。凡学校晚会联欢，不是唱眉户，就是吼秦腔，为人随和而能与师生同乐。他的每次发言和即席讲话总能引起师生的共鸣，掌声热烈，众口称赞，这既体现了他的为人实在、真诚，不说大话、空话、套话，也展示了其风趣、幽默，驾驭语言的技巧和能力。最为人称道的是对同事、部下的关心、提携，令人难忘。张院长 1992 年到教育学院工作时，我任院党委组织部科级组织员，期间还兼任了一段时间的党委秘书。在张院长和其他院领导的培养教育下，同年 11 月我被院党委任命为组织部副部长。1995 年 10 月又被任命为组织部部长兼人事处副处长，期间组织部、人事处合署办公，我主持两个部门的工作达四年之久。张院长在政治上指导我，工作上支持我，生活上关心我。他一直教诲我作为一名部门的负责人，一定要有清晰的工作思路，勤奋的工作态度，清廉的工作作风。我一直以这三条勉励鞭策自己，工作比较顺利。那几年是我聆听教诲最多、心情最愉快的几年。1998 年 4 月，由于张院长及其他一些领导人陆续退休，教育学院组成了新一届领导班子。新班子运行不久，将我调任物理系党总支书记，从一名组织部部长改任一名党总支书记，其反差是巨大的，我当时思想上比较苦闷。张院长得知后及时打电话开导，让我"风物长宜放眼量"，使我较快地转换了角色，投入到新的工作岗位。以后又利用我搬入新居之际撰文书写了一个条幅，对我既有评价鼓励又有期待。全文如下："热情积极图奋进，孝亲敬老古国魂；安排升黜惟谨慎，考察任免特认真；宠辱伸屈心常泰，沉浮上下志永春；来日方长鹏程远，万里扬帆催征人。"

2009年6月29日，家母突然无疾而终。在我丧母的巨大悲痛之际，张院长首先是电话慰问，随后又不顾路远天热，亲自驱车从兰州前往平川吊唁，给我及家人以巨大的安慰和鼓舞，还亲自主持了家母的揭碑仪式，即席致辞，他引经据典，高屋建瓴，既评价了家母平凡而伟大的一生，又勉励我们兄弟姊妹，要继承中华民族的优良传统，与人为善，尊老爱幼，和睦相处，受到了现场来宾的高度赞赏。都说："到底是教育家，大知识分子，大领导，讲话的水平一般人比不上。"致辞全文如下："我国诗坛泰斗臧克家在纪念鲁迅先生的一次集会上说：'有的人活着，他已经死了，有的人死了，他还活着。'也记得三国时蜀汉丞相诸葛亮在《出师表》中对后主刘禅表示决心时说要：'鞠躬尽瘁，死而后已'。著名诗人郭沫若说：'无产阶级革命者有鞠躬尽瘁死而后已还很不够，要鞠躬尽瘁死而不已。'死而不已不是一了百了，要给人留下念想。有人说这是说伟人的，我认为，伟大有两种，一种是轰轰烈烈的伟大，一种是平平凡凡的伟大，尤其是平平凡凡的伟大非常不易，向雷锋同志学习正是学他平凡中的伟大。顾老太太是平凡中的伟大，她虽是一位农村妇女，死后却给人留下了念想，留下了一大笔精神财富及许多的传统美德。其中有两点应当特别推崇：一是孝亲敬老，相夫教子。年轻时孝亲敬老，孝为中国传统美德，孝字上老下子，老子在上，儿子应当孝敬老子；教一边为孝一边为文，教育归根结底是孝道文化，凡孝敬父母的人都是好人，应当尊敬；老时相夫教子，儿子是财富和希望，儿子好了大家都欣慰，也是父母教育的结果。顾老太太相夫教子，儿女们虽然不能说皆成大器，但已经都成器了，这就是她的功劳，是普通中的伟大，是值得纪念的。二是描龙刺凤，绘山绣水。作为农村妇女她能描龙刺凤绘山绣水也是对人类的贡献，是难能可贵的，是值得提倡的。她的优点很多，我再不多说了。我是个唯物主义者，尽管不相信神鬼、不相信地狱、天堂，可此时此刻我非常希望有天堂，只有好人才能进天堂，我希望顾老太太进天堂，而且这会她已经进了天堂。她是一个绝对的好人，大大的好人。根据这个意思我给她撰写了一副挽联：'相夫教子典范，睦邻友亲楷模，溘然仙逝，顾门痛折金力柱；描龙刺凤能手，绘山绣水奇才，倏尔云归，瑶池喜添女艺官。'最后我祝她一路走好，早入天庭！"

悠悠岁月情，拳拳贤者心。尽管我在张院长的领导下工作了不到六年时间，但他对我的教诲和关照,我们之间的友谊,令我没齿难忘,永远铭记。这段经历,将是我人生中一笔宝贵的精神财富。企望张院长健康长寿,快乐度过每一天,愿我们的友谊天长地久,永远不变。

顾升琪　甘肃靖远人,1953年生。曾任甘肃教育学院组织部部长,物理系、化学系党总支书记,现任甘肃联大发展研究室主任,副研究员。

一个教育工作者的品格魅力

李志强

教育是人类生存过程中最重要的社会思想活动，是人类文明进步的基础。每个时代每个民族都沐浴着教育的阳光，完成其社会制度、生存秩序的建立，推动物质文明、精神文明向前发展。

从教育的内容看，教育活动以人类社会发展所需要的知识、技能，以及生存智慧的传承为主体，特别关注人类文化思想传承，把人的成长关怀作为终极目标，以人的品格德行教育为核心。因为，从长远来看，是灵魂在主宰着人的生活。品格是世界上最强大的动力之一。高尚的品格，是人性的最高形式的体现，它能最大限度地展现出人的价值。

于是，不论是学校教育，还是家庭教育、社会教育，都是把教育者本身的品格德行放在首要位置，要求教育者在平凡的教育工作中，在日常生活和日常事务中，以自己高尚的情操，恒久的责任感，把人类勤劳、正直、自律、诚实等美德展现出来，去影响自己的学生、家人。

张克让先生是我的老领导，他不仅仅是一个德才兼备的教育管理者，优秀的人民教师，更是一个宽厚仁慈的长者。他扎根靖远基础教育三十多年，勤勤恳恳育人，培育出了一大批人才，给这一方水土造就了幸福。在平凡的工作岗位上，以自己的学识、人品，赢得了社会的尊重。我觉得他是一个富有教育智慧，深谙教育艺术的人。表现在他对教育事业的执着与热诚，对自己平凡生活中每件事每个人的尽职尽责。因此，过了那么多年，仍然有那么多学生忘不了他，以各种形式在报答他的教育之恩。物理学中有这样一个规律，作用力和反作用力大小相等，在这里我想同样也适用吧。

张克让先生给我们广大教育工作者树立了榜样，他的宽厚、仁慈、正直、善良，是给我们最大的精神力量，将会产生巨大的感染力，鼓舞我们好好做人，踏踏实实做事。借用 19 世纪英国伟大的道德家塞缪尔·斯迈尔斯的话来结束全文吧：

"人生的职责像天空一样照耀着大地；那抚慰、救治人类并给人类带来福音的慈爱之心，就像阳光一样洒满人间。"

李志强　甘肃永登人，1953 年生。现任甘肃联合大学党委书记。

我们永远的老师

万忠新　罗为民　张生禄

法国人说
只要是法国人
就没有人不知道拿破仑
靖远人同样说
只要是靖远人
就没有人不知道张克让

儿时的我们
经常听父辈兄长称道张克让
听得越多
敬慕越深　疑思越广

我们的少年
讲政治是至高的时尚
一个读大学就打成右派的人
何以让普遍的大众去赞赏

难解的疑思
促使我们天天去猜想
当一名好教师
诱使我们时时在向往

真成为一名教师
我们有幸和他同处一个学堂
第一次见到他
我们真有点失望

貌不惊人
衣着平常
没有锋利的谈吐
只有脸上时刻挂着超越年轮的慈祥

初涉人生
曾怎样忍受住了
强加给他的屈辱和世俗如刀的目光
瘦弱的躯体
是怎样挑起了
超负荷的工作量

所学所长中文
满腹经纶生花妙笔写华章
竟以政治上不够格
让他丢其所长去改行

深奥的数学
何以让他娓娓道来如诉家常
教非所长
何以让他在学生中口碑随日见长

政治上含羞蒙辱
何以让他在文艺作品中
把讴歌时代的主旋律高唱

不公正的经济待遇
何以让他在艰困的生活中
拖家带口　心若止水　平静异常

匪夷所思
他像一坛珍奇的陈酿
时光越久
越散发着回味无穷的醇香

教师是阳光下最崇高的职业
说这话给我们的第一人是张克让
用全部的心血和汗水
献身教师职业的人也是张克让

他认为
教育是一艘巨大的船
永载着学生们无数的梦想
他认为
教师是知识和智慧的传承启迪者
放飞着学生们无限的希望

在贫困　教育不普及的时代
能上学和能当教师都是幸运者
身处逆境的他
时刻如此思量

教不好一级学生
荒废的是教师几年时光
教不好一级学生
毁掉的却是许多家庭的全部希望

这感悟

是他极端责任心的源泉

这呐喊

也寄托着他对同行的殷切期望

学识渊博　　经验丰富

但他的教案精确　最细详

久负盛名　　才华横溢

但他对学生关爱胜似父母兄长

因材施教

他让每个学生的潜质熠熠闪光

全面发展

他让所教的每个学生健康成长

在他那里

探索得到支持

失败得到体谅

在他那里

激励代替了责备

信任代替了恐慌

忠于职责

他让学校成为知识的摇篮

观念更新

他让学校变成塑造健全人格的天堂

他的学生

虽然没有炫耀于世的风光

但他的学生
大多在祖国的各行各业中不同凡响

如果牛是勤劳善良的化身
他的孺子牛精神
就是所有教师的榜样
如果教育是中华复兴的希望
他的蜡烛品德
就是教育事业的脊梁

全国人大代表
全国劳动模范
个个荣誉
是祖国对他辛苦耕耘的奖赏
中学校长　师范校长
省教育学院副院长
项项任命
是政府对他人品和能力寄予厚望

今朝
他退休离岗
离休不离岗
他又在为各种公益事业奔忙

时光流逝
他的师德
凝结在他工作过的一切地方
物转星移
他的师魂
永远裂变发光

他是甘谷人的骄傲

他让靖远人时刻念想

他是我们永远的老师

他是我们学做一个大写的人的榜样

万忠新　甘肃靖远人，1954 年生。历任靖远一中团委书记，靖远县文化局长、广电局长、县委宣传部副部长。

罗为民　甘肃靖远人，1962 年生，历任靖远一中教研组长、工会主席、副校长。中学高级教师。

张生禄　历任靖远县招生办主任，县教育局副局长、局长，现任县广电局局长。

曾经的一句夸赞

——与张克让先生的初识和认知

苏震亚

1984年盛夏，心怀几分神秘、几分向往的我，有幸参加了半世人生事业中至今觉得神圣而且具有奠基意味的首次文学盛会——定西地区文学创作笔会。

记忆至今是十分清晰的。在定西解放桥旁边的定西饭店，来自全地区七县和行署机关的五六十名业余文学作者中，以张普为领队的靖远县作者代表最多，共有六名，但其中还没有张克让先生。接风便宴席间，我却无意中从笔会全权主办、地区文化名人、靖远籍地区文化处戏剧创作员路泉清与张普的乡语交流中，依依稀稀听到了张克让及其没有参会的原因。似乎是高考与笔会时间冲突了什么的，他已是学校校长怎么的，不然他亦必来笔会什么的……总而言之，那次笔会上，我于无意识中记下了张克让这一名字，并隐隐约约感知：他非同一般，至少是个有水平的教师或有才能的教育行政领导。蛮有威望的。

有缘总能相会。就在为时一个多星期的笔会快结束的一天，秦安甘谷口语，小个子，说话笑嘻嘻很和善的张克让突然出现了。说是学校里要办的急事已毕，他赶急在笔会结束前来看看，和老朋友会会面，随后就近去趟甘谷老家怎么的。当然这一切的一切，都是我在不近不远的距离间他和别人相交谈时不经意间听到的。但隐约间听清了他们表述的意思后，这次我可是切切实实认识了甘谷人张克让的，并在人们的议论中还听到了不少有关他人生起伏的事，诸如文革前的文科大学生、右派、喜欢文学等等，真有些不亦乐乎的感觉了。不过，那时的我根本还不敢正面去看他的，其实也是没有任何条件去看他，进而搭讪着说上几句诸如问安问好问文学的话的。真的！

白云苍狗，人世沧桑。定西恍惚间有别之后，转眼就到了靖远会宁两县从定西行署专员公署划出而归白银市人民政府管辖的 1986 年元月 26 日了。这一天，对于我一个大病住院多日，病况并无彻底好转，却耐不住因诗作获奖市上召开颁奖会的诱惑，托人说情办理了临时离病床的允许手续，以诗歌朝圣的心态、又有诗作喜获一等奖的些许得意，参加了白银市首届诗词歌曲大奖赛颁奖大会。就在这次颁奖会上，我近距离见到了儒气十足的张克让先生。

颁奖会是在四龙路二十一冶工人俱乐部举行的。自始至终和张普坐在一起的张克让先生距离我也不远。应该说这次颁奖会上我出尽了风头：长诗《我第一次来到这里》获一等奖不说，配乐诗朗诵是由白银市区最好的男中音朗诵者岳玉柱朗诵的。且排在整个接受朗诵作品的第二（第一是获特别奖的一位女残疾人的一首歌词），朗诵时间最长，朗诵效果最好。说效果最好的理由是，期间获得过听众大家的好几次掌声。记忆犹新的是，当岳玉柱神情悠然，声调舒缓亢奋不止，抑扬顿挫十足，激情抒发有度的高水平朗诵进入到抒情全诗的第一高潮处："我用霓虹灯下多情的舞步，/丈量田野上老爹躬身耕耘的步履；/我用影剧院里高昂的歌声，/理念煤油灯下母亲针戳拇指的叹息；/我用柏油马路上飞鸣的汽笛，/呼应乡道拐弯处拥挤的唏嘘……甚至/'巡洋舰'驰驱大街凝聚脑际的行迹，/不时地，不时地/撩起我对小径上独轮车'吱扭吱扭'的回忆……"时，张普先生首先以诚挚的口吻对我说："小苏，你出息了！"而张克让先生则连连点头肯定的同时说："写得好，写得好！"夸赞声没有丝毫的虚假，仿佛是老师对有所作为学生的肯定的那种表扬性夸赞。

因为这之前我对张普和张克让先生都有好感，特别是对他们的学识及其文学创作上的修养见识，都是以高仰的视觉看待的，所以一经得到他们的肯定与表扬，心里还是美滋滋的，甚至是很受鼓舞的感觉。尤其对于从事教育教学多年的老牌子大学生张克让的夸赞，更为在心在意，以至有过"受宠若惊"的不自在与不太相信自己。然而从此以后，不仅对张克让先生好感连连，同时开始有了主动联系的念头与打算。

无独有偶。自 1988 年 7 月 31 日下午 1 时有半，我在乡友李勤志用一辆北京吉普车由会宁县城送至当时正在筹备之中的白银市文联后，与在白银全市教育界名气越来越大的张克让先生接触的机会自然地多了。不想说和他在靖远一中当校长一把手全力以赴支持张普编办《乌兰》杂志那阵子的初步接触与交往，单要忆他出任靖远师范学校校长的那几年有过的形而上的叙谈，其实已是很有些人生志趣意味的故事了。那是我曾在会宁县委宣传部公事时的老上级师昕同志作为他的副手不久，我因生活工作有诸多的事去了他们同舟共济的学校而专门请教师昕副校长，间或也拜望过张克让先生几回。开始是互谦互敬的小叙，后来因我有些放开，谈的事自然大了点。这里的所言之大，就尽可以解释为多吧！但大也罢小也罢，我自始至终视张先生为我的没有在讲台上授过课的老师，而且以为做人、学问诸方面都是，所以言谈从不敢过失，举止也没有过冒失，俨然以当年的亲老师敬之。可见他当初在我心目中的位置。在白银饭店开全市人代会期间的两次相叙，可谓我苏震亚与至今尊崇中的张克让先生的神交了。

第一次我冒昧地问及了我的老上级他的副手曾经的处境，没想到他直言不讳相告，观点明确地尽说了其民主儒气的知识分子长处，还表明态度说，他在公众场合每每都是在有意识地树立其二把手的地位，从而断却了有人用不太正规的行为手段搞所谓竞争的念头。这次我们还谈到了全省园丁谱书籍的出版，我又从他手中借了其中载有他的教育教学事迹的文集。第二次的相叙仍然在白银饭店，谈的是他作为全国人大代表去北京开会期间，那众多的在京学生几乎每天晚上要登门看望他的可喜之事，连省长贾志杰也都看得有些眼热啊！作为教师的自豪感，我算是在他那里看到了全部。那本全省园丁谱书籍，是几年后张克让先生调离靖远师范学校，入金城兰州担任甘肃教育学院副院长之前才还给他的。当时很有些不好意思的是，原毛遂自荐要为先生写一篇文章的我，在他正式调离时我还没有写下一行文字，以至于在后来的各种场合相见时候，总感觉有点儿愧疚，至今依然未能彻底消除食言过后的羞涩。

新世纪以来，我在兰州秋天会馆参加其襟弟师克强父亲师直画展开幕式期间，有幸再度见到了张克让先生。这时的先生，已是退休好几年的老干部了。相握相叙当然是必然的礼节了。礼毕，我们自然还要谈刊物《白银文艺》及其相关的杂志与写作投稿。之间，张克让先生认真地说："你那刊物好长时间我都没有看到了，我还是想通过《白银文艺》知道咱们白银的朋友、白银的社会发展变化的，《飞天》的张存学每期都给我寄……"舒缓柔和，和蔼和气，简单明了的话语，让我绝对汗颜了数日。尽管我当时以不知道地址为由解释推脱了责任，心里还是不太踏实，以致在后来的工作生活当中偶有记起时，还难免不好意思的心里感觉。这次分手之前，我是拿了他的名片作寄刊通信地址联络之用，且回单位不久，就专门为他寄了手头的一期《白银文艺》，同时将以后通信联络的全部内容交给了属下，当即直言：必须做好，不得有失。于今，已好几年了。几年来，我没有过任何与张克让先生相见的机会，也没有得到过他对于刊物方方面面的信息指导。去年十月中旬，倒是有一次很好而又难得的机会，但又阴差阳错地失去了。那一天我正在定西市医院为一位同道因不慎而导致的一点交通小麻烦尽力，突然接到张克让先生的得意门生之一、我目前的直接领导高财庭打来的电话。这本是高财庭为我与先生相会而提供的一次千载难逢的机会，由于我平素节约成性，很少接有漫游话费的电话，这次虽然破天荒接了高财庭副主席的，但由于语气的急迫或怎么的，高主席没有向我说出他打电话的初衷，而以我不在当地之原由，就断了机缘的续接部分，让我失却了去张克让先生老家甘谷，参加他的书法作品展开幕式的大好机会。这一切，当然我是在事过以后才知道的。但知道后，虽无任何弥补能力与动因，难免失却后的遗憾则是有些时日的心绪了。据说，展览会开得很大气很有人气！好像会上还抛赠了先生出版的书法作品集，且不知何日何时也能得到先生惠赠的一本呢！

我想，倘若金城有相会，必得墨宝于我心。当然，我也会将近些年来所有涂鸦之作的结集本，馈赠与先生的。如果有我多年积累而成的散文集《高山仰止》，其中又收有我与先生相识与认知的这篇短文的话，那则是最欣慰不过的事了。

我在努力创造着这一天的到来。且不知对此先生何如。

鲁迅说："人生得一知己足矣！"

我曾得张克让先生的一句夸赞幸矣！

苏震亚　甘肃会宁人，1955 年生。现任《白银文学》主编，副编审，系中国作家协会会员。

穷经寄翰墨　浓情育桃李

张广立

　　张克让先生既是我最尊敬的师长，又是我最亲密的挚友。

　　20世纪80年代我在靖远师范上学，对张克让先生就早有耳闻。他从甘谷到兰州，再从兰州到靖远，将大半生最宝贵的时光献给了教育、献给了靖远，他兴趣高雅，爱好广泛，知识渊博，是一位深受学生爱戴的好老师、好校长。

　　后来我在市教育局工作时，才直接或间接地与张克让先生有了更多的交往和沟通。特别是在张克让先生担任师范学校校长以后，由于工作关系，我们之间的交往便更加密切，我对张克让先生的了解也更加深刻。

　　20世纪的八九十年代，正是张克让先生发展中的辉煌时期，当他经历了人生的各种磨难和沉浮之后，恰逢十一届三中全会的阳光雨露，他不仅被评为中学特级教师，荣升为靖远一中校长，而且当选为全国人大代表，后来相继赴任靖远师范学校校长和甘肃省教育学院副院长。

　　正是这一时期，张克让先生在全市教育界已经声名远扬，他在全国人代会上为教育事业的建言献策、在靖远一中和师范院校任职时的管理艺术、在历届学生心中的崇高地位，一直成为我辈学习的楷模。我深知他是一个潜心教育、热爱生活的智者，因此对他尊重有加。那时的每一次会面，我都会像小学生似地向他虚心而虔诚地请教，但他却更加谦虚，从未以一个长者或领导的姿态对我，而总是以一个同事或朋友的身份待我。这让我感动万分，以至于后来的进一步了解和熟知则缘于他对各类书籍和名人书画作品的收藏和研究。

　　或许是出于同一种爱好，当时的我除了对邮币卡的随意收藏外，我曾经深受师范学校文化艺术的熏陶，对各类书籍和书画也有着浓厚的兴趣，因此便与张克让先生有了难解难分的艺术情缘。

据我所知，从 20 世纪 80 年代以来，克让先生充分利用外出学习和开会的机会，忙里偷闲，喜欢逛书店、看展览，除了购买各类自己喜爱的各类图书以外，他还会细心寻访当地乃至全国的贤达名士，一边虚心学习，一边请赐墨宝。久而久之，他的书斋里便自然而然地收藏到丰富多彩的各类书籍和名人字画。这种高雅的爱好不仅丰富了他的人生阅历和学养，而且提升了他生活的艺术底蕴。

在他的藏书和字画中，既有古今中外他所钟爱的文史经典、教育理论、书画文集，又有亲友师生馈赠的个人编著或文学创作；既有名人名家留下的艺术瑰宝，又有亲友学子呈送的珍品佳作；既有各界名人为学校题写的校名、楼牌、校训、箴言，又有个人业余创作或亲笔书写的诗词格言、经典佳章，不一而足。

"腹有诗书气自华"，正因如此，所以他博览群书，无论是在讲台还是在报告席，不管是聚会发言还是聚餐讲话，他都能引经据典、旁征博引，这种出口成章、滔滔不绝、口若悬河的绝活，往往使他的学生或在场者赞不绝口。

1997 年张校长从甘肃教育学院退休，但他退而不休，依然笔耕不辍。除了继续兼任全省中学语文教学研究会理事长和甘肃省教育学会副会长等外，又被聘为全国教育学会中学语文教学专业委员会学术委员。他提炼出自己与学生交往的 52 个小故事，整理汇编成《滋兰树蕙录》，由甘肃教育出版社出版，先后荣获第五届中国西部地区教育图书特等奖和中国教育学会"东方杯"科研成果二等奖。

2005 年，张校长将自己多年收藏的部分影文书画汇编成册，取宋代诗人苏东坡"泥上偶然留指爪，鸿飞那复计东西"和当代革命家叶剑英"老夫喜作黄昏颂，满目青山夕照明"之意，起名《鸿爪夕明》，内收一百多张与自己相关的各类活动照片，二百多幅书画作品，数十篇论文、序言、杂谈、文学创作等，内容丰富多彩，从不同侧面展现了张校长精彩的人生历程和艺术追求，此书编印后除了馈赠相关单位和部分学校图书馆或资料室外，剩下的全部送给了自己的一些亲友和学生，至今传为美谈。

然而，最让我感动的远不止这些，而最难忘的却是对靖远师范转型时期的热切关注和期盼。2003 年我由市教育局调入靖远师范担任副校长，2007 年接任师范学校校长，这段时期正是全国中师面临升格、兼并、重组的战略转型期，也是我校发展史上最艰难的一段时期。

由于历史的原因，靖远师范久居县城，缺乏良好的区位优势，面积较小不合标准，布局凌乱且设施老化，加上中师转型由缩编到停招，给学校的发展带来了前所未有的困难，学校一班人为此曾经付出了艰辛的努力。此时此刻，张校长虽已退休，但他却总以一个老师范人的身份为学校的进一步发展献计献策、奔走呼号。

从 2003 年起，在白银市委、市政府的大力支持下，靖远师范曾经试图由三级师范向二级师范过渡，未能如愿。2007 年师范停招，市教育局引领师范在师资培训的基础上开始了多元化的办学创新。在此期间，张校长与学校现任领导同甘共苦，曾多次上兰州、去北京，为学校迁建、转型或升格找领导、找朋友、找学生，旨在帮助学校走出困境、走向辉煌，学校的师生员工深受感动。

也正是缘于对百年老校的浓郁情结和努力，白银市原市长周多明、白银市委原书记袁占亭、省教育厅厅长白继忠、市政协主席张廷魁、市委常委宣传部部长高鹰、市政协副主席白文科和朱元年等众多领导曾多次对师范开展实地调研和指导，市教育局全力支持，致使学校初步搬迁白银，现已呈现新的发展机遇。

展望未来，任重而道远。但我们信心百倍，正是有了张校长和上述各位领导的关心和帮助，正是有了现任领导的大力支持和指导，我相信靖远师范的明天会更好。

张广立　甘肃会宁人，1957 年生。曾先后在会宁县教育局、白银市教育局任职，现任靖远师范学校校长。

蕙芳兰馨 育人益世

——读张克让先生《滋兰树蕙录》感言

王人恩

时下的出版业盛况空前,印刷品难以数计,这是好事;然毋庸讳言,真正有益于人生的好书委实不多。"先把图书馆的参考书放入自己写的书里,然后把自己写的书列入图书馆里"(钱钟书语)之类的"著作",其命运不外是或尘封于仓库,或束之于高阁,或降价于书摊,或还原于纸厂;劳民伤财有余,裨益人生无一。

衡量一本书是否好,标尺固然可以列出数种,但根本的一条则应是有益于天下,有益于人生,这样的书虽不敢说会藏之于名山,但无疑会传之于后世,即使是流传几十年乃至几百年,也可算得一本好书。清初大学问家顾炎武在其巨著《日知录》"文须有益于天下"条下指出:

> 文之不可绝于天地间者,曰:明道也,纪政事也,察民隐也,乐道人之善也。若此者,有益于天下,有益于将来;多一篇多一篇之益矣。若夫怪力乱神之事,无稽之言,剿袭之说,谀佞之文,若此者,有损于己,无益于人;多一篇多一篇之损矣。

顾炎武是着眼于文章的功能而言的,诚为通明之论,因为一文、一书若没有有益于天下、有益于人生的内容,则无论它有多么华丽的外包装,都会像塑料花一样发不出一点芬芳的香气,也就谈不到吸引读者、传之后世了。读了张克让先生的《滋兰树蕙录——我和我的学生》,更加深了我对"好书"的判断标准的认识。这是一本可读性极强、有益于天下、可以传世的好书,而绝非泛滥成灾的损己害人、平庸趋时之作。

可读性极强是此书的显著特点之一。我是一口气读完此书的，我时而卧，时而坐，时而捧腹，时而凝思，时而激动不已，时而肃然起敬，大有读其书、想见其为人的感受。52个写实性的故事各具丰神，变幻不一，引人不忍释卷而须终卷。这令我想起《二程遗书》中的名言："凡看书各有门径，《诗》、《易》、《春秋》不可逐句看，《尚书》、《论语》可以逐句看。"《朱子语类》亦指出："《论语》要冷看，《孟子》要熟读。"熟读者，快读、急读也。窃以为，《滋兰树蕙录》先要快读，后要冷看，它那情节的引人入胜、语言的幽默诙谐、叙事的简洁传神以及民歌谣谚的穿插引用等都对增强该书的可读性起到了很好的作用，直可吸引读者急于读完，而且觉得这是一种享受。即此一斑，足可见出《滋兰树蕙录》文澜之壮阔了。因为一本没人看的书绝不是好书，它的社会功能等于零。

虽然如此，我以为《滋兰树蕙录》的真正价值尚在于它为读者、尤其是教育工作者提供了一个真实而独特的参照系统，书中所蕴含的极为丰富的教书育人的经验和为人处世的哲理值得每一个教育工作者去认真借鉴，同时也为学生和家长提供了一本学习的好教材。要而言之，通过借鉴《滋兰树蕙录》，我们可以"依样画葫芦"。作者从事教育工作近40年，其间经历"反右"、"文化大革命"等劫难，后有校长、副院长等桂冠，还有"特级教师"、"全国教育系统劳模"、"全国人大代表"、"全国先进工作者"等殊荣，可谓饱尝了人生的苦辣酸甜，自然对人生的感悟颇为深切。在这种意义上讲，作者本身的经历就是一本人生的好书，蕴含着许多无价的财富。而作者又通过文字的中介把对人生的真切感悟转化为物质性的著作，这就已经接通了个体（作者）与群体（读者）之间的桥梁，教育工作者在跋山涉水的行进中自可通过《滋兰树蕙录》这一可靠可信的桥梁直接走向成功的彼岸，又何必去经历那"溯洄从之，道阻且长；溯游从之，宛在水中央"的探求、彷徨而延误时机呢？我们相信，读完此书会深切体会到：书中52个故事几乎涵盖了教育领域的方方面面，一个个普遍而典型的事例或者是你我曾经遇到过的，或者是我你以后会遇到的，而无论是"小恙"还是"顽症"，作者凭其数十年的"临床经验"为我们开好了医治的良方。而对此境彼情，我们可以拿《滋兰树蕙录》去进行操作，去"依样画葫芦"，以解决我们工作中所遇到的难题，排遣我们心中郁积的烦恼，做好我们的本职工作。就此而论，《滋兰树蕙录》可谓教育工作者的益友良师，案头可常置的必读、常读书籍。只要人类存在，教育就不会消亡；只要教育不消亡，《滋兰树蕙录》就不无其参考、存在的价值，它之传于后世——哪怕数十年——乃是不容怀疑的。当然，教育工作者"读书当知合变",方可出奇制胜,方可与作者并驾齐驱甚至后来居上,若此则可喜;若一味胶柱鼓瑟,不会守经知权,则有可能刻鹄不成反类鹜,甚而至于画虎不成反类犬,那就不是《滋兰树蕙录》的责任了。

张克让先生滋兰树蕙几十年,桃李遍天下,该书的出版会使更多的兰蕙茁壮成长,其嘉惠学林、有益天下之功将日益彰明。作者自言"教书育人的记忆仓库基本上被掏尽了",这是谦词,或可视为文人的"狡狯笔法";凭作者 38 年的丰富经历,其所积之薪决非 52 个故事就能"掏尽"的。虽然其火必将传于弟子,但是贮藏的薪草不燃岂非浪费?我们翘首期待《滋兰树蕙录》续篇的早日问世。

王人恩　甘肃白银人,1957 年生。曾任甘肃教育学院中文系主任,副教授。现为福建集美大学文学院教授、硕士生导师。系福建省古代文学学会副会长,中国《红楼梦》学会理事。

德高望重　教育楷模

路承库

尊敬的张克让校长是一位德高望重、事事为他人着想的好校长。

我是 1982 年到靖远一中担任物理教师的，当时张克让先生是副校长。1984 年，他出任校长。时光已过去将近三十年了，我也与先生分开有二十年之多，先生的一切言行还历历在目，现在的他我想还如当年，走路生风、步伐轻盈、活力四射、时刻谈笑风生，乐天派一个吧，我印象中的他永远年轻。

先生的成功，在于高尚的人品、出众的才识、过人的胆略和非凡的亲和力。当时，全校上下不管是年轻还是年老的教师都对他尊重有加，他从不以校长的职务自居而高人一等，而是时刻保持明智的头脑，不仅关心老师们的工作，而且时时关心老师们的生活。与先生共事，给先生做部下，耳濡目染，受益良多，工作愉快。先生是个卓有建树的学者，也是一名教书育人的典范，他对教育事业的深厚情感和执着的追求，感召着每一个人，他敬业爱岗，恪尽职守，教书育人，无私奉献。

先生是一个教育家，他研究教育，研究教育的发展和改革，眼界就是境界，眼界就是卓识，他有崇高的理想和境界，他著书立说，治学严谨。在我的印象中，先生的教育思想、教育理念早在二十多年前就与当前的教育系统的教学改革，新的教育理念几乎是同出一辙，他注重以人为本的教育思想，注重学生的能力培养和全面发展；在教学指导思想上把教学重点放在培养学生个性的全面发展，重视教师和学生双方主动性的发挥，并以学生身心的发展为教学的根本目标，通过教学来促进学生的发展，制定有依据有针对性的课堂教学目标；在教学方法上，在提倡对传统教法进行改革的同时，强化集体备课，更加强调课堂训练方式以"老师讲授、学生反馈、师生讨论、学生自主解决"为主，同时，注重课后反思，要求课堂教学行为的师生互动；在学法指导上，注重提倡学生自主学习、合作学习和研究性学习，贯彻启发、重视反馈、讲求效果，授之以渔；在教学组织上，灵活运用多种形式，改变单一的班级讲授课制，辅之以分组讨论和个别指导，针对不同学生分层教学，因材施教；在课堂评价上，要求课堂评价以学生为本，以学生的掌握情况而不是教师的课堂实现情况来评价课堂效果，将学生学业进步和个性发展作为课堂教学效率评价的唯一测量指标和终极追求。

思路就是出路，出路就是财路，出路就是效益。先生在继承一中优秀文化传统的同时，进而对学校的文化资源、人力资源、物力资源、社会资源，对学校的客体形象、组织形象、内形象、外形象，对学校的办学优势与劣势等做出系统、科学、全面的分析、评价；对学校的共同愿景、办学理念、办学目标、办学模式、办学特色、管理机制、队伍建设、发展策略、战略步骤等进行论证；对学校的精神力、执行力、感知力等系统进行梳理和设计；对学校的理念文化、组织文化、管理文化、制度文化等进行分析和整合，找出"创新点"，形成思路和规划。他的办学思路是：要办好一所学校，先要有一批教学骨干，而并非几栋大楼，他惜才、爱才、用才，通过他的考察，他认为对学校发展有用的人，主动推荐到合适的岗位，他不仅为靖远县、靖远一中，还为其他县区、学校培养教学骨干和学校领导。记得当初校长让我任学校团委书记的事，我当时也没有考虑过，更没有思想准备，我对校长说："校长，我担任不了，我没有那个能力。"校长微笑着说："谁说你没有能力，我看你很有能力。"我恳求道："校长，别人都比我强，我很清楚自己的实力，我真不行。"校长和颜悦色地说："你又没干，咋就知道自己不行？你应该相信自己，我也相信你，你应看到自己的优势，相信自己，因为自信是成功的第一秘诀。"接着校长语重心长地说："你年轻有为、能写会画，你的能力学校老师们都有目共睹，让你担任团委书记是学校对你工作能力的肯定，领导们相信你有这个能力，相信自己，你是优秀的！"我默默地点了点头，应化了校长的重托。我的确不喜欢做领导工作，管理不是我的优势和特长，由于先生的鼓励，使我也很快地成长，我也从此开始涉入了学校的管理团队。对于其他人，先生也是如此对待，先生往往是从一些看似平凡而又简单的事情做起，用他那博大而又细微的爱心去影响教师，去关心学生。从先生的言行中，老师们受到了感染，学生得到了关爱。正是他——明智的校长带领我们共同营造了一个令人舒心、令人畅怀、令人称赞的人文学校、和谐校园，为靖远一中教育教学成绩的连年辉煌和进入省示范性高中打下了坚实的基础。

先生是一个社会活动家，上至北京下至偏僻山村，大到国家级的领导人，小到普通的平民百姓，凡他所知大大小小之事他都主动出谋划策，左右周旋协调。他不论在任职期间还是退休之后，不论熟人朋友，还是非亲非故的他人，只要有人求于他的事，都尽心竭力，并且一办到底。他关心同事，知己相待，记得他在北京开全国人代会的时候，休会的间隙他到处周旋，走访拜见名人大家，争取为靖远一中题写校名、楼名并索求书画，期间并没有忘了自己的同事。靖远一中收藏的书画作品，有很大一部分是先生发起征集并收集而来，他竭力为学校的文化氛围的营造和环境育人而奔波。

先生性格开朗，乐观向上，始终保持有一颗年轻的心，他喜欢音乐，能自编剧本，自己导演自己演出，每年的师生联欢，他组织，他带头，并有精心准备的压轴节目，每次的演出给师生以愉快和欢乐。

先生热爱书画艺术，酷爱收藏，他的收藏古今皆有，种类齐全。他无偿举办过多次收藏展览，为社会开放，为人民服务，先生自己更是精通诗词与书法理论，每次的展览他也是讲解员，身为教师出身的他，有把复杂问题讲简单，简单问题讲复杂的能力，他非常谦和，平易近人，讲真话说实话，总是把自己的经验与见解贡献出来与大家共享，他擅长书法创作，且谦逊好学，经常与向他求字学习者互相探讨，互相切磋，他的书法走向社会，走向大众还是在他退休之后，很受人们喜爱。他的书法，是传统意义上的创新。他博览群书，遍临诸帖，软笔硬化，钢中含柔，有气势有力度，写出自己特点，迁就了大众的艺术欣赏倾向。我也喜欢书法，受先生书法的影响也时而找找这种感觉。

我拉拉杂杂地说了些，想到哪说到哪，不成体系，不成文章，但都是实话实说，实际上还有好多好多，毕竟太凌乱了，就到此为止。我自参加工作一路走来，感激引导、指点、帮助我的所有人，"感恩的心，感谢有你……感恩的心，感谢命运"，身在他乡，回首难忘的过去，思绪连连，尊敬的张克让先生我永远铭记，也祝愿先生健康长寿。

最后借用唐人刘商的一首诗以示对先生的敬意。

虚空无处所，仿佛似琉璃。

诗境何人到，禅心又过诗。

路承库　甘肃靖远人，1957年生。曾任靖远一中团委书记、教导主任、副校长、书记。现任深圳清华学校高中部校长，中学特级教师。系甘肃省书协会员、深圳市书协会员。

一个令人崇敬的人

吴贵栋

三十年前，我刚从天水师专毕业，被分配到靖远一中担任语文教师，见到了张克让先生。当时，张克让先生是语文教研组组长，朴素的衣着，戴一副眼镜，开口说话总是带着笑容，很热情地帮助我和一起分配到语文组的齐伯平收拾办公用品，并介绍我们认识组里的所有同志，声音很洪亮，偶尔说句幽默的话，让人忍俊不禁，和蔼的样子感觉非常亲切。翌年，尊重知识，尊重人才的措施进一步实施，专业优异的张克让先生被破格提拔为靖远一中副校长，1984 年又荣任校长。1987 年下半年我调离靖远一中，等到 1992 年我再次来到一中工作的时候，张克让先生已经是甘肃教育学院副院长了。我们一起共事七个年头。

张克让先生深受学生爱戴，他所带过的学生对他都有很高的评价。爱生如子的情怀，广博深厚的知识，幽默风趣的语言，炉火纯青的教艺，无不为学生津津乐道。

我没有亲聆张克让先生授课的幸运，但在从教路上却受到了先生无微不至的关怀，使我终身受益匪浅。我初到靖远一中任教时刚刚 19 岁，所带学生和我的年龄差不多，面对学生有些不知所措。张克让先生作为组长，在审批我的教案的时候，对教学重点难点的把握，对教学方法的确定，都耐心细致地指导，在先生的帮助下，我很快成长起来了，教育教学工作受到学生的认同，张克让先生很是高兴，认为我很有悟性，是块当教师的材料。并且支持我大胆进行教学改革，亲自指导我怎样和学生互动，实现以学生为主体，以教师为指导。应该说我的改革实践是成功的，受到了县教育局的重视，当时县教育局干部冯瑄在没有通知听课的情况下，推门听了我的课，给予了很高评价。这也引起了张克让先生的重视，他决定重用年轻人。1985 年 7 月，全国中学语文教学研究会济南会议召开，张克让先生派我去与会学习。先生的青睐使我备受鼓舞。于漪、钱梦龙等教改大家的治学精神、大家风范给我留下了深刻印象，其教改经验也对我的教学产生了深远影响。此后，我在张克让先生的指导下，针对高中语文课文长，学时短的实际，尝试进行长文短教，收到了一定效果。语文课本的单元结构，是把同类文体编写在同一单元，于是，我探索把每篇课文的侧重点找出来，同语文组的老师们一起总结出"一课一得，得得相连"的教学方法，改进了语文教学方法，提高了教学质量。在白银市首届教学新秀比赛中，我取得了一等奖。大胆使用、精心培养青年教师是张克让先生的工作特点之一，而我就是先生着力培养的重点对象，先生之恩，当铭肺腑。

1992年初，我又回到靖远一中，其时张克让先生已经是甘肃教育学院的副院长了，他钟爱着为之奉献了三十多年的中学语文教育，兼任甘肃省中学语文教学研究会理事长的职务，第六届年会在白银市召开，因为我在全市中青年教师教学大比武中以遥遥领先于别人的成绩取得了文科组第一名，被推荐在省中语会年会上做观摩课教学，一堂《祝福》，深得来自省内各地专家的称赞，张克让先生对我的成绩十分欣慰，又极力推荐我参加全国优秀语文教师评选活动。2003年9月，教师节的时候，我被全国中语会命名为全国优秀语文教师，获得了学术界的很高荣誉。往事历历，张克让先生在我的成长历程中给予的关怀爱护，时时激励着我勤奋努力。

张克让先生多才多艺，在树德育人的同时，他非常注重学生兴趣爱好的发展，就是现在提倡的发展学生特长。学生的小发明、小创造、小制作都取得了很好的成绩，与现在学生只读书本知识，忽视动手动脑相比，让人感慨万千。他非常注重师生文艺生活，每年都举办歌咏比赛、文艺晚会，尤其可贵的是，他亲自登台，为师生表演节目。尤其擅长演剧，与张秀英老师表演的《夫妻识字》、《兄妹开荒》和黄梅戏《夫妻观灯》深受广大师生赞扬，在校园文化建设方面，留下了美谈。当时，我在教研组教师中年龄小，演节目的时候，张克让先生总是要求并鼓励我参加，我从小就没有参加过表演活动，在先生的激励下，也曾登台献丑，现在想来，感觉自己当时胆子太大，没有一点表演基础，居然敢上台表演，虽然可笑，但也留下了美好的回忆。

时间是易过的，和张克让先生一起共事的日子已经过去了二十余年，作为当年娃娃老师的我，现在也人到中年，华发已生。张克让先生总是自豪地称自己是靖远人，所以，虽然身居兰州，也常来靖远走走，他珍爱靖远一中的一草一木，牵挂学校的发展变化。去年先生来靖远参加他所带过的老学生聚会，我再次陪同参观了校史展，游览校园，先生抚今追昔，感慨万千，希望我们这些后来者能够继承前辈优良传统，坚持科学发展，坚持改革创新，竭诚尽智，励精图治，把靖远一中建设得更加美好，造福靖远人民，多出人才出好人才。他的赤子之心，他的深谋远虑，他的伏枥之志，他的达观热情，深深感染着我。

秋天是收获的季节，这个秋天对于张克让先生具有特殊的意义，他的学生们怀着对德高望重的老师的崇敬，相约出一本集子，追忆往昔岁月，表达对张老师的感恩之情，对于终身从事教育工作的人来说，这是最高的褒奖，也是真正的幸福。衷心祝愿老校长张克让先生健康长寿，吉祥如意！

吴贵栋　甘肃靖远人，1962年生。历任靖远一中团委书记，教导处主任、副校长、书记、校长，中学高级教师。

我眼里的张克让院长

王金寿

张院长是一个忠孝仁义的人。

他个子不高，但给所有认识他的人留下的都是高大的形象。他温和平静，善良热情，知识渊博，才华横溢，风趣幽默。浑身都是艺术细胞，既能书法、绘画，又能自编自演秦腔、小品。既是书法家，又是书画收藏家。既会当官，又会当老百姓。既坚持原则而又极具人情味。既平凡而又不平凡。

他的忠，体现在对党的教育事业的执着、忠贞。他是从教三十多年的普通中学语文特级教师，语文教育改革家，又是中学校长、师范学校的校长、甘肃教育学院副院长、第七届全国人大代表、全国劳动模范、甘肃省教育学会中学语文教学专业委员会理事长。无论是在身处逆境右派分子时期，还是改革开放大展宏图的顺境；无论是上班，还是退休以后，他始终保持一个人民教师的本色，执着于党的教育事业。

我与张克让院长的相识始于1989年夏。那时，省委宣传部组织了知识分子成长之路报告团，在省内高校巡回演讲，当时来甘肃教育学院的共有三位劳模，印象最深的是靖远师范张克让校长的演讲。不知是其他两位劳模事迹不吸引人，还是张校长的口才太好，抑或是我们都是教师（教育学院的学生都是来自全省各地进修本科文凭的中学教师）的缘故，上千名学生一反骚动的常态，静静地听，并时时报以热烈的掌声。记得他说："我这个劳模是捡来的，原先白银市推荐的劳模中，我是候选人员，有一位劳模由于超生，违反了计划生育政策，被群众检举了，我才替补出场了。"顿时场内一片掌声。那个时代，人们的观念中，劳模就是英雄，英雄都是"高大全"式的人物，所有的事迹及言行都是具有榜样力量的政治典型，令普通人可望而不可即。他能如此大胆地说实话，令大家耳目一新，顿感劳模也是普通的人，劳模的选举原来也有这样的"不神圣"。

然后，他讲自己如何作为一个小右派分子被下放到靖远劳动改造，先是做校工，打扫卫生，到后来教师不够，让他这个西北师大中文系毕业生去教数学。因为数学里没有政治，不可能传播反革命言论，腐蚀革命青年。由于他的数学课讲得好，深受学生的喜爱，学校索性让他每周带二十多节的数学课，从几何到代数，他都带过来了。后来学校又缺俄语教师，又让他教俄语。他更高兴了，说明组织对他信任了。他说：每天几乎都要上五六节课，晚上既要备课，又要批改作业，直到深夜。累是特别累，可是他这个小右派却每天都是"不亦乐乎"。一直讲到他如何进行语文教学改革，教育质量不断提高，再到他当了靖远一中的校长，领导教师轰轰烈烈搞教改，使得靖远一中成为全省瞩目的学校等等。

后来，他调到靖远师范当校长，狠抓教学，从"三字一画"的基本功抓起，开展了丰富多彩的校园文化竞赛，风风火火，如火如荼。

就在当年的9月，省委组织部任命他为甘肃教育学院副院长，这样我们才有缘开始相识。

这里有一个很有趣的故事：

他刚接到调令时，省委组织部派人与省教育学院的领导一同去靖远接他，谁知他竟然傻乎乎地与组织商量，能不能把他留在靖远。当时组织上认为他是在谦虚，没有在意。可是，他到甘肃教育学院不到半年，就跑回靖远，央求组织让他继续留在靖远师范当校长。这一下可是闯祸了，省委组织部发火了，非常严肃地批评说："你张克让是不是共产党员？知道不知道党的组织原则？"他像犯错的小学生一样，怯怯地回答："我是共产党员，我服从组织安排。"他就是在这样的情况下，才乖乖地来到了省城的。在别人眼里，甘肃教育学院虽然比不上西北师大等高校，但它毕竟是一个地级单位，副院长是副地级干部啊，很有吸引力的。许多人都抢着走后门拉关系，挤破头地往这个位置上来，可是他却是如此不懂"世故"。

那时的甘肃教育学院地处雁滩农村，条件非常艰苦，不通公交车，也没有自来水吃，更没有高楼大厦，全是平房，周围都是农田。甘肃教育学院创建于1956年，"文革"期间合并到西北师大，1979年从师大分离出来，先举办普通专科教育，后承担全省中学教师学历达标的本科成人教育。1981年夏天，学校遭遇了水灾，黄河洪水回流淹没了学校，这里几乎变成了一片废墟。学校不得不在兰州和平饭店住宿，借兰大、师大等学校教室上课。洪水过后，虽然搬回原址建校，但是由于省上的投入不足，学校的基础设施非常简陋，发展也很慢。

张克让院长来校后，主要分管教学、人事、财务和院办公室，手中握有人、财、物大权，可谓大权独揽啊。可是，他对待手中的权力，却是如履薄冰。学校当时财政极度吃紧，广大教职工怨声载道，问题也是堆积如山。他认为越是艰苦的时候，越是要争取大家的理解、信任和支持。便召开全校职工大会，顶着压力和误解，向广大教职工讲明了学校的难处，讲清了学校发展的思路、对策和措施。记得当时他离开领导席，站在主席台前边的高台上，风趣地说："我个子小，要站在高处，站在最显眼处，不然的话大家看不见我。"我想，他这不是作秀，而是以自己特有的行为语言给大家建立信心，表示他要为广大教职工挑起奋战难关大任的决心。他以诚恳的态度和煽动性的讲话，赢得了广大教职工的理解，也增加了他们的主人翁意识和责任，工作更积极了，怨言也少了。当时有些要求调动的骨干教师，也都看在张院长的面子上留下来了。

除了财政吃紧外，当时教师的职称也是一个大问题。由于当初建校时从地县抽调的一批教师，职称问题都没有解决。这其中有教师本人努力不够的原因，更主要的是当时职称评定工作开始不久，省上对成人高校的高级职称数核定很紧。

他以科研为突破口，狠抓教学质量，锐意改革，鼓励广大教师，积极努力，学外语，搞科研，发表论文。同时，他充分发挥自己的人力资源，四处游说，争取高级职称名额。记得1993年10月，省上高级职称评定工作结束了，但是学校里的三名教学很好的老讲师因为外语成绩给刷掉了。当时，他比这三位教师还要着急，跑到厅里汇报，请求省上能给予政策支持和照顾。记得当时厅里接待他的那位科长见张院长来了，就热情让座倒茶，可他却像一个犯了错的小学生，站着汇报情况，陈述学校的困难，态度诚恳得感人。最后，厅里开恩了，让学校自己请专家评委，破例为这三位同志进行了一次论文答辩。他高兴得像吃了蜜糖似的，坐着他的破吉普车，到处请专家，举行了这场特殊的职称答辩会。我当时跟随在他的身后，目睹着他的所作所为，心里有一种说不出来的激动，觉得他是那么高大那么让人信赖。

他是一个有大智慧的人。虽说主管教学，但是从来不干涉教务处长干事。他说："我是一个中学教师，不懂大学的教育，你们就放手抓教学吧。"可是，背后却积极为教务处长排忧解难，遮风挡雨，为全校的教学改革、教育教学水平和质量的提高，创设着良好的政策环境、经费等教学条件保障环境。其辛苦劳累自不待言。

教育学院的学生都是成人，只管学习，不愿意参加学校的各项活动，校园文化一片沉寂。他与教务处一起，抓住新年晚会这个机会，要求全校积极开展丰富多彩的文艺活动，不仅学生要参与，而且教师及机关干部都要参与。他放下院长的官架子，身先士卒，带头参演节目，亲自编写小品，既当演员又当导演，与同事及自己的小女儿登台演出。这可是高等学府里少有的事情。如他自编自演的小品《海外来信》、《教授教女》、《出书难》等，都是那几年学校文艺会演的压轴戏，观众的掌声似乎能掀掉文化礼堂的屋顶。当时，学校的新年晚会就像过年似的热闹，家属区的人晚上也都来学校看张院长的演出，校领导也都一反平时的严肃和高不可攀，频频登台亮相，学校的气氛异常活跃。他说："学校教育最核心的是育人，毛泽东德智体全面发展的教育思想就是把育人贯穿于学校教育的每个环节，失去任何一个环节，教育都是不成功的。"

与此同时，他积极支持学生的文学社团活动，但是学校当时没有这方面的经费预算。于是，他每月从自己的工资里拿出一点钱资助各种文学社团的活动。雁苑文学社，曾先后出现了像汪渺、辛轩等一大批我省乃至全国知名的青年作家。这些文学青年，至今都与张院长保持着友好的交往。

他说，高校建设应该是人才建设。他在用人情挽留人才的同时，又积极地发现人才，储备人才。1995年，省委组织部要求学校推荐院级领导，他坚持原则，把干部的人品放在首位，积极推荐省管后备干部。经他推荐的几位干部现在都已经成长为年富力强的地厅级领导。由于他坚持原则，敢于说真话，由此也得罪了一些人。但是，他始终坦坦荡荡，当着当事人的面说："省上来考察，我没有推荐你！"

同时，在他任上分配来的新教师，有一些是靖远籍的，也曾经是他的学生。因此，有人说："张克让见靖远人就要。"事实上，当时他调来的或者分配来的这些同志，现在已经成长为学校教学及管理的中坚力量。事实证明，他当年选人进人的标准是正确的，并不是不讲原则的任人唯亲。

我是中文系一名普通的年轻教师，很少与他有来往，更谈不上巴结讨好。他是从学生口中知道了我，说我的教学深受学生欢迎，科研上还算可以。在他当选为甘肃省中学语文教学研究会理事长时，推荐我当他的副秘书长。从此，和他接触的机会就多起来了，对他的敬仰之情也与日俱增。我才发现，原来在他乐观开朗的外表下面，是极度的疲惫，是对学校事业发展的强烈忧患与焦虑。他的头发越来越少，也越来越白了。从中我看到的是一个知识分子对党的教育事业的无限热爱和忠诚。

担任甘肃省中学语文教学研究会理事长的数年中，他吸纳和团结各方面的人才，把各高校从事中学语文教学研究的知名人士，省级重点中学语文教学改革的能手都网罗在麾下，积极开展各种服务于中学语文教学的活动。他奖掖后进，树立推广教改典型。经省中语会组织选拔，先后推荐了一大批优秀教师，代表我省参加全国中学语文教学研究会每两年举办一次的语文优质课课堂教学观摩大赛，都取得了全国二、三名的好成绩，这些老师现在也都成长为省级骨干教师或中学校长。

省中语会是一个民间社团，是全省中学语文界教育教学的学术研究机构，上级主管部门不划拨经费，也没有什么政策支持。张院长凭着对中学语文教育事业的热爱，不计较任何名利得失，牺牲业余时间，积极开展全省语文课堂观摩教学，中学语文教师论文大赛，中学生作文大赛，先后编辑出版了《创新改革发展——甘肃省中学语文教学改革论文集》、《甘肃省"创新杯"优秀作文》（中师卷、高中卷、初中卷）（甘肃人民出版社出版）等，有力地推动、深化了全省的中学语文教学改革。省中语会常务理事会在他的领导下，团结，奋进，从不闹任何无原则的纠纷，是所有民间社团组织里少有的。省中语会也多次被省教育学会、全国中学语文教学研究会评为先进社团组织。

他更是一个孝子。

张院长母亲去世较早，他在甘肃教育学院工作的时候，父亲已经是八旬老人了。他每年都要回家看望父亲，父亲过生日，他再忙也要抽空去，并且很隆重地给老人办了十多次寿典活动。每年清明，他再忙，也尽量回去给母亲上坟。

父亲和弟弟生活在甘谷土桥村一个温馨的四合院里，一砖到顶的砖瓦房，院中花园里是郁郁葱葱的树木、蔬菜和鲜花，静谧清幽的环境，显现出农家的幸福、和谐与美好。老人精神矍铄，身体很健康，很慈祥也很健谈。1998年9月，甘肃省中学语文教学研究会在天水召开年会，会后甘谷县教育局邀请张院长去作报告，作完报告已经是下午6点多了，晚上8点的火车，时间非常紧张。他抽空让我陪他一起回家看望老人。记得老人很自豪地对我说，克让对他非常孝顺。我很感动也很受教育。

对岳母也是极尽孝顺之能事。他时时对我说，他岳父一家是他的恩人，在他最倒霉的时候，是他的岳父、岳母给了他一个家。我也曾多次陪同他回靖远水泉看望老人，老太太是一个极富高雅气质的人，那样坦然、从容，令人敬仰。老人家有孙子重孙72人，其中本科以上文凭的就有30个，硕士研究生学位的12人，博士研究生学位的2人，分布在世界各地。老人曾给我说，他的孙子在北京读大学，后来又在北京工作，娶了个在新华社工作的北京女娃。可是，一回到水泉，脱掉西装就干农活，背着背篓到猪圈出粪。她到北京去的时候，孙子搀扶着她游览长城，游人都羡慕她，都夸她的孙子孝顺。老人说，孙子们能这样孝顺，与他姑父（张克让）的教育和影响分不开。因为，这些孩子都是张克让的学生，都是他亲自教育出来的。他们对姑父有着特殊的感情，既是严师长辈，又是无话不说的朋友。他们学习、工作、恋爱，家庭中所有的事情，都给这个姑父讲，认真听取他的意见。我相信这是事实。

张院长退休后，有一次，省上秦腔大会演，他专程接来老岳母，并邀我与他们一家一同看戏。当时，他已经是需要人照顾的老人，可是在老岳母面前好像就是孩子，坐在旁边时不时地给老人说戏，搀扶着走路，无微不至，显得那么自然。

现在他老岳母已是88岁高龄的老人了，身体依然硬朗，精神依然矍铄。张院长也是七十多岁的老人了，但是，他的孝行依然不变。

张院长更是一个仁义之人。

他的仁义，体现在他宽广博大的胸怀和仁慈善良的菩萨心肠。"文化大革命"时期，把他往死里整的人，他都一笑泯恩仇，说那是当时的形势所逼，不是他们本身的错，从来没有计较过。并且在他当校长、副院长期间，还为这些整过他的人的孩子的上学、工作问题主动帮忙。

他的一个学生在兰州开了个飞毛腿酒店，他主动给这个小店写字画，并且利用他的人缘，主动为学生拉生意，现在的飞毛腿酒店已经是兰州小有名气的酒店了。

学生两口子闹矛盾要离婚，他听到后，主动找上门，苦口婆心，化解矛盾。学生家里有困难了，他听说后就发动做官的学生给捐款，他自己当然也是身先士卒。他家来的最多的是来自乡里的老学生，要么是孩子上大学，要么是家里有病人到兰州求医，他是有求必应，跑前跑后，出钱出力。

张院长的学生，不仅当官的多，而且各行各业都有很优秀的人才，所以学校的职工有事都找他帮忙。他都是逢忙必帮，而且帮得很彻底。如教育学院数学系的一位教师，孩子得了脑炎，在兰州治疗无效的情况下找到了张院长，他二话不说就打电话介绍那位教师一家去北京，找到在北京301医院工作的他的学生，使孩子得到了很好的治疗，这位老师至今念念不忘他的大恩大德。

仅仅是他部下的一位教师，当有困难找到他的时候，他都是那么的慷慨那么的仁义，当成是自己的事情去全心全意地帮忙。这是多么高尚的品质啊！

退休后，家属院里谁家娶媳妇嫁姑娘，他是有请必到，或者当主婚人或者当证婚人。时间长了，他积累了一整套主婚证婚的演说词，引古论今，既有对新人的祝福，又有对晚辈的教导，成了名副其实的主婚证婚专业户。谁家乔迁新居了，他根据其人品、性格，创作诗歌并书写成中堂，装裱好送去，表示祝贺。单位的老同事去世，家里亲人去世，他也是撰写挽联，亲自去吊唁。

每年春节，他都要给家属院门房撰写春联，如2007年，甘肃联合大学接受教育部教学质量水平评估，他给我说："学校评估你们都很忙很辛苦，我现在退休了，也出不上力帮不上什么忙，就给大家写副春联鼓鼓劲吧！"于是，根据当时的实际给门房撰写了这样一副对联："小院虽小，但系藏龙卧虎风水宝地；大学不大，却为滋兰树蕙德才乐园"，横额是："前程似锦"，表现了一个老领导对学校事业发展的良好祝愿。再比如，猴年新春，他针对家属院中的安全问题，又撰写了这样一副对联："欢度春节，晚出晚归莫大意；喜迎猴岁，海吃海饮须小心"，横额是："居安思危"，既为大家祝贺春节，又肯定和表扬了门卫人员的工作，同时提醒大家，要警钟长鸣。

正因为如此，张院长是一个退休了还能与群众打成一片的校级领导。我们下班了，时常能见到他站在门房，手里提着东西，热情地与每个同事打招呼攀谈的身影。

子曰："四时行焉，百物生焉，天何言哉？"（《论语·阳货》）古训云："品行高时人自伟。"这正是张克让院长平凡而又不平凡之所在。

王金寿　甘肃清水县人，1963年生。曾任甘肃联合大学教务处副处长，现任学校招生就业处处长。教授。系甘肃省中学语文教学研究会秘书长。

育人良师　治学楷模

——记我的老校长张克让先生

张维发

　　我是 1982 年到靖远一中从事中学数学教学工作的，当时张克让先生被任命为副校长，1984 年，他当上了校长。作为一校之长，他不但积极支持各教研组工作，成立各种课外小组，还创办《乌兰草》文学社，带头进行教育改革，积极总结经验，四处推广。先后被选为白银市中语会理事长，甘肃省中语会理事长和甘肃省教育学会副会长。后来，他又先后调任靖远师范校长和甘肃教育学院副院长，虽然不再从事具体的教学工作，但依然心系教育。

一

　　张克让先生是我的老校长，是个卓有建树的学者，也是一名教书育人的典范。他对教育事业有着深厚的情感和执着的追求。在他的人生中，曾以极大的教学热情和强烈的教学欲望投身于教育教学工作中，他敬业爱岗，恪尽职守，教书育人，无私奉献，在三尺讲台上默默地耕耘着。从 20 世纪 50 年代到 80 年代末，亲聆他教益的学生数千人，可谓桃李满天下。

　　"只问耕耘，不问收获"，这是先生教书育人治学的格言。躬耕勤作在讲台上的先生，严格履行教师的职责，认真完成教学工作中的每一个环节，备课充分，授课认真，语言生动，方法灵活，条理分明，深入浅出，通俗易懂，答疑耐心。他尊重学生、了解学生，因材施教，理论联系实际，善于启发学生的思维，教学效果良好。他坚信：只要精细耕耘，就必有收获。凡听过先生的课、讲座、报告的人，都无不被他的纵横驰骋的口才、敏捷缜密的思维和渊博的学识所折服。

　　教书是手段，育人是目的，先生十分重视人才的培养和提高。在教学实践中，他一是在重视理论教学的同时，强调学生实践能力的提高，尤其重视课外实习的辅助教学。多少个寒日酷暑，他指导学生，开拓学生学科知识视野，提高学生的科学研究能力；二是想方设法为青年教师和学生提供参与学术研究活动的机会，使他们开阔眼界，广交良师益友，提高年轻人社会活动的能力；三是爱惜、重视有成绩的青年人，鼓励有成绩的青年工作者。

他既是学生的良师，又是学生的益友。他不仅传授科学文化知识，解决学生的疑惑和难解问题，而且也关心学生们的方方面面。课余时间，他经常与学生们促膝谈心，询问他们的近况，关心他们的未来，提出中肯的意见和建议，并给予鼓励，寄予希望。"师者，所以传道授业解惑也"，难怪弟子们称他是学问之道的引路人，是治学的良师，人生的楷模。有句教育名言：一个真正的教师指点给学生的不是已投入了千百年劳动的现成大厦，而是促使他去做砌砖的工作，同他一起来建造大厦，教他建筑。先生就是这样的教师。

二

"读万卷书，行万里路，写万言文。"这是对先生的真实写照。他所走过的教研之路，所发表的多篇论文及教学论著《滋兰树蕙录》，就足以说明。他丰硕的成果，儒雅的谈吐，渊博的学识都是他勤奋学习的结晶。他常说："学无止境。"学习就如逆水行舟，不进则退。"为学贵自得"是先生学习的座右铭，也是他对弟子们的谆谆教诲。"师傅领进门，修行在个人"，是先生常挂在嘴边的话。他时常以此告诫学生们要勤奋学习，终生求索，不断创新。这是他对后学者的期望，也是对自己的勉励。他曾用行话诙谐地说：不通过学习更新知识，就会变成活化石。跟不上形势，就会被淘汰。所以，读书求知是他生活中最大的乐趣。

在他人生日历上，仿佛只是永远的读书，思考研究，实践写作。在他的生活中，穿着朴实，粗茶淡饭，不吸烟、不喝酒、不下棋、不打牌，有的只是实实在在的工作和学习。在他的住所里，有的只是数不清的书刊资料。他认为：做学问要耐得住清苦，克勤克俭，为人表率。在这个被大家誉为"小资料室"的书屋里，可以看出先生对学习的执着和对生活的追求。

作为知识高深，学识渊博的先生，在学习面前永不满足。至今他仍在与时俱进，无止境地学习、开拓、创新。

三

他无论当校长，还是当教师，都是一个样子。他朴质无华，做事实事求是，从不弄虚作假。在写作上十分严谨。他常说：做学问一定要有科学道德。他善交朋友，广交同行，包括学术观点不同的朋友，都能以诚相待，和睦相处。在学术观点上可以针锋相对，在交情上却永远是友好往来。他认为这样做，只有好处，没有坏处。不同的观点，可以促使自己去认真考察和思考问题，并能进一步完善自己的学术观点。他从不把自己的观点强加于人，包括他的学生。因而，他的坦荡胸怀和为人处世的作风深受同行的好评。他热心待他人，笑脸看世界。在靖远的好多社会活动中都能看到先生的身影，亲戚朋友、同事有求于他，他都乐意，尽其所能给予帮助。特别是对已逝的同事、亲朋，他撰写挽联，以表哀悼，从不以领导自居。

他是甘谷人，靖远是他的第二故乡。2008 年，我有幸参加了先生在甘谷老家举办的书画展。在他老家，乡人都很尊敬他，那次书画展，甘谷县委、县政府全力支持，体现了家乡人民对他这位游子的厚爱，也为甘谷教育、文化事业，添上了新的一笔。他是家乡人民的骄傲。

如今，先生年逾古稀，仍步行稳健，神采奕奕，经常出现在各处讲坛上，讲学术、讲学习、讲人生追求、讲成才之道、讲爱国主义思想……生命不息，耕耘不止。他的所作所为，不愧为"育人良师，治学楷模"。

张维发　甘肃平川区人，1963 年生。历任靖远一中团委书记、教导处主任、副校长。中学高级教师。

千红万紫尽争春

——读张克让《滋兰树蕙录》

李 晓

杏坛又绽一枝新,树蕙滋兰情意真。润物无声听细雨,千红万紫尽争春。这是我读了张克让先生的《滋兰树蕙录》以后写的一首小诗,收录在我的诗集《鹿鸣集》里。

认识张克让,缘于他的著作《滋兰树蕙录》,这本书由启功先生题写书名,甘肃教育出版社出版。封面正中竖排"滋兰树蕙录"五个大字清秀、瘦劲、挺拔,左下角一大两小三片绿叶郁郁葱葱、引人注目,寓意"我和我的学生",整个设计给人的感觉是清新、淡雅、有品味。张克让在靖远教育界可以说是无人不知无人不晓,但我却一直与他未曾谋面。所幸有人说得好:要了解一个人,最好是读他的作品。我就是通过阅读《滋兰树蕙录》认识并了解先生的。

许多谈教育的文章或著作以"规范"求"严谨",以"术语"求"学术",以"框架"求"档次"……结果,本来最富魅力的教育一旦被表达便失去了鲜活的生命。有些"专家""学者"总认为,所谓"学术性"就是罗列学术术语构建理论框架,别人越看不懂就越深奥,"学术性"就越强。于是,我们看到了不少这样的教育文章或著作:没有新观点却有新术语,没有新见解却有新概念,晦涩难懂,故弄玄虚。这是学术的堕落,也是教育的悲哀!

我们知道:大教育家孔子的教育思想是用《论语》表达的,夹叙夹议,而又穿插着生动的对话,却成了经典之作。卢梭的教育思想则是通过小说《爱弥尔》表达出来的,作者把自己描写成一个教师,把爱弥儿描写为理想的学生,叙述了爱弥儿从出生到20岁成长和受教育的全过程,从中阐述了作者"自然教育"的思想。还有苏霍姆林斯基,他的《给教师的100条建议》、《我把心献给孩子》等教育论著,都是用散文的语言表述的,读他的著作,便是听他一边讲述故事,一边抒发感情,一边阐述理念——真是一种享受。

《滋兰树蕙录》全书由52个教书育人的典型事例组成。这52个故事，生动活泼，引人入胜。虽然内容不同，情节各异，但都共同闪耀着深刻的教育思想、教育智慧的光芒。真正做到了寓教于事，寓教于乐，熔思想性、知识性、文学性、趣味性于一炉。在一个个有血有肉、栩栩如生的人物形象中，在一个个跌宕起伏、曲折动人的故事里，先生的教育思想、教育机智、教育技巧、教育情怀……全都在其中了。

先生认为：当个好教师，必须具备六个"一"：即一腔热情，一颗爱心，一种精神，一身正气，一肚子学问，一口普通话。下面我就想从这六个方面来"解读"一下张克让先生。

先生大半生致力于人民教育事业，从20世纪50年代末（1959年参加工作）至今，半个世纪过去了，他心系教育，痴情杏坛。在艰苦的边远地区靖远从事基层教育（高中教育）达30年之久。这期间他还经受了一些不公正待遇：1957年的"反右"斗争中，21岁的他一夜之间被推进了"右派"的行列；"文化大革命"期间，又备受凌辱和打压，但他没有沉沦，"凭着对党的信任和对教育事业的一片痴情硬是熬过来了"。正如他在甘肃教育学院任副院长期间给学生作的报告中所说，"多年来，我好像染上了一种职业病，不管走到哪里，总是喜欢问教育，谈教育，论教育"。作为七届全国人大代表，他为教育先后提出了26条意见和建议，比如说，我国教育的发展就像进站的火车，吼得凶，走得慢。对教育投入，教师工资，教师的社会地位等重大问题他不止一次地大声疾呼。不仅如此，为使教师队伍"后继有人"，他还动员女儿上师专，其热爱教育的满腔热情从中可见一斑。

教育是心灵的艺术。没有爱，就没有教育。先生之所以在靖远乃至陇上的教育界有口皆碑，在于他热爱学生，对学生有一颗博大的仁慈的爱心。请看《滋兰树蕙录》中的这几章："反弹琵琶出新曲"、"差生并不永远差"、"宽大为怀师之本"、"政治关心首一位"、"特殊关照'特殊生'"、"迎风顶浪收'罪犯'"、"力求公正莫偏心"、"精诚所至金石开"、"尊重信赖促转化"、"没妈的孩子也是宝"、"要给学生给出路"、"众手浇开幸福花"等，不看内容，光看题目就可知道他是怎样的尊重关心爱护他的学生了。我也是一名语文老师，也是一名班主任。要做一个合格的班主任，我以为首先要有一颗爱心，热爱学生之心。爱优秀学生易，爱问题学生难。先生作为班主任他把尊重、信赖、公正、宽容、平等、民主等教育理念渗透在每一个育人案例中，确实为我等如何作好班主任工作做出了榜样。在"以人为本"的今天，回头再看他当班主任的一些做法，确实是走到了时代的前列！

这里的"精神"指的是一种改革精神。在教学上，"向教改要质量"是先生一贯的主张。教学上他身体力行，率先垂范，经过多年的反复实践，先生把自己的教学经验概括为："因文而异，布置预习"、"以主带次，以练代讲"、"提倡争辩，鼓励求异"、"一课一得，单元比较"、"宜多则多，宜少则少"、"口头作文，当堂讲评"、"读写结合，范文引路"、"举手发言，登台讲课"、"板书简洁，一目了然"等。课堂上，学生是主体，那么如何集中学生注意力，最大限度地提高课堂教学质量呢？先生总结的"十大措施"是：（1）教学内容充实新颖；（2）教学方法灵活多样；（3）教学情绪热烈饱满；（4）教学语言形象风趣；（5）课堂节奏松紧得当；（6）组织教学符合规律；（7）设疑提问恰当适中；（8）板书设计简明扼要；（9）运用教具充分直观；（10）多般武艺各用其极。这些做法最后以论文《课堂教学中探索集中学生注意力的方法》的形式发表在《甘肃教育》上。他的这些宝贵经验，即使放在实施新课标的今天，一点也不过时。

"吏不畏吾严而畏吾廉，民不服吾能而服吾公。廉则吏不敢慢，公则民不敢欺。公生明，廉生威。"在他任靖远一中校长、靖远师范校长、甘肃教育学院副院长期间，他都能做到一身正气，两袖清风。"捧着一颗心来，不带半根草去。"深得广大师生和人民群众的交口称赞。印象中好像是1987年"七一"前夕，"靖远县庆祝中国共产党成立66周年暨表彰优秀共产党员大会"在靖远影剧院召开，很荣幸，我作为基层优秀党员（当时在东升中学任教）也参加了这个会议。会上有幸一睹张克让（时任一中校长）先生的风采，他作为优秀党员的代表在会上作了精彩发言，这是我第一次近距离聆听先生的讲话。他的讲话可谓激情澎湃，妙语连珠。他以自己的亲身经历讲述了他对共产主义事业的坚定信念，印象最深的还是发言中他敢于讲真话，讲实话，对党员干部中存在的不正之风敢于剖析，敢于抨击。表现了一个共产党员的铮铮铁骨和凛然正气，让人终生难忘。

先生认为：一个教师要想站得起来，在同学中，在群众中有威信，除了品德高尚，首先要把课教好。"张老师，说心里话，我们这些学生之所以尊重你，不是因为你当了校长，而是因为你教书教得好，教得认真，我们从你那儿学到了不少知识"，这是他的学生发自肺腑的话语。语文教师必须多才多艺，必须是"十八般武艺样样精通"。一个合格的语文教师必须是个"杂家"，是个"通才"，先生正是这样一个

"全才":诗词歌赋无一不能,琴棋书画无一不会。课堂上说快板,讲故事,唱秦腔,演小品,写"下水作文"对先生来说都是"小菜一碟",顺手拈来。看他的《滋兰树蕙录》,你会感觉他就是诗人,就是作家。

对于先生这样一位毕业于上世纪50年代西北师大中文系的高材生来说,你要让他说一口流利的普通话就有一些勉为其难了,但不可否认的是先生绝对有一副好口才。不论上课也好,还是作报告也好,他的语言都以生动形象、引人入胜著称,"打铁先得本身硬",课堂上当他的学生提出让他作个"示范"来一次"口头作文"时,他不假思索脱口而出:"行!"试想,如果没有"金刚钻",怎敢揽这个"瓷器活"呢?

"师者,不失其赤子之心者也!"先生就是这样一位永葆"赤子之心"的好老师,好校长!

李晓　甘肃靖远人,1964年生。靖远乌兰中学高级教师,系白银市诗词楹联家协会会员。

幸福人生张克让

黄 强

初识张克让先生，是在 20 世纪 80 年代末。当时我到出版社工作不久，去河西出差途中，送张文涛先生到敦煌长途汽车站，在那里与张克让先生邂逅相遇。经张文涛先生介绍，我们匆匆见了一面。当时说话不多，印象中张克让先生小个儿，背着一个双肩书包，看起来非常精干。在那个秋天的清晨，他俩将共同去参加一个中学语文教研活动。当时克让先生是靖远一中的校长。后来我编辑甘肃省中学语文教学研究会编的《中学语文教学改革论文选》，读到他关于《南州六月荔枝丹》的文章，文笔流畅，观点鲜明，印象深刻。

但真正熟识和了解却是到了他出版《滋兰树蕙录》的时候。那是 1996 年。其时他在甘肃教育学院副院长任上。他和王金寿老师拿了厚厚的书稿来找我。读着那字迹隽秀、大气工整的手稿，作为编辑的我，被深深吸引住了。我一口气读完了这 20 多万字。这是一部教育笔记，收有 52 篇文章，讲述了 52 个动人的故事。故事发生在作为老师、班主任、校长的张克让与学生、家长之间，其中体现的是对职业、对学生的爱心，是教学、教育和管理的艺术；故事的时间跨度从他大学毕业当中学老师，到大学副校长，期间 38 年；叙事的方式是张克让式的简洁而细节生动，幽默而旨意深远。启功先生的书名题签，吴祯的封面设计、王保华的版式设计，使这本书显得清新淡雅，形式与内容相得益彰。书出版后，获得许多奖项和好评，后来还修订重印一次。即使在素质教育实施多年后的今天看来，书的内容对教育工作者仍有启示，文章仍然是好文章。这是我编辑生涯中记忆深刻的一次，编者与作者之间的合作和交流无疑也是十分愉快的。从书稿里，从交往中，我知道了他从学生右派到教育名人的生活经历，理解了"靖远人不知道张克让，就如同法国人不知道拿破仑"这句话并非虚妄，说他"滋兰九畹，树蕙百亩"也非一般夸张之词。

后来我以教育出版社语文编辑的身份加入到克让先生担任理事长的省中学语文教学研究会中，与他多次共同参加语文教研活动，多次听他演讲。他的演讲声音洪亮，幽默生动，密集地使用成语、俗语和歇后语，穿插精妙的故事，时时博得听者的欢呼和掌声。他在讲演中，曾说到做一个合格教师的"四个一"标准（他自己又将其扩充衍化为"八个一"），其中"一口官话"（标准话）一项，他说自己是不合格的。但正是他那口浓重的甘谷口音，与他的一肚子学问、一笔好字、一表风度、一腔热情（爱教育）、一颗爱心、一种精神（改革）、一身正气融为一体，给人们留下了深刻印象。他操着这口浓重的甘谷口音一路走来，由普通教师而高级教师、特级教师，再到全国教育系统劳动模范、全国人大代表、全国先进工作者，由班主任到中学校长、师范校长、大学副校长。他操着这口浓重的甘谷口音，将自己的教学经验和人生感悟广为传播，由靖远而陇原，由陇原而全国许多地方，精彩纷呈，无愧于故乡。

克让先生读大学中文系时，因书法好替人抄写大字报而得祸，被打为右派，受苦多年。退休以后，他没有忘记自己的"一笔好字"，"老来养性练书法"，从中获得乐趣，入迷极深，书艺大进。他的行楷书骨肉停匀，中正大气。靖远鹿鸣园、甘谷大象山等名胜，都镌刻有他的书法。他的书名流传开来，登门求字者络绎不绝。克让先生谦逊为怀，对于生人往往婉拒，对于学生、熟人则有求必应，书写时因人设句，给予鼓励和鞭策，其中不少是含义深刻的自作诗和自撰联。他以不同形制的书法多幅赠我，我珍藏箱底，视若珍宝。他写给我的《赠黄强同志》诗有这样一句："方方格子方方情"，一是说我喜欢练字，二是表明我的职业是"爬格子"的编辑，三是以此写我的性情乃至我俩的情谊——我乐意做这样的解读。克让先生收藏书画由来已久，但退休后藏品的数量和品质大增。为了让更多的书画爱好者一睹为快，他在甘肃各地多次举办个人收藏书画展，观者云集，喜出望外，展览都很成功，先生收藏书画一时名驰陇上。我几次参加其收藏书画展，有幸目睹了展览的盛况。

克让先生多才多艺。退休以后，他自己编印了《诗情墨趣》、《书棪画扉》和《鸿爪夕明》三本书。书中除收入他所收藏的大量书画佳作和自书自撰诗、联以外，还精选了他的部分文章，其中有教育与教学的论文、文评与书序、知识性的杂谈、汇报与报告，而最有意思的是"小说与戏剧"部分，小说、双簧、小品、小戏曲，读来别有趣味，引人入胜。退休后，他曾计划写一部以一个教师世家几代人的生活为背景的自传体长篇小说《教苑春秋》，已有部分成稿。遗憾的是，这一宏愿因其发现眼疾而搁置。在中学、师范、大学，无论逆境顺境，他一直是文娱体育的积极分子，他自编、自导、自演的节目，带给广大师生无穷的快乐。在聚会中，如遇气氛融洽，他常常即席说唱，或秦腔，或眉户，或快板，或笑话，总能应声而来，手起刀落。清晰记得有一次是我请客，席间克让先生来了兴致，站着唱起眉户剧《十二把镰刀》，脖子上青筋暴起，脸涨得通红，声音铿锵有力，情绪极为投入，令人十分感动。还有一次，他用关中腔说了一段绕口令式的快板《四层殿》，他越说越快，一气呵成，珠飞玉溅，虽戛然而止而余音犹在。

　　克让先生已七十多岁，但身板硬朗，精神矍铄，生活得幸福快乐。他的幸福，是经历了风雨而见彩虹的幸福：无论遭遇逆境还是春风得意，他都是积极入世，勤勉有加。他的幸福，是教书育人而桃李芬芳的幸福：无论在教师岗位还是作为一个退休老人，他一贯将爱心洒向学子，诲人不倦。他的大爱无垠赢得了无数学生对他的爱戴，退休十多年后仍有众多年岁悬殊的学生常常簇拥在他周围。他的幸福，是真诚做人、真情待人的幸福：他将自己的书房命名"蕴真斋"，他出版的几本书中，反复出现的是"亲属情"、"敬老情"、"师生情"、"同窗情"、"同仁情"、"同道情"——一个"情"字贯穿始终。凡与他有过交往的人，无不感受到他的友善与热情，他那富有感染力的笑容和爽朗的声音，总是给人留下深刻的印象。虽然从他与我的年龄来看，他是父辈，我对他十分尊重，他对我这个晚辈也十分关心和爱护，但更多时候相互之间往往忘了年龄，几乎无话不谈。在我遇到一些事情时，他或善意提醒，或热情帮忙，总让人感到温暖。他从来不抽烟，不喝酒，但因诚恳平易，风趣幽默，与人见面就熟，谈笑风生，且能交往持久。克让先生的幸福，还是乐观达观、知足常乐的幸福：退休后的每个春节，他都自撰自书春联以自抒性情。这是其中的一副：

　　　　无拘无束，无忧无虑，潇潇洒洒，退休真好；
　　　　有亲有友，有酒有肉，热热闹闹，过年诚欢。

　　字里行间充溢着老年生活的满足感与幸福感。

　　克让先生的幸福，更是敬老爱幼、夫妇和睦、家教有方、儿孙绕膝、其乐融融的幸福。他出生于甘谷县一个教师世家，他的父亲从教六十余年，享年九十余而寿终，乡里赞誉。他们夫妇共同将自己的子女一个个培养成才，在古稀之年，夫妇俩得子女之便，三番畅游欧陆，岂不快哉！在克让先生的七十寿典上，有人出其不意地献上一束鲜花，宣读了一份来自大不列颠的感人肺腑的贺信——那是他女儿的心声。这件事真让人为了为人父的幸福而动容，也让我这为人子者暗生几分惭愧。看看他书中"闲时潇洒逗孙孙"、"与孙女一起学画"的照片和爷爷孙子那些绘画作品，真是情趣横生啊。

克让先生教书育人硕果累累，他没有自称教育家；有学问、有著作，他没有自称学者作家；善书法而多才艺，他没有自称书法家或艺术家；善演讲而能鼓动，他没有自称演说家；善交往朋友很多，他没有自称外交家。他做什么像什么，是因为他真；正因为他有了这许多方面的收获，他的人生才显得丰富多彩。我更愿意说，克让先生是一个平凡的好人，一个有品位、有追求、真性情、懂生活的幸福快乐的人。

如此，幸福快乐必将永远伴随着他！

黄强　甘肃甘谷人，1965年生。曾任《读者》出版集团副总经理，副总编辑、编审，现任甘肃省新闻出版局副局长。

霜叶红于二月花

——谋面退休后的张克让先生

王寿岳

2005年，一个偶然的机会，冒昧前去拜访张克让先生。本以为"全国人大代表"、"甘肃教育学院副院长"、"全国劳模"、"著名教育家"的先生，无论从声望而言，还是从官职而言，都应该是个有"架子"的人，轻易难以谋面。未曾想先生老早就等在了楼下，还不断打电话指示路线，我等实在是"诚惶诚恐"。

到了先生家，三句话不离本行，先生兴奋地谈起了他在靖远的教书生涯，介绍了他诸方面的学生，如数家珍，并给我们签名赠送了自己的大作《滋兰树蕙录》，还指着书上的全家照，一一介绍了其子女的教育、求学、从业情况。

先生的平易近人、谈吐风雅、诙谐幽默，很快让我们消除了"诚惶诚恐"的心理，倒好像是久识的师长与晚辈，又好像是忘年交的老朋友，我们不知不觉"放肆"起来了，参观了先生的书房和书法作品。

此次拜访，先生给我印象最深的是他的教育观，一是品德教育是根本，有德无才也是人，有才无德可是魔鬼；二是初始学历并不特别重要，不要盲目追求名校、高学历，重要的是终身发展、可持续发展。这对我这样一位教育工作者而言，可谓金玉良言。

今年（2010年），鄙人的拙作《九家半人》出版发行了，要在景泰举行首发式。自己异想天开，想请先生前来参加，给我增光添彩撑面子。可惜，从侧面了解到，先生远在英国。首发式前三天，我去兰州请几位老师和朋友时，得知先生从英国回来了，便抱着侥幸心理，前往邀请先生。到先生楼下，给他打了电话，先生说他去靖远了，正在路上，我便失望地回来了。

没想到先生当天就从靖远赶回了家，亲自为我作了一首七言律诗《〈九家半人〉首发式志庆》，并请兰州青峰斋主人陈耀斌先生书写装裱。

第二天下午来景泰时，天下着大雨，路上积水漫流，先生淌水过马路，前去取字画，可字画还没干，先生等了老半天，装裱师傅用电吹风吹干了字画，然后细心装裱好，先生揣在怀里，等回到车上时，先生浑身都湿透了。

当天晚上，陪先生聊天，先生精神矍铄，谈笑风生。他说："在英国问路，根本不必担心会上当，那些老头子、老太太，千方百计要把你领到目的地。那个热情、诚恳、有礼节，让我这个来自礼仪之邦的人深感惭愧。"还介绍了他考察英国教育的一些情况，说英国根本没有政治这门课，思想教育却很到位。他说："有位来过中国的英国人问我，说我们中国怎么有那么多的监狱？"我们当时还没反应过来，正在思考，"原来他把我们的住宅楼全当成了监狱，因为都安了钢门钢窗和钢筋，跟他们国家的监狱相似"。先生揭示了答案，我们哈哈大笑，笑过了，心里有种说不出的苦涩。

由英国到中国，慢慢地又说到了先生在靖远的生活："'文化大革命'时期，我被打成了右派，白天接受专政，晚上给排练样板戏，因为我有那方面的特长，不用我还不得行。我呢，只要有活干，从不知疲倦，很乐观，凡是安排给我的工作，都兢兢业业，一丝不苟，所以，对我的专政也不太严厉。改革开放后，荣誉来了挡都挡不住，不知道来了个'全国人大代表'，不知道来了个'全国教育系统劳模'，不知道来了个'全国先进工作者'。现在退休了，在家逗孙子，在外参加一些社会活动，半年在国内，半年在国外，我觉得上天待我不薄，我很满足。"这样的聊天，时间过得很快，不知不觉11点多了。最后，先生谆谆教导我们，无论在怎样的生活环境中，都要笑对人生，乐观向上。还嘱咐我，要多出作品，出好作品。

是的，先生很满足，知足常乐。先生之"足"，一生教书育人，甘当绿叶，桃李满天下，足矣！先生之"足"，一生问心无愧，名至实归，足矣！先生之"足"，退休了，身退心不退，霜叶红于二月花，继续关心祖国的教育事业，继续关心晚辈后生，足矣！

天道酬勤，天意属仁！

王寿岳 甘肃天祝人，藏族，1966年生。原武威市政协委员，现景泰县五中一级教师。

甘冒酷暑远乡行

刘晓风

骄阳似火，热浪滚滚，烤得人全身发烫发焦并发疼。离靖远县城约 15 里地的法泉寺院内游人如潮，给整个寺院更增添了不少度高温。

这时正是 2010 年 7 月 30 日的中午，据气象部门预报，这天正是甘肃省有史以来最热的一天，气温竟达 40 度之高。而这天也正是靖远法泉寺为新到的大佛举行"开光"仪式之日，因此尽管酷热难熬，依旧是人头攒动，络绎不绝。

看完"开光"仪式，我便急不可耐地想驱车返兰，以避酷暑煎熬。可是，和我同来的省林业厅的张生贤厅长却说他和他的老师张克让先生，还有几位同学，要去乡下看他们的几位老同学，并邀我同往。由于在从兰州来靖远的车上我已领略了张克让老师的风采，他虽然个头不高，貌不惊人，但他那谦逊乐观、平易近人、豁达开朗、谈笑风生的贤者风范，却已深深地印在了我的心灵深处，因此当得知这位 75 岁高龄的老先生也要去看他的学生时，便毫不犹豫地答应了张生贤厅长的"特邀"。同去的人中，除了张克让老师夫妇和我之外，其余几位，如张生贤、高继和、刘安国、董葆蔼，全是他们 1962 年靖远一中初中毕业的老同学，也全都是张克让老师的老学生，全都已年逾花甲，正在向古稀迈进。

我们一行 7 人，先到靖远大坝村去看他们的老同学张文汉的遗孀及其子女。听他们说，张文汉同学是当年他们初三一班同学"文化大革命"之后进行联谊的最早发起人之一，以后每次活动，都是他亲自串联、通知、邀集和组织，路没有少跑，汗没有少流，电话没有少打，钱也没有少花。靖远钟鼓楼，三滩圈湾村，榆中兴隆山，甘谷土桥村……都留下了他难以数计的足迹和无穷无尽的汗雨。谁料苍天无情，乱收好人，这样一位百里挑一的"总理"和"公仆"，竟于 2008 年与世长辞。亲友洒泪，同学悲泣，张老师更为失去这样一位精明能干的老学生而伤感不已。为此，张老师还专门为他撰写了一副挽联:"善策划,善组织,当年德才誉陇原,老师同学齐称赞;特勤快,特热心,今日英魂归西天,亲戚朋友倍伤情。"质朴纯真的师生情谊,力透纸背,入木三分!说起那天张老师亲临现场悼念学生的深情厚谊,张文汉遗孀及其子女都非常感动。

第二站是去家住旱坪川的秦凤峨家。秦凤峨是他们这个班里年龄最大的一位"老大哥",已到古稀之年,4个儿子和3个姑娘育成14个孙子,可谓子孙满堂。他的老家原在高湾,那里山大沟深,交通不便,环境极差。改革开放后,他的二儿子秦爱清发愤图强,艰苦创业,硬是在白银平川拉起了一支建筑队,包工程,搞建设,如今已一跃成为气势宏大、设备齐全、腰缠万贯、应有尽有的著名企业家。不但把兄弟姐妹都安排就绪,还把父母从高湾乡接到了平川区,并且盖起了一院一砖到顶的新式瓦房,宽展亮堂,朴素大方。房中挂了不少字画,大都是他当年的班主任张克让老师所写,上房正面的中堂对子,尤其引人注目,因为全是张老师自撰自书。中堂是:"为人忠厚性随和,老来喜唱开心歌。当年高湾多崎岖,今日平川少坎坷。兰桂齐芳光景好,儿孙尽孝天伦乐。天道酬勤终有报,幸福全靠邓改革"。对子是:"凤凰来仪喜盈庭,峨嵋耸翠春满门。"对学生的祝福和希望跃然纸上,情真意切。

参观完新居和他儿子的工地,这位"老大哥"学生还非要请张老师夫妇和我们大家一起用餐不可,盛情难却,大家只好"客随主便"。

最后一站是去百里之外的东升乡看另一位老学生石生有。石生有家原住石门山区,生活困难,举步维艰。在万般无奈之下,他自己办了一所小学,由于他教学认真,学生人数与日俱增。这本来是件好事,但却因为影响到公办学校的生源,被指为与公办学校争学生,对公办学校造成"严重威胁",最后反映到县上,县上便勒令他"立即停办"。这样一来,他便又一次陷入了捉襟见肘,食不饱腹的潦倒境地。直到十一届三中全会之后,改革开放的春风席卷大地,他才从杂草横生的石门山区奋斗到坦荡辽阔的东升唐庄。全家上下,齐心协力,除了精心务庄稼,还坚持科学种枸杞,不但解决了温饱,还有了经济收入,一院新房,宽敞明亮。照他自己的话说,他是进入了"另一个世界"。见老师和同学们来看他,他真是喜出望外,说到张克让老师当年因为"右派"问题吃了不少苦,受了不少罪,他还禁不住长叹唏嘘,悲从中来。张老师见状,也颇为感动,主动告诉他,说近来上面有文,要给当年当过民办教师却一直没有转正的"功臣"们以补助,要他提前做好准备,找齐有关证明,弄清情况,提出申请,并主动提出要通过他原在靖远县教委当过副主任的小舅子雒庆瑞为他复印文件，帮他"出谋划策"。张老师的菩萨心肠和火样热情，不仅使石生有，就连所有在场的人都深受感动。

为了表示对老师和同学们的感激，在我们离开东升时，石生有还给每个人都装了一塑料袋子他自种自收的扁豆，给张老师的一袋比别人的更大更多，我想那就是沉甸甸的一份师生情。

返兰途中，我在车上禁不住思忖：人心换人心，好是好换的，张老师的学生为什么一个一个都对他那么尊敬，原来这是他用他对学生无微不至的关怀换来的。有人说张克让老师是个"小个子巨人"，看来并非有意夸张。在我的脑海中，他正在不断地清晰地变得越来越高，越来越大，使我敬佩，使我仰慕！

刘晓风　女，甘肃庆阳人，1966年生。兰州理工大学生命科学与工程学院营养学副教授。系甘肃省食品安全专家委员会委员，国家公共营养师与营养保健师甘肃培训中心讲师。

桃李不言

——我敬仰的前辈

张巨鸿

张克让先生是我敬仰的老前辈。

1991 年秋，我到靖远一中工作，而张校长却调往靖远师范担任校长了。我初中的班主任、时在靖远一中工作的周玉林先生，多年来一直对我关爱有加，初到靖远一中工作，周老师第一个想到带我去拜访的人，便是张克让校长，但随周老师到张校长在靖远一中的家属院里时，他刚好不在家，未能见到。后来我又调往靖远师范工作，但其时张校长已到甘肃教育学院任职了。虽然两次工作调动都尾随其后，或时时得到先生的消息，却再也没有见过他。

虽然没有和张克让校长直接见过面，但我对张校长一直很敬仰。最早听关于张校长的点点滴滴，还是我的老师周玉林先生讲给我的。20 世纪 80 年代初，周玉林老师由于家庭成分，放了十八年羊后，被安排在靖安中学教书，刚好成为我的班主任。由于出身相同，加之周老师的教学、人品，就感到很亲切，使我分外敬重他，后来就走得很近，直到现在我们都保持着良好的师生关系。周老师是水泉人，张克让校长的岳父即是周老师的舅舅，当时都属"黑五类"，所以周老师从方方面面都了解他，他时常在我面前说起张校长：他们之间的关系、张校长渊博的学问、良好的教学手法、被打为右派后的遭遇等，虽然没有见过他，却相对了解。

后来一件与我相关的事，使我对张克让校长不能忘怀。1984 年 8 月末，我的小弟巨岩从靖安乡五星小学毕业，父母希望能把他也转入县城读书。当时乡下孩子进城读书比较困难，我在县城工作的老姑姑大费周折分别将大哥、二姐、三弟和我转入靖远县城读书，现在就老四还没有转入。老姑姑跑了几个地方，到了九月开学，还没有办成，老父和姑姑都很着急。当时前往临洮师范读书的我，路过靖远，听得此事，就想到我的老师周玉林先生，便去谈了这件事。周老师了解巨岩会画画，连说好啊好啊,就带了保存在老姑姑那里的他的画给张校长看。张校长看了画,见了人,认为可造,就批了一个条子,破例收他,巨岩就顺利地在靖远一中读书了。1990年,巨岩以全省文科第一的成绩考入中国人民大学,直至北京大学、美国读书和工作。

每到放寒暑假,巨岩从一中回来,我都会听他谈在学校的轶闻趣事,谈张校长在参加人民代表大会回校后,全校师生如何从火车站排长队一直到一中大门,热烈地迎接他,以及他回来后在大礼堂的讲演、和邓小平握手、在全校师生活动中演幽默小品等,感到这个校长如此的和蔼可亲,作为全国人大代表和校长,不摆官架子,能和师生同台演出,打成一片,这样的校长现在恐怕不容易碰到了,所以认为能和张校长共事的人是有福的。那时我已经到五合贾寨柯小学任教了,某年忽从电视里看到中央电视台记者采访正在北京开人代会的张校长的镜头,记得大致是记者问及关于教师待遇的问题,张校长从容不迫地回答说,给教师长工资像火车进站,只闻汽笛响,不见火车来。他在此替全国人民教师讲话,结合当时现实,我忍俊不禁,张校长运用比喻,既现实贴切又风趣幽默,实在有大家风范。

我了解到,张校长在靖远一中主持工作的日子里,学校有很浓郁的人文气氛,教师教学之余,生活相对自由,教师大多有良好的教学心态,积极而自觉,他不会把学校大门紧锁,整天上下班守在学校大门口监视、训斥、吓唬老师和学生,让他们胆战心惊。但他所营造的这种自由气氛,表现出校长对教师和学生的无限热爱和信赖,反而能使老师更好地教,学生更好地学,从而培养出更优秀的人才,使当时的靖远一中名气日隆,我想这是张校长人格魅力和教育艺术、领导艺术所在吧,是我们值得研究的课题,也是让那些用机械方法管理学校的一些领导所借鉴和思考的。

我到靖远一中工作后,被安排在办公室打杂跑腿,得以有机会看到学校办公室一个大柜子中储藏的许多名人字画。办公室主任说这些都是张校长开人代会时到北京给学校求的,我就对张校长更加敬佩,那就是张校长不仅是校长,他还热爱艺术,且是一个既有眼光、又有艺术修养的人。按当时的情况,一般的领导是不会如此有心为学校拾掇这些名人字画的。在西北一个边远县城的中学,能以费新我、夏湘平、启骧等大名家的书法作品布置学校是不容易的。

2000年,我有幸拜读到张校长的著作《滋兰树蕙录——我和我的学生》,得以从方方面面了解张校长。他是一位非常有心的师长,他的教育思想和教育艺术可以说都蕴含在这本书中。从这本著作中,我感到张校长可贵的人文精神、宽广的胸怀、灵活艺术的教育手法、渊博的知识和深厚的学养、高尚的人品，是有些中学校长或许一生也无法具备的。2008年夏，我在白银财庭兄处见到张校长的书画作品集和收藏集，这又使我感受到这位老者热爱人生、热爱艺术、自强不息的一颗年轻的心！张校长只身一人来到靖远，曲曲折折几十年，几乎把全部身心都贡献给了靖远人民的教育事业，直至退休仍自强不息，他读书、写作、练字、画画，他收藏、举办展览、热心社会公益事业，他是高尚的、坚强的、阳光的，他生命不息，战斗不止，是值得我们爱戴的！不论见过他，还是没有见过他，不论是否得到他的教育思想的亲炙，我都热爱他、敬重他！

祝张校长健康长寿！

张巨鸿　甘肃靖远人，1966年生。靖远师范学校美术老师。系甘肃省美协、书协会员、金城画院副院长。

张克让先生和他的学生们

李　慧

　　数月前，承蒙高财庭先生看重，相邀为他的恩师张克让先生编辑《烛光》，当时尚不知具体情由，但能为高先生的恩师效绵薄之力，那当然是不胜殊荣了。我不问山高水深，也不顾自己才疏力薄，欣然应诺。

　　因为与先生还没有见面之缘，又因我并非本土生长，一向深居简出孤陋寡闻，在此之前，甚至连先生的大名也闻所未闻。为了不负朋友的重望，我特意借来先生的《滋兰树蕙录》翻阅，想对先生有所了解，以此来弥补这些不足。

　　我想，一个人在成长过程中遇到过几位对自己格外器重、格外关心的老师，并不是件稀罕事；一位老师在他几十年的从教生涯中对他的几位学生给予过精神上和物质上的支撑，也不是件稀罕事。老师是园丁，是人类灵魂的工程师，人们对他们的要求本来就高，他们是蜡烛，他们是太阳，将自己燃烧照亮别人，放光放热本来就是理所当然的，是职责所在。但是他们只要有一点点不当的言行，就会遭到非议，就会让自己的形象大打折扣。那么，张克让老先生究竟有着怎样的非凡之处，让他各奔东西的学子如此地珍藏着这份感恩不能释怀？口口相传方不尽意，还须撰写成文，千古留名？我带着这样的问题，走进先生的《滋兰树蕙录》，也走进了先生几十年从教的心路历程和高尚可敬的精神世界。

　　翻开扉页一览先生的影像，感到除了较为宽阔的大额头，标志着他的睿智与博学，除了嘴角与眼睛流溢出来的明快坦诚与从容的笑容，朴朴素素，平平常常，与身边的常人无异。这样一位平常的人，凭什么被先后评为中学高级教师和特级教师？凭什么被评为全国教育系统劳动模范、当选为全国人大代表？这样一位平常的教师，凭着怎样的人格魅力，被他的历届弟子念念不忘？要知道，出版这样的书，并不是把先生自己写成的文章整理出版那样简单，而是要汇集天南海北，国内国外无数学生的一片片感恩的心，化作一篇篇饱含感情的文字。其中所需的远远不是简单的物力所能胜任，那是需要有高度的凝聚力，强烈的感恩心与回馈意识，需要整合大量的人力与物力，绝非易事。然而他的学生自发地愿意干好这件事，乐于干好这件事！

这就是一个奇迹！

先生在自序中放歌"呕心沥血，培桃育李，总觉得是一种乐趣，一种享受，无限幸福，无上光荣"。他又"无比自豪和无限骄傲"地击节吟唱："啊！教书育人，其乐无穷！苦在其身，乐在其心！"

看到这样的句子，我起初并没有被太深地打动，我是个文学爱好者，明白有时写文章难免受情绪波动的影响，或者为了文章的感染力，有些夸张的成分也是在所难免。但是翻开先生收录入册的52个故事的第一个故事，《"反弹琵琶"出新曲》一读，我的心就被震撼了，就被打动了。那份无私包容的苦心，那份纯洁周详的爱心，已远远超出了老师的职责啊！那份用心的良苦分明是一位睿智开明的父亲才会具备。那一个个感人的故事，一次次打湿我的眼帘。本来没准备熬夜的我，流着感动的眼泪，一口气将一本《滋兰树蕙录》细细读完。合书在掌心，心里不由慨叹：难怪人们说"一日为师，终身为父"。难怪他的学生对他如此念念不忘！

当然先生的文章通篇文笔流畅，语言诙谐幽默，故事起伏跌宕，引人入胜。但促使我一口气读下来，含着眼泪读下来的，却并不仅仅是这些。而是因为先生的《滋兰树蕙录》的每一篇文章，都折射着先生作为教育工作者的无私奉献的思想光芒；都传递着先生作为一位战斗在教育工作战线上的老教育家的高度的社会责任感、事业心以及与生俱来的善良天性与良知；每一篇文章都是一枚枚圆润的珍珠，用心血孕育出来，润之以人文的月色，焕之于品格的流泉，又用博大的仁爱心、无私的奉献心、坦荡的君子心、高度的责任心、宽厚的平和心，揉搓在一块拧成的五色线连缀起来。读之感人肺腑，而又如沐春风，如润细雨。

放下书，其时已是凌晨两点，捧起一杯清茶，流淌进肺腑的依旧是无尽的感动。临窗望去，近处晨风扶动着弱柳，袅袅依依，远处一轮明月与无数颗星星对望，相映成趣。墨迹飘香，品格的流泉与融融月色遥遥辉映，顿觉天地间万籁鸣响……

朦胧中远在异国享受着天伦之乐的先生，仿佛一转身就坐在我咫尺之处，正微笑着品茗话趣，他昔日的学生似曾相识一个个接踵而来……

"老师，三十多年前我的调皮滑稽，辱师犯上几乎断送了自己的学业，是您顶着无数的非议与指责，为我争取到'留校察看'的绿灯。是您在我又一次犯了错误的万念俱灰时，不仅没有惩罚我而且还动员全校师生资助我。使我这个本来面临着被逐出校门的孩子，拥有了考上重点大学和出国深造的机会。师德无量啊！我永远也忘不了您对我的栽培厚爱。"

这是一位面容清秀的中年男子，风尘仆仆从遥远处一路赶来，对着先生作揖不迭。我知道他是那位经先生的手"反弹琵琶"到了华盛顿的"新曲"陈彦平回来了。斟茶让座不在话下。

"老师，忘了没？三十多年前因为父亲抛弃我母子，破罐子破摔的我可是恶名远扬、人见人嫌的差生冷松挺，可自从经过您的倾心打造，早成了人见人羡的冷挺松了。忘不了那次全校文艺会演我唱砸了歌，您一声大喊：'冷挺松，再来一次，我来给你伴奏！'一个蹦子跳上台来。那一次啊，老师，您把我带进了一望无际的大草原，让我感到天从来不曾有那么高远，地从不曾有过那么辽阔壮美，自己的前程从不曾有那么如花似锦。老师啊，从那一天起，我突然好有信心好有自尊，从那一天起我突然想做个好学生好男人。"先生拍拍他的肩，我知道我没看错人，差生并不永远差。

话音未落间，只听有人说：叶友红到了。叶友红？这个名字好熟悉，我为他不止一次地掉过眼泪。1963年，张老师在接任刚从小学考进来的一个新班时，发现叶友红的社会关系一栏中一片空白，等叫来一问再问，叶友红开始是目若呆鸡不发一言，而后是抱头大哭。直到原来"承包"了他两年的小学校长来"交班"才知道他的根底：父母误食毒草双双丧生，因不堪忍受婶母的虐待，逃难出家得到庙里师傅的救助供养上学。又得到小学校长以及其他老师和同学的帮助，一路向张老师的门楣走来……

"恩师啊，你给我买的那只烧鸡，是我这辈子吃过的最好的美味，你送给我的那件线衣，直到现在还暖暖地珍藏在我的心里，你陪伴着我走过的那段黑黑的山路，不论什么时候想起来都充满了阳光，你给我的所有关心与爱护都成为了我生命中的一盏灯，永远闪亮，你教导我的所有的话语，都成为我一生享用不尽的精神食粮。从此，我的世界不再有苦恼惆怅，我的行程中不再有寂寞凄凉……"先生呵呵展颜一笑：众手浇开幸福花嘛！

我说："先生，我看到你写的那篇《勇于认错受赞誉》，突然想起来自己小时候的一件事来。那时我正在上初三毕业班，我的班主任是语文老师，他因为忙着给自己家盖房子,很少进教室。即便是轮到上语文课也总是匆匆来,匆匆去。同学们怨怨不已。一次为我们讲《陌上桑》把'十五府小吏,二十朝大夫,三十侍中郎,四十专城居'。解释成十五个小官吏,二十个朝中大夫……我当时是班干部,为了对他提出抗议,等下了课,走进他办公室,当着五六位语文老师的面,请他将那一小节再为我讲解一遍。他当然很轻松地如法炮制了一番,其他老师听了暗暗好笑不止。可那一年,唯独我没有领到初中毕业证。可见我把老师的颜面伤了,心中愧疚……"

这时,又一阵欢欣的吵嚷声打断了我的话题,进来几位华发初生的中年人,我不知道哪位是农民画家冯宗科?哪位是没妈的孩子徐倩梦?也不知道哪位是残疾生郭振东?哪位是哭哭生和笑笑生?但是我知道,我的心中又平添了一份美丽的感动与感恩,一道信念的彩虹,一颗启明的晨星……

2010年早春,《烛光》编委会在白银万盛大酒店由张生贤、高财庭先生主持召开的第二次编委会。编委会成员中除了万全琳、宋育红和我,其他几乎都是先生的亲友门生。翻开编委会通讯录,有全国政协委员王承德、兰州理工大学教务处长韦尧兵、广州金融学院教授包强、白银市科技局副局长冯德刚、西北师大副编审冯玉雷、兰州理工大学教授李志忠、白银市白银区区长李兰宏、靖远二中校长肖进忠等。见他们一个个文质彬彬,我不知道他们究竟谁是那朵幸福花谁是那个"快板大王",但是我知道,他们都是先生倾情培育出的桃李,悉心浇灌出的花朵,尽力打造出的好钢。他们的身上或多或少都熏染着先生的风采。这从张生贤厅长那不紧不慢平和豁达的精彩总结性发言可见端倪,也可以从我较为熟悉的高财庭先生和高振茂老师的身上领略一二——平和放达,善良内敛,谦虚睿智,他们具备了一切做学问人的必要要素。

看到他们对先生的崇拜敬仰,看到他们一个个儒雅的举止与谈吐,我明白了啥叫人类灵魂的工程师,也从他们身上看到了先生从事教育事业的不朽功勋。

而这样一位有功德的老人,居然能由我来效力编书,我岂能不受宠若惊?在跃跃欲试的等待中,夏天很快就到了。今年的雨水较往年格外多,空气里少有的湿润便让人滋生出些许格外的情绪。

知道先生不久就会从遥远的异国探亲归来,在并不漫长的等待中,在拜读着一篇篇充满感恩与赞叹的文章时,看到许多人如我一样曾经在人生的十字路口迷惘地挣扎无奈地徘徊,而先生就像是暗夜中的一盏灯,总是适时地出现在他们面前，为他们照亮前行的路，使他们能够躲开沿途的障碍少走弯路，更使他们不至于迷失了方向。于是有一个念头常常从心底不期然冒出来：二十年前，如果我也是先生门下的弟子，我的学养又会有怎样的改观？我的人生际遇又当怎样改写？如此也同时滋生出一些对先生弟子们的羡慕之情，对先生的敬仰与期盼亦与日俱增。

2010 年 7 月初，在一次又一次的催问声中先生终于回来了，抖落掉一切琐事，我们来到兰州理工大学甲子山庄翠薇园，开《烛光》编委的第三次会议。先生在弟子的簇拥下亦来到公园门口，他格外热忱地紧握着我的手，说我的文章他已经看过了，构思新颖写得很有灵气。那暖暖的手温和暖暖的鼓励一起流淌进我的心里，顿觉虽然第一次见面却亲切如久别重逢。细细打量先生的体貌神情，依旧是干练睿智与谦和，看不到一丁点儿功成名就的张扬和霸气，却给人一种无以抗拒的凝聚力和感染力。看过先生的照片，如晤其容，读过先生的文章，如晤其心。今日一见让人不由暗自慨叹，文字和影像叠合在一起的表达是多么的完美！

甲子山庄曲径通幽灵秀静美，园外细雨蒙曼，园内花香扑鼻，绿意盈目，几只小鸟俨然一副主人的姿态，不时在肩头擦过。我们十几个人团团围坐，就《烛光》编辑出版的相关事宜各抒己见后，先生亦发了言，要旨是让我们掌握好文字分寸，不要把调子拔得太高，另外一定不要有损他人的形象。短短几分钟的发言，先生居然也是引经据典，妙趣横生，他为人处事的妥帖精当，传道授业的精妙可见一斑。期间先生签名赠送我一本影文书画作品集《鸿爪夕明》。之后先生的弟子，现兰州理工大学的韦尧兵和李志忠两位教授在兰州安宁鑫海大酒店设宴款待大家，为师生和朋友们的一生"安宁"祈福，不愧为先生之高徒！

我举杯向先生致意：仰望先生已久，今日一见，先生为我补授了精彩的一课。言外之意不言而喻，然自知学养浅薄不便恭拜为师。席罢，合影留念，依依惜别。

在先生送我的《鸿爪夕明》中已领略过先生的墨宝，喜欢他那种清明爽心，随意自然的风格，只是念及不便劳累先生，没有开口索求。不日先生来白银办事小聚，意外地知道先生已暗暗地为我运墨动笔亲手书写了一幅书法作品。可见先生用心细腻，也可知先生对我亦如对他的学生一般惦念不忘，这不能不让我感动不已。

而今他的学生以他们的方式——为先生著书立传，使他高尚的人文精神、宽广博爱的人文情怀、灵活艺术的教育手法、渊博深厚的文化知识和学养以及无可挑剔的品行，得以光大并传承，这也是先生昔日教化有方的最好体现。我相信《烛光》的闪亮面世，将与先生的《滋兰树蕙录》相辉相映，成为教育界的一段佳话，传唱百年。先生的教育精神与人格魅力必将薪火相传，如繁星皓月永照斯空。而我能为这一闪耀着人性最善美的恢宏篇章尽自己一份微薄之力，岂能不荣耀万分？

李慧　女，内蒙古丰镇人，1968 年生。现任白银市诗词楹联家协会办公室主任，系白银市作协会员。

烛光情怀

——张克让先生印象

徐定福

读其书，知其人，这是我对先生的最初印象。

在我的案头除了工具书之外，老放着三部教育著作，一本是苏霍姆林斯基的《给教师的一百条建议》，一本是林崇德先生的《发展心理学》，还有一本便是张克让先生的《滋兰树蕙录——我和我的学生》。

记得是 1999 年前后，靖远师范工作的老朋友高振茂曾经转赠我一本《滋兰树蕙录》，作者是原靖远一中、靖远师范的老校长张克让先生。起初是礼节性的翻阅，但读了第一篇文章《"反弹琵琶"出新曲》后我便是如饥似渴、如获至宝般地一气读完，我被老先生的师德、人格和情趣深深地感染。先生"探病三上曹岘坪"、"特殊关照特殊生"、"迎风顶浪收罪犯"所透视出的博大的师爱和崇高境界；《打铁先要本身硬》、《亲身示范促教改》、《因材施教出"四情"》体现出了一个教师过硬的本领和严谨治学的态度。透过书中一个个鲜活的案例和风趣的故事，我深深感悟到这是作者用一生的心血、汗水所浇铸出来的蕴含着无私奉献精神、崇高职业修养、以德为本的教育思想的智慧结晶。这是一本实实在在的德育诗篇，一部忠贞不渝的教师人格的写照。

我是一个普通的教育工作者，极少去研究高深的教育理论和学术渊源，但我却清醒地看到，朴素而又通俗易懂的《滋兰树蕙录》对我们一线教师和班主任的确是一本实用的教法指南，是良师益友。是跟苏氏《给教师的一百条建议》、林先生的《发展心理学》一样随时可以请教的导师。

也许是一种机缘。2004 年我写了一篇论文《作文教学中应注重口头表达能力的训练》刊登在《新课程改革论坛》杂志上，而文后赫然书写着评审专家"张克让"三个字和一段希望性的评语：要善于积累，才能不断反思总结出作文教学中更有用的规律。我兴奋不已，也倍感鼓舞。

2004 年 10 月 4～7 日，《作文精选》杂志社、甘肃省中语会、共青团白银市委和我们条山农场中学共同举办了"甘肃省小作家社会实践活动"并取得了圆满成功，省中语会的专家侯一农、涂胜荣，还有西北师大的马以念教授参加指导了本次活动，遗憾的是时任省中语会理事长的张克让先生因故没有参加本次活动。

直到 2004 年 11 月 22 日，甘肃省中语会第八届年会和"创新杯"语文优质课竞赛在兰化一中举行，我获了二等奖，代表农垦来参赛的我终于有幸与张克让先生谋面。先生为我亲自颁奖后，使我感受到了当老师以来不曾有过的光荣与骄傲。年会结束后，11 月 25 日下午在《作文精选》杂志社召开了"青少年体验教育学术研讨会"，代表们针对"甘肃省小作家社会实践活动"中发现的问题进行了专题讨论。我写的《青少年德育体验教育学术探索与实践》一文得到了张克让先生的亲自点评，先生严肃地指出："德育是教育永恒的主题，改革开放以来，德育滑坡了、失落了，再不重视德育我们的教育就要出大问题了，小徐搞德育体验研究很有意义，中语会有责任、有义务支持，还应多参与这样的活动。"

2006 年 5 月，我的《青少年德育体验教育学术探索与实践》一文被省中语会推荐参加了全国中语会"语文报"杯中学语文教学研讨并荣获三等奖，后来又获白银市第五届哲学社会科学成果奖，我觉得没有先生和中语会同仁的支持，我的实践和探索是很难得到推广的。我深深地感谢先生！

2007 年 10 月 2 日，先生在《作文精选》杂志社社长张文律、外国语高中校长侯一农陪同下参观景电工程和龙湾黄河石林。到景泰后，先生提出要来看望一下在农场中学教书的我，我当时受宠若惊，激动万分。先生是声名远扬的教育家、地级干部、全国人大代表和全国劳模，能想到一个小小农场中学，来看望一个名不见经传的年轻老师，真是没敢想啊。当时我们的县委书记杨万勤作为老先生的学生，也陪同来到我们的学校，看到我们企业学校破旧不堪的教学设施，先生向县委书记询问了企业情况，建议政府多给企业学校一份支持和关心，杨书记当场答应，吩咐随同的有关领导，根据国家政策，要加快企业学校移交步伐，尽力尽快做好条农学校的移交工作。

令我们全校师生欣喜的是，先生走后仅 20 多天，10 月 26 日我校就正式移交到了地方政府，比白银市其他企业学校早一年移交地方，接受地方政府的管理。我们深深地感谢先生！

我结识张克让先生时，老人家已经退休了，但先生退而不休、情系教育、始终不渝。先生桃李满园，在靖远有口皆碑，而今，先生老来心闲、安享晚年，半年时间在国外，半年时间在国内，但仍时刻不忘教育事业。在国外，他认真了解异国教育历史与现状；在国内，悉心关怀教育，关心年轻的教育工作者，我不是老先生的入门弟子，但忝为老先生弟子之列，荣幸之至，先生的满园桃李一定会更加芬芳！

徐定福　甘肃古浪人，1971年生。曾任条山集团团委书记，现任景泰县条龙中学教导主任，中学高级教师。

别样情结

岳鹏瑞

我与张克让老师的师生情结，要从 20 世纪 80 年代后期说起。

当时，我在地处平川境内的白银市第五中学上学。记得那时候，同学和老师们都在谈论靖远一中，当然也在谈论当时任靖远一中校长的张克让老师。不时有班上的同学转到靖远一中去上学。我知道，他们都是奔着靖远一中的教学质量和将来能考一个好大学去的，我非常羡慕那些在靖远一中上学的同学。而我由于各种条件所限，最终未能如愿在靖远一中去上学，当然也未能在那时认识张老师，以至于至今还心存遗憾。那时，张克让老师在我心目中是一个了不起的好校长、教育者，是他把靖远一中带向了辉煌，带向了高考名列全省前茅的新时代。

90 年代初，我从白银市第五中学到兰州师专数学系学习。在一次与父亲的交谈中，父亲告诉我张克让老师是他的老师，也是他最尊敬和佩服的老师，同时给我讲述了许多张老师的人生和生活经历。说他"每周二十七节课，外语代数与几何"的顽强意志；说他"中学大学留趣语，逆境顺境吼秦音"的乐观精神；说他"已半己开巳全合，戊空戍平成一点"的识字口诀；说他"又说又唱又表演，编剧导演兼演员"的卓越才艺；说他"批评缺点讲分寸，对待'差生'重扬帆"的育人理念；说他"提出教法十二点，有理有据天地宽"的探索精神等生动事例。并一再叮嘱我在以后的人生道路上一定要向张老师学习，学习他对人生的态度，学习他的为人处世。听了父亲的话，我对张老师肃然起敬。从那一刻起，在我的心目中牢固树立了张老师就是一个和蔼可亲、备受师生尊敬的校长的形象，心中不时产生一定要认识张老师的冲动。

1993 年夏天，在父亲带领下，我在兰州认识了时任甘肃教育学院副院长的张老师。那天，在去见张老师的路上，我心里还有些紧张与不安，但当我见到张老师时，在他特有的慈祥笑容面前，之前的拘谨与不安顿时烟消云散。聆听着张老师富有磁性的话语和爽朗的笑声，使我接受了一次心灵的洗礼。在当时，我就渴望成为张老师的学生。当然，从那时起，张老师逢人介绍我时都说我是他的学生。每当听到这种介绍，我的心里无比自豪和骄傲。

1994年，我从兰州师专毕业后，在张克让老师的推荐关心下分配到甘肃教育学院图书馆工作。虽然在基层工作听张老师讲话的机会并不多，但张老师妙趣横生的话语、爽朗的笑声在教院的校园里还是时常能够听到。

记得有一年年终，张老师到图书馆检查学期结束工作，在图书馆见到我时微笑着说："小岳，干得不错，刚参加工作就评了先进。好好工作，图书馆是书的世界，闻着书香不读都不行啊！"听了张老师一席话，我倍感高兴，这不仅是一个领导对下属的关心，更是老师对学生的关爱，长辈对晚辈的教诲，这些激励让我至今难忘。

1996年年底，张老师退休前，教育学院为他组织了一个不大不小的欢送会。会上，几位院领导和有关处室的同志都高度赞扬他在教育学院的"丰功伟绩"和高尚品德。最后要他也讲几句，不料他语出惊人，使会场气氛陡然升温："刚才大家对我高唱赞歌，这早在我的预料之中，因为有几种会一般都是不说缺点的，除了表彰会、追悼会，就是欢送会。但是我自己还是有自知之明的。胸怀全局，运筹帷幄，我不如鸣皋院长；钻研马列，别开生面，我不如凤显书记；精通业务，文武兼巍，我不如蔡伟院长；踏实认真，一丝不苟，我不如启武院长；用心策划，顾全大局，我不如志强院长；崇尚理论，理想坚定，我不如发科书记；思想开放，敢于负责，我不如安民院长。要说我在这几年的工作有些成绩的话，我的法宝只有两条，一是腿子勤，二是脸皮厚。除此之外，别无可取。"他那谦虚的态度和诙谐的语言，使与会者无不动容。

1997年张老师退休后，住在教育学院大雁滩家属院。2001年我有幸也在大雁滩家属院购买一套住房，并和张老师同在一幢楼。这样下班回家或饭后散步，就可以常常在院子见到张老师，聆听张老师动人的话语和爽悦的笑声。每每见到张老师，他都会带着笑容，用富有感染力的靖远话和我打招呼。在不大的院子里，无论是老人还是小孩，无论是中年人还是青年人，无论是领导还是教职员工，只要和他打招呼，他都会面带笑容和蔼地寒暄几句。不变的是他的笑容，时时在变的是他特有的生动有趣的话语。他的语言魅力感染着身边的每一个人，使得院子里的每个人见到他不但没有疏远感，反而一身轻松，心情愉悦。

因为同住一个院子，当同事家里有个红白喜事时，我就常常和张老师一同前往。走在路上，坐在车上，或在婚礼现场都会见到张老师谈笑、讲话的风趣，这也在时刻教育和感染着我这个学生。2009年7月，一次偶然的机会，张克让老师、冯振国老师、赵学森老师与我一起相约去平川，车子行驶在兰白高速公路上，徐徐暖风从车窗外刮在脸上，我们四人用地道的靖远话聊天，一路上年近古稀的张老师谈见闻，说人生，没有丝毫的劳累与困顿，沿路洒下了阵阵欢笑声。

在家属院里，不管谁去世，他都要亲自撰挽联一副到灵堂吊唁。据说他撰写的挽联已过二三十副，并且因逝者而异，深得大家欢迎。去年有个姓姚的老同志去世，他撰写了这样一副挽联："老革命，老元戎，老功臣，生前有风有雷，轰轰烈烈；好处长，好后勤，好当家，死后无怨无悔，清清白白。"大家看了，都交口称赞。子女们看了，更为感动，据说还把他珍藏起来，裱好之后，挂在家里。我听到之后，更为张老师崇高的思想境界和敏锐的聪明才干所深深打动。

我不禁叹服：张老师谈笑说教中妙趣横生的语言魅力和豁达向上的人生至高境界。

这就是我与张老师的别样情节，是老师与学生、是上级与下级、是亦师亦友的解不开的别样情节。

岳鹏瑞　甘肃平川人，1972年生。现任甘肃联合大学人事处科长。

先 生 吟

苏其智

在那子曰诗云的古时候，勤劳善良的劳动人民向来把知书达理的老师们尊称为先生。岁月流转，时至今日，我仍觉得把德高望重的良师们呼为先生，古风悠长，气韵绵绵，最为亲切庄敬。

人的一生中，能遇上几位良师益友，诚为人生之大幸。若遇不上，有机缘读到一些好书，好书如好人、如良师，也给予人莫大的启迪、关怀和温暖。1991年我上高中时，靖远一中校长张克让先生已经调离靖远，无缘亲睹其风采，聆听其教诲。但我尊先生为良师，正是读了他的书《滋兰树蕙录》。尼克松的儿子拜望过毛主席后感慨地说，二十里外即可强烈地感受到毛主席的个性！的确，文如其人，我也从先生的《滋兰树蕙录》中，强烈地感受到先生一生教书育人的嘉言懿德，至少给了我三个方面的人生启示。

一是人性光芒的启示。先生教书育人的52个故事中，对学生、对教师、对亲人、对朋友深切的关怀，旨在树人，情在玉成。大凡处理教育教学事务，不分大小，无不是合情、合理、合法，春风化雨，润物无声，总是恪守以人为本之道。在先生崇高的文化内涵和道德修养支撑起的人生历程中，无处不闪烁着人性的光荣和光芒。在大力倡导以人为本、构建和谐、科学发展的今天，先生在半个世纪的杏坛生涯中就一直在忠实践行，先生之德之学越发叫人顶礼膜拜。

人为万物灵长，人生在世，对人、对事、对大自然，就应当跟先生一样，尽心竭力地展现出人性的光芒来，以不负父母养育之恩，师长栽培之德，土地承载之怀。

二是文化力量的启示。先生给人以传统文化人的强烈感觉，正如毛主席一样，在领导人民革命和建设的一生中，随处都有其浩荡的文化人格号召人，感染人，凝聚人。先生作文，行云流水，生动活泼，绘声绘色，纯朴风雅，读来真正让人如坐春风，如沐春雨，滋润心田，启迪智慧。从小处说，这是文学的力量，从大处说，这是文化的力量。正因为先生虚心向学，兼收并蓄，有着深厚的文化修养，自然比常人拥有着更丰富的人生智慧，践行着更纯正的人生理想，追求着更开阔的人生境界。

当今社会，尽管世事纷纭，八仙过海，须知，忠厚传家远，诗书继世长。在推动人类社会文明进步的征程中，毫无疑问，文化是最悠长、最中坚、最靠得住的力量。

三是圣贤根源的启示。江山代有才人出，各领风骚数百年。先生中正和润，铁肩妙手，因材施教，敷荣勉善，温良恭俭让，教书求是，育人复礼，为龙点睛，为虎添翼，全心全意为了祖国的教育事业而奉献。对于先生，说实话，我有一种普度众生的菩萨的、圣贤的感觉，读着先生的书，让人每每想起孔子、想起《论语》。先生与蔡元培、梅贻琦等中国第一等校长，虽有机缘、时代和地域的不同，但却有着同样崇高的理想追求，同样科学的治学态度，同样无私的奉献精神！

毛主席说一个人做一点好事不难，难的是一辈子做好事。荀子更有言"积土成山，风雨兴焉。积水成渊，蛟龙生焉。积善成德，而神明自得，圣心备焉"。一个热爱生活、懂得感恩的人，就会时时处处存天理、灭人欲，点点滴滴做好事、积善缘，天长日久，习惯成自然，自然而然，就会具备一颗慈善博爱、聪慧通达之心，圣贤大抵就是这样产生的。

虽与先生未有师生之缘，却有会心之恩。从先生的书中我感悟着做人、做事、做文章的道理，正是在先生精神的感召下，我亦志于人文、忠于公益、热心教育、乐助学生，力所能及地做一些有益于民族、有益于国家、有益于后人的事情，自信这才是人生的正道。

传道授业善解惑，滋兰树蕙乐毓秀。值此先生从教50周年之际，谨祝好人一生平安！更期望靖远全县人民、教育界、贤达人士都能以先生为榜样，加倍重视教育，加倍尊重教师，加倍关爱学子，人人为家族的、地方的、国家的、民族的百年大计，有一分热，发一分光，尽一分力，如此，为个人积德，为地方谋福，善莫大焉！

苏其智　甘肃靖远人，1975年出生。现供职于靖远县委组织部，任副科级组织员。

千里师生缘　胜似父子情

张文祥

我结识张老师有某种机缘巧合。如果自诩为张老师的学生的话，可能算是关门弟子。

初识张老师是 2003 年 10 月，是通过省文联的马自祥副主席介绍才有缘结识的。说起和张老师的认识，还得从当时的故事讲起。2003 年 6 月，我从江苏的苏州来到兰州，从外企骨干变成某杂志驻甘肃省主编，主要负责杂志采编、出版、发行以及组织大型教育文化交流活动。一到兰州，在完成办公室的租赁和员工招聘培训后，准备拓展市场业务时，才发现在甘肃做文化教育工作没有人脉关系，是很难做的。

8 月中旬的一天，从南方和我一起来兰州工作的小徐在下班途中被一个中学生骑自行车撞倒了，当时已经蹲在地上起不来，被撞部位也肿胀起来。当我赶到时，小徐疼得坐在地上，那个闯祸的中学生也吓得呆若木鸡般地站在一边，低个脑袋。我拍拍那个学生的肩膀，说："没事，别怕，我们一起来处理。你给家长打个电话，我们去医院查一下，如果骨折或内伤，让你家长来协商解决。如果只是皮外伤，那就没事，我们自行处理。"看到我挺友善，他也就放松下来，拨通他母亲的电话。通过电话得知他母亲是甘肃省文联的一位知名专栏作家，现正在外地采风。父亲是北京电视台国际部的主任，常驻北京。他母亲让我们先住院治疗，她会让孩子的舅舅尽快赶往医院。因考虑孩子晚上要上自习，就让孩子先去上学。当时小徐还开玩笑说："完了，让他走，就没人认账了。孩子的舅舅要不来，咋办？"我说："吉人自有天相，把人想好一点。社会有信任就会和谐。"过了大概半小时，孩子的舅舅赶到我们所在的医院探视，并主动要求承担一切医疗费用。后来得知他是《中国物产报》驻甘肃记者站的，原在《中国工商报》北京总部工作，因家庭因素才转调回来的。因为大家是同行，聊得很投机，很快便以朋友相称。后经医院检查，小徐无大碍，敷点药回家休养几天就行，大家也就放心了，几百元的费用我们自行承担了。看到我们挺爽快，孩子的舅舅说以后有啥要帮忙尽管打电话。这件事情很快就被淡忘了。谁知过了一周，孩子的母亲出差回兰州，打来电话致歉说，因为一直在外地出差，也没过来看一下伤者，而且我们自掏医药费，很是过意不去，坚持一定要来办公室看望我们。怎么也推脱不掉，大家就在办公室认识寒暄了一下。她看到我们几个小伙子在物欲横流的社会还能放弃较好的生活环境和工作待遇，来西北支持教育，为甘肃教育做事情，很感动。离开时，她主动说自己在省文联工作，有什么需要帮忙的尽管说，一定帮忙。那段时间我们正在筹备全省中小学作文大赛，在准备下发比赛文件时，感觉缺少省内教育专家做大赛评委，是种遗憾。可刚来兰州，这方面的关系和圈子还不太熟悉。正当大家苦思冥想时，我想到了那位学生的母亲。于是我抱着试试看的心态拨通了电话，在说明情况后，她很乐意帮忙，很快帮我联系到省文联的三位副主席：西北民大文学院院长尕藏才旦教授，西北师大文学院副院长彭金山教授，西北民大马自祥教授。随后两天，我就去三位教授家依次拜访。尽管都是初次拜访，当听我讲明情况后他们都答应担任大赛评委。并且三位教授都向我推荐中学语文教育的权威专家张克让老师。经过联系，我到张老师家拜访了这位德高望重的专家。初见张老师，感觉他非常的平易近人，和蔼可亲，我把比赛的相关文件递给张老师，并说出了一些自己对教育粗浅的想法。张老师给我详细介绍了甘肃的教育现状，也介绍了自己的教育经历和教育心得。临别时，张老师很爽快地答应了我的邀请，愿意担任大赛评委，并且帮我介绍和联系了另一位小学语文教育专家谢瑞。当时我很激动，真有"柳暗花明又一村"的豁然开朗的感觉。2003年第一届全省中小学生作文大赛在众多专家的关心和支持下取得了圆满成功。特别是张老师，不管是参与评审还是颁奖，都是自己打车准时出席，分文未取。让我真正感觉到什么叫师德高尚，从此我也就与张老师结下了深厚的情谊。

　　令我终身难忘的是2004年7月下旬，我们杂志社准备组织甘肃小作家夏令营去上海、无锡参观访问。宣传工作从6月初就开始了，眼看离报名截止日期只剩一周了，报名的学生只有30人。通过测算，按这样的规模肯定要亏本了。抱着试一试的想法，我找到张老师，把具体情况向他汇报了一下，看张老师能否帮忙出主意。张老师说："现在已经报了30个孩子，这是你们第一次组织夏令营活动，不能让信任你们的学生和家长失望，退团肯定不行。无论如何要确保成行，你测算一下还差多少学生就能保本。"我经过测算说大概差5个。张老师当场就和夫人雒阿姨商量说："小张在兰州孤身一人做教育事业不容易，你看我们一家人都跟他一起去夏令营，帮他度过这个难关，咋样？"雏阿姨很爽快地答应了。我当时激动得热泪盈眶，张老师的帮忙让我免去了退团的尴尬。我还沉浸在感激的情绪中。谁知，五分钟后，张老师就拿出八千多元的夏令营团费交到我手上。我当时不知所措地说："张老师，先不着急交钱，等到上海再给我。再说，即使要交也要交给财务，我们交往才几次，认识还不到一年，交给我，您放心吗？"张老师笑着说："我们一家人都参加你的夏令营，不信任你信任谁呀？你现在急需用钱，拿着，别客气。利用剩余的一周时间再做做宣传，说不定能多来几个，不到最后一刻，就别放弃。"本来已经泄气的我，看到张老师拿着八千元支持不让我亏本的苍健的手，看着他那信任和期盼的眼神，我心里不断涌上一股暖流。我从张老师那里得到宝贵的经验：不到最后一刻绝不轻言放弃。剩下的一周，我首先去了张老师推荐的嘉峪关酒钢集团总校，通过宣传，有 23 个学生参与了我的夏令营。一回到兰州，又马不停蹄地和 1000 多个小记者家长通电话，最后又动员了 30 多个学生参与。本来担心人数不足要亏本的夏令营，在张老师的鼓励下，到出发时已是 95 人的特大夏令营旅行团了。当顺利踏上南下的列车时，我们都激动得哭了。学生是因为第一次远离亲人、远离家乡而激动得和家人相拥而哭。而我是因为看到张老师夫妇年近七旬，还携带六岁的孙女和女儿、女婿，全家动员支持我的工作时，感动得流泪。那一年夏天，南方闷热潮湿，太阳毒辣。以致我们回兰州后，一年左右才恢复本来的肤色。在整个夏令营行程中，张老师一家人总是帮我们操心孩子，关心老人（那时有几位老人陪孙子一起参加夏令营）。在上海和无锡的景区张老师还志愿当起了随队文学指导老师，给孩子们讲文学，说故事，谈写作。张老师经常回忆当时的情景时，一直说我当时胆太大了，现在想想确实有些后怕。最小的团员 4 岁，最大的 75 岁，学生从幼儿园到高中，这是他见过的年龄跨度最大的旅行团。那一次的夏令营之行将成为我一生的财富深深藏进我的心窝。从那以后，我与张老师一家的感情更深了。

现在我离开杂志社 3 年，又开始做广播电视传媒了，事业的平台更大了。与张老师的交往从没断过，掐指一算，我们交往整整七年。有时经常想起刚认识时的情景。在这七年里张老师对我的事业帮助很大，在我事业陷于低谷时，他像老父亲一样开导我，鼓励我。当我小有成就时，又像老父亲一样劝诫我，同时和我分享成功的喜悦。记得 2007 年 11 月，我高兴地告诉张老师：我在兰州市中心买房了。张老师开心地说要给我暖房，就像自己的孩子买房一样幸福。张老师和雏阿姨一起到我的新家祝贺，还特意为我们小两口赋诗一首并亲笔书写。这是一幅宝贵的诗赋作品，也是我家唯一悬挂的书法作品。（尽管我也有书法大家的作品，但一直锁于书柜，我觉得它们不配与张老师的书法作品同挂一隅）。

张老师一生桃李满天下，我虽不是他的爱徒，但我以结识张老师为一生的幸运。

张文律　江苏泰州人，1977年生。曾主编《作文精选》杂志，现任甘肃广播时尚旅游频道总制片人，经济管理师。

淳真親情

1999 年，张克让老师全家在兰州合影

2009 年 2 月，在英国贝尔法斯特，张克让老师夫妇与大女儿张春雯，孙子李笑尘、李笑凡在一起

2008 年 4 月，在兰州，张克让老师夫妇与孙女魏雨桐，孙子张家铭、陈彦录在一起

小个子巨人

雒庆瑞

1961 年，我从一所农村小学考入靖远一中。在欢迎新生的晚会上，一位神采奕奕的小个子老师表演的《十二把镰刀》给我留下了非常深刻的印象。他生动有趣的表演不时激起同学们热烈的掌声，将晚会的气氛引向了高潮。我怀着急切的心情向身边高年级的同学打听这位很年轻的小个子老师的姓名，一位同学告诉我："他是张克让老师！"后来，我听一些同学介绍，得知一些高中生的年龄都比张克让老师大几岁，而张克让老师大学毕业已两年了。听了同学的介绍，我觉得张克让老师很了不起，打心眼里佩服他。

一

那时，我几乎每天都看见张克让老师行色匆匆地从这个教室出来又走进了那个教室，给人的感觉是他整天都在上课。听别的同学讲，张老师的课讲得很生动。可惜初一第一学期过去了，张老师却没给我们班上过一节课。就在我期盼着张老师给我们班上课时，初一第二学期，我们班的代数、历史老师接连因病或有事不能上课，张老师临时顶替这些老师给我们班代课。

我至今很清楚地记得，张老师为我们班上第一节代数课时给同学们留下了深刻的印象。他一笔漂亮的板书，让我们耳目一新。并且采用讲练结合、以练为主的新颖的教学方法，让我们学习代数的兴趣大增。由于他讲代数时强调讲练结合、以练为主，我们的作业基本上在课堂上就完成了，减轻了我们的学习负担，留出更多的时间让我们独立思考一些问题。讲历史课，张老师引经据典、妙语连珠，同学们时而欢声笑语、时而支颐沉思，大家的思绪随着张老师激情飞扬的讲解愉快地徜徉在浩瀚的历史长河之中。记得"三皇五帝夏商周，归秦及汉三国谋，晋终南北隋唐继，五代宋元明清民"的历史口诀，就是他代课时讲给我们的，使我们终身受用。

张老师讲课就像一把智慧的钥匙，开启了我们懵懂的心灵；张老师讲课仿佛一台辛勤的播种机，在我们干涸的心田播下希望的种子；张老师讲课犹如一把熊熊燃烧的火炬，照亮了我们探求知识的道路！

1964年我初中毕业参加中考，当时全县仅招80名高中生，竞争十分激烈。我语文学得很一般，就把升学的希望都押在自己特长的数学上。考数学那天，我考得很顺手，加之年轻气盛，自我感觉良好的我提前半小时就交卷了。交完卷，我心急火燎地跑到布告栏前对标准答案，前面所有的题都答对了，正当我高兴得要跳起来时，才发现最后一道20分的大题标准答案与我的答案不符！我顿时傻了眼，头上直冒冷汗。我心里很清楚，一旦数学考砸了对我意味着什么。正在我急得团团转时，张克让老师过来了。他看见我说："你咋这么早就交卷了？考得咋样？"我几乎不敢正面看他，低着头嗫嚅道："最后一道大题我检查了好几遍都觉得我做对了，没想到我的答案与标准答案不符。"此时，已有许多其他学校的数学老师纷纷来看标准答案，其中的一位听了我对张老师说的话对我说："肯定是你错了，标准答案怎么会错呢？"看到我很着急的样子，张老师安慰我说："你先别着急，让我看看！"说着，他徒手在地上演算起这道题来。算完，张老师肯定地对我说："你的答案是对的！""笑话！标准答案怎么会错呢？"一个鄙夷不屑的声音对张老师说。我抬头一看，正是考点主任。他的话音未落，一位考点老师急匆匆赶来向他汇报："刚才定西教育处打来电话说，最后一道数学题的标准答案有误，予以改正。"我悬着的一颗心总算放下了，抬头望着我身边的张克让老师，我不禁默默敬佩这位一丝不苟、敢于纠错的好老师。

1964年，我考入靖远一中高中部。入学后，最让我激动的是张克让老师教我们班的语文，而且一教就是两年，直到1966年"文化大革命"开始。张克让老师讲语文不但生动有趣，并且还非常重视语文基本功的训练。他曾给我们讲过一种区别字形的简便方法叫"排他法"，就是对形体相近的字或偏旁，只要记住其中字数较少的一种，其他一种则可以排除不记。例如"臣"与"匝"形体十分相近，在现代常用左右结构的汉字中，只有"卧"字是以"臣"作偏旁，其他"颐""姬""熙"等字都以"匝"为偏旁。大家只要记住"卧"字就行了。"十"和"忄"也非常相似，在左右结构的现代汉字中，以"十"作偏旁的只有"协""博"二字，其他与"心"有关的字都以"忄"为偏旁，我们只要记住"协""博"二字就行。类似的字他还讲了很多，真让我们大开心窍，顿开茅塞。

我的语文基础很一般，尤其一提起作文，我的头就大了。让我至今很感动的是，张克让老师对我们这些语文学得不好的学生不但不歧视，反而很认真地培养我们学习语文的兴趣。对我写得不通顺的作文，张老师每次都坚持面批。在他的悉心辅导下，我的作文水平逐渐提高。

高一第二学期，全省男子排球赛在靖远举行。张老师带我们观看了这场排球赛，回校后他让我们自命题写一篇作文。我从小贪玩，对排球更是情有独钟。那场排球赛打得很精彩，我用心观看后写出了自己的真实感受。尽管我写的这篇作文病句较多，但张老师给我给了高分并在班上讲评我的作文。讲评时，他再三强调：作文就要写真情实感，切忌假大空！后来，张老师因势利导，鼓励我写日记，并一再教导我要多读书、读好书，特别要读名著。在张老师的言传身教下，我逐渐养成了爱读书、写日记的习惯，使我获益匪浅并受用至今。

二

张克让老师对所有的学生都倾尽全力培养，他尤其关爱来自生活贫困家庭的中学生。

我同班同学张某来自农村，三代贫农家庭出身。张某从小爱读书、爱好写作，学习又很勤奋。张老师很喜欢这位学习刻苦的同学，经常"开小灶"悉心培养他。张某也很争气，语文成绩总名列前茅，他的作文几乎每次都被张老师作为范文讲评。由于作文突出，张某还担任"幼松"文学社社长、手抄报主编。张某也以张克让老师大弟子自居，多次在同学面前说他将来"非北大不上"。张老师也为这位志存高远的弟子自豪，一再鼓励他百尺竿头更进一步。

谁知天有不测风云，1966年"文化大革命"迅猛的大潮席卷全国。作为靖远县的重灾区，靖远一中难逃浩劫。张克让老师被定为第一批"牛鬼蛇神"揪了出来，造反派给他强加了许多莫须有的罪名。其中一条"罪状"就是：拉拢腐蚀"根红苗正"的三代贫农子弟张某。张某在工作组的诱导下很快"反戈一击"，写了一篇又一篇肆意攻击张克让老师的大字报，张某也作为"反戈一击"的典型而受到造反派的吹捧。因此"威名大震"，成为靖远县红极一时的造反派头头，其后又荣升校革委会副主任。为了表示自己与张克让彻底划清界限，张某多次组织了对张克让的批判斗争。

时光荏苒，二十多年过去了，张某已成为一所农村中学小有名气的高中语文老师。由于他在"文化大革命"中的种种"突出"表现，每逢评职称，他都被相关政策一票否决，职称问题一直得不到解决。1989 年底，白银市集中解决教师职称问题，他的职称作为遗留问题上报白银市评委会最后定夺。在评委会上，他在"文化大革命"中的不良表现又被提出，但作为语文组评委主任的张克让却说："他是我的学生，他在'文化大革命'中的表现有一定的历史原因。再说他当时毕竟年轻。从这次的考核材料上看，他的课教得不错，符合中学高级教师的评审条件。我们不能用'文化大革命'那种错误的办法解决现在的问题，不要一味揪住一个人的缺点和错误不放，我同意他评为高级教师。"听了张克让的一番话，其他评委都被他的博大胸怀深深感动。结果，张某被评委们全票通过。张某得知这一消息后百感交集，他痛悔自己当年的所作所为，亲自登门感谢恩师张克让不计前嫌的宽阔胸襟。从那以后，逢年过节，张某都登门去拜访张克让老师。

有一年，省中学语文教学研究会在酒泉开会，张克让老师还特邀张某参会，并给省中语会的其他领导介绍，一再强调张某是他的学生，使张某深受感动。

三

1968 年农历六月初一，我父亲被迫害致死。父亲含冤去世的消息传来，犹如晴天霹雳，对于我们兄弟姊妹而言就是天塌地陷。当时，我母亲被关押在老家接受批斗，我们家遭受了前所未有的灭顶之灾。那时，在靖远一中我唯一的亲人只有二姐夫张克让，而他也在统管中，他的一切行动都在有关人员的监视之中。就在这种艰难的局面下，只要我跟他见面，他总鼓励我一定要坚强地面对不幸和困难。在那些至今想起还让人毛骨悚然的日子里，他不但在精神上给了我极大抚慰，而且在生活上也无微不至地关怀我。

有一天下午，我去他的宿舍取饭盒打饭。推开他的门，发现我的饭盒里放着当时难得一见的 4 个包子。饭盒旁留了一张纸条，上面写道："庆瑞：我已吃过了，这几个包子你吃吧。我晚上要去农场浇水。姐夫：张克让"。

望着纸条和包子，我不禁潸然泪下……

父亲走了，张克让又像慈父一样关心我、鼓励我，使我走过了那段人生最黑暗的岁月。说心里话，如果没有他当年时时刻刻的关怀和帮助，我就挺不过那段生不如死的日子。他真诚、善良、仁慈、宽厚的品质，永远激励着我要做一位像他一样的好人。

四

1985 年，吴贵峻局长调我到靖远县教育局工作。1993 年，靖远县委任命我为靖远县教育局副局长，分管全县教学工作。说实话，凭我当时很有限的水平，要抓一个文化大县的教学工作，弄不好会贻误事业、成为历史的罪人。

重任在肩，我诚惶诚恐。如何搞好全县的教学工作，我心中没有一点儿底。情急之中，我马上想到了我的恩师张克让。当时，他已调任甘肃教育学院副院长。刻不容缓，我立即赴兰州求教。见面后，他一针见血地对我说："靖远目前的关键是要尽快培养一批德才兼备的好老师。"紧接着，他又给我介绍了上海青浦、天津新区、湖北黄石等培训教师的先进经验。为了让我尽快掌握先进经验，他还介绍我到兰州市七里河区实地学习。

我回到靖远后，在教育局马天霖局长的有力领导下，在有关同志们的积极配合下，"以提高课堂教学质量为突破口，以提高教学基本功为抓手，以提高教师整体素质为目标"，在全县中小学广泛深入地开展了为期 5 年的"岗位练兵，教学评优"活动。通过学校初评、学区复评、全县联评，在全县树立了"十大教学标兵"，然后组织标兵到各学校巡回讲课，接受实践考验。

十多年过去了，现在回头来看当年的"十大标兵"，他们算是都经受住了历史的考验，成为靖远教育事业的中流砥柱。

当年中学"十大标兵"，都成为靖远教育界业务精、作风硬的骨干。他们是：张宗礼（现任靖远县教育局局长）、吴贵栋（现任靖远一中校长）、张维发（现任靖远一中副校长）、肖进忠（现任靖远二中校长）、张慧中（现任靖远二中副校长）、杜进福（现任靖远三中校长）、朱维年（现任县职中校长）、路承库（曾任靖远一中书记）、常玉福（曾任靖远城关中学校长、白银育才学校校长，现任白银市教育局直属学校管理办公室主任）、滕宝慧（现任乌兰中学副校长）。

当年小学"十大标兵"武繁善、高玉梅、党玉英、高云峰、李守梅、刘潭清、孟玉珍等已成为一代小教名师。

　　这场后来又延续了近十年的"岗位练兵，教学评优"活动的总设计师应当说就是我的恩师张克让。活动开展期间，他多次介绍省上教育界的许多专家学者如靳健、谢瑞等人来靖远传经送宝，参与评课。同时，他积极介绍靖远部分教师去师大附中、兰州一中等名校参观学习，还推荐省教科所的李赞华、张海鹰等同志到靖远蹲点总结经验。这场活动自始至终，张克让既是积极的倡导者，又是具体的指导者和践行者。这场活动的每一个具体环节都凝聚了他的心血，每一个关键时刻都闪烁着他的睿智。

　　如今，每当我与靖远教育界的同仁一起回顾张克让对靖远教育事业做出的卓越贡献时，仍为他恪尽职守、乐于奉献、精益求精的精神所深深感动。去年国庆节，张克让被中共靖远县委、县政府评为"为靖远发展作出突出贡献人物"，应当说是当之无愧的。

　　靖远教育界的同仁衷心感念张克让对靖远教育事业作出的巨大贡献。

　　作为他的学生，我永远敬佩这位把人生最精彩的华章无私奉献给靖远人民的小个子巨人！

　　雒庆瑞　甘肃平川人。1967年靖远一中高中毕业。曾任靖远县教委教研室主任，教委副主任。中学高级教师。

姐夫，我终身受益的人

雒庆新

我敬重姐夫，我永远记得他说过的话："人生有得必有失，得志时，莫忘形；失意时，不气馁。人生岂能尽如人意，但求无愧我心！"

姐夫对朋友，对亲人，甚至对陌生人，都能以诚相待，真诚相助，从不做对不起良心的事。我想，他在社会上之所以受那么多人的尊敬和爱戴，主要是因为他海纳百川的胸怀，宠辱不惊的雅量以及谦虚豁达、和谐友善的人格魅力。我与姐夫共同生活了十几年，身教重于言教，他的一举一动，一言一行都在潜移默化地熏陶着我，可以说姐夫是影响我一生的人！

我们兄弟姊妹十人，三个姐姐五个哥哥和一个小妹，张克让先生是我的二姐夫。

20 世纪六十年代，我在水泉上初中时正遇上史无前例的"文化大革命"。父亲在那个只"武"不"文"的运动中蒙冤去世。家里的天塌了。母亲心力交瘁几乎要倒下去。哥哥姐姐先后被下放到农村接受贫下中农再教育。"地主狗崽子"的我在学校备受歧视，面临着辍学。姐夫受父亲生前嘱托，在他自身难保的情况下毅然把我带到身边，求情托人把我安插在靖远一中上初中。我在姐姐、姐夫家里生活、学习一直到我参加工作，整整度过了 10 个年头。

姐夫 1959 年从西北师范大学中文系毕业，戴着"右派"帽子被分配到靖远一中教书，先在数学教研室，后来和父亲同在语文教研室。当时学校因怕姐夫教语文"表现自己，毒害学生"，就让他教俄语，讲数学。一个风华正茂，怀揣远大抱负的青年，未曾踏上工作岗位，便背负着沉重的包袱，蒙受着莫大的屈辱。父亲看在眼里，疼在心上，从心灵上给予了他很多的帮助和抚慰。在阴云密布的岁月，"挨斗"、"陪斗"司空见惯，父亲总是以"疾风知劲草，时穷节乃见，留得青山在，不怕没柴烧"的古训激励姐夫。姐夫也从被欺、被贬、被诬的切肤之痛中感悟出：忍耐不是懦弱，而是柔韧，是一种比刚强更为有力的生存策略，只是换了一种活法。父亲嘱咐姐夫要坚强地活下去，随遇而安，泰然处之。姐夫之所以能够踏平坎坷，惊涛骇浪中没有被击垮，父亲是有功劳的。

姐夫是个知恩图报，以德报德的人。

那是个供给制的年代，姐夫自家生活本来拮据，又加上我这个能吃的半大小伙，更显得捉襟见肘，力不从心。记得1971年春天，二姐借了两辆半旧的"永久"牌自行车，让我陪姐夫到打拉池去找粮食，来回几百里地，土路山梁，坑坑洼洼，一路颠簸，我们硬是把百十来斤麦子捎了回来。二姐一边替我俩擦汗，一边扫着身上的尘土："真不容易啊！"姐夫却风趣地说："堂堂七尺男儿，这算得了什么，哪能让孩子的肚子也闹革命呢！"后来，经一位亲戚介绍，姐夫给县食品厂做"厂外秘书"，主要是写工厂的年终总结、厂长的工作汇报，办厂里的宣传专栏等。姐夫的文笔那可是一流的，酬劳自然也不错，一年下来能弄到十来张副食票，这样就可以买些白糖、粉条、大油之类的食品给我们补充营养。有时我们还能吃上"扭酥"解解馋。"扭酥"是用红糖、鸡蛋、白面加清油烤制出来的一种食品，六分钱，一两粮票，还要有一张副食品票才能买上，一般老百姓家很难吃上这样的奢侈品。姐夫"爬格子"挣来的"扭酥"，我们都在家里偷偷地吃，生怕被他人看见说姐夫搞副业，那会给姐夫罪加一等的。一次，外甥女不留心坐在门槛上吃，被院里的孩子看见了，他们大声嚷嚷："张南干，吃扭酥！"吓得外甥女急跑回来，问姐夫："爸爸，张南干是什么？"姐夫没有丝毫的辱没感，反而高兴地说："咱姓张，南干是精干的意思。"说着还做了个昂首挺胸、阔步欲走的姿势，外甥女会心地笑了。那一幕至今深深地印在我的脑海里。姐夫太敏锐了，他的乐观也可见一斑。

二姐和姐夫是一对患难夫妻，姐夫"蹲牛棚挨批斗"已是老"运动员"了。二姐也因为家庭成分问题失去了工作。姐夫常以"好汉惜好汉，背扇怜背扇"幽默地安慰二姐。真是黄连树下弹琵琶——苦中作乐啊！尽管生活艰辛，但简陋的小屋常有新一代的欢笑声，贤淑的二姐把家里打理得井井有条，和谐温馨。姐夫是个有远见的人，不相信他的一生都是坎坷与不幸，他知道，凄冷的寒风止不住春天的脚步，岁月的围墙挡不住坚定的信念，因此，他给自己的大女儿取名"晓春"，意味深长！

二姐1964年毕业于甘肃省供销学校，分配到会宁县供销社当会计，因家庭成分问题被"清退"回家，一待就是十几年，直到1976年落实政策才恢复了工作。二姐去会宁工作，我自然成了家里学生们的"女主人"，洗衣，做饭，照顾孩子。那年，正赶上邓小平主持工作，政治气候大为好转，春风化雨，气象万千。姐夫开始被学校重用，既当班主任又代两个班的语文课，另外还要给县城钟鼓楼两侧的《乌兰战歌》写稿，给学校文艺宣传队编写剧本，又当导演又当演员。姐夫真正忙起了自己的事业，扬眉吐气，大展才华，英雄有了用武之地！

姐夫当时的住房很拥挤，我们七口人住着不到四十平米的一套平房。一张掉了漆的"三斗橱"既是大家的饭桌又是姐夫的写字台。有个星期天，姐夫出去家访，我带着外甥们把大约六平方米堆杂物的小库房腾了出来，用废报纸把顶棚和墙壁糊了一下，改造成姐夫的"书房"。晚上我还特意包了顿饺子，庆祝"书房"启用。姐夫回来，一盘热腾腾的水饺上了桌，不料，咬一口硬棒棒，看一眼黄澄澄，你看着我，我瞅着你，大眼望小眼。突然。聪明的外甥涛涛问："六舅，饺子一个黄的顶几个白的啊？""三个啊！""哦，我吃九个就饱了。"其实，因我是第一次包饺子，不知道怎么和面，想当然地用碱水和了，而不是用盐水和的，所以饺子皮又黄又硬。平时孩子们爱吃干拌面不爱吃汤面，为了节约白面，我想了一个办法，干拌面只允许吃一碗，鸡蛋面片子就可以吃两碗，孩子们以为吃饺子也是受限量的。是的，姐夫一个人每月58.5元的工资要养活七口人，杯水车薪，日子就该顿顿算计着过。

姐夫终于有了属于自己的专用书房，酷爱读书和写作的他，教学是他的光荣，学生是他的骄傲。风清月明，孤灯陋室，伏案备课，批改作业。每每夜深人静时，他总是在一盏15瓦的昏暗灯光下，批阅着一本本学生的作文。密密麻麻的红点、红圈、批语，字里行间倾注着他对学生的爱心与责任。我看到姐夫疲惫的背影和通红的双眼，送一杯热开水劝他休息："姐夫，又'反回潮'了，你那么认真干什么？交白卷都能上大学。你还是保重身体要紧。"姐夫认真地说："当老师干的是良心活，误人子弟的事我干不出来。"姐夫参加工作以来从未离开过教育，年复一年，寒来暑往，辛勤耕耘，默默奉献，播种着知识，收获着希望，是一支名副其实的蜡烛，燃烧着自己照亮着别人。

1974年我上了高中，姐夫是我的班主任，语文老师，本想在姐夫的门下获取更多的知识，像姐夫那样做个有学问的人，可没想到，赶上了"学黄帅，学铁生"，批"师道尊严"的浪潮。靖远一中，"五七"红专学校双挂印。学校教育面向社会，面向基层，教育要与劳动生产相结合。我们高二六班是文艺班，另外还有拖拉机班、卫生班、高温堆肥班等。学生上课时间很少，大多数时间是去工厂、下农村，砸炉筒子、学翻砂，平田整地、摘棉花。姐夫的任务是结合形势创作剧本并导演节目。

姐夫创作导演的节目，经学校验收后先到县城演出，然后再到乡下去演。他创作、改编并导演的《车轮滚滚》、《园丁之歌》和舞蹈、双簧、表演唱、三句半、对口词、活报剧在学校，在县城，在农村，都产生了很大的影响，还真红火了一阵。

1974年，由工宣队队长亲自带队，一辆"铁牛"55牌拖拉机拉着我们文艺班的老师和同学敲锣打鼓走出校园，东进杨梢沟，南上高湾、三场塬，再到野糜川，吃住都在农户家。走一程演一路，最后向北到小芦。先后演出十七八场，场场观众爆满。尤其是姐夫清唱的《十二把镰刀》，每场都是压轴戏，观众的掌声，喝彩声，和着节拍数着镰刀，把演出推向高潮。同学们都说，我们下乡演出唱红了半个靖远县，一点都不假。

平田整地，高温堆肥是我们班改造世界观的主战场。记得1974年冬，姐夫带我们去糜滩、城南沟劳动。劳动任务由生产队长分配。为了保质保量完成任务，姐夫和同学们达成协议：卖力干活不偷懒，快干加巧干，休息时间听姐夫讲《三国》，说《水浒》。姐夫在大学读书时就很刻苦，他博览群书，满腹经纶，才华横溢，出口成章，一口流利的靖远加甘谷普通话，铿锵有力，落地有声，表情丰富，感染力极强。一次，姐夫讲诸葛亮三气周瑜，最后周瑜在马上大叫一声摔了下来，怒不可遏，对天呼喊："既生瑜，何生亮！"说罢就一命呜呼了。"周瑜真的死了？"已经融入故事里的同学惊讶地问。"是的，周瑜死后，诸葛亮还去吊孝，差点被周瑜的部下给杀掉。""什么？""要知后事如何，且听下回分解！现在马上干活！"姐夫的演讲水平真不亚于单田芳，一阵掌声，一片喝彩，不但解除了疲劳，激发了热情，分配的任务也常常是提前完成。

1975年我高中毕业。那是个推荐上大学的年代，我出身地主，父亲的冤案还未平反，高等学府深造自然与我无缘。姐夫又为我忙前忙后，找关系，托朋友把我留到校办工厂当临时工。1978年给父亲落实政策，姐夫又为此专程去省上找人，到县上说明情况，最后县委组织部才正式为我安排了工作。姐夫对我恩重情深，他对我的关怀如阳光温暖着我的人生，像甘泉一样滋润着我的心灵。

姐夫又是我人生旅途上的一盏明灯，无时无刻不在照亮着我的前程。工作有了着落，亲情师恩还未报答，姐夫又忙起了我的婚事。

1974年，比我高一级的高翠玲留校代课，也是学校文艺宣传队的骨干，和姐夫一起演出过许多节目，如《夫妻识字》，《十二把镰刀》等。姐夫导演的《果园姐妹》，高翠玲扮"狼外婆"，演出效果非常好。他编写的四幕话剧《雪夜春色》，高翠玲担任主角，扮演了一位公社书记。还特意请来了甘肃省话剧团的洪涛老师做导演。在定西地区群众文艺调演中，这个剧还获了奖。在宣传队里经姐夫细心观察了解，发现高翠玲聪慧贤淑又有个性，就积极撮合，1978年牵线搭桥当"月老"，终于成全了我俩的婚事。这时，姐夫才松了口气："他六舅成家立业了！"

"青山遮不住，毕竟东流去。"粉碎了"四人帮"，终于迎来了改革开放的新时代。姐夫的问题得到了彻底平反，先后被评为高级教师和特级教师。1984～1997年先后任靖远一中、靖远师范校长和甘肃教育学院副院长。1988年当选为七届全国人大代表，接着又被国务院授予全国劳动模范称号。一时之间，名声大振，一步步职务高升，一束束光环笼罩，姐夫很快成了甘肃教育界的名人。2009年在靖远县庆祝国庆六十周年大会上，姐夫又荣获"为靖远发展作出突出贡献人物"的称号，受到了县委、县政府的表彰。但是，姐夫始终还是那句话："得志时，莫忘形。"这是一种深沉的修养。姐夫一如既往地关注自己热衷一生的教育事业。"人生不是一支短短的蜡烛，而是我们暂时拿着的火炬，我们一定要把它燃烧得十分光明灿烂，然后交给下一代。"萧伯纳的这句格言，是对姐夫从教几十年最生动的诠释。

时光荏苒，弹指间四十年，已逾古稀之年的姐夫，儿女成才，子孙满堂，其乐融融；退休后，他内心充实，生活丰富多彩，无愧于社会，无愧于后代，他笑对夕阳，或挥毫泼墨，或著书立说，或总结人生，或培育后代。姐夫的言传身教，使我学会了做人，学会了生活，学会了教育子女。如今，我的四个孩子仰慕姑父，敬重姑父，不忘姑父的谆谆教诲。刻苦学习，努力上进，没有辜负姑父的殷切期望，先后考上了大学，考上了研究生。姐夫高兴地说："一个家族的兴旺，就要一代更比一代强！"

姐夫，谢谢！你是我终身受益的人！

雒庆新　甘肃平川人。1975年靖远一中高中毕业。曾先后在靖远县农机厂、靖远县外贸公司工作。

大雅春风拂我心

——张克让先生印象

师克强

张克让先生，我人生羁旅中一座永远敬仰的路标。从 12 岁开始初识张先生，到我成为先生的忘年交、连襟、下属，直至今天我成为先生的兄弟加朋友。三十多年与先生的交往过程，无疑是先生关爱、扶植我逐步无怨无悔地成长并成熟的三十多个难忘的春秋。三十多年过去，弹指一挥间。往事如烟，滚滚红尘中我忘却的人和事太多太多，惟独先生的关怀和教诲铭刻于心，永远不能忘怀。每每梦萦魂牵之时，对先生的印象如先生一直钟爱的戏剧，一幕幕浮现在我恒久感念的脑海中。如今，这幕多场景的剧目仍波澜不惊但温情四溢地在属于我们的氍毹中跌宕起伏地上演——

第一场：初识

公元 1976 年的暑假，上小学五年级的我去定西探亲。有一天上午，在定西文工团搞舞美设计的爸爸对少年懵懂的我说："你一直说你很喜欢写作文，想找个人给你点拨一下，今天我带你去见一个人，他叫张克让，是咱们定西地区的大作家，请他给你好好指导一下写作文的技巧。"当爸爸说出"张克让"这三个字时，早已耳熟能详这三个字但与他缘悭一面的我肃然起敬。

穿一件傻乎乎的白西布做的衬衣的我事先特意扣严风纪扣，不断扭动着勒得极不舒服的脖子，摇头晃脑地跟在爸爸身后诚惶诚恐地往定西招待所走去。过了中华桥，快到招待所了，爸爸告诉我：张克让带着张普来定西专门修改全区文艺调演的剧本。听到"剧本"二字时，我崇敬的心情无以复加。剧本，那是莎士比亚、曹禺、老舍这样的大师才能创作出的文学精品！张克让先生能修改全区文艺调演的剧本，那是多么崇高的荣誉和多么扎实的文学功底的凸显啊！我在脑海里开始竭力描绘张克让先生的光辉形象：伟岸挺拔、英俊潇洒、儒雅博学、豁达大度等，凡是我当时能搜寻出的美好的词汇我都一股脑儿地用在他身上。

进了招待所，爸爸敲开一间客房的门，一位小个子中年人笑吟吟地快步迎上来："师老师，我和张普还说要抽时间去看望您，没想到您倒先看我们来了，快请进！"我爸简短地向张克让先生说明来意，张先生很和蔼地询问了一些我的情况后，向我推荐了很多有助于提高作文水平的方法，其中我记得最清楚的一条就是"多阅读优秀的文学作品。"他向我推荐了很多中外名著，其中就有《红楼梦》。如果放到今天，他向我推荐《红楼梦》不足为奇。但是，当年他一个摘帽右派在那种特殊的政治氛围下向我推荐一度被封杀的"封建毒草"，其勇气令人钦佩不已。

这是我第一次见张克让先生。这位并不伟岸的小个子中年人向我热情地推荐许多必读的中外名著时，我就暗自发誓：尽自己最大能力尽快提高作文水平，千万不能辜负我心中的偶像张克让先生。

很可惜，从那时起，我再没有聆听过张克让先生的教诲。至于我的作文水平，由于读的书（尤其是文学名著）少得可怜，加之又不经常练笔，一直没有太大的起色。

拜访张克让先生的次年初，我从靖远县"五七红专小学"（现"靖师附小"）毕业。本来我父母和我的意愿都是进靖远一中读初中，能让我成为张克让先生的弟子是我及我父母当时最大的愿望。可事与愿违，我偏偏分到靖远二中上初中。

1978年夏，多读了一学期初中的我参加了"文化大革命"后首次恢复的中考。学习成绩一般的我总算为父母赚回了一点儿面子，在全县考生中名列第27。本来，以我的成绩进入靖远一中上高中没什么问题。然而，命运又一次捉弄了我，让我受教于张克让先生门下的梦想瞬间化为泡影。我被分到靖远二中高一五班就读，与张先生擦肩而过。

此后的两年高中生活，偏爱语文的我尽管语文成绩一直在全级名列前茅，但我一直为没能遇到张克让先生这样优秀的语文老师而扼腕叹息。这个遗憾一直持续到今天，我竟无缘聆听一节张先生令人心旌荡漾的语文课！至今，我只能从先生妙语连珠的言谈和闪烁着智慧光芒的有关中学语文教学的论文中去悉心感悟先生的灼灼或才。

第二场：忘年交

1981年夏，我从靖远二中首届文科班毕业后高考失利，最终以304.5分的成绩考入庆阳师专中文科就读。

高考成绩出来后，拿着叫我羞愧的成绩单我几乎无脸见人，躲到景泰一条山白银公司某农场我四姐家度过了一个最难熬的酷暑。"录取通知书"下来后，我父母急急把我从景泰一条山召回。面对父母我惴惴不安，沮丧得险些撕了"录取通知书"打算复读。父母极力揣摸着我飘忽不定的心思，我骑虎难下地抓耳挠腮，咋都想不出一个折中的办法。

在我去还是不去庆阳师专上学的问题上毫无进展地纠缠了好几天后，我父母仍和我没有达成一致的意见。一筹莫展之际，我爸想到了去征询张克让先生的意见。事先并未告诉我要去找张先生的我爸那天从张先生家回来后，豁然开朗地对我说："你去庆阳师专吧！我问过张克让了，张老师说你的语文成绩很不错，毕业后当中学语文老师很适合你。"那年，张先生是高考语文评卷组的成员，他对我37分（满分40分）的高考作文印象很深，对我90分（满分100分）的语文成绩印象也很深。我爸找他时，他并没有说我偏科导致成绩低的缺陷，而是一再在我爸面前夸奖我的作文和语文成绩。他很中肯地对我爸说："您儿子作文写得很好，即便毕业后不当语文老师，在写作上也有很大的发展前途。请您转告他，上师专看起来亏了点儿，但只要他好好学专业，同时不要放弃写作，将来肯定有大出息！"后来的事实证明，我辜负了张先生的殷切期望，至今没有任何"出息"可言。但张先生当时让我爸转告我的话我至今记忆犹新，他的这番教诲成了我后来一直没有放弃汉语书写的最大动力。

庆阳师专毕业前夕，我多次给我爸写信，请他帮我联系靖远一中。我爸在回信中一再向我保证：他会极力让我的愿望变为现实。当时的县文教局局长是我爸执教靖远师范时的学生，请他把我分配到靖远一中应该没多大问题。想着不久就要跟尊敬的张克让先生成为同事，我已开始在心中描绘未来工作的蓝图。

然而，谁能料到，我爸高估了他的"能量"，我同样高估了我爸的"能量"。当我坐在县教育局气氛异常严肃的会议室里听到冯瑄老师宣布"师克强，城关中学"时，我几乎不敢相信自己的耳朵，以为自己听错了。急忙上前与冯老师核实，当确认冯老师没有念错、我自己也没有听错时，当头挨了一闷棍的我呆呆地坐在会议室中，直到所有的人都走光了，工作人员催促我离开时，我才迈着像灌了铅的双腿往外走。

这是我第二次与张克让先生擦肩而过，与前一次截然不同，这是决定我命运的关键时刻。幸运之神嘲笑我一番后，飘然而去。

在城关中学当语文老师的五年，平心而论，我不是一位出色的语文老师，甚至还让校长和同事们认为有点儿另类。我行我素的秉性注定我当不好一名诲人不倦的好老师，自由散漫的性格更注定我无法胜任恪尽职守的班主任工作。浑浑噩噩地在城关中学匆匆敷衍了五年后，我终于不顾父母的坚决反对，跳槽当了靖远人民广播电台的记者。

在城关中学的五年，绝大部分业余时间我都夜郎自大地做着不切实际的文学梦，坚持不懈地浪费笔墨纸张，写了一大堆现在看来叫我赧颜的无聊文字。但就是在苍白无力的汉字堆砌过程中，我有幸多次聆听总是擦肩而过的张克让先生的谆谆教导。

那时，县文化馆的张普老师克服重重困难，每年都举办各种笔会以及征文、征联比赛。除此而外，张普先生还创办了全县唯一的一份文学刊物《乌兰》，为像我一样的文学爱好者提供了一个发表作品的园地。随着我的名字和张克让先生的大名同时出现在征文、征联比赛获奖者之列以及《乌兰》杂志中时，无知的我在沾沾自喜的同时，深深感念张克让先生当年对我的文学启蒙教育。更为可贵的是，在每一次县文化馆举办的征文、征联比赛中，只要能遇见张克让先生，他都语重心长地鼓励我并精准地指出我幼稚文字的优点和不足。这一时期，我从各种渠道找来张克让先生发表的文学作品悉心研读。尤其是他精心创作的剧本，在深深叹服之余，我从中汲取了丰富的营养。此后好多年至今，我只要和张先生在一起促膝侃侃而谈，我都很忘情地极力推崇他创作的一部部脍炙人口的剧本。我始终认为，他文学创作的最高成就是剧本，他的代表作仍然是剧本。无法弥补的是，他过去创作的好多剧本由于种种原因大都遗失。不然，他定能出一本精彩的剧本选集。

除了创作剧本，张先生酷爱戏剧艺术。作为靖远一中文艺宣传队的负责人，由他编导或主演的剧目在靖远及周边县区多次巡回演出，广大观众好评如潮。

每当捧读张克让先生的剧作时，每当欣赏他惟妙惟肖的表演时；感悟着他剧本中引人入胜的人物和场景，欣赏着舞台上他淋漓尽致的表演。我不止一次地想：如果不是把毕生精力都奉献给崇高的教育事业，他很有可能成为一位造诣很高的戏剧编导。

第三场：连襟连心

1988 年暑假，挣扎着急于冲破城关中学这只郁闷的"藩篱"的我，几经周折联系好了接收单位——靖远人民广播电台。暑假前，我的商调函发到了学校。由于种种因素的影响，我的调令迟迟不能发出。秋季开学后，我没去学校上班，赋闲在家，苦苦等待一纸决定命运的调令。秋雨绵绵，我在水泉乡帮岳母家盖门楼。看着我心事重重无心干活的样子，已成为我连襟的张克让先生及时向我伸出了热情援助的双手，让我暂时到靖远一中教语文。经与语文教研组的同仁反复商讨，他决定让我担任高一语文老师。为了使我这位从未接触过高中语文教学的初学者尽快进入角色，他开始全程陪着我听语文教研组各位老师的示范课。每听一堂课后，他都细致耐心地给我分析讲解这一堂课的每一个细节，以便我尽快从中汲取宝贵的教学经验。我试讲第一节课前，他帮我反复修改完善教案。就连课堂上如何调动学生的积极性、师生互动、巧妙激发学生的求异思维以及板书设计的每一个细节，他都帮我精心策划、具体演示。

在城关中学懵懵懂懂地当了五年语文老师，糊里糊涂的我从来没有如此认真地准备一节语文课。正是有张克让先生手把手地扶助，我才第一次感受到：中学语文教学是严谨的科学和优雅的艺术融会贯通的一门大学问，任何敷衍、虚假的行为，都会亵渎这门高雅严谨的学科。

说心里话，当我曾经梦寐以求的跟张克让先生成为同事的理想变为现实时，慵懒自在惯了的我并没有一丝轻松感，反倒觉得自己必须经过一番伐毛洗髓的锤炼后，才能不给我一丝不苟、精益求精的姐夫丢脸。至今我毫不掩饰自己当年的活思想：如果我呆在一中在姐夫麾下当语文老师，凭我的能力，肯定不会出类拔萃，充其量是个不落底的小角色，最终我将无颜面对德高望重的姐夫。所幸，我在一中语文教研组呆了不足一个月时，我的调令发到了城关中学。我总算松了一口气，为了我姐夫和我自己，离开一中去广播电台报到，不失为我最明智的选择。

在靖远人民广播电台工作的第三年，连我自己都不知道，我的姐夫张克让先生已经着手办理我的工作调动。我妻子那年秋天已考取甘肃政法学院的成人大专班脱产进修，为了解决我们夫妻两地分居的困难，姐夫准备把我调到兰州工作。10 月份，我调入甘肃教育学院，分配到教务处工作。

坐着拉着我简单的家具和行囊的卡车往兰州走时，我暗下决心：这一回，我要发愤工作，决不能给张克让姐夫丢脸。然而，后来的事实证明，我还是辜负了他对我的厚望。

第四场：难忘"雁苑"

位于雁滩北面滩 254 号（现北面滩 400 号）的甘肃教育学院（现甘肃联合大学），被师生们雅称为"雁苑"，我在这里度过了人生旅途中短暂而又难忘的三个春秋。在"雁苑"的每一天，我都切身感受着我的姐夫张克让先生无私奉献、温良恭谦、豁达大度的工作作风和人格魅力。

分管人事工作的张克让姐夫有一个最大的特点：只要是学院各部门需要的人、尤其是各教学部门急需的人才，他都千方百计调入。每调入一名同志，张克让姐夫不仅负责妥善安排他（她）本人的生活和工作，还负责解决他（她）爱人及孩子的后续困难。调入同志爱人户口要农转非，他多次跑公安局积极协调、尽快办理；教职工适龄子女无法就近入学，他立即去家属院附近的南河小学找与他同是七届全国人大代表的刘燕校长，请求刘校长同意教工子女入南河小学就读；新入校的教工住房有困难，他多次召开会议与总务处房产科的同志们一道协商解决。在积极为同志们解决困难的同时，年近六旬的他却只身一人住在学校的办公室中，过着清苦的单身生活。后来，学校为他安排了住房，他夫人——我内姐也从靖远调到兰州工作，生活基本安定下来的他以更大的热情投入到繁冗的工作之中。

当时，我妻子在甘肃政法学院读书，每个周末要从安宁回城关与我团聚；我从靖远调到兰州时，就带着儿子来到兰州。眼看我们一家三口没有住处，善解人意、急我所急的张克让姐夫又向我们伸出了温暖的双手。他和内姐一商量，让我们一家三口搬进他们并不宽敞的家住。他们给我们一家腾出了家中最大的一间卧室，拿出全新的被褥让我们用。内姐除了繁忙的工作，每天还要为我们做饭、打扫房间。每当我从学校下班回家，吃着内姐做的可口的饭菜，听着姐夫亲切的话语，我们一家倍感温暖。

亲情，每每让我感动得热泪盈眶的亲情，让我们一家没有丝毫初到异乡的局促和不安。我们一家在温暖如春的姐夫家整整生活了一年。

永远想着别人的困难，永远想尽一切办法为别人解决困难，这是我的连襟张克让先生一贯坚守并践行的优秀品德。

1996 年暑假，受"甘肃省卫电高师办公室"的指派，我去皋兰考点巡视考试工作。临行前，担任"卫电高师办公室副主任"的张克让姐夫对我说："皋兰是个小考点，考生不多，工作也较好开展，你放心去就是了。领导们要在兰州巡视，估计没时间去皋兰巡视，希望你圆满完成巡视工作，我们在兰州等你的好消息！"

对巡视工作轻车熟路的我轻松愉快地去了皋兰。到皋兰的第二天，我正在考场上巡视，考点的一位工作人员进来告诉我："教育学院的张院长和蔡院长来了。"我出去一看，张克让姐夫和蔡院长正笑吟吟地向我走来。姐夫上前握住我的手说："你辛苦了，我和蔡院长专程来看看。本来还要再配备一位同志跟你一块儿巡视，人员紧张，皋兰考点就配了你一个人。两个人的工作你一个人干，任务重，责任大，肯定有不少困难。有啥困难你尽管给我和蔡院长说，我们帮你解决。""谢谢两位院长的关怀！"我紧紧握住两位领导的手，"没有困难，请两位院长放心，我保证完成领导交给我的任务！"接下来，蔡院长向考点的负责人询问了有关考风考纪的问题，姐夫则详细询问我在皋兰的食宿以及考点的同志跟我配合的有关情况。当天下午，还要赶回兰州参加一个重要会议的张克让姐夫和蔡院长离开了皋兰。临行前，姐夫握着我的手说："你才到皋兰，很有可能水土不服，吃东西要小心，千万不要闹肚子。我们走后，考点或你本人有啥情况和困难，你立即打电话告诉我，我及时协调解决。"

这年 9 月，我私自参加了兰州晨报组织的考试，11 月下旬，甘肃日报编委会决定把我等 3 名同志正式调入报社。春节过后，商调函就发到了甘肃教育学院。随即，甘报人事处的两位同志去甘肃教育学院外调我的情况。当时，张克让姐夫正去北京参加七届全国人大第五次会议。教育学院不同意我调动！张克让姐夫从北京回到兰州后，因我擅离学校去晨报应聘，张克让姐夫在学院了解了我的有关情况后，晚上跟我长谈至凌晨。这是一次气氛很严肃的谈话，一向和蔼可亲的姐夫第一次狠狠地批评了我对学院很不负责的行为，我第一次从他身上深深地感受到了一种前所未有的威严。那一夜，除了小心翼翼地回答姐夫的提问外，我都惭愧地一直低着头聆听姐夫的教导。当他得知我去意已决，无法挽回时，他还是提醒我即便要走，必须处理好学院的遗留问题，千万不要让学院领导和同事们对我有看法，否则到报社后我的工作也会因此受到一定的影响。

第二天上午，我遵张克让姐夫所嘱，主动去学院，向有关领导承认了错误。

后来的实践证明，由于张克让姐夫高尚的人格魅力影响，我当年比较尴尬离开的教育学院成为我经常走动的"娘家"。如今，只要想过去的老同事了，我就回"娘家"转转，那里的许多领导和同志们都成了我的挚友。学校的老同事家里有事，诸如婚丧嫁娶，我都很乐意前往。就连报社的许多同事都很羡慕地说："你和原单位同事们的关系保持得真好啊！"

每当这时候，我都会想起 13 年前张克让姐夫与我的那次长谈。如果没有他语重心长的教诲，我跟甘肃教育学院、跟学院的老同事们的关系肯定不会像现在这么融洽。

第五场：情同手足

1997 年，张克让姐夫从甘肃教育学院副院长的岗位上退休了。退休后，他比退休前更忙了。门庭若市，高朋满座，他的家中经常回荡着他与同事、朋友、尤其是他在靖远一中教过的历届学生侃侃而谈的爽朗的笑声。位于大雁滩的甘肃联合大学的家属院中，同事们经常能看到张克让姐夫迎来送往的和蔼可亲的身影。无论来的客人是何种身份，他都很热情地接待。由于他为人随和，从来没有一点架子，许多亲友都会求他办这样那样的事。他从不嫌麻烦，总是有求必应。自己能办的事，他想尽一切办法尽快办理；不能办的，他要么托人办理，要么寻找其他渠道解决。

每次我和妻儿一块儿去张克让姐夫家，他和二姐庆兰都要一再挽留我们吃完饭再走。吃完饭，我们要走时，姐夫和姐姐都要让我们带一些蔬菜、水果或甘谷、靖远亲友送来的土特产。如果我们太谦辞，不拿或拿得少了，过不了两天，老姐夫和老姐就坐着 2 路公交车，中途还要换一次公交车，大包小包地就给我们送来了。看着年逾七旬的老姐夫很费劲地拎着装蔬果或土特产的包，我和妻子很不忍心，生怕把可爱可亲的老汉累着，就一再劝他："姐夫，你年纪大了，千万不能累坏了身体！我们附近的市场上啥东西都有，我们自己买很方便，你再不要和我姐给我们送了！"老姐夫笑容可掬地放下他手中给我们拎来的蔬果说："我们在张苏滩蔬菜市场买的菜和水果既便宜又好，买的时候顺便给你们就捎带买了。再说坐公交车很方便，我和你姐都退休了，有的是时间，给你们送点儿菜和水果还锻炼了身体，何乐而不为？"

每次我们一家去老姐夫家要离开时，老姐夫和老姐都把我们一直送出安居小区。出了安居小区北门，我们一家到马路对面坐 2 路车。车还没到，站在马路另一面的老姐夫和老姐又撺到我们这边来了，站在公交站点上和我们聊天，直到我们坐上 2

路车，老姐夫和老姐才缓缓地穿过马路回家。

我们和老姐夫老姐经常回水泉看望年近九旬的老岳母，每次去都是老姐夫向他的学生或朋友要的车。每次要好了车，老姐夫都会提前一两天向我叮嘱车何时从何地出发、我们何日几点到何地坐车。电话中他给我们嘱咐的语气，跟他工作中那种一丝不苟的语气很像，让我这个懒散随意惯了的人赧颜不已。

经常有很多学生和朋友请老姐夫到酒店吃饭，只要老姐夫认为这些请他吃饭的人对我的工作和生活能有所帮助，他就要把我叫上一起吃。席间，朋友们坐在一起互相敬酒时，老姐夫都很隆重地向在座的朋友特别介绍我并请各位朋友尽量关照我的工作和生活。跟老姐夫的朋友和学生在一起吃的饭多了，我逐渐认识了不少社会各界的朋友。我工作和生活中一旦有困难请求这些朋友帮助时，他们都会毫不推辞地积极帮我解决困难，让我感动不已。我深知，所有热心帮助我的朋友，都是冲着老姐夫的人格魅力来的，并非我的薄面打动了朋友们。往往，我求老姐夫的朋友或学生帮忙遇到一定的难题时，老姐夫都会亲自带着我找这些朋友妥善解决我的问题。

老姐夫就是一位可亲可敬的兄长，他无微不至地关心着我和家人的工作学习和生活，老姐夫对我及家人的关怀，能具体到每一个细节的妥善处理，常常令我和家人肃然起敬、感佩良久。

2005年国庆节期间，我老父亲在秋田美术馆举办个人书画展，由于我的准备工作较仓促，请社会各界的亲友届时参加就成了一个很大的任务。按当时的时间，如果我逐个给一些必须登门请的亲友送请柬，时间肯定来不及。我想到了老姐夫，请他出面请人。他一口答应了，凭借他的个人威望，他打电话请了很多亲友，及时解决了我的燃眉之急。书画展前，他多次从大雁滩坐公交车赶到报社和我随时协商书画展的具体操作程序。布展那天，老姐夫跟甘肃联合大学美术系教授冯振国先生、画家张成仁先生在秋田美术馆把每一张作品都很合理地张挂在展板上后，又仔细检查了一遍，这才离开秋田美术馆。第二天上午举行开幕式，老姐夫又发表了热情洋溢的讲话，高度评价了我父亲的书画艺术成就并赞扬了我们子女们为父亲书画展所作的贡献。他在讲话中说："怎么样就叫孝敬老人？我认为子女能尽自己最大努力满足老人的心愿，尤其是满足老人毕生追求的书画艺术的心愿，这就是对老人最大的孝敬！"他的这番话让我父亲和我们做子女的都很感动，老姐夫以一位老人的眼光高度概括了孝敬老人的具体内涵，让在场的所有亲友受益匪浅。

如今，我和妻子一直有一个错觉：老以为张克让姐夫只是比我们年长的一位兄长，而忽略了他已是一位年逾古稀的老人。单就年龄而论，老姐夫完全可以是我们的父辈啊！每当我们一家以种种理由麻烦老姐夫并一再请他为我们解决这样那样的困难时，我们从来没有把他当做一个老人看待，只是把他作为一位永不疲倦、永远热情的老兄来对待。连我老岳母都多次告诫我和妻子："你们再不要轻易给你二姐夫添麻烦，他都是七十几岁的老汉了，你们还把他当成身强力壮的小伙子使唤吗？自己能解决的问题尽量自己解决，不要动不动就请你二姐夫帮忙。"

2009 年 11 月 1 日，兰州气温骤降。这天下午，我和妻子去中川机场送老姐夫和老姐坐飞机去北京。老姐夫和老姐到北京办好签证后要去英国贝尔法斯特看望大女婿和大女儿。由于送老姐夫的一辆车耽搁了些时间，我跟老姐夫乘这辆车到中川机场时离飞机起飞的时间已很近了。紧紧张张地办理完行李托运手续后，老姐夫和老姐拎着、背着好几个包向安检处走去。望着老姐夫和老姐满头华发的明显没有前几年精神的背影很费劲地夹在人群中缓缓向前蠕动，我和妻子的眼眶霎时就湿了……

我亲爱的老姐夫、老姐：此去英伦万里走，旅途劳顿鞍马稠，一路相携多珍重，夕阳灿烂百花洲！

师克强　作者简介参见《师魂》。

可亲可敬的父亲

张春雯　张春霖　张春涛　张春霓

一直想写些关于父亲的文章，可好像一直没有机会。正巧虎年伊始，父亲的一些学生决定为父亲编辑出版《烛光——张克让先生风采录》一书，向大家征集文稿，正好为我们姐弟兄妹四人提供了一个机会。

对于父母，按传统的说法，一般都是严父慈母，但我们的父亲却不然，他是慈大于严，寓严于慈。他生就一张天然的笑脸，不管对谁，总是未曾开口笑先行。对我们几个子女，更是笑脸常绽，笑口常开。因此，我们在他跟前，就像在慈母跟前一样，总是无拘无束。有一次，我们故意问他，为什么不像其他父亲一样，对我们严格要求，严加管教？他略一思考，便给我们随口念了一首宋代诗人欧阳修的《画眉鸟》：百啭千声随意移，山花红紫树高低，始知锁向金笼终，不及林间自在啼。噢，原来他是在培养我们的自主精神，发展我们的个性呢！现在想来，除了钦佩他的知识渊博和才思敏捷，也惊叹他超前的教育理念和人性化的育人意识。还有一次，我们问他为什么总是笑对人生，他竟说他是在向弥勒佛学习，并一字一板地给我们念了一副对联：大肚能容，容天容地，容天下难容之事；笑口常开，笑古笑今，笑世间可笑之人。接着他又强调说，宽容与笑容是两种美德，两种涵养，缺一不可。父亲的谆谆教诲至今在我们耳边不时回响。

父亲对于我们的要求，只要是正当的，他总会竭尽全力来满足。想当年，父亲由于"右派"问题，一直受到歧视；母亲也因出身不好，被会宁县解雇回家，失去了工作，因此我们姐弟几个的户口问题一直得不到解决，成了名副其实的黑娃娃，家庭生活也就困难重重。当时我们最大的要求就是想得到一本自己喜欢的小人书。而毫不吝啬地满足我们这个要求的就是善解人意的父亲。不管这些书对当时比较拮据的家庭来说是多么大的一笔开支，但只要我们喜欢，父亲都会无条件地满足我们，让我们得到快乐。正是我们小时对快乐的这种体验，使我们现在在对待自己孩子的态度上，特别在乎让他们高兴，只要是他们真正喜欢的，我们都会全力支持，而不会把成人的喜好强加在他们身上。

父亲非常擅长讲故事，他的语言不光有声有调，而且有光有彩，非常有感染力。我们都很喜欢听他讲故事，因此，不管他有多忙，每天晚饭后，甚至晚自习之后，他都会给我们讲诸如薛刚反唐、五虎平西、烽火戏诸侯、智取生辰纲、孟丽君、蔡文姬、三英战吕布、三打白骨精、伍员逃国、黛玉葬花和西安事变捉老蒋、百万雄师过大江等故事。数以百计的故事，不仅让我们增长了知识，丰富了生活，而且也增进了家庭的和谐。

另外，还有一件小事也很值得一提。有一年庆祝"六一"儿童节，靖远县城几个小学在广场表演节目，其中乌兰小学的道情表演唱"尕老汉"最受欢迎，一直掌声不断。而这个节目正是父亲一手教给儿子春涛的。应当说，父亲是我们快乐生活的源头，可亲可敬。

父亲还有个难能可贵的特殊本领，就是善于化干戈为玉帛，变不高兴为高兴。靖远人习惯把在靖远南边的会宁、通渭、甘谷、武山一带的人称为"南干干"，看他们的表情，听他们的口气，似乎带有贬义。我们听了，都很不高兴。可是父亲却说，"南干干"有什么不好呢？"干"就是能干的意思，"干干"就是非常非常地能干，汉语里的重叠词，大都有加重语气和增加分量的作用。"南干干"是说我们南面人非常非常地能干，是在赞扬我们甘谷人呢！经父亲这么一解释，我们顿觉烟消云散，破涕为笑。

父亲1959年毕业于西北师大中文系。他对中外各种文化都有所涉猎，对中华文化，尤其是文艺领域更是情有独钟。有人曾渲染说，父亲能把《红楼梦》倒背如流，这显然是一种夸大其词的说法，但他能背诵林黛玉的《葬花词》和贾宝玉祭晴雯的《芙蓉女儿诔》等诗文却是事实，这可是我们亲耳所听。另外，对文天祥的《正气歌》，诸葛亮的《出师表》，刘禹锡的《陋室铭》，周敦颐的《爱莲说》，他也能一字不漏地背下来。最熟的当然还要算是唐诗、宋词和元曲了。他不仅自己背，还不厌其烦地给我们"贩卖"。他经常赞不绝口的有文天祥的《过零丁洋》，苏东坡的《赤壁怀古》，岳飞的《满江红》和《窦娥冤》中窦娥斥天骂地的大段唱词等。由于他讲的次数多了，不但我们都记下了，就连还在读小学的他的孙女桐桐也能熟诵如流，并且还能理解其中的含义和艺术性。还有一首白居易的《暮江吟》：一道残阳铺水中，半江瑟瑟半江红。可怜九月初三夜，露似珍珠月似弓。虽然他只说是因为他的农历生日正好是九月初三，所以他非常喜欢这首诗，并没怎么详细讲解，可我们却很快就能背诵这首诗了。

除了诗词，还有对联。从他口中，我们知道了不少古今名联。如《苏小妹三难新郎》中的"闭门推开窗前月，投石击破水中天"，某寺庙里的"云朝朝，朝朝朝，朝朝朝散；水长长，长长长，长长长消"，某大佛殿门上的"若肯向善，何须观音救苦救难；如不回头，哪怕佛祖大慈大悲"，还有什么"西贝为贾，人段为假，贾老爷不必做假；弓长是张，立早是章，张大人会作文章"，"公孙无忌魏无忌，尔无忌，我亦无忌；司马相如蔺相如，名相如，实不相如"等，都对得非常工整，非常巧妙。

他还给我们讲过一个关于"老公"和"老婆"来历的故事。他说，相传在我国唐代，有个读书人，名叫麦爱新，他考中功名后，嫌自己的妻子年老色衰，想纳新欢。有一天，他故意写了个上联放在桌上，内容是"荷败莲残，落叶归根成老藕"，妻子看到后，便随手续了个下联："禾黄稻熟，吹糠见米现新粮"。不仅对仗工整，而且以"新粮"谐"新娘"，余味无穷。麦爱新被妻子的才华和爱心所感动，便与妻子更加恩爱。妻子见丈夫回心转意，便挥笔写道：老公十分公道。麦爱新也当即续道：老婆一片婆心。据说从此以后，不少地方，夫妻之间就互称老公、老婆了。

父亲不仅是个优秀文化的爱好者，也是个热心传播者，更是个积极实践者。他不但给我们和他的学生传播了不少优秀的诗文和对联，而且自己也积极创作。他发表在几本著作上的几百首（副）诗作和对联，不管是自我勉励的，还是馈赠他人的，无不情真意切，直抒胸臆。在《自嘲诗》里主要写他"中学大学留趣语，逆境顺境吼秦音"的处世心态和"传道授业尊孔圣，滋兰树蕙效 Q 君"的育人宗旨；在《职业病》中主要抒发他"学生晋级心飞进，学生成名血沸腾，造访话语由喷吐，聚会笑谈任纵横"的职业心理和爱生激情。写他人的也多感人之作。父亲的学生吴胜利不幸英年早逝，令他非常痛心，他特地为吴胜利撰写了一副挽联：理该吾先汝，不该汝先吾，英年早逝，悲声不绝，最痛春风哭桃李；常见君助我，未见我助君，鹤影远去，遗恨无穷，但愿来世再师生。

去年 11 月，父亲母亲又一次到英国探亲。他们不但帮女儿收拾好了新买的房子，还特意把从国内带来的几幅书画挂在了客厅里。圣诞前夕，大家又一起动手装上了圣诞树。中国的字画和外国的圣诞树相互映衬，相得益彰，形成了最完美的中西结合。圣诞节晚上，父亲一遍又一遍地跑出跑进，不住地端详观赏，直说这样的布置最有看头，是整条街上最有特色的亮点。春节前夕，大家又动手把父亲亲自撰写，陈晋姨父挥笔写好的春联贴在了门上。上联是"迁新宅，身处异国冬不冷"；下联是"过大年，心怀故园春更浓"。横额是"四海同春"。远在异国他乡，欢度中国春节，别具一格，别开生面。父亲酷爱文化，更爱中国文化，使中西文化巧妙结合，相映生辉。

众所公认，父亲是靖远教育界的骄子，也是甘肃教育界的名人。尽管他自己一再说，他的全国人大代表，全国劳动模范完全是靠运气和机遇捡来的，但我们清楚地知道，他对教育的热爱，对教学的认真，对教材的钻研，对教法的创新，对教师的调动，对学生的关心，那可都是实打实的。他曾教过代数，教过几何，还教过俄语，最后才教语文。不管教什么，学生们反映都很好，都喜欢听他的课。"文化大革命"后期，复课闹革命，上课也还是可有可无的事，但他还是兢兢业业，一丝不苟，笃守"误人子弟切莫为，须知头上有青天"的誓言，只要能上课，从来不含糊。每当母亲给我们谈起父亲的这段经历时，我们都无比感动。粉碎"四人帮"后，恢复了高考，学校让父亲给毕业班辅导语文。当时，既无大纲，又无教材，辅导内容全由辅导老师自己编写。记得很长时间，父亲晚上准备讲稿，经常是熬到深夜12点以后才回家，有时甚至把钢板和油印机搬到家里来刻印，往往不知东方欲晓。母亲看到他红肿的眼睛，有时免不了要唠叨几句，他不但不生气，反而非常认真地说，高考关系着学生一生的命运，当老师的这时候不为学生拼拼命，将来会后悔一辈子。母亲听了，只好无可奈何地叹着气由他去没日没夜地加班加点。他知道考语文重点是作文，但由于"文化大革命"的冲击，学生根本就写不出一篇像样的作文。没办法，他只好一边讲各种文体的写法，一边亲自动手给学生写范文。记得当时他一古脑儿写出了二三十篇范文，又亲自把这些范文刻印出来，发给了每个学生厚厚的一本。这些范文在高考中到底起不起作用，起了多大作用，我们不得而知，但父亲那种为学生拼命的敬业精神，却深深地印在了我们当时幼小的心灵深处。

1979年，父亲被任命为语文教研组组长，除了继续教两班语文，当一个班的班主任外，还以身作则，带头给学生搞语文讲座。有一个阶段，基本上每周都有父亲的讲座。他讲的内容相当广泛，有文字学，有文学史，有古典名著介绍，有当代名作赏析，颇受学生欢迎。1982年，他被任命为副校长，1984年，又当上了校长。作为一校之长，他不但积极支持新任教研组长张思明老师的工作，成立各种课外小组，创办"乌兰草"文学社，举办各种语文知识竞赛，还带头进行语文教改，积极总结经验，四处推广。因此，先后被选为白银市中语会理事长，甘肃省中语会理事长和甘肃省教育学会副会长。后来，他又先后调任靖远师范校长和甘肃教育学院副院长，虽然不再从事具体的教学工作，但依然一心扑在教育上。在师范，他不但帮助解决了二三十个教师子女的就业问题，还给西北师大和兰州师专多选送了5名保送生。在省教院，他不但为扩大办学规模而四处奔波，先后成立了音乐系、美术系和体育系，增开了书法等专业，使全校学生由原来的600多人增加到了2000多人，还给一些接近退休的老教师解决了职称问题，使他们在退休之前都非常满意地站好最后一班岗。有关老师谈到父亲的这些功绩时，都禁不住交口称赞。

父亲对工作堪称高度敬业，对生活也总是积极乐观。父亲的乐观主要表现在他引人入胜的风趣幽默上。父亲在家里，经常是笑话不断，妙语连珠。一次，他故意问我们：你们知道三国时候周瑜、诸葛亮和张飞的母亲都姓啥吗？我们都说不知道。父亲说他知道，周瑜的母亲姓"姬"，诸葛亮的母亲姓"何"，张飞的母亲姓"吴"。我们问他有什么根据，他说《三国演义》上周瑜不是说"既生瑜，何生亮"吗？就是说姓"姬"的女人生了周瑜，姓"何"的女人生了诸葛亮。另外，有个成语不是叫"无事生非"吗？"无事生非"也就是"吴氏生飞"，即一个姓"吴"的女人生下了张飞。逗得我们哈哈大笑。后来我们才知道，这是他从相声上听来的。又有一次，他让我们猜谜语。一个是光棍拉娃娃，打甘肃一县名。我们猜不出，他说是两当。光棍拉娃娃，就是既当爹，又当妈，岂不是两当？另一个是双宿双飞，打两俗语。我们依旧猜不着，他说是对不起和对不住。并解释说，双宿就是一对儿不起飞，双飞就是一对儿不住宿，对不起和对不住都是我们常说的俗语。还有一次，他的孙女桐桐给大家说脑筋急转弯，其中最有意思的一个是"什么山上没有土，也没有石头"，大家说了许多答案，她都说不对。最后，当她说出正确答案是赵本山时，大家都禁不住笑了。受此启发，父亲也给我们顺口来了几个脑筋急转弯，其中有一个是"有只鸟穿着防弹衣在树上跳舞，但最后还是被猎人打了下来，为什么？"大家你一言我一语，但总是说不对，最后还是父亲说出了答案：因为这只鸟跳的是脱衣舞。真是妙"底"惊四座，在座的人无不笑出声来。

父亲不仅为我们四人带来了欢乐，如今他更是孙子孙女们欢乐生活的源泉。他和他们在一起总是很高兴，也总带给他们欢快。在兰州，和孙子亮亮在一起，不是摆积木，就是开火车；和孙女桐桐在一起，不是说画画，就是背唐诗。在北京，和孙子东东在一起，不是看孙子玩变形金刚，就是听孙子弹钢琴。在英国，和孙子笑笑、贝贝在一起，晴天学唱歌，雪天堆雪人。有一年，我们在兰州聚会，父亲特意把他熟悉的快板书《我你她》教给笑笑和桐桐，没想到他俩竟独出心裁，一个男扮女，一个女扮男，一会儿扮小孩，一会儿扮老师，一会儿又扮爸爸，在亲戚们欢聚的各种场合，边说边表演，逗得大家无不捧腹大笑。去年冬天在英国，恰逢英国大雪，他和笑笑、贝贝一起扫雪堆雪人，还特意堆了个大肚子雪人，说这是个外国雪人，惹得两个孙子笑声不绝。不管在兰州，在北京，还是在英国，他把他的拿手好戏黄梅戏《夫妻观灯》都不厌其烦地教给孙子们学唱，当孙子们唱到"哟！哟！不好了，老婆的裤子烧着了"这个精彩亮点时，他自己也总会不由自主地加入合唱队伍，并摇头晃脑地舞起来。这时的我们，也就和他一样，顿觉天伦之乐，无与伦比。

在家里，父亲是个逗笑能手，在外面，父亲是个幽默大师。有一次，他参加一个书画展览，开幕式上，别人请他讲话，他竟毫不推辞地说开了。讲话中，他却表现得非常谦虚。为了说明他对书画并不内行，他先讲了一个故事：相传唐朝大诗人李白最后是在采石矶游船上喝酒，酒醉以后，看到水中的月亮，竟扑月而死。在采石江边，确实也存有李白墓。自古以来，路过这里的文人骚客，都要赋诗一首，以表纪念。到了清朝，诗人梅之焕路过这里，看到此情此景，便挥笔提了一首与众不同的诗：采石江边一堆土，李白之名传千古。来来往往一首诗，鲁班门前弄大斧。从此以后，便无人再写了。讲完这个故事，他虽然没有再作任何解释，但在场的人全都忍俊不禁，会心地笑了。

父亲走到哪里，就把笑声带到哪里。父亲的风趣幽默来源于他良好的心态。他常说：凡事要想开，保持好心态。而良好的心态来源于坚定的信念。"会笑的人是那些笑到最后的人"是他的口头禅。信念坚定才会有良好的心态；有良好的心态，才会真正乐观；乐观的人，才能真正幽默。永远的乐天派，莫不如此。我们的父亲就是这样一个真正的乐天派。

张春雯　1986 年靖远一中高中毕业，先读于兰州师专，后在西北师大读硕士研究生。曾在北京体育大学任教。现在英国女王大学教汉语。

张春霖 1988年靖远一中高中毕业，曾就读于北京服装学院财会专业。现任职于中国农业银行甘肃省分行营业部。

张春涛 1990年靖远一中高中毕业，曾就读于兰州商学院金融系，现任华夏银行北京分行东四支行副行长。

张春霓 1992年靖远一中初中毕业，曾后就读于兰州科学院中学、甘肃教育学院教育系，现任职于甘肃联合大学文学院，团学办主任。

心厚于仁　利博于物

——记姑父张克让先生

锥力琴　锥力旭　锥力波

　　岁月匆匆，一转眼中学毕业已经是二十年前的事了。1988 年、1989 年和 1991 年我们姐弟几人先后考上大学，开始了人生新的征程。抚今追昔，我们应该感谢很多人，尤其要感谢我们的姑父张克让先生。没有他的关爱，我们很可能没有机会上大学，当然更不会有今天。事实上，姑父从 1959 年到 1997 年先后在靖远一中、靖远师范、省教育学院任教近 40 年，业勋杏坛，有口皆碑，期间得到他帮助、提携的，又何止我们三人。现在，时值姑父从教 50 周年，他当年的学生准备出版《烛光——张克让先生风采录》一书，并向社会各界征文。得知消息，我们三人写下这篇文章，谨向姑父表达我们深深的谢意。

　　我们小时候在水泉小学读书，当时靖远只有县城的一中和二中才有学生考上大学。为了我们三个将来的出路，在县城的姑母主动提出把我们转到县城去读书。父亲知道姑母姑父自己家里也有很多困难，转学要费很多周折，生活上也会给姑母姑父添麻烦，所以有些犹豫。姑父古道热肠，和其他亲友一道说服父亲，并积极奔走，托了很多人，终于将我们三个先后从农村转到县城上学，而且吃住都在姑父家。力琴从小学五年级一直住到初中毕业，力旭从小学六年级住到初二。力波虽然没有长期寄住，但也是在姑父的帮助下，被允许在县城参加小学升初中的考试，从而获得在一中就读的机会。

　　姑父有四个孩子，住房本来就不宽敞，再加上我们几个，就变得更加拥挤。但姑父毫不在意，总想方设法创造一个良好的学习氛围。比方说孩子多，姑父就让我们比赛，看谁的作业写得正确、整齐、干净。姑父很注意让我们养成良好的学习习惯，掌握正确的学习方法。刚开始学英语的时候，我们不会音标，就用汉字给单词注音，如 "small" 的旁边注上 "死猫"，"book" 的旁边注上 "不可"。姑父知道后说:"我原来学的是俄语,虽然不懂英文,但道理是一样的。以汉字注音虽然有提示作用,但对发音误导更厉害。应该把单词穿插到句子里一起读,记住后就忘不了。"说着,姑父就背起俄语来,听得我们哈哈大笑,也深深佩服姑父的学习方法和记忆力。姑父治学严谨,有错必纠。他纠正错误时,语言幽默,方法巧妙,让人过耳难忘。有一次,姑父看到力旭把"看"的首笔撇"丿"写成了横"一",就说:"力旭你看我!"力旭抬头看姑父,姑父说:"你看,抬头才能看得远,撇就表示要抬头,所以'看'的首笔是撇,不是横。"姑父颇具文艺天赋,在家里的饭桌上,他常即兴来段快书,或者某个相声的经典片段。饭后有时间就讲故事,从关公的拖刀记,到罗成的回马枪,到"文与武辅哀家定国安邦"的萧太后,无所不包,说到高兴处,手里的杯子、碗都有可能变成他的醒木。回想起来,当时的学习生活充满了快乐和笑声。

除了直接指导外,姑父还潜移默化地引导我们养成博览群书的好习惯。姑父喜欢读书,也喜欢藏书。那个年代,大家收入不高,但姑父省吃俭用,略有余钱,就去买书,所有的书都仔细地用牛皮纸包好,再在书皮上工工整整地写上书名。他的藏书以文史哲为主,古代的如四大名著,现代的如鲁迅、巴金的著作,当代的如贾平凹的小说,都有收藏。姑父还购买了许多杂志,有的是专门给孩子买的,《少年文艺》就伴我们度过了初中生活。有的是他自己看的,我们也一起读,《当代》、《十月》、《收获》、《作品与争鸣》、《小说月报》,还有《大众电影》等。姑父思想开明,一些有争议的作品他也买,像张贤亮的《男人的一半是女人》;对当时非常流行但褒贬不一的武侠小说,姑父也收藏,如《射雕英雄传》。他常鼓励我们多读书,对阅读的范围并不加太多的限制。当时有所谓的教育专家在讨论,中学生可不可以读《红楼梦》,但我们去看姑父书架上的这些书时,他从来没有说过不行;力旭一度喜欢武侠小说,姑父也没有过分限制。有时候我们去看一些比较深奥的书,只能囫囵吞枣,姑父就一边开玩笑,说我们是"好读书不求甚解",一边鼓励我们自己去钻研,说这样总有一天我们就能体会到"每有会意,便欣然忘食"的妙处。力琴小时候非常内向,寡言少语。姑父的藏书开阔了她的视野,在宽松、包容的环境中,她畅游书海,找到了一片广阔浩瀚的天地,也让她开始敢于挑战自己,逐渐赢得了越来越多的自信。不知不觉中,她的性格也变得开朗外向,高中后她还曾当选班长,在众人面前能侃侃而谈,完全没有了小时候羞怯拘谨的模样。这不能不说是一个质的飞跃。因势利导,是姑父教育的一大特色。比如电影《芙蓉镇》、《红高粱》、《老井》引起反响,他就先让我们看电影,然后建议我们去看小说,再比较一下剧本和小说的异同。

姑父还喜欢和孩子交流读书的体会，有些精彩的篇章，他会绘声绘色地讲给我们听，和我们一起分享文学之美；读到描写人生命运的作品，他就结合自己经历谈一些体会，让我们积极看待人生。我们在阅读中有什么疑惑、感受，也喜欢和姑父交流，无形中增加了不少见识。在姑父家养成的这种读书习惯，让我们受益终生。

住在姑父家，学习上有姑父善加辅导，生活上有姑母悉心照料，这样良好的学习环境，使我们可以专心求学。相比之下，当年小学、中学许多非常聪敏勤奋的同学，因为农村的教学水平有限，又没有机会去县城上学，从而最终失去了上大学的机会。即使到了县城，好多同学也只能住学生宿舍，生活、学习条件非常艰苦。我们的一位住校同学上课睡觉被老师批评，他说那是因为前一天晚上宿舍臭虫实在太多，全宿舍的同学都被咬得受不了，大家就在外面坐到天亮，一夜没睡。住在家里的学生，回到家还可以再学习几个小时。住校的学生，教室一熄灯，回到宿舍就没有学习的可能，很多同学不得不点着蜡烛或借助路灯学习。总之，要想考上大学，必须上县城中学，而且生活学习条件都要有保障。正是在这两点上，姑父为我们创造了优越的条件。事实上，在我们之前，小叔叔和小姑姑在姑父家住过十年；在我们之后，又有几位弟妹在姑父家寄住过几年。如今，我们姐弟三人也都已为人父母，深知家里多一个孩子，绝不是饭桌上多一双筷子那么简单，何况当年生活条件十分困难。人们常说"穷则独善其身，达则兼济天下"，可是姑父即使自己在困境中的时候，也常伸手去帮助别人。随着阅历的增加，我们更加佩服姑父姑母一家人的大度，也更增加了对他们一家的感激。

姑父在家族里是个扶危济困的长者，在学校则是个闻名遐迩的语文老师。力琴说，姑父是她见过的批改作文最认真的老师。很多作文从标点符号、错别字到对文字的润色修改，到批注，密密麻麻写得满篇都是姑父的红字。每次改完作文，姑父都会兴高采烈地评论一番，说这回某某学生的作文如何如何好，写了什么人，什么事，怎么开的头，怎么结的尾，什么地方特别巧妙，什么地方不好，为什么不好，怎样写才会更流畅自如。这样的评论，实际上是一堂生动的写作课，有实例，有比较，深入浅出，明白晓畅，令人受益匪浅。1982 年姑父给高三学生辅导作文，其中一次是讲《先天下之忧而忧，后天下之乐而乐》如何写。没有料到这竟然是当年的高考作文题目，一时引起不小的轰动。力波也有幸亲耳聆听过姑父的讲课。有一年，市里的中学语文优质课比赛在一中举行，姑父为前来参赛的老师在我们班上过一堂示范课，记得他讲的是刘禹锡的《陋室铭》。短短的 45 分钟里，姑父把三尺讲台变成了舞台，他就像一个完全进入角色的演员一样神采飞扬，时而讽诵原文，时而引经据典，时而点名提问，把这篇脍炙人口的古文经典，分析得头头是道。他的板书也非常有特色，一开始板书，他就提醒我们，在记笔记的时候最好把本子横过来，和他的板书一样，先从中间开始，因为两边他会边讲边加别的内容。等到一堂课结束，再看黑板，左中右分为整齐的三列，中间分析文章的起承转合、谋篇布局，左边解释具体字词，右边分析对仗、用典、比兴等写作技巧，浑然一体，美不胜言。

姑父是从骨子里喜欢讲课的人，他的课堂并不仅仅局限在校园里。伯父的葬礼在老家农村办理，葬礼上村里来帮忙的人很多，有人听说一中的张校长在场，就请他讲解一下亲友们送来的挽联。姑父不辞劳苦，把挽联逐一进行了讲解。作为听众，我们姐弟注意到姑父课堂上用的语言很文学化、诗词化，可是这次讲解，他知道听众中很多人文化程度不高，所以用的词汇很口语化、俗语化。这时我们才明白，原来很复杂的意思，可以用这么简单的语言表达出来。"因材施教"、"深入浅出"，姑父把这八个字演绎得不着痕迹。挽联讲完后，大家都鼓掌。有人听到葬礼上这罕见的掌声，不知道出了什么事，一问才知道原委。消息传开，没听到讲解的人又聚集起来，请求姑父再讲一次。姑父没有推辞，就又讲了一次。"好为人师"这个词，一般是贬义。可是，这次的经历让我们觉得，像姑父这样学问、口才俱佳的人，一有机会就传道解惑，这样"好为人师"，"乐为人师"，有什么不好呢？

姑父当老师时，受益的也许还只局限于他直接上课的学生，后来他因工作出色被先后任命为语文教研组组长、一中副校长、校长，受益的人很快就扩大到全校师生。

在语文教学上，他提倡让学生来讲课。力波就直接受益于这种教学方法。比方说在文言文的教学中，要求预习课文，到时由学生来讲，并互相纠正补充，学生没有讲到的，由老师来完善。这样，学生由被动地听讲记录，变为主动地学习讲解，这种成就感不断地激励学生尽最大努力自己去"备课"，这样学到的东西理解深刻，记忆牢固，又在课堂上锻炼了学生的口才，一举数得。这种教法，不仅在本校得到推广，而且被其他学校的不少教师所采用，效果很好。在他的支持下，一中的文学爱好者还成立了"乌兰草文学社"，并油印出版自己的校内小刊物《乌兰草》。他常常去给文学社举办讲座。如今，当年文学社的好多成员已经成为真正的作家、诗人和记者了。

为了丰富同学们的业余文化生活，姑父非常支持学校里的各种文艺演出活动，如每年各班的元旦晚会，全校的元旦文艺晚会。这些晚会是师生们一显身手的大好时机。一位叫王忠的同学，擅长说相声，每次晚会都有他的节目，后来在姑父的鼓励下，他还自己创作相声。另一位叫马德勇的同学，根据自己在食堂打饭的经历，编了一出哑剧，表演一个矮个儿学生在乱哄哄的食堂窗口，如何被人前推后挤，狼狈不堪地打饭。这出直接源于自己身边生活的小品，一下子引起了大家的共鸣。姑父虽然身为校长，但几乎每次都粉墨登场，与师生同乐。有一次，他扮演一位长着长胡子的先生，演出中胡子没挂好，掉了下来。他不慌不忙地从舞台上捡起胡子，一边挂回去，一边说："胡子掉了，还可以再长出来。"引得台下师生哄堂大笑。姑父不但亲自演出，也常常创作剧本，甚至编舞。力琴和姑夫的二女儿是同班同学，有一年学校办晚会，她们要出个节目，发愁不知演什么。姑夫知道后，即兴起舞，很快就编了一组动作，配上音乐，很像回事，但又觉得缺点什么。姑夫想了一会儿，突然跑到厨房，拿了一套碟子和一把筷子来当道具，与刚才的动作和音乐一配，简直绝了！这一出"碟子舞"在当年的演出中大获成功，当人们得知导演居然是校长时，不禁为他独特的创造性和孩子般的童真而喝彩。

我们在一中就读的那些年里，学校的硬件设施大为改观。刚入学的时候，全校只有一幢两层教学楼。初一的教室，顶棚是学生自己用纸糊的，一下雨就往下漏水。有时候顶棚上已经积了很多水，又没有破，课间下面的同学就把课桌挪开，用伞把顶棚戳破，让水流到地上，以免上课时没防备来个醍醐灌顶。冬天虽然生炉子，教室里还是很冷。很多老师上课前都会先让学生一起跺脚一分钟，然后才开始上课。当时的学生宿舍都是土坯房，条件就更艰苦了，纸糊的窗户夏天不隔热，冬天不保暖。姑父做校长期间，多方奔走，筹措资金，先后建成了教学楼和学生宿舍楼。到我们毕业的时候，全校学生都已经坐在新盖的教学楼里，住校的女同学也住进了宿舍楼。校园和六年前相比，有了翻天覆地的变化。

姑父调离一中后，先到靖远师范学校当校长，后到省教育学院任副院长。职务变高了，权力变大了，没有变的是姑父乐善好施的秉性。印象最深的，是他帮一个素昧平生的通渭县民办老师转正的事。这位老师50年代末曾到省教育学院进修，因为60年代初生活实在太困难，无法继续学业，被迫回到老家，后来在那里当了民办老师。到快退休的时候，因为没有文凭，转正的问题多年没有解决。有人给他指点说，张院长是个菩萨心肠，你去找他也许有用。姑父听了他的情况，二话没说，就让教务处给他出具了进修证明，又给省上有关部门反映了此事。后来，姑父收到这位教师的感谢信，说他已经转正。2010 年初有个新闻，说国家要清退所有的代课教师。我马上想到这位老师，如果他当年不能转正，现在被清退，不知道他的晚年生活将如何保障。对于民办教师，我们有切身的感受。我们上小学时，全校只有两三个国家正式老师，其他全部是民办教师。他们中有的人的确水平不高，有的语文老师讲《卖火柴的小女孩》时把"幻想"读作"幼想"。但是我们依然感激这些老师，没有他们，我们就会成为失学儿童，见了"幻想"连"幼想"都不会念。有肉吃固然好，可是窝头也能养活人。我们的社会需要更多像姑父这样的人，帮助穷困地区没有肉吃的孩子，让他们不至于连窝头也没有。

姑父走到哪里，哪里就有笑声。其实他自己早年遭遇很不幸，但他常教育我们，要多往前看，往远处看，平常也绝少提起这段经历。我们是从别人的文章和谈话里，知道他上大学期间就被打成"右派"，1959 年大学毕业被分配（实为下放）到靖远一中。他是学中文的，刚开始的几年，因为怕他"放毒"，让他先后教代数、几何、俄语，就是不让他教语文。"右派"帽子在头，历次政治运动，姑父都首当其冲，批斗、检讨、过关、谢罪，无休无止。即便是在这种就像"在清水里泡三次，在血水里浴三次，在碱水里煮三次"的炼狱中，只要有机会站在讲台上，不管是教什么，姑父都认真对待每一堂课，大有子厄于陈蔡而弦歌不绝的风范。如今，当年殴打他、凌辱他的人，已经灰飞烟灭，不知所终了；当年上过他的"放毒"课的学生，却以此为荣、为幸，不仅如此，还要为他树碑立传，以彰恩师之美，以传先生之德。群起而响应的，不但有他 60 年代、70 年代、80 年代的学生，还有 90 年代的私淑弟子。"桃李不言，下自成蹊"，这句话用到姑父身上，是再恰当不过的了。

我们读欧阳修的《泷冈阡表》，看到"利虽不得博于物，要其心之厚于仁"这句话时，马上想到了姑父，他正是一个"心厚于仁"，"利博于物"的长者，这八个字是他生活、工作、为人的真实写照。我们常想，以姑父的才华和能力，他完全可以有更大的成就，惠及更多的学生。也许时间对他的定义是钻石，要让他发出璀璨夺目的光芒。命运却要扼杀这光芒，它阻止了一块钻石的诞生，却没料到这块钻石变成了一座煤矿。这座煤矿，固然不能有钻石的光彩，却以燃烧自己的方式，给它所在土地温和热。而这温和热，给成千上万的人带来了光明、温暖和希望。它不屈不挠，最终还是发出了光芒，照亮了成千上万人的人生。我们姐弟三人，就受惠于这光芒，为此，我们写下以上文字，谢谢这矿的温和热。

雒力琴　1988 年靖远一中高中毕业，曾就读于兰州铁道学院，先在兰州铁道设计院工作，现在加拿大安大略省电力公司电网运营技术服务部任注册工程师，高级技术协调员。

雒力旭　曾就读于北京航空航天大学，毕业后攻读硕士研究生，现任国家外汇管理局科技司副司长。

雒力波　1991 年靖远一中高中毕业，曾就读于上海复旦大学统计专业，现在德国法兰克福富士通半导体欧洲有限公司多媒体事业部任工程师。

笑对人生春不老

——退休后的岳父

魏周斌

1996 年，单位组织我们去九寨沟旅游，我和后来成为我爱人的张春霖一批同行。在此次行程中，我俩擦出了爱情的火花。回来后，我们慢慢交往起来。同年，在岳父生日之际，春霖邀我上她们家去，也算是和她们家里人见面。初次上门，心中不免忐忑不安。在门口，我买了些水果，知道未来的岳父他老人家写毛笔字，就又买了三支毛笔。因当时大姐他们全家及小弟春涛在北京上班，家中只有岳父岳母两位老人和春霓。见面后，他们没有刨根问底问我的学历和家庭情况等，而是随意地聊了一些单位的事，岳母就去准备午饭，岳父则带我到他的书房看照片，减轻了我不小的压力。这次见面，两位老人给我留下了非常深的印象。1997 年 8 月，我和春霖结婚，我正式走进了这个家庭，融入了这个家庭。

弹指一挥间，我和岳父他们一起已生活了十三年。十三年来，两位老人对我的家庭以及我本人在工作、生活上给予了极大帮助和关心。虽然是一些生活的点滴，很细微，但它折射出的是伟大的父爱、母爱……

知道岳父的一些过去，是从父辈的交谈中、一些文字记录的只字片言中。他的过去是坎坷的，不幸的。我没有经历过那个年代，只从一些传记、回忆录、小说中看到过那个年代的残酷、无奈，及一些非人的迫害。岳父在政治、工作、生活等方面都受到了冲击，让学中文的他教数学、教俄语，并且还无止境地加大工作量，行动也受到限制等。现在回想，那个年代他的身心所受到的伤害可想而知……

老天有眼，当党的十一届三中全会重新确立党的大政方针后，岳父的春天也随之来到。此后，他的生活充满了阳光，政治待遇改善了，工作环境改善了，学习生活改善了……从 1978 年开始，他二十年的教育生涯真是一个辉煌接着一个辉煌。当选全国人大代表、全国劳动模范，各种头衔接踵而来；他悉心教书育人，桃李满天下，遍布各行业。不管逢年过节或平常时间，都有学生，男的女的，老的少的，或上门、或电话、或短信、或书信，通过各种方式问候老师。每当此时，我们感到他是很自豪的。去年他去英国探亲，回来后，让我给他打开手机，发现光春节期间给他发短信拜年的学生就有40多人，看后连我们这些晚辈都为他感到高兴。

我刚进入这个家庭，也正是岳父退休的时候。我没有从他的脸上看到人们常说的老人"退休恐惧症"，而看到的是他整天乐呵呵的笑容。他每天练书法，写文章，帮岳母照看小外孙，不少时间还参加一些学术活动和各种聚会。通过这些年的观察，我发现岳父退休后有"三多"。

一是写文章、练字的时间比较"多"。退休后，岳父的时间变得宽松起来，他老人家就练起了毛笔字。春霖告诉我，岳父练毛笔字那真是"突飞猛进"，这也许和他老人家的灵性和日常的积累有很大的关系吧。岳父这一写，一发不可收拾。学生、同事都上门索求，他老人家有求必应，且写的内容大多是岳父针对所求者自撰的。据传，在学生家中有一幅岳父的墨宝是很光荣的。随后，他又由写到收藏。他的收藏真是"五花八门"。既有社会公认的所谓"大师"的，也有名不见经传的"小人物"的，有岳父自己索求的，也有别人馈赠的。日积月累，收藏作品已达五六百幅。期间，他在兰州、靖远、平川、甘谷等地对所收藏的书画进行了展出，都取得了很好的社会反响。

1997年，应众多学子的要求，也为了总结近半生的教育生涯，他不顾身体的不适、眼疾的苦痛整理出版了25万字的《滋兰树蕙录——我和我的学生》一书。书中52个故事反映了他对教育的热爱、对学子的关心、对事业的执着、对社会的负责，不遗余力地为教育事业打拼半生。今天，再拜读这本书，还是对我很震撼的。此后又陆续出版了《诗情墨趣》、《书棍画扉》、《鸿爪夕明》等书。不管是写文章，还是练字，他老人家都是极其认真的，对一个字的推敲，以及一句话的反复修改，都说明了他严谨的学习态度和生活准则。

二是出席学术活动、各种聚会的时间比较"多"。岳父退休后，我觉得他真正是"退而不休"。当时，他还担任全省"中语会"理事长，一些具体活动都是他来做。每当接到通知，他都是提包一提就出门了。对此，岳母还有些微词，考虑到他已经退休了，身体状况一般，视力又不太好，血压忽高忽低，很让人担心。但岳父照样乐此不疲，说："虽然是夕阳红，但一定要红得透亮，虽然退休了，但教育事业是我钟爱一生的事业，现在也就发挥一点余热。再说，大家对我照顾很好，你们尽可放心。"到现在，虽已卸任这一职务，但还是不时地接受邀请，出席一些活动。在他的黑色提包中多了一些重量，那就是一些药物；而在他的行程中，也多了一些重量，那就是我们的牵挂。

在甘联大的家属院，在退休的老人当中，看到每天进进出出身影最多的那就是岳父。除了外出参加学术活动，最多的就是参加各类聚会。有寓兰老乡的聚会、有同学同事的聚会、有师生的聚会，当然也少不了亲戚和家人的聚会。他说过一些话："对于我们这个年龄的人来说，老同学老同事见一次就是少一天，今天的聚会就是明天的分别。"偶尔与这些老朋友聚会回来，我们看到他的内心是极不平静的，但总的来说，他还是以兴奋为主。他说："聚会一次就多一次高兴！"尤其是师生聚会，他都是有邀必去，他都喜形于色，说明又有一个学子取得了骄人的成绩，让他倍感高兴。

不管是哪种聚会，只要他一去，就会带去欢乐，带去笑声。有一次，在兰亲戚聚会，他给大家说了个反映工作人员的一生普遍现象的顺口溜："一岁，初次亮相；十岁，天天向上；二十岁，充满理想；三十岁，拼搏职场；四十岁，开始发胖；五十岁，打打麻将；六十岁，迷失方向；七十岁，摇摇晃晃；八十岁，躺在床上；九十岁，挂在墙上；一百岁，儿孙遗忘。"说完后，他还"批判"说：有的说法并不符合实际，"五十岁，打打麻将；六十岁，迷失方向；七十岁，摇摇晃晃"就不十分真实。有时，说到高兴处，他还禁不住手舞足蹈，高兴地表演起节目来。他的快板《万笔字》、《四层殿》，眉户《夫妻识字》、《大家喜欢》，秦腔《辕门斩子》、《诸葛祭灯》等，都是我们百听不厌的"保留节目"。看了他的表演，联系他在《职业病》中的诗句"咱就爱好老来狂，咱就喜欢老顽童"，不少人都说他是"老而不老，青春永驻"！

三是在亲情中、友情中、师生情中付出的"多"。在岳父、岳母以及我们这些"外来"户所维系的家族是非常庞大的。在这个大家庭的子家庭中，工作的事、上学的事、婚丧嫁娶、求医看病都少不了他老人家。每当有困难和难题出现，他都会在第一时间出现或打电话询问，帮助解决渡过难关。为此，他在亲情中付出了很多很多，用文字来表达总显得苍白无力。

这些年来，对于我们家庭来讲，我觉得岳父就像一面旗帜、一支旗杆一样，时时刻刻都显示出他强大的号召力和凝聚力。他对长者孝顺有加，对同辈尊重有礼，对后辈关怀备至。我觉得岳父大人就像一本永远读不完的书，每天都有新的内容补充进去，他带给我们的是豁达、无愧、谦让、无私、正直、厚道、仁慈、和善、博学……

对朋友、对学生中的求助者，他也是全力以赴地去满足他们的要求。现在的事难办，大家都是"谈人色变"，但他依然是凭着老脸，迎难而上。尽管好多事都是空忙一场，但他尽了力，也就觉得心安理得了。

这就是我退休后的岳父，一位可亲可敬的老人。祝他老人家和岳母永远健康快乐！

最后，我也向他老人家学习，凑几句顺口溜赠给他老人家，作为结束语：

年逾古稀犹远航，出国探亲涉重洋。

豁达风趣心态好，乐享天伦福无疆。

魏周斌 甘肃皋兰人。现就职于中国农业银行甘肃省分行营业部天水路支行。

真水无香

——我的岳父张克让

陈晓强

自从我结婚后，亲朋好友都说我有福气，很幸运。是的，遇上称心如意的妻子，我的确是三生有幸。不过，在亲朋好友眼中，我这份福气，显然还和我的岳父有莫大的关系。有很多次，一起的人无意提起我的岳父，总会有人惊异地感叹："原来你是张克让的女婿！"我的岳父，是全国人大代表，是全国劳模、是甘肃教育学院副院长，是省中语会理事长……太多太多的光环，一度让我对岳父高山仰止，同时也产生一种莫名的压力。当名人的女婿，就得时时处处小心谨慎，不能给他老人家脸上抹黑。

结婚几年来，由于我长期在岳父家蹭吃蹭喝，相处时间一长，岳父在我心中的地位开始慢慢"下降"。此时此刻，当我想起过去生活的点点滴滴，在全国人大代表、全国劳模等光环面前，我更想用"亲人"这样一个朴素的词语来感受这位可亲可敬的老人，更想用一些平平淡淡的琐事来表达我对这位老人的敬重和感激……

一、相亲

结婚之前的我，不相信人生有"命运"一说。然而，我和我妻子的相识，使我深深地相信，冥冥之中，早已注定了我俩无法破解的缘分。而缘分的牵线者，则是我岳父的广博人缘。

1997年，我从西北师大毕业分配至甘肃教育学院工作。而我的岳父，正是甘肃教育学院副院长。工作上和姻缘上的联系，使很多人自然而然地联想到领导择婿、下级攀贵之类的婚姻。然而，缘分并不如此简单。

618

大约在 1998 年秋季的一个早上，我们系的王金寿老师突然很神秘地来到我宿舍对我说："晓强，给你介绍个女孩，想不想见？"我上大学时，宿舍的兄弟大都有女朋友；工作后，一起的同事纷纷开始谈婚论嫁。而从小到大，我却从未得到过任何少女的垂青，这多少让我有些自卑和失落。突然间，听王老师说要介绍对象，我一下子振奋起来。王老师是学文学出身，三言两语，就在我心中塑造了一个非常完美的女孩形象。结果女孩还未见到，我已为此激动不已、畅想不已。

按理来说，接下来自然该正儿八经地见见这位女孩。然而，王老师使足了劲吊我胃口。和女孩见面的事，今日推明日，明日推后日，只是留给我长久的畅想和惆怅。然而，这位未见面的女子，却在我心中深深扎根。

相亲的事过了很长时间之后，我和几个同事到王人恩主任家去玩。大家在一起东说西说，说着说着就说到我的婚事，这时候王主任批评我："晓强，你这个笨蛋，那么好的女孩，都让你错过了，人家可是名门家的孩子。"哪个女孩？当时王主任喝了些酒，只顾着训我，也不交代前因后果。看我犯傻，王主任索性拿出一本书，指着书上照片中的女孩说："你看，你看，你后悔不？"我害羞地看了看。是的，很清秀……

多少年之后，我才知道，王主任拿出的那本书，正是岳父的大作《滋兰树蕙录》。照片中那个清秀的少女，则是我今天的妻子。一次没见过面的相亲，竟然连主任都知道了。还有书，书上的照片。这一切，让我长时间恍恍惚惚的。怎么回事？书、美女、媒人、主任，对当时的我而言，显然是一个无法解开的谜团。等到和妻子认识并熟悉之后，这个谜团才渐渐解开：原来，王金寿、王人恩老师是我岳父的部下和至交，岳父女儿的事，他们当然要非常重视了。

后来，我去北京上学，未见面的神秘相亲也似乎就此画上了句号。一直到我硕士二年级的时候，有一次和我的院长张淑敏老师闲谈。不知怎么回事，那次让我失落的相亲，又神差鬼使似地进入话题。当时张淑敏老师笑着说："那是张克让的姑娘，我以为这事都过去了，想不到你到现在还念念不忘。"张老师这么一说，过去云里雾里的相亲，总算是揭开了神秘的面纱。这件事，我的两任领导都十分关心，很显然，这是岳父广积善缘的结果。同时，岳父广博的人脉，也让我深深地感叹。有了和张淑敏老师的沟通，中止了四年多的相亲一事总算是风风火火地提上了议事日程。后来，在张淑敏老师和王金寿老师的精心安排下，我终于有机会见上神秘女孩一面。见面之后，女孩并未表态。然而，由于种子已在我心中播下四年之久，前前后后，离奇曲折，这让我坚信：这是份注定的缘分，过程尽管艰难，结果一定光明。有了这样的信念，再加上我的不懈努力，我终于和神秘女孩相识、相爱，并开始走向谈婚论嫁的阶段。

时至今日，我还是深信，我和我的妻子是命中注定的缘分。当然我也深知，要是没有岳父的好人缘，这份缘分是我一生都无法修来的。

二、成家

在准备成家的过程中，我父母来兰与岳父、岳母商量结婚的具体事宜。父母提出"抬礼"的事，岳父、岳母不但当场表态说"可以免了"，并且主动提出"婚礼"也可由两家合办，减少一层手续，尽量给大家减轻压力。为了不给我们造成太大压力，我和我父母都主张租房完婚；岳父岳母却主张买房，他们说从长远考虑，有个自己的"家"思想上总会轻松些，对我们今后的生活会更有利。我父亲和岳父老早就是师大中文系的校友，关系一直很好，因而很快就达成了共识，达成了协议。现在我们住着自己的房子，一家三口，其乐融融，这与岳父、岳母当年的远见有很大关系。

另外，岳父还公开说，他的女儿从小娇惯，比较任性，先给我打个"预防针"，要我对她不要估计过高。要互相理解，互相包容，"理解江河远，包容天地宽"，要努力做到"取长补短，相得益彰"；要永远记住"树高百鸟鸣，家和万事兴"；还说什么"相亲相爱容易做到，天长地久最为重要"，"爱情深似海，事业重如山"；婚后要把各自的工作干得更好。

当然，感激之情是很难用言语表达的。多少年来，我在岳父家白吃白喝，岳母成天忙着为我们做饭、带孩子，而我却一声"谢谢"都没有说过，但我确确实实是从心底里感谢他们两位老人家的。

与幸福相伴的人，必得贵人相助。我想，我生命中的贵人，一定是我的岳父。因为我岳父的广博人缘，我与我爱人相识、相爱；因为我岳父的谆谆告诫，我在以后的生活中基本上做到了"凡事想得开，保持好心态"，因而家庭和谐，乐在其中。

今天，我能过上幸福、安逸的日子，和岳父、岳母的大恩是分不开的。这一份恩情，已然铭刻于我内心最深之处。

三、婚后

结婚之后，我经常和岳父在一起。走得近了，才渐渐感受到这位平凡老人身上太多不平凡的魅力：

对很多人而言，提起我的岳父，可能首先会想到全国人大代表、全国劳模、教院院长……然而对我而言，岳父首先让我想到的是"快乐"二字，一个快乐的老人。不管是在家里还是外面，岳父在任何时候，总是笑呵呵的。家庭和谐，事业有成，快乐似乎是理所当然的事情。然而，后来当我了解到岳父坎坷一生的时候，岳父身上的"快乐"，开始令我肃然起敬。这份快乐，是对人生的信心与勇气，是对生活的执着与达观。只有从苦难中升华出来的快乐，才能有震撼人心的底蕴和力量！

岳父曾经是甘肃教育学院副院长。按照时下惯例，领导一退休，门前立刻会车马冷落，周围的人也会冷脸相向。可岳父家中，经常热闹非凡。三天两头，总会有学生拿着各种各样的特产来看望我老岳父。学生看望老师，这也正常，让刚结婚不久的我困惑不解的是：我这老岳父究竟凭何等本事在教育学院中也落下大好人缘。时间长了，我渐渐明白：一个热诚待人的人，有着一副助人为乐的菩萨心肠，再加上一身正气，在任何时候、任何地方，一定不会有太差的人缘。

我工作的时候，岳父业已退休，岳父在甘肃教育学院的热心肠，我了解不多。有一次，我无意翻出岳父的大作《滋兰树蕙录》，随意翻了几页，便很快被那优雅的文笔和动人的事迹吸引。认真读完岳父的大作，岳父对学生的热心肠深深地打动了我。想到自己也忝为教师，我羞愧不已。一直以来，我和我周围的很多教师都习惯于埋怨现在学生的无情无义，而很少反思自己是否对学生曾用心关怀。读了岳父的大作后，我在教学中开始学习主动关心学生，慢慢地，部分学生也开始接近我。有时候，突然收到学生的问候，我会快乐很久。这让我明白，快乐无法索取，只有愿意为别人付出的人，自己才会收获出其不意的快乐。岳父是个快乐的人，我想，这与岳父一生为学生、为亲人、为社会的付出是分不开的。

岳父是个热心人，又是社会名流，再加上岳父的好文采，前来请岳父写文章的人不少。古诗、贺词、碑文等，不管对方是什么要求，岳父总能信手拈来。这些本事，让我敬佩不已。岳父的诗文，典雅而不生涩，生动而不俗套。我平素一直十分反感那些摇头晃脑之辈的掉书袋之作，因此岳父的文风让我十分欣赏。近水楼台先得月，在岳父身边，我应该抓住机会认真学习古诗文的创作。然而，我天性似乎就是不学无术的料，尽管在课堂上我也会一本正经地给学生教"平平仄仄平"，但私底下，我却根本没有心思和能力用"平平仄仄平"翻来覆去地倒弄那样几个字。这就像我小时候学习书法一样，我父亲在小县城也算是书界名流，我很小的时候，父亲就要求我练习书法，然而我却从来没有耐心认真地写完一个藏头收尾的"一"。为此，我父亲多次对我产生朽木不可雕的失望。我想，对我这样一个大而化之、不修边幅的人，岳父和我父亲一样，一定有很多、很多的失望。

……

岳父的快乐，岳父的热心，岳父的才华，岳父的磨难……

太多太多，有太多太多让我感动、让我敬佩，也有太多太多需要我认真学习、用心感悟。想起过去生活的点点滴滴，我感谢上苍，能让这样一位可亲可敬的长者进入我的生活！

陈晓强　甘肃陇西人。先后就读于西北师范大学中文系，北京师范大学古汉语硕士、博士研究生，现在兰州大学文学院任教，副教授，硕士生导师。

我们家族的骄傲

——记大伯父张克让

张小飞

喜闻大伯父的一些学生要为大伯父编著一本名曰《烛光——张克让先生风采录》的书，作为他的亲侄儿，为其撰稿，责无旁贷。理工科专业毕业的我，虽然只有"半瓶水"，但还是决定毛遂自荐，迎难而上。想想而立之年的我和已逾古稀的大伯父，时如电掣，是该写点东西了。

在谈到大伯父之前，我得先说说我最亲最爱的爷爷。因为关于大伯父的不少事情，都是爷爷给我说的。我从小就和爷爷生活在一起，从我记事起，每隔一段时间，爷爷总要领着我去村头小卖铺取信，每次拿到信件后他总是特别高兴。剪开信封取出信后，便站在屋檐下小声地读。读完后就在院子里一边走一边给我说，这是你大伯父的来信，接着便会不厌其烦地给我讲一些关于大伯父的事。

大伯父张克让，1936 年出生于甘肃省甘谷县土桥村。在父辈七人中排行老大，三个弟弟三个妹妹。他从小就非常喜欢读书，五岁时，爷爷就教他读书识字，六岁时就教他背诗词，对对子。一次，爷爷试着让他对对联。爷爷出了个上联"天要下雨，雨能解干旱"，他稍作思考，对了个"我想读书，书可长知识"。爷爷听了非常高兴，便决心供他上学。

果不出爷爷所料，他一上学就很刻苦，成绩也非常突出。听爷爷说，有一次，天降大雨，电闪雷鸣，他活了几十年，从未见过这种阵势。正好这天是上学报到之日，还不上课，爷爷便决定暂不让孩子们去学校。可是其他几个孩子都被爷爷阻止住了，唯独没有挡住大伯父。一溜烟，他就消失在茫茫雨海中了。小学五年级时，大伯父遇到了本村一位姓张的老先生给他教语文。这位老先生给他们讲了不少古诗文，大伯父对这些古诗文非常喜爱，凡老师讲过的，他都能讲解和背诵。他对文天祥的《正气歌》，不仅能背，对其中的十多个典故都能讲得头头是道。他自己还学着作诗。一次，这位老先生指着一只小麻雀让他作诗，他想了不到五分钟，便一字一板地念道："小小精灵绕树梢，叽叽喳喳飞不高。莫学此君无大志，鲲鹏展翅冲云霄。"这位老先生连声说好，并亲自来到我家，要爷爷克服一切困难，供大伯父上中学，上大学。

我上学以后，爷爷就把去村头小卖铺取信的任务完全交给了我。每次取来大伯父的来信，爷爷依然不改初衷，照样站在屋檐下小声地念，念完之后，照样在院子里走来走去，一边走一边给我讲大伯父的事。

爷爷说，大伯父上中学，正是全国解放的那一年。初二以前，他一直通校。每天天不亮就起床，和本村的几个同学结伴同行，去城里上学，每天来回30里路，风雨无阻。每天晚上回到家时，经常是星斗满天。那时渭河上无桥，每天得涉水过河；有时下雨发水，还得大人牵着他的手才能过去。有一次，水很深，一直淹到他的下巴上，多少天以后，一说起来，他还心有余悸。但他从没旷过一天学，也未缺过一节课。中学阶段，各门功课他都学得很好，是全校有名的全面发展的好学生。中学阶段，除了学好各门功课，他还读了不少课外书籍。我们老家卧室的箱盖上至今还放着大量古书，除了《三国演义》、《红楼梦》、《西游记》、《水浒传》、《聊斋志异》、《儒林外史》、《老残游记》、《今古奇观》等小说外，还有《史记》、《论语》、《前汉书》、《后汉书》、《三国志》、《日知录》等著作。爷爷说这些书大伯父都看过，包着牛皮纸的书背上还留有当年大伯父题写的书名和日期。

1955年，大伯父高中毕业，在爷爷的教导下，他上了西北师大中文系。没想到1957年"反右"，他被划成了"右派"，开除了党籍。正如他自己说的，确实是"大起大落"。实际上，这个阶段他看的书最多，因为政治上的打击和"失利"，使他不得不把精力转移到业务上。除了理论书，什么《战争与和平》，《静静的顿河》，《唐吉诃德》，《威尼斯商人》，《莫泊桑小说选》，《鲁滨孙漂流记》和中国的唐诗、宋词、元杂剧以及鲁迅、茅盾、老舍、巴金等人的作品，只要有条件看的，他差不多都看了。博览群书，为他以后的教学打下了坚实的基础。

1959年，大伯父大学毕业，被分配到靖远一中任教。粉碎"四人帮"之前，特别是"文化大革命"中，尽管受到了不少不公正的待遇和残酷无情的折磨，整得他九死一生，但他依旧兢兢业业，教书育人，培养出了大量的人才。爷爷说，他的特级教师、人大代表、全国劳模是用血汗换来的。从爷爷保存的《甘谷名人》、《陇原园丁谱》等书中，完全可以证明这一点。

1990年，大伯父调任靖远师范校长。1991年，又调任甘肃教育学院副院长。不但培养出了大批中小学教师，有的还成为杰出的党政领导干部。靖远师范的毕业生在白银市三县两区，有不少人都是各学校和各单位的骨干和领导。教育学院的毕业生更是遍布全省，曾到我们家来给爷爷祝过寿的汪渺、杨胜文、刘济人等人都干得很出色。汪渺是天水市文联秘书长，杨胜文是甘谷四中骨干教师，刘济人是甘谷六中骨干教师。

爷爷说，大伯父不仅品学兼优，而且多才多艺。他上中学时，就是学校文工团成员，先后参加过《白毛女》、《赤叶河》、《保卫村政权》、《秋收战歌》、《运粮小调》、《夫妻识字》、《田园新歌》等剧的演出。高三时，他们班和初中的一个班还联合演出过一个秦腔本戏《张羽煮海》，全校为之震动。不管上学期间还是工作期间，每次回家探亲，他总要帮村上排练甚至编写节目。他导演的表演唱《选代表》和相声《女队长》等，都深受群众欢迎。有一次，村上的几个长辈写了个反映本村真人真事的大型剧本《阶级仇》，他不但帮助他们进行了逐字逐句的修改，还把剧名改为《五更寒》，并在剧中应邀扮演了个财主老婆。不但在本村演，还在别村演，场场观众爆满，掌声不断。

大伯父讲故事的水平更让我们由衷敬佩，他不但记忆力很强，并且口才特好。一次外面下雨，爷爷忽然记起明朝解缙小时候的故事。他说解缙7岁时就已闻名乡里，大家都称他为解学士。有一年春天，他去城里，正碰上下雨；一不小心摔倒在路上，惹得街道两旁商店里的人哄堂大笑。解学士从地上爬起来，对着笑他的人，随口就是一首诗：春雨贵如油，下来满街流。跌倒解学士，笑死两旁牛。有一个绅士模样的人觉得他非常聪明，就让人把他叫过来，问他的名字、籍贯和父母职业，他说他父亲是"肩挑日月街前卖"，母亲是"手拨乾坤屋里辉"。说来说去，原来他父亲是每天挑着两个蒲篮上街卖豆腐，母亲在屋里手推石磨碾黄豆做豆腐。爷爷说到这里，我和二爸、姑姑们都会心地笑了。大伯父见我们高兴，便自告奋勇地说：先让爷爷歇口气，下面的故事由我来说。他接着说：这个绅士见解缙出言不凡，便把他推荐给当地县官。县官一抬头，正好有一队骆驼从大门前经过，便以骆驼为题让解缙作诗，但不能说"骆驼"二字。解缙一想，张口就来：头似胡羊项似鹅，也非驴马也非骡。此物本是南方少，畜牲唯有北方多。县官很高兴，便又把他推荐给省里带兵的镇台。镇台要他以军门两旁的两个石狮子为题作诗，他略一思考，便大声念道：两员大将两边排，不壮官威壮军威。众志成城撼山岳，扫尽狼烟国生辉。

镇台觉得人才难得，便直接把他推荐给皇帝。皇帝在御花园接见他，看到树上有一只鸟不断摇着尾巴叫，便问解缙这是什么鸟，解缙便随口说它叫"摇七摇"。但皇帝认真一数，这只鸟连着摇了八摇。皇帝问解缙这到底是怎么回事，解缙语出惊人：此鸟本为摇七摇，见了天子添一摇。皇帝又让他以自己为题作诗，他竟不假思索，张口就来：身居朝堂怀天下，心地圣明气自华。歌舞升平百姓乐，皇恩浩荡海天涯。皇帝一高兴，便决心培养重用他。

午饭端上来了，我们还都想着让大伯父继续往下讲。大伯父讲故事，吸引力可真强啊！

1997年，大伯父从甘肃教育学院副院长的岗位上正式退休。正好这一年农历三月十二是爷爷的82岁寿辰，他的一些老学生主动提出要到甘谷给爷爷祝寿，大伯父非常高兴。他说他上班时，工作太忙，没有时间组织这种活动，现在有了时间，正好用来补补课。他说爷爷在生活上有二伯父和姑姑，特别是我的父母照顾，吃穿不愁，肯定非常舒心；现在再通过祝寿，让他老人家更开心，以高兴求高寿，十分必要。寿诞那天，大伯父当年的30多个学生，不远几百里，来到甘谷为爷爷祝寿，不但送了一块上书"德寿同辉"的大匾，还送了一幅上书"祝寿词"的字画，又是寿桃，又是寿糕，祝寿仪式非常隆重。学生代表发言之后，大伯父也借此机会给大家上了一堂"百善孝为先"的伦理课，在场的人都深受教育。

从此以后，这样的祝寿活动，每年都有一次；爷爷九十大寿那一次，是规模最大的一次。从靖远、白银、陇西、兰州专程赶来的学生、亲友，加上我们村的乡亲和学校老师共100多人。不但爷爷深受感动，并且通过这种活动，使孝亲之风遍及全村。

2007年的农历十一月初六，93岁高龄的爷爷安然逝世，光大伯父工作过的靖远一中、靖远师范和甘肃教育学院的领导、同事以及靖远、会宁、白银、陇西、平川、兰州的亲友和学生就来了七八十人，加上本县、本村的亲友和乡邻，近200人参加了爷爷的追悼会。从众多的挽联悼词中，不仅可以感受到大家对爷爷的崇敬与哀悼，也可看出大伯父的崇高威望与人格魅力。

爷爷虽然去世了，但他保存下来的大伯父的那几十封来信，却永远是我们这些晚辈们的一大笔财富。这些信，有的来自西北师大，有的来自靖远一中，有的来自靖远师范，有的来自教育学院，有的来自全国人代会，有的来自全国劳模会，有的来自荷兰，有的来自英国。既有具体情况的描写，又有真实情感的倾吐；既有对自身的鞭策,又有对亲人的思念;既有对长辈的祝福,又有对晚辈的希望,句句珍瑰,字字珠玑,太可贵了!爷爷去世后,大伯父就是我们家族中年龄最大的长辈,也是我们家族中最大的骄傲和自豪,是我们值得永远学习的表率和榜样!

张小飞 甘肃甘谷人。曾就读于甘谷一中,兰州工业专科学校计算机专业,现在上海从事计算机软件开发与经营。

多才多艺的爷爷

李笑尘　魏雨桐　张家铭

　　每当我们走到爷爷家门口，那块由甘联大工会发的"文明家庭"的铜牌总会使我们感到兴奋。虽然是经常见面，但依旧觉得非常新鲜。我们清楚地知道，这块看似普通的牌子，除了大家的奋力拼搏，作为家庭主角的爷爷和奶奶是功不可没的。尤其是在教育战线奋斗了大半辈子的爷爷更是功劳卓著的。在这一点上，连"生命不息、服务不止"、管完了儿女管孙孙的奶奶也是完全认可的。

　　从我们自小和爷爷的接触上，我们深深感到，爷爷在学校里，是一个教书育人的好园丁；在家里，是一位循循善诱、和蔼可亲的大文人！

　　爷爷平时，不管是教育我们还是给我们传授知识，总是喜欢引用、背诵、讲解他熟悉的大量诗歌，有时还不厌其烦地给我们说笑话、讲故事。记得一次他教育我们要从小立大志时，讲了这样一个故事："文化大革命"前，有个农村的小学生，写了一首诗："我家有个小弟弟，睡到半夜笑嘻嘻。我问他笑为什么，他说梦见毛主席。"大文豪郭沫若看到后，对他大加赞赏。他便给郭沫若写了一封信，说他要学郭老，赶郭老，超郭老。郭沫若看了信后，便给他回了一首诗："郭老并不老，诗多好的少。老少齐努力，学习毛主席。"小孩看了诗，对郭老更加敬佩。

　　不管是在国内，还是国外，在北京，还是在兰州，爷爷教育我们，要养成爱惜粮食的好习惯，并一而再，再而三地给我们讲解唐朝李绅的《悯农》诗："锄禾日当午，汗滴禾下土，谁知盘中餐，粒粒皆辛苦。"为了教育我们谦逊、虚心，永不自满，曾不厌其烦地给我们讲解宋朝诗人苏东坡和杨万里的诗。苏东坡的诗是："横看成岭侧成峰，远近高低各不同。不识庐山真面目，只缘身在此山中。"杨万里的诗是："莫言下岭便无难，赚得行人错喜欢。正如万山圈子里，一山放出一山拦。"第一次讲解时，我们还似懂非懂，讲的次数多了，我们便完全理解了。从而看到自己的不足，要看到前面的道路还很长很长。必须戒骄戒躁，再接再厉，不断努力，永远前进。

爷爷不仅喜欢古诗古联，他自己也经常撰写对联和诗词。每年春节，他都要在自己的家门上自撰自书一副对联。其中有两副我们最喜欢，一副是"点点滴滴，挥汗沥血沁桃李，喜煞我；日日夜夜，绞肠呕心育栋梁，乐死人"。另一副是"余热无多，只能写写画画沐晚霞；人缘尚好，犹可说说笑笑傲夕阳"。非常符合实际。他写的大量诗作中，我们喜欢的非常多，尤其是《职业病》和《故乡情》两首诗，我们最喜欢。《职业病》的全诗是："痼症顽疾职业病，学生面前殊激情。学生晋级心飞进，学生成名血沸腾。造访话语由喷吐，聚会笑谈任纵横。哪怕别人喻阿Q，哪怕别人称神经。咱就爱好老来狂，咱就喜欢老顽童。此生此病已不治，决心携彼阎罗城。"《故乡情》的全诗是："第一第二无异样，甘谷靖远俱家乡。朱山乌山同媲美，渭河黄河共溢香。散渡育吾涉小溪，祖厉教我泛大江。乡恩浩荡涌泉报，拼将残年写华章。"爷爷对学生、对故乡，可真是情真意切，无以复加了。

爷爷不但会说会写，并且能导能演。说相声，说快书，唱眉户，吼秦腔，样样都行，样样都精。他教给我们的快书《我你他》，我们至今记忆犹新：说一个小孩儿个儿不大，背着个书包去学文化。第一天老师教他三个字，这三个字就是我、你、她。这个"她"还是女性的"她"。这小孩儿就问啦，"哎老师，这我你她可怎么讲呀？""我你她你都不懂？""我不懂。""你不懂，我一讲你就明白啦。小孩儿，你坐下，听我讲一讲我你她。先生是我，学生是你，那个女同学就是她。"小孩儿放学回了家，一进门就碰见他爸爸。"哎小孩儿，你今天识了几个什么字？""今天老师教我三个字，这三个字就是我你她。""那我你她可怎么讲？""我你她你都不懂？""我不懂。""你不懂，我一讲你就明白啦。小孩儿，你坐下，听我讲一讲我你她。先生是我，学生是你，那个女同学就是她。""哼！不对，我你她不能那么讲！""那你说怎么讲？""小孩儿，你坐下，听我讲一讲我你她。父亲是我，儿子是你，她不是女同学，她是你妈。"第二天，小孩儿又去上学校，一见老师就把气发。"哎，小孩儿，你怎么啦？""哼！你把字都给我讲错啦，我你她不能那么讲！""那你说应该怎么讲？""小孩儿，你坐下，听我讲一讲我你她。父亲是我，儿子是你，她不是女同学，她是你妈。"爷爷不但教我们记得滚瓜烂熟，并且还手把手地教我们如何表演。记得在几次亲戚们的聚会上，我们都认真地表演了这个节目《我你她》，大家看后，都齐声说好，还多次给我们鼓掌。我们兴奋，爷爷也非常高兴。

爷爷，亲爱的爷爷，他就是这样一位学识渊博、多才多艺的大文人！我们都从心底里喜欢和敬佩爷爷这样一位德高望重、受人尊敬的真正的文化人！

爷爷一向喜欢给人写诗"画像"，我们集思广益，也给他凑上几句：

佛爷面孔菩萨心，积德行善情意真。

常教我们学做人，爹亲娘亲爷更亲。

最后，我们三人再代表爷爷的其他孙子李笑凡和陈彦录祝爷爷和奶奶健康长寿！

李笑尘　在英国上初三

魏雨桐　在兰州上初一

张家铭　在北京上小学

跋

　　受诸多靖远一中同学、校友的拥戴，在大家的共同支持下，《烛光——张克让先生风采录》出版发行了，衷心为贺。

　　这本书的编辑出版缘于靖远一中六二届初三一班同学的倡议，缘于张克让老师的魅力，缘于同学们对张克让老师的感激。因之一呼百应，一举成功。2009 年 10 月成立编委会，制定大纲，倡议"新浪"。期间又在白银、兰州等地召开四次编委会议，完善体例，筹划工作，得到了诸多同学、校友，特别是张克让老师的同学、同事、家人、亲朋的热情相助。有的百忙之中撰写文章，有的翻箱倒柜搜集资料，有的三番五次完善意见，有的相隔万里悉心关注。不是张克让老师学生的白银市白银区文联主席宋育红、白银市诗词楹联家协会主席万全琳、白银市作家李慧等热情参与、修改文章、校对错误，使本书增色不少。张老师的学生和亲友韦尧兵、高继和、李彦龙、张明泰、张克义、万忠新、张荣、丁守明、韩天明、苏辉、马功仁、秦凤峨、王承德、李维君、王芝意、金玉英等更是慷慨解囊，赞助印刷。著名书法家、93 岁高龄的启骧先生题写了书名。甘肃省军区原副司令员、少将张臣刚篇章题签。通过张老师的学生李志忠与清华大学出版社罗健编辑多次磋商和推荐，编委会最终确定北京师范大学出版社出版，高教分社副社长饶涛关心，祁传华等编辑精心校雠，隆情厚意，岂止言谢！

　　令人欣慰的是张克让老师自始至终一致关注，删改了"有损别人"的文字，纠正了提法上的"过誉之辞"，规范了体例，给我们以莫大的鼓舞和鞭策。可以说，这本书的出版，凝聚了大家的智慧，是群策群力的结晶。新书梓行，吟成一诗，以贺以谢。

滋兰树蕙万山葱，百获图荣在靖中。

敦礼知行迎幻变，止于至善总驱同。

千秋大智穷真理，一代学人沐惠风。

此世门墙多厚我，烛光摇曳满天红。

不尽如人意之处祈请海涵、见谅。

《烛光》编委会
2010 年 10 月 10 日初稿
2011 年 1 月 11 日定稿